数字烟台 · 2019

面积：1.39 万平方公里
常住人口：713.8 万人
城镇常住人口：466.97 万人
海岸线：1038.14 公里
生产总值：7653.45 亿元
第一产业增加值：550.42 亿元
第二产业增加值：3185.48 亿元
第三产业增加值：3917.55 亿元
第一、二、三产业构成：7.2 : 41.6 : 51.2
人均生产总值：10.73 万元
全社会电力消费量：553.19 亿千瓦时
固定资产投资增长：5%
基础设施投资增长：41.4%
民间投资增长：6.4%
房地产开发投资：661.86 亿元
税收收入：1078.89 亿元
公共财政预算收入 595.42 亿元
公共财政预算支出：774.54 亿元

教育支出：128.61 亿元
社会保障和就业支出：122.98 亿元
卫生健康支出：61.66 亿元
节能环保支出：19.64 亿元
城乡社区支出：99.65 亿元
农林水支出：70.34 亿元
社会消费品零售额：3306.46 亿元
进出口总额：2906.83 亿元
实际使用外商直接投资：19.41 亿美元
旅游消费总额：1211.79 亿元
接待海内外游客：8689.45 万人次
全市居民人均可支配收入：3.78 万元
城镇居民人均可支配收入：4.8 万元
城镇居民人均消费支出：3.13 万元
农村居民人均可支配收入：2.12 万元
农村居民人均消费支出：1.51 万元
城镇居民人均住房建筑面积：38.93 平方米
农村居民人均住房建筑面积：42.08 平方米

烟台市行政区划图

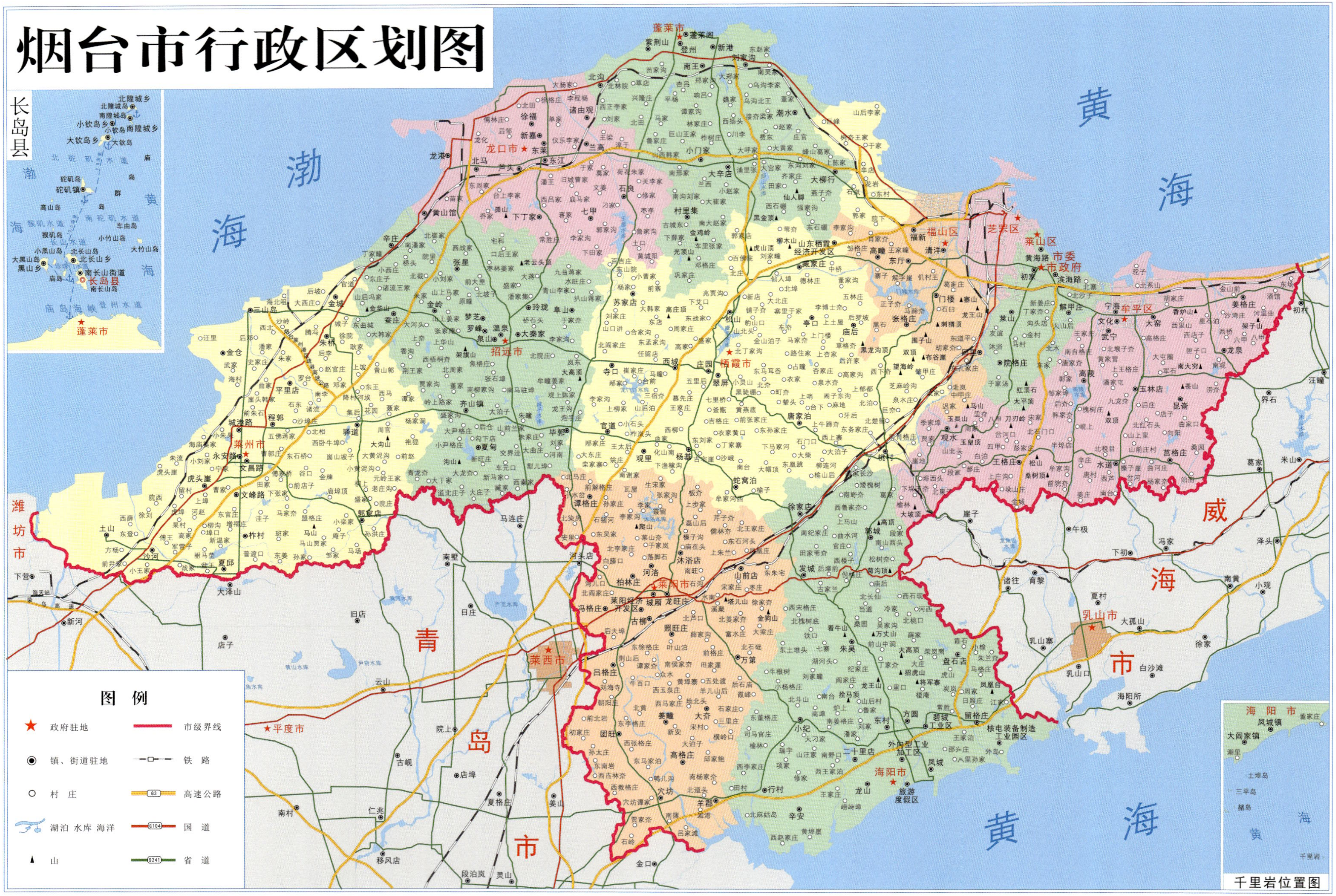

审图号：鲁 SG（2018）146 号

烟台年鉴

2020 · YANTAI YEARBOOK

中共烟台市委党史研究院
烟台市地方史志研究院 编

方志出版社
Publishing House of Local Records

图书在版编目（CIP）数据

烟台年鉴.2020/中共烟台市委党史研究院，烟台市地方史志研究院编.-- 北京：方志出版社，2020.10
ISBN 978-7-5144-4569-5

Ⅰ.①烟… Ⅱ.①中… ②烟… Ⅲ.①烟台－2020－年鉴
Ⅳ.①Z525.23

中国版本图书馆CIP数据核字（2020）第220542号

烟台年鉴（2020）

编　　者：中共烟台市委党史研究院　烟台市地方史志研究院
责任编辑：王　俊

出 版 者：方志出版社
地址　北京市朝阳区潘家园东里9号（国家方志馆4层）
邮编　100021
网址　http://www.zgfzcb.cn

发　　行：方志出版社图书经销中心
电话（010）67110500

经　　销：各地新华书店
印　　刷：山东黄氏印务有限公司

开　　本：889×1194　1/16
印　　张：29.5
字　　数：763千字
版　　次：2020年10月第1版　2020年10月第1次印刷
印　　数：0001～2000册

ISBN 978-7-5144-4569-5　定价：300.00元

烟台市地方史志编纂委员会

主　　任　张术平

副 主 任　陈　飞　吴承丙　于松柏

成　　员　吕世强　姜曰象　宫海涛　李天浩　于向明　刘福生
　　　　　李建平　姜　瑞　马淑臣　季胜林　刘　勇

《烟台年鉴（2020）》编审人员

主　　审　于松柏

副 主 审　吕世强　赵延珉

主　　编　季胜林

副 主 编　李迎春　王福寿　范宇明　谈洪奎　王晓鸽　周　弘

执行主编　云　霞　渠敬伦

编　　辑　（按姓氏笔画排列）
　　　　　于　雪　王　磊　王军岩　王锡东　刘明霞　刘颖超
　　　　　杜家荣　李　岩　李永军　张家坤　姜俊英　郭恩革
　　　　　韩兆蕾

编　　务　周悦和　鲍海强　姜兆杰

仙境海岸

都市云海

烟台港湾

鲜美烟台

一方山海，一城美景

月亮湾

渔人码头

（供稿：市委宣传部）

中国共产党烟台市第十三届委员会第九次全体会议

市委书记张术平在中国共产党烟台市第十三届委员会第九次全体会议上讲话

2019年12月29日，中国共产党烟台市第十三届委员会第九次全体会议召开。市委委员51人、候补市委委员6人出席全会，市纪委常委、有关方面负责人、部分“两代表一委员”、基层代表和企业家代表列席会议。全会由市委常委会主持，市委书记张术平讲话。会议听取和讨论张术平作的工作报告，对2020年经济工作作出全面部署，审议通过《中国共产党烟台市第十三届委员会第九次全体会议公报》《中共烟台市委关于深入学习贯彻党的十九届四中全会精神的实施意见》《中共烟台市委关于深入学习贯彻党的十九届四中全会精神进一步加强干部人才队伍建设的决定》。

2019年12月29日，中国共产党烟台市第十三届委员会第九次全体会议召开

（供稿：市委办公室）

烟台市第十七届人民代表大会第四次会议

2020 年 1 月 10—13 日，烟台市第十七届人民代表大会第四次会议召开。大会执行主席张术平、王晓敏、吴承丙、徐少宁、刘洪波、张伟、潘士友、黄永政、牟强出席会议。市委书记张术平在大会上讲话。市委副书记、市长陈飞代表烟台市人民政府向大会作政府工作报告。市人大常委会主任王晓敏主持会议。经过无记名投票，补选傅逊为烟台市监察委员会主任；补选于善栋、尹国文、牟强、李明、梁中为烟台市第十七届人民代表大会常务委员会委员。

市委副书记、市长陈飞代表烟台市人民政府向大会作政府工作报告

2020 年 1 月 10—13 日，烟台市第十七届人民代表大会第四次会议召开

（供稿：市人大常委会办公室）

“不忘初心、牢记

烟台市“不忘初心、牢记使命”主题教育于2019年9月开始，至2020年1月结束，共有1.9万余个基层党组织、51万余名党员、2100余名县处级党员领导干部参加。主题教育期间，全市牢牢把握“守初心、担使命，找差距、抓落实”总要求，以“五学”“十改”、促百项“三重”为重点，推动主题教育走深走实。市县两级举办高质量读书班，7700余名党员干部参加集中学习；开展精品课程、典型宣讲、红色剧目、专题党课、贴心服务“五进基层”活动2100余场次，6.5万余名党员群众参与；从严从实抓整改，收集问题意见6000余条，深入开展“1+10”专项整治，完成66项重点整治任务；办成一元公交、社区食堂等一批民生好事实事；高质量召开民主生活会和组织生活会，中共中央主题教育领导小组办公室和山东省委组织部派员全程参加烟台市委常委会专题民主生活会、芝罘区毓璜顶街道大海阳社区党委专题组织生活会。烟台市主题教育相关经验被《人民日报》、山东新闻联播等省级以上媒体52次报道，中央简报4次刊发，省简报24次刊发。

2019年9月10日，烟台市“不忘初心、牢记使命”主题教育工作会议召开

2019年9月17日，烟台市“不忘初心、牢记使命”主题教育读书班举办

2019年9月27日，烟台市“不忘初心、牢记使命”主题教育推进会召开

使命”主题教育

2019年9月29—30日，由烟台市委宣传部和鲁东大学共同创作的大型组歌《红色胶东》在烟台大剧院演出

2019年12月10日，市委常委会“不忘初心、牢记使命”专题民主生活会召开

2020年1月13日，烟台市“不忘初心、牢记使命”主题教育总结大会召开

（供稿：市主题教育领导小组办公室）

人民至上 · 党领导下

2019 年 12 月武汉等地发现多起新型冠状病毒肺炎病例，迅速蔓延到全国各地。在突如其来的重大疫情面前，烟台人民在党的领导下科学防控、精准防控、联防联控。

2020 年 1 月 23 日，市委书记张术平（中）主持召开市委常委会会议，贯彻落实习近平总书记重要指示批示精神和省委省政府工作要求，安排部署全市疫情防控工作

2020 年 1 月 25 日晚 11 点 20 分，烟台第一批援鄂医疗队抵达武汉

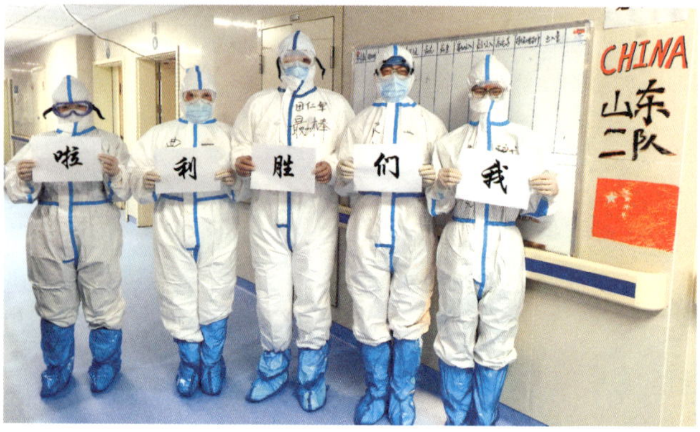

2020 年 3 月 17 日，武汉大别山区域医疗中心患者清零，参与救治的烟台医疗队部分队员合影

2020 年 3 月 21 日，黄冈市民欢送烟台援鄂人员

的烟台人民战"疫"

——医疗救治

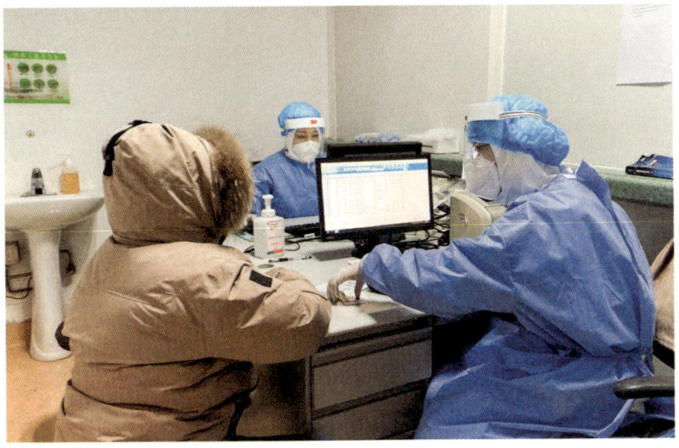

2020 年 1 月 28 日，烟台市发热门诊、隔离点工作场面

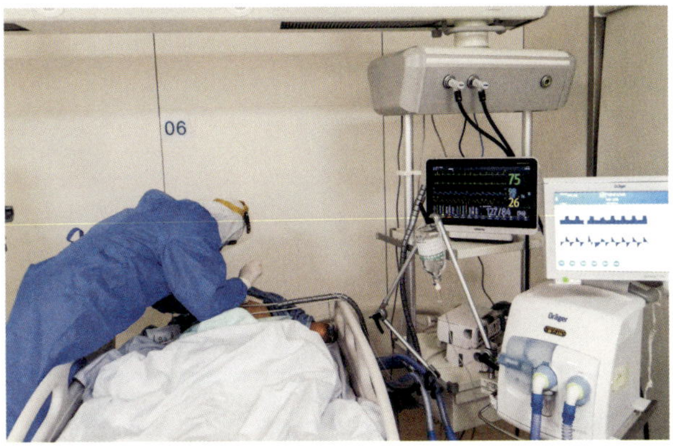

2020 年 2 月 17 日，烟台医护人员对应用呼吸机、心电监护仪的病人进行体检

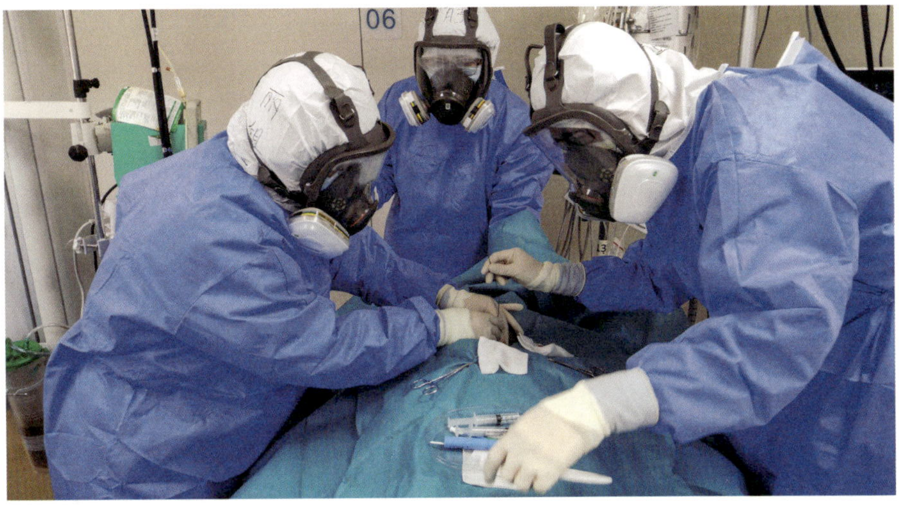

2020 年 3 月 2 日，集中救治定点医院奇山医院医生在救治病患

2020 年 2 月 6 日，烟台市首位新冠肺炎患者康复出院

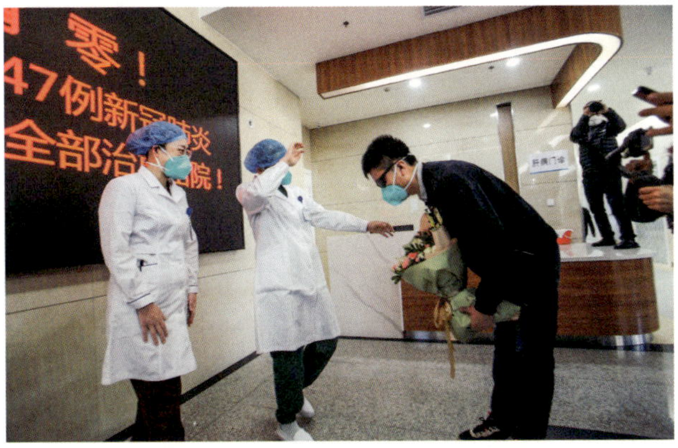

2020 年 3 月 11 日下午，烟台市第 47 位新冠肺炎患者康复出院，烟台市本土确诊病例全部清零

人民至上·党领导下

2020年1月31日，市委书记张术平（左）视察物资储备情况

新冠肺炎疫情暴发后医疗物资紧缺，舒朗集团立即决定：公司转产防护服，支援全国疫情防控。2月2日，烟台舒朗医疗科技有限公司创立，仅用4天时间，首批防护服下线。至3月2日，防护服日产量达10万件

2020年2月15日，烟台市公安民警值守交通卡口

2020年2月15日，烟台市交通局疫情防控党员先锋队风雪中坚守在疫情防控第一线

的烟台人民战“疫”

——疫情防控

2020 年 3 月 22 日下午，市委副书记、市长陈飞到莱山区调研疫情防控和经济运行情况

2020 年 2 月 25 日起，烟台市新型冠状病毒肺炎疫情处置工作领导小组（指挥部）先后在烟台、青岛、威海、济南、北京、大连、沈阳机场设立工作站。图为沈阳工作站

2020 年 3 月 5 日，烟台海关工作人员严防境外输入

2020 年 9 月 8 日，烟台市新冠肺炎疫情处置工作领导小组（指挥部）办公室工作人员马飞获全国抗击新冠肺炎疫情先进个人荣誉称号。图为 7 月 12 日，马飞（中）在指挥部办公室

人民至上·党领导下

2020 年 2 月 7 日，市委书记张术平（左）主持召开全市疫情防控工作视频会议，明确提出一手抓疫情防控，一手抓企业复工复产、重点项目启动和经济运行，奋力夺取疫情防控和经济发展双胜利

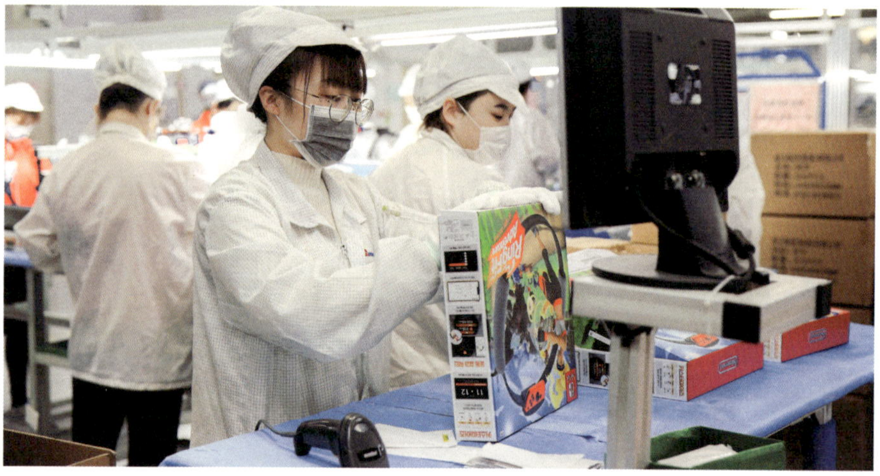

2020 年 2 月 10 日，富士康鸿富锦精密电子（烟台）有限公司在全市范围内率先开复工

2020 年 3 月 26 日，烟台国际机场新航站楼开工

的烟台人民战“疫”

——复工复产

2020 年 2 月 18 日，市委副书记、市长陈飞（右）到烟台开发区调研外资企业开复工和疫情防控工作

2020 年 3 月 18 日，烟台市举行村党支部领办合作社线上招商推介会，当天签约项目投资额达到 15 亿元

2020 年 5 月 16 日，国家管网龙口南山 LNG 接收站项目（一期）开工

（供稿：市卫健委、烟台海关、市政府办公室等）

集中力量办大事

2019 年，烟台市以百项“三重”工作为抓手，推进一系列打基础利长远的大事。一期投资 1400 多亿元的裕龙岛炼化一体化项目，作为全省新旧动能转换的标志性工程，顺利完成前期手续，上报国家待批。潍烟高铁纳入国家干线铁路网，开工准备就绪。蓬莱国际机场二期建设拉开帷幕，烟台港西港区工程加快推进，老岚水库全面启动、安置房顺利开工建设，东方航天港启动建设，城市轨道交通建设全面提速，中心城区重点片区开发完成规划，城市建设进入新一轮发展黄金期。

2019 年 7 月 2 日，市委书记张术平（前中）等市领导到烟台火车南站实地调研高铁新区规划建设

2019 年，烟台市老岚水库建设项目全面启动，该项目事关民生福祉，对保障全市用水安全具有重要意义。10 月 26 日，老岚水库移民试点安置房工程举行开工仪式

谋划启动大项目

2019 年，潍烟高铁项目作为烟台市从“动车时代”迈向“高铁时代”的标志性项目，纳入国家干线铁路网。2020 年 3 月 28 日，项目推进会召开

芝罘仙境项目是烟台市委、市政府推出的国际级大型文旅综合体，沿芝罘湾至崆峒岛一线，涵盖“一岛一山一湾一街一城”（崆峒岛、烟台山、芝罘湾、朝阳街、所城里）。图为新中国电影院、南洋大药房旧址修缮施工现场

2019 年，作为全省石化行业新旧动能转换、高质量发展的标志性工程，一期投资 1400 多亿元的裕龙岛炼化一体化项目顺利完成前期手续

（供稿：市交通运输局、市水利局、市建设局、市发改委）

加快新旧动能转换

2019 年，烟台市以建设制造业强市、海洋经济大市、宜业宜居宜游城市和现代化国际滨海城市为目标，以主要经济指标在全国首批 14 个沿海开放城市中位次不断前移、各项工作在省内“保三争二抢第一”为标准，全力推进新旧动能转换重大工程，加快建设现代化经济体系。至年末，全市经济结构进一步优化，第三产业增加值增速快于第二产业 4.5 个百分点，高新技术产业产值占规模以上工业总产值比重由“十三五”初期的 41.87% 上升到 51.07%；战略性新兴产业产值增长 12.6%，其中新能源产业、高端装备、生物产业、高端化工分别增长 70%、50%、30% 和 20%。

2019 年 10 月 18 日，烟台市新兴产业国际咨询委员聘任仪式举行

2019 年 6 月 5 日，由烟台企业中集来福士建造的半潜式驳船，保障了长征十一号固体运载火箭首次海上发射成功。海阳港作为中国首个火箭发射母港，见证了中国航天史上的“高光时刻”

2019 年，中集来福士“蓝鲸 2 号”实现海洋工程关键技术重大突破，填补国内空白

实现高质量发展
——产业转型升级

2019年12月18日，烟台市政府与中集集团签署《共建中国海工北方总部战略协议》，中集海洋新动能研发中心、中集海洋油气研发中心揭牌成立

2019年11月1日，烟台冰轮智能成型工厂揭牌

2019年3月12日，泰和新材高分子新材料产业园举行开工仪式

2019年，烟台市技术合同成交额首次突破100亿元，高端化工产业增加值增长20%以上。图为万华烟台工业园

（供稿：市国资委、市工信局、市投资促进中心）

加快新旧动能转换

2019 年 10 月 18—20 日，2019 世界工业设计大会暨国际设计产业博览会在烟台举行，会上成立全球第一家设计产业组织、中国第一所工业设计联合创新大学，举办首届“市长杯”工业设计大赛

2019 年 9 月 22 日，市委副书记、市长陈飞（中）在国际健康产业大会上为烟台健康产业国际咨询委员颁发证书

2020 年 6 月投入使用的烟台国际设计小镇，总建筑面积约 75 万平方米，总投资 54 亿元，依托中德工业设计中心和山东省工业设计研究院连接全球最优秀的设计资源，凭借“设计 +”模式为全球设计创新者提供合作共赢平台

实现高质量发展

——现代服务业水平提升

2019 年 12 月 30 日，烟台蓬莱国际机场年旅客吞吐量突破 1000 万人次

2019 年 9 月 1 日，烟台港集团位列中国服务业企业 500 强第 396 名，第六次荣列其中。全年港口货物吞吐量 3.86 亿吨

2019 年 11 月 7—8 日，2019 医药创新与发展国际会议在烟台开发区召开

（供稿：市国资委、市工信局、市市场监管局）

加快新旧动能转换

2019年12月3日，烟台市委书记张术平（左）在首尔“深化中国山东·韩国开放合作推进会”上向韩国企业推介烟台、推介自贸区、推介产业园，集中签约8个合作项目

2019年3月24—31日，在“2019山东韩国周”期间，烟台市委副书记、市长陈飞专题推介产业园

实现高质量发展

——中韩产业园建设

2019年11月29日，中韩跨境电商平台启动。该平台作为烟台市创建国家级跨境电子商务综合试验区和国家服务外包示范城市的重要载体，通过跨境电商运营模式，为促进中韩企业经贸交流合作提供先进服务

2019年10月17日，在韩国首尔为中韩合资的山东米美生物科技有限公司颁发营业执照，投资者不出国门即可办理产业园的营业执照和经营许可证

2019年7月10日，中韩科创孵化基地举行揭牌仪式，标志着烟台首个中韩共建的国家级科技平台项目落户并启动运营，成为中韩间科技交流成果转让、合作研发新平台

（供稿：市商务局）

加快新旧动能转换

2019 年 6 月 21 日，烟台市政府与华为技术有限公司签署战略合作暨助推烟台重大项目合作协议

2019 年 6 月 13 日，在第 16 届浙商（投融资）大会暨 2019 5G+ 峰会上，烟台获评浙商省外最佳投资城市

实现高质量发展

——营商环境优化

2019 年 7 月 22 日，烟台市首个 24 小时多语种外籍人士服务专线开通

2019 年 11 月 5 日，融办事服务、证照服务、秒批服务、生活服务、贷款服务等为一体的“烟台一手通”正式上线运行，为市民提供全方位的政务服务，对进一步优化营商环境、实施流程再造、服务人民群众具有重要意义

2019 年，烟台市设立“外商投资企业服务大使”，旨在为全市外商投资企业提供政策咨询、项目协调推进和诉求解决等服务。9 月 2 日，市投资促进中心为欣和食品颁授“烟台市外商投资企业服务大使服务单位市级服务监督牌”

（供稿：市大数据局、市外办、市投资促进中心）

中国（山东）自由

2019年8月26日，国务院批复设立中国（山东）自由贸易试验区烟台片区。8月31日，中国（山东）自由贸易试验区烟台片区挂牌，烟台市举行片区建设动员大会，21家金融和科创机构集中入驻、12个新动能项目集中开工。这是烟台市继成为全国首批沿海开放城市、山东新旧动能转换综合试验区“三核”城市后，迎来的又一重大开放机遇。至年末，烟台市向自贸区下放760项市级行政权力和公共服务事项，自贸区建设实现良好开局，新注册企业突破2000家，新引进外资企业46家，推出一批可复制推广的创新经验。

2019年8月31日，市委书记张术平（左），市委副书记、市长陈飞（右）为中国（山东）自由贸易试验区烟台片区挂牌

2019年8月31日，中国（山东）自贸试验区烟台片区建设动员大会召开

贸易试验区烟台片区

2019 年 8 月 31 日，中国（山东）自贸试验区烟台片区举行项目集中开工仪式

2019 年 8 月 31 日，中央电视台报道中国（山东）自由贸易试验区烟台片区打造中日韩贸易和投资合作先行区的新闻

（供稿：烟台经济技术开发区）

全国优秀

自 2018 年起，烟台市高度重视会展产业发展，按照“产业会展、会展产业”思路，围绕处理好数量和质量、政府和市场、硬件和软件、办会办展和“双招双引”4 个关系开展工作，不断增强品牌意识，加快建设会展名城。2019 年，烟台市举办具有一定规模和影响力的会展活动 117 个，展览面积 82.1 万平方米，参展商家 9500 余家，参会参展突破 170 万人次，成功举办烟台国际葡萄酒博览会、中日韩青年创新创业论坛、世界老年旅游大会、中国民间工艺品博览会、国际健康产业论坛、世界工业设计大会、国际果蔬 · 食品博览会等重点展会。在 2019 年中国会展产业发展大会中，被组委会评定为“2018—2019 年度中国十佳优秀会展城市”，国际果蔬·食品博览会被评定为 2018—2019 年度中国最具特色专业展会”。全市会展经济蓬勃发展，在促进产业提升和贸易发展的同时，有力拉动了全市餐饮、住宿、旅游、广告设计、仓储物流等上下游消费。

2019 年 8 月 23 日，2019 中国民间工艺品博览会在烟台国际博览中心开幕，这是连续在烟台举办的第十届民博会，展品质量、数量均创历届之最

2019 年 10 月 18—20 日，2019 世界工业设计大会在烟台国际博览中心举办

会展城市

2019 年 6 月 22 日，在第九届中国会展产业发展大会上，烟台市获十佳会展城市称号

2019 年 11 月 8 日，第二十届国际果蔬食品博览会开幕

2019 年 5 月 30-31 日，世界散装葡萄酒及烈酒展览会在烟台举行。图为参展商及观众入场

2019 年 3 月 12 日，“共筑航天新时代——山东烟台站”中国航天科普巡展开幕。图为中小学生参观展览并进行体验

（供稿：市商务局）

烟台—— 亚洲唯一的

烟台，是世界七大葡萄海岸之一，1987 年荣获亚洲唯一“国际葡萄 · 葡萄酒城”荣誉称号，成为国际葡萄与葡萄酒组织的地区级观察员单位。自 1892 年有了远东第一家新式葡萄酒酿酒公司，历经 120 多年发展，烟台市拥有张裕、威龙、中粮长城等一批知名葡萄酒企业，吸引法国拉菲及英国、比利时等国的一批海内外知名葡萄酒品牌企业落户，葡萄酒产业已成为烟台的金字招牌和独特优势产业，并向产业聚集化、专业科技化和国际多元化纵深方向发展。

至 2019 年末，全域酿酒葡萄种植总面积达 1.9 万公顷，拥有生产许可证的葡萄酒企业 162 家，规模以上企业 13 家、上市企业 4 家，烟台张裕国际葡萄酒城项目成为世界一流的葡萄酒现代化大工业集群酿造示范区。烟台葡萄酒以 876 亿元的品牌价值，荣登地理标志产品区域品牌第三名，连续四年蝉联全国地理标志产品区域品牌葡萄酒类榜首。酒庄 60 余个，形成以张裕国际葡萄酒城项目、蓬莱“一带三谷”酒庄聚集区、莱山瀑拉谷酒庄群为代表的酒庄集群，相继推出葡萄酒特色旅游，葡萄酒文旅产业快速兴起。2019 年纳入全市统一监测的 7 处葡萄酒产业景区共接待游客近 100 万人次，实现门票收入近亿元。烟台国际葡萄酒博览会已连续成功举办 12 届，被评为全国“30 个最受关注的节庆活动”之一。

2019 年 6 月 28 日，第十二届烟台国际葡萄酒博览会开幕

2019 年 9 月，法国拉菲集团在亚洲投资的唯一酒庄——瓏岱酒庄在烟台蓬莱开庄

张裕丁洛特酒庄（摄影：高远）

国际葡萄·葡萄酒城

张裕国际葡萄酒城生产中心（摄影：高远）

采摘酿酒葡萄

君顶酒庄酒窖（摄影：孙波）

海岸葡萄基地（摄影：高远）

（供稿：市商务局、市会展服务中心）

乡 村 振

2019年，烟台市大力实施乡村振兴战略，创建省市级乡村振兴齐鲁样板示范区12个。完成涉农资金整合，设立48亿元的乡村振兴重大专项资金，集中财力保重点。农业生产提质增效，建成粮油绿色高质高效核心区3333.33公顷、高标准农田1.67万公顷。出台苹果产业高质量发展意见，推动苹果产业全面转型升级。新认证“三品一标”264个，新增国家级农业产业化龙头企业2家，农产品质量和竞争力稳步提升。新增农民专业合作社2650家、家庭农场811个。农村人居环境提档升级，全面开展农村人居环境整治，8个村入选全省美丽村居试点。完成库区移民项目105项。农民生活持续改善，改造建设“四好农村路”1742公里，改造危桥76座，实施农村改厕11万户、清洁取暖3万户。深入推进“三创两提升”工程，以党建引领乡村治理体系更加完善。村党支部领办合作社1470个，带动群众增收4.9亿元。建立15个县级新时代文明实践中心、159个镇（街）分中心、3103个村级实践站，乡风更加文明。

蓬莱市费东村有机农业采摘园

福山区张格庄镇大樱桃采摘园

蓬莱市上营村有机葡萄园

兴　战　略

招远市蚕庄镇建有山东最大的雪龙黑牛养殖基地

2019 年 2 月 18 日，烟台开发区芦洋第二十七届渔灯文化节开幕

莱阳市濯村樱花长街

福山区门楼镇两甲庄村农村淘宝开业现场

美丽乡村——蓬莱市南曲家村

（供稿：市农业农村局）

海 洋 牧 场

2019 年，烟台市海洋特色优势更加突出，海洋主要产业产值增长 10.7%，海洋牧场总面积达到 7 万公顷。烟台海域面积 2.6 万平方公里，近 1/10 海域适宜建设优质海洋牧场，拥有烟台海参、烟台鲍鱼、烟台对虾等各类海洋生物资源 500 多种，海洋生态环境优良，海洋资源丰度指数较高。烟台是全国最早开展海洋牧场建设的城市之一，是拥有国家级海洋牧场最多的城市，也是全国海洋牧场发展模式领先的城市。

2020 年 6 月 8 日，市委书记张术平（前右三）到莱山区调研海洋牧场建设工作

管桩大围网

示　范　城

东宇多功能平台

海洋牧场多功能管理平台

休闲船型平台

2019 年 6 月 8 日，2019 中国・烟台首届海洋放鱼节公益活动暨全国放鱼日・世界海洋日宣传活动在莱山区黄海游乐城举行

深水网箱

（供稿：市海洋发展和渔业局）

爱在烟台

梦——2019年3月12日至4月5日，“共筑航天新时代·山东烟台站”中国航天科普展举办。3月26日，烟台籍英雄航天员、中国首位“太空教师”王亚平到场作题为“向着梦想，幸福奔跑”的航天科普讲座。全市20多万中小学生在485个分会场同步收看视频直播

踢——2019年烟台市成为国家城市社区足球场地设施建设试点城市（全国6个）和国家社会足球场地设施建设试点城市（全国21个），成为全国两个双试点城市之一，也是省内唯一的入选城市

问——2019年4月26日，大型电视问政节目《问政烟台》，在烟台广播电视台新闻综合频道首播，“烟台时刻”新闻客户端同步播出。年内播出节目16期，现场曝光问题100多件，转交有关部门问题500多件，其中95%已得到解决，约3000万人次通过不同渠道收看节目

诊——随着技术手段的发展，手机预约挂号、电子病历、诊间支付等信息化就诊流程在烟台各大医院普遍应用，实现“让信息多跑路，让患者少跑腿”，群众就医获得感显著增强。图为烟台毓璜顶医院门诊一站式自助服务区

难以离开

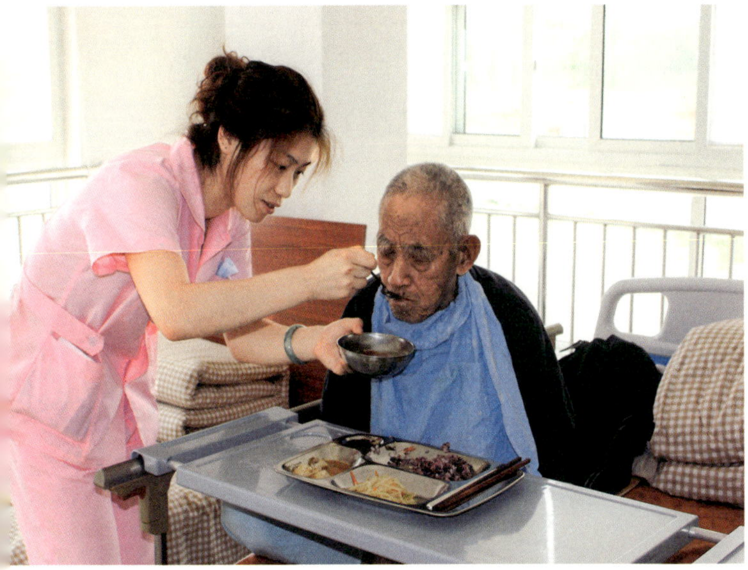

养——2019年烟台市深化养老服务，新增医养结合机构10个、床位3262张，医养结合“烟台模式”在全国推广

食——2019年全市建成55处市民社区食堂，在家门口解决社区居民特别是老年人就餐难问题

行——2019年1月1日起，烟台市实施公交一元一票制，成为全国第二个实行“一元公交”的地级市

乐——2019年3月30日，首届烟台市民文化节开幕，分“春之声”“夏之舞”“秋之韵” “冬之乐”四个篇章，惠及市民上百万余人次，实现“百个社区大展示、千支团队大竞技、万场活动亮风采、百万市民共分享”目标

（供稿：市教育局、市体育局、市卫健委、市民政局、市国资委、市文旅局）

编辑说明

一、《烟台年鉴》创刊于1990年，是由中国共产党烟台市委员会和烟台市人民政府组织，中共烟台市委党史研究院（烟台市地方史志研究院）编辑的地方综合年鉴。

二、《烟台年鉴（2020）》以马克思列宁主义、毛泽东思想、邓小平理论、“三个代表”重要思想、科学发展观、习近平新时代中国特色社会主义思想为指导，坚持辩证唯物主义和历史唯物主义的立场、观点和方法，全面 、客观、系统地记述烟台的年度发展情况。

三、《烟台年鉴（2020）》记述时限为2019年1月1日至12月31日，图片专辑、特载等内容适当下延。

四、《烟台年鉴（2020）》采用分类编辑法，坚持以学科分类为主、学科分类与社会分工相结合的编辑原则。本卷年鉴主体内容分为类目、分目、条目3个层次，以条目为基本记述单元。大事记中同日事条前，以“☆”表示。全书前有中英文目录，后有索引，具有比较完善的检索系统。

五、《烟台年鉴》以出版年号为卷次名称。《烟台年鉴（2020）》框架设计坚持基本稳定、灵活调整的原则。本卷年鉴共设特载、专记、大事记、烟台概况、中国共产党烟台市委员会、烟台市人民代表大会、烟台市人民政府、中国人民政治协商会议烟台市委员会、纪检监察、法治、群众团体、民主党派和工商联、应急管理、军事、经济与社会综合管理、市场综合监管、农业农村、海洋发展与渔业、工业和信息化、商贸服务、对外及港澳台经济贸易、金融、交通·口岸·邮政、城乡建设与管理、自然资源管理与规划、生态环境保护、科学、教育、文化·旅游、卫生健康·体育、社会生活、国家级园区、县市区、附录34个类目。全书除刊载随文图照外，卷首设图片专辑，图文并茂展示烟台经济社会发展所取得的新成就。

六、《烟台年鉴（2020）》稿件由市直各部门和有关单位、各县市区、各大企业及中央、省属驻烟有关单位提供，并经供稿部门或单位主要负责人审阅。主要数据以统计部门的统计数据为准。

目 录

Contents

特 载

Special Records

专 记

Special Notes

大事记

Chronicles of Events

烟台概况

Overview of Yantai

中国共产党烟台市委员会

Yantai Municipal Committee of the Communist Party of China

烟台市人民代表大会

Yantai Municipal People's Congress

烟台市人民政府

Yantai Municipal People's Government

中国人民政治协商会议烟台市委员会

Yantai Committee of Chinese People's Political Consultative Conference

纪检监察

Discipline Inspection and Supervision

法　治

Rule of Law

群众团体

Mass Organizations

民主党派和工商联

Democratic Parties and Federation of Industry and Commerce

应急管理

Emergency Management

军　事

Military Affairs

经济与社会综合管理

Integrated Economic and Social Management

市场综合监管

Comprehensive Market Supervision

农业农村

Agriculture and Rural Area

海洋发展与渔业

Marine Development and Fishery

工业和信息化

Industry and Informationization

商贸服务

Commerce and Trade Service

对外及港澳台经济贸易

Economy and Trade with Hong Kong, Macao, Taiwan and Overseas Countries

金 融

Finance

交通·口岸·邮政

Traffic, Ports and Postal Service

城乡建设与管理

Urban & Rural Construction and Management

自然资源管理与规划

Natural Resource Management and Planning

生态环境保护

Ecological Environment Protection

科　学

Science

教　育

Education

文化・旅游

Culture and Tourism

卫生健康·体育

Hygiene & Health and Sports

社会生活

Social Life

国家级园区
National-level Industrial Park

县市区

Counties, Cities and Districts

附　录

Appendix

索　引

Index

特 载

在中国共产党烟台市第十三届委员会第九次全体会议上的讲话

（2019 年 12 月 29 日）

张术平

12 月 25 日至 26 日，省委召开经济工作会议，传达学习中央经济工作会议精神，研究我省贯彻落实意见。在中央经济工作会议上，习近平总书记从政治和全局的高度，深刻分析了国际国内形势，深刻总结了我们党对经济工作的规律性认识，深刻阐述了做好明年经济工作的一系列重大问题，明确提出了明年经济工作总体要求、政策取向和重点任务，为我们做好明年经济工作指明了方向；李克强总理对明年工作作出了具体安排。在省委经济工作会议上，刘家义书记认真分析了当前面临的经济形势，提出了明年经济工作“七个坚定不移”的重点任务；龚正省长从深化认识、推动落实、抓好当前等方面提出了要求。我们要把思想和行动高度统一到中央、省委经济工作会议精神上来，紧密结合烟台实际，抓好贯彻落实。

做好明年经济工作，必须清醒认识、精准把握当前经济形势。当今世界正面临百年未有之大变局，世界经济仍处在国际金融危机后的深度调整期，我国正处在转变发展方式、优化经济结构、转换增长动力的攻关期，结构性、体制性、周期性问题相互交织，“三期叠加”影响持续深化，经济下行压力加大。同时，我国发展仍处于重要战略机遇期，经济稳中向好、长期向好的基本趋势没有改变。从我市情况看，今年以来，全市经济运行总体平稳，发展理念在转变，发展质量在提升，发展后劲在增强，发展活力在释放，发展环境在优化，但风险挑战也不可忽视。一是经济下行压力加大。主要经济指标增速有所放缓，部分指标尚未企稳。投资、出口、消费“三驾马车”动力不足，新旧动能转换接续不畅，稳增长的基础还不牢固。二是行业企业区域分化趋势明显。列统的 35 个行业大类中有 12 个增长，食品、海工等行业进入上升通道，有的行业受市场波动影响明显。部分拥有核心技术、自主品牌的企业逆势增长，但一些传统企业产值、利润下降，部分中小企业生产经营困难。县市区主要经济指标增幅差距拉大，个别县市区整体下滑。一些重要改革事项推进不快，民生事业欠账较多。三是风险隐患积聚增长。金融债务风险仍处在较高水平，少数县市区债务规模较大，有些企业存有流动性风险。重点信访积案尚未全部化解，安全生产形势不容乐观，生态环境保护任重道远，全面从严治党还有薄弱环节，等等。

从利好因素来看，主要有六个方面：一是开放发展环境正在改善。尽管中美经贸摩擦仍然存在诸多不确定性，但经济全球化进程不会改变。亚太地区最重要的区域全面经济伙伴关系协定谈判明年有望正式签署；中日关系积极发展，中韩关系稳步改善，中日韩经济融合和产业互联互通进程加快，我市面向日韩开放桥头堡的作用将得到有效发挥；我国对外开放将继续往更大范围、更宽领域、更深层次方向走，开放发展面临着新的机遇。二是政策叠加效应逐步显现。国家继续实施积极的财政政策和稳健的货币政策，逆周期调节力度更加科学稳健，继续强化“六稳”措施、采取扶企惠民政策、支持实体经济发展，形成了宏观政策、微观政策、社会政策集中释放红利的良好局面。我市作为全省“三核”之一的经济地位不断巩固，山东自贸区烟台片区、跨境电商综合试验区等政策叠加优势更加突出。三是新技术应用加速布局。以 5G、区块链、人工智能为代表的新技术应用步伐加快，正在引领新一轮产业革命，由此带动的关联产业蕴含着巨大市场商机。我市是制造业大市，产业规模大、基础好，只要抓住机遇乘势而上，推动新科技革命成果与制造业深度融合，一定能够在构建现代产业体系、抢占科技竞争制高点上赢得主动、大有作为。四是新旧动能转换进程加快。连续几年的转方式、调结构，我市传统产业发生很大变化，先进结构材料和生物医药进入 66 个国家级战略性新兴产业集群，战略性新兴产业产值连年增长10%以上，新动能主导高质量发展的格局正在加快形成。五是制度创新活力持续释放。重点领域改革进入集中突破期，流程再造、开发区改革、企业改革以及自贸片区建设等一批改革创新成果，将进一步降低企业制度性交易成本，激发经济社会发展的活力。六是重大项目支撑更加有力。一批重大产业项目和交通、水源、能源等重大基础设施项目，明年将进入集中建设期。实施好这些重大项目，全市的发展后劲将更加充足，投资拉动力、产业带动力、战略支撑力将得到更大提升。综合判断，明年经济企稳回升、逐步回暖，是完全有希望的。我们要着眼当前、放眼长远，立足局部、纵观全局，辩证看待形势，准确把握大局，既要正视问题和挑战，更要看到潜力和优势，保持战略定力，增强必胜信心。

2020年处于两个百年奋斗目标的历史交汇期，是“十三五”规划的收官之年，是全面建成小康社会的决胜之年，是三大攻坚战的大考之年，是我省新旧动能转换初见成效之年，也是我市重点工程、重点项目大规模建设的大干之年。明年经济工作总的要求是：坚持以习近平新时代中国特色社会主义思想为指导，全面贯彻落实党的十九大和十九届二中、三中、四中全会精神，紧扣全面建成小康社会目标任务，坚持稳中求进工作总基调，坚持新发展理念，坚持以供给侧结构性改革为主线，坚持以改革开放为动力，坚持寻标对标、争创一流，坚定不移地加快新旧动能转换，推动高质量发展，坚决打赢三大攻坚战，全面做好“六稳”工作，统筹推进稳增长、促改革、调结构、惠民生、防风险、保稳定各项工作，确保全面建成小康社会和“十三五”规划圆满收官。

按照这个要求，明年经济工作必须紧扣重要时间节点，确保实现“多重目标”：

——作为“十三五”规划的收官之年，明年要确保完成规划确定的预期目标。明年的主要预期目标是，地区生产总值增长7%左右；固定资产投资增长7%左右；规上工业增加值增长6%以上；一般公共预算收入增长2%左右；外贸进出口稳中提质，引进外资保持稳定；城镇居民人均可支配收入增长7%左右，农村居民人均可支配收入增长7%以上；就业、节能减排、环境质量等指标全面完成。在实现“十三五”规划目标的基础上，谋划好“十四五”规划。

——作为全面建成小康社会的决胜之年，明年要确保补齐短板、加强弱项。在已提前完成生产总值和城乡居民人均收入两大指标比2010年翻一番的基础上，对照高水平全面建成小康社会目标和群众期盼，聚焦农村薄弱区域和民生保障、社会治理、制度建设等领域，扎扎实实补短板、强弱项，建成高水平的全面小康社会。

——作为三大攻坚战的大考之年，明年要确保完成各项攻坚任务。坚决打好精准脱贫攻坚战，顺利通过评估验收，实现脱贫攻坚目标任务。坚决打好污染防治攻坚战，空气质量优良率保持全省前列，重点河流环境功能区达标率超过90%，近岸海域水质优良面积比例达到97%以上，实现污染防治攻坚战阶段性目标。坚决打好防范化解重大风险特别是金融风险攻坚战，确保不发生系统性区域性金融风险。

——作为新旧动能转换初见成效之年，明年要确保率先见到效果。加快淘汰落后产能，培育壮大主导产业，扶持壮大雁阵型产业集群，战略性新兴产业产值占比持续提升，高新技术企业突破1000家，科技型中小企业突破1500家，为加快形成新动能主导经济发展的新格局奠定基础。

实现上述目标，在工作指导上要做到“四个必须”：一是必须持之以恒贯彻新发展理念。主动适应发展进入新阶段、社会主要矛盾发生深刻变化的必然要求，坚定践行创新、协调、绿色、开放、共享新发展理念，把注意力更多集中到解决各种不平衡不充分问题上，把坚持贯彻新发展理念作为检验各级领导干部的一个重要尺度。二是必须持之以恒推动高质量发展。坚持问题导向、目标导向、结果导向，贯彻落实“巩固、增强、提升、畅通”方针，加快现代化经济体系建设，注重打基础利长远，注重提升发展质量效益，注重改革开放创新，推动经济发展质量变革、效率变革、动力变革。三是必须持之以恒做好“六稳”工作。坚持“稳”字当头，全面落实“稳就业、稳金融、稳外贸、稳外资、稳投资、稳预期”措施，健全政策协同和传导落实机制，以稳促进、以进固稳，确保经济平稳增长。四是必须持之以恒守底线保安全促稳定。坚持系统思维、底线思维，增强忧患意识，全面做好政治、经济、社会、生态和意识形态等领域的风险防控，做到统筹兼顾，防止顾此失彼，守住工作底线。

具体工作中，要突出重点，抓好“十个全力推进”：

一是全力推进“三重”工作落地落实。“三重”是全市工作的“总抓手”。要举全市之力推动“三重”工作落到实处，充分发挥其在高质量发展中的支撑作用。与往年相比，明年的重点项目重点工程数量更多、投入更大，196个市级重点项目、143个市区城建重点项目、31个交通运输重点项目、82个水利工程重点项目、11个乡村振兴重点项目、100个民生重点事项“六张单子”，明年计划投资1200多亿元。要建立“要素资源跟着项目走”的保障机制和“集中力量办大事”的推进机制，整合土地、资金、能耗、排放、用海、供水等要素，探索推行“标准地”模式，跟进专项债券、引导基金，重点支持大项目好项目；统筹组织领导、审批服务、督导考核等各方力量，一切围绕项目转，一切盯着项目干。裕龙岛炼化一体化项目是我省有史以来单体投资最大的工业项目，要全力争取尽早完成项目核准，做好项目用海、“邻避”稳定等工作，确保明年开工建设。海上世界项目要加大招商力度，加快建设进度，打造高品质城市“客厅”。芝罘仙境项目是我市文旅产业发展的标志性项目，要按照“五位一体”的建设思路加快推进，力争用3～5年时间基本完成项目建设，打造山东文旅新高地。幸福新城项目是我市老旧片区集中连片整体改造的示范项目，要集中精力抓好拆迁扫尾和基础设施配套，抓好产业布局和招商引资，早日建成中心城区新的功能区。老岚水库项目是事关烟台用水安全的保障项目，要及早完成项目立项审批，确保枢纽工程明年开工。潍烟高铁项目是我市从动车时代迈向高铁时代的关键项目，要确保明年开工建设。城市轨道交通项目是推进我市中心城区互联互通的重要项目，全市上下都很关注，明年要尽快启动建设。同时，万华二期三期、华润化学、一汽宝雅新能源汽车、万华全球研发中心平台、龙口南山LNG等重点产业项目，荣莱高铁、大莱龙铁路扩能改造、蓬莱国际机场二期等重大基础设施项目，都要争分夺秒向前推，确保达到既定进度要求。

二是全力推进制造业转型升级。制造业是我市的立市之本、强市之基、兴市之要。要按照建设“制造业强市”的目标定位，制定制造业“1122十百千万”工程实施方案，组织开展传统产业提升、新兴产业倍增、智能制造升级、县域工业振兴等“十大行动”，力争到“十四五”末形成1个万亿级绿色石化产业航母、10个千亿级行业集群、20个百亿级企业方阵、200个十亿级高成长创新型企业梯队。优势产业要集群发展。深入推进“现代优势产业+人工智能”，实施链条式培育、集群化发展，不断壮大先进结构材料、生物医药和食品加工、海工装备等优势产业集群，提升产业基础能力和产业链现代化水平。传统产业要提升发展。以“四新”促“四化”，通过引进新技术、新业态、新模式，推动电子信息、汽车制造等传统产业焕发生机；加大企业技术改造力度，抓好总投资633亿元的100个过亿元技改项目，支持企业引进战略投资和先进技术嫁接改造，实施“机器换人、设备换芯、生产换线”等，推动传统企业“老树发新芽”。新兴产业要突破发展。大力培育新一代信息技术、新能源、新材料等战略性新兴产业，抢抓区块链、5G发展“风口”，推进华为“一体一园”等数字平台建设，助力数字经济与实体经济融合发展。要培育优良产业生态。以园区化提升基础承载能力、以集群化推动协同配套、以高端化聚集人才技术、以融合化推进产业创新、以绿色化开辟成长空间，做好建链、补链、延链、强链文章，打造一批引领型企业和具有公共服务功能的平台型企业，加快形成“产业+配套、平台+生态、技术+赋能”的良好产业生态。

三是全力推进服务业繁荣发展。依靠市场机制和现代科技手段，推动生产性服务业向专业化延伸，推动生活性服务业向高品质升级，推动公共服务业向普惠性拓展，促进服务业发展提速、比重提高、水平提升。培育发展现代物流业，统筹规划构建现代大物流体系，加密欧亚班列，加强与日韩港口合作，加快运营烟台—大阪航空货运航线，抓好传化智慧物流、宝能国际物流等项目建设，打造东北亚综合国际物流枢纽城市。提升发展会展业，改造提升现有展馆，加快建设开发区等展馆，合理布局配套服务设施，明年有规模、有影响的展会活动要达到100个以上，打造区域性会展名城。稳步发展现代金融业，大力引进培育金融机构，优化地方法人银行机构资本结构，发展产业金融、风险投资、融资租赁、供应链金融等新业态，明年上市挂牌企业要达到35家以上，新增社会融资规模550亿元以上，新增基金规模300亿元以上，尽快建设成为名副其实的山东省区域性基金管理中心。创新发展工业设计，办好2020世界工业设计大会，建设烟台国际设计小镇，办好中国工业设计联合创新大学，争创国家级工业设计研究院，打造中国工业设计名城。大力发展文旅产业，启动全域旅游五年行动，加快芝罘仙境、欢乐海湾等文旅项目建设，精心打造中心城区都市休闲核、蓬长生态文化核、滨海一线文化旅游带，推出一批特色优质文旅产品，叫响“仙境海岸·鲜美烟台”城市旅游品牌。加快发展时尚产业，瞄准国际时尚发展方向，聚集国内外知名时尚机构和企业，创新商业新模式新业态，支持旗源、舒朗等时尚企业做大做强，打造时尚品牌、时尚标志、时尚活动云集的现代时尚城市。重视发展夜间经济，制定扶持夜间经济相关措施，集中建设“一带十一片区”夜间经济聚集区，把烟台夜生活丰富起来、夜间消费活跃起来。

四是全力推进海洋经济发展走在前列。把海洋作为加快新旧动能转换、推动高质量发展的战略要地，大力实施海洋渔业、海工装备制造、海洋生物医药、海洋文化旅游、海洋交通运输、海水淡化及综合利用“六个突破”，具体抓好九项重点工作：加快建设长岛海洋生态文明综合试验区，争创全国首个海洋类国家公园。加快打造八角湾海洋经济创新区，推动中国海洋大学烟台蓝色种业研究院等项目尽快落地。加快建设智慧海洋牧场，10个示范项目全部投产运营，实施“百箱计划”，打造现代渔业示范区。加快建设中国海工北方总部，带动海工装备、深远海渔业装备、海洋高端旅游装备等产业向更高层次迈进。加快实施海水综合利用，依托海阳核电启动海水淡化项目、推进国家能源核能供热商用示范工程，打造海水综合利用产业基地。加快发展海洋生物医药产业，争取全国海洋中药交易中心及研究院落户烟台，积极申办世界脱盐大会、全国海洋中药论坛。加快发展海洋旅游，实施一批涉海文旅项目，推进养马岛生态旅游岛建设，促进海洋旅游由观光型向休闲度假型升级。加快建设“中国东方航天港”，以火箭海上发射为牵引，以“一港四中心”产业园为载体，引进布局科技研发和产业项目，带动火箭研发制造、发射平台制造、航天测控服务等全产业链发展。加快实施海洋生态保护，开展海洋资源本底调查，深化渤海湾综合治理，抓好海岸带保护和利用试点，实现海洋生态与海洋经济发展相融共生。

五是全力推进乡村振兴。以农业供给侧结构性改革为主线，统筹推进产业、人才、文化、生态、组织“五个振兴”。发展现代农业。认真落实加快推进苹果产业高质量发展的意见，实施苹果产业更新升级三年行动计划，着力抓好老果园改造、示范园区建设、科技创新、品牌提升等工作，高标准建设山东省苹果·果业产业技术创新创业共同体（苹果科技创新中心）和大数据中心、展示交易中心、文化博物馆，高水平筹办中国·山东国际苹果节暨果业博览会。大力发展规模高效养殖，稳定生猪生产。稳妥推行农村党支部领办合作社，力争达到2000个。建设美丽乡村。结合国土空间规划编制，优化村庄布局，稳妥推进合村并居。集中整治软弱涣散村党组织，提升农村基层党组织组织力。扎实推进农村人居环境整治，对89个乡镇、1893个村实施城乡供水一体化工程，农村规模化供水覆盖率达到50%以上。基本完成农村户厕改造任务，实现乡镇污水集中处理全覆盖，打造省级美丽乡村示范村40个以上。培育新型农民。加强职业培育和技术培训，打造有文化、懂技术、会经营的新型职业农民队伍，培养6000名以上新型经营主体带头人、6万名以上农村实用人才，为乡村振兴提供强有力的人才支撑。

六是全力推进城市综合能级提升。当前，我市已进入以城市综合能级提升带动经济社会发展的新阶段。积极参与山东半岛一体化建设，强化一盘棋思想，搞好国土空间总体规划有机衔接，加强区域协同，实现优势互补、互利共赢。推动市区一体化发展，促进功能布局优化提升、产业协同互补互促、基础设施互联互通、生态环境共治共保、公共服务共建共享，加快市区融合，提升中心城市首位度和辐射带动力。抓好重点片区开发，按照“一年起势、三年成型、五年成城”的目标，坚持高起点规划、高标准建设、高层次招商，加快芝罘仙境、海上世界、幸福新城、高铁新区、夹河新城、牟平新城、八角湾、金山湾、空港新区“九大片区”建设，拓展优化城市发展空间。实施城市更新，以担当精神解决城建领域历史遗留问题，开展城市更新三年行动，用好财政资金、专项债券和政策性金融政策，改造老旧小区203个、惠及10万户居民；加强市政管网、停车场等建设，加快推进塔山南路等26条市政道路建设，开展城市排水和污水处理三年提质增效工作，让城市更文明、更宜居。建设智慧城市，加快5G网络示范区建设，综合运用新一代信息技术，打造集智慧政务、智慧医疗、智慧交通、智慧应急等于一体的城市大脑，推动城市感知智能化、管理精细化、服务便捷化。

七是全力推进重点领域改革。突出抓好“四个一批”：攻坚一批改革重点，开发区改革，要抓紧推进12个非试点开发区改革，全面落实“党工委（管委会）+”、全员聘任制、薪酬制度、社会事务剥离等改革，在全省率先完成改革任务。国企改革，要深入实施市属国企改革“三年行动计划”，推广万华混合所有制改革经验，整体上市2家，首发上市1家。加快民营企业规范化改制，推动“个转企、小升规、规改股、股上市”，完成改制100家，新增规上企业500家以上。投融资体制改革，要优化市级投融资平台治理结构、资产结构、债务结构，提升信用评级，更好发挥融资、建设、招商、服务功能。打通一批机制堵点，推进“放管服”改革，加快流程再造，全面推行“一窗办”“一链办”“一网办”“容缺办”等，最大程度压减市级行政许可事项、办事环节、提交材料、办理时限，努力打造一流服务环境、营商环境。持续深化市区规划建设管理、农村集体产权、人才发展、文化体制等改革，启动新一轮事业单位改革。争取一批示范试点，围绕产教融合、文旅消费、城市品质提升、现代服务业聚集等方面，争取更多国家和省级改革试点，以点带面扩大改革成果。破解一批民生痛点，在抓好教育、医疗卫生、养老服务等领域改革的同时，从群众的身边事、操心事、烦心事改起，谋划推出更多切口小、见效快的改革举措，让群众共享改革红利。

八是全力推进高水平对外开放。抢抓国家新一轮对外开放机遇，积极构建深耕日韩、巩固欧美、拓展“一带一路”的对外开放新格局。“双招双引”要增量提效。发挥领导干部带头招商、园区平台招商、企业主体招商、招商队伍专业招商等几个方面的作用，聚焦八大主导产业，主攻三类500强企业，实施市场化、专业化、精准化招引，提升招引实效。跟踪落实省日韩出访活动20项招商成果，推进中韩、中日产业园建设，打造与日韩合作专属区，深化与日韩全方位合作。实施全球招商伙伴计划，围绕重点片区开发、主导产业发展和重大基础设施建设，精心筹划重大招商活动，搞好“前招商”和“后招商”的有效衔接，实际使用外资20亿美元，实际到位市外资金1400亿元，新引进三类500强项目80个以上。在开发区、高新区划出专门区域，以“标准地”方式全球精准招商，做到“落地即可开工”。对标先进城市，实施更加优惠的人才政策，新增各类高层次人才6000人以上。对外贸易要稳中提质。努力稳固传统市场，开拓“一带一路”新兴市场，发展跨境电商、服务贸易、外贸综合服务等新业态新模式，扩大大宗商品和一般消费品进口，争取“一带一路”等新兴市场进出口占比达到20%以上。自贸片区建设要闯出新路。对标国际规则标准和上海自贸区临港新片区，围绕“一个目标、五个定位、八大任务”，加强系统集成式制度创新，重点在海洋经济、中日韩合作、金融服务等方面开展特色创新，推出一批可复制可推广的首创经验，努力在全省全国自贸区建设中走在前列。

九是全力推进创新驱动。以建设国家创新型城市为引领，深化科技体制改革，提升企业自主创新能力和产业核心竞争力。充分发挥企业创新主体作用。鼓励支持龙头企业和国有企业加大科研投入，集中攻关更多具有自主知识产权的关键核心技术；培育高成长性企业，明年争取新增专精特新、隐形冠军、瞪羚、独角兽等企业50家以上。加强创新平台建设。深化与科研院所合作，推动协同创新，共建产业技术联盟，争创4家省级以上创新创业共同体、技术创新中心；加快先进材料与绿色制造实验室建设，争取在生物医药、食品加工、果业等领域科创平台建设取得新成果。实施重大科技创新工程。编制全市重点产业技术创新路线图，在重点产业领域布局一批重大科技创新项目，争取省级以上科技奖励15个以上；加快科技成果转化应用，高标准建设烟台国际技术交易市场，筹办烟台国际技术交易大会，打造面向东北亚的国际技术交易城市，争取全市技术合同成交额突破110亿元。深化校地合作。发挥驻烟台高校服务地方发展作用，引导其对接我市产业发展需求优化专业设置，对接园区平台共建科技成果转化基地，对接龙头企业共建产教联盟，提升政产学研合作水平。推进军民融合发展。加强知识产权军民双向转化运用，打通“军转民”“民参军”双向通道，建设军民融合创新示范基地。

十是全力推进民生改善。牢固树立以人民为中心的发展思想，统筹推进100项重点民生事项，增强群众的获得感、幸福感、安全感。要把做好关键时点、困难群体的基本生活保障作为重点，注重普惠性、基础性、兜底性，更好地发挥政府作用保基本。巩固脱贫攻坚成果，建立解决相对贫困的长效机制，基本消除年集体收入5万元以下的扶贫工作重点村。实施积极就业政策，突出抓好高校毕业生、农民工、退役军人等群体的就业工作，加大援企稳岗力度，防范规模性失业风险，确保新增就业10万人、零就业家庭动态清零。重视解决“一老一小”问题，按时足额发放养老金，加强城市困难群众住房保障，兜住基本生活底线；办好人民满意的教育，开工建设26处幼儿园和50所学校，支持烟台一中等市内优质学校在新城区布局建设分校区，促进教育资源均衡发展，有效解决进城务工人员子女入托贵、上学难问题。扎实推进群众性精神文明创建活动，全力争创第六届全国文明城市；实施文化惠民工程，加强公共文化服务；推进国家健康城市、医养结合试点市建设，打造“健康烟台”；深化全民参保行动，完善社会保障体系建设；完善住房市场保障体系和长效管理调控机制，促进房地产市场平稳健康发展；积极推进社区食堂建设，试行一小时公交免费换乘，全面提升公共服务均等化水平。深入践行习近平生态文明思想，坚持精准治污、科学治污、依法治污，实施“四减四增”三年行动和七大高耗能行业高质量发展方案，打好蓝天、碧水、净土保卫战，抓好移动源、工业源、生活源整治，搞好饮用水源地保护，实施昆嵛山生态治理，持续开展造林和生态修复。推进法治政府建设，争创“全国法治政府建设示范市”。完善社会矛盾纠纷多元化预防调处化解机制，集中攻坚化解历史信访积案，确保全市进京去省越级访数量保持在全省10位以后；紧扣“长效常治”目标要求，深入开展扫黑除恶专项斗争，严厉打击违法犯罪行为；全面排查消除各类安全隐患，统筹抓好安全生产、食药监管、舆情管控、护林防火、公共安全等工作，确保社会大局持续和谐稳定。

同志们，明年是全省“重点工作攻坚年”，攻坚之年要打好决胜之战。要提高党领导经济工作的能力和水平，善于从大势上着眼、全局上谋划、关键点上入手，善于从系统论出发优化治理方式，切实在“多重目标”中寻求动态平衡，在高质量发展中实现系统优化，真正把党的组织优势转化为发展优势，把党领导经济工作的制度优势转化为治理效能。各县市区各市直部门要及时准确分析复杂多变的经济形势，抓好战略性、全局性和前瞻性问题的总体谋划、统筹协调和督促落实，牢牢把握经济工作主动权。各级领导干部要全面提升驾驭全局、统筹兼顾、推动成事的能力，切实增强破解发展瓶颈、应对风险挑战、化解矛盾纠纷的本领，在各条工作战线上发挥头雁效应。广大党员干部要时刻对照“两个坐标”，瞄准“保三争二抢第一”工作标准不动摇，对标对表、争创一流，提振精气神、提高执行力。要完善担当作为的激励机制，健全正向激励和容错纠错制度，引导全市上下强化使命担当，锤炼过硬作风。越是形势复杂严峻，越要敢啃硬骨头、敢蹚地雷阵。各级还要带头过紧日子，明年日常公用经费再压减10%，一律不再新增一般公务用车，除危房改造外一律不再新建、改扩建办公用房，各类会议活动要严格精打细算、节省开支。全市上下要解放思想，改革创新，真抓实干，决战决胜全面建成小康社会，全面开创烟台各项工作新局面。

政府工作报告（摘要）

2020年1月10日烟台市第十七届人民代表大会第四次会议

烟台市市长　陈　飞

一、2019年主要工作情况

2019年，全面践行新发展理念，高质量发展迈出坚实步伐。坚定不移推动新旧动能转换，实施“腾笼换鸟”“凤凰涅槃”，经济运行呈现结构优化、动能增强、质效提升的良好态势。预计全年生产总值增长6%左右，固定资产投资增长5%左右，其中“四新”经济投资占比53.3%，比上年提高8个百分点；规模以上工业增加值增长4.5%左右，规上工业企业营业收入、利润继续保持全省领先；完成一般公共预算收入595亿元，按可比口径增长4%，财税质量不断提高，税收占比72%，提高1.1个百分点，全年为各类市场主体减税降费119.7亿元；社会消费品零售总额增长6%左右。

全面落实中央“六稳”要求，及时研判内外环境变化，全年新增城镇就业13.8万人，城镇登记失业率控制在2.4%，实现了就业稳。银行不良贷款余额较年初下降13.7亿元，不良率控制在2.68%，下降0.37个百分点，5年来首次实现“双下降”，实现了金融稳。积极应对中美经贸摩擦，全面拓展国际多元化市场，外贸进出口保持平稳。全力推动“双招双引”，一批重大项目落户烟台市，利用外资大幅增长。投资稳步扩大，民间投资增长6%，投资信心进一步增强。经济社会发展呈现良好稳定预期。

以百项“三重”工作为抓手，推进了一系列打基础利长远的大事。一期投资1379亿元的裕龙岛炼化一体化项目，作为全省新旧动能转换的标志性工程，顺利完成前期手续，上报国家待批。潍烟高铁纳入国家干线铁路网，开工准备就绪。蓬莱国际机场二期建设拉开帷幕，烟台港西港区工程加快推进，老岚水库全面启动，安置房顺利开工建设。圆满完成我国首次海上卫星发射保障任务，东方航天港启动建设。城市轨道交通建设全面提速。中心城区重点片区开发完成规划，城市建设进入新一轮发展黄金期。

中国（山东）自由贸易试验区烟台片区获国务院批复，这是烟台市继成为全国首批沿海开放城市、山东新旧动能转换综合试验区“三核”城市之后，迎来的又一重大开放机遇。向自贸区下放了760项市级行政权力和公共服务事项，自贸区建设实现了良好开局，新注册企业突破2000家，新引进外资企业46家，推出了一批可复制推广的创新经验。成功获批国家跨境电子商务综合试验区，保税港区入围国家首批转型升级的综合保税区，福山回里保税物流中心通过封关验收，烟台港口岸正式扩大开放，结束了多年临时开放的历史，机场旅客吞吐量首次突破1000万人次，对外开放呈现可喜局面。

成功举办了系列庆祝活动，极大激发了全市人民的爱国热情和奋斗精神。一年来，社会形势平安稳定，历史遗留问题得到有效解决，教育、医疗、扶贫、社会保障等领域100个重点民生事项全部落实，全市民生领域支出578亿元，占财政支出的74.6%，城镇和农村居民人均可支配收入分别达到48061元、20999元，分别增长7.1%、8.1%，提前完成全面建成小康社会翻番目标。

（一）扎实推进新旧动能转换，产业持续转型升级。大力实施制造业强市战略，161个市级重点项目完成投资563.9亿元。落后产能加快出清。对高污染、高能耗、低效益的行业和企业进行全面清理，全年关闭淘汰落后化工企业174家，清理整顿石材企业618家，累计治理“散乱污”企业6000多家，完成省下达的万元GDP能耗下降目标，清洁能源容量居全省第一。传统产业加快转型升级。实施100个过亿元重点技改项目，完成投资204亿元。支持企业与高校、科研院所开展研发合作，全年引进中科院烟台产业技术创新与育成中心等高端研发机构80家，新增省级以上创新平台46个，全社会研发投入总额达到189亿元，居全省第二位。全市有22个项目获省科技奖、占全省1/5，6个项目获省科技进步一等奖、居全省首位。中集“蓝鲸2号”、荣昌“红斑狼疮新药”等一批关键技术相继攻克，填补了国内空白。推动科技成果加速向企业转移转化，全年技术合同成交额首次突破100亿元。万华百万吨乙烯、尼龙12、华润化学等一批项目加快建设，高端化工产业增加值增长20%以上。通用东岳汽车新车型、CVT变速器、海尔智慧厨房互联工厂等一批项目建成投产，南山、招金、瑞康等企业入围中国企业500强，张裕、冰轮等企业进入各行业品牌价值榜单，烟台获“2019中国品牌城市”称号。战略性新兴产业加速成长。生物医药产业、先进结构材料产业入选全国首批66个国家级战略性新兴产业集群，数量居全省首位。睿创微纳成为全国首批、全省首家科创板上市企业。全市新增高新技术企业182家，同比增长119%；新增国家级制造业单项冠军企业2家，省级独角兽企业2家、“专精特新”企业51家、瞪羚企业33家；新备案国家科技型中小企业1242家，占全省近1/6，创新型企业呈爆发式增长态势。一年来，全市战略性新兴产业产值增长10%以上，其中，新能源产业增长70%，高端装备制造产业增长50%，生物产业增长30%以上。全市新建5G基站突破1200个。海洋特色优势更加突出，海洋主要产业产值增长10.7%，与中集集团共建中国海工北方总部，新建省级海洋工程技术协同创新中心8个，海洋牧场总面积达到105万亩。现代服务业蓬勃发展。成功举办国际果蔬食品博览会、医药创新与发展国际会议等会展活动117场，烟台市被评为全国十大优秀会展城市。世界工业设计大会取得圆满成功，山东省工业设计研究院落户烟台市，国际设计小镇启动建设。金融生态进一步优化，出台“1+4”政策体系，政银企合作更加主动，金融资产规模突破1万亿元，金融业增加值增长6.5%以上，增幅为近3年最高，本外币存贷款余额分别比年初增加890亿元、249亿元，普惠型小微企业贷款余额增长20%。各类基金认缴规模达到2005亿元，区域性基金管理中心建设迈出新步伐。全年港口货物吞吐量3.86亿吨，旅游消费总额突破1200亿元。“双招双引”取得丰硕成果。组建市级专业招商团队，设立日本、韩国、香港三个境外经济合作中心，成立北京、上海、深圳三个境内招商代表处，全年成功举办105场境内外招商活动，共引进世界500强项目39个，中国500强项目51个，民营500强项目10个，引进年产50万辆一汽宝雅新能源汽车、中海油LNG、华为大数据产业园、石药生物医药产业园等投资10亿元以上项目155个，实际到位市外资金1385亿元，增长26%，超额完成全年目标任务。成功举办产才交流大会等高质量招才引智活动，全年新增各类人才4.8万人，其中高层次人才6500多人，1人获“齐鲁大工匠”称号。营商环境不断优化。出台加快流程再造工作实施方案，实现“一次办好”全覆盖，企业和群众办事更加方便高效。实行施工许可容缺审查机制，557个项目获许容缺开工。“数字政府”加快建设，政务数据归集工作在全省率先完成，“烟台一手通”政务服务APP上线运行，全市可网办事项占申请事项的98.2%。出台优化涉外服务环境17条，设立外商服务大使1152名。城市信用监测指数列全国地级市第4名。烟台市深化商事制度改革成效显著，受到国务院督查激励。

（二）扎实推进改革开放，发展活力持续增强。关键领域改革向纵深推进。新争取省级以上改革试点120项。顺利完成市县乡政府机构改革。实施国有企业改革三年行动计划，市管企业混合所有制比例、资产证券率分别达到63%和65%。大力推动投融资体制改革，调整市级投融资公司管理体制，优化国有资本布局，新组建轨道交通集团、水业集团和国有资本运营集团，国丰集团获评AAA信用等级，融资瓶颈得到有效破解。出台支持民营经济高质量发展30条措施，全年完成规范化改制企业122家，新增“个转企”3195家、规上工业企业300家以上。开展市以下财政事权与支出责任划分改革，市级财政透明度连续三年位列全国地级市首位。启动开发区体制机制改革，实施17项改革举措，取得积极成效。深化农村改革，95.3%的村居完成集体产权制度改革任务。教育、文化、卫生等领域改革取得新成效。开放合作水平进一步提高。多元化开拓国际市场，对“一带一路”沿线国家和地区进出口增长10%以上，一般贸易进出口占全市贸易总额的43%，提高2个百分点，服务贸易进出口增长15%。欧亚班列发运86列，是年度计划的2.1倍。加强对日韩经贸交流，举办“百家韩企烟台行”等招商活动，共签约日韩项目120个，合同利用日韩资金9.7亿美元，中韩产业园引进韩资项目45个，山东中日产业技术研究院落户烟台市，中意产业园挂牌成立。烟台市与牙买加金斯敦市、韩国扶余郡缔结友城，国际“朋友圈”继续扩大。

（三）扎实推进城市建设，城市功能品质持续提高。在全省率先开展国土空间总体规划编制试点，5处省级自然保护区范围和功能区获批调整，正式启用土地二级市场。重点片区开发拉开框架，海上世界项目启动征迁，芝罘湾广场开工建设；芝罘仙境项目拉开了“五位一体”建设框架；幸福新城、高铁新区启动建设，征迁面积超过500万平方米，签约落户项目16个；八角湾中央创新区完成规划，哈尔滨工程大学研究生院主体完工；夹河新城冰上运动综合体、中传文创等项目开工建设。90项市区城建重点项目完成投资201亿元。大莱龙铁路扩能改造全线铺开，文莱高速公路顺利推进，9条国省干线公路竣工。统筹中心城区基础设施一体化布局，新建整修市区道路23条，打通3条隧道，塔山南路基本贯通。全市新增集中供热面积649万平方米，完成雨污管网改造83公里，建设海绵城市38平方公里。开工建设棚改安置房3607套，改造老旧小区13个。治理违法建设1520万平方米，清理“大棚房”79处，整治违建别墅373栋。针对群众关心的交通拥堵问题，开展市区交通堵点集中治理，对84处路口进行重新渠化，打通一批断头路，优化调整和开通公交线路46条，新增新能源公交车100辆。大力整治交通秩序，重拳打击非法营运，市民出行安全得到有效保障。改造公园、绿地、街景59处，新建绿道16.3公里，城市更加绿意盎然、生机勃发。

（四）扎实推进农业农村工作，乡村振兴持续发力。进一步巩固脱贫攻坚成果，市县两级万名干部走访贫困群众3.5万户，统筹各级专项扶贫资金1.7亿元，完成贫困户危房改造1561户，实施产业扶贫项目704个，带动3.3万贫困人口实现增收。援藏援疆和东西部扶贫协作工作也取得实效。

大力实施乡村振兴战略，创建省市级乡村振兴齐鲁样板示范区12个。完成涉农资金整合，设立48亿元的乡村振兴重大专项资金，集中财力保重点。农业生产提质增效。建成粮油绿色高质高效核心区5万亩、高标准农田25万亩。出台苹果产业高质量发展意见，推动苹果产业全面转型升级。新认证“三品一标”264个，新增国家级农业产业化龙头企业2家，农产品质量和竞争力稳步提升。新增农民专业合作社2650家、家庭农场811个。有效应对非洲猪瘟等动植物疫情。农村人居环境提档升级。全面开展农村人居环境整治，8个村入选全省美丽村居试点。完成库区移民项目105项。改造建设“四好农村路”1742公里，改造危桥76座。实施农村改厕11万户、清洁取暖3万户。农民生活持续改善。村党支部领办合作社1470个，带动群众增收4.9亿元。建立15个县级新时代文明实践中心、159个镇（街）分中心、3103个村级实践站，乡风更加文明。开展农村人才培训8.6万人次。深入推进“三创两提升”工程，以党建引领乡村治理体系更加完善。

（五）扎实推进污染防治，生态环境质量持续改善。深入践行习近平生态文明思想，有序整改中央和省环保督察反馈意见及“回头看”移交问题，成立市生态环保委，全面落实河长制、湖长制、湾长制、林长制，生态文明建设再上新水平。坚决打好蓝天保卫战。集中开展城市扬尘综合整治，改造燃气锅炉138个，淘汰国二及以下柴油货车3846辆，建成乡镇空气质量自动监测站138个，市区空气质量保持国家二级标准。坚决打好碧水保卫战。投资46.4亿元实施了66项全域治水工程，26条重点河流氨氮指标改善51.3%，获得“全国水生态文明城市”荣誉。集中清理整治涉海排污问题，渤海区域一二类水质比例达到98.6%。坚决打好净土保卫战。建立危险废物污染防控长效机制。新造林和生态修复14万亩，昆嵛山生态保护良好，赤松林入选“中国最美森林”。加快建设长岛海洋生态文明综合试验区，省市确定的102项重点任务有序推进，长岛被生态环境部命名为“绿水青山就是金山银山”实践创新基地。

（六）扎实推进社会事业，民生福祉持续提升。办好人民满意的教育，累计投入26亿元实施学前教育三年行动、消除大班额工程和高中阶段普及攻坚，新建和改扩建学校48所、幼儿园138所，资助贫困家庭学生4953人次。积极支持驻烟台高校发展，全面落实校地合作联席会议制度，推进实施校地合作项目74个。职业教育稳步发展，对外合作能力不断提高。加强卫生健康服务，烟台山医院莱山新院区投入使用，国际肿瘤医学中心主体封顶。基层医疗卫生条件得到改善，创建8个国家卫生乡镇，78个村卫生室达到市级以上示范标准。深化养老服务，新增医养结合机构10个、床位3262张，医养结合“烟台模式”在全国推广。加大社会保障力度，城乡低保标准分别提高到每月615元和440元，企业退休人员基本养老金人均每月增加148元，居民基本医疗保险补助标准由490元提高到520元，为困难群众发放社会救助资金和社会福利5.9亿元，为10460户居民发放住房租赁补贴。将高血压、糖尿病门诊用药纳入医保报销，居民大病保险最低报销比例从50%提高到60%。大幅提高残疾儿童康复救助标准，缓解了家庭和社会压力。举办首届烟台市民文化节，组织文化惠民演出1万余场，新建城市书房17处，群众性体育活动蓬勃开展。

顺应群众高品质生活需求，实施了一批便民利民实事。解决了市区76个居民小区、6万余户居民不动产登记遗留问题，复工建设12个城市拆迁和旧村改造烂尾工程，以实际行动化解群众心中堵点。烟台市成为全国第二个实行“一元公交”的地级市。建成55处市民社区食堂，在家门口解决社区居民特别是老年人就餐难问题。改造城市慢行步道31公里，群众健身有了好去处。实施农村饮水安全攻坚行动，解决了888个村、48.3万农村群众饮水不安全问题。针对特大旱情，各级党政机关心系群众，下乡送水1828吨，紧急调水1.6亿立方米，有效缓解了群众饮水困难。

扎实推进平安烟台建设。深入开展扫黑除恶专项斗争，累计破获黑社会性质犯罪组织16个、恶势力犯罪集团60个、涉恶类团伙593个，群众的安全感进一步增强。圆满完成国庆安保维稳任务，信访积案得到有效化解，部分退役士兵保险接续代办服务走在全省前列。构建城市公共安全管理体系，生产安全事故起数和死亡人数分别下降35.4%和44.4%，全年没有发生较大以上事故，成为全省首批安全发展示范城市试点。国防动员、民兵预备役、人民防空等工作顺利开展。民族宗教、人口计生、妇女儿童、史志档案、地震气象、机关事务、新闻出版、广播电视、红十字、仲裁、打私等工作取得新成绩。

（七）扎实推进主题教育，政府自身建设持续加强。深入开展“不忘初心、牢记使命”主题教育，全面落实“守初心、担使命、找差距、抓落实”的总要求，认真开展学习教育、调查研究、检视问题、整改落实，推动主题教育取得了实实在在的效果。坚持向市人大及其常委会报告工作，自觉接受人大法律监督、政协民主监督、社会舆论监督，认真听取社会各界意见，办结市人大代表建议183件、政协提案511件，办理各民主党派、工商联提出的意见建议50条。加强法治政府建设，全面推动依法治市，提请市人大常委会审议通过地方性法规3件，行政执法监督“四全”模式被司法部推广。全面减轻基层负担，全年政府系统制发文件数量和会议数量分别减少45.5%和43.8%。推出《问政烟台》节目，推动解决了一批群众关心、社会关注的难点问题。加强行政监察和审计监督。严格落实全面从严治党主体责任，全市纪检监察机关共立案4156件，处分3666人，查处违反中央八项规定精神问题508起，党风廉政建设和反腐败工作取得积极成效。

过去的一年成绩来之不易。这是以习近平同志为核心的党中央正确领导的结果，是省委、省政府和市委科学决策的结果，是市人大、市政协和社会各界监督支持的结果，是全市人民团结一心、共同奋斗的结果。

在肯定成绩的同时，也要清醒地认识到，政府工作还存在不少问题和不足，主要是：对习近平新时代中国特色社会主义思想学习运用不到位，离“学懂弄通做实”的要求还有差距；新旧动能转换接续不畅，经济下行压力仍然很大；生态建设仍然薄弱，治理任务还很艰巨；城乡基本公共服务还不平衡，农村生产生活条件亟待改善，民生工作离群众期望仍有较大差距；法治政府建设存在短板，政府治理能力现代化水平亟需提高；一些干部思想不够解放、担当精神不强，仍存在形式主义、官僚主义的问题，一些领域腐败问题时有发生，党风廉政建设还任重道远，等等。对这些问题，一定高度重视，采取有力措施认真加以解决。

二、2020年工作安排

2020年是全面建成小康社会的关键之年，是“十三五”规划的收官之年，做好今年的工作意义重大。

政府工作的总体思路是：以习近平新时代中国特色社会主义思想为指导，全面贯彻党的十九大和十九届二中、三中、四中全会精神，深入落实习近平总书记对山东工作的重要指示要求，紧扣全面建成小康社会目标任务，坚持稳中求进工作总基调，坚持新发展理念，坚持以供给侧结构性改革为主线，坚持以改革开放为动力，努力推动高质量发展，坚决打赢三大攻坚战，加快新旧动能转换，大力实施百项“三重”工作，全面做好“六稳”工作，统筹推进稳增长、促改革、调结构、惠民生、防风险、保稳定各项工作，保持经济运行在合理区间，确保全面建成小康社会和“十三五”规划圆满收官。

今年全市经济社会发展的主要目标是：生产总值增长7%左右，一般公共预算收入增长2%左右，规模以上工业增加值增长6%以上，固定资产投资增长7%左右，社会消费品零售总额增长7%左右，外贸进出口稳中提质，引进外资保持稳定，城镇居民人均可支配收入增长7%左右，农村居民人均可支配收入增长7%以上，居民消费价格涨幅3.5%左右，完成省下达的节能减排任务目标。提出上述目标，统筹考虑了全面建成小康社会目标要求，充分估计了当前经济形势，符合我市发展实际，是积极稳妥的。

做好今年政府工作，要着重把握好以下四个方面：一要更加突出政治建设。始终在思想上政治上行动上同以习近平同志为核心的党中央保持高度一致，旗帜鲜明讲政治，自觉把政治标准和政治要求贯穿于政府工作全过程，坚持和加强党的全面领导，切实增强“四个意识”、坚定“四个自信”、做到“两个维护”。二要更加突出创新发展。实现高质量发展和动能转换的根本出路是不断创新，要营造更加有利于创新的发展环境和社会环境，我们就必须继续深化各领域改革。我们的城市蕴含着巨大的创新潜能，要打破一切体制机制障碍，更加尊重市场、爱惜人才、支持创造，让企业家、科研人员和广大创业者在烟台尽情施展创新才华！三要更加突出统筹协调。强化全局意识，树立战略思维，坚持统筹兼顾，着力解决产业之间、县域之间、城乡之间发展不平衡不充分的问题。把经济增长与生态环保、安全生产、社会稳定、民生改善一体谋划、一体推进，在多重目标中寻求动态平衡，不断增强发展的系统性、协调性和可持续性。四要更加突出以人民为中心。始终牢记“全心全意为人民服务”的根本宗旨，把民生工作考虑得更细一些，抓得再紧一些，既谋划好普惠民生的大事，更要解决好群众身边的小事，特别要解决好伤害群众利益的各类历史遗留问题，逢山开路、遇水架桥，一个难题一个难题破解，让人民群众带着满满的获得感、幸福感、安全感迈入小康社会！

2020 年的政府工作，重点抓好七个方面：

（一）着力推动经济高质量发展。坚持“巩固、增强、提升、畅通”方针，加快构建以战略性新兴产业为先导、先进制造业为主体、现代服务业为支撑的现代产业体系。

加快培育战略性新兴产业。重点发展“新一代信息技术、智能制造、生物技术与大健康、航空航天、海洋经济、新材料、新能源和数字创意”等八个战略性新兴产业，做大做强生物医药、先进结构材料两大国家级战略性新兴产业集群，加快推进人工智能、集成电路、区块链技术、新能源汽车、氢能利用、医养健康等新兴产业发展。出台加快 5G 产业发展意见，建设 5G 基站 3550 个以上，打造全省 5G 网络示范区。全力推进东方航天港建设，积极争取上级支持，高水平建设海上卫星发射母港基地，打造集星箭研发制造于一体的产业新高地。大力引进涉海科研机构，建设中国海工北方总部，努力提高我市海工装备制造的技术水平和市场竞争力。启动“百箱计划”，在烟台海域建设亚洲规模最大、装备水平最高、综合效益最好的海洋牧场。大力推进“双招双引”，实施全球招商伙伴计划，强化与央企、省属国企的战略合作，全年新引进投资 10 亿元以上项目 160 个以上，实际到位市外资金 1400 亿元以上。在烟台开发区、高新区等地，以“标准地”方式建设国际招商产业园，大力实施国际产业合作和精准招商。建立“资源要素跟着项目走”机制，集中资源支持大项目、好项目，实行“亩产效益”评价，推动专项债券、引导基金等及时跟进保障。

加快建设制造业强市。坚持以“四新”促“四化”，抓好年度投资 660.4 亿元的 197 个市级重点项目，实施 100 个投资过亿元技改项目。支持万华集团建设世界一流化工企业，支持裕龙岛炼化一体化项目高标准建设，构建高端石化产业发展“双优势”。支持通用东岳汽车基地更新换代，开工建设一汽宝雅新能源汽车项目，打造高端汽车产业发展“双龙头”。实施“现代优势产业集群 + 人工智能”计划，重视工业互联网应用，深入推进绿色制造。实施质量强市战略，提升发展葡萄酒、黄金等传统优势产业，大力振兴“老字号”，培育壮大新品牌。支持民营经济高质量发展，全面落实减税降费政策，让减负红利最大程度地惠及企业。积极引导民营企业建立现代企业制度，指导上市企业规范经营发展，全年实现 100 家民营企业规范化改制，完成“个转企”2000 户以上，新增规上企业 500 家、上市挂牌企业 35 家以上。各级政府要进一步优化服务企业工作机制，常态化开展“进现场、解难题、促发展”专项工作，积极构建亲清新型政商关系，扑下身子、千方百计帮助企业特别是民营企业解决问题、度过难关。要理解、尊重、爱护、支持企业家，让广大企业家在烟台心无旁骛干事业、踏踏实实谋发展！

加快发展现代服务业。推动生产性服务业向专业化和价值链高端延伸。以更加开放的姿态，加快引进各类高水平专业服务机构和中介组织落户烟台，形成更有竞争力的城市营商环境。充分发挥中德工业设计中心作用，高水平办好 2020 世界工业设计大会，把烟台打造成为中国工业设计名城。促进会展业高水平发展，全年继续举办有规模、有影响力的会展活动 100 场以上。金融业要实现新发展，引导金融机构加大服务实体经济力度，推动无还本续贷、企业中长期贷款等政策落地。加快推进区域性基金管理中心建设，新增基金认缴规模 300 亿元以上。推动生活性服务业向高品质和多样化升级。完善城市商业网点规划，布局一批高端酒店、特色街区、现代商贸综合体。大力发展家政服务业，打造“烟台大姐”等家政服务品牌。制定扶持夜间经济相关措施，集中建设“一带十一片区”聚集区，繁荣“夜游、夜娱、夜食、夜购”等消费业态。启动全域旅游五年行动，加快芝罘仙境、欢乐海湾、复星文旅、养马岛生态旅游岛等重点文旅项目建设，争创国家文化和旅游消费试点城市，叫响“仙境海岸 · 鲜美烟台”城市品牌。

（二）深入实施创新驱动发展战略。全面提升科技服务能力，推动“大众创业、万众创新”，努力建设国家创新型城市。

打造优势突出的创新载体。2020 年市级财政安排 10 亿元专项资金，重点支持与中科院等大院大所和国内外知名高校的合作，建设集成电路、康复产业等市级公共技术研发平台，支持已有的创新平台做大做强，提高协同创新能力。全力支持烟台先进材料与绿色制造研究院等争创“山东省实验室”，力争全年新增省级以上创新平台 50 个以上，省级创新创业共同体和技术创新中心 4 个以上。发挥企业在创新中的主体作用，支持骨干企业建立全球研发中心，推动全市创新型企业普遍建立研发机构，支持更多企业在科创板上市。全市高新技术企业要突破 1000 家、科技型中小企业突破1500家。

高度重视人才工作。人才是最宝贵的资源，吸引人才的能力是一个城市最重要的竞争力。要以海纳百川的胸怀，面向全球吸引高端人才“慧聚烟台”。要加大力度，出台新一轮的人才政策，提高政策的精准性和吸引力。要集中力量办好首届国际人才创新创业周等高端交流活动，努力吸引驻烟台高校毕业生留烟就业创业，力争全年新增高层次人才6000名以上。要大力弘扬工匠精神和劳模精神，重视技能型人才培育，实施“烟台工匠”建设工程，举办有影响力的技能大赛，力争三年培养10万名技能人才。

加强创新领域国际合作。高水平举办首届烟台国际技术交易大会，促进技术成果集中转移转化，把烟台市打造成东亚地区重要的国际技术交易城市。加强与日韩的技术交流，支持日韩企业在我市设立更多的研发机构。深化与“一带一路”沿线国家和地区科技合作，发挥中俄高新技术产业化合作示范基地、丝绸之路高科技园区联盟等平台的重要作用。加强与国外知名大学的交流，争取更多的高端学术活动在我市举办。

（三）坚决打好三大攻坚战。全面建成小康社会要求必须树立底线思维，以攻坚的姿态，补齐发展短板。

坚决打赢精准脱贫攻坚战。以对党和群众高度负责的态度，对全市536个扶贫工作重点村、所有建档立卡贫困人口全面开展“回头看”，以“严”和“实”的标准抓重点、补短板、强弱项，稳定实现“两不愁三保障”。建立健全长效机制，强化产业扶贫和兜底保障帮扶措施，基本消除年集体收入3万元以下的扶贫工作重点村，健全落实即时帮扶机制，防止返贫和新致贫，巩固提升脱贫攻坚成果。

坚决打赢污染防治攻坚战。牢固树立“绿水青山就是金山银山”理念，年内组织开展市级环保督察，全面排查整改突出问题。大力实施大气污染综合治理攻坚行动，争取各县市区空气质量均达到国家二级标准。严格落实河长制、湖长制，重点河流环境功能区达标率超过90%。加大土壤管控和修复力度，强化危险废物处置监管，加强建筑垃圾资源化利用。加大力度，深化渤海湾综合治理，确保重点入海河流消除劣V类水体，近岸海域水质优良面积达到省考核要求。全力保护好我们的长岛，支持长岛争创海洋类国家公园，建设海洋生态文明综合试验区。加大对各类自然保护区保护力度，开展昆嵛山生态治理，守护好宝贵的生态资源。大力实施“碧水绕城”工程，加大城市河流生态补水力度。完成造林和生态修复8万亩，让绿水青山、碧海蓝天成为永远自豪的城市名片。

坚决打赢防范化解重大风险攻坚战。重视金融领域风险，不断丰富化解金融风险的政策“工具箱”。实施“金桥”计划，市级设立5亿元企业应急纾困基金，发挥好各级政策性担保公司的作用，帮助企业解决流动性困难。严厉打击金融违法行为，有序化解政府隐性债务风险，全年银行机构不良贷款率要控制在3%以内。加快构建城市公共安全管理体系，扎实开展安全生产集中整治，建成省级安全发展示范城市。强化应急体制机制建设，提高灾害事故应急处置能力。严防严控食品药品安全风险。完善社会矛盾纠纷多元化调处化解机制，集中攻坚化解历史信访积案。紧扣“长效常治”目标，深入推进扫黑除恶专项斗争，严厉打击各类违法犯罪活动，争创全国社会治安防控体系建设示范城市。

（四）推动城乡统筹发展。坚持城乡一体化发展，全面提高城市建设水平，促进农村健康发展。

抓好重点片区开发。坚持高水平规划、高水平建设、高水平合作，全面启动芝罘仙境、海上世界、幸福新城、高铁新区、夹河新城、牟平新城、八角湾中央创新区、金山湾区、空港新区“九大片区”建设，拓展优化城市发展空间，推动区域融合发展，在中心城区形成多组团同步崛起的城市开发建设新局面，导入优质公共资源，以重点片区的开发引领城市功能迭代升级，为烟台人民建设更好的城市、创造更好的生活。

推进重大基础设施建设。开工建设潍烟高铁，把烟台南站扩建成现代化综合客运交通枢纽。启动建设城市轨道交通1号线，完成立项、融资、设计等各项工作，开启烟台的地铁时代。推动大莱龙铁路扩能改造工程建成通车，开工建设莱荣铁路，建成文莱高速公路。加快建设蓬莱国际机场二期工程，开工建设烟台港西港区LNG接收站等项目。启动海阳核电大型海水淡化项目，争取核准建设核电3、4号机组。老岚水库枢纽工程确保年内开工，82项重点水利工程实施建设。加快建设长岛综合交通枢纽工程。完成7个国省干线工程建设。

提高城市建设管理水平。启动城市更新三年计划，大力推进“绿化、美化、亮化，治堵、治乱、治差”，年内实施133项市区城建重点项目，完成投资263.6亿元，加快27条道路建设，塔山南路建成通车，机场路立交桥建成投用。大规模开展老旧小区改造，年内投资16亿元，启动203个老旧小区改造，惠及10万户居民，完善背街小巷照明设施，让群众家门口的路灯全亮起来。出台政策，支持条件成熟的老旧楼房加装电梯。坚持“房住不炒”定位，推动房地产市场健康稳定发展。坚决清理整治违法建设和违建别墅，加大闲置土地的处置力度。深化交通拥堵治理，坚持标本兼治，新建停车设施，加快城市立体交通建设步伐。加大力度推动垃圾分类管理，各级公共机构要带头实行垃圾分类，年内生活垃圾分类覆盖面达到35%以上。抓好供水管网改造工程，完成37公里雨污分流改造，实施14条道路绿化提升，再新增新能源公交车100辆以上。

深入推进乡村振兴。更加重视农业农村工作，统筹推进“五个振兴”，谱写乡村振兴齐鲁样板烟台篇章。大力发展现代农业。抓好粮食生产，保持优质果品和海产品竞争力，做好生猪稳产保供。努力提升烟台苹果的发展水平，改造40万亩老劣果园，引入市场资源建设大型果园，持续增加产业投入和科技投入。支持蓬莱打造“丘山谷地”，建设世界级葡萄、葡萄酒主产区和旅游目的地。大力发展农产品加工业，稳定外贸出口。稳步推进村党支部领办合作社，提高农业生产的组织化程度。努力建设美丽乡村。科学规划村庄布局，有序推进合村并居。实施农村人居环境整治，高标准打造省级美丽乡村示范村40个以上。投资69亿元，大力实施城乡供水一体化工程，今年对89个乡镇、1893个村按照“同源、同质”标准，实施供水一体化改造，农村规模化供水覆盖率达到50%以上，用两年的时间基本实现全覆盖，一定要让农村群众喝上与城市居民一样的放心水！加快推进农村危房改造和清洁取暖，所有乡镇要建设污水处理设施，三分之一以上的行政村完成生活污水治理，基本完成农村户厕改造任务，完善后续管理机制。推进“四好农村路”建设，改造农村公路1390公里，建成农村客运站点1004个。积极培育新型农民。鼓励各类人才返乡下乡创业创新，培养2800名以上新型经营主体带头人、6万名以上农村实用人才。深入实施乡村文化振兴工程，推进新时代文明实践中心建设，引导村民讲文明、树新风，塑造乡村文化生态。

（五）深入实施重点领域改革。深化国有企业改革。建立市属国企外部董事制度，推动冰轮集团、泰和新材整体上市和密封科技首发上市，市管企业混合所有制比例达到65%以上。深化投融资体制改革。持续优化国有投融资公司的治理结构、资产结构和债务结构，更好发挥融资功能，有效防控债务风险，年内再新增1家AAA级信用企业。深化开发区改革。全面推开省级以上开发区体制机制改革，落实全员聘任制、绩效薪酬、社会事务剥离等改革措施，在全省率先完成改革任务，激发园区发展活力。深化农村改革。加快农村宅基地确权颁证，推进“三权分置”试点和集体经营性建设用地入市，完成农村集体产权制度改革任务。坚持土地承包关系长久稳定，发展多种形式的适度规模经营，进一步提高农村土地流转率。积极稳妥推进其他领域的改革任务。

（六）推进更高水平对外开放。要在更大范围、更宽领域、更深层次上全面开放，在山东打造对外开放新高地中发挥“桥头堡”作用。

积极扩大对内对外双向开放。国内，全面加强与京津冀、长三角和粤港澳大湾区的经贸合作，深度融入山东半岛城市群发展，加强区域协同，实现互利共赢。对外，以对日、韩合作为重点，全面加强工作机制，开辟新的局面。稳住与欧美的经贸关系，全力扩大与“一带一路”沿线国家和地区的交往，拓展与东盟国家的产业合作，争取新兴市场进出口占比达到20%以上。持续推进投资贸易便利化，全年一般贸易出口占比达到45%以上，跨境电商交易额增长20%以上，服务贸易增长8%以上。

支持自贸区提速发展。对标国际标准，进一步提升烟台自贸片区的创新能力。市级将继续向自贸区下放管理权限，注入优质资源，全方位支持自贸区打造办事效率最高、营商环境最好、发展活力最强的开放新高地。要突出日韩合作特色和高端装备发展优势，壮大中韩产业园规模，启动建设中日产业园，打造中日韩合作先行区。自贸区要勇于探索、自我加压，多形成可复制可推广的创新经验，支持全市高质量发展。

打造一流营商环境。深化“放管服”改革，进一步简政放权、优化服务，以“一次办好”为导向，深化流程再造。加快“数字政府”建设，推动电子证照互认互通，优化“烟台一手通”APP服务，80%以上政务服务事项要实现“移动办理”。市级涉企审批事项全部实现容缺受理，开辟重点项目审批“绿色通道”。畅通政务服务热线、《问政烟台》等民意诉求表达渠道，有效解决群众合理诉求。政府要带头讲诚信守契约，决不能“新官不理旧账”。要进一步优化涉外服务环境和口岸营商环境，努力提升城市国际化水平。

（七）以更大力度保障和改善民生。我们的一切工作都是为了造福群众。各级政府都要过紧日子，集中财力办好民生事项，全力保障民生支出。

实施就业优先政策。全年新增就业13万人，城镇登记失业率控制在3.5%以内。开展职业技能提升行动，全年培训6万人次以上。实施就业援助专项行动，确保零就业家庭动态清零。加大援企稳岗力度，将阶段性降低失业保险缴费比例、失业保险稳岗返还等政策，再延续实施1年。加大农民工欠薪治理力度，稳定农村劳动力转移就业。

提高社会保障水平。扩大全民参保覆盖面，完善社会救助制度，提升城乡低保标准，将失能特困人员集中供养率提高到50%以上，为65岁以上老年参保居民增加基础养老金，为重度肢体残疾人提供居家康复和小型器具适配服务。深入推进殡葬改革，规划建设市县乡村四级公益性公墓。开工建设棚改安置房792套，基本建成1320套，为9000户住房困难家庭发放住房租赁补贴。

提升教育发展质量。加强公办幼儿园建设，新开建26处幼儿园，扶持普惠性民办幼儿园发展。推进义务教育薄弱环节改善与能力提升工程，新建50所学校，基本消除城镇普通中小学大班额。努力减轻学生课业负担。全面开展小学生课后服务。启动建设烟台一中分校区。提高农村教育质量，推动教育资源优质均衡发展。积极引进国内名校和国际教育资源。重视职业教育发展，推动产教深度融合。全力支持驻烟台高校发展，推动高校与城市创新资源深度融合，培养更多高质量人才。

推进健康烟台建设。深化医药卫生体制改革，统筹推进“三医联动”，深入推行分级诊疗，改革医保支付方式，扩建烟台口腔医院，支持医学中心建设。全面加强基层医疗卫生机构服务能力，提升乡镇卫生院、社区卫生服务中心建设标准，提高村卫生室的保障能力，强化基层医疗卫生队伍建设，让基层的医生能安心为群众看病，减少后顾之忧。关心养老事业，全面提高医养结合机构服务水平，新增养老床位3000张以上。高质量做好第七次全国人口普查工作。广泛开展全民健身活动，在城区新建笼式足球、灯光球场、健身广场等设施，为500个村庄安装健身器材，积极发展冰雪运动、水上运动，提高人民群众健康水平，让城市充满朝气和活力。

繁荣发展文化事业。积极践行社会主义核心价值观，大力弘扬优秀传统文化，传承红色基因，加强爱国主义教育和新时代公民道德建设，强化文化遗产保护利用，创作文艺精品，讲好烟台故事。高度重视做好意识形态工作，支持党报党刊和广播电视、新闻出版事业发展，推动媒体深度融合，做大做强主流舆论。完善城乡公共文化服务体系，启动建设市科技馆、图书馆、博物馆、文化创意馆。举办市民文化节和文化惠民消费季，让“书香烟台”成为特色文化品牌。全力争创第六届全国文明城市，让文明之风浸润港城。

烟台素有拥军优属的光荣传统，要加强国防教育、国防动员、民兵预备役等工作，推动军民融合深度发展，健全退役军人服务保障体系，做好优抚安置工作，全力争创全国双拥模范城。

三、建设人民满意的服务型政府

要以党建统领全局。坚持把抓好党建作为最大政绩，自觉用习近平新时代中国特色社会主义思想武装头脑、指导实践、推动工作。要把“不忘初心、牢记使命”作为加强党的建设的永恒课题和全体党员、干部的终身课题，形成长效机制。加强各级政府党组自身建设，不断提高理论素养、政治素养，以党的建设统领政府各项工作，始终保持正确的方向。

要坚持依法行政。“法无授权不可为，法定职责必须为”。要全面规范政府部门权责清单，厘清政府和市场、政府和社会的关系。加强法治政府建设，构建职责明确、依法行政的政府治理体系，争创全国法治政府建设示范市。要依法接受人大及其常委会监督，自觉接受政协民主监督，广泛听取各民主党派、工商联、无党派人士和各人民团体意见。今年起市政府组成部门要开展“向代表述职、请委员评议”工作，年初向人大代表、政协委员报告全年工作计划，年终报告工作成效，更大程度接受人民群众监督。

要攻坚克难抓落实。今年政府工作确定为“制度建设年”和“重点工作攻坚年”，完善制度体系，以制度建设提高治理体系和治理能力现代化水平。牢固树立“保三争二抢第一”的工作标准，尚实干、勇担当，不做太平官、不当老好人，以攻坚的姿态打好主动仗、精准仗，全力落实中央、省委、市委的各项部署，全力推进全市“三重”工作，全力做好服务和保障民生的各项任务。

要建设廉洁政府。全面贯彻从严治党各项要求，认真履行党风廉政建设责任制，严格落实中央八项规定及其实施细则，驰而不息纠治“四风”，深入整治形式主义、官僚主义，坚决不搞劳民伤财的形象工程、政绩工程，持续减轻基层负担。严格控制行政开支，年内各级一般性支出再压减10%，一律不新增一般公务用车，除危房改造外一律不新建、改扩建办公用房，各类会议活动一律精打细算、节省开支。强化审计监督，支持纪检监察机关依规依纪依法履职，坚决惩治各类腐败行为，严肃查处损害群众利益的突出问题，营造风清气正的良好政治生态。

烟台市2019年国民经济和社会发展计划执行情况

烟台市发展和改革委员会

2019年，在市委的坚强领导和市人大、市政协的监督支持下，全市上下以习近平新时代中国特色社会主义思想为指导，深入贯彻党的十九大和十九届二中、三中、四中全会精神，坚持稳中求进工作总基调，践行新发展理念，围绕建设制造业强市、海洋经济大市、宜业宜居宜游城市和现代化国际滨海城市的目标定位，全力推动新旧动能转换，经济运行保持在合理区间。预计，全年地区生产总值增长6%左右；一般公共预算收入按可比口径增长4%；规模以上工业增加值增长4.5%左右；固定资产投资增长5%左右；社会消费品零售总额增长6%左右；城镇居民人均可支配收入增长7.1%，农村居民人均可支配收入增长8.1%。

总的看，在国内外风险挑战明显上升的背景下，主要经济指标基本符合预期。但也要清醒的认识到，发展中还存在不少困难和不足：新旧动能转换接续不畅，经济下行压力仍然大；生态建设仍然薄弱，治理任务还很艰巨；城乡基本公共服务还不平衡，农村生产生活条件亟待改善，民生工作离群众期望仍有较大差距。我们要增强危机感和责任感，持续用力、久久为功，认真加以解决。

2019年烟台市国民经济和社会发展主要计划指标统计表

表1

指标名称	计算单位	2019年完成
一、经济增长		
地区生产总值增速	%	5.5左右
规模以上工业增加值增速	%	4.5左右
固定资产投资增速	%	5左右
二、财政收入		
一般公共预算收入增速	%	可比4
三、社会民生		
居民消费价格指数	%	3左右
城镇登记失业率	%	2.4
城镇新增就业人数	万人	13.8
户籍人口城镇化率	%	54.66
中等职业学校招生	万人	1.4
千人口医院和卫生院病床数	张	6左右
万人有效发明专利拥有量	件	10以上
四、节能减排		
完成省下达的单位GDP能耗下降、二氧化硫、COD、氨氮和氮氧化物排放等任务目标。		

（摘自2020年1月10日在烟台市第十七届人民代表大会第四次会议上的《烟台市2019年国民经济和社会发展计划执行情况与2020年计划草案的报告》）

烟台市2019年预算执行情况

烟台市财政局

2019年，在中共烟台市委的坚强领导下，在市人大、市政协的依法监督和大力支持下，全市上下坚持以习近平新时代中国特色社会主义思想为指导，深入学习贯彻党的十九大和十九届二中、三中、四中全会精神，全面贯彻落实习近平总书记视察山东重要讲话、重要指示批示精神，积极践行新发展理念，落实高质量发展要求，以供给侧结构性改革为主线，统筹推进稳增长、促改革、调结构、惠民生、防风险、保稳定，扎实做好稳就业、稳金融、稳外贸、稳外资、稳投资、稳预期工作，全市经济社会持续健康发展。在此基础上，财政运行总体平稳。

（一）预算收支完成情况

1. 一般公共预算完成情况

2019年，全市一般公共预算总收入964亿元，其中，一般公共预算收入595亿元，完成调整预算的103.1%，剔除减税降费政策性减收影响，按可比口径增长4%；上级税收返还和转移支付补助185.1亿元，省转贷地方政府债券55.8亿元，调入资金、上年结转收入等127.7亿元。全市一般公共预算总支出939.3亿元，其中，一般公共预算支出774.5亿元，完成调整预算的103.5%，增长2.5%；上解上级支出及地方政府债券还本支出等164.8亿元。收支相抵，结转下年支出24.7亿元。

2019年，市级一般公共预算总收入238.1亿元，其中，一般公共预算收入29.7亿元，完成预算的195.8%，按可比口径增长5.1%，主要是一次性国有资源有偿使用收入增长较多；上级税收返还和转移支付补助44亿元，县市区上解、省转贷地方政府债券93.7亿元，调入资金和上年结转收入等70.7亿元。市级一般公共预算总支出229.7亿元，其中，一般公共预算支出151.9亿元，完成调整预算的102.5%，增长33.8%；上解上级支出及补助县市区支出39.9亿元，地方政府债券还本支出13.9亿元，补充预算稳定调节基金等24亿元。收支相抵，结转下年支出8.4亿元。

2. 政府性基金预算完成情况

2019年，全市政府性基金预算总收入499.7亿元，其中，政府性基金预算收入345.4亿元，完成调整预算的101%，增长44.3%，主要是土地出让收入增长较多；上级补助收入、上年结转收入20.6亿元，省转贷地方政府债券133.7亿元。全市政府性基金预算总支出478.4亿元，其中，政府性基金预算支出391.6亿元，完成调整预算的107.1%，增长19.7%；上解上级支出、调出资金及地方政府债券还本支出等86.8亿元。收支相抵，结转下年支出21.3亿元。

2019年，市级政府性基金预算总收入163.2亿元，其中，政府性基金预算收入103.7亿元，完成调整预算的103.5%，增长33.3%；上级补助和上年结转收入等18.5亿元，省转贷地方政府债券41亿元。市级政府性基金预算总支出153.3亿元，其中，政府性基金预算支出79.1亿元，完成调整预算的99.8%，增长22%；补助县市区支出、调出资金等74.2亿元。收支相抵，结转下年支出9.9亿元。

3. 国有资本经营预算完成情况

2019年，全市国有资本经营预算总收入12.4亿元，其中，国有资本经营预算收入10.3亿元，完成调整预算的95.1%，增长229.3%，主要是国有控股公司分红大幅增加以及借出收益收回等；上级补助和上年结余收入2.1亿元。全市国有资本经营预算总支出6.4亿元，其中，国有资本经营预算支出5亿元，完成调整预算的100.4%，增长82.8%，主要是困难企业解困支出增加较多；调出资金1.4亿元。收支相抵，结余6亿元。

2019年，市级国有资本经营预算总收入12.2亿元，其中，国有资本经营预算收入10.1亿元，完成调整预算的95%，增长225.3%；上级补助和上年结余收入2.1亿元。市级国有资本经营预算总支出6.2亿元，其中，国有资本经营预算支出4.9亿元，完成调整预算的100.4%，增长80.7%；调出资金1.3亿元。收支相抵，结余6亿元。

4. 社会保险基金预算完成情况

2019年，全市社会保险基金预算收入415.5亿元，完成调整预算的100.3%，下降0.2%，主要是降低社保费率政策实施导致保费收入减少；全市社会保险基金预算支出444.3亿元，完成调整预算的99.7%，增长11.3%。收支相抵，全市社会保险基金预算当年收支结余-28.8亿元，主要是我市老龄化水平高于全国全省平均水平，企业养老保险基金缺口较大；加上年结转收入396亿元（扣除从失业保险基金结余中计提的职业技能提升资金5.9亿元），滚存结余367.2亿元。

2019 年，市级社会保险基金预算收入 288.1 亿元，完成调整预算的 100.7%，下降 8.6%；市级社会保险基金预算支出 334.5 亿元，完成调整预算的 99.5%，增长 11.6%。收支相抵，市级社会保险基金预算当年收支结余 -46.4 亿元，主要是扣除县级统筹的居民养老保险基金后，市级统筹的养老保险基金缺口更大；加上年结转收入 174.9 亿元（扣除从失业保险基金结余中计提的职业技能提升资金 4.9 亿元），滚存结余 128.5 亿元。

以上四本预算的具体执行情况详见烟台市 2019 年预算执行情况和 2020 年预算草案。同时，需要说明的是，上述执行数据是根据快报统计的初步汇总数，2019 年财政决算编制完成后，部分数据还会有所变化，我们将按照规定及时向市人大常委会报告。

5. 开发区、高新区预算完成情况

（1）开发区。2019 年，一般公共预算收入 105 亿元，下降 3.7%，剔除减税降费政策性减收影响，按可比口径增长 6.8%；一般公共预算支出 92 亿元，增长 11.2%。政府性基金预算收入 43 亿元，增长 48.2%；政府性基金预算支出 43.6 亿元，增长 33.9%。社会保险基金预算收入 42.5 亿元，社会保险基金预算支出 39.2 亿元，滚存结余 69.5 亿元。

（2）高新区。2019 年，一般公共预算收入 11.1 亿元，按可比口径增长 12.8%；一般公共预算支出 13.3 亿元，增长 21.5%。政府性基金预算收入 10.1 亿元，下降 10.7%；政府性基金预算支出 10.2 亿元，增长 0.3%。社会保险基金预算收入 0.8 亿元，社会保险基金预算支出 0.3 亿元，滚存结余 1.4 亿元。

两区 2019 年收支预算执行的具体情况，详见两区关于 2019 年预算执行情况及 2020 年预算草案的说明。

（二）地方政府债务情况

2019 年，省政府共分配我市地方政府债券额度 189.6 亿元。其中，新增专项债券 117.6 亿元，主要用于棚户区改造、土地储备、医疗卫生、生态建设和环境保护、农林水利建设、城镇污水垃圾处理以及地下管线等公益性项目建设；再融资债券 72 亿元，按规定全部用于偿还到期政府债券本金。经各级人大常委会批准，上述地方政府债券已全额纳入预算管理。

2019 年，省政府核定烟台市政府债务限额 1110.7 亿元。截至 2019 年底，烟台市政府债务余额 1025.3 亿元，其中，市级政府债务余额 254.8 亿元，县市区政府债务余额 770.5 亿元。

（摘自 2020 年 1 月 10 日在烟台市第十七届人民代表大会第四次会议上的《关于烟台市 2019 年预算执行情况和 2020 年预算的决议》）

责任编校：云　霞

专　记

烟台市“不忘初心、牢记使命”主题教育

烟台市“不忘初心、牢记使命”主题教育于2019年9月开始至2020年1月结束，共有1.9万余个基层党组织、51万余名党员、2100余名县处级党员领导干部参加。

主要做法及成效：

6月份第一批主题教育启动后，烟台市不等不靠、迅速行动、主动参与，从开展主题调研、举办专题培训、研发精品课件等12个方面入手，搞好预热、打好基础。9月份第二批主题教育启动后，烟台市坚持高标定位、严实标准，迅速把思想和行动统一到中央决策部署和省委工作要求上来，第一时间制定印发主题教育《实施意见》、市委常委会《工作安排》等9个文件，为全市主题教育开展明确了“任务书”、画出了“路线图”。结合烟台实际，做好结合文章，以“五学”“十改”、促百项“三重”为重点，推动主题教育走深走实。

突出“五学”，增强学习针对性。在抓严抓实规定动作、通读通学规定内容的基础上，坚持全面系统学、深入思考学、联系实际学，重点抓好党的创新理论、习近平总书记关于山东工作的重要讲话重要指示批示精神、红色经典红色文化、形势政策、警示教育等五个方面的学习，做到学思用贯通、知信行统一。注重发挥“头雁效应”。市委集中举办了主题教育读书班，组织600余名县处级以上党员领导干部集中学习，县级层面及时跟进，7100余名党员干部参加集中学习。市委常委会聚焦中央规定的专题和篇目，带头开展学习交流，累计开展集中研讨、理论学习中心组集体学习14次，带动各级党组织开展集中学习研讨6.7万余次。市委主要负责人带头为党员干部讲党课，带动各级领导干部讲党课3100余次。中共十九届四中全会闭幕第二天，市委常委会召开会议传达学习全会精神，各级均组建学习贯彻十九届四中全会精神宣讲团，累计开展各层级宣讲3000余场、受众60余万人次。用活用好红色资源。牢记总书记“红色基因就是要传承”的重要指示，大力弘扬传承“忠诚坚定、不畏艰难、敢为人先、无私奉献”的胶东革命精神，打造了胶东红色文化陈列馆、《红色胶东》组歌、现代吕剧《西海地下医院》《突围》和现代京剧《烟台解放》等“一馆、一组歌、三剧目”。依托胶东（烟台）党性教育基地、廉政教育基地，加强党性教育、警示教育、爱国主义教育和思想道德教育。县级以上领导班子开展革命传统、形势政策、先进典型、警示等各类专题教育1150余场次，党性教育基地和廉政教育基地承接参观培训2900余批次、12万余人次，30万余名党员干部观看了红色剧目。培树宣传先进典型。坚持用身边榜样激励身边人，设置“五比”群英榜，树起学习标杆、亮出鲜红旗帜，让党员干部学有目标、赶有方向、干有榜样。在企业层面开展“学万华精神促高质量发展”活动，在社区层面作出向优秀社区书记冷晓燕学习的决定，在农村层面宣传推广衣家村党支部先进事迹，在全市层面表彰“五个十佳”和100名优秀共产党员、100名优秀党务工作者、100个先进基层党组织，形成见贤思齐、比学赶超的浓厚氛围。丰富学习形式内容。用好“学习强国”、“灯塔—党建在线”和“智慧烟台大讲堂”等平台，在“烟台网络党校”开设习近平新时代中国特色社会主义思想、“不忘初心、牢记使命”等专题课程，推动主题教育学习常态化、全覆盖。依托市县两级党校开展集中培训，举办培训班660余期，培训党支部书记和农村、社区党员27.7万人次。开展精品课程、典型宣讲、红色剧目、专题党课、贴心服务“五进基层”，推动市级教育资源、服务力量等下沉基层一线，帮助基层党组织提升主题教育实效，开展活动2100余场次，6.5万名党员群众参与。

抓好“十改”，提高整改精准性。引导党员干部把自己摆进去、把职责摆进去、把工作摆进去，重点查摆在增强“四个意识”、坚定“四个自信”、做到“两个维护”、践行新发展理念、深化重点领域改革、为民服务解难题、干事创业敢担当、整治形式主义官僚主义、执行中央八项规定及其实施细则、清正廉洁作表率等十个方面存在的问题和不足。从严从实抓问题查摆。坚持问题导向，采取自己找、群众提、集体议、上级点等方式，全面梳理汇总上级党组织在巡视巡察、干部考察、工作考核、督导督察、审计检查中反馈的问题，专题民主生活会、组织生活会、

谈心谈话等发现的问题，网上民声、公开电话、来信来访等群众反映的问题，真正把问题厘清、把短板找齐，收集问题意见6000余条。坚持从市委常委做起，更多采取“四不两直”方式，深入基层一线调研，听取意见建议；召开调研成果交流会、对照党章党规找差距专题会议和专题民主生活会，汇总形成市委常委会三张清单共计30项问题，县市区、市直部门单位梳理领导班子问题937项。从严从实抓即知即改。对查摆出的问题，采取项目化方式，建立台账、列出清单、销号管理，能够当下改的问题，明确时限和要求，立行立改、马上就改；一时解决不了的，明确阶段目标，持续加以整改，努力把问题清单变成效果清单，让群众感受到主题教育带来的新变化新成效。集中梳理重点整改的154条问题，在《烟台日报》公示，接受群众监督。对违反中央八项规定精神、形式主义官僚主义、损害营商环境等典型问题，分19次通报85起案例，以案示警、以案促改。推出电视“问政烟台”栏目，播出16期，移交问题线索410余个。开展“亮诺、践诺、评诺”活动，组织26个部门公开承诺106项内容。开设作风大改进“曝光台”，曝光群众反映强烈的作风问题9个、完成整改6个。从严从实抓专项整治。聚焦中央提出的8个方面突出问题、省委列出的9个方面专项整治内容，结合烟台实际把“营商环境优化不力”纳入专项整治，形成“1+10”专项整治方案，确定68项整治重点，组织各牵头单位分别召开专题推进会，细化措施、压实责任。其中，围绕整治干事创业精气神不够、患得患失、不担当不作为的问题，对64起典型案例进行通报曝光；围绕整治基层党组织软弱涣散、党员教育管理宽松软、基层党建主体责任缺失的问题，对663个软弱涣散基层党组织全部制定专项整顿方案；围绕整治对群众关心的利益问题漠然处之、空头承诺、推诿扯皮以及办事不公、侵害群众利益的问题，召开新闻发布会通报整治情况，68项整治重点内容整改完成65项；围绕整治营商环境优化不力的问题，从企业开办、不动产登记、优化工程建设项目审批等10个方面设置关键指标，有针对性制定整改方案，取得阶段性成效。围绕整治“景观亮化工程”过度化等“政绩工程”“面子工程”问题，对近年来实施的绿化景观、城市亮化等方面的在建、拟建项目重新进行自查评估，并作出整改情况说明。

以学促干，强化教育实践性。坚持学中干、干中学，学干结合、以知促行，把主题教育激发出来的干事热情和进取精神，转化为加快新旧动能转换、推动高质量发展的实际行动。预计2019年，全市生产总值增长6%，规上工业增加值增长4.5%，固定资产投资增长5%，一般公共预算收入可比正增长。重点工程、重点项目进展良好。一期投资1360亿元的裕龙岛炼化一体化项目，成为全省新旧动能转换的标志性工程，已上报国家层面待批。万华二期乙烯项目完成投资70亿元，土建基础和地管施工全部完成，三期工程接续启动。与中集集团签署战略协议，启动中国海工北方总部建设。海上世界项目，会西街片区完成征迁，芝罘湾广场项目开工建设。芝罘仙境项目，拉开以所城里为基础，以烟台山、朝阳街、芝罘湾为主体，以崆峒岛为高峰的“五位一体”建设框架，正在加快展示段工程建设，春节前将开街亮灯。幸福新城累计腾空土地426.67余公顷，签约项目总投资超过1500亿元。老岚水库项目挤进国家“十三五”规划中期评估调整范围，移民安置工程开工建设。潍烟高铁由2030年远期实施的城际铁路，调整为2020年开工建设的国家干线延伸铁路。蓬莱国际机场旅客吞吐量突破千万人次，二期工程明年开工建设。建成国家级海洋牧场示范区14处，海洋牧场面积7万公顷、居全国首位，形成了海洋牧场建设“全国看山东、山东看烟台”的良好格局。长岛海洋生态文明综合试验区建设省、市确定的102项重点工作，47项落实到位，32项超计划进度，获批全国第三批、全省第二个“绿水青山就是金山银山”实践创新基地。改革开放纵深推进。在全省首批启动4个试点开发区改革，“党工委（管委会）+”、社会事务剥离、市场化运营、薪酬制度等17项改革举措率先实施。加快烟台自贸片区建设，聚焦体制机制创新，推出“中日韩跨国审批”、海关“两步申报”通关、资本项目国际收支即时结汇等创新举措，新开办企业1833家，新引进外资企业45家，山东自贸区首个世界500强项目落户烟台片区。实施专业化、市场化、精准化招商，实际利用市外资金1370亿元，实际使用外资增长10%以上；获批国家级跨境电子商务综合试验区，烟台港口岸扩大开放通过国家验收。举办世界工业设计大会等会展活动100多场，被评为全国十大优秀会展城市。营商环境持续优化。深化“放管服”改革，在全省率先出台《聚焦五大领域加快流程再造工作实施方案》，推行“一窗办”“一链办”“一网办”“容缺办”“限时办”，提出“极简审批”“承诺即准”“每事必接”等创新举措，借助大数据等手段，重构重塑流程，压减办事时间，提升服务效能，“烟台一手通”移动APP上线运行；在全省首创施工许可容缺图纸审查机制，557个项目获许容缺开工。民生事业取得长足进步。全市用于民生方面的支出590亿元、占财政支出的76%，100项重点民生事项全部兑现。大力推行“一元公交”，实现市区176条公交线路全覆盖，成为全国第二个推行“一元公交”的城市。建设市民“社区食堂”38家，社区助老食堂130处。实施苹果产业更新升级三年行动计划，烟台苹果品牌价值达到141亿元，连续11年稳居中国果品区域公共品牌价值榜首。打好精准脱贫攻坚战，全面落实“两不愁三保障”政策，投入财政专项扶贫资金1.6亿元，实施产业扶贫项目700多个，带动4万多名贫困人口实现增收。干部作风明显转变。坚持一手抓警示教育和党性教育、一手抓管理监督和案件查办，年内先后4次召开警示教育大会，播放5部警示教育片，形成强烈震慑。全市查处违反中央八项规定精神问题439起，给予党纪政务处分234人；查处形式主义、官僚主义问题817起，处分354人；处置问题线索8702件，立案审查4018件，处分3295人。

统筹组织，注重教育系统性。坚持领导带头。市委主要负责人亲自研究谋划，身体力行推动，多次作出指示批示，要求走在全省前列。市委常委带头开展“五个认领”，围绕党的建设、社会治理、“双招双引”、流程再造等10个方面，认领调研专题，撰写调研报告；结合百项“三重”，认领一个重点项目，解决推进难题；结合“双报到”，认领为民服务事项，解决实际问题；结合软弱涣散村党组织整顿，认领包帮一个镇街；结合信访积案化解，认领一个10年以上信访积案。坚持分类指导。根据不同行业、不同领域党员实际，制定基层党组织《指导意见》，区分农村、社区、国企、机关事业单位、高职院校和中小学校、“两新”组织等不同领域，搭建“六域联抓”特色载体，确定各自需要把握的着力点和重点解决的问题。上下联动开展“三进三促”活动，组织各级党组织和党员进社区“双报到”、促基层治理水平提升，8.1万名党员认领服务项目8300余个；进农村访贫困送温暖、促脱贫攻坚成果巩固，组织1.1万余名干部全覆盖走访全市3.5万余户贫困群众；进企业和项目现场送政策解难题、促经济高质量发展，协调解决问题4160余个。坚持统筹推进。先后6次召开工作推进会、业务培训会，对学习教育、调查研究、检视问题、整改落实四项重点措施逐一细化任务清单、列出详细配档。建立健全领导小组和领导小组办公室工作规则、几大班子周工作安排、情况周报等制度，推动工作有效落实。《人民日报》《大众日报》、山东新闻联播等省级以上媒体先后51次报道烟台市做法，数量为16市最多。中央主题教育工作简报先后4次、省主题教育工作简报先后24次刊发推广烟台市相关做法。

（供稿：市委主题教育领导小组办公室）

2019年烟台市重点项目

一、省级重点项目

2019年，市发改委强化调度督导，推进省重点项目建设。截至10月底，烟台市9个省级重点项目累计完成投资87.7亿元。其中，5个建设类项目全部实现开复工，累计完成投资76.1亿元，超额完成66.7亿元的年度计划投资任务，烟台市项目开工率、年度投资计划完成率均居全省首位。其余4个准备类项目完成投资11.6亿元，其中有2个项目已超前完成手续办理并开工建设。

二、市级重点项目

截至10月底，161个市级重点项目按照年度计划开复工率达到100%。其中新开工项目70个，续建项目57个，改扩建项目34个。累计完成投资442.6亿元，投资完成率87.2%。其中新开工项目累计完成投资132.1亿元，投资完成率69.1%；续建项目累计完成投资217.4亿元，投资完成率97.9%；改扩建项目累计完成投资93.1亿元，投资完成率98.7%。

至10月底，有48个项目超额完成“三重”工作月度计划。其中，莱山区6个，福山区3个，开发区10个，牟平区3个，莱州市有4个，龙口市有3个，招远市有8个，蓬莱市有5个，莱阳市有5个，栖霞市有1个。

从各县市区开复工情况看，13个县市区开复工率均达到100%。从投资完成情况看，开发区、牟平区、莱山区、龙口市等8个县市区完成年度投资计划的比重超过85%；蓬莱市、莱阳市、高新区低于80%。

三、项目调度推进

市委、市政府高度重视省重点项目建设工作，3月中旬组织召开全市推进项目集中开工暨重点项目建设调度会议，并在市、县两个层面同步开展“项目集中开工月”活动。市政府开展重点项目“进现场、解难题、促发展”专项工作，实行“一线工作法”为项目建设提供坚实保障服务，迅速掀起重点项目建设热潮。4月下旬，市委组织开展全市重点项目建设观摩活动，以实地观摩评比促进项目建设推进。为加快项目早落地、早见效，按照省里要求，规范成立重点项目并联审批协调领导小组，由市委常委、常务副市长王中任组长，副市长张代令、崔宗涛等任副组长，市发展改革委等有关部门主要负责人为成员，协调解决有关重大问题，规范完善项目并联审批流程，领导推进重点项目落地工作，研究解决项目落地过程中出现的问题，加快重点项目落地建设。协调小组办公室设在市发展改革委；同时针对项目建设中的难点和堵点问题，市发展改革委定期调度重点项目承担的部门、单位，对相关问题进行梳理汇总，上报省发改委协同推进，集中解决。

市发改委发挥项目建设总牵头职能，研究制定重点项目建设管理办法和考核办法，建立“月通报、季核查、半年考核、全年总考”的重点项目调度考核机制，实现日常调度与定期考核相结合。同时，在可视化、数字化调度管理的基础上，采取“四不两直”方式对重点项目定期抽查、现场督导。

四、重点项目实现长效管控

在重点项目推进过程中，依据项目建设过程中实际情况，适时对无法继续实施的项目进行调整，以顺利推进重点项目建设。同时为确保对市级重点项目建设实行全流程、全范围管理服务，并着眼于打造省内重点项目监管系统标杆，在充分论证项目管理需求和科学谋划系统功能架构的基础上，研究开发市—县—企三级联动互通的重点项目信息化监管调度系统。该系统主要包括项目申报、月度调度、视频监控、图表分析、中期调整、信息通知、设置管控七大主体功能，并作为烟台市新旧动能可视化督导服务平台的核心模块，自2019年4月后在平台电脑端和市领导手机端实时展示呈报重点项目数据、图文影像、分析测评等内容，为烟台市新旧动能转换可视化督导服务平台的功能构建、信息采集和平稳运行提供坚实支撑。同时，该可视化系统在基本完成市级重点项目视频监控安装的基础上，可及时发现项目落地过程中出现的新问题、新情况，并通过对比任务明确到月的重点项目建设工作台账，实行项目推进“亮灯”管理，便于精准督导和解决问题，真正实现对重点项目申报、调度、分析、调整、监管、服务等方面的全功能、标准化覆盖，能够充分满足重点项目调度管理的正常功能需求。

五、重点项目服务保障能力全面提升

在项目管理推进上从“重调度”转向“重保障”，坚持“政策有底线、服务无止境”，聚焦于土地、资金等项目建设难点堵点问题，协调全市各方面力量，并积极做好向省里的沟通争请工作，为项目建设排忧解难，保驾护航。市发改委先后两次分片召开重点项目建设座谈会，并从5月以来到各县市区重点项目现场，实现一线现场办公全覆盖。为确保逐一解决项目建设中的困难问题，市发改委于9月联合省级重点项目落地调度中心到海阳、牟平重点项目建设现场，研究进一步加快海阳核电3、4号机组项目核准相关工作，落实解决石药集团烟台生物医药产业化项目土地指标问题。年内，通过积极协调对接省里相关部门，为2个省重点项目争取土地指标33.33公顷。

六、项目建设的制约问题

一是土地指标制约问题。各县市区土地指标普遍较为紧张，个别项目受土地指标制约进展缓慢，还有部分项目后续工程土地指标短缺，阻碍项目的进一步发展。烟台市有8个市级重点项目短缺土地指标88.53公顷。

二是建设资金保障问题。虽然中央、省级层面已出台多项政策鼓励金融机构支持民企和中小企业发展，但融资难、融资贵的情况较为普遍，部分企业债务压力仍然较大，在建项目推进及后续项目投资资金压力问题亟待解决。市级重点项目中共有20个项目资金缺口达92.6亿元。

三是政策环境问题。有的项目在前期手续办理、对上协调审批等关键节点突破难度大。1个省重点项目、9个市级重点项目在推进过程中，因国家产业政策、环保等因素影响，造成项目立项审批等前期手续办理迟缓，或是影响项目整体施工进度，导致部分项目无法完成年度目标任务。

（撰稿：姜晓辉　审稿：车永凯）

2019年烟台市新旧动能转换

2019年，烟台市抢抓被列为山东新旧动能转换综合试验区“三核”之一和山东自贸区三个片区之一的机遇，贯彻落实省委、省政府关于新旧动能转换综合试验区建设总体部署，以建设制造业强市、海洋经济大市、宜业宜居宜游城市和现代化国际滨海城市为目标，推进新旧动能转换重大工程，加快建设现代化经济体系。

一、全力培强主导产业，筑牢高质量发展根基

对标省“十强”产业，结合烟台市实际，以“四新四化”为主攻方向，以八大产业为重点，推动传统产业转型升级，促进新兴产业繁荣发展，完善健全“六个一”协调推进体系，着力培育一批优势产业集群。2019年成功申报4个省“十强”产业“雁阵形”产业集群和7家领军企业，先进结构材料、生物医药集群入选首批66个国家级战略性新兴产业集群，数量居全省第一位。

一方面，做优培强八大产业。现代海洋产业，重点实施海洋“六个突破”，加快构建现代海洋产业体系。2019

年海洋生产总值同比增长10.7%。海洋牧场发展迅速，新增国家级海洋牧场示范区3处，省级海洋牧场示范区4处，省级以上海洋牧场示范区总数达到30处，海洋牧场总面积发展到7万公顷，约占全市海水养殖面积的1/3。中集来福士自主创新研发的国内首座深远海智能化坐底式网箱“长鲸一号”，是国内智能化程度最高、首个通过美国船级社检验和渔业船舶检验局检验的网箱。海水淡化及综合利用业实现新发展，投入运营的海水淡化项目18个，建设规模海水淡化能力约5.5万吨/日。装备制造产业，围绕海工船舶、汽车、核电、航空航天等重点领域，坚持以骨干企业为支撑，以技术创新为引领，以重点项目为带动，构建富有活力、具有竞争力的装备制造产业体系，全市拥有规模以上装备制造企业669家，2019年完成装备制造业主营业务收入实现1147亿元。杰瑞集团研发生产的全球最大的电驱压裂成套装备，打破国外技术及装备垄断，将中国页岩气开采成本降低46.7%。烟台杰瑞石油装备等5家企业被认定为山东省智能制造试点示范企业，20项技术装备被省工信厅认定为山东省首台（套）技术装备及关键核心零部件项目。电子信息产业，加快布局新一代信息技术产业发展，推动集成电路、人工智能、工业互联网、5G应用等前沿产业发展，2019年全年主营业务收入超700亿元，利润总额突破13亿元、同比增长12.6%。烟台睿创微纳突破并掌握数模混合集成电路设计、传感器设计与制造、MEMS器件封测技术和图像处理算法，实现“红外中国芯”的国产化和量产。东方电子研发的配电物联网云化主站在南网总调云化SCADA项目顺利部署，配网自愈系统、弹性调控云平台等项目验收，保障公司国网集招中标；取得华为核心板授权和国网配变终端投标资质，开拓TTU增量市场。高端化工产业，按照高端化、绿色化、国际化发展方向，以技术创新为支撑，打造全球领先的聚氨酯制造基地、国际一流的高端化工新材料和精细化学品研发制造基地，全年产业增加值同比增长24.4%。万华集团坐拥全球最大MDI生产基地，规模和技术水平国内领先、跻身全球化工20强。裕龙岛炼化一体化项目列入《石化产业规划布局方案》储备项目已经国家批复；投资472亿元的万华二期项目顺利推进，三期工程接续启动；华润化学40万吨尼龙项目落户，6个化工园区批复建设。医养健康产业，重点推进医养结合示范先行市创建和国际生命科学创新示范区建设。至2019年底，医养健康产业主营总收入突破900亿元，新增医养结合服务机构10个，新增医养结合床位3262张。绿叶制药、荣昌生物等生物医药骨干企业的14个国家一类新药进入临床不同阶段，医药与健康公共技术服务平台全部投入使用，全年为企业提供服务近9000次。创建15个省级医养结合示范镇（街），7个省级医养结合示范单位，代表山东通过国家级医养结合示范省创建中期评估验收。11月，由国家卫健委主办的全国医养结合工作现场会在烟台市召开，7个医养结合典型案例在全省推广，1个医养结合典型案例在全国推广。文化旅游产业，加快推进全域旅游发展，叫响“仙境海岸·鲜美烟台”城市旅游形象品牌。2019年全年接待国内外游客8689万人次，实现旅游消费总额1212亿元，63个在建重点文旅项目完成投资197.2亿元。在第二届社会发展高峰会·2019文旅产业资源链接会上，烟台市获评“2019美好生活·中国十佳宜居宜业宜游城市”，是山东省唯一上榜地级市。在全国地级市率先制定出台《烟台市全民阅读促进条例》，启动筹建5万平方米的烟台图书馆新馆，新建17处城市书房，提升公共文化服务效能。举办第二届世界老年旅游大会、2019烟台国际海岸生活节和2019中国文化馆年会，实现烟台“国际发声”“国内扬名”。现代高效农业，“烟农1212”小麦新品种，突破全国小麦单产最高纪录和全国旱地小麦单产最高纪录。全市高质量划定粮食生产功能区11.67万公顷，新增高标准农田1.67万公顷，粮食总产量保持在172.76万吨，粮食生产保持总体稳定。全国畜牧结构调整座谈会、省政府全省果业发展现场会在烟台市召开。烟台苹果品牌价值达到141.48亿元，连续十一年稳居中国果品区域公用品牌价值榜首。市委、市政府印发《关于加快推进苹果产业高质量发展的实施意见》,《关于加快烟台苹果产业转型升级的调研报告》获省委、省政府主要领导批示，并向全省推广。新增省级以上现代农业产业园2家，国家级现代农业产业园创建“栖霞模式”在全国推广。新增国家级农业产业化龙头企业2家，总数达到15家，农业上市企业达到17家。现代物流产业，交通运输仓储和邮政业增长稳定，全年累计完成港口货物吞吐量3.86亿吨，同比增长15.67%；累计完成集装箱吞吐量310.24万标箱，同比增长3.3%。物流业重点载体推进顺利，建立全市现代物流业项目库，其中，重点物流项目宝能物流部分主体已经封顶，累计完成投资3.6亿元。积极推动烟台欧亚班列发展，2019年发运86班、3891车。承办2019（第五届）中国医疗器械供应链峰会、2019全国汽车整车物流发展大会、第七届中国农产品供应链峰会等3场千人大会，现代物流产业快速发展。

另一方面，推进化解过剩产能。一是严格控制新增产能。严格控制新增钢铁、电解铝、平板玻璃、焦化、地炼、氯碱、水泥等高耗能项目审批，全市连续多年没有新上、新增产能。二是全面清理高污染、高能耗、低效益的行业企业。全年关闭淘汰落后化工企业174家，清理整顿石材企业618家，累计治理“散乱污”企业6000多家，完成省下达的万元GDP能耗下降目标，清洁能源容量居全省第一。三是进一步核实产能。先后对水泥、氯碱、钢铁等行业重新核实产能，摸清底数，确保不新增产能，按照等量或减量置换的要求推进行业高质量重组。四是实施错峰生产。为控制产量，保护环境，近年来坚持实施秋冬季错峰生产。2019—2020年度全市对建材水泥、铸造、制药、金属冶炼等行业36户企业实施了错峰生产。

二、大力实施创新驱动战略，全面激发创新创业活力

聚焦科技支持高质量发展和新旧动能转换，加快实施创新驱动发展战略，主要创新指标保持良好的增长势头。一是聚焦主体量质双增，实施“高企培育提升行动”。坚持政府引导与政策鼓励并重，着力构建科技型企业“小升高、高壮大”梯次培育机制。新增高企188家，总数达到823家，高新技术产业产值占比达到48.3%。新备案国家科技型中小企业1242家，居全省第二位。2019年，国家级制造业单项冠军企业新增2家，省级独角兽企业新增2家，新增瞪羚企业32家，总数达到46家。二是聚焦载体支撑有力，实施“平台升级培育行动”。以重点实验室、技术创新中心、工程技术研究中心、产业技术创新联盟等创新平台为重点，组织开展“创新平台升级培育工程”，制定《“政产学研金服用”创新创业共同体建设工作方案》，争取更多升级、国家级平台落户烟台市。“烟台先进材料与绿色制造山东省实验室”进入山东省首批启动的4个省实验室行列；“山东省微纳传感技术与智能应用创新创业共同体”等3家入选省级创新创业共同体，居全省第1位；中集海洋工程研究院获批“中欧海洋工程示范型国际科技合作基地”。新培育企业技术中心、院士工作站等省级以上创新平台46个，总数达到516个。三是聚焦资源引进共享，实施“协同创新提升行动”。深化与“双一流”建设高校和“国字号”科研院所交流合作，“中科院（山东）绿色制造产业技术研究院”“烟台中科先进材料技术创新研究院”等项目正在扎实推进。启动烟台（国际）技术市场建设，加快培育科技成果转移转化服务机构，全市转移转化服务机构备案总数达到12家。实施高端人才（团队）引进“双百计划”，加大“高精尖缺”人才引进力度，全市人才总量180万人，高层次人才9.2万多人。

三、着力深化改革扩大开放，增创高质量发展新优势

实施新一轮全方位高水平改革开放，强化系统谋划、协同推进，围绕创新体制机制、增加有效制度供给，全方位激发经济发展活力。一是重点领域改革全面发力。推进“放管服”改革，建成启用全国首家“智慧税务综合体”，办税智能化程度达到国内先进水平，被国家、省税务局肯定，并在中央媒体宣传报道。自贸区烟台片区成立后，第一批696项市级行政权力事项以及64项市级公共服务事项下放到山东自贸区烟台片区实施。“一窗受理”“一网通办”稳步推进，流程再造助力提升服务效能。深化国有企业改革，贯彻省委省政府《关于加快推动国有企业改革的十条意见》，出台《关于加快推动国有企业改革促进发展的实施意见》等配套文件，组织实施国企改革“三年行动计划”，混合所有制改革稳步推进，市管企业全面完成公司制改制，完成万华重大资产重组和整体上市，万华成为全省首家整体上市的国有控制公司，混改促自主创新经验在全国推广。推进园区改革，以制度创新为核心，深化用人和分配制度改革，深入推进省级以上经济园区改革，烟台和招远、龙口、莱州等4个全省首批试点开发区，均完成改革任务，“党工委（管委会）+”、企业化运营等经验做法被省改革领导小组办公室推广。二是持续扩大高水平对外开放。开展招商引资，研究出台《关于进一步加强“双招双引”工作的意见》《烟台市深化与世界500强合作行动方案》，深化招商体制改革和招商模式创新，更加重视专业招商，提高招商的精准度，实行“专人、专门、专注、专业”开展招商引资工作。2019年，新引进10亿元以上项目155个，三类500强项目100个；全市合同利用市外资金5044.1亿元、增长14.1%，实际到位市外资金1384.6亿元、增长26%；合同利用外资59.8亿美元、增长34.7%，实际使用外资19.4亿美元、增长15%。加快特色国际化园区建设。发挥山东新旧动能转换综合试验区、山东自贸区烟台片区、中韩（烟台）产业园等国家战略优势，高标准制定《烟台国际招商产业园招商工作方案》，实施“标准地”招商。成功举行烟台国际招商产业园首批入驻项目签约仪式，集中签约大唐5G应用产业园等4个重点项目，总投资68亿元，成为首个举行项目签约仪式的产业园区。加强对日韩经贸交流，举办“百家韩企烟台行”等招商活动，共签约日韩项目120个，合同利用日韩资金9.7亿美元，中韩产业园引进韩资项目45个，山东中日产业技术研究院落户烟台市，中意产业园挂牌成立。持续优化外贸发展环境，加快推动外贸转型升级，认定首批45个市级自主国际品牌，成果获批国家级跨境电子商务综合试验区。2019年8月，国务院正式批复设立山东自贸试验区烟台片区，全省112项制度创新任务中烟台承担100项；探索推出中日韩跨国审批、海关“两步申报”通关、资本项目国际收支便利化等一系列制度创新成果，新开办市场主体突破2400家。深度融入国家“一带一路”建

设，实现与“一带一路”沿线国家均有贸易往来。

四、聚力推进重点项目建设，培育新动能增长点

将重点项目建设工作作为推进新旧动能转换的重要抓手，集中优势要素资源全力保障项目落地建设。一是建立新旧动能转换项目库。构建十强产业项目储备格局，烟台市有113个项目入选省新旧动能转换重大项目库，总投资2881.59亿元。山东裕龙石化、万华百万吨乙烯、华润化学等一批重点产业项目加快推进，潍烟高铁、大莱龙扩能改造、烟台港西港区、蓬莱国际机场二期等一批重大交通基础设施项目集中突破，老岚水库、海阳核电、龙口南山LNG等一批重大水源能源项目取得重大进展，海上世界、芝罘仙境、幸福新城等一批重点片区产城融合项目加快启动，为长远发展提供了有力支撑。二是发挥新旧动能转换基金支撑保障作用。探索完善与新旧动能转换基金发展相适应的制度体系，注重强化基金运作顶层设计。在全省率先出台《烟台市市级股权投资引导基金管理暂行办法》《市级股权投资引导基金管理工作流程》《烟台市新旧动能转换基金管理办法》等文件，初步形成政府引导基金管理框架体系，基金服务实体经济能力显著增强。至2019年底，市级安排政府引导基金28亿元，其中2019年安排9亿元。2019年底，注册在烟台市的各类基金和基金管理机构474家，基金认缴总规模2005亿元，基金产业集聚效应初步显现。三是提升重点项目服务保障能力。落实“要素跟着项目走”，聚焦土地、能耗、资金等项目建设难点堵点问题，协调对接相关职能部门，推出“硬举措”，打好“组合拳”。在项目用地保障方面，对急需用地开工建设的新旧动能转换优选项目，建立精准化、分批次用地指标配置机制，采取适当预支新增建设用地计划指标等方式优先保障。在能耗煤耗指标保障方面，对重大项目能耗煤耗需求开展调查摸底，将争取更多省级重点项目纳入省能耗交易保障。在项目资金保障方面，帮助项目单位申报省新旧动能转换基金投资储备项目；协调相关金融部门加大金融支持力度，保障项目建设资金需求。

五、凝聚共识协同发力，建立健全工作协调推进体制机制

贯彻落实全省“担当作为、狠抓落实”工作动员大会精神，市委、市政府先后召开一系列会议，以加快新旧动能转换、实现高质量发展为目标，以推进“三重”工作为抓手，集中力量攻坚。一是强化组织领导。结合政府机构改革，对市新旧动能转换重大工程建设领导小组、市新旧动能转换“8+3+5”协调推进体系进行及时调整完善，使之更好发挥作用。二是强化政策保障。围绕制造业强市、创新驱动、金融支撑、营商环境、企业改革和园区体制改革等重点领域，制定20多个政策文件，构建起含金量高、惠及面广的政策体系。三是强化督导考核。建立完善新旧动能转换统计监测体系和考核指标体系，把新旧动能转换重点工作任务纳入市委、市政府“三重”工作，实行“月调度通报、年终考核”。四是强化宣传推介。在宣传报道、舆论营造、鼓舞士气、凝聚合力等方面持续发力，累计在中央和省市媒体发稿4000余篇，开设“加快动能转换 实现高质量发展”“实施创新驱动 加速动能转换”“推进综合实验 实现动能转换 聚焦新旧动能转换重大工程”“担当作为 狠抓落实 围着三重转 盯着三重干”“汇聚高质量发展 澎湃新动能”“开展五比大竞赛大比武”“学万华精神 促高质量发展”等专题专栏，举办“双招双引”工作暨招商引资激励政策、中韩（烟台）产业园新闻发布会暨经贸合作交流会等专题新闻发布会12场，为全市高质量发展营造强大的舆论声势和浓厚氛围。

在肯定成绩的同时也要看到，烟台市在产业结构、创新能力、发展质量等方面还有差距和不足。比如，新旧动能转换接续不畅，新动能还不能有效弥补落后产能压缩、传统动能减弱形成的缺口；市级重点项目中产业类项目总体规模不大，拉动作用较弱；人才发展承载力不强，高端人才引育吸引力不足；改革进入“深水区”，特别是要素市场改革不充分，政府职能转变有待进一步加强，等等。

（撰稿：王荣凯　审稿：赵雁群）

烟台市核电产业发展情况

烟台市坚持围绕核电项目建设发展核电产业，以突破核电装备和核能综合应用产业为重点，强力争取国家支持。为统筹全市核电项目及产业发展，2004年成立烟台市核电建设项目办公室，2008年市政府出台全市首个核电产业发展指导意见——《烟台市人民政府关于加快发展核电产业的意见》。近年来，紧跟国家核电发展步伐，发展核电产业，2017年市政府工作报告提出要集中资源培育核电装备等4个千亿级产业集群，打造在国内外具有影响力的中国核技术自主创新集成基地；2019年省政府工作报告中明确烟台市要在核电装备、虚拟现实等领域，布局一批辐射带动力强的标志性大项目。为更好地发展核电产业，不断深化与中国广核集团、中国核工业集团、国家电力投资集团等核电央企的战略合作，集聚创新资源，率先突破示范项目，构建“政、产、学、研、金、服、用”核电产业创新体系，全市核电产业发展进入快车道。

一、推进三代核电项目

1. 海阳核电项目。山东海阳核电项目总投资超千亿元，是山东省内单体投资最大的能源项目，规划建设6台百万千瓦级压水堆核电机组，并留有两台扩建余地。一期工程是中国三代核电技术自主化依托项目，建设两台百万千瓦级AP1000压水堆核电机组，并分别于2018年10月22日、2019年1月9日建成投入商运。一期工程两台机组年设计发电量204亿千瓦时，可节约标煤847万吨、减排烟尘815吨、减排二氧化硫0.41万吨、减排氮氧化物0.39万吨、减排二氧化碳1713.5万吨。二期工程拟建设两台百万千瓦级CAP1000压水堆核电机组，项目设计、设备制造、现场施工准备等各项前期工作均完成，具备开工条件。三期工程项目建议书已上报国家发改委。

海阳核电一期工程　　（供稿：刘芳）

2. 招远核电项目。招远核电项目总投资超千亿元，规划建设6台百万千瓦级压水堆核电机组，并留有两台扩建余地。项目拟采用中国自主华龙一号三代核电技术，项目建成后可满足周边地区工业用热，可满足招远、栖霞、龙口、莱州等城市供暖以及海水淡化等需求，实现核能的高效利用。同时，项目建设对推动全市新旧动能转换、生态文明建设、高端装备制造业发展等具有重要意义。2018年9月，《关于上报山东招远核电厂一期工程项目建议书的请示》经烟台市、山东省逐级上报至国家能源局并得到受理，2019年7月获得国家发改委复函同意开展前期工作。

3. 中核烟台浮动式核能示范项目。该示范项目属于民生项目、“一带一路”走出去项目，示范项目包括1艘浮动式综合能源供给平台及配套设施。平台采用ACP100S双堆布置，设计热功率2*385MW，电功率2*125MW，年发电量约20亿千瓦时。该示范项目的项目建议书已完成上报工作。

二、培育核电装备制造骨干企业

重点规划建设的海阳核电装备制造工业园区和莱山核电产学研聚集区两个省级核电园区，总占地面积约43平方公里。拥有山东核电装备制造有限公司、台海集团、恒辉集团、顿汉布什、烟台金润核电材料股份有限公司等30多家核电装备制造及配套企业，主要产品涉及核电应用各领域，包括AP1000核电钢制安全壳、结构模块、机械模块、一体化顶盖组件以及核电制冷设备、核电仪控设备等。其中，台海集团通过消化、吸收、再创新，形成具有自主知识产权和自主品牌的核电装备技术研发和制造能力，成为一个集新材料研发、核电装备制造、核电站运行维护、中低放核废物处理、提供核设施退役后解决方案及拆解处置、新技术研发于一体的多元化跨国企业，产品涉及核电、化工、冶金、机械、航空、海工、国防等多个领域；恒辉集团是继法国、德国的两家企业之后，世界上第三家具有独立设计、研发、制造汽水分离再热器翅片管的企业，该项技术打破国外技术垄断，实现高端装备国产化，提高换热管的使用寿命，大大降低制造成本；烟台金润核电材料股份有限公司自主研发的“电缆及电缆桥架防火包覆装置”与“非能动实体防火保护结构”在国内核电站建设领域的市场占有率分别超过90%、75%，填补国内技术空白，产品完全替代进口，研发的电缆防火涂料是田湾核电项目防火涂料唯一指定产品。

三、集聚核电创新资源

高水平、高质量建设烟台核电研发中心，是国务院批复的《山东半岛蓝色经济区发展规划》中明确赋予烟台的重大责任事项。2016年，市政府分别与中国广核集团、中国核工业集团、国家电力投资集团签署战略合作协议。同年11月，由市政府主导，中国广核集团、中国核工业集团、国家电力投资集团、烟台市台海集团共同举办的新型科研机构—烟台核电研发中心成立。研发中心采用民办非企业模式，是国内核电领域首个新型研发机构。2017年8月，国家能源局函复山东省发改委，同意烟台开展国家核电产业技术创新平台建设，该平台是近6年来国家能源局批准成立的唯一一个集技术研发与产业化于一体的核电类创新平台。2018年1月，烟台国家核电产业技术创新平台建设被纳入国务院批复的《山东新旧动能转换综合试验区建设总体方案》。

2019年，研发中心确立核能材料与装备、核电运营和数据管理等7个研发方向，吸纳社会相关行业领军企业参与技术创新，采用研发中心参股、参与企业控股、统一冠名的形式注册成立核能综合利用、消防工程、焊接技术等14家研究院有限公司，加速科研成果工程化、产业化，实现研发中心的自我造血功能。汇聚叶奇蓁、郑健超等3名中国工程院院士和41位核电工程领域的优秀专家和领军人才；正式聘任中国工程院院士叶奇蓁、中国广核集团有限公司副总工程师任俊生、国家电力投资集团有限公司副总经理曾曦、中国核动力研究设计院副总设计师蒲小芬、清华大学教授肖宏才等12位院士、专家为专家委员会委员。累计向国家、省各级科研主管部门申报近60项科研课题。

四、打造核电品牌

1. 培育“核电产业链高峰论坛”的会议品牌。烟台市联合三大核电集团，举办四届核电产业链高峰论坛。其中，2017高峰论坛有关情况在中央电视台《新闻联播》进行报道。2019年10月举办的中国（烟台）核能安全暨2019核电产业链高峰论坛。邀请于俊崇、叶奇蓁、张金麟、陈念念、夏佳文、岳清瑞等6位中国工程院院士，全国政协常委、中国核学会理事长王寿君，国家能源局核电司副司长史立山，山东省能源局局长栾健等多位核电行业领域的领导和著名专家。有270多家政府机构、行业协会、涉核企业、新闻媒体参加本届论坛，与会嘉宾超千人。本届论坛设有核技术应用、核电关键技术研发及装备制造等9大核电专业领域分论坛，行业内知名专家围绕各自专业领域作高质量的主旨演讲。

2. 打造“中国清洁能源综合利用示范市”的城市品牌。为响应中央号召，积极落实山东省新旧动能转换工作部署，推动北方清洁能源供热示范项目建设，烟台市联合山东核电有限公司围绕核能供热展开研究与实施。海阳核电厂核能供热示范工程的总体思路是结合核电机组建设，利用厂区辅助蒸汽、汽轮机抽汽以及核电厂余热回收利用等作为热源，逐步代替周边燃煤锅炉，分阶段实现清洁供热。建成70万平方米核能清洁供热示范项目，利用现有海阳核电厂区辅助蒸汽向厂区周边乡镇及核电生活区约70万平方米市政用户供热，建成北方地区首个核能清洁供热项目，2019年11月28日，国家能源核能商业供热示范工程观摩会暨核能综合利用专家研讨会在烟台市召开，会上，山东海阳核电厂核能供热一期项目被授予“国家能源核能供热商用示范工程”；中期完成向海阳市区及周边供热；远期完成向烟台市区远距离供热。经测算，采用核能供热，每100万平方米每年可节约3.3万吨标准煤，可减排318吨烟尘、546吨二氧化硫、516吨氮氧化物、8万吨二氧化碳。

3. 打造烟台大学核装备与核工程学院“一流学科”的高校品牌。2018年7月，山东省高校首个“核学院”——烟台大学核装备与核工程学院正式挂牌成立，未来5年将联合中国广核集团、中国核工业集团、国家电力投资集团打造烟台大学核装备与核工程学院“一流学科”，培养1000余名核电装备研发、核电站运营等方面的复合型应用人才。

（撰稿：刘芳　审稿：张洁非）

责任编校：云　霞

大 事 记

1 月

1 日　市区 164 条公交线路全面实施“一元一票制”，烟台市成为全国第二个、全省第一个“一元公交”城市。

2 日　市十七届人大常委会第十七次会议召开。

3 日　全市经济工作会议召开。会议学习贯彻中央和全省经济工作会议精神，回顾总结烟台市 2018 年经济工作，安排部署 2019 年经济发展任务。市委书记张术平出席会议并讲话，市委副书记、代市长陈飞主持会议。

☆　江西铜业股份有限公司与烟台国丰投资控股有限公司举行签约仪式，合资建设 18 万吨铜冶炼项目。市领导张术平、王中，江铜股份党委书记、董事长龙子平出席仪式。

☆　市委副书记、代市长陈飞调研全市供暖、供气、供电、供水等运行保障情况。

☆　农业农村部办公厅公布 152 个“全国第三批基本实现主要农作物生产全程机械化示范县名单”，莱州作为全市唯一一个县市区榜上有名。

3—7 日　市委副书记、代市长陈飞到县市区调研。

4 日　市委书记张术平到烟台银行、烟台农商银行和烟台银保监分局调研金融工作。

☆　市委书记张术平到芝罘区朝阳所城历史文化街区保护开发、烟台海上世界、幸福片区综合整治、珠玑片区整治提升暨哈马碧海外示范区等项目建设现场调研城建重点项目。市领导杨洪旭、于松柏、王晓军陪同活动。

☆　烟台市消防救援支队迎旗、授衔和换装仪式举行。市委书记张术平出席仪式并讲话，市委常委、秘书长于松柏出席仪式，副市长、市公安局局长赵峰主持仪式。

☆　上汽通用汽车首款无级变速箱产品——CVT 变速箱产品在上汽通用东岳基地下线，正式投入量产。

5 日　9 点 10 分，前往上海虹桥的 G462 次高铁列车，正式从烟台站出发，这是“复兴号”在烟台首发。

7 日　省委“千名干部下基层”驻烟台服务队座谈会召开，市委书记张术平出席会议并讲话，市委常委、组织部部长于涛主持会议。

☆　市委书记张术平到福山区济铁物流园、中国烟台 SOS 儿童村调研，并就 2018 年度市委常委会民主生活会征求有关方面负责人和基层党员群众的意见建议。市委常委、秘书长于松柏陪同。

☆　长岛海洋生态文明综合试验区工委、管委正式挂牌。

8 日　市委书记张术平到龙口市南山学院、恒通物流股份有限公司、隆基集团有限公司、嘉元市场调研。市委常委、秘书长于松柏陪同。

☆　市委副书记、代市长陈飞主持召开市政府第 46 次常务会议。

☆　市委副书记、代市长陈飞主持召开市十七届人民政府第四次全体（扩大）会议。

9 日　市委书记张术平到牟平区安德利集团、仙坛股份有限公司、雷神庙战斗遗址、杨子荣纪念馆调研。市委常委、秘书长于松柏陪同。

☆　16 时 30 分，海阳核电 2 号机组完成 168 小时满功率连续运行考验，正式具备商运条件，海阳核电一期工程全面建成投产。

☆　烟台港集团公司与中石油天然气股份公司旗下昆仑能源有限公司、中石油燃料油有限公司在东方海天宾馆举行签约仪式，共同打造中国北方油气能源基地港。

10 日　市委常委会召开会议。市委书记张术平主持会议并讲话。

☆　万华化学集团股份有限公司 PMMA（聚甲基丙烯酸甲酯）树脂生产装置正式投产并产出合格产品。该装置设计产能 8 万吨 / 年，是全球最大单套 PMMA 粒子树脂生产装置。

11 日　烟台市校地合作联席会议第二次会议在烟台大学召开，研究解决驻烟台高校人才建设、办学用地、学校升格等具体问题，听取对市委、市政府工作的意见建议。市委书记张术平主持会议并讲话，市委副书记、代市长陈飞等市领导出席会议。

☆　市十七届人大常委会第十八次会议在东山宾馆召开。

☆　市政协召开十三届十次常委会议。

12 日　市委召开 2018 年度县市区委书记履行全面从严治党责任和抓基层党建工作述职评议会议。市委书记张术平主持会议并讲话。省委组织部有关人员到会指导，市委常委出席会议。

14 日　市政协主席朱秀香会见出席市政协十三届三次会议的港澳委员和侨外工作顾问，市委常委、统战部部长金志海，市政协副主席梁传松，十二届市政协副主席张行如参加会见。

☆ 山东省工信厅公布2018年度山东省瞪羚企业（第二批）名单。烟台市7家企业上榜，其中烟台柳鑫新材料科技有限公司、龙口中宇热管理系统科技有限公司入选山东省瞪羚标杆企业；烟台富美特信息科技股份有限公司、烟台云沣生态环境产业发展有限公司、山东新活新材料科技有限公司、山东艾欧特智慧城市有限公司、烟台市晟宝丽壁纸有限公司入选山东省瞪羚企业。

14—15日 省人大常委会党组副书记、副主任王良到烟台市走访慰问驻烟台部队和优抚对象，并在海军航空大学召开省市新春拥军优属走访慰问座谈会，王良出席座谈会并讲话，市委书记张术平主持座谈会，市人大常委会主任王晓敏陪同活动。

15—18日 中国人民政治协商会议第十三届烟台市委员会第三次会议召开。

16—19日 烟台市第十七届人民代表大会第三次会议召开。

17日 《2018年享受国务院政府特殊津贴人员名单》发布，山东省城市服务技师学院烹饪学院副院长刘雪峰、烟台泰和新材集团董事长孙茂健获此荣誉。

18日 由烟台企业杰瑞自主研发的智能铺管机正式发货，这是中国第一台智能铺管机。

19日 上汽通用汽车第二十一届供应商大会暨2018年度优秀供应商颁奖大会在烟台市举行，来自全球近500家汽车配套企业的700多位企业家代表参会。

21日 市委常委会召开2018年度民主生活会。副省长刘强到会指导。市委书记张术平主持会议。

☆ 市政府党组召开民主生活会。市政府党组书记、市长陈飞主持。

☆ 副省长刘强到烟台督导“大棚房”问题清理整治工作。市领导陈飞、金志海、王晓军陪同活动。

22日 市委书记张术平到烟台警备区和预备役某师驻地走访慰问。

☆ 烟台市召开视频会议，安排部署全市“大棚房”问题专项清理整治工作。市委副书记、市长陈飞讲话，副市长王晓军主持会议。

22—23日 灵山文旅集团吴国平董事长一行到烟台参加朝阳街—奇山所城系列文化旅游项目战略合作启动暨烟台芝罘湾文旅投资发展有限公司揭牌仪式。市人大常委会主任王晓敏陪同活动。

23日 市委、市政府召开向老干部通报2018年工作情况会议，市委书记张术平出席会议并讲话，市人大常委会主任王晓敏主持会议，市级老领导王树建、杨金镜、栾秉良、杜昌祚、荣风刚、阎原田、刘筱杰和市领导朱秀香、于松柏等出席会议。

☆ 朝阳街—奇山所城系列文化旅游项目战略合作启动暨烟台芝罘湾文旅投资发展有限公司揭牌仪式举行。市委书记张术平出席仪式，市人大常委会主任王晓敏，无锡灵山文旅集团董事长吴国平，中建国际集团助理总裁、山东公司董事长王晓光分别致辞，副市长王晓军主持仪式。

24日 市委常委会召开会议。市委书记张术平主持会议并讲话。

☆ 市委副书记、市长陈飞带领督导组到福山区，通过随机抽查的方式，现场督导检查“大棚房”问题清理整治工作。

☆ 市人大常委会主任王晓敏到芝罘区走访慰问困难职工、残疾人和优抚对象并现场督导“大棚房”清理整治工作。

☆ 市政协党组召开2018年度民主生活会。市政协党组书记、主席朱秀香主持会议。

25日 市纪委十三届四次全会召开。市委书记张术平出席会议并讲话，市委常委、市纪委书记、市监委主任岳德川主持会议并传达十九届中央纪委三次全会和省纪委十一届四次全会精神，市级领导班子成员出席会议。

☆ 全市警示教育暨作风建设大会召开。市委书记张术平出席会议并讲话，市委副书记、市长陈飞主持会议，市委常委、市纪委书记、市监委主任岳德川通报部分典型案例，与会人员观看警示教育片《歧路——2018年烟台市查处部分严重违纪违法典型案件警示录》。

☆ 市委副书记、市长陈飞主持召开市十七届人民政府第五次全体（扩大）会议。

26日 中国共产党烟台市第十三届委员会第七次全体会议召开。

27日 市委书记张术平参加指导栖霞市委常委会民主生活会。市委常委、秘书长于松柏参加会议。

☆ 市委书记张术平到栖霞市走访看望部分困难企业、困难村庄、老党员和生活困难党员、职工、群众，并实地督导检查“大棚房”清理整治工作。市委常委、秘书长于松柏陪同。

28日 市委副书记、市长陈飞到福山区走访慰问困难党员、伤残军人、困难群众，并全程参加指导区委常委会民主生活会，检查全面从严治党主体责任落实情况。

☆ 烟台市召开安全生产电视会议，贯彻落实全国、全省安全生产电视会议精神，安排部署全市安全生产工作。市委副书记、市长陈飞讲话。市委常委、常务副市长王中主持会议，并代表市政府与县市区签订安全生产责任书。市政府领导班子成员出席会议。

☆ 市人大常委会主任王晓敏

带队到芝罘区走访慰问老党员、生活困难党员、因公殉职党员家属、优秀共产党员，困难居民区和生活困难群众，困难企业和困难职工。

☆ 市政协主席朱秀香到牟平区走访困难企业、困难村庄，看望慰问生活困难职工、群众和党员。

☆ 由市精神文明建设委员会办公室与烟台日报传媒集团共同主办的2017—2018双年度“十佳烟台好人”颁奖典礼在烟台广电大剧院举行。王钟粒、刘赟、孙前进、初晓卫、杨希勇、姜宏正、王英余、栾少华、孙宇、刘立军获双年度“十佳好人”。

28日至2月10日　故宫博物院、山东省商务厅在故宫慈宁宫花园举办“中华老字号故宫过大年”活动，烟台市张裕集团、海阳吉纹斋工艺品公司两家老字号企业入选参加活动。

29日　市委书记张术平到烟台儿童福利院、市老年福利服务中心和莱山区万光府前日间照料中心走访慰问。市委常委、秘书长于松柏陪同。

☆ 市委副书记、市长陈飞到烟台市消防支队、烟大市场、烟台汽车南站，走访慰问消防指战员和工作在一线的职工，并检查安全生产、市场供应和春运组织等工作。

30日　由烟台企业杰瑞天然气集团自主研发的中国首台车载电驱螺杆式天然气压缩机组正式发往俄罗斯。

☆ 市人大常委会主任王晓敏到芝罘区开展2018年度全面从严治党主体责任落实情况实地检查工作。

☆ 国丰集团与青岛市资产管理有限责任公司及其他合作方成立烟台市首家不良资产资产管理合资公司——烟台国信睿丰资产管理有限公司。

31日　市委常委会召开会议。市委书记张术平主持会议并讲话。

☆ 市委理论学习中心组举行集体学习，学习习近平总书记在广东、上海考察和在中央全面深化改革委员会第五次会议上的重要讲话精神。市委书记张术平主持并讲话。

☆ 市人大常委会主任王晓敏走访人大离退休老干部。

是月　商务部公布2018年国家级经济技术开发区综合发展水平考核评价情况，烟台经济技术开发区综合排名第7，较上年度提升1个位次。

是月　万华化学集团股份有限公司获“ICIS年度企业”称号，是首家获得该荣誉的中国化工企业。ICIS是世界上最大的全球石化市场信息提供商。

是月　科技部发布全国首批52个创新型县（市）建设名单，龙口市以“科技支撑产业发展”为建设主题上榜，全省仅三市人选。

2月

1日　市委、市政府召开党外人士迎春座谈会。市委书记张术平出席会议并讲话，市委副书记、市长陈飞主持会议。

☆ 烟台市与三峡新能源公司举行签约仪式。三峡集团总经理王琳、市委书记张术平出席，三峡集团副总经理王良友和市委副书记、市长陈飞分别致辞，市委常委、副市长王中主持仪式。

☆ 烟台港首艘自行建造集装箱船“惠中5”轮首航仪式在芝罘湾港区集装箱码头38#泊位举行。仪式结束后，“惠中5”轮装载328标箱正式投入“锦州—烟台—泉州”航线运营。

2日　省委副书记、省长龚正到烟台调研重大基础设施建设、民营企业发展、社会稳定等工作，走访慰问坚持节日生产值班的干部职工。副省长王书坚参加活动。市委书记张术平，市委副书记、市长陈飞陪同活动。

3日　市委书记张术平到烟台热力公司祥和分公司、交警支队建设银行岗、供电公司、迎春大街环卫工人休息点，看望坚持生产值班的干部职工和正在执勤的公安干警。市领导于松柏、赵峰陪同活动。

☆ 市委副书记、市长陈飞到海军航空大学、烟台武警支队走访慰问，共商军地深度融合发展。

☆ 市委书记张术平走访慰问担任过市级主要领导职务的正厅级老干部。

11日　市委书记张术平到芝罘区和开发区调研。市领导杨洪旭、于松柏陪同。

☆ 市委副书记、市长陈飞会见法国诺曼底大区主席埃尔韦·莫兰一行。副市长李朝晖参加。

12日　全市2018年高质量发展总结表彰大会在烟台国际博览中心召开。市委书记张术平出席会议并讲话，市委副书记、市长陈飞主持会议并宣读表彰决定。

☆ 全市农村工作暨扶贫开发工作会议召开。市委书记张术平主持会议并讲话，市委副书记、市长陈飞讲话。

☆ 交运集团辖属12个汽车客运站启用身份证检票，成为全省首家实现辖区内各车站“身份证检票”的客运企业。

☆ 由烟台港集团、新加坡高顶国际、几内亚金波铝土矿三方共同投资组建的几内亚金波联合港口公司成立签字仪式在新加坡举行。

14日　山东省十三届人大二次会议烟台代表团举行全体代表会议，审议省长龚正所作的《政府工作报告》。省领导王可、吴翠云，省人大常委会原副主任柏继民，省人民检察院原检察长吴鹏飞，市领导张术平、陈飞、王晓敏、岳德川，市十六届人大常委会第一副主任李淑芹参加审议，张术平主持会议。

19 日　市委常委会召开会议。市委书记张术平主持会议并讲话。

☆　市委理论学习中心组举行集体学习，认真学习习近平总书记对《大众日报》创刊 80 周年的重要批示以及在省部级主要领导干部专题研讨班开班式、在中央政治局第十二次集体学习时的重要讲话精神。市委书记张术平主持并讲话。

☆　市委副书记、市长陈飞主持召开市政府第 48 次常务会议。

20 日　市委书记张术平到胶东（烟台）党性教育基地蓬莱教学区调研，市委常委、秘书长于松柏陪同。

☆　市委副书记、市长陈飞到高新区现场调度重点工作。

20—22 日　市委书记张术平到长岛县调研。市领导于松柏、于永信参加活动。

22 日　市委副书记、市长陈飞到市“12345”政务服务热线平台接听群众来电，到市信访局接待人民来访。

24 日　在宣传贯彻中央一号文件精神暨 2019 年中国三农发展大会上，栖霞“村党支部领办合作社趟出壮大集体经济新路子”入选第三届“中国十大三农创新榜”获奖名单，成为全国仅有的 3 个县级获奖单位之一，也是山东省唯一一个获奖单位。

25 日　市委党校举行 2019 年春季开学典礼，市委书记、市委党校校长张术平出席并讲话，市委常委、组织部部长于涛主持，市委常委、秘书长于松柏出席。

☆　市委办公室机关党委第一党支部召开专题组织生活会，市委书记张术平以普通党员身份参加并讲话，市委常委、秘书长于松柏列席会议。

26 日　市委书记张术平到高新区金山湾新区调研并主持召开现场办公会。市委副书记、市长陈飞，市委常委、秘书长于松柏参加活动。

☆　烟台市在韩国首尔举行中韩（烟台）产业园新闻发布会，向韩方全方位介绍中韩（烟台）产业园的规划布局、产业方向、重点任务、政策措施和运营模式等，推动双方在经贸等领域开展更广泛合作。

☆　上午 8 点 35 分，圆通货运航空一架 B757 全货机由烟台蓬莱国际机场起飞，直飞日本东京成田机场，标志着烟台至日本全货机航线正式开通。

☆　张裕摩塞尔十五世酒庄赤霞珠干红获 2019 年 MUNDUS VINI 世界葡萄酒大赛大金奖，获评“最佳中国葡萄酒”。

27 日　市委书记张术平到芝罘区朝阳所城历史文化街区保护开发项目建设一线调查研究、现场办公。市领导王晓敏、于松柏、黄永政、王晓军参加活动。

☆　市委副书记、市长陈飞到万华工业园现场办公，研究解决企业发展和项目建设中遇到的困难和问题。

28 日　市企业与企业家联合会成立十周年年会暨市工业经济联合会成立大会在东山宾馆召开。市委副书记、市长陈飞出席会议并讲话，中国工业经济联合会经团部副主任汪富亮，市领导金志海、张波出席会议。

3 月

1 日　市委全面深化改革委员会召开第一次会议。会议传达学习中央深改委第六次会议和省委深改委第一、第二、第三次会议精神，审议通过《市委全面深化改革委员会工作规则》《市委全面深化改革委员会专项小组工作规则》《市委全面深化改革委员会办公室工作细则》《市委贯彻落实党的十九大报告重要改革举措实施规划（2018—2022 年）》《关于开展“改革落实年”活动的实施意见》《〈关于进一步深化市场化改革扩大高水平开放加快体制机制创新的决定〉任务分工方案》。市委书记、市委全面深化改革委员会主任张术平主持会议并讲话。

☆　市扶贫开发领导小组召开第一次全体会议。市委书记、市扶贫开发领导小组组长张术平出席会议并讲话。

☆　市委、市政府印发《关于支持民营经济高质量发展的实施意见》。

☆　在全国轻工行业首届“大国工匠”评选活动中，烟台持久钟表集团副总工程师史亚萍被授予全国首批轻工“大国工匠”称号。是全国技术用钟行业唯一、山东省 2 名上榜者之一。

5 日　市人大常委会主任王晓敏到芝罘区烟台百纳餐饮有限公司、西炮台社区党群服务中心、宏远医疗科技产业园项目、南车门搅拌站“大棚房”清理整治现场调研。

12 日　上午，海军某部一架战机在海南省乐东县境内进行飞行训练时不幸失事，2 名飞行员壮烈牺牲，被授予烈士称号。其中 1 名飞行员粘金鑫是莱阳市高格庄镇东大策村人，年仅 27 岁。3 月 18 日下午，粘金鑫烈士骨灰安葬仪式在莱阳革命烈士陵园广场举行。

☆　全省渤海区域环境综合治理攻坚战座谈会在烟台召开，副省长于国安出席会议并讲话。会后，到海阳市就近海养殖问题整改工作进行现场调研督导。

12 日至 4 月 5 日　“共筑航天新时代——山东烟台站”中国航天科普展在烟台国际博览中心举办。

15—16 日　中国果菜茶产业对

接交易会暨第二十五届（春季）山东植保信息交流暨农药械交易会在烟台召开。本次交易会由中国农业技术推广协会、山东省植物保护协会共同主办，参展企业数量300余家。

17日　市委、市政府召开全市领导干部会议，市委书记张术平主持会议并讲话，市委副书记、市长陈飞传达全国“两会”精神。

18日　市委书记张术平到塔山南路东出口和山东工商学院施工现场以及盛泉工业园空气质量监测点，实地察看并现场听取扬尘治理情况，调研市区空气质量情况。随后到招远市生物医药产业园、南海林苑综合开发项目、招远新二中建设现场调研。市委常委、秘书长于松柏陪同。

☆　市政府召开视频会议，调度推进全市违法建设治理工作。市委副书记、市长陈飞讲话，副市长王晓军通报全市违法建设治理工作情况。

☆　烟台市首家不良资产管理合资公司——烟台国信睿丰资产管理有限公司正式揭牌。

19日　中集来福士携手挪威知名钻井服务承包商ODL，获得挪威海王星能源公司的钻井服务合同。由中集来福士建造的第六代、适用于恶劣作业环境的半潜式钻井平台“大西洋之光”号将执行该钻井服务合同。为构建烟台与挪威友好关系的纽带，该钻井平台将更名为“仙境烟台”号。

20日　市十七届人大常委会第十九次会议在东山宾馆召开。

21日　2018年度“村暖花开·乡村扶贫扶志典型人物”资助仪式在人民日报社举行，烟台日报获全国党媒优秀扶贫报道奖。

24日至4月2日　市委副书记、市长陈飞率烟台代表团赴日本、韩国、新加坡开展经贸活动，推介烟台战略机遇和开放政策，与三国政商界人士开展对接洽谈。

25日　市委书记张术平等市领导到福山区门楼水库生态修复工程植树点，参加全民义务植树活动。在植树现场，张术平听取门楼水库水源地保护、水库流域造林和生态修复工程等情况汇报。

26日　市委常委会召开会议。市委书记张术平主持会议并讲话。

☆　市委理论学习中心组集体学习习近平总书记在学校思想政治理论课教师座谈会、中央政治局第十三次集体学习、中央党校（国家行政学院）中青年干部培训班开班式上的重要讲话精神。市委书记张术平主持并讲话。

☆　市委财经委员会召开第一次会议，传达学习习近平总书记关于加强党对经济工作领导的重要论述和省委财经委员会第一次会议精神，研究讨论《市委财经委员会工作规则》《市委财经委员会办公室工作细则》和《烟台市提高关键核心技术创新能力主要任务分工方案》。市委书记、市委财经委员会主任张术平主持会议并讲话。

☆　烟台籍航天员王亚平在市教育局通过烟台教育网，为烟台市中小学生作《向着梦想，幸福奔跑》主题报告，全市500所学校设分会场收看视频直播。下午及次日上午，王亚平走进“共筑航天新时代——山东烟台站”中国航天科普展现场，与观展师生互动交流。

27日　市委、市政府召开山东省区域性基金管理中心建设推进会，市委书记张术平主持会议并讲话，市委常委、常务副市长王中通报前期工作情况和下步推进意见。

☆　市委书记张术平会见台湾华新丽华集团董事长焦佑伦一行。市委常委、统战部部长金志海参加会见。

28日　烟台市残疾人联合会第七次代表大会开幕。市委书记张术平和省残联副理事长张文涛出席会议并讲话，市委常委、组织部部长于涛主持会议。

☆　市人大常委会主任王晓敏会见灵山文旅集团吴国平董事长一行。

29日　市人大常委会主任王晓敏带队到牟平区、高新区、莱山区开展大气污染防治“一法一条例”执法检查。

30日　玲珑轮胎欧洲工厂在塞尔维亚兹雷尼亚宁市举行项目开工仪式。塞尔维亚总统武契奇出席仪式。这是中国轮胎首个欧洲工厂项目。

☆　首届烟台市民文化节开幕，开幕式以市文化中心广场为主会场，15个县市区文化广场为分会场，共同推出精彩而富有特色的文化展演和服务活动。

31日　省委书记刘家义到烟台市就海洋经济发展进行调研，先后察看裕龙炼化一体化、泰和新材工业园、哈尔滨工程大学（烟台）研究生院、艾睿光电、东诚药业、海上世界、东方海洋等项目和企业；到牟平养马岛实地察看海洋和岸线生态环境保护情况；到村民和渔民家中，询问人民生产生活、子女上学就业和社会保障情况，察看屋舍环境和厕所改造情况。市委书记张术平陪同活动。

是月　东方电子集团“主配用智能协同调度关键技术研究与应用”项目获得多个奖项，整体达到国际领先水平。

是月　烟台港西港区原油码头二期工程获得山东省发改委立项核准，该项目是全省港口整合及机构改革期间获批的首个大型港口建设项目。

是月　投资4.18亿元的烟台医药与健康公共技术服务平台全部约3088台（套）专业仪器设备配齐，正式建成投入运行。

4 月

1 日　全国人大常委会委员、农委副主任委员王宪魁带队到烟台，围绕海洋牧场建设等海洋产业发展情况开展专题调研。市人大常委会主任王晓敏、副主任黄永政，副市长崔宗涛等陪同活动。

2 日　市人大常委会主任王晓敏会见韩国原州市议会议长申在燮、市长元昌默一行。

4 日　市委常委会召开会议。市委书记张术平主持会议并讲话。

☆　市委书记张术平在幸福新城开发建设指挥部主持召开现场办公会。市领导于松柏、王晓军参加会议。

☆　市委海洋发展委员会召开第一次全体会议，传达学习省委海洋发展委员会第一次、第二次全体会议精神，审议市委海洋发展委员会工作规则、办公室工作细则和 2019 年工作要点，研究部署全市海洋发展工作。市委书记、市委海洋发展委员会主任张术平主持会议并讲话。

☆　在全省科技奖励大会上，烟台市 22 个科技项目受到表彰，创出“获奖总数占各地市比重、一等奖总数、主导项目占获奖数量比重”三项历史新高。

5 日　市委副书记、市长陈飞到栖霞督导森林防火工作。

8—10 日　省政协副主席王艺华一行 12 人，到烟台就“加强农产品质量品牌建设”课题进行调研。市政协主席朱秀香、副市长崔宗涛、市政协副主席梁传松分别陪同活动。

9 日　市委、市政府召开全市“双招双引”和“三重”工作调度会。市委书记张术平出席会议并讲话，市委副书记、市长陈飞主持会议。

☆　莱州市农业农村局为永盛埠村股份经济合作社颁发全市首个由农业农村部统一印制的农村集体经济组织证书，全市 6000 余新型农村股份经济合作社登记赋码获证开始实行。

9—11 日　省人大常委会执法检查组一行到烟台对《中华人民共和国大气污染防治法》《山东省大气污染防治条例》实施情况进行执法检查，并召开专题座谈会。市人大常委会主任王晓敏参加活动。

10 日　市委党的建设工作领导小组召开会议，研究 2019 年市委党建领导小组工作要点、2019 年基层党建工作要点、市直机关党的建设规划纲要（2019—2022 年）以及从严管理村干部规定等文件。市委书记张术平主持会议并讲话。

☆　市委召开会展经济推进会。市委书记张术平主持会议并讲话，市委常委、秘书长于松柏出席会议，副市长张代令通报会展经济推进情况。

☆　市人大常委会主任王晓敏到栖霞市臧家庄镇马陵家村走访调研。

11 日　烟台市在杭州举办浙江民营企业家对话会和“仙境海岸·鲜美烟台”——2019（杭州）招商引资招才引智对接会。市委书记张术平出席并讲话，副市长张代令参加活动。活动期间，烟台市与山东省浙江商会、上海市浙江商会、浙江省山东商会举行全面战略合作启动仪式。

12 日　烟台市在上海举办“知服新城·幸福港湾”烟台幸福新城投资推介会。市委书记张术平出席并讲话，副市长张代令主持推介会。

13 日　中集来福士与瑞典航运公司 Wallenius SOL AB 公司在斯德哥尔摩签订 4 艘双燃料超级滚装船 EPC 合同。这是世界上最大新建双燃料滚装船和冰级滚装船。

15 日　市委副书记、市长陈飞到莱山区、芝罘区、福山区调研政务服务工作。

16 日　市委书记张术平到老岚水库项目一线实地调研、现场办公。市领导于松柏、崔宗涛参加活动。

17 日　市委理论学习中心组集体学习习近平总书记《关于坚持和发展中国特色社会主义的几个问题》的重要文章。市委书记张术平主持并讲话。

☆　市委意识形态和宣传思想工作领导小组召开会议，传达学习省委有关会议精神，研究部署烟台市防范化解意识形态领域重大风险工作。市委书记、市委意识形态和宣传思想工作领导小组组长张术平主持会议并讲话。

☆　市委统战工作领导小组召开会议，传达学习中央和省委有关会议精神，研究部署当前和今后一个时期全市统一战线工作。市委书记、市委统战工作领导小组组长张术平主持会议并讲话。

☆　市委审计委员会召开第一次会议，研究委员会工作规则、办公室工作细则和 2019 年审计项目计划。市委书记、市委审计委员会主任张术平主持会议并讲话。

18 日　市人大常委会主任王晓敏到朝阳街区现场调度烟台古城文旅项目建设情况。

19 日　市委书记张术平到牟平区养马岛调查研究、现场办公，市委常委、秘书长于松柏陪同。

☆　市委副书记、市长陈飞主持召开市政府第 49 次常务会议。

20 日　市委副书记、市长陈飞在全市专业招商干部研修班上作专题辅导，副市长张代令主持。

20—21 日　市人大常委会主任王晓敏带队到上海学习考察历史文化街区保护性开发工作经验。

22 日　烟台财金集团与中金资本战略合作签约仪式举行。市委书记张术平出席仪式并讲话，市委常委、常务副市长王中和中金资本总裁、中金启元董事长丁玮分别致辞，副市长崔宗涛主持仪式。

☆ 市委副书记、市长陈飞到开发区开展“进现场、解难题、促发展”工作，并督导安全生产。

☆ 市人大常委会召开全市人大宣传思想和调研信息工作座谈会。市人大常委会主任王晓敏出席会议并讲话，副主任徐少宁主持会议。

☆ 市政协党组召开理论学习中心组集体学习会议，学习习近平总书记《关于坚持和发展中国特色社会主义的几个问题》《关于加强和改进人民政协工作重要思想专题摘编》第二篇《坚持人民政协性质定位》。市政协党组书记、主席朱秀香主持会议并讲话。

23 日　市委副书记、市长陈飞会见日本伊藤忠（中国）集团有限公司总经理森常隆一行。

☆ 市政府与山东高速集团战略合作签约仪式举行。市委书记张术平、山东高速集团董事长邹庆忠出席仪式，市委常委、常务副市长王中和山东高速集团副总经理王思军分别致辞，市委常委、秘书长于松柏主持仪式。

24 日　张裕“国产橡木桶及橡木制品产业化关键技术研究与应用”项目获得2018年度中国酒业协会科学技术进步奖一等奖。

25 日　中集来福士为长岛弘祥海珍品有限责任公司（简称“长岛弘祥”）设计建造的智能网箱“长鲸一号”在烟台基地交付。这是国内首座深远海智能化坐底式网箱。

☆ 省委宣传部、省文明办等7部门联合举办“山东好人”2018十大年度人物颁奖典礼，烟台市刘立军当选十大年度人物。刘立军是活动开展7年到烟台市第七位当选十大年度人物的道德典型。

☆ 在北京出席第二届“一带一路”国际合作高峰论坛的智利总统皮涅拉，召集两国商业领袖举行中智企业CEO见面会。会上，皮涅拉总统与张裕公司董事长周洪江在内的中国企业家进行交流。

☆ 烟台机场进近管制区正式实施ADS-B管制，在全国地方机场率先转变空管方式。

25—27 日　市委、市政府举行全市高质量发展现场观摩会，对各县市区新旧动能转换、高质量发展成果进行大检阅、大评比。市委书记张术平出席会议并讲话，市委副书记、市长陈飞主持会议。

28 日　烟台市庆祝“五一”国际劳动节暨劳动模范和先进工作者表彰大会召开。市委书记张术平出席会议并讲话，市委副书记、市长陈飞主持会议，市委常委、常务副市长王中宣读《关于表彰烟台市劳动模范和先进工作者的决定》，市人大常委会副主任、总工会主席刘洪波宣读《关于命名第二届“烟台十大工匠”的通报》。

29 日　市委召开全市加强学校思想政治理论课工作座谈会，市委书记张术平出席会议并讲话，市委常委、宣传部部长、市委教育工委书记于永信主持会议。

30 日　市委召开学习贯彻纪念五四运动100周年大会精神座谈会，市委书记张术平出席会议并讲话，市委常委、秘书长于松柏主持会议。

☆ 市委分别召开全面依法治市委员会第一次会议、农业农村委员会第一次会议、对台工作领导小组第一次会议。市委书记、市委全面依法治市委员会主任、市委农业农村委员会主任、市委对台工作领导小组组长张术平主持会议并讲话。

☆ 市委书记张术平会见中国文化产业协会会长、香港文化产业集团董事长张斌和中国作家协会副主席、诺贝尔文学奖获得者莫言一行。市人大常委会主任王晓敏陪同活动。

☆ 市委常委会召开会议，听取2018年度扶贫开发工作成效考核情况，研究部署脱贫攻坚工作。市委书记张术平主持会议并讲话。

30 日至 5 月 1 日　全国政协第十二、十三届委员，中国文化产业协会会长，香港文化产业集团董事长张斌一行到烟台考察，市人大常委会主任王晓敏参加会见。

5 月

4 日　市政府召开全市森林防灭火工作视频会议，市委副书记、市长陈飞讲话。

5 日　市委全面深化改革委员会召开第二次会议，传达学习中央深改委第七次会议精神，研究《关于创新体制机制提升优化营商环境的实施意见》《关于优化涉外服务环境提升城市国际化水平的实施意见》《关于加强人民调解员队伍建设的实施意见》。市委书记、市委全面深化改革委员会主任张术平主持会议并讲话。

☆ 市领导陈飞、岳德川、于涛、崔宗涛代表市委、市政府，对2018年度扶贫开发工作成效考核结果为“一般”等次的栖霞市、莱阳市党政主要负责人和市商务局、统计局、国资委、科技局主要负责人进行集体约谈。

☆ 市委副书记、市长陈飞到昆嵛山检查森林防灭火工作。

☆ 全球首条30万吨级铝矾土船“猎户座”大型货轮装载来自西非几内亚的26.28万吨铝矾土抵靠烟台港西港区30万吨级（兼顾40万吨）矿石码头。

5—7 日　省人大常委会副主任

于晓明一行到烟台参加《山东省长岛海洋生态保护条例（草案）》立法听证会，并参加立法调研活动。市委书记张术平，市长陈飞，市人大常委会主任王晓敏，市委常委、秘书长于松柏等陪同调研。

7日　市政府与中国科学院海洋大科学研究中心签署战略合作协议。中科院沈阳分院副院长马越红，中科院海洋所所长王凡，市领导陈飞、张代令出席签约活动。

☆　市城市公共安全委员会第一次会议召开，市委副书记、市长陈飞讲话，市委常委、常务副市长王中主持。

☆　2019烟台院士峰会暨数字地球与空天信息应用发展论坛在烟台开幕。中国工程院院士、数字地球与空天信息应用领域相关专家、企业代表、驻烟台高校科研院所、市区相关部门负责人等1100余人参会。

☆　省人大常委会在长岛县举行《山东省长岛海洋生态保护条例（草案）》立法听证会。省人大常委会党组书记、副主任于晓明，省人大常委会党组副书记、副主任王良等参加会议，市领导陈飞、王晓敏等陪同活动。

8日　烟台市召开金融工作会议。市委书记张术平作出批示，市委副书记、市长陈飞讲话，市委常委、常务副市长王中主持会议。

☆　由中共山东省委宣传部、省公安厅组织主办的全国公安系统一级英模、齐鲁时代楷模张保国先进事迹报告会在烟台举行。市委副书记、市长陈飞会见报告团成员。

9日　由市委统战部主办的“2019海外华商博士烟台行”“双招双引”推介会及投资合作洽谈会在烟台举行。

☆　市政府就栖霞市接连发生多起森林火灾约谈栖霞市政府主要负责人。市政府副市长王晓军，市纪委副书记、监委副主任邢永强参加约谈。

☆　由新华社、经济日报社、中国国际贸易促进委员会等联合开展的2019中国品牌价值评价结果在上海出炉。在区域品牌（地理标志产品）前110家榜单中，烟台葡萄酒、烟台苹果分别位列第三位、第八位，连续第4次进入榜单前十名。烟台市还有14家企业进入各行业品牌价值榜单，品牌总价值达729.68亿元。

11日　市委副书记、市长陈飞到烟台海事局现场办公，督导交通运输系统安全生产工作。

☆　市人大常委会召开监督检查法院检察院办案质量工作动员会议。市人大常委会主任王晓敏出席会议并作动员讲话，副主任徐少宁主持会议。

☆　由市大数据局牵头组织建设的烟台市新旧动能转换可视化督导服务平台正式上线运行。

12日　市委常委会召开会议。市委书记张术平主持会议并讲话。

13—17日　全省新旧动能转换项目推进会暨“双招双引”工作表彰大会上，烟台市与青岛市、济南市并列获得2018年度全省“双招双引”考核一等奖。

14日　山东省军区政治委员尚振贵一行到烟台警备区指导党委常委民主生活会，市人大常委会主任王晓敏陪同有关活动。

☆　烟台非公经济组织领域“党建红色有声书屋”正式上线运营。书屋借助全国最大的线上音频分享平台——喜马拉雅FM创建，开创非公党建学习新模式。

19日　市委常委会召开会议。市委书记张术平主持会议并讲话。

☆　县市区人武部党委第一书记党管武装工作述职会议召开，市委书记、警备区党委第一书记张术平出席会议并讲话，市委常委、警备区政委刘玉昂主持会议。

☆　市委外事工作委员会召开第一次会议，传达贯彻中央和省委外事工作有关会议精神，研究部署外事工作。市委书记、市委外事工作委员会主任张术平主持会议并讲话。

☆　市委副书记、市长陈飞主持召开市政府第50次常务会议。

19—21日　全国人大常委会副委员长吉炳轩带领全国人大常委会就业促进法执法检查组一行到烟台召开执法检查汇报座谈会并实地考察。市委副主任、市长陈飞，市人大常委会主任王晓敏等陪同活动。

20日　烟台海关签发烟台首份企业自助打印原产地证书。这标志着烟台企业能自助打印原产地证书“纸黄金”，实现原产地签证全流程电子化。

21日　全省调解工作会议在烟台召开，省委常委、政法委书记林峰海出席会议并讲话。省司法厅厅长解维俊，市领导陈飞、杨洪旭、赵峰参加会议。

☆　全国供销合作总社监事会主任宋璇涛一行到烟台就“供销合作社产业发展基金”专项试点工作进行验收并开展调研活动。市人大常委会主任王晓敏陪同。

21—30日　市委书记张术平率烟台市代表团到挪威、俄罗斯和蒙古国就“一带一路”商贸合作进行考察和访问。访问期间，代表团先后举办12场经贸洽谈会和商务座谈会，宣传推介烟台营商环境和“双招双引”政策。

23日　“好客山东鲜美烟台”文化旅游推介会在烟台举行。省人大常委会副主任王随莲、中国老年大学协会会长张晓林向国际老年游学团代表授旗。市委常委、宣传部长于永信在推介会上致辞。

☆ 市人大常委会主任王晓敏带队到芝罘区、开发区和高新区，对全市贯彻实施《中华人民共和国安全生产法》和《山东省安全生产条例》情况进行执法检查。

☆ 市国资委组织烟台国丰投资控股有限公司出资1000万元成立烟台国诚誉丰招商服务有限公司，工商登记注册完成。该公司为烟台市首家国有专业招商公司。

23—24日 上海奉贤区区委副书记王宵汉带领企业联合会企业家协会一行到烟台考察，探讨与烟台市政府及有关企业的深层次合作。市人大常委会主任王晓敏陪同。

28日 市政协召开十三届十二次常委会议。

☆ 海阳海关举行开关仪式。

28日至6月1日 2019中国国际服务贸易交易会在北京国家会议中心举办。期间，烟台市芝罘、莱州、开发区等3家服务贸易试点县市区进行现场推介招商。

29日 省政府召开全省安全生产电视会议。会议结束后，市委副书记、市长陈飞就贯彻落实省会议精神、做好全市安全生产工作进行部署。市政府领导班子成员参加会议。

☆ 市委副书记、市长陈飞会见韩国忠州市副市长安锡荣一行。

☆ 烟台市在北京举办“2019年中国·烟台海内外精英创业大赛”。这是以烟台市委、市政府名义举办的第二届创业大赛。

30日 市政府与清华大学公共安全研究院签署合作协议。市委副书记、市长陈飞，清华大学公共安全研究院副院长袁宏永，省应急管理厅副厅长林东出席，市委常委、常务副市长王中代表市政府签署合作协议，副市长王晓军主持。

30—31日 烟台市举办“2019百家韩企烟台行”活动。活动由烟台市人民政府主办，邀请韩国政府机构、商协组织、168家知名韩企和115家烟台企业参加。韩国驻青岛总领事馆总领事朴镇雄出席活动，市委副书记、市长陈飞发表主旨演讲，市领导王中、张代令参加活动。

31日 市人大常委会召开全市人大代表主题实践活动现场观摩交流会。市委书记张术平作出批示，市人大常委会主任王晓敏出席会议并讲话。

☆ 烟台市举行2019“新动能”产才交流大会。市委副书记、市长陈飞出席并致辞，市委常委、组织部部长于涛主持大会。中国科学院院士葛昌纯、日本工程院院士李颉、澳大利亚科学院院士查尔斯·雷伊·麦凯等参会。

☆ 市政协党组召开理论学习中心组集体学习会议，学习习近平总书记在纪念五四运动100周年大会上的重要讲话精神和全国地方政协工作经验交流会议精神。市政协党组书记、主席朱秀香主持会议并讲话。

☆ 第三届烟台·芝罘（深港）城市投资洽谈会暨烟台幸福新城产业招商成果发布会在深圳举办。会上，幸福保利城、海昌亚洲海洋文明主题度假区、碧桂园·智慧建造产业园、康佳北方总部、万科·悦榕庄等19个总投资超过1500亿元的重点项目集中签约。

☆ 第十四届东亚国际食品交易博览会在烟台国际博览中心开幕。900家企业、13700多种名特优美食参会。

31日至6月4日 荣昌生物制药（烟台）有限公司在第55届美国临床肿瘤学会年会（ASCO年会）上发布以《RC48-ADC治疗HER2阳性局部晚期或转移性尿路上皮癌II期临床试验》为题的研究结果。

是月 烟台港西港区原油作业区通道工程项目和西港区疏港大道及管线工程项目获山东省政府建设用地正式批复。

6月

1日 塔山南路楚毓路至化工南路路段开始通车运行，标志着塔山南路外夹河桥至通世南路，除跨蓝烟铁路桥部分外，已全线通车。

3日 市生态环境局招远分局环境监测人员在地表水饮用水源地勾山水库，首次使用无人船采取水样，实现走航式监测水质样品的首次采集。

4日 市委常委会召开会议。市委书记张术平主持会议并讲话。

☆ 上汽通用东岳基地第500万辆整车下线。

☆ 烟台市两位市级总河长共同签发第4号总河长令，对巩固河湖清违整治成效、加快推进生态示范河湖建设作出具体部署安排。

5日 市委理论学习中心组举行专题辅导报告会，贯彻中央和全省“不忘初心、牢记使命”主题教育工作会议精神，邀请灵山文旅集团董事长吴国平和中国旅游智库委员、青岛大学文化旅游高等研究院院长于冲，围绕推动文旅产业高质量发展作专题辅导报告。市委书记张术平主持并讲话。

☆ 市委副书记、市长陈飞会见微软大中华区副总裁滕文一行。

☆ 12时06分，在黄海海域，从海阳港运抵的长征十一号海射运载火箭，以烟台船舶为发射平台，将七颗卫星送入预定轨道，试验取得成功。这是中国首次在海上实施运载火箭发射技术试验，填补海上发射空白。

6日 市委、市政府召开全市乡村振兴暨脱贫攻坚工作推进会议。市委书记张术平出席会议并讲话，市委副书记、市长陈飞主持会议。

☆ 第十三届中国·烟台大樱桃节在福山区门楼镇南庄村正式开幕。

8日 2019中国·烟台首届海洋放鱼节公益活动暨全国放鱼日·世界海洋日宣传活动在莱山区黄海游乐城举行，共放流牙鲆、许氏平鲉、大泷六线鱼等100万尾。

10日 市委、市政府召开全市“学万华精神促高质量发展”活动动员大会。市委书记张术平出席会议并讲话，市委副书记、市长陈飞主持会议。

12日 由中集来福士设计建造的一座极地恶劣海域半潜式钻井平台在烟台基地举行命名仪式，该平台被命名为“仙境烟台”号，这是世界上首座以“烟台”命名的钻井平台。该平台总长106.75米，型宽73.7米，吃水能力21米，工作水深500米，钻井深度8000米。

13日 化工行业自主创新与高质量发展论坛在烟台东山宾馆开幕。中国石油和化学工业联合会会长李寿生，市委副书记、市长陈飞，副市长张代令出席论坛。来自中国石油和化学工业联合会、中国工程院、中国科学院、国内高校、行业龙头企业的院士、教授、专家学者等300余人参会。

14日 烟台市在全省率先完成市辖六区商品房合同网签备案数据及住房租赁网签备案数据全国联网工作。

☆ 共青团中央印发《关于命名2017—2018年度全国青年文明号的决定》，喜旺集团被共青团中央等授予“全国青年文明号”荣誉称号。

16日 烟台迈百瑞国际生物医药有限公司的全资子公司迈百瑞生物医药（上海）有限公司启动仪式在上海张江医谷现代商务园举行。

18日 市十七届人大常委会第二十次会议举行。

☆ “齐鲁号”（福山—河内）欧亚班列从位于福山的山东济铁烟台物流园出发，驶向终点站越南河内。这是山东省首次开行纳入铁路总公司欧亚班列方案的东南亚方向的国际班列。

19日 市委召开常委会暨全面深化改革委员会会议。市委书记张术平主持会议并讲话。

☆ 市委副书记、市长陈飞到市税务局调研，实地察看智慧税务综合体运转情况，听取烟台市税务工作及减税降费政策落实情况汇报。

20日 全省国有企业深化改革发展研讨会在烟台市召开。副省长凌文主持会议并讲话。会前，与会人员考察万华工业园。市委书记张术平陪同考察；市委副书记、市长陈飞，市委常委、常务副市长王中参加研讨会。

☆ 2019年山东省公共机构节能宣传周暨生活垃圾分类志愿者行动启动仪式在烟台广播电视台演播大厅举行。省政协副主席王修林、副市长李朝晖、市政协副主席王国伟等出席活动。

21日 市政府与华为技术有限公司签署战略合作暨助推烟台重大项目合作协议。市委副书记、市长陈飞，华为公司副总裁、政企云总裁杨瑞凯，市人大常委会副主任刘洪波出席签约活动。副市长李朝晖代表市政府与华为公司签署合作协议，华为公司与烟台经济技术开发区、龙口市政府分别签署合作协议。

☆ 市政协党组理论学习中心组集体学习《中国共产党党组工作条例》。市政协党组书记、主席朱秀香主持会议并讲话。

☆ 由烟台市农科院选育的烟农1212小麦新品种，分别在莱州和莱阳突破全国小麦单产最高纪录和全国旱地小麦单产最高纪录。实收测产结果显示，莱州金海种业的小麦高产田实收0.22公顷，亩产840.7公斤，创全国小麦单产纪录。莱阳大黑石埠村旱地小麦高产田实收0.22公顷，亩产731.85公斤，刷新1997年烟台市农科院选育的鲁麦21创造的693.64公斤的全国旱地小麦高产纪录。

22日 市委副书记、市长陈飞会见世茂集团董事局主席许荣茂一行，双方就世茂集团与烟台合作建设文旅项目、开展商贸综合体开发等达成共识。副市长张代令参加会见。

23日 市委理论学习中心组举行专题辅导报告会，邀请省生态环境厅厅长王安德作生态文明建设专题辅导报告。市委书记张术平出席报告会，市委副书记、市长陈飞主持报告会。

24日 市委书记张术平分别会见到烟台出席中日韩青年创新创业论坛的中方、日方、韩方客人。市委常委、秘书长于松柏和副市长张代令参加会见。

☆ 市委副书记、市长陈飞主持召开市政府第51次常务会议。

25日 市委书记张术平到栖霞市走访扶贫工作重点镇并开展巡河工作。市委常委、秘书长于松柏陪同。

☆ 中日韩青年创新创业论坛在烟台经济技术开发区希尔顿酒店举行。此次论坛由全国青联、中国国际商会、中日韩三国合作秘书处联合主办。市委副书记、市长陈飞出席论坛并作主旨演讲，副市长张代令出席论坛。

26日 市委、市政府召开全市“七一”表彰暨警示教育大会。市委书记张术平出席会议并讲话，市委副书记、市长陈飞主持会议，市委常委、市纪委书记、市监委主任岳德川通报部分违纪违法典型案例，市委常

委、组织部部长于涛宣读表彰决定。

☆ 市人大常委会主任王晓敏到烟台交运集团调研。

27日 北京积水潭医院、烟台市烟台山医院、嘉兴市第二医院三地协作，中国电信、华为公司提供技术支持，在全球范围内首次借助5G技术同时远程操控两台国产骨科机器人为两地的两名患者手术。

28日 市政府召开第十七届政府第三次廉政工作会议。市委副书记、市长陈飞讲话，市委常委、市纪委书记、市监委主任岳德川出席会议，副市长张代令主持会议，市政府班子成员出席会议。

☆ 首班“齐鲁号”欧亚班列（烟台—莫斯科）从烟台港发车。本次班列是烟台海关首次以转关运输方式完成班列监管，班列在烟台完成报关、查验、放行等所有海关监管手续。

☆ 烟台首条城际公交烟台至栖霞C1路正式开通。

28—30日 第十二届烟台国际葡萄酒博览会在烟台国际博览中心举行。国际葡萄与葡萄酒组织主席雷吉娜·万德琳娜、原国家质检总局副局长葛志荣、中国酒类流通协会会长王新国、市委书记张术平出席开幕式并致辞，市委副书记、市长陈飞出席，市委常委、常务副市长王中主持开幕式。本届博览会由烟台市人民政府主办，有来自法国、西班牙等22个国家地区和国内10大葡萄酒主要产区的500多家企业参展。此届博览会以“开放·融合·共享”为主题。

30日 全省庆祝中国共产党成立98周年暨表彰大会在济南召开，烟台市有17名优秀共产党员、7名优秀党务工作者、7个先进基层党组织在会上受到表彰。

☆ 福山门楼水库分水闸关闭，本年度调水工作结束。年内，根据全市各区市降水量及调蓄水库蓄水情况，烟台市分两次申请调引客水7800万立方米，实际调水7956万立方米。

是月 东方电子集团在国内外首次基于“云原生”先进设计理念，重构SCADA系统架构，成功实施南网总调云化SCADA项目。

7月

1日 市委书记张术平与烟台市受表彰的全国全省“人民满意的公务员”、全省“人民满意的公务员集体”和山东省优秀共产党员、优秀党务工作者、先进基层党组织代表座谈。市委常委、组织部部长于涛主持座谈活动。

☆ 市委书记张术平会见守口门真日中友好协会会长原正和一行。市领导于松柏、李朝晖参加会见。

☆ 省内首条“红色教育公交专线”正式开通，串联起烟台市芝罘区、莱山区、牟平区三区的5处红色教育基地。当天上午，在胶东革命纪念馆前启动仪式。

1—5日 市委副书记、市长陈飞率团到北京市、兰州市开展“双招双引”，走访部分央企、行业领军企业和科研院所，推介烟台战略机遇和招商引资、招才引智政策，促进项目合作。

2日 市委书记张术平先后到莱山经济技术开发区、曲家庄拆迁现场和烟台南站，实地察看新区概貌、规划建设和征迁进展，并在烟台南站现场办公，听取潍烟高铁、高铁新区和烟台南站枢纽站规划建设情况以及有关方面意见建议，研究解决具体问题。

3—5日 省政协副主席、党组副书记吴翠云率队到烟台，就民盟山东省委《关于加快海洋强省建设推动高质量发展的建议》重点提案落实情况，开展视察督办。市领导张术平、王中、姜中二分别陪同活动。

4日 市委书记张术平到高新区创业大厦数字烟台展厅就加快数字烟台建设进行实地调研、现场办公。

5日 市委书记张术平到非公企业调研并主持座谈听取意见建议。

7日 市委副书记、市长陈飞到福山区检查防汛抗旱工作。

8日 市委、市政府召开全市“三重”工作调度会。市委书记张术平主持会议并讲话，市委副书记、市长陈飞讲话。

☆ 市委副书记、市长陈飞主持召开市政府第52次常务会议。

10日 由中韩（烟台）产业园管理服务中心与韩国技术风投财团、韩科院技术事业团合作共建的中韩科创孵化合作基地在开发区举行揭牌仪式，这是烟台市引进的首个中韩国家级科技共建项目。

11日 市委召开常委会暨全面深化改革委员会会议。市委书记张术平主持会议并讲话。

☆ 在北京召开的全国构建和谐劳动关系先进表彰会上，烟台经济技术开发区获“全国模范劳动关系和谐工业园区”称号。

☆ 山东2018年外贸百强企业名单公布，在出口和进口百强企业中，烟台市的入围企业分别为18家和17家，数量居全省第二。在出口企业前十强中，烟台有5家企业上榜，数量居全省第一。

☆ 2019烟台国际海岸生活节开幕。生活节以“嗨！烟台”为主题，推出海岸艺术季、海岸休闲季、海岸运动季、海岸美食季四大主题30余项活动。

12日 中国共产党烟台市第十三届委员会第八次全体会议举行。

☆ 荣昌生物制药（烟台）有限公司在北京人民大会堂一层新闻发布厅向全球发布国家“重大新药创制”科技重大专项课题 RC18（通用名泰它西普）临床研究数据，高剂量组 48 周应答率达到 79.2%，实现全球红斑狼疮治疗领域重大突破。

13 日　市委书记张术平会见国家电力投资集团公司党组书记、董事长钱智民一行。市领导于松柏、张代令陪同。

15 日　市政协党组理论学习中心组集体学习习近平总书记在中央政治局第十五次集体学习以及在中央和国家机关党的建设工作会议上的重要讲话精神、《党政领导干部考核工作条例》。市政协主席朱秀香主持会议并讲话。

☆ “齐鲁号”欧亚班列（莫斯科—福山）抵达位于福山区的济铁烟台物流园，这是继 6 月 28 日“齐鲁号”欧亚班列（烟台—莫斯科）开行后，烟台与莫斯科之间的班列首次实现往返开行。该班列由山东高速物流集团运营，编组 42 车，满载货值约 75 万美元的进口牛皮纸，从二连浩特口岸入境，全程历时 12 天。

16 日　市委副书记、市长陈飞到金山湾区现场办公，实地察看金山湾区规划建设情况，并主持召开专题会议，听取有关情况汇报。

17 日　烟台市召开生态环境工作会议暨烟台市生态环境保护委员会第一次全体会议。市委副书记、市长陈飞出席会议并讲话，副市长崔宗涛主持会议，市政府领导班子成员参加会议。

18 日　中韩（烟台）产业园管理委员会联合韩国五大经济团体之一的中小企业中央会在韩国共同举办“共筑梦想、共创未来——中韩（烟台）产业园管理委员会招商推介会”。省政府驻韩国经贸代表处首席代表、韩国中小企业中央会经济政策本部长，韩国模具工业协同组合、韩国电子产业协同组合、韩国机械产业振兴会等 15 个行业协会，以及 30 家企业近百人参加推介会。

19 日　市委国家安全委员会召开第一次会议，传达学习省委有关会议精神，研究市委国家安全委员会《工作规则》《办公室工作细则》和《2019 年工作要点》，部署安排重点任务。市委书记、市委国家安全委员会主任张术平主持会议并讲话。

☆ 市委书记张术平听取全市会展工作上半年进展、下半年计划和重点展会筹备情况。市委常委、秘书长于松柏参加。

☆ 市委副书记、市长陈飞主持召开市政府第 53 次常务会议。

☆ 市人大常委会主任王晓敏带领住烟全国、省人大代表一行，赴威海市就文化和旅游融合发展情况进行专题调研。

☆ 由工信部赛迪顾问县域经济研究中心编制的《2019 赛迪县域经济百强研究》发布，龙口位列第 10，首次入列该榜单前十；招远、莱州、蓬莱分列第 39、43、80 位。

21 日　市人大常委会召开地方立法基地及立法顾问工作座谈会，王晓敏出席会议并讲话。市直有关部门、地方立法基地负责人和部分立法顾问等参加会议。

22 日　在匈牙利布达佩斯进行的 2019 年击剑世锦赛中，烟台籍剑客孙一文和林声、许安琪、朱明叶组成的中国女子重剑队赢得团体冠军。

☆ 《烟台市志（1978—2002）》发行会议召开，中国地方志指导小组秘书长、办公室主任冀祥德，省委党史研究院院长赵国卿，市委常委、秘书长于松柏出席并讲话。

22—23 日　省委常委、统战部部长张江汀到烟台就非公经济发展、民主党派建设开展调研。市委常委、统战部部长金志海陪同活动。

22—24 日　全国台企联第五届常务理事会第一次会议暨百名台协会长烟台行系列活动在烟台举行。省委常委、统战部部长、省总工会主席张江汀，市领导陈飞、金志海参加活动。

23 日　市人大常委会主任王晓敏以“以开展主题教育促进人大干部队伍建设，做好新时代人大工作”为题，为人大机关全体党员、干部上党课。

24 日　市委副书记、市长陈飞到烟台警备区、海军航空大学走访慰问驻烟台部队官兵。

24—25 日　市委副书记、市长陈飞到招远市、栖霞市实地察看旱情和农村供水情况，走访贫困户，检查农村改厕工作。

25 日　中科院烟台产业技术与育成中心举行启动成立仪式。中科院相关负责人和市领导陈飞、张代令出席启动仪式。

26 日　全国退役军人工作会议表彰 401 名“全国模范退役军人”，烟台龙口市公安局刑侦大队案审中队副中队长付绍刚和烟台小红帽劳务服务有限责任公司负责人王欲进受到表彰。莱州军休所获“全国退役军人工作模范单位”称号。

☆ 山东省第十三届人民代表大会常务委员会第十三次会议审议通过《山东省长岛海洋生态保护条例》（以下简称《条例》）。这是山东省第一部海岛生态保护的创制性立法，于 2019 年 10 月 1 日起施行。

☆ 农业发展银行山东省分行与烟台市签署政策性金融支持新旧动能转换战略合作协议。农业发展银行山东省分行行长赵富洲、市长陈飞出席活动并致辞。副市长王中代表市政府与农业发展银行山东省分行签署协议。

☆ 由烟台发往杜伊斯堡的“齐鲁号”欧亚班列驶出烟台站，这标志着“齐鲁号”（烟台）欧亚班列全面畅通北向、西向、南向的国际物流大通道。

27 日 市委常委会召开会议。市委书记张术平主持会议并讲话。

☆ 市委理论学习中心组举行集体学习，学习贯彻赵乐际在市县巡察工作推进会上的讲话。市委书记张术平主持并讲话。

☆ 市委召开常委会议军会议暨市国防动员委员会第一次会议。市委书记、市国防动员委员会第一主任张术平主持会议并讲话。

☆ 芝罘区毓璜顶街道举行南通社区民兵连暨民兵连党支部成立大会。这是全市第一个城市社区民兵连试点。

29 日 市委书记张术平到开发区普罗吉医药公司现场办公，到蓬莱市调研抗旱工作。市领导于松柏、崔宗涛参加活动。

30 日 烟台市召开稳就业工作电视会议。市委副书记、市长陈飞出席会议并讲话，副市长王中主持会议。

☆ 万华化学刊发公告，公司境外全资下属公司万华化学（匈牙利）控股有限公司收购 Chematur Technologies AB（简称“瑞典国际化工”）100% 股权，总收购金额约合人民币 9.25 亿元。

30—31 日 第十届全国人大常委会副委员长顾秀莲一行，在省人大常委会原副主任崔曰臣陪同下到烟台出席中国石油和化学工业联合会主办的第十九届“全国石油和化工行业经济形势分析会”并调研。市人大常委会主任王晓敏陪同活动。

31 日 市委书记张术平与烟台市受表彰的全国模范退役军人和全国退役军人工作模范单位代表座谈，市领导于松柏、赵峰参加活动。

31 日至 8 月 1 日 第 19 届全国石油和化工行业经济形势分析会在烟台召开，第十届全国人大常委会副委员长顾秀莲，中国石油和化学工业联合会会长李寿生，市委副书记、市长陈飞出席会议。

7 月底至 8 月初 烟台开展农村饮水应急帮扶工作，向全市缺水最为严重的 50 个村送去罐装生活用水 1828 吨、桶装水 3.23 万桶、瓶装水 1000 箱，惠及 2.76 万名农村群众，市政府下达 2000 万元专项资金用于找水打井，保障饮水安全。

是月 世界品牌实验室（World Brand Lab）发布中国 500 最具价值品牌，烟台市招金集团、玲珑集团、鲁花、张裕、威龙 5 家企业上榜，数量与 2018 年持平，品牌总价值达 1503.34 亿元，较上年增长 23.22%。其中，招金集团、玲珑集团、张裕公司 3 家企业实现位次前移。

8 月

1 日 市委党的建设工作领导小组召开会议，专题研究基层党建巡察、党建研究会筹建等工作。市委书记、市委党的建设工作领导小组组长张术平主持会议并讲话。

☆ 市扫黑除恶专项斗争领导小组召开会议，专题研究扫黑除恶专项斗争工作。市委书记、市扫黑除恶专项斗争领导小组组长张术平主持会议并讲话。

2 日 省教育厅和市政府共建烟台大学签约仪式举行。市委书记张术平、省教育厅厅长邓云锋分别致辞，市委常委、宣传部部长于永信主持仪式，副市长崔宗涛与省教育厅副厅长白皓签署合作备忘录。

☆ 市委书记张术平到海上世界项目实地调研并现场办公。市委常委、秘书长于松柏，市人大常委会副主任刘洪波参加。

☆ 市政协召开十三届十三次常委会议。

4 日 国内首家以新材料科技服务为主题，结合科技、文明、美学、时尚的创新空间——烟台科技品创馆在烟台开发区业达智汇谷正式启用。

5 日 市委副书记、市长陈飞主持召开市政府第 54 次常务会议。

☆ 市党外人士通报协商会议召开，市委副书记、市长陈飞通报上半年全市经济社会发展情况及下半年工作安排，听取各界人士意见建议。市委常委、统战部部长金志海主持会议。

6 日 市委理论学习中心组专题辅导报告会暨第 52 期智慧烟台大讲堂在市委党校举办，邀请浙江省委原常委、杭州市委原书记、浙江省政府咨询委员会副主任、浙江省城市治理研究中心主任王国平作专题辅导报告。市领导张术平、于涛分别主持。

☆ 晚 7 点半，“齐鲁时代楷模”发布仪式在山东电视台“齐鲁时代楷模发布厅”举行。烟台市芝罘区毓璜顶街道大海阳社区党委书记、居委会主任冷晓燕成为烟台首位“齐鲁时代楷模”。

6—7 日 “浙商会长走进烟台”系列活动在烟台市举办。市领导张术平、于松柏、李朝晖分别出席有关活动。

7 日 烟台资本市场服务基地揭牌暨深交所烟台资本市场服务基地签约及揭牌仪式在开发区举行。

8—10 日 首届国际葡萄酒（中国）大奖赛在蓬莱市国宾酒庄举办，国内外参赛样品总数量达 1516 款。

10 日 市委、市政府召开防范第 9 号台风紧急会议。市委书记张术平出席并讲话，崔宗涛传达省政府防御第9号台风“利奇马”视频会议精神。

11日　市委书记张术平2次冒雨到市防汛抗旱指挥部，现场调度各县市区防范第9号台风“利奇马”工作。市领导陈飞、于松柏、崔宗涛参加。

11—23日　烟台消防支队接到总队调令，派出72名消防指战员分赴淄博、滨州两地开展跨区域增援。共排水20万立方米，协助疏散群众500余人，帮助10余个大厂区企业、学校、居民小区及交通要道解除洪水围困，收到地方政府、企业及群众赠送的锦旗5面。

12日　副省长于杰连夜赶到烟台市，督导防汛防台风工作。市委副书记、市长陈飞，副市长崔宗涛参加活动。

13日　市委常委会召开会议。市委书记张术平主持会议并讲话。

☆　市委书记张术平会见国际老年大学协会主席弗朗索瓦·维拉斯一行，省委组织部副部长、省委老干部局局长杜英杰，省文化和旅游厅副厅长张明池，市委常委、组织部部长于涛参加会见。

15日　市委书记张术平到莱山区调研，市委常委、秘书长于松柏陪同。

☆　市委副书记、市长陈飞到市区电力、道路施工现场检查项目建设情况，并现场办公。

☆　市人力资源社会保障局举办的“中国科学院博士后烟台行”活动启动。烟台市与中科院博士后联谊会签订合作框架协议。

☆　清华大学公共管理学院发布《中国市级政府财政透明度研究报告》。通过对全国295个地级及地级以上城市政府财政透明度进行分析和研究，得出“2019年地级及地级以上市政府财政透明度排行榜”。烟台市得分81.54分，比上年度提高3.02分，位于全国第6位，地级市第1位。这是自2017年以来烟台市财政透明度连续第三年排全国地级市首位。

16日　市委书记张术平到海阳市、莱阳市调研，于松柏陪同。

☆　海尔智慧厨房互联工厂竣工投产暨COSMOPlat应用推广会议在莱阳市举行。市委副书记、市长陈飞会见海尔集团总裁周云杰一行，并共同出席会议。同时，莱阳海尔智慧厨电互联工厂在莱阳经济开发区正式落成投产。

☆　国内首个分子材料基因组工程创新研究平台——烟台京师材料基因组工程研究院举行第一届理事会。国内首个分子材料基因组创新平台正式在开发区成立。

19日　市委常委会召开会议。市委书记张术平主持会议并讲话。

☆　市委理论学习中心组集体学习《中国共产党宣传工作条例》和《习近平扶贫论述摘编》。市委书记张术平主持并讲话。

☆　当代作家、画家峻青在华东医院病逝，享年96岁。峻青，原名孙俊卿，山东省海阳市人，中共党员。1955年加入中国作家协会。著有《黎明的河边》《海啸》《血衣》等小说。中国作家协会第二、三、四届理事。曾任上海作家协会副主席、代理党组书记，《文学报》主编。

☆　历时10年的技术攻关，开发区天源水产有限公司参与的“狼鳗人工繁育技术”通过专家组现场验收。

☆　以“感恩大海，寻鲜长岛”为主题的第十届长岛海鲜节开幕。

20日　市委、市政府召开全市“双招双引”工作调度会。市委书记张术平主持会议并讲话，市委副书记、市长陈飞讲话，市委常委、组织部长于涛通报2018年度全省高质量“双招双引”县市区考核结果，副市长张代令通报全市上半年“双招双引”及招商专班工作情况。

☆　市委海洋发展委员会召开第二次会议，研究《关于加快建设海洋经济大市的意见》《海洋牧场发展规划（2019—2025年）》《关于加快海洋牧场建设的实施意见》《现代化海洋牧场建设实施方案》，通报上半年全市海洋经济发展情况。市委书记张术平主持会议并讲话。

21日　2019年烟台市首批购入的40台新能源纯电动空调公交车分别在61路和3路公交线正式上路。

23—25日　“2019中国（即墨）童装产业博览会暨中国青少年文化艺术嘉年华”举办，海阳毛衫产业集群被中国纺织品商业协会授予“最具品牌价值产业集群”称号。

23—26日　2019中国民间工艺品博览会在烟台国际博览中心举办，市委书记张术平、省委宣传部正厅级干部王少杰、中国民间文艺家协会分党组书记邱运华分别致辞，市委常委、宣传部长于永信主持开幕式。

26日　国务院印发《中国（山东）、（江苏）、（广西）、（河北）、（云南）、（黑龙江）自由贸易试验区总体方案》（以下简称《总体方案》）同意在山东、江苏、广西、河北、云南、黑龙江等6省区设立自由贸易试验区。其中，山东自由贸易试验区包含济南、青岛、烟台三个片区。烟台片区位于开发区范围内，实施范围29.99平方公里（含烟台保税港区区块二2.26平方公里），四至范围为东至泰山路，南至嘉陵江路，西至台北路，北至黄河路、八角中心大街。其中，包括中韩（烟台）产业园、烟台保税港西区两个国家级园区。30日上午，中国（山东）自由贸易试验区揭牌仪式在济南举行。省委书记刘家义，省委副书记、省长龚正出席并为自贸试验区揭牌。市委书记张术平，市委副书记、市长陈飞为自贸试验区烟台片区揭牌。31 日上午，中国（山东）自由贸易试验区烟台片区挂牌仪式、动员大会、新项目入驻仪式、项目集中开工仪式等系列活动在烟台开发区举行。张术平、陈飞出席挂牌仪式和动员大会，共同为烟台片区挂牌，分别讲话和主持会议；与会市领导为新入驻项目授钥匙、宣布项目开工，张代令主持有关活动。

☆ 市委常委会召开会议。市委书记张术平主持会议并讲话。

☆ 市委书记张术平到芝罘区毓璜顶街道毓东社区开展“双报到”活动，市委常委、秘书长于松柏陪同。

☆ 市委书记张术平主持研究试点开发区体制机制改革创新工作。市委常委、秘书长于松柏参加，副市长张代令汇报试点开发区实施方案起草总体情况，烟台开发区主要负责人汇报试点实施方案。

27 日 “烟台市动能转换产业技术成果对接系列活动——中国科学院服务烟台经济高质量发展成果发布会”在开发区举行。来自中国科学院系统的 13 家院所的代表，带着 17 个旨在服务烟台高质量发展的科技成果，与烟台市 117 家企业面对面交流。

27—30 日 “第十三届黄金节暨第三届网络黄金节”在招远举办。300 多名中外来宾出席。

28 日 2019 中国·烟台海内外精英创业大赛颁奖仪式在烟台市举行。大赛经过 3 个月角逐，决出特等奖 2 个，一等奖 10 个，二等奖 23 个，三等奖 37 个，优胜奖 45 个。市领导陈飞、于永信等为获奖者颁奖。

☆ 市委副书记、市长陈飞会见日本三菱电机株式会社社长杉山武史一行。

☆ 市十七届人大常委会第二十一次会议召开。

29 日 全国公安机关打击治理电信网络新型违法犯罪专项行动现场推进会在烟台召开。公安部副部长杜航伟出席并讲话。副省长、省公安厅厅长范华平，市委副书记、市长陈飞分别致辞。副市长、市公安局局长赵峰参加会议。

☆ 中集来福士建造的两座 400 尺自升式钻井平台“湾钻 6 号”“湾钻 8 号”在龙口基地举行命名暨离港仪式，启航前往墨西哥湾，为墨西哥国家石油公司（PEMEX）提供油气钻探服务。

29—31 日 第十二届（2019）全国地市新媒体创新发展峰会暨百家网媒总编网眼看烟台大型采风活动在烟台举行。

30 日 万华化学集团加入联合国全球契约，万华化学集团总裁寇光武代表万华郑重承诺支持联合国全球契约十项基本原则，这是万华向全社会展示可持续发展理念和企业社会责任的重要举措。

31 日 市委常委会召开会议。市委书记张术平主持会议并讲话。

是月 冰轮环境“高效过冷水式制冰机组”斩获中国制冷学会 2019 年度唯一的科技进步一等奖；冰轮环境承担的生态环境部“工业冷冻用中大型冷盐水机组使用 R290 替代 R22 项目”行业内第一家通过验收。

9 月

1 日 中国企业联合会在济南发布 2019 中国企业 500 强榜单，烟台市南山集团有限公司、万华化学集团股份有限公司、山东招金集团有限公司、瑞康医药集团股份有限公司 4 家企业上榜。

☆ 中国（山东）自贸试验区烟台片区（以下简称烟台片区）首个世界 500 强项目—华润化学材料 40 万吨尼龙智能化产业升级项目在开发区签约。

2 日 中国（山东）自由贸易试验区烟台片区政务服务中心启动运行。首张营业执照颁发给烟台硕普海洋科技有限公司，成为自贸试验区烟台片区落地后第一家注册登记的企业。

☆ 市委副书记、市长陈飞主持召开市政府第 55 次常务会议。

3 日 市委书记张术平到海阳市督导安全生产和信访维稳工作，于松柏陪同。

☆ 市人大常委会主任王晓敏带队到招远市调研扶贫工作。

☆ “政烟台·正能量”烟台市首届政务头条号大会暨烟台市政务头条号、抖音号集体入驻仪式在烟台举行。大会由市委宣传部指导，市委网信办主办，今日头条承办。市委常委、宣传部长于永信，字节跳动山东公共事务总经理李冉出席会议并致辞。

3—5 日 省委常委、组织部部长王可一行到烟台督导烟台市国庆安保维稳工作并走访调研。市人大常委会主任王晓敏陪同活动。

4 日 省委常委、组织部长王可到杨希勇人大代表联络点、烟台山基金小镇、芝罘区大海阳社区，实地查看有关工作情况，接待人大代表联络点来访群众，听取干部群众意见建议，参加烟台省人大代表第一小组活动。市委书记张术平、市人大常委会主任王晓敏、烟台警备区司令员金巍等 12 名省人大代表共同参加代表小组活动。

☆ 市委副书记、市长陈飞到芝罘区现场办公，实地察看芝罘仙境和海上世界项目进展情况。

☆ 芝罘区首家“无人智慧警局”启用，可受理港澳证和台湾证的团队旅游自助签注、新办出入境证件的自助取证、身份证自助申办、车辆违法处理等业务。

5日 第七届全国道德模范座谈会在北京举行。烟台市贾平获评第七届全国道德模范提名奖并参加座谈会。

☆ 市委副书记、市长陈飞到莱山区督导检查安全生产。

6日 市委书记张术平到鲁东大学和烟台一中走访慰问，市领导于松柏、崔宗涛参加活动。

☆ 市委书记张术平到市防汛抗旱指挥部，调度各县市区防范第13号台风“玲玲”工作。市领导于松柏、崔宗涛参加。

☆ 中国海油龙口南山LNG接收站一期工程项目现场推进会在龙口市屺㟂岛港区举行。市委副书记、市长陈飞，中国海油气电集团总经理邱健勇等出席项目推进会。

☆ 16时26分，胶东调水工程莱州王河分水口分水闸的开启，烟台市承接山东省胶东调水工程联合黄水东调工程调引的黄河水进入烟台，烟台市2019—2020年度应急调水工作正式启动。

7日 市委书记张术平到部分职业技术院校调研。市领导于松柏、崔宗涛参加活动。

8日 市委书记张术平主持研究制度创新、流程再造工作，市领导王中、于松柏参加。

☆ 烟台市在济南举办“仙境海岸鲜美烟台”青年企业家创新发展国际峰会2019烟台专场推介会。市委副书记、市长陈飞作主旨演讲，副市长张代令主持推介会。

☆ 市委副书记、市长陈飞听取《烟台全域旅游2020—2025行动计划》纲要编制情况。青岛大学文化旅游高等研究院客座教授刘建华、院长于冲、副院长艾轶锋，副市长崔宗涛等与会专家进行深入讨论交流。

10日 市委召开全市“不忘初心、牢记使命”主题教育工作会议。市委书记张术平和省委主题教育第四巡回指导组副组长姚丙华出席会议并讲话，市委常委、组织部部长于涛主持会议。

☆ 应急管理部党组副书记、副部长付建华带队到烟台开展防范化解安全风险专项执法检查。市委常委、副市长王中陪同检查。

11日 市政府召开市政府党组暨办公室“不忘初心、牢记使命”主题教育工作会议，市委副书记、市长陈飞出席会议并讲话，省委主题教育第四巡回指导组副组长姚丙华及指导组成员、市政府党组成员出席会议。市委常委、副市长王中主持会议。

12日 市委常委会召开会议。市委书记张术平主持会议并讲话。

16日 全市公安机关中华人民共和国成立70周年大庆安保誓师大会暨全警实战大练兵启动仪式在体育公园体育场举行，市委书记张术平到会讲话并为特警突击队授旗，省委第四督导组组长、省委组织部副部长刘树军出席。

☆ 全市宣传思想工作会议召开。市委书记张术平出席会议并讲话，市委副书记、市长陈飞主持。

☆ 市纪委市监委全体干部会议召开，市委书记张术平出席并讲话。

☆ 全市公安工作会议召开。市委书记张术平出席并讲话，市委常委、统战部部长杨洪旭主持。

☆ 市委书记张术平会见中国农业银行山东省分行党委书记、行长益虎一行。副市长李朝晖参加会见。

☆ 烟台市召开成品油监管联席会议。市委副书记、市长陈飞出席会议并讲话，市委常委、副市长王中主持会议，副市长张代令出席会议。

☆ 市委理论学习中心组举行革命传统教育，在烟台大剧院集体观看民族歌剧《沂蒙山》。市委理论学习中心组成员、市级领导班子其他成员、市法院院长和省安保维稳督导组负责人参加。

17—19日 世界七大葡萄海岸产区发展研讨会在蓬莱举行，来自法国、意大利、美国、智利、澳大利亚、西班牙等世界六大葡萄海岸产区代表、名庄代表、国内外专家等140余人参会。与会代表共同签署《蓬莱宣言》。

17—20日 烟台市“不忘初心、牢记使命”主题教育读书班在市委党校举办，市委书记张术平出席开班仪式并讲话。

18日 市委书记张术平会见华侨城集团有限公司总经理姚军一行。

18—22日 由国际排球联合会、国家体育总局排球运动管理中心主办，山东省体育局、海阳市人民政府承办的东京奥运会沙滩排球世界资格赛开赛，男女各16对沙滩排球运动员争夺4名参加奥运会名额。该赛事是中国举办的最高级别的沙滩排球单项赛事。

19日 在第八届山东国际文化产业博览交易会上，烟台以“仙境海岸 鲜美烟台”为参展主题，设立“一县一品”县域特色文化产品、葡萄酒文化、文化传承、文化演艺等四大展区。交易会上，栖霞和壹世界动物城建设项目作为烟台唯一项目在重点文化产业项目签约仪式上签约、百年烟钟文化传承创意园暨钟表文化工业旅游项目作为全省8个重点推介项目之一进行现场推介。

☆ 首部全景呈现中华人民共和国外交的纪实风格电视剧《外交风云》，在北京卫视、广东卫视播出，并在优酷、腾讯、爱奇艺同步播出。

烟台市委、市政府参与联合摄制。摄制组先后在栖霞、蓬莱、海阳、芝罘、福山、牟平、开发区等县市区取景，

20 日 市委、市政府召开全市经济运行调度会，通报 1—8 月份经济运行情况，对下步工作作出安排部署。市委书记张术平主持并讲话，陈飞出席并讲话。

☆ 全市“不忘初心、牢记使命”主题教育读书班交流大会在市委党校举行。市委书记张术平出席，市委副书记、市长陈飞主持并讲话。

☆ 全市“不忘初心、牢记使命”主题教育读书班举行专题辅导报告会，邀请国防大学政治学院教授刘正斌作报告。市领导张术平、陈飞、王晓敏、朱秀香等出席，市委常委、组织部部长于涛主持。

☆ “2019 中国人力资本论坛（烟台站）”开幕，这是国内人力资源行业最权威、规格最高的峰会第五次在芝罘区召开。

21 日 烟台健康产业国际咨询委员会首次会议召开，来自德国、英国、瑞典、瑞士、澳大利亚等 9 个国家的 16 名国际院士参会。国际健康产业论坛创始人兼秘书长罗军，市领导陈飞、张代令出席会议。

21—23 日 由国际健康产业论坛全球理事会和烟台市人民政府共同主办的国际健康产业大会开幕。有包括 16 位院士在内的国内外医药领域专家、企业代表、高校院所学者、新闻媒体记者等 1000 多人参加。市委副书记、市长陈飞在开幕式上致辞，张代令出席开幕式。开幕仪式上，陈飞向 16 位国际院士颁发“烟台健康产业国际咨询委员”证书。

21 日至 10 月 5 日 2019 年烟台市全国科普日启动仪式在塔山风景区举行。活动以“礼赞共和国 智慧新生活”为主题。

22 日 省政府批复《烟台市老岚水库工程建设征地移民安置规划大纲》，10 月 26 日，福山、牟平、栖霞三区市移民试点安置房开工建设。

23—24 日 市委书记张术平以“四不两直”方式（不发通知、不打招呼、不听汇报、不用陪同，直插基层、直奔一线），随机到开发区和栖霞市村庄调研，进村入户听取群众意见建议。市委常委、秘书长于松柏陪同。

24 日 市委书记张术平到栖霞市走访慰问建国前参加革命的老党员、老干部，调研指导“不忘初心、牢记使命”主题教育，主持召开座谈会征求意见建议，督导安保维稳工作。市委常委、秘书长于松柏陪同。

☆ 市人大常委会主任王晓敏带队到招远市调研扶贫工作。

25 日 烟台市校地合作第三次联席会议召开。市委书记张术平出席并讲话，市委常委、宣传部部长于永信主持。

☆ 市委书记张术平会见韩国平泽市市长郑长善一行。市领导王中、于松柏参加会见。

☆ 市人大常委会主任王晓敏带领执法检查组，到海阳市、芝罘区对贯彻实施《中华人民共和国体育法》情况进行执法检查。

26 日 胶东红色文化陈列馆揭牌仪式暨革命传统教育活动在牟平区养马岛举行。市委书记张术平，市委副书记、市长陈飞出席并为陈列馆揭牌，省委巡回指导组组长张士昌和有关成员出席，市委常委、组织部部长于涛主持并介绍陈列馆建设有关情况。

☆ 祖国不会忘记——烟台市庆祝中华人民共和国成立 70 周年文艺晚会在烟台大剧院举行。市级领导班子成员、市直部门单位负责人以及社会各界代表、市民等 1000 余人观看演出。

☆ 市委农业农村委员会第二次会议暨市扶贫开发领导小组第二次会议召开，听取全市乡村振兴和脱贫攻坚工作情况，研究县乡党政领导班子和领导干部推进乡村振兴战略实绩考核细则、扎实做好脱贫攻坚“回头看”着力解决“两不愁三保障”和饮水安全突出问题实施方案、打好脱贫攻坚战考核实施细则、建立农村贫困人口即时帮扶机制实施意见等。市委书记、市委农业农村委员会主任、市扶贫开发领导小组组长张术平主持会议并讲话。

☆ 市委书记张术平会见华润集团总经理王祥明一行。市领导于松柏、李波参加会见。

☆ 市委副书记、市长陈飞采取“四不两直”方式，到福山区调研乡村振兴、脱贫攻坚、农村改厕等情况，到村民家中面对面听取群众意见建议。

☆ 市委副书记、市长陈飞到福山区走访慰问建国前参加革命工作的老干部、老党员，主持召开座谈会征求意见建议，督导安保维稳工作。

☆ “蓝鲸 2 号”命名仪式在中集来福士烟台基地深水码头举行。“蓝鲸 2 号”由中集来福士自主设计建造，是全球作业水深、钻井深度最深的半潜式钻井平台。平台长 117 米，宽 92.7 米，高 118 米，最大作业水深 3658 米，最大钻井深度 15250 米，可以在全球 95% 的海域作业。

27 日 市委常委会（市委全面深化改革委员会）召开会议。市委书记张术平主持会议并讲话。

☆ 市委书记张术平会见美国萃通公司首席执行官王迅一行。副市长李波参加会见。

☆ 市委理论学习中心组举行集体学习研讨。市委书记张术平主持并讲话，省委第四巡回指导组组长张士

昌和有关成员出席。

☆ 市政府召开全市金融工作恳谈会，市委副书记、市长陈飞出席并讲话，副市长张代令主持会议，副市长赵峰、崔宗涛出席会议，部分省级分行负责人和全市金融系统负责人参加会议。

☆ 市政协召开十三届十四次常委会议。

29日 全市党的建设暨警示教育大会召开。市委书记张术平出席并讲话，市委副书记、市长陈飞主持。

☆ 全市农村人居环境整治暨脱贫攻坚工作会议召开。市委书记张术平主持并讲话，市委副书记、市长陈飞出席并讲话。

☆ 市委书记张术平到市公安局现场调度国庆安保工作。市领导于松柏、赵峰参加。

☆ 市委副书记、市长陈飞主持召开市政府第56次常务会议。

☆ 市政府党组理论学习中心组举行集体学习研讨。市委副书记、市长陈飞主持并讲话，省委第四巡回指导组成员王凤军、孟宪琛出席。

30日 烟台市在胶东革命烈士陵园举行向人民英雄敬献花篮仪式。市级领导班子成员，烟台警备区首长，法、检“两长”，以及机关干部、驻军官兵、学校师生、老战士和烈士亲属、社会各界群众代表等1000多人参加仪式。

☆ 市领导张术平、陈飞、王晓敏、朱秀香等，与社会各界代表、市民等1200余人在烟台大剧院观看大型组歌《红色胶东》演出。

10月

2日 市委书记张术平到蓬莱和龙口市调研督导节日期间安全生产工作，市委常委、秘书长于松柏陪同。

☆ 市委副书记、市长陈飞到招远市督导检查安全生产工作。

3日 市委书记张术平到烟台三环锁业集团、烟台啤酒集团、烟台金正环保公司等企业，调研工业经济运行情况，市委常委、秘书长于松柏陪同。

4日 市委书记张术平到芝罘区调研海上世界和幸福新城项目建设情况，市领导杨洪旭、于松柏、刘洪波、李波分别参加有关活动。

5日 市委书记张术平先后到烟大农贸市场、塔山南路建设现场、机场路立交桥工程征迁指挥部和东里公交场站调研民生项目建设情况。市领导于松柏、李波分别参加有关活动。

6日 市委副书记、市长陈飞到牟平区、高新区督导检查安全生产工作，副市长张代令参加督导。

7日 市委书记张术平到芝罘仙境项目朝阳街修缮现场，实地察看春节展示段工程进展情况，并在指挥部现场办公，研究解决具体问题。市领导王晓敏、于松柏、黄永政、李波参加活动。

8日 市委常委会召开会议。市委书记张术平主持会议并讲话。

☆ 市委财经委员会召开第二次会议，传达学习中央财经委员会第五次会议精神，研究提高自然灾害防治能力。市委书记张术平主持会议并讲话。

☆ 由中小城市发展战略研究院、国信中小城市指数研究院等机构编制的2019年中国中小城市高质量发展指数研究课题成果发布，在综合实力百强县市榜单中，烟台市3个县市区上榜，龙口、招远、莱州分列11位、32位、33位。

10日 2019烟台·德州文化旅游市场推介会在德州举行。会上，烟台、德州两市文化和旅游局签定市场合作协议。

10—12日 市委书记张术平率队赴上海开展招商活动，市领导张代令、李朝晖分别参加有关活动。

11日 烟台市在上海举行2019新旧动能转换项目洽谈会，市委书记张术平出席并致辞。9个项目集中签约，总投资173.6亿元，在上海期间，张术平会见部分商协组织、知名企业负责人，见证莱山区与复星集团、市国资委与豫园股份签署合作协议，并实地考察新天地、思南公馆等历史街区改造开发情况。

☆ 烟台市举办2019能源年会暨人才交流大会。副省长、中国工程院院士凌文出席并作主旨演讲，市委常委、副市长王中出席并致辞，市委常委、组织部部长于涛主持大会。国际欧亚科学院院士、中国工程院院士、中科院广州能源研究所研究员陈勇，国际欧亚科学院院士、深圳大学高等研究院院长陈峰，60多位国家重点人才工程专家和海内外高层次人才，以及部分驻烟台高校院所、重点企业、投融资机构、中介服务机构、创业园区代表等约300人参会。

☆ 烟台市在首届山东省文化和旅游商品创新设计大赛中获得2金2银，其中张裕c咖系列、“蓬莱有礼”文创系列商品获实物类金奖，哈福玩具世界——海洋系列获实物类银奖，莱州多比巧克力齐鲁瑰宝系列商品获设计类银奖。

12日 市委副书记、市长陈飞在烟台分会场出席全省召开重点水利工作视频会议后，就贯彻落实省会议精神，推进全市重点水利工作进行安排部署。

☆ 塔山南路的通世南路至胜利南路标段“荆子山隧道”完成验收正式通车，是塔山南路第一条正式通车的隧道。道路等级为城市主干路，车道规模为双向六车道，设计时速60千米/时。

☆ 第十三届中国药物制剂大会烟台召开。中国药学会理事长孙咸泽、中国工程院院士王广基等专家出席会议，市委常委、副市长王中出席会议并致辞。

12—13 日 全国人大常委会渔业法执法检查组在省人大常委会副主任王华等陪同下，到烟台检查渔业法贯彻实施情况。市人大常委会主任王晓敏陪同活动。

13 日 烟台市召开全市文明城市建设工作推进会议。市委副书记、市长陈飞出席会议并讲话。市领导张代令、赵峰、李朝晖参加会议。

14 日 市委常委会召开会议。市委书记张术平主持会议并讲话。

☆ 市委理论学习中心组举行集体学习研讨。市委书记张术平主持并讲话，省委第四巡回指导组有关成员出席。

☆ 市领导张术平、王晓敏、朱秀香和市级领导班子其他成员，法、检“两长”，集体到市廉政教育基地开展警示教育活动。

15 日 市委书记张术平主持召开县市区和市直有关部门主要负责人会议，就做好第四季度重点工作作出部署安排。

☆ 市委人大工作会议召开。市委书记张术平出席并讲话，市人大常委会主任王晓敏报告换届以来市人大工作情况和下步打算，市委常委、组织部长于涛主持。

☆ 市委政协工作会议召开。市委书记张术平出席并讲话，市政协主席朱秀香传达中央、省委政协工作会议精神，市委常委、组织部部长于涛主持。

16 日 市委书记张术平到烟台海商、石川密封、交运集团等企业，调研市属国有企业改革三年行动开展情况，市委常委、秘书长于松柏陪同。

☆ 在山东国际友城合作发展大会上，市委副书记、市长陈飞代表烟台市政府签署《中华人民共和国烟台市与牙买加金斯敦市建立友好城市关系意向书》《中华人民共和国烟台市与大韩民国扶余郡建立友好合作关系协议书》。烟台市邀请韩国群山市，马来西亚巴达旺市，日本别府市、北九州市，挪威海洋牧场公司，美国奥马哈市等6个国家的8个代表团参会。在下午举行的国际友城市长论坛上，副市长李朝晖做题为“拥抱智能时代建设智慧城市”的发言。

☆ 市政府新闻办公室举行“公布烟台市市树、市花”新闻发布会，市树、市花评审委员会专家组组长、鲁东大学二级教授张洪霞公布烟台市市树为苹果树、市花为月季。

☆ 凌晨 2 点，市级重点项目塔山南路建设现场—跨蓝烟铁路立交桥工程主桥转体，烟台城建史上的第一座转体桥主桥转体成功。

17 日 烟台市革命老区建设促进会成立大会举行。中国老促会副会长曾广超，省老促会会长刘从良、书记张建华，市委书记张术平，市老促会会长李淑芹分别出席、讲话，市委常委、烟台警备区政委刘玉昂宣读中央军委原副主席迟浩田的贺信。会上，曾广超和张术平共同为“烟台市革命老区建设促进会”揭牌。

☆ 环渤海集装箱“海上巴士”通航暨战略合作框架协议签约仪式在烟台港芝罘湾港区举行，山东省港口集团董事长霍高原、市委书记张术平、市政协主席朱秀香出席。仪式由山东省港口集团副总经理孙付春主持，山东省港口集团总经理李奉利、市政府党组成员李波、中远海运集装箱运输有限公司副总经理隋军、东营市副市长刘美华、滨州市副市长郝吉虎分别致辞，烟台港集团与中远海运集运泛亚公司签订环渤海集装箱“海上巴士”战略合作协议，启动首航仪式。山东省港口集团副总经理马德亮、党委委员孙正甫，青岛港、潍坊港、东营港、滨州港负责人等约 500 人参加。

☆ 在全省道德模范座谈会上，烟台市贾平、杨希勇、于瑞勇、王俊堂、孙前进 5 人当选全省道德模范，当选人数位列全省第二位，另有刘立军、宋勇、曲冠云、冷晓燕、邹广琪 5 人获评提名奖。

☆ 2019 中国国际核电工业及装备展览会在北京开幕。启动仪式上，中国机械工业联合会负责人将核电展会标交接给于永信，并宣布中国国际核电工业及装备展览会 2020 年开始移至烟台举办。

☆ 烟台市“不忘初心、牢记使命”百姓宣讲团巡回宣讲活动在招远市阜山镇九曲蒋家村正式启动。

☆ 国标委正式批复同意万华化学筹建国家技术标准创新基地（化工新材料），建设周期为 2 年，这是烟台市首个获批筹建的国家技术标准创新基地。

18 日 市委书记张术平在青岛市分别会见参加跨国公司领导人青岛峰会的中瑞鼎峰集团首席执行官詹柏和德尔福科技公司全球副总裁克里姆·厄尔曼一行。

☆ 烟台市首届“市长杯”工业设计大赛举行颁奖仪式。市领导陈飞、张代令，清华大学教授柳冠中，南京艺术学院党委常委何晓佑为获奖单位颁奖。经过两轮评审，烟台中集来福士海洋工程有限公司的“超深水半潜式钻井平台（蓝鲸 2 号）”等 5 件作品获得大赛金奖，烟台杰瑞石油服务集团股份有限公司的“电驱压裂橇”等 10 件作品获得银奖，烟台明远家用纺织品有限公司的“体温感测智能产品”等 15 件作品获得铜奖，20 件作品获得优秀奖。

18—20 日　2019 世界工业设计大会暨国际设计产业博览会在烟台国际博览中心举办。

18—27 日　在中国武汉举行的第七届世界军人运动会上，烟台体育运动学校输送的女运动员卢嫔嫔、冯彬在军事五项和女子铁饼项目中获得 4 枚金牌。

19 日　市政府召开市区大气污染防治工作调度会议。市委副书记、市长陈飞出席会议并讲话，市领导崔宗涛、李波出席会议。

☆　市委副书记、市长陈飞主持召开经济运行调度会议，研究分析当前经济形势。市领导王中、张代令、李波出席会议。

☆　WIDC 设计产业发展圆桌峰会在烟台召开，来自 30 多个国家和地区的 100 多位工业设计组织负责人、知名设计单位负责人和世界设计大师共同发起成立世界设计产业组织，大会秘书处设在烟台。

20 日　全省果业发展现场会议在烟台召开。省委副书记杨东奇出席并讲话，副省长于国安主持，市委书记张术平在会上作交流发言，市领导于松柏、崔宗涛参加有关活动。

☆　跨国公司（烟台）新兴产业对话会在青岛市举行，80 多名世界 500 强企业、跨国公司及行业领军企业代表参加活动。市委副书记、市长陈飞出席并致辞。在随后举行的新兴产业项目签约仪式上，烟台相关县市区与跨国公司签署 15 项新兴产业项目合作协议，总投资额 233 亿元。会上，山东自贸区烟台片区负责人做综合推介，微软、思科两家世界 500 强企业和东方电子、绿叶制药两家烟台企业进行路演。

21 日　市委常委会召开调研成果交流会。市委书记张术平主持并讲话。

☆　市委常委会召开会议。市委书记张术平主持会议并讲话。

☆　烟台市品牌推介会暨“品牌强市”研讨会在北京举行。蓝鲸一号、蓝鲸二号、烟台万华、张裕葡萄酒等烟台品牌在会上展示。中国品牌建设促进会理事长刘平均做主旨演讲。

22 日　市人大常委会对烟台市农村人居环境整治情况进行视察。市人大常委会领导王晓敏、徐少宁、张伟、潘士友、崔宗涛，部分驻会委员以及住烟全国、省和市人大代表，市直有关部门负责人等参加活动。

☆　市政府党组理论学习中心组举行集体学习研讨，并召开调研成果交流会，省委第四巡回指导组组长张士昌和有关成员参加会议，市委副书记、市长陈飞主持会议并讲话。

☆　市委副书记、市长陈飞会见富士康科技集团董事长特别助理、副总经理陈伟铭一行，双方就进一步深化合作进行深入交流。

23 日　市委副书记、市长陈飞主持召开市政府第 57 次常务会议。

☆　市食品安全委员会召开全体会议，传达学习《地方党政领导干部食品安全责任制规定》和《关于深化改革加强食品安全工作的意见》，审议通过《烟台市近期食品安全工作要点》。市委副书记、市长陈飞出席会议并讲话，市委常委、副市长王中主持会议，副市长李朝晖参加会议。

☆　市人大常委会党组理论学习中心组举行集体学习研讨，并召开调研成果交流会。省委主题教育第四巡回指导组组长张士昌及有关成员参加会议，市人大常委会主任王晓敏主持会议并讲话。

24 日　2019 年中国技能大赛—第五届全国粮食行业职业技能竞赛活动在烟台市举办，国家发改委党组成员、国家粮食和物资储备局局长张务锋，副省长于国安出席开幕式。市领导张术平、王中、于松柏陪同活动。本次竞赛活动以“弘扬工匠精神，担当粮安使命”为主题，有 30 个省（市、区）和 3 个中央粮食企业的代表队参赛。

25 日　市政协党组召开主题教育调研成果交流会。市政协主席朱秀香主持会议并讲话，省委主题教育第四巡回指导组组长张士昌及有关人员到会指导。

25—28 日　2019 年中国（烟台）国际康养产业博览会在烟台举行。全国助老工作指导委员会、中国老龄事业发展基金会、中国社会福利与养老服务协会、国家民政部民政政策研究机构、省卫生健康委、省贸促会和省老年学学会、省老年产业协会、省健康长寿促进会以及美国华人企业家协会、德国养老集团等有关方面负责人和嘉宾出席开幕式。

26 日　老岚水库移民试点安置房工程开工仪式在栖霞市桃村镇举行。市委书记张术平讲话并宣布工程开工，市委副书记、市长陈飞主持，副市长崔宗涛介绍工程建设概况。

☆　市委财经委员会召开扩大会议，传达学习省委财经委员会第四次会议精神，总结工作，分析形势，查找问题，部署任务。市委书记张术平主持并讲话，市委副书记、市长陈飞讲话。

☆　市委书记张术平结合调查研究和学习思考，围绕加快建设忠诚干净担当的高素质专业化干部队伍这一主题，为党员干部讲专题党课。市委副书记、市长陈飞主持，省委第四巡回指导组部分成员出席。

27 日　烟台—巫山东西扶贫协作联席会议在烟台召开。市委副书记、市长陈飞，巫山县委副书记、县长曹邦兴出席会议并分别讲话，市委常委、副市长王中主持会议。

☆　烟台机场为三亚、常州、朝阳、鸡西、徐州、吕梁、安庆、巫山、长白山、惠州、信阳等10条首开的航线举行首航仪式。

27—28日 市委书记张术平率队赴重庆市巫山县推进扶贫协作工作，出席烟台—巫山东西扶贫协作联席会议并讲话，崔宗涛参加活动，巫山县委书记李春奎主持联席会议并陪同活动。

28日 市委副书记、市长陈飞主持召开市区城建重点项目调度推进会议。副市长李波参加会议。

☆ 市政协召开对口协商座谈会，围绕“发挥商会作用、助推民营经济发展”协商议政、建言献策。市政协主席朱秀香出席会议并讲话。

29—30日 市十七届人大常委会第二十二次会议召开。

30—31日 中国（烟台）核能安全暨2019核电产业链高峰论坛在烟台召开。本届论坛由烟台市人民政府、山东省能源局、中国能源报社等共同主办，以“安全新高度，产业新发展”为主题，政府部门、院士专家、行业协会、高校院所、三大核电央企、核能及核电全产业链相关企业以及媒体代表等1000余人参会，共同探讨核能安全以及核电产业链发展等相关热点话题。签约仪式上，烟台市分别与中国广核集团、中核集团、国家电投集团签署全面深化合作协议，与中国船舶重工集团签署产学研合作协议，与中国机械工业联合会签署关于在烟台举办中国国际核电工业及装备展览会合作协议，与中国核学会签署合作协议。

30日至11月1日 由山东省人民政府侨务办公室、烟台市人民政府主办，烟台市人民政府侨务办公室、烟台开发区管委承办的第十届“华商企业科技创新合作交流会”烟台开发区举办。中国—东盟商务协会主席林玉唐，省委统战部副部长、省侨办主任孙传尚出席会议。市委副书记、市长陈飞出席并做主旨演讲，金志海主持会议。陈飞代表市委、市政府向参加第十届“华商企业科技创新合作交流会”的海外华商、著名侨领、商会会长表示欢迎。本届“华交会”的主题是“凝侨汇智、合作共赢”，来自美国、德国、马来西亚等37个国家和地区的260多名华商精英、高层次人才、知名侨领到烟台参会，签约合同投资额49.2亿元。

31日 全国人大常委会委员、环资委副主任委员，致公党中央副主席吕彩霞率调研组到烟台开展“不忘合作初心，继续携手前进”主题教育活动调研。市委常委、统战部部长金志海，致公党山东省委秘书长孙晓筠陪同调研。

☆ 市委副书记、市长陈飞到开发区、烟台港调研八角湾中央创新区和港口规划建设情况。

是月 全省首单政府信保基金增信贷款业务（简称“信保贷”）在自贸区烟台片区发放，烟台创为新能源科技有限公司获得“首贷”150万元。

是月 国家发展改革委公布首批66个国家级战略性新兴产业集群，山东有7个产业集群入选。烟台先进结构材料产业集群、生物医药产业集群被正式纳入国家级战略性新兴产业集群发展工程，集群入选数量与青岛市并列全省第一位。

是月 泰和新材检测中心通过中国合格评定国家认可委员会（CNAS）的评定并获得证书，被列入《国家认可实验室名录》。

11月

1日 市委常委会召开会议。市委书记张术平主持会议并讲话。

☆ 烟台苹果高质量发展研讨会暨2019中国（烟台）苹果产销对接会开幕式举行。市委书记张术平、省农业农村厅副厅长卜祥联出席并致辞，市委副书记吴承丙出席，副市长崔宗涛主持。

☆ 市政府召开全市企业座谈会，听取企业发展情况和对政府工作的意见建议。市委副书记、市长陈飞出席并讲话，市委常委、统战部部长金志海主持会议。

4日 市委常委会召开对照党章党规找差距专题会议。市委书记张术平主持并讲话。

☆ 市委书记张术平主持召开开发区改革专题会议，听取试点开发区改革进展情况，研究烟台经济技术开发区改革具体问题，安排部署下步工作。市领导陈飞、于涛、张代令参加。

☆ 市委书记张术平主持召开中央机关、省直部门在烟台挂职干部和省派“万名干部下基层”服务队队长座谈会，听取对烟台经济社会发展和开展“不忘初心、牢记使命”主题教育的意见建议。市领导于涛、李朝晖参加。

5日 市委书记张术平带队参加在上海举办的第二届中国国际进口博览会。副市长张代令陪同活动。

☆ 市委副书记、市长陈飞围绕学习贯彻习近平新时代中国特色社会主义思想，以高质量发展践行初心使命为主题，为党员干部讲授专题党课。省委第四巡回指导组组长张士昌及有关成员出席，市委常委、副市长王中主持。

☆ 市人大常委会党组召开扩大会议，传达学习中共十九届四中全会精神，学习市委常委会关于学习贯彻中共十九届四中全会精神的部署要求。市人大常委会主任王晓敏主持会议并讲话。

☆ 市人大常委会党组召开对照党章党规找差距专题会议。市人大常委会主任王晓敏主持会议并带头作对照检视。省委第四巡回指导组有关成员到会指导。

6日　烟台市在上海举办“烟台国际经贸合作恳谈会”，推介山东自贸试验区烟台片区，推动深化务实合作。市委书记张术平出席恳谈会并致辞，副市长张代令主持。

☆　市委书记张术平出席山东省在上海市举办的打造对外开放新高地推介会，推介中国（烟台）自贸试验区特色亮点。

6—8日　全国老年健康和医养结合工作省级培训班暨现场会在烟台召开。国家卫生健康委党组成员、全国老龄办常务副主任、中国老龄协会会长王建军出席并讲话，副省长孙继业出席会议并致辞，国家卫生健康委老龄健康司司长王海东主持会议。

7日　2019医药创新与发展国际会议在烟台召开。中国药品监督管理研究会会长邵明立、市委书记张术平、中国药学会副理事长吴春福、省市场监管局副局长贾峰出席并致辞，市委副书记、市长陈飞，市委常委、秘书长于松柏出席，副市长张代令主持。此次会议由市政府、中国药学会、中国医药创新促进会主办，来自国内外政府机构、科研院所、有关企业的代表和专家学者约2000人出席。

☆　市委副书记、市长陈飞到中国（山东）自由贸易试验区烟台片区调研。

8日　在国务院总理李克强和牙买加总理安德鲁·霍尔尼斯的见证下，市委书记张术平与牙买加驻华大使丘伟基在人民大会堂河北厅，签署《中华人民共和国烟台市与牙买加金斯敦市缔结友好城市关系协议书》，共同促进两市人民之间的友好交往。烟台市国际友城达到30个、涉及17个国家。

☆　市政协领导朱秀香、姜中二带领市直有关部门负责人和部分市政协委员，围绕“推动全市家政服务业发展”开展专项民主监督。

8—10日　第二十届国际果蔬·食品博览会在烟台国际博览中心召开。来自海内外的16个重要代表团参展，吸引中粮集团、农夫果园、益海嘉里、德国拜耳、巴斯夫、意大利BCS集团、以色列瑞沃乐斯、美国欧施美、颜熹堂株式会社、泰国Dng等600多家国内外知名企业参展，参展展位总计890个，现场参观人数达到35000人次，意向成交额约5.3亿元。

9日　市政府党组理论学习中心组集体学习《中共中央关于坚持和完善中国特色社会主义制度、推进国家治理体系和治理能力现代化若干重大问题的决定》。市委副书记、市长陈飞主持并讲话。

☆　市政府党组召开对照党章党规找差距专题会议。省委第四巡回指导组组长张士昌到会指导，市委副书记、市长陈飞主持会议并讲话。

11日　市委常委会召开会议。市委书记张术平主持会议并讲话。

☆　市委理论学习中心组举行集体学习研讨，市委书记张术平主持并讲话，省委第四巡回指导组组长张士昌和有关成员到会指导。

☆　市委副书记、市长陈飞主持召开市政府第58次常务会议。

12日　由莱山区人民政府主办、橙色云设计有限公司承办的首届中挪产业设计创新与合作发展论坛在莱山区举行，中挪产业基金、中挪产业园和中挪创新中心合作协议分别签约。

13日　烟台市·德州市扶贫协作第四次联席会议在德州举行。市委书记张术平出席并讲话，德州市委书记陈勇主持，市领导吴承丙、崔宗涛出席，德州市委常委、常务副市长刘长民介绍有关情况。

☆　市委副书记、市长陈飞到福山区调研基层党组织建设，到企业开展“进解促”工作，并实地察看福山区“两河新城”项目规划建设情况。

☆　市委副书记、市长陈飞会见国家开发银行山东省分行党委书记、行长况澜一行，双方就加强对接合作进行深入交流。

14日　由市公共就业和人才服务中心承担的“烟台市公共就业服务标准化省级试点项目”顺利通过专家组评估验收。

15日　市级领导班子成员，法、检“两长”，市直部门、中央和省属驻烟台单位主要负责人在烟台市分会场收看省委、省政府重点工作推进落实情况视频会议。

☆　市委书记张术平到机关、企业、社区调研督导全市“不忘初心、牢记使命”主题教育开展情况，并与市委办公室机关党委第一党支部党员一起到“双报到”单位开展主题党日活动。市领导于涛、于松柏参加。

☆　市委副书记、市长陈飞到供热公司、居民社区专题调研供热保障工作。

☆　山东核电有限公司员工倒班宿舍、海阳部分居民小区在内的70万平方米的核能供热项目一期工程第一阶段正式供热，标志着全国首个核能商业供热项目启动。

16—17日　在中国生态文明论坛年会上，长岛获“绿水青山就是金山银山”实践创新基地，也是该批次名单中山东省唯一入选的县（市区）。

17—18日　团省委书记刘天东到烟台调研共青团工作开展情况，并到鲁东大学讲授专题团课。

18日　省委宣讲团中共十九届四中全会精神报告会举行。省委宣讲团成员，省司法厅党委书记、厅长解维俊作宣讲报告，市委书记张术平主持。

☆　由中南集团投资的中南高

科·福山智能制造产业园招商投资推介暨开工启动现场会在临港工业区举行。项目总占地约63公顷，投资33亿元。

19日 市委书记张术平到栖霞市走访联系包帮的软弱涣散村，开展巡湖工作。

☆ 省委组织部副部长、编办主任刘维寅一行，到烟台召开东片区调研座谈会。市人大常委会主任王晓敏陪同活动。

20日 市政府与山东移动、山东联通、山东电信、山东铁塔、山东广电网络等5家运营商，举行5G战略合作协议签约仪式。市委书记张术平出席并讲话，市委副书记、市长陈飞，中国移动山东有限公司董事长、总经理张轩，中国联通山东分公司总经理彭胜军，中国电信山东分公司总经理文勇，中国铁塔山东分公司总经理张权，山东广电网络有限公司总经理刘继永分别致辞，副市长张代令与5家运营商代表签约，李朝晖主持。

☆ 市委副书记、市长陈飞主持召开市政府第59次常务会议。

☆ 全市苹果产业高质量发展工作推进会议召开。市委副书记吴承丙主持并讲话，副市长崔宗涛出席并讲话。

21日 “仙境海岸鲜美烟台”城市形象宣传暨招商推介会到厦门推介烟台市中心城区“六大片区”。会议期间举行烟台市房地产业协会与厦门市房地产业协会的友好签约仪式。

27日 “人民楷模”朱彦夫事迹报告会举行。市委书记张术平参加并会见报告团成员一行，省委主题教育巡回指导组有关成员、市级领导班子有关成员参加。

☆ 市委副书记、市长陈飞到牟平区调研经济社会发展情况，到企业开展“进解促”工作，并实地察看“牟平新城”项目规划建设情况。

27—29日 “外国媒体烟台行·走进中韩烟台产业园”集中采访活动举行，来自法新社、韩国中央日报、每日经济新闻、日本财经新闻网、美国地理杂志、今日俄罗斯等20余家国外媒体的记者组成采访团，先后到荣昌制药、斗山机械、中韩烟台产业园规划展示中心、山东浩睿智能科技有限公司、腾讯云双创基地、山东生物科技园、北航科技园等企业和园区进行采访。

28日 “国家能源核能供热商用示范工程”“山东省核能综合开发利用示范城市”揭牌仪式在海阳市举行。国家能源局副局长刘宝华，副省长凌文，市领导陈飞、李波出席。

☆ 全市领导干部中共十九届四中全会精神专题学习班开班式在市委党校举行。市委书记张术平出席，从“学、思、践、悟”四个方面，为党员干部作动员和中共十九届四中全会精神宣讲报告。市委常委、秘书长于松柏出席开班式。

☆ 市委书记张术平与市委党校第32期中青年干部培训班学员代表进行座谈。市领导于涛、于松柏参加。

☆ 市委常委会召开会议。市委书记张术平主持会议并讲话。

☆ 市委理论学习中心组举行集体学习，观看《党的十八大以来我省党员领导干部违纪违法典型案件警示录》专题片。市委书记张术平主持并讲话。

28—29日 市人大常委会组织住烟台的全国、省人大代表集中视察部分市区重大项目推进情况。市人大常委会主任王晓敏参加视察，市领导王中、赵峰、崔宗涛分别陪同活动。

29日 市委召开各民主党派、工商联负责人座谈会，就深入开展“不忘初心、牢记使命”主题教育、筹备开好市委常委会专题民主生活会及谋划2020年工作征求意见建议。市委书记张术平主持并讲话，市领导于松柏、金志海出席。

☆ 第十六届中国企业发展论坛全国企业党建（烟台）峰会举行。省政协原副主席雷建国宣布峰会开幕，市委书记张术平和中国企业联合会、中国企业家协会原执行副会长冯并分别致辞，中国企业联合会、中国企业家协会副理事长于武主持。

☆ 2019中国城市大会在北京召开，发布中国品牌城市百强榜单，烟台获评“2019中国品牌城市”荣誉称号。烟台城市品牌影响力在全国地级市中排名第九，山东排名第一。

是月 国家标准化管理委员会正式复函，同意由烟台企业万华化学集团股份有限公司作为承担单位，筹建国家技术标准创新基地（化工新材料），建设周期为2年。这是烟台市首个获批筹建的国家技术标准创新基地。

是月 世界肉类组织揭晓2019年度“双金成员”评选结果，中国喜旺食品集团获世界肉类组织“双金成员”大奖，世界肉类组织主席Guillaume Rou é 为喜旺集团颁奖。

是月 山东省第三批关键核心技术知识产权（专利群）项目名单公布，烟台市万华化学集团股份有限公司的脂肪/环族异氰酸酯制造技术关键技术专利群和荣昌生物制药（烟台）有限公司的注射用重组人源化抗HER2抗体-MMAE偶联剂关键技术专利群2个项目入选。

12月

1—8日 市委书记张术平率烟台党政代表团随省代表团访问韩国、日本，推动烟台市与日韩地方政府、知名企业和商协组织交流合作，接洽日韩知名企业、商协会组织代表300

余人次，走访世界五百强企业和跨国公司10家，对接推进5个在谈重点项目，签约19个合作机制、平台和项目，涉及投资额20亿美元。副市长张代令参加有关活动。

2日　由烟台市委、烟台市政府与鲁东大学共同主办的《红色胶东》大型原创组歌在山东省委党校礼堂举行专场演出。中央党校、省委宣传部、省文化厅、省委党校、烟台市委、鲁东大学党委领导出席，省委党校在校学员、教职工等1000余人观看演出。《红色胶东》大型原创组歌由国家一级作词、山东省音乐家协会副主席、鲁东大学艺术学院特聘院长曲波，带领主创团队和该校艺术学院师生共同创演。

☆　烟台、青岛、淄博、潍坊、威海五市联盟普通医用耗材采购烟台集中签约仪式举行，47家医院和23家生产企业参与本次集中签约仪式。该次集中签约产生输液器订单约780万支、留置针约120万支、预冲式导管冲洗器约250万支，订单总金额约4300万元。

3日　市人大常委会召开国家宪法日座谈会。市人大常委会主任王晓敏出席会议并讲话。

4日　市委副书记、市长陈飞主持召开市政府第60次常务会议。

5日　烟台市举行新旧动能转换推介会。省人大常委会副主任、省工商联主席、省总商会会长王随莲出席，市委副书记、市长陈飞作主旨演讲，市委常委、统战部部长金志海主持会议。

6日　省工商联十三届四次执委会议在烟台市召开。省人大常委会副主任、省工商联主席王随莲出席会议并作工作报告，市委副书记吴承丙出席会议并致辞。

☆　烟台苹果在2019中国农业品牌百县大会上获“中国农业品牌建设学府奖—十佳品牌案例奖”。同时，烟台苹果以水果第一名的成绩在一百个中国地理标志农产品品牌中获“中国地理标志农产品品牌声誉十强”。

☆《中国县域经济发展报告（2019）》发布，龙口市入选2019年全国综合经济竞争力十强县（市），在2019年400个县（市）的综合竞争力和投资潜力指数排名中招远、莱州分别位居48、52位。

8日　在2019年国家优质工程奖总结表彰大会上烟台市9项工程项目获2018—2019年度国家优质工程奖。分别是2018年度的胜利南路南延隧道工程、莱州市民活动中心、姜家疃完全中学初中部工程、烟台万华搬迁MDI一体化项目氯碱装置区、烟台港龙口港区27#28#29#通用泊位工程、2019年度的烟台港西港区一期工程、烟台市莱阳中心医院门诊病房综合楼、烟台华东电子科技楼工程、永旺梦乐城烟台店。

9日　市人大常委会党组召开“不忘初心、牢记使命”专题民主生活会。市人大常委会主任王晓敏主持会议并作总结讲话，副主任徐少宁、刘洪波，党组成员张伟、黄永政、牟强出席会议。省委第四巡回指导组有关人员到会指导。

☆　市委副书记、市长陈飞到福山区指导区委常委会专题民主生活会，检查全面从严治党主体责任落实情况。

☆　农业农村部发布《关于中国特色农产品优势区名单（第三批）的公示》，“山东省烟台市烟台苹果中国特色农产品优势区”入选。

10日　市委常委会召开“不忘初心、牢记使命”专题民主生活会。副省长于国安、中央纪委国家监委纪检监察员王卫国、省委组织部副部长朱开国、省政府副秘书长张积军、省委第四巡回指导组组长张士昌到会指导，市委书记张术平主持会议，中央和省委主题教育领导小组办公室、省委第四巡回指导组相关人员出席会议。

☆　第七届烟台市道德模范颁奖仪式在烟台大剧院举行，对当选的52名道德模范进行表彰。

11日　市委常委会召开会议。市委书记张术平主持会议并讲话。

☆　市委理论学习中心组举行集体学习，学习习近平总书记在中共十九届四中全会上的重要讲话精神和《中国共产党党内法规和规范性文件备案审查规定》《中国共产党党内法规制定条例》《中国共产党党内法规执行责任制规定（试行）》。市委书记张术平主持会议并讲话。

☆　市政府党组召开“不忘初心、牢记使命”专题民主生活会。省委第四巡回指导组组长张士昌到会指导，市委副书记、市长陈飞主持会议。

☆　市委办公室机关党委第一党支部召开“不忘初心、牢记使命”专题组织生活会，市委书记张术平以普通党员身份参加并讲话，市委常委、秘书长于松柏列席。

13日　市委书记张术平到有关驻烟台新闻单位调研，并主持召开座谈会听取意见建议。市领导于松柏、于永信参加。

16日　市委书记张术平到有关科研院所和商协组织，调研科技创新和营商环境。市领导于松柏、金志海参加。

☆　市政府与中科院兰州化学物理研究所签署共建烟台中科先进材料与绿色化工产业技术研究院合作协议。中科院院士刘维民，中科院兰州化学物理研究所党委书记、所长王齐华出席。市委副书记、市长陈飞出席并致辞，副市长张代令代表市政府与兰州化学物理研究所代表签约，副市长李朝晖、崔宗涛、李波参加签约。

17日　市委书记张术平到山东工商学院调研走访并作形势政策报

告。山东工商学院党委副书记、院长杨同毅主持报告会，市委常委、秘书长于松柏陪同活动。

☆ 市委副书记、市长陈飞到鲁东大学宣讲中共十九届四中全会精神，并作形势政策报告。鲁东大学党委书记徐东升主持报告会。

18日 市政府与中国电力建设集团、中国建设科技集团签署三方战略合作协议。市委副书记、市长陈飞，市委常委、常务副市长王中，中国电力建设集团总经理、党委副书记孙洪水，中国城市建设研究院董事长、党委书记王敬民出席签约仪式。

☆ 市政府与中集集团签署战略协议，合作筹建中国海工北方总部。市委副书记、市长陈飞，副市长张代令，中集集团党委副书记、常务副总裁高翔，中集来福士党委书记、总裁王建中出席签约仪式。陈飞、高翔共同为筹建中的中国海工北方总部、烟台深蓝海洋渔业有限公司揭牌，张代令代表市政府与中集集团签署协议，并为中集海洋新动能研发中心、中集海洋油气研发中心揭牌。

☆ 烟台职业学院入围教育部、财政部公布的“中国特色高水平高职学校和专业建设计划”建设单位名单，“模具设计与制造”专业群获国家高水平专业群建设立项。

19日 市委副书记、市长陈飞主持召开市政府第61次常务会议。

☆ 市委副书记、市长陈飞到烟台银行调研走访。

☆ 市政府、市政协召开重点提案督办协商会议，对市政协十三届三次会议《关于加快烟台职业教育与地方产业融合发展，促进新旧动能转换的建议》《关于在新旧动能转换视角下支持我市海工装备制造业发展的建议》等重点提案进行督办协商。市政协主席朱秀香出席会议并讲话，市委常委、副市长王中主持会议，市政协副主席姜中二参加会议。

21日 远陵夼隧道正式通车。该隧道位于塔山南路与山海路交叉口处，向西接胜利南路，道路全长1.616公里，2018年1月10日开工，隧道为双向六车道，限速每小时60公里，同时在两侧各设慢行系统，车辆、行人均可通行。隧道宽度达到14.75米，省内最宽的隧道。

23—25日 国务院安委会安全生产专项督查第十一督导组在烟台市督导检查。

24日 由深圳市政协和烟台市政协联合举办的“北撤烟台——东江纵队革命历史专题展”在烟台市开幕。市政协主席朱秀香、深圳市政协副主席王璞分别在开幕式上致辞，广东省政协原副主席刘日知，市委常委、警备区政委刘玉昂出席活动，市政协副主席刘建峰主持开幕式。

25日 市十七届人大常委会第二十三次会议召开。

27日 市政协召开智库专家座谈会。市政协主席朱秀香出席会议并讲话，副主席姜中二、梁传松参加会议。

☆ 2020年好客山东——烟台贺年会在亚洲最大邮轮型豪华客滚船“中华复兴号”上启动。授牌“中华复兴号”为烟台文化旅游推广中心。

28日 市委常委会召开会议。市委书记张术平主持会议并讲话。

☆ 烟台海上世界芝罘湾广场项目举行开工仪式，市委书记张术平，招商蛇口高级顾问孙承铭，市人大常委会主任王晓敏，市政协主席朱秀香，市委常委、秘书长于松柏出席，市委副书记、市长陈飞讲话并宣布开工，市人大常委会副主任刘洪波介绍项目情况，副市长李波主持。

☆ 在2019“质量之光”论坛上烟台与大连、郑州、太原、苏州等10个城市一起获“质量魅力城市”称号。

29日 中国共产党烟台市第十三届委员会第九次全体会议举行。

☆ 下午和晚上，2019年度县市区委书记和市直有关党委（党组、工委）书记履行全面从严治党责任和抓基层党建工作述职评议会议召开。市委书记张术平出席并讲话，市委副书记、市长陈飞和市委副书记吴承丙分别主持，省委组织部有关人员到会指导，市委常委出席。

☆ 交通运输部发布山东烟台港口岸扩大对国际航行船舶开放的公告。

30日 全市警示教育大会召开。市委书记张术平出席并讲话，市委副书记、市长陈飞主持。

☆ 市委海洋发展委员会第三次会议召开。市委书记张术平主持会议并讲话。

☆ 华能万华烟台八角热电有限公司成立仪式举行。市委副书记、市长陈飞，副市长张代令，华能山东公司党委书记、董事长王栩，万华化学集团党委书记、董事长廖增太出席。

☆ 烟台国际机场年旅客吞吐量达到1000万人次。标志烟台国际机场成为内地第39家“千万级”的机场‘山东省成为全国第三个（江北第一个）拥有3个千万级机场的省份。

31日 市委副书记、市长陈飞到税务和金融部门调研。

☆ 市政府召开座谈会，听取民主党派、工商联调研成果交流，征求对政府工作的意见建议。市委副书记、市长陈飞出席会议并讲话。

☆ 市政协召开十三届十五次常委会议。

是月 “证照分离”改革试点正式开始在中国（山东）自由贸易试验区济南、青岛、烟台片区开展。

是月 烟台港集团公司、股份公司“三标一体”分别获得英国皇家认可委员会（简称UKAS）认证证书。

责任编校：云　霞

烟台概况

建置区划

【建置沿革】 烟台名称源于烟台山。烟台，古为东夷族地。夏朝，东夷族建过国（治所在今莱州市过西）。商、西周、春秋时为莱国地。战国属齐。秦代属齐郡。汉代为东莱郡。晋为东莱国。南北朝为东莱、长广郡。隋为莱州。唐置登州、莱州。宋、元因之。明、清为登州府、莱州府。1858 年 6 月，清政府与英、法等国签订《天津条约》，辟登州等 10 处为通商口岸。1861 年 5 月，清政府批准改定烟台为通商口岸，8 月 22 日直隶候补知府王启曾主持烟台正式对外开办仪式，同时宣布筹建东海关。此后，英、法、美等 17 个国家陆续在烟设领事馆。1862 年 2 月 14 日，登莱青兵备道由莱州移驻烟台，道台崇芳兼任东海关监督。1904 年改称登莱青胶道，辖登州府、莱州府、青州府和胶州。

1911 年 11 月 12 日，同盟会山东分部在烟台举义，13 日成立山东军政府（次日改为山东烟台军政分府）。民国初，撤销府、州。1914 年 5 月设胶东道（治所烟台），烟台属之。1925 年为东海道。1928 年废道。1938 年 1 月 19 日成立胶东抗日民主政权——胶东军政委员会。1941 年 2 月 6 日成立胶东行政联合办事处。1942 年 7 月成立胶东区行政主任公署，辖东海、西海、南海、北海 4 个专区。1950 年，撤销胶东行政公署，设文登、莱阳区行政督察专员公署和烟台市人民政府。1956 年 2 月，撤销文登专署，并入莱阳专署。1958 年 10 月，莱阳专署改为烟台专区行政专员公署（治今芝罘区），辖县级烟台市。1967 年改称烟台地区革命委员会。1978 年更名烟台地区行政公署。1983 年 11 月成立地级烟台市。1987 年 10 月，成立地级威海市，辖环翠区（原县级威海市改称）和荣成、文登、乳山 3 县市。烟台市辖 2 区、6 县，代管 3 个县级市。1998 年，烟台市辖 4 区、1 县，代管 7 个县级市。

【行政区划】 2019 年末，烟台市辖 12 个县（市、区）、154 个乡（镇、街道）、6643 个行政村。

2019 年末烟台市各县市区行政区划统计表

表 2

区划代码	单位	乡（个）	镇（个）	街办（个）	区划代码	单位	乡（个）	镇（个）	街办（个）
370600	烟台市	6	82	66	370683	莱州市	0	11	6
370602	芝罘区	0	0	12	370684	蓬莱市	0	7	5
370611	福山区	0	3	8	370685	招远市	0	9	5
370612	牟平区	0	8	5	370686	栖霞市	0	12	3
370613	莱山区	0	0	7	370687	海阳市	0	10	4
370681	龙口市	0	8	5	370634	长岛县	6	1	1
370682	莱阳市	0	13	5					

说明：乡、镇（街办）数据截至 2019 年 12 月底；开发区 4 个街办统计在福山区，高新区 1 个街办统计在莱山区；保护区管委 1 个镇统计在牟平区

自然环境

【位置】 烟台市地处山东半岛中部，位于北纬 36°16′～38°23′，东经 119°34′～121°57′。东连威海，西接潍坊，西南与青岛毗邻，北濒渤海、黄海，与辽东半岛对峙，并与大连隔海相望，共同形成拱卫首都北京的海上门户。最大横距 214 公里，最大纵距 130 公里，全市总面积 1.39 万平方公里，其中市区面积 2722.3 平方公里，全市海岸线长 1038.14 公里，其中大陆海岸线 765.6 公里，海岛岸线长 272.54 公里。

【地形地貌】 烟台地形为低山丘陵区，山丘起伏和缓，沟壑纵横交错。山地占总面积的 36.62%，丘陵占 39.7%，平原占 20.78%，洼地占 2.9%。低山区位于市域中部，主要由大泽山、艾山、罗山、牙山、磁山、蚧岍山、峭山、昆嵛山、玉皇

山、招虎山等构成，山体多由花岗岩组成，海拔在500米以上，最高峰为昆嵛山，海拔922.8米。丘陵区分布于低山区周围及其延伸部分，海拔100～300米，起伏和缓，连绵逶迤，山坡平缓，沟谷浅宽，沟谷内冲洪积物发育，土层较厚。

【河流】 市域内，中小河流众多，长度在5公里以上河流121条，其中流域面积300平方公里以上的河有五龙河、大沽河、大沽夹河、王河、界河、黄水河和辛安河7条。主要河流以绵亘东西的昆嵛山、牙山、艾山、罗山、大泽山所形成的“胶东屋脊”为分水岭，南北分流入海。向南流入黄海的有五龙河、大沽河；向北流入黄海的有大沽夹河和辛安河；流入渤海的有黄水河、界河和王河。其特点，河床比降大，源短流急，暴涨暴落，属季风雨源型河流。其冲积形成的小平原，沙土层厚而肥沃，盛产苹果、大樱桃、梨和葡萄。

【海岛】 烟台市北、西北部濒临渤海，东北和南部临黄海。有大小基岩岛屿63个，像一颗颗灿烂的珍珠镶嵌在大海之中。面积较大的有芝罘岛、南长山岛、养马岛。有居民的岛15个，分别为长岛县的南长山岛、北长山岛、大黑山岛、小黑山岛、庙岛、砣矶岛、大钦岛、小钦岛、南隍城岛、北隍城岛，龙口市的桑岛，芝罘区的崆峒岛，牟平区的养马岛，海阳市的麻姑岛、鲁岛。沿海表层水温变化较外海明显且幅度较大，年平均水温11℃～14℃之间。海水表层盐度年平均28～31‰。潮汐自莱州到龙口沿海为不正规半日潮，龙口到牟平以及海阳市沿海为正规半日潮。海岸地貌主要分岩岸和砂岸两种，西起莱州市虎头崖，东至牟平东山北头，是曲折的岩岸，海蚀地貌显著；其余多为砂岸。烟台海岸与海岛交相辉映，海光山色秀丽，名胜古迹众多，是游览避暑胜地。

【景观】 烟台山清水秀，气候宜人，有丰富的自然景观和人文景观。尤其是夏季，海风拂面，清爽可人；山花烂漫，沁人心脾；海光山色，交相辉映。既是避暑纳凉之胜地，也是各地游客旅游观光的理想境地。A级旅游景区82处，其中AAAAA级旅游景区3处，AAAA级19处、AAA级53家、AA级7家。国家级旅游度假区2处，省级旅游度假区8处。

【气候】 烟台市属于暖温带大陆性季风气候，与同纬度内陆地区相比具有雨水适中，空气湿润，气候温和的特点，可谓冬无严寒，夏无酷暑。全市年平均气温为13.6℃，比上年提高0.2℃。全年平均降水量651毫米。烟台四季分明，各季气候各具特色。

自然资源

【土地资源】 2019年末，全市土地总面积138.65万公顷，其中农用地105.76万公顷，占76.28%；建设用地21.19万公顷，占15.28%；未利用地11.7万公顷，占8.44%。耕地面积44.55万公顷，占农用地的42.13%。

【矿产资源】 烟台市发现各类矿产地即矿床（点）1452处，查明资源储量小型以上矿产地309处。岩金保有资源储量占全国首位，菱镁矿保有资源储量占全国第二位，钼居全国第四位，滑石居第五位。主要查明资源储量的矿产有煤、铁、金、铜、钼、钨、水泥用灰岩、水泥用大理岩、滑石、菱镁矿、长石、饰面用花岗岩，以金矿为主。至2019年底，全市发现各类矿产（含共伴生）69种，已查明资源储量的矿产36种。其中：能源矿产3种，金属矿产12种，非金属矿产19种，水气矿产2种。

2019年烟台市矿产种类一览表

表3

矿产类别	已发现的矿种（亚矿种）	查明资源储量的矿种（亚矿种）
能源矿产	煤、油页岩、地热	3种：煤、油页岩、地热
金属矿产	铁、锰、钛、铜、铅、锌、钨、钼、金（岩金、砂金）、银、锆、铈、镧、铼、镓、镉、硒、碲	12种：铁、铜、铅、锌、钨、钼、金（岩金、砂金）、银、镓、镉、硒、碲
非金属矿产	石墨、硫铁矿、滑石、石棉、蛭石、玉石、石榴子石、蓝晶石、玛瑙、观赏石、水晶、冰州石、麦饭石、天然油石、云母、重晶石、泥灰、菱镁矿、萤石、白云岩、夕线石、石灰岩（水泥用灰岩、建筑用灰岩）、石英岩、砂岩、长石（钾长石、钠长石）天然石英砂（玻璃用砂、铸型用砂、建筑用砂）、高岭土、球石、脉石英、（冶金用脉石英、玻璃用脉石英）陶瓷土、膨润土、玄武岩、蛇纹岩、花岗岩（饰面花岗岩、建筑花岗岩）、其他黏土（铸型用黏土、砖瓦黏土、水泥配料用黏土）、大理岩（水泥用大理岩、饰面用大理岩、建筑用大理岩）、板岩、沸石、透辉石、透闪石、火山渣、天然卤水、溴、碘、磷、珍珠岩	19种：石墨、菱镁矿、萤石、磷、硫铁矿、天然卤水、水泥用灰岩、大理岩（水泥用大理岩、饰面用大理岩、建筑用大理岩）、沸石、透辉石、长石（钾长石）、玻璃用砂岩、饰面用花岗岩、滑石、高岭土、膨润土、珍珠岩、水泥配料黏土、水泥用凝灰岩

（撰稿：杜善胜　审稿：石学臣）

【水资源】 全市年均供水约9.7亿立方米，其中地表水供水量5.08亿立方米，地下水供水量4.62亿立方米。2019年供水总量9.27亿立方米，地表水供水量4.2亿立方米，地下水供水量4.95亿立方米，非常规水0.12亿立方米，日供水量254万立方米。

（撰稿：徐晓静　审稿：于杰宁）

【海洋资源】 根据山东省海洋功能区划，全市管辖海域面积约为1.27万平方公里。根据2017年底《山东省海岸线调查统计报告》，全市大陆岸线长767.5公里，全省排名第三位（威海994公里、青岛811公里）。其中，自然岸线325.1公里，人工岸线442.4公里，自然岸线保有率42.46%。沿海有莱州湾、龙口湾、庙岛湾、套子湾、芝罘湾、四十里湾、丁字湾等7个主要海湾，海湾面积约3600平方公里。烟台海洋渔业资源丰富，近海渔业生物品种有200多种，有捕捞价值的100余种，主要养殖品种包括烟台海参、烟台鲍鱼、烟台扇贝、烟台对虾、烟台海肠、烟台大菱鲆和名优海水鱼类、海带，是全国重点渔区和优势水产品主产区。全市有渔业村227个，各类渔船1.08万艘，渔业从业人员51.5万人。

浅海滩涂资源。烟台市有滩涂资源341平方公里，适合发展鱼、虾、贝、蟹等海珍品港湾和滩涂养殖。0米等深线以内滩涂面积284平方公里，占全省滩涂总面积的8.8%，其中硬质滩17平方公里，主要分布在蓬莱、海阳、芝罘；软质滩267平方公里，主要分布在莱州、海阳，可养殖面积230平方公里。莱州湾、龙口湾、套子湾、芝罘湾、四十里湾、丁字湾等主要海湾面积约3600平方公里。浅海岩礁发育，藻类资源丰富，适合海珍品底播增殖。

海洋生物资源。烟台市地处北温带，沿岸众多河流入海，营养盐丰富，饵料生物充足，是多种经济鱼虾的产卵、索饵、洄游通道，也是中国优势水产品主产区。海洋生物资源主要有鱼类、虾蟹类、头足类、贝类和其他生物资源5大类504种。其中具有较高经济价值的鱼类有70余种，头足类近10种，另有海参、海胆和石花菜等其他生物资源20余种。

港口岸线资源。离岸3千米以内可建万吨级以上泊位的大陆岸线约227千米，约三分之二的海岛岸线可作为港口深水岸线储备资源，大陆深水岸线资源主要集中在开发区八角岸段、蓬莱港至栾家口港岸段、芝罘区湾岸段、龙口湾屺㟂岛岸段、莱州港至海庙港岸段等北部沿海区域，可建设综合性、多功能的现代化港口群，是山东半岛沿海地区建设大型深水港的理想港址。

海岛资源。全市有海岛230个，岛屿面积约67.98平方公里，占山东省的40%，岛屿海岸线总长度约272.54公里。近海海域分布有庙岛群岛、崆峒岛、养马岛、千里岩等大小81个面积在500平方米以上的基岩海岛，有居民海岛15个，其中长岛县的南长山岛是全省面积最大的海岛，面积为14.1平方公里。

海洋能与风能资源。南部沿海年平均潮差2.39米，属二类潮汐能资源区。登州水道、长山水道、老铁山水道附近海域潮流能、波浪能资源条件优越。南北隍城岛之间潮流流速2.4米/秒，属二类潮流能区；北隍城海区平均波高为0.7米，多年平均波浪能密度为3.75千万/平方米，属二类波浪能区。南长山岛、砣矶岛、北隍城岛和千里岩岛等地的风能密度在235.1～309.4瓦/平方米之间，崆峒岛和养马岛等地风能开发条件较为优越。

（撰稿：李宁　审稿：宋贤成）

【植物资源】 境内野生植物种类繁多，按经济价值和用途可分为牧草类、淀粉糖类、油脂类、芳香油类、纤维类、鞣质栲胶类、土农药类、药材类8类，约1330余种（其中有些野生植物兼有多种用途，以其主要用途归类）。

牧草类植物有马唐、黄背草、野古草、白羊草、白茅、狼尾草、牛筋草等260余种，分布面广，营养成分高，是良好的饲草。

淀粉糖类植物有慈菇、黄精、薯蓣、石蒜、穿龙、芦苇根、菖蒲等60余种，可供酿造、制糖、入药及做工业原料等。

油脂类植物有山胡椒、播娘蒿、乌药、榛子、黄须菜等140余种植物，可作炼油脂原料。乌药多产于山区，榛子主要分布于昆嵛山，黄须菜则大量生长在沿海地区。

纤维类植物有罗布麻、山麻、木樨、葛藤、爬墙虎、鹅冠草、席草、拔针草、蟋蟀草等120余种，可用作纺织及造纸原料。

芳香油类植物有崖椒、野百合、香附、藿香、百里香、野菊、铃兰香、蛇床子、黄蒿等50余种，都含有芳香油，是食品、化妆品及制药工业的重要原料。

鞣质栲胶类植物有野蔷薇、地榆、丹参、君迁子等70余种植物，是栲胶的重要原料。

土农药类植物有猫儿眼全草、菖蒲、半夏、草乌根、除虫菊、南蛇藤、苦参、河柳等30余种，均可用来杀灭植物害虫。

药材类植物有600多种，其中桔梗、丹参、地榆、杜仲、厚朴、黄芪、黄柏、百合、牛蒡子、酸枣仁、葛根、地丁、防风、地黄、五加参、夏枯草、桑寄生、麻黄、益母草、金银花等主要分布在昆嵛山、牙山、罗山山系和丘陵地带；马齿苋、车前、茵陈蒿、蒲公英、小蓟、紫苏、枸杞等在平原分布广泛；蛇床子、软蒺藜、地肤、甘草等多分布于沿海沙滩地。紫草、四叶参、沙参和山椒为境内特产。

【野生动物资源】 境内陆生脊椎野生动物分为哺乳类、鸟类、两栖类和爬行类4类。

哺乳动物有田鼠、仓鼠、普通刺猬、东方蝙蝠、豹猫、草兔、黄鼬、赤狐、狗獾等30种。

鸟类有376种，其中留鸟45种，冬候鸟44种，夏候鸟71种，旅鸟216种。属国家重点保护的65种，主要有斑嘴鹈鹕、黄嘴白鹭、大天鹅、鸳鸯、中华秋沙鸭、金雕、红隼、松雀鹰、雀鹰、雕鸮、长耳鸮等；属省重点保护的37种，有苍鹭、白鹭、大白鹭、灰雁、针尾鸭。

两栖动物有中华大蟾蜍、花背蟾蜍、黑斑蛙、金钱蛙、北方狭口蛙、东方铃蟾等8种。

爬行动物有丽斑麻蜥、山地麻蜥、草蜥、无蹼壁虎、红点锦蛇、赤链蛇、黑眉蝮、乌龟、鳖等16种。昆虫纲有10个目64个科265种，属蛛形纲有2个目15科45种，均分布较广。

（撰稿：杜善胜　审稿：石学臣）

人口民族

【人口】 2019年末，全市常住人口713.8万人，比上年末增加1.62万人，其中城镇常住人口466.97万人，比上年末增加3.54万人。全市常住人口城镇化率达到65.42%，比上年提高0.35个百分点。年末户籍人口653.45万人，全年出生人口5.73万人，出生率为8.77‰。

【民族】 烟台市是典型的少数民族散杂居地区。2019年，全市有50个民族成分，其中有朝鲜族、满族、回族、蒙古族、佤族、土家族、苗族、彝族、维吾尔族、壮族、仡佬族、白族、拉祜族、傣族、达斡尔族、哈尼族、布依族、藏族、土族等49个少数民族成分，人口6万余人，接近全市总人口的1%。其中少数民族常住人口2.3万余人，占全市总人口的0.34%。超过1000人以上的有朝鲜族、满族、回族、蒙古族、佤族、土家族、苗族7个民族。少数民族人口大部分来自东北、西北等少数民族地区，以经商、求职、投亲、学习等各种形式流入，80%集中在城区。全市无民族乡（镇）、民族村（居），无民族学校。

2019年，烟台经济技术开发区福莱山街道党委书记孙文太被国务院授予“全国民族团结进步模范个人”荣誉称号，并受到国务院表彰，莱州中华武校被国家民委命名为“全国民族团结进步示范单位”。全市有国家级民族团结进步示范区（单位）2个、省级民族团结进步示范单位13个、省级少数民族传统体育训练基地2个和市级民族团结进步创建活动示范单位23个，市级民族团结进步教育基地9个、市级民族团结健身站点（广场）12个、少数民族艺术团1个。烟台市有少数民族特需商品定点生产企业7家；全市清真餐饮饭店、拉面馆400余家。全年为5名少数民族群众依法更改民族成分。

（撰稿：申瑞龙　审核：孙国斌）

国民经济和社会发展

【概况】 2019年，经山东省统计局统一核算并反馈，全年全市地区生产总值（GDP）初步核算数为7653.45亿元，按可比价格计算，比上年增长5.5%。其中，第一产业增加值550.42亿元，增长2.6%；第二产业增加值3185.48亿元，增长4.1%；第三产业增加值3917.55亿元，增长7.1%。三次产业构成为7.2∶41.6∶51.2。

按年平均常住人口计算，全市人均地区生产总值10.73万元，比上年增长5.1%。

全年城镇新增就业13.8万人，其中城镇失业职工再就业2.79万人，安置大中专毕业生就业4.1万人。年末城镇登记失业率为2.4%。

全年居民消费价格比上年上涨3%。其中，消费品价格上涨3.5%，

2019年烟台市居民消费价格比上年涨跌幅度统计表

表4　　单位：%

指　标	2019年比2018年涨跌幅	指　标	2019年比2018年涨跌幅
居民消费价格	3.0	干鲜瓜果类	6.0
一、食品烟酒	7.2	二、衣着	2.7
其中：粮食	−1.3	三、居住	2.0
畜肉类	37.2	四、生活用品及服务	0.4
禽肉类	8.2	五、交通和通信	−3.2
食用油	1.6	六、教育文化和娱乐	3.9
蛋类	5.5	七、医疗保健	0.3
菜	4.9	八、其他用品和服务	6.1

服务价格上涨2.2%。工业生产者出厂价格上涨1.7%，工业生产者购进价格下降0.4%。新建住宅销售价格上涨12.2%，二手住宅销售价格上涨10.1%。

【重点战略】 新旧动能转换提质加速。"四新"经济(即新技术、新产业、新业态、新模式)投资占固定资产投资的比重为57%，比上年提高11.3个百分点。全年规模以上工业战略性新兴产业产值增长12.6%，高于全部规模以上工业9.8个百分点，占规模以上工业总产值的比重为22.5%。其中，新一代信息技术产业增长8.8%，生物产业增长28.4%，高端装备制造业增长52.1%，新能源产业增长109.5%。高新技术产业产值占规模以上工业总产值的比重为48.3%。市场主体规模壮大。年末全市在册市场主体86.76万户，增长14.4%。其中，企业23.44万户，增长11.6%；个体工商户61.59万户，增长15.4%；农民专业合作社1.73万户，增长16.6%。

"双招双引"取得丰硕成果。全年成功举办105场境内外招商活动，共引进世界500强项目39个，中国500强项目51个，民营500强项目10个，引进投资10亿元以上项目155个，实际到位市外资金1384.6亿元，增长26%。年内全市共新增各类人才4.83万人，其中高层次人才6565人。

科技创新不断增强。全年财政性科技投入29.86亿元，占一般公共预算支出的3.9%。年末省级以上工程技术研究中心95家，其中国家级5家；年末省级以上企业重点实验室18家，其中国家级1家。新增备案山东省院士工作站6家。获得国家科技进步奖二等奖3项；获得山东省科学技术奖25项，其中自然科学一等奖1项、二等奖1项，技术发明奖一等奖1项，科技进步奖一等奖2项、二等奖4项、三等奖16项。全年全市发明专利申请量和授权量分别为4559件和1407件，通过专利合作条约途径提出的国际专利申请量(PCT专利)113件。年末全市拥有有效发明专利7164件，比上年增长12.1%，每万人有效发明专利拥有量10.11件，比上年提高1.07件。

聚焦"六个突破"推动海洋经济高质量发展。突破发展现代渔业、海工装备制造业、海洋文化旅游业、海洋交通运输物流业、海洋生物医药业和海水淡化及综合利用业六大海洋产业，加快建设支撑有力、特色鲜明的现代海洋产业体系，着力打造海洋牧场示范之城、海洋旅游品牌之城、海工装备制造之城和海洋环境优美之城。在全省率先成立市委海洋发展推进委员会，加快推进海洋经济大市建设，全年全市海洋经济增长率10.7%，省级以上海洋牧场示范区30个，其中国家级14个，海洋牧场总面积7万公顷，国内首个自主研发的深远海智能化坐底式网箱——"长鲸一号"在长岛海域投入使用。

乡村振兴持续发力。创建省市级乡村振兴齐鲁样板示范区12个。建成粮油绿色高质高效核心区3400公顷、高标准农田1.67万公顷。出台苹果产业高质量发展意见，推动苹果产业全面转型升级。年末，农字号上市企业达到17家；年内新增国家级农业产业化龙头企业2家，达到15家，居全省首位，新增农民专业合作社2469家。全市特色农产品网上销售26亿元。烟台苹果品牌价值141.48亿元。新认证"三品一标"种植业和畜牧业农产品141个。大力实施农村环境综合整治，培植省级美丽乡村示范村43个，改造建设"四好农村路"1742公里。建成县级新时代文明实践中心15个、镇(街)分中心161个、村居实践站3085个。年末全市6443个村全部通电和有线电视，6442个村通宽带，自来水受益村6194个。

【农业】 全年农林牧渔业增加值585.74亿元，比上年增长3.0%。其中，农业增加值258.36亿元，增长4.2%；林业增加值15.31亿元，增长8.9%；牧业增加值88.50亿元，增长5.7%；渔业增加值188.25亿元，减少0.5%；农林牧渔服务业增加值35.32亿元，增长8.8%。

全年粮食种植面积29.66万公顷，比上年减少1.12万公顷。其中，小麦种植面积12.28万公顷，减少0.91万公顷；玉米种植面积15.21万公顷，减少0.54万公顷。油料种植面积9.72万公顷，减少0.16万公顷。蔬菜种植面积4.01万公顷，增加0.25万公顷。

全年粮食产量172.76万吨，比上年减少10.51万吨，减产5.7%。其中，夏粮产量70.56万吨，减产4.4%；秋粮产量102.20万吨，减产6.6%。油料产量39.70万吨，减产3.7%。蔬菜产量229.58万吨，增产8.3%。水果产量679.47万吨，增产4.1%，其中苹果产量573.6万吨，增产2.6%。

全年肉类总产量71.44万吨，比上年增长4.8%。其中，猪肉产量35.56万吨，减少0.5%；禽肉产量34.05万吨，增长11.6%。禽蛋产量32.26万吨，增长14.4%。奶类产量15.78万吨，增长0.9%。年末生猪存栏238.86万头，减少3.0%；生猪出栏434.23万头，增长0.8%。

全年水产品产量177.47万吨，比上年下降4.7%。其中，海水产品176.62万吨，下降4.5%；淡水产品0.85万吨，下降37.0%。在海水

产品中，海洋捕捞 51.13 万吨，下降 1.8%；海水养殖 125.49 万吨，下降 5.5%。海参产量 2.7 万吨，增长 2.5%；对虾产量 1.52 万吨，下降 11.3%。

年末农业机械总动力 779.02 万千瓦，比上年增长 1.5%。其中大中型拖拉机达到 2.17 万台。全年化肥施用量（折纯）33.73 万吨，减少 9.0%。

【工业】 全年全部工业增加值 2719.52 亿元，比上年增长 4.7%。规模以上工业增加值增长 5.0%。分门类看，采矿业下降 11.2%，制造业增长 3.9%，电力、热力、燃气及水生产和供应业增长 29.1%。

全年规模以上工业中，化学原料和化学制品制造业增加值比上年增长 33.2%，汽车制造业下降 1.1%，计算机、通信和其他电子设备制造业增长 1.5%，有色金属冶炼和压延加工业增长 6.5%，农副食品加工业下降 6.0%，电力、热力生产和供应业增长 32.8%，专用设备制造业增长 15.5%，通用设备制造业下降 19.1%，非金属矿物制品业增长 0.4%，橡胶和塑料制品业下降 11.2%。高技术制造业增加值增长 6.2%，占规模以上工业增加值的比重为 15.5%，比上年提高 0.6 个百分点。

全年规模以上工业企业实现利润比上年增长 1.3%。分门类看，采矿业下降 8.7%，制造业下降 1.2%，电力、热力、燃气及水生产和供应业增长 66%。

【建筑业】 全年全社会建筑业增加值 474.82 亿元，比上年下降 0.1%。全市具有资质等级的总承包和专业承包建筑业企业完成建筑业总产值 756.64 亿元，比上年增长 5%。竣工产值 428.9 亿元，比上年增长 3.9%。

【服务业】 服务业增加值占地区生产总值（GDP）比重为 51.2%，比上年提高 1.1 个百分点。全年批发和零售业增加值 1300.62 亿元，比上年增长 5.8%；交通运输、仓储和邮政业增加值 335.72 亿元，增长 9.7%；住宿和餐饮业增加值 111.97 亿元，增长 4.1%；金融业增加值 317.31 亿元，增长 6%；房地产业增加值 505.78 亿元，增长 6.4%。全年规模以上服务业企业实现营业收入 537.11 亿元，比上年增长 4.4%。现代服务业加快发展，规模以上互联网和相关服务业营业收入比上年增长 71.2%，软件和信息技术服务业增长 16.7%，商务服务业增长 13.9%，科技推广和应用服务业增长 46.6%。

年末全市公路总里程 19682.16 公里，其中高速公路 606.8 公里。年末全市港口拥有生产用码头泊位 247 个，拥有万吨级及以上泊位 106 个，其中 20 万吨级以上 5 个、10 万吨级以上 29 个、5 万吨级以上 56 个。

全年货物运输量 27699.52 万吨，比上年下降 0.6%；旅客运输量 7386.41 万人次，比上年增长 1.1%。

全年规模以上港口货物吞吐量 38582.17 万吨，比上年增长 15.7%，其中外贸货物吞吐量 14173.79 万吨，增长 16.1%。规模以上港口集装箱吞吐量 310.24 万标箱，增长 3.4%。

全年民航旅客吞吐量 1005.29 万人次，比上年增长 19.2%。民航货邮吞吐量 5.71 万吨，增长 10.9%。

年末全市民用汽车保有量 196.68 万辆，比上年末增长 4.2%，其中本年新注册 13.08 万辆，下降 1.1%；私人汽车保有量 178.22 万辆，增长 4.3%。民用轿车保有量 106.19 万辆，增长 7.6%，其中私人轿车 101.56 万辆，增长 7.9%。

年末公交营运车辆 4089 辆，营运线路 371 条，运客量 37994.46 万人次，其中市区公交营运车辆 2305 辆，运客量 30061.93 万人次。年末营运出租汽车 5413 辆，运客量 10685.1 万人次，其中市区营运出租汽车 2182 辆，运客量 6106.2 万人次。

全年邮电业务总量 205.79 亿元，比上年增长 36.1%，其中电信业务总量 195.14 亿元，增长 36.1%。年末固定电话用户 72.92 万户，增长

2019 年烟台市旅客和货物运输量及增长速度统计表

表 5

指　标	单　位	绝对值	比上年增长（%）
旅客运输量	万人次	7386.41	1.1
铁路	万人次	1095.49	8.8
公路	万人次	5098.00	-1.5
水运	万人次	733.80	-0.6
民航	万人次	459.12	18.7
货物运输量	万　吨	27699.52	-0.6
铁路	万　吨	2165.96	3.3
公路	万　吨	21218.00	-0.8
水运	万　吨	4312.49	-1.7
民航	万　吨	3.07	11.2

30.2%；移动电话用户824.35万户，下降3.4%，其中3G和4G移动电话用户624.82万户，下降0.4%。年末固定互联网宽带接入用户达244.98万户，增长7.1%。

全市接待国内外游客8689.45万人次，比上年增长8.6%，实现旅游总收入1148.5亿元，增长12.1%，实现旅游总消费1211.79亿元，增长12%。

年末全市有旅游度假区国家级2处、省级8处。A级旅游景区82处，其中AAAAA级旅游景区3处、AAAA级19处、AAA级53处、AA级7处。旅游星级宾馆饭店75家，其中五星级6家、四星级19家。各类旅行社254家，其中出境游组团社20家。

【固定资产投资】 全年固定资产投资比上年增长5%。其中，第一产业投资比上年增长295.9%；第二产业投资下降2.6%，其中工业投资与上年持平；第三产业投资增长7.9%。基础设施投资增长41.4%，占固定资产投资的比重为21.7%。民间投资增长6.4%，占固定资产投资的比重为74.1%。

全年房地产开发投资661.86亿元，比上年增长12.8%。其中，住宅投资556.23亿元，增长25.3%；办公楼投资8.57亿元，下降50.5%；商业营业用房投资42.87亿元，下降13.8%。

全年商品房销售面积1174.94万平方米，比上年增长0.02%，其中住宅销售面积1105.47万平方米，增长2.5%。商品房销售额949.77亿元，增长11.3%，其中住宅销售额890.09亿元，增长13.6%。商品房施工面积6273.73万平方米，增长1.2%，其中住宅施工面积4869万平方米，增长3.4%。商品房竣工面积587.93万平方米，下降12%，其中住宅竣工面积458.42万平方米，下降7.2%。

【国内贸易】 全年社会消费品零售总额3306.46亿元，比上年增长7.4%。按经营地统计，城镇消费品零售额2606.27亿元，增长7.3%；乡村消费品零售额700.19亿元，增长7.8%。按消费类型统计，商品零售额3038.18亿元，增长7.2%；餐饮收入额268.28亿元，增长8.9%。

在限额以上企业商品零售额中，粮油食品类比上年增长2.7%，饮料类下降16.2%，烟酒类下降1.9%，服装、鞋帽、针纺织品类增长10.5%，化妆品类下降3%，金银珠宝类增长2.2%，日用品类下降6.6%，家用电器和音像器材类下降3.9%，中西药品类增长3.5%，通讯器材类下降4.4%，石油及制品类增长15.6%，建筑及装潢材料类下降15.9%，汽车类增长3.4%。

【对外经济】 全年货物进出口总额2906.83亿元，比上年下降4.8%。其中，进口1173.14亿元，下降8.4%；出口1733.69亿元，下降2.2%。

全年新批利用外资项目346个，其中总投资千万美元以上项目105个；合同外资59.88亿美元，比上年增长37.4%；实际使用外商直接投资金额19.41亿美元，增长15%。

全年新核准设立境外企业（机构）29家，对外直接投资额10.89亿美元，比上年增长0.3%。其中，对"一带一路"沿线国家新备案投资项目12个，中方投资额10.21亿美元，增长2335.2%。

全年新签对外工程承包合同额3.96亿美元，比上年下降13.5%；完成营业额4.05亿美元，比上年下降45.2%。对外劳务合作派出各类劳务

2019年烟台市货物进出口总额及增长速度统计表

表6　　单位：亿元

指　标	金　额	比上年增长（%）
进出口总额	2906.83	-4.8
进口额	1173.14	-8.4
出口额	1733.69	-2.2
其中：一般贸易	885.46	8.9
加工贸易	731.93	-19.1
其中：机电产品	1293.16	-13.5
其中：高新技术产品	323.01	-41.0
其中：亚洲	798.31	5.2
北美洲	342.71	-30.4
欧洲	336.30	14.3
大洋洲	32.52	0.0
非洲	35.68	10.8
拉丁美洲	185.51	18.8
其中：一带一路国家	304.32	15.0

人员5870人次，比上年下降0.4%；期末在外各类出国劳务人员1.32万人，比上年末增长7.6%。

【财税】 全年全市一般公共预算收入595.42亿元，比上年下降6.5%。其中，税收收入425.54亿元，比上年下降5.7%。一般公共预算支出774.54亿元，比上年增长2.5%。其中，教育支出128.61亿元，比上年增长4.6%；社会保障和就业支出122.98亿元，增长3.5%；卫生健康支出61.66亿元，下降3.4%；节能环保支出19.64亿元，增长3.8%；城乡社区支出99.65亿元，下降1.8%；农林水支出70.34亿元，增长2.7%。

全年税收各项收入合计1078.89亿元，比上年增长4.1%。税务部门组织收入861.82亿元，增长6.6%，其中国内税收收入748.77亿元，下降4.7%；社会保险费90.62亿元；非税收入合计21.21亿元，下降1.5%；其他收入1.23亿元，增长10.6%。海关代征217.06亿元，下降5%。

【金融】 年末金融机构（含外资）本外币存款余额9115.84亿元，比年初增加889.76亿元，比上年末增长11%。其中，非金融企业存款余额2798.96亿元，比年初增加275.04亿元；住户存款余额5099.7亿元，比年初增加593.43亿元。年末金融机构（含外资）本币存款余额8520.16亿元，比年初增加810.7亿元，比上年末增长3.1%。年末金融机构（含外资）本外币贷款余额5813.26亿元，比年初增加248.82亿元，比上年末增长4.7%。年末金融机构本币贷款余额5482.34亿元，比年初增加258.17亿元，比上年末增长5.2%。住户本币贷款余额1888.18亿元，比年初增加297.51亿元；非金融企业及机关团体本币贷款余额3593.95亿元，比年初减少30.24亿元。

全年证券期货市场交易额2.48万亿元，比上年增长103.8%。年末累计投资者账户开户数136.7万户，比上年增长26.2%。

全年新增报会企业3家、辅导企业3家，上市公司总数达到48家。新增“新三板”挂牌企业1家，总数达到56家。新增区域股权交易市场挂牌公司35家，总数达到220家。

年末全市拥有保险法人机构1家，地市级保险分支机构77家。全年保费收入284.89亿元，比上年增长6.8%。其中，人身险保费收入216.48亿元，增长10.6%；财产险保费收入68.41亿元，下降3.5%。全年支付各类赔款及给付83.77亿元，比上年下降4.5%。其中，人身险赔付43.04亿元，下降10.1%；财产险赔付40.73亿元，增长2.2%。

【民生保障】 全年全市居民人均可支配收入3.78万元，比上年增长8.3%，扣除价格因素，实际增长5.1%。按常住地分，城镇居民人均可支配收入4.8万元，比上年增长6.9%；农村居民人均可支配收入2.12万元，比上年增长9.2%。

全市居民人均消费支出2.51万元，比上年增长7.4%，扣除价格因素，实际增长4.3%。按常住地分，城镇居民人均消费支出3.13万元，增长6%；农村居民人均消费支出1.51万元，增长8.8%。

年末城镇常住居民人均住房建筑面积38.93平方米，比上年增加0.12平方米；农村居民人均住房建筑面积42.08平方米，比上年增加2.02平方米。

年末全市参加企业职工基本养老保险人数171.47万人（不含离退休），参加居民基本养老保险人数316.32万人。参加基本医疗保险人数631.97万人，其中参加职工基本医疗保险人数233.69万人，参加居民基本医疗保险人数398.28万人。参加失业保险人数120.08万人，参加工伤保险人数140.6万人，参加生育保险人数125.35万人。政府发放的居民基础养老金每人每月118元。失业金领取标准1—10月为每人每月1337元/1211元，11—12月1528元/1384元（长岛、海阳、莱阳、栖霞执行低标准，其他县市区执行高标准）。城市低保标准每人每月615元，人均月补助水平为428.56元；农村低保标准每人每月440元，人均月补助水平为280.82元。年末全市共有9343人享受城市居民最低生活保障，6.57万人享受农村居民最低生活保障，1.44万人享受农村特困人员救助供养。全年共发放城市低保资金5435.9万元、农村低保资金21766.8万元、农村特困人员救助供养资金13521.1万元。按照省定扶贫标准，年末全市建档立卡贫困户3.76万户、5.84万人，均已实现脱贫，全市没有返贫和新识别贫困人口。

全年开工建设棚改安置房3607套，完成13个老旧小区改造，开工城市地下综合管廊工程项目3个、总长8.3公里。完成省定农村危房改造344户。发放城镇住房保障家庭租赁补贴1.05万户。获批8个美丽村居建设省级试点村庄。

【社会事业】 全年全市研究生招生2091人，比上年增长15%；在学研究生5215人，增长19.8%；毕业生1215人，增长16.7%。普通高校15所，本专科招生8.05万人，比上年增长17.9%；在校生23.12万人，比上年增长0.4%；毕业生6万人，比上年减少6.1%。中等职业学校30所，招生1.46万人，下降9.9%；在校生4.68万人，下降9.8%；毕业生1.79万人，增长4.6%。普通高中47所，

2019 年烟台市百户居民家庭耐用消费品拥有情况统计表

表 7

耐用品名称	单位	城镇住户	农村住户
家用汽车	辆	56.4	30.6
摩托车	辆	23.2	58.2
助力车	台	60.2	60.4
洗衣机	台	97.4	87.0
电冰箱（柜）	台	109.0	106.2
微波炉	台	44.9	12.9
彩色电视机	台	112.8	109.9
空调	台	99.2	49.1
热水器	台	101.1	92.1
洗碗机	台	2.5	0.1
排油烟机	台	91.4	59.5
固定电话	线	16.2	15.3
移动电话	部	214.7	193.0
其中：接入互联网	部	173.5	119.6
计算机	台	66.9	28.5
其中：接入互联网	台	61.8	25.9
照相机	台	24.3	3.4
中高档乐器	架	6.8	1.9
健身器材	台	6.5	1.0
空气净化器（含新风系统）	台	9.0	0.5
吸尘器	台	21.8	2.0

招生 2.78 万人，下降 1%；在校生 8.4 万人，下降 3.1%。普通初中 222 所，招生 5.55 万人，增长 4.1%；在校生 21.43 万人，增长 4.5%。小学 295 所，招生 5.98 万人，增长 10.9%；在校学生 26.93 万人，增长 1.9%。特殊教育学校 9 所，招生 260 人，在校学生 1228 人。幼儿园 944 所，招生 5.48 万人，在园幼儿 17.39 万人。

年末全市文化系统拥有专业艺术表演团体 10 个，艺术表演场所 10 个，公共图书馆 14 个，文化馆 14 个，博物馆和纪念馆 35 个，文物保护管理机构 5 个。年末拥有县级以上广播电视电台 10 座，广播电视发射台和转播台 12 座，全市广播电视综合覆盖率达到 100%。

烟台市入选“国家城市社区足球场地设施建设试点城市”（全国共 6 个）和“国家社会足球场地设施建设试点城市”（全国共 21 个），成为全国两个双试点城市之一。新建足球场地 20 处，各级社会体育指导员总人数达到 2.4 万人。积极推动公共体育场馆设施向社会开放，年接待健身群众超过 30 万人次。组织举办各类赛事活动 300 多项，其中举办 2019 全国跳水锦标赛、第 17 届亚洲蹼泳锦标赛等省级以上高水平赛事 30 多个。“搜动烟台”体育服务网络平台年访问量突破一百万人次。烟台市运动员参加 2019 年度山东省青少年锦标赛 31 个大项的比赛，共夺得金牌 225.5 枚。全年体育彩票销售 10.7 亿元。

年末全市共有各级医疗卫生计生机构 5857 个，其中：医院 190 所（其中，综合医院 93 所、中医医院 23 所、中西医结合医院 5 所、专科医院 67 所、护理院 2 所），基层医疗卫生机构 5551 所（其中，社区卫生服务中心（站）269 所，卫生院（街道、乡镇）115 所，村卫生室 2857 所，门诊部 142 所，诊所、卫生所、医务室 2168 所），专业公共卫生机构 97 所（其中，疾病预防控制中心 15 所、专科疾病防治院 12 所、妇幼保健院 14 所、急救中心 2 所、采供血机构 1 所、卫生监督所 13 所、计划生育技术服务机构 40 所），其他卫生机构 19 个。年末卫生技术人员 5.17 万人，其中执业医师（含助理医师）2.04 万人，注册护士 2.13 万人。医疗卫生机构床位 4.24 万张，其中医院 3.2 万张，卫生院 0.56 万张。全市婴儿死亡率 2.67‰，孕产妇死亡率 6.57/10 万。

年末全市共有收养性社会福利机构 222 个。其中，养老机构（含敬老院）214 个，荣军医院 3 个，SOS 儿童村 1 个，儿童福利院 1 个。全市机构养老床位 4 万张，年末收留抚养老年人 1.63 万人。年末全市共建有城市社区老年人日间照料中心、农村幸福院等养老服务设施 1214 个。全年福利彩票销售 12.78 亿元。全年筹集福彩公益金 3.83 亿元。全市共接收爱心捐款 8991.68 万元。市慈善总会募集善款 2211.13 万元，实施救助项目23个，发放救助金1768.47万元，救助困难群众3.65万人次。全市设立慈善义工管理中心32个、义工工作站142个，注册义工6.2万人，星级慈善义工超过2.2万人，全年提供志愿服务120万小时。

【资源、环境和安全生产】 全市已发现矿种69种，可开发利用的有36种，岩金、菱镁、钼、滑石保有资源储量分别居全国第一、二、四、五位。

全市年平均气温为13.5℃，比上年提高0.5℃。全年平均降水量421.32毫米，全年水资源总量7.6亿立方米。年末全市29座大中型水库蓄水总量2.0亿立方米，比历年同期平均储水量少1.9亿立方米。全年总用水量9.27亿立方米，比上年增长2.9%。万元GDP用水量12.11立方米。

年末全市森林覆盖率36.35%，全年完成造林面积0.93万公顷，其中人工造林面积0.88万公顷。森林抚育面积1.3万公顷。年末全市共有各类自然保护区23个，其中国家级2个、省级18个、市级3个。共有森林公园17处，其中国家级7处，省级3处、市级7处。

全年全社会电力消费量553.19亿千瓦时，比上年增长4.5%。第一产业用电12.19亿千瓦时，增长7.2%；第二产业用电439.38亿千瓦时，增长3.8%，其中工业用电435.92亿千瓦时，增长3.8%；第三产业用电52.52亿千瓦时，增长11.1%；城乡居民生活用电49.11亿千瓦时，增长3.7%。

全年市区环境空气质量指数（AQI）优良天数为286天，较上年减少34天。空气质量优良天数比例为78.4%，较上年降低9.3个百分点。市区二氧化硫年均浓度为8微克/立方米，达到国家环境空气质量一级标准，同比改善11.1%；二氧化氮年均浓度为27微克/立方米，达到国家环境空气质量一级标准；一氧化碳日平均第95百分位数浓度为1.3毫克/立方米，达到国家环境空气质量一级标准；臭氧日最大8小时平均第90百分位数浓度为158微克/立方米，达到国家环境空气质量二级标准；可吸入颗粒物年均浓度为70微克/立方米，达到国家环境空气质量二级标准；细颗粒物年均值35微克/立方米，达到国家环境空气质量二级标准。

市区降水pH年均值为6.75，未出现酸雨（pH＜5.6的雨水为酸雨）污染。

集中式饮用水水源水质全部达标。26条重点河流市控及以上断面水质达标率为90.2%。

声环境质量符合国家标准，各类噪声功能区均达到相应指标要求。市区道路交通噪声年均值为67.5分贝。市区区域环境噪声等效声级昼间为54.3分贝。

全市管辖海域海水水质以一类、二类海水为主，符合一类和二类海水水质标准的海域面积占全市管辖海域面积的99.19%。海水浴场在整个监测期内水质状况为优良。

全年各类生产安全事故共死亡25人。亿元GDP生产安全事故死亡人数0.00326人。

说明：

1. 以上内容出自2020年3月26日烟台统计局发布的《统计公报》。

2. 地区生产总值、各产业增加值、人均生产总值按现价计算，增长速度按可比价格计算。根据第四次全国经济普查结果，山东省统计局对2018年烟台市生产总值初步核算数进行了修订。修订后的2018年烟台市生产总值为7184.43亿元。

3. 规模以上工业企业指年主营业务收入2000万元及以上的工业法人企业。

4. 规模以上服务业企业，一是指辖区内年营业收入1000万元及以上或年末从业人员50人及以上服务业法人单位。包括：交通运输、仓储和邮政业，信息传输、软件和信息技术服务业，租赁和商务服务业，科学研究和技术服务业，水利、环境和公共设施管理业，教育，卫生和社会工作；以及物业管理、房地产中介服务、自有房地产经营活动和其他房地产业等行业。二是指辖区内年营业收入500万元及以上或年末从业人员50人及以上服务业法人单位。包括：居民服务、修理和其他服务业，文化、体育和娱乐业。

5. 固定资产投资（不含农户）包括城镇和农村各种登记注册类型的企业、事业、行政单位以及城镇个体户计划总投资500万元及以上的建设项目投资，全部房地产开发经营业法人单位开发项目投资。

6. 限额以上批发业企业指年主营业务收入2000万元及以上的批发业企业，限额以上零售业企业指年主营业务收入500万元及以上的零售业企业，限额以上住宿和餐饮业企业指年主营业务收入200万元及以上的住宿和餐饮业企业。

7. 居民人均可支配收入、消费性支出、人均住房建筑面积以及百户居民家庭耐用消费品拥有情况，均来自于抽样调查。

责任编校：渠敬伦

中国共产党烟台市委员会

市委工作综述

【政治建设】 2019年，市委把学习贯彻习近平新时代中国特色社会主义思想作为重大政治任务，在学懂、弄通、做实上下功夫，习近平总书记每次发表重要讲话、作出重要指示，中央、省委每次召开重要会议，市委都在第一时间学习贯彻。把“两个维护”体现在坚决贯彻党中央决策部署的行动上，开展习近平总书记重要指示要求贯彻落实情况“回头看”，整改中办回访调研组所提问题，狠抓中央巡视“回头看”反馈意见整改落实、省委巡视反馈问题整改、中央和省环保督察反馈意见及“回头看”移交问题整改，以坚决态度推进违法建设、“大棚房”、违建别墅等清理整治。开展“不忘初心、牢记使命”主题教育，抓住“学改促”三个关键，提高知信行合一能力；深度挖掘红色资源，建成胶东红色文化陈列馆，推出《红色胶东》组歌、《西海地下医院》《突围》《烟台解放》等一批丰富多彩、生动鲜活的红色文艺作品，增强主题教育的吸引力和感染力；中央和省委主题教育领导小组办公室对市委常委会专题民主生活会给予肯定。

【经济建设】 2019年，市委牢记习近平总书记“腾笼换鸟、凤凰涅槃、浴火重生”的重要指示，对接省“十强”产业，发展八大主导产业，推动落后产能加快出清、传统产业加快转型、新兴产业加速壮大，高新技术企业、国家科技型中小企业等创新型企业快速增长。全市战略性新兴产业产值增长12.6%，其中新能源产业增长109.5%、高端装备制造产业增长52.1%，先进结构材料和生物医药2个产业集群入选首批66个国家级战略性新兴产业集群。重点项目进展良好。坚持要素资源跟着项目走，整合优质资源、优势力量，推动一批重大产业项目前期工作取得突破。裕龙岛炼化一体化项目成为全省新旧动能转换标志性工程，国家有关部委批准列入国家化工产业发展规划。万华二期进展顺利，三期接续启动。以在烟台海域完成中国首次固体运载火箭海上发射为契机，启动中国东方航天港建设。海洋经济全面起势。省级以上海洋牧场示范区达到30处，其中国家级14处、占全国的1/8，国内首座深远海智能化坐底式网箱“长鲸一号”、中集来福士超深水半潜式钻井平台“蓝鲸2号”建成投用。长岛海洋生态文明综合试验区建设取得新的进展，省、市确定的102项任务已完成46项，长岛获批全国“绿水青山就是金山银山”实践创新基地；养马岛生态保护取得实质性进展；渤海区域一二类水质比例达到98.6%。乡村振兴步伐加快。制定推进苹果产业高质量发展的意见，实施苹果产业更新升级三年行动计划，烟台苹果连续11年居中国果品区域公用品牌价值榜首。推广农村党支部领办合作社发展壮大集体经济，1400多个合作社带动群众增收近5亿元。

【全面从严治党】 2019年，市委坚持从常委会和市级领导班子成员做起，带头扛起管党治党政治责任，带头严明政治纪律政治规矩，带头执行民主集中制和请示报告制度，带头严肃党内政治生活，带头严守党的“六项纪律”，以“关键少数”引领带动“绝大多数”。加强基层组织建设。集中整顿软弱涣散村党组织，创建一批党建引领乡村融合发展区。深化全国城市基层党建示范市建设，街道管理体制改革和社区工作者职业体系建设有序推进。分类推进机关、国企、学校、“两新”组织等各领域党建，培育出“红心物业”等一批党建品牌。加强干部队伍建设。按照新时期好干部标准和“三个一切”的要求，制定进一步加强干部人才队伍建设的决定，选拔使用一批担当作为、干事创业的干部，选派一批优秀干部到急难险重任务一线任职挂职。开展大竞赛大比武、“学万华精神促高质量发展”等活动，健全容错纠错、澄清保护机制，激发各级干部干事创业的热情。加强党风廉政建设。坚持一手抓警示教育和党性教育、一手抓管理监督和案件查办，先后4次召开警示教育大会，制作播放5部警示教育片。组织开展“亮诺、践诺、评诺”活动，推出《问政烟台》栏目16期，推动解决一批群众关心关注的问题和工作中的短板弱项。严格落实中央“基层减负年”和省委“工作落实年”要求，推进精文简会、规范督查，让基层干部轻装上阵。下决心纠治“四风”，严肃查处违反中央八项规定精神和形式主义、官僚主义、好人主义问题。始终保持惩治腐败高压态势，深化运用监督执纪“四种形态”，注重发挥巡察利剑和派驻探头作用，严肃查办烟台银行、市融资担保公司等一批违纪违法案件。

重要决策

【自贸片区建设】 2019年，市委把山东自贸区烟台片区获批作为继1984年成为全国首批沿海开放城市、2017年被列为山东新旧动能转换综合试验区“三核”之一之后，烟台面临的第三次重大发展机遇，以只争朝夕的精神推出中日韩跨国审批、海关“两步申报”通关、资本项目国际收支便利化等一系列制度创新成果，世界500强项目华润化学等一批重大产业项目、韩国国家级科技共建项目——中韩科创孵化合作基地等一批高端科研平台相继入驻。以自贸片区建设为引领，带动改革开放创新迈上新台阶。重点领域改革走向深入。开发区体制机制改革由点到面全面铺开，“党委会（管委会）+”、社会事务剥离、薪酬制度等17项改革举措全面实施。企业改革，重点实施国企改革三年行动计划，市管企业混合所有制比例和资产证券化率明显提高；推出支持民营经济高质量发展30条措施，民营企业规范化改制稳步推进。投融资体制改革力度加大，新组建轨道交通、水业和国有资本运营集团，国丰集团获评AAA信用等级，优化资本布局，提高融资能力。财税、农村、教育、宣传文化等领域改革都取得新成效。对外开放不断扩大。组建8个市级专业招商团队，设立3个境外经济合作中心和3个境内招商代表处，举办百余场招商活动，引进中海油LNG、华为大数据产业园等投资10亿元以上项目150多个，实际到位市外资金增长26%，实际利用外资增长15%；新增各类人才4.8万人，其中高层次人才6500多人。建强开放载体，中日产业园、中韩（烟台）产业园建设有序推进，中意产业园挂牌成立，烟台港口岸扩大开放通过国家验收，获批国家跨境电子商务综合试验区。发展会展经济，举办世界工业设计大会暨国际设计产业博览会等会展活动110多场，烟台获评中国十佳优秀会展城市。创新驱动逐步发力。引进中科院烟台产业技术创新与育成中心、中科院兰化所等研发机构80家，先进材料与绿色制造实验室成为全省首批4个重点实验室之一。荣昌制药“红斑狼疮新药”等一批关键技术填补国内空白，获省科技奖项目数量占全省1/5，获省科技进步一等奖项目数量居全省首位。营商环境持续优化。推进流程再造，实现“一次办好”全覆盖。率先完成数据归集，“烟台一手通”移动APP上线运行。城市信用监测指数列全国地级市第4位，深化商事制度改革受到国务院督查激励。

【夯实战略支撑】 2019年，海上世界、芝罘仙境、幸福新城、高铁新区、八角湾等重要片区综合开发格局初步拉开。海上世界会西街片区完成征迁，芝罘湾广场开工建设。芝罘仙境拉开了以所城里、烟台山、朝阳街、芝罘湾、崆峒岛为主体的“五位一体”建设框架。幸福新城创出了“市区协同开发、规划引领招商、党建带动征迁”的新模式。强化重大基础设施支撑。潍烟高铁由2030年远期实施的城际铁路，调整为2020年开工建设的国家干线延伸铁路。大莱龙铁路扩能改造全线铺开。荣莱高铁前期工作加紧推进。城市轨道交通建设开始启动。蓬莱国际机场旅客吞吐量突破千万人次、二期工程2020年开工建设。老岚水库工程挤进国家“十三五”规划中期评估调整范围，移民安置房开工建设。海阳核电1、2号机组投入商运，3、4号机组具备开工条件，首个核能商业供热项目投入运营。强化金融支撑。全市金融资产规模突破万亿元，金融业增加值增幅创近3年新高。扎实推进山东省区域性基金管理中心建设，基金认缴规模达到2005亿元。推动金融业与实体经济互促共赢，普惠型小微企业贷款余额大幅增长，银行不良贷款余额和不良率5年来首次“双下降”。

【保障改善民生】 2019年，打好精准脱贫攻坚战。落实“两不愁三保障”政策，加大财政专项扶贫资金和行业扶贫资金整合投入力度，推动产业扶贫项目提质增效，5.8万名建档立卡贫困人口脱贫质量持续巩固提升。援藏援疆和东西扶贫协作取得新成效，烟台—巫山直飞航线开通。办好民生实事。建设社区食堂，解决社区居民特别是老年人就餐难问题。实施公交一元一票制，成为全国第二个实行“一元公交”的地级市。推进农村改厕、棚改安置房建设、老旧小区整治、房地产烂尾工程处置等工作，让群众享有更加宜居的生活环境。推进污染防治。实施“四减四增”三年行动，落实河长制、湖长制、湾长制、林长制，打好蓝天、碧水、净土保卫战，市区空气质量保持国家二级标准，获评全国水生态文明城市，昆嵛山赤松林入选“中国最美森林”。维护社会稳定。开展扫黑除恶专项斗争，坚持标本兼治、综合施策，为实现长效长治打牢基础。开展信访重点领域突出问题专项治理，10年以上信访积案全部清零，进京、去省访数量排名分别退至全省第10位、第12位。统筹抓好安全生产、公共安全、食药监管、森林防火、防汛抗旱等工作，全市大局总体稳定，成为全省首批安全发展示范城市试点。

重要会议

【全体会议】 2019年1月26日，中国共产党烟台市第十三届委员会第七次全体会议召开。市委委员42人、候补市委委员8人出席。市纪委常委和有关方面负责人列席会议。市第十三次党代会代表中部分基层人员列席会议。全会由市委常委会主持。市委书记张术平讲话。全会听取和讨论张术平受市委常委会委托作的2018年工作报告，审议通过《中国共产党烟台市第十三届委员会第七次全体会议公报》《关于进一步深化市场化改革扩大高水平开放加快体制机制创新的决定》和《中国共产党烟台市委员会工作规则》。

7月12日，中国共产党烟台市第十三届委员会第八次全体会议举行。市委委员48人、候补市委委员6人出席。市纪委常委和有关方面负责人列席会议。全会由市委常委会主持，市委书记张术平讲话。会议听取和讨论张术平受市委常委会委托所作的工作报告，审议通过《中国共产党烟台市第十三届委员会第八次全体会议公报》《市属国有企业改革“三年行动计划”（2019—2021年）》。

12月29日，中国共产党烟台市第十三届委员会第九次全体会议举行。市委委员51人，候补市委委员6人出席。市纪委常委和有关方面负责人列席会议。部分“两代表一委员”、基层代表和企业家代表也列席会议。全会由市委常委会主持，市委书记张术平讲话。会议听取和讨论张术平受市委常委会委托所作的工作报告，对2020年经济工作作出全面部署，审议通过《中国共产党烟台市第十三届委员会第九次全体会议公报》《中共烟台市委关于深入学习贯彻党的十九届四中全会精神的实施意见》《中共烟台市委关于深入学习贯彻党的十九届四中全会精神进一步加强干部人才队伍建设的决定》。29日下午和晚上，2019年度县市区委书记和市直有关党委（党组、工委）书记履行全面从严治党责任和抓基层党建工作述职评议会议在东山宾馆召开。市委书记张术平出席并讲话，市委副书记、市长陈飞和市委副书记吴承丙分别主持，省委组织部有关人员到会指导，市委常委出席。

【常委会会议】 2019年1月10日，市委常委会召开会议，听取市十七届人大三次会议、市政协十三届三次会议筹备情况汇报，讨论拟提交审议的《政府工作报告》。市委书记张术平主持会议并讲话。

1月21日，市委常委会召开2018年度民主生活会。副省长刘强到会指导。市委书记张术平主持会议，市人大常委会党组、市政协党组主要负责人列席会议。

1月24日，市委常委会召开会议，传达贯彻中共十九届中央纪委三次全会、省纪委十一届四次全会、全省扶贫开发工作会议、全省农村工作会议、全省扎实推进农村人居环境整治会议精神，研究部署深化市场化改革扩大高水平开放加快体制机制创新、生态环保和污染防治、“大棚房”问题专项清理整治、纪检监察等工作。市委书记张术平主持会议并讲话。

1月31日，市委常委会召开会议，传达贯彻全省宣传部长、统战部长会议精神，研究部署构建新型政商关系、春节及全国全省“两会”期间安全生产等工作。市委书记张术平主持会议并讲话。

2月19日，市委常委会召开会议，传达贯彻省人大、政协“两会”精神，研究开展“工作落实年”活动的实施细则和支持民营经济高质量发展的实施意见。市委书记张术平主持会议并讲话。

3月26日，市委常委会召开会议，研究部署安全生产、科协等工作。市委书记张术平主持会议并讲话。

4月4日，市委常委会召开会议，传达贯彻省委书记刘家义到烟台调研讲话和省委海洋发展委员会第二次全体会议精神，研究部署森林防火等工作。市委书记张术平主持会议并讲话。

4月30日，市委常委会召开会议，听取2018年度扶贫开发工作成效考核情况，研究部署脱贫攻坚工作。市委书记张术平主持会议并讲话。

5月12日，市委常委会召开会议，传达贯彻中央第三生态环境保护督察组对山东省开展“回头看”情况反馈会议、全省保密工作会议精神，研究部署当前重点工作。市委书记张术平主持会议并讲话。

5月19日，市委常委会召开会议，传达贯彻全省新旧动能转换项目推进会暨“双招双引”工作表彰大会、全省学习习近平总书记关于哲学社会科学重要论述研讨会精神，研究部署支持金融业高质量发展、加快山东省区域性基金管理中心建设工作。市委书记张术平主持会议并讲话。

6月4日，市委常委会召开会议，传达全省“不忘初心、牢记使命”主题教育工作会议和推进乡村振兴暨脱贫攻坚现场会议精神，研究全市贯彻落实意见。市委书记张术平主持会议并讲话。

6月19日，市委召开常委会暨全面深化改革委员会会议。市委书记张术平主持会议并讲话。

7月11日，市委召开常委会暨全面深化改革委员会会议，传达贯彻省委十一届九次全会精神，研究部署调整城乡居民最低生活保障标准、推进城市安全发展、开展迎接中华人民共和国成立70周年安全生产专项整治行动等工作。市委书记张术平主持会议并讲话。

7月27日，市委常委会召开会议，传达贯彻山东省党政代表团赴京冀沪学习精神，研究部署抗旱、经济运行、脱贫攻坚和进一步明晰县乡职责、规范“属地管理”等工作。市委书记张术平主持会议并讲话。

7月27日，市委召开常委会议军会议暨市国防动员委员会第一次会议，听取全市后备力量建设、国防动员、双拥共建等情况，讨论《烟台市国防动员委员会工作规则》《烟台市国防动员委员会成员单位职责》等。市委书记、市国防动员委员会第一主任张术平主持会议并讲话。

8月13日，市委常委会召开会议，听取市人大常委会、市政府、市政协、市法院、市检察院党组工作汇报。市委书记张术平主持会议并讲话。

8月19日，市委常委会召开会议，研究加强新时代全市公安工作、进一步支持企业对接资本市场加快上市步伐等。市委书记张术平主持会议并讲话。

8月26日，市委常委会召开会议，学习贯彻《中国共产党机构编制工作条例》精神，研究部署烟台市机构编制工作。市委书记张术平主持会议并讲话。

8月31日，市委常委会召开会议，传达贯彻全省推进改革举措落实落地工作会议和全省党的建设暨机关党的建设工作会议精神，研究试点开发区改革创新实施方案。市委书记张术平主持会议并讲话。

9月12日，市委常委会召开会议，传达贯彻省委人大工作会议、全省退役军人工作会议精神，研究湾长制等工作。市委书记张术平主持会议并讲话。

9月27日，市委常委会（市委全面深化改革委员会）召开会议，研究聚焦五大领域加快流程再造工作实施方案和市侨联改革实施方案。市委书记张术平主持会议并讲话。

10月8日，市委常委会召开会议，研究“不忘初心、牢记使命”主题教育、经济运行、老岚水库和长岛海洋生态文明综合试验区建设等工作。市委书记张术平主持会议并讲话。

10月14日，市委常委会召开会议，传达贯彻中央和省委政协工作会议、全省重点水利工作视频会精神。市委书记张术平主持会议并讲话。

10月21日，市委常委会召开调研成果交流会。市委书记张术平主持并讲话，省委第四巡回指导组副组长姚丙华到会指导并点评。常委结合工作职责和调研课题，分别交流成果、提出措施。

10月21日，市委常委会召开会议，传达学习全省果业发展现场会议精神，研究烟台市贯彻落实意见。市委书记张术平主持会议并讲话。

11月1日，市委常委会召开会议，传达学习党的十九届四中全会精神，研究烟台市贯彻意见。市委书记张术平主持会议并讲话。

11月4日，市委常委会召开对照党章党规找差距专题会议，市委书记张术平主持并讲话，省委第四巡回指导组副组长姚丙华和有关成员到会指导。

11月11日，市委常委会召开会议，传达学习中央办公厅关于学习宣传中共十九届四中全会精神的有关文件、中央巡回督导组调研烟台市主题教育和全省道德模范座谈会精神，研究贯彻落实意见。市委书记张术平主持会议并讲话。

11月28日，市委常委会召开会议，传达贯彻全省第二批“不忘初心、牢记使命”主题教育工作推进会议精神，研究全市2020年“三重”工作、加快推进苹果产业高质量发展和做好新时代人大工作的意见等。市委书记张术平主持会议并讲话。

12月10日，市委常委会召开“不忘初心、牢记使命”专题民主生活会。副省长于国安、中央纪委国家监委纪检监察员王卫国、省委组织部副部长朱开国、省政府副秘书长张积军、省委第四巡回指导组组长张士昌到会指导，市委书记张术平主持会议，中央和省委主题教育领导小组办公室、省委第四巡回指导组相关人员出席会议。

12月11日，市委常委会召开会议，研究深化对日韩合作、党校、食品安全和人大、政协“两会”安排等工作。市委书记张术平主持会议并讲话。

12月28日，市委常委会召开会议，传达贯彻省委十一届十次全体会议、省委经济工作会议、省纪委述责述廉会议精神，研究市政协2020年协商计划、公安、组建轨道交通集团、市属国有独资公司外部董事管理、市政府2020年立法计划、基层医疗卫生服务、公立医院党建、贸促会改革等工作。市委书记张术平主持会议并讲话。

综合协调服务

【政务服务】 2019年，市委办强化以文辅政。围绕全市中心工作参政辅政资政。全年起草领导讲话、汇报发言、署名文章等各类材料1000余篇、300多万字。跟进服务市委领导基层调研、专题座谈等活动，整理市委常委会会议纪要、记录各55期、专题会议纪要15期。信息工作突出抓好深度研判、动态分析和及时准确上报，发挥信息耳目和参谋助手作用。累计编发《信息参考》《城市资讯》188期，其中获市委、市政府领导批示36人次。上报中办、省委办信息2800余条，被采用260余条，上报中办和省委办信息采用数量居全省首位，获评“全省党委系统信息工作先进单位”。在新华社《高管信息》《山东信息》等省级以上刊物发稿9篇。

【督查工作】 2019年，市委每次召开重要会议、作出重要部署，市委办都第一时间进行任务分解，制定全市“三重”工作任务分工意见、责任清单、“担当作为、狠抓落实”实施细则等文件13个。开展现场督查、跟踪督查、写实督查，调度县市区和部门有关情况近千次，开展全市范围实地督查8次，印发《市委督查》20期，编发“三重”工作通报、重中之重工作推进情况12期，特别是筹备召开2次全市“三重”工作调度会，采用PPT形式对“三重”工作推进情况进行全面盘点，总结经验成绩、查找问题不足、提出对策建议，推动市委决策部署落地落实。承接省级以上领导带队到烟台专项督导4次。做好批示件和提案督办，承办省委主要领导批示件24件、市委领导批示件790余件，督办人大代表和政协委员提案50余件。

【统筹协调】 2019年，市委办办理各级各类来文来件1000余份，制发市级文件、电报500余个，发放各类文件、电报11万余份，密级文电全部及时清退、销毁。精简文件简报，全市保留简报58个、精简34.1%，市委（含市委办公室）制发文件电报精简48.5%。制定印发《关于严格执行党委公文处理工作有关规定的通知》，规范公文报送、领取清退、阅读传达、保密管理等制度，文件制发、审核质量均居全省前列。规范重大事项请示报告制度，县市区和市直部门、单位向市委报送重大事项报告32起，市委向省委报送重大事项报告11起。向省委办公厅备案党内规范性文件77件，接受备案569件，废止市委规范性文件51件、失效6件、修改12件。组织市委重要会议活动340余次，审批会议活动25个，办理市委常委会会签研究事项23次，整理印发《常委每日活动安排》250余期，整理报送市委主要负责人活动预案50多期。值班工作加强调度配合、执行落实，接打各类电话3.6万余次，运转各类文件6400余件次，编发《全市领导干部外出情况》《今日客情》各360余期，处置紧急信息62起，办理领导干部请假事宜2200余批次、出国境手续90余份。值班室被中央办公厅秘书局评为先进通联分部、获二等奖。

【服务保障】 2019年，市委办接待到烟台客人590余批、6700余人次，其中党和国家领导人10批次、省部级客人32批次，服务领导会见等活动340余批次。完成中央、省委主题教育巡回指导组等20多个重要团组到烟台接待服务工作，参与世界工业设计大会等重大会务服务30多次。行政后勤工作严格财务和资产管理，做好物资配备、电话簿编辑等工作，完成各类重大会议活动的后勤服务保障。公车服务严格遵守规章，做到安全、节省、无事故。机要工作按照“优质高效、及时快捷、安全畅通”要求，收发明、密电报1400余份次，收发横向传真7500余份次，市委机要局成为全省党政机要密码工作考核优秀达标单位。推进电子政务内网建设，建成业务信息和电子文件交换系统、安全电子邮件系统等应用，实现省市县网络联通工作目标。开展安全可靠应用工作，安可替代工程实施进度名列全省前茅。派员参加全省机要系统比赛获得第1名，代表山东省参加全国比赛获得三等奖。保密工作实施“3个一批”培训工程，制作保密动漫短片，对机关单位开展驻在式检查，全市未发生严重失泄密事件。老干部工作做好医疗报销、事务协调、生活服务、走访慰问等工作，打造离退休干部党建活动室，为到烟台省级老领导提供优质服务。安全保卫工作严格落实各项防范措施，开展安全隐患排查，对安保人员进行半军事化管理和法制教育培训，规范完善车辆、人员出入证登记备案制度，维护机关办公秩序。国安工作制发各类文件33份，指导、调度各县市区和市直各部门报送情报信息450余篇，向省委国安办报送情报信息35篇。采取“会议+培训”形式在全省率先召开党委国安办主任会议暨国家安全工作培训会议，邀请省委国安办领导现场授课并集中观看警示教育专题片，相关做法被省委国安办简报刊发。档案工作完成市档案局政务服务事项标准化梳理、办理项拆分及上网运行工作，梳理服务事项17项、2000多条标准要素。

（撰稿：夏明辉　审稿：谢麟）

组织工作

【领导班子和干部队伍建设】 2019年，市委组织部突出政治标准，持续抓好《关于加强干部意识形态能力考察的意见（试行）》和《实施细则》文件落实，市委任用的干部均开展意识形态能力专项考察。牵头制定《中共烟台市委关于深入学习贯彻党的十九届四中全会精神进一步加强干部人才队伍建设的决定》，对党政干部、年轻干部、专业干部、国企干部、农村和社区干部队伍建设作出全面部署，明确“打造担当型、专业型、创新型、实干型的高素质干部人才队伍”的目标。出台《关于建设高素质专业化年轻干部队伍的十项行动计划》，制定精准识别、基层锤炼、专业提升、专项历练、搭台助长、正向激励等10项针对性措施，实施青年干部人才“菁英计划”，面向国内重点院校选聘7名博士、34名硕士、41名本科优秀毕业生；一次性提拔25名90后选调生进入乡镇党政班子、提拔8名年轻乡镇党委书记为副县级，为市直部门提拔补充8名40岁以下县级干部，县市区委副书记、常务副县长等关键岗位42岁以下的年轻干部占到26%。持续选派干部到基层一线、信访维稳、重点项目、上级金融单位和先进地区挂职锻炼，先后选派604名干部投身“万名干部下基层”、47名干部参与大气污染防治督查、流程再造等重点工作；选派100名优秀年轻干部组成3个驻外招商点和8个专业招商办公室；选派15名基层优秀年轻选调生到北京、济南信访一线和市信访局挂职。执行领导干部个人有关事项报告工作规定，对360名干部进行重点查核，对222名干部进行随机查核，对8名干部作出诫勉处理。从严从实开展干部任前档案审核，全年审核档案1209卷，有7人因档案问题被暂缓使用。持续抓好干部队伍建设智慧云平台，收录市管干部研判信息5.3万条，实现对市管干部和全市公务员及参照管理人员的全覆盖。

【基层党组织建设】 2019年，市委组织部坚持以村党支部领办合作社为重点，推进抓党建促乡村振兴，全市领办合作社的村党支部1470个，占全市村庄总数的22.8%，村集体增收3.8亿元，群众增收4.9亿元。出台《关于从严管理村干部的规定（试行）》，从选拔任用、教育管理、监督约束、考核评价、惩戒退出、激励保障等方面进行明确，推动全面从严治党向基层延伸，把受过刑事处罚、存在“村霸”和涉黑涉恶等问题的村干部全部清理出去，调整248名信念不坚定、工作不称职村党组织书记。制定《烟台市党群服务中心（便民服中心）标准化建设办法》，对各级党群服务中心从场所设施、机构设置、窗口设置、服务流程等10个方面提出明确标准规范，在街道社区、商圈楼宇、旅游景区、口袋公园等建立600余处党群服务中心驿站。出台《烟台市“红心物业”的党建领航工程建设办法（试行）》，组织社区党员对物业服务企业进行监督，并由住建部门划定10条服务管理红线。制定《关于深入推进“双报到”工作提升服务社区、服务群众质量的实施意见》，市县两级8.7万余名党员到社区报到，开展为民服务活动2400余次。制定《市直部门单位党建办公室主任选拔任用管理办法（试行）》，50个应配党建办主任的部门配备49个。指导县乡加大培训力度，年内各级举办各类培训班672期，培训农村和社区党员27.4万余名。加强典型宣传，在全市层面表彰“五个十佳”和100名优秀共产党员、100名优秀党务工作者、100个先进基层党组织，创新开展“五比”群英榜评选活动，筛选52个团体（个人）进行宣传；“烟台党建”微信公众号被《人民日报》评为“最有态度”微信公众号，成为全省组织系统唯一获评的“最具影响力政务微信”。

【人才工作】 2019年，市委组织部把握“人才发展、政策先行”理念，以政策创新为人才发展破题引路，先后出台《烟台市金融高端人才奖励实施办法》《烟台市“人才贷”风险补偿资金办法》《关于实施“烟台工匠”建设工程的意见》等7项人才政策，全市人才政策体系进一步完善。以搭建高端平台为重点，推进全国一流人才城市建设。做好泰山人才等重点人才工程选拔推荐工作，发挥重点工程聚才用才牵引作用，加快引进集聚“高精尖缺”人才；与有关机构共建新动能（烟台）产业技术研究院，加快建设烟台八角湾国际人才港；举办中国·烟台海内外精英创业大赛，征集优质人才项目517个；举办“新动能”产才交流大会、能源年会暨人才交流大会、中国人力资本论坛、医药创新与发展国际会议、中科院博士后烟台行等大型人才交流活动10余场，400多名高层次人才到烟台交流，达成创新创业和合作意向150余项。2019年，全市新增各类人才4.8万多人，其中，56人入选省以上重点人才工程，自主培育“齐鲁之约”泰山人才、泰山产业新兴产业类人才等关键指标，入选数量均居全省第一位。突出政治引领，强化人才联络服务。举办高层次人才进修班，培训高层次人才50名，不断增强高层次人才的政治认同和思想认同；办理发放第三批“优才卡”，兑现人才购房补贴1012万元，协调28个景点对高层次人才免费开放；开展“人才健康体检周”活动，集中时间开辟专门绿色通道为90余名高端人才进行健康体检；制作播放《专家力量》系列宣传片，推进“书记谈人才”专题活动。

【干部教育培训和胶东（烟台）党性教育基地建设】 2019年，市委组织部突出党的创新理论教育，在市委党校构建以习近平新时代中国特色社会主义思想概论为统领的“1+4+N”课程体系，组织开发《习近平总书记视察山东视察烟台重要讲话指示精神》等10门课程，贯穿到市委党校30个主体班次中，培训干部2000余人。依托“烟台市网络党校·行政学院”，开展全员培训，上线课程586门、参学干部3.7万名。推进胶东（烟台）党性教育基地建设，用106天时间把养马岛上一处烂尾工程打造成高质量的胶东红色文化陈列馆，在“不忘初心、牢记使命”主题教育期间对党员干部开放；蓬莱海上丝绸之路博物馆和戚继光纪念馆、海阳地雷战纪念馆、栖霞胶东抗大精神教育基地全部开放运行，“一核四点”总体布局全面提档升级，全市党性教育基地新建展馆展陈面积达1.6万平方米，是原有面积的4.4倍。继续发挥基地教育功能，开发《不忘初心、牢记使命》主题课，推出《百年烟台从屈辱走向复兴的历史启示》等7门专题课，与山东电影制片厂合拍《党员登记表》，编排红色综艺教学《英雄胶东》，创作戏剧《渡海北上》《西海地下医院》、大型情景组歌《红色胶东》等，既作为基地教学内容，又面向社会广泛传播，借助文化的力量传承红色基因。2019年，胶东（烟台）党性教育基地承接培训参观2900余批次、12万余人。

（撰稿：韩立鹏　审稿：赵玉峰）

宣传工作

【全市宣传部长会议】 2019年2月27日召开，学习贯彻全国、全省宣传部长会议精神，分析宣传思想文化工作面临的新形势新任务新要求，研究部署2019年宣传思想文化工作。

【“庆祝中华人民共和国成立70周年”主题宣传教育活动】 2019年市委印发活动通知，市委办、政府办印发群众性主题宣传教育活动方案，开展主题征集、展览、展演、培训、采风创作、文艺志愿服务等活动，举办“祖国不会忘记”全市庆祝中华人民共和国成立70周年文艺晚会、“薪火相传”烟台红色故事讲解大赛、“烟台，你好”主题摄影大赛、党性教育剧目进党校、繁荣舞台艺术“双演”工程会演、公共文化服务“六进”巡演展演、庆祝中华人民共和国成立70周年座谈会等系列庆祝活动。市直各媒体以“壮丽70年·奋斗新时代”为主题，开展“烟台70年发展成就巡礼”“烟台历程”“礼赞建设者”等专栏专题专版报道。

2019年10月1日，烟台志愿者开展“礼赞新中国 奋进新时代”快闪活动，600名志愿者唱响“我和我的祖国”　（供稿：于宗民）

【理论武装工作】 2019年11月19日，烟台市成立学习贯彻中共十九届四中全会精神宣讲团，举办基层宣讲骨干培训班，年内培训200多名基层宣讲骨干，市县两级宣讲团开展宣讲活动3000余场。改进创新党委中心组学习，制定印发年度学习安排意见，以习近平新时代中国特色社会主义思想为学习主线，推动市委理论学习中心组学习19次，县处级以上党委（党组）理论学习中心组学习1400余次。建立市县两级400多人的“中国梦·新时代·祖国颂”百姓宣讲队伍，全年开展选拔、比赛、巡回宣讲等300多场次，市委宣传部获省基层理论宣讲先进单位称号，烟台市先进个人、优秀宣讲报告、微视频等获奖总数位居全省第一。在全省百姓宣讲比赛中获1个一等奖、2个二等奖、1个三等奖，市委宣传部、市委讲师团获优秀组织工作奖。推进思想大解放活动，剖析“风岐茶社”现象，阐释解读万华精神。“学习强国”学习平台注册学员58万多人，完成率超过100%。

【意识形态工作】 2019年，市委常委会会议2次专题研究意识形态工作，召开2次市委意识形态和宣传思想工作领导小组会议，市委主要领导带头研究部署工作，掌握对全市意识形态工作的领导权，推动党委（党组）意识形态工作责任制落实。健全完善全链条意识形态工作体系，强化各类意识形态阵地管理，建立网络舆情“闭环”管理模式，增强意识形态领域主导权和话语权。

【社会主义核心价值观建设】 2019年，烟台市实施乡村文化振兴，推进新时代文明实践中心建设，年内县级中心实现全覆盖，建立乡镇（街道）分中心159个、村庄（社区）实践站（所）3103个，开展实践活动2万余

2019 年 9 月 18 日，烟台百姓宣讲团在龙口市委党校宣讲　　（供稿：于宗民）

场次。加强典型选树，推出全国"最美奋斗者"李登海、"齐鲁时代楷模"和首位"烟台时代楷模"冷晓燕、全省岗位学雷锋标兵贺晓军等重大典型，结合重要时间节点推出 49 位各类典型和 19 名善行义举四德榜"榜上有名"先模人物。加强中华优秀传统文化传承发展，年内新建 8 处市级爱国主义教育基地，推出精品红色剧目《红色胶东》，首次以大型组歌形式展示胶东红色文化。举办第六届"国学小名士"经典诵读大赛，组织发动 500 所学校参加，形成诵读经典、传承美德的浓厚氛围。举办"薪火相传"红色故事讲解大赛，1 名选手获全省金牌讲解员称号、2 名选手获优秀讲解员称号，烟台市获优秀组织奖。以"我们的节日"为主题，组织开展经典诵读、节日民俗等活动 150 余场。

【新闻宣传】 2019 年，市委宣传部建立健全重大主题宣传报道策划会、重点工作通风会、新闻例会等宣传报道会商策划机制，组织全市各媒体和网站开展"新时代新作为新篇章""习近平总书记视察烟台一周年""开展'五比'活动 推动高质量发展""学万华精神 促改革发展""加快新旧动能转换""烟台改革再出发""不忘初心、牢记使命"主题教育、"三重工作""双招双引"等重大主题宣传，全年在中央级媒体发稿 469 篇、省级媒体发稿 1609 篇，以市政府新闻办名义举办 50 余场新闻发布会。加快推动媒体融合发展，举办推进媒体融合发展专题培训班，烟台广播电视台开通融媒体中心并同步开播新闻综合频道高清节目，推出 16 期大型融媒体问政节目《问政烟台》，问政 18 个部门，曝光问题 140 多个，解决问题 120 多个。烟台日报传媒集团开展内部机构设置和岗位竞聘、薪酬制度改革，建设全媒体"中央厨房"、全媒体演播室和全媒体采编指挥系统。建立烟台市媒体融合暨县级融媒体中心建设工作联席会议制度，年内 12 个县市区融媒体中心挂牌。

2019 年 9 月 19—23 日，烟台市以"仙境海岸·鲜美烟台"为主题，组织搭建文化产业特装展位参展第八届山东文博会　　（供稿：于宗民）

【媒体宣传】 2019 年，烟台市举办"我为烟台品牌点赞"网上宣传、烟台品牌北京推介会暨"品牌强市"研讨会、"媒眼看烟台·聚焦品牌烟台建设"集中采访报道活动等系列品牌宣传推广活动，在中央级媒体和平台持续开展"仙境海岸 鲜美烟台""产业名城 品牌烟台"城市品牌宣传，组织开展市树、市花评选和市歌征集，11 月 30 日，烟台市获"2019 中国品牌城市"荣誉称号，烟台城市品牌影响力在全国地级市中排名第九。推出"烟台英文全球传播平台"、"凤观烟台"频道、"烟台图片"光影云传播平台，举办多场"外媒走进烟台""媒眼看烟台"系列主题宣传和重大经贸活动宣传。编纂出版外宣图书《中国国家人文地理·烟台》《山东画报·烟台专刊》。

【文艺精品创作】 2019 年，烟台市评议并公布全市第五批 30 名签约文艺家，开展 2019 年度烟台市"文艺精品工程"重点作品创作，对 44 部作品进行重点扶持。雕塑《上学》、油画《和风之五》入选第十三届全国美术作品展，广播剧《寻找杨子荣》获中国广播剧研究会专家奖，电影《党员登记表》、歌曲《挑山工》、广播剧《叫俺一声娘》入选省精神文明建设"文艺精品工程"，电影《外交风云》、电视剧《好雨知时节》入选国家广播电视总局"庆祝中华人民共和国成立 70 周年推荐播出参考剧目名单"，现代吕剧《西海地下医院》成为省委党校秋季开班首场教学剧目，新创编吕剧《社区书记》、京剧《戚继光》、现代吕剧《突围》上演。

【文化改革发展】 2019 年，市委宣传部制定年度文化体制改革工作要点，推进日报社和电视台内部体制机制改革、融媒体建设、文化领域供给侧结构性改革等重点改革任务落实。制定市属文化企业国有资产监督管理办法，加强市属文化企业国有资产监督管理。建立完善市级重点文化产业项目库，年内重点扶持培育27个骨干示范项目，全市过亿元文产项目82个，完成投资326.1亿元，文化及相关产业增加值居全省第二，文化贸易额进出口额居全省第一。发布烟台市首批“十大”县域特色文化产品和“十强”文化创意产业、“十大”文化企业。组织参加深圳、丝绸之路、山东省、海峡两岸文博会和孔子家乡文化贸易展，其中省文博会烟台展区现场交易额和订单、投资总额、融资总额均创历史新高，烟台市获“优秀组织工作奖”“优秀展示奖”。推动文化与相关产业深度融合发展，协调各驻烟台高校和67家企业专题对接，全市文化企业年内减税降费1500万元，63个在建重点文旅项目完成投资162.8亿元，橙色云工业设计平台项目被确定为省委宣传部定点联系推进项目。

（撰稿：于宗民　审稿：王洪青）

精神文明建设

【思想道德建设】 2019年，烟台市组织开展第七届烟台市道德模范评选，评出市级道德模范52人，举行颁奖仪式进行表彰。5人当选山东省道德模范，入选人数居省内第2，长岛贾平获评全国道德模范提名奖。全年评选“烟台好人”124人，49人获评“山东好人”,4人荣登中国好人榜。牟平刘立军获“山东好人2018十大年度人物”称号，活动开展7年来烟台7位当选，入选数量全省第一。开展“讲文明树新风”公益广告宣传，全年市级媒体刊播报刊平面类公益广告103.75版，广播电视类公益广告24513.67分钟，建筑围挡与城市广场刊播10万多平方米。建立健全多部门、跨区域、跨行业的守信联合激励和失信联合惩戒等工作机制，对电信网络诈骗、生态环保失信等24个领域的失信问题进行集中整治，组织开展“诚信建设万里行”专题宣传活动，倡树诚信文明新风。以“我们的节日”为主题，组织开展丰富多彩的群众性经典诵读、节日民俗、文化娱乐、体育健身等活动150余场次。

2019年12月10日，第七届烟台市道德模范颁奖仪式在烟台大剧院举办
（供稿：李翥）

【文明创建】 2019年，烟台市启用烟台市文明单位网络管理平台建设，实现文明单位日常指导、监督和考核的常态化、信息化。健全文明单位退出机制，严格按照负面清单对文明单位进行动态管理。全年全市获评省级文明单位615个，省级文明社区133个，省级文明村镇278个。深化文明校园创建。制定印发《烟台市文明校园创建管理办法》《烟台市文明校园测评细则》，建立健全文明校园常态化管理机制，促进文明校园创建活动常态化、制度化。命名表彰烟台大学等8所驻烟台高校、烟台三中等48所中小学校为第二届全市文明校园。5所高校、14所中小学获评第二届全省文明校园，7所中小学由省级文明单位转化为省级文明校园。开展文明家庭建设。印发《关于开展“巾帼红·美在我家”主题活动推进家庭文明建设的意见》，开展“美在我家”主题实践活动。组织开展烟台市“美丽人家”风采展、“美在我家巾帼红”主题歌舞、家风家训歌谣征集等各项活动，宣传广大家庭在弘扬优良家风、参与乡村振兴、促进社会文明中的独特作用。持续开展文明旅游“八进”。在招远黄金博物馆启动“鲜美烟台 鲜美风景”为主题的文明旅游推进会。开展文明旅游进景区、进乡村、进海岛、进校园、进社区、进饭店等“八进”活动，举办文明旅游志愿服务活动28场次。

【未成年人思想道德教育】 2019年，市文明办第六年举办烟台市“国学小名士”经典诵读大赛，市文明办被评为全省国学小名士比赛优秀组织奖。深化“扣好人生第一粒扣子”主题教育实践活动，组织开展“传承红色基因”系列教育、中华优秀传统文化传承等活动。评选宣传“新时代好少年”42人，其中1人被评为山东省新时代好少年。开展审核和抽查，强化乡村学校少年宫建设和动态管理，帮助4所新增少年宫和44所往年中央扶持少年宫争取中央扶持资金和运转费用231.55万元。

【志愿服务工作】 2019年，烟台市建立志愿者注册通报制度，全市实名注册志愿者达到49万人，发布志愿服务信息132期，组织开展文明城市创建、文明出行、文化下基层、生态保护、家风传承等“温度与文明”学雷锋志愿服务活动900多场次。4个项目入选全国志愿服务四个100项目评选，30个项目获评全省四个100志愿服务项目。

【新时代文明实践中心建设】 2019年，市文明办将新时代文明实践中心建设试点工作作为精神文明建设工作的重中之重，建设国家级试点县2个，省级试点县3个，市级试点县7个、试点镇街68个，建立起新时代文明实践中心建设工作联席会议制度，组建新时代文明实践志愿服务总队和13支专业志愿服务队，培育“习语润心”等一大批文明实践品牌。各级文明实践阵地以学习践行习近平新时代中国特色社会主义思想为主线，运用“讲、评、帮、乐、庆”等形式，推动“思想筑魂、环境改善、移风易俗、家风建设、文化活动”五大工程。至年底，全市建立县级新时代文明实践中心15个，实现全覆盖；镇街实践所（分中心）161个，覆盖率超过95%；村居实践站3085个，覆盖率达到48%。

【乡村文化振兴】 2019年，市文明办组建乡村文化振兴工作专班，拟定职责清单和重点工作任务台账，明确12类37项重点工作任务。召开全市乡村文化振兴专班工作会议，协调有关部门单位强力推进铸魂强农、文化惠民、传承发展、素质提升等6大工程，提升乡风文明程度。将文明村镇创建作为实施乡村振兴的重要载体，制定年度工作台账，实行清单化管理、项目化推进。2019年，省文明办认定烟台市文明达标村覆盖率为84.66%，高于全省83.77%的平均成绩。

【网络文明建设】 2019年，市文明办加大烟台文明网及官方微信微博的建设管理和宣传推介力度，烟台文明网开设“烟台好人影像馆”“温暖回家路，我们在行动”、烟台市第七届道德模范评选等专题栏目。微信公众号“文明烟台”推出文明城市、鲜美烟台、身边榜样、烟台志愿服务、新时代文明实践、乡村文化振兴等板块；开展新时代文明实践精品课程评选活动并展播优秀作品；开展第七届烟台市道德模范评选活动并定期展示道德模范事迹。官方微博“烟台文明”获2018年度烟台（市直）十佳政务微博。

（撰稿：李蓍　审稿：任晓东）

统战工作

【机构改革】 2019年，市委统一战线工作部统一管理民族宗教、侨务工作，设立13个科室、3个事业单位，转隶在职人员42人、退休人员12人。市委常委会先后5次研究统一战线工作，市委统一战线工作领导小组先后召开全体会议3次、专题会议2次、开展专项督查2轮。市委统一战线工作部获全省统一战线工作先进集体称号。

【思想政治建设】 2019年，市委统战部将9个培训班纳入社会主义学院主体班次和专题班次，举办各类培训班46个、“同心大讲堂”6期，组织开展“不忘合作初心，继续携手前进”等系列主题教育活动，“四个意识”更加牢固、“四个自信”更加坚定、“两个维护”更加自觉。开展烟台统一战线历史、文化、人物、故事采风活动，形成散文集《这片海 汹涌澎湃》；创办统战刊物《同心苑》，年内印发2期；先后举办“中国梦、桑梓情”庆祝中华人民共和国成立70周年海外联谊书画展、“真情颂党恩 扬帆新时代”——庆七一文艺演出等文化展览和演出活动20次。在烟台电视台、《烟日日报》等发稿40余篇，《2019海外大学生——经纬烟台营》被人民日报报道，《知北游》《我和我的祖国》《魅力烟台》被“学习强国”收录，“烟台统一战线”微信公众号发稿1000多条。

【服务中心工作】 2019年，市委统战部助力“双招双引”，举办全国知名民营企业家烟台行暨烟台城市及双招双引推介会、第十届“华商企业科技创新合作交流会”、2019海外华商博士烟台行、省工商联十三届四次执委会暨烟台新旧动能转换推介会等活动，达成总投资180多亿元的合作意向110多个。助力脱贫攻坚，“光彩点睛”工程为贫困白内障患者实施手术247例，“聚智凝力”工程服务群众7万多人次，“村企共建”工程帮扶省定贫困村133个，“同心助学”工程捐赠助学款200余万元，民族宗教界捐款捐物400余万元。

【多党合作和政党协商工作】 2019年，市委、市政府组织开展协商活动18次，支持开展考察调研并形成调研报告21篇；编发《议政建言》27期，有12期获市委、市政府主要领导批示，15期得到相关部门书面反馈。确定2019年度民主监督事项7项，先后召开民主监督专题会议3次，市级15个部门聘任特约人员93人。召开全市民主党派基层组织建设现场观摩暨经验交流会，研究制定《烟台市民主党派代表人士队伍建设规划（2019—2026年）》《关于协助民主党派开展组织发展工作的办法》，建立民主党派机关驻会负责人季度联席会议制度。

【党外代表人士队伍建设】 2019年，市委统战部建立1459名党外代表人士数据库，完善“百人计划名单”，为培养使用党外干部提供基础。出台《2018—2022年烟台市统一战线教育培训实施意见》《关于进一步加强党外代表人士队伍建设的实施意见》《中共烟台市委统一战线工作部关于建立与党外代表人士谈心交流制度的意见》，开展县处级党外干部年度述职述廉工作，召开党外干部座谈会，提升科学化水平；完成省级党外干部实践锻炼基地第六批干部挂职工作，承接第七批干部人选。市级部门正职和法院、检察院党外干部配备均实现历史性突破，10个市政府工作部门领导班子安排党外干部，市、县两级党外人大代表、政协委员配备比例均达到要求。

【民族工作】 2019年，市委统战部开展第十九个民族团结进步宣传月活动，启动“同心拉面”试点活动，1人被国务院授予“全国民族团结进步模范个人”荣誉称号，1家单位被命名为“全国民族团结进步示范单位”，大型武术舞蹈《民族风采》代表山东亮相全国第十一届少数民族传统体育运动会开幕式，命名第三批全市民族团结进步示范单位7个。获批“全国少数民族特需商品定点生产企业”7家，享受贷款贴息1367.9万元；建立453家清真拉面馆数据库；举办少数民族专场招聘会，达成意向近百人。

【宗教工作】 2019年，市委统战部建立联席会议机制，制定追责问责意见，先后召开专题调度会4次、开展现场督导4次、召开联席会议7次，协调处置问题。开展宗教政策法规宣讲10余次，在党校、社会主义学院开设宗教课程，举办基层宗教干部培训班3期；以“四进”活动为抓手，指导五大宗教团体加强制度建设，开展讲座、演讲比赛等10余次。

【民营经济统战工作】 2019年，市委统战部修订《市级领导干部联系重点非公有制企业名单》《市直部门主要负责人联系重点非公有制企业名单》，市委、市政府主要领导先后召开会议、出席活动10余次；构建新型政商关系省级试点进展顺利，并在莱州、招远开展市级试点。发布2018年度全市经济发展贡献榜，2018年度全市非公有制企业综合实力、纳税贡献“双50强”榜单，评选2018年度烟台市优秀民营企业22家；在电视台、日报开设专栏，对17个部门支持非公经济发展政策进行集中宣传。制定《烟台市促进工商联所属商会改革发展实施方案》，成立商协会党建工作联盟，建立非公经济组织党委党员学习教育基地；成立广东省烟台商会、深圳市烟台商会；制定《烟台市工商联顾问及不驻会副主席、副会长、执常委任职条件》，聘任16人担任市工商联顾问。

【党外知识分子工作】 2019年，市委统战部制定《关于加强全市无党派代表人士队伍建设的实施意见》《关于加强全市党外知识分子联谊会建设的实施意见》，建立292名市级无党派人士核心人物库和826名县级无党派人士数据库。搭建市知联会创新创业基地、财富管理法律研究中心等联谊交流平台，协调将留学人员联谊会划归统战部代管。开展“百名专家联百企”“专家服务团区市行”等品牌行动，建立一批“党外知识分子‘爱国奋斗、建功立业’实践基地”、无党派人士工作室，服务经济社会发展。

【新的社会阶层统战工作】 2019年，市委统战部重点联系新的社会阶层人士219名、新媒体从业人员和网络意见人士78名。组织“不忘初心永跟党走”迎新春联谊会、“真情颂党恩扬帆新时代”庆七一文艺演出等活动，成立社组联新时代艺术团。发起成立“海洋新兴产业技术创新联盟”，推动成果转化。

【港澳台海外统战工作】 2019年，市委统战部制定《关于加强侨界代表人士队伍建设的意见》《关于进一步加强全市台港澳和海外代表人士队伍建设的实施意见》，遴选28个国家100名侨界代表人士，建立海联会270多名会员数据库；承办“2019海外华裔大学生——经纬烟台营”活动，涵养新生代资源；完成首批两岸婚生子女数据调查。召开港澳政协委员和侨外顾问座谈会、海外联谊会三届一次常务理事会、第九次台湾同胞代表会议，并进行走访慰问；赴印尼万隆举办中华文化大乐园活动，赴台开展农渔牧业考察交流活动，促进交流合作。组织开展侨法宣传周系列活动，做好归侨生活困难补助政策落实工作；接待27个国家侨商侨胞380人次，帮助解决问题60余次；做好外派华文教师工作，14名教师获批或延聘。

（撰写：张栋　审核：王天立）

政策研究与改革工作

【以文辅政】 2019年，市委政策研究室（改革办）完成各类文稿100多篇，其中起草领导讲话、发言50余篇，撰写调查报告和情况调度材料70余篇，编发《烟台通讯》12期、《决策参考》14期。组织起草市委主要领导在全市2018年高质量发展总结表彰大会、全市经济工作会、全市警示教育暨作风建设大会、全市“学万华精神促高质量发展”活动动员大会、全市“七一”表彰暨警示教育大会、市委十三届七次全会、市委十三届八次全会、全市党的建设暨警示教育大会、全市警示教育大会、市委十三届九次全会、养马岛旅游发展现场办公会、推动烟台保税港区加快发展现场办公会、市委党校春季开班式以及在全省有关会议上的发言等综合文稿50余篇。根据市委主要领导的思路、观点，起草署名文章或以市委名义撰稿14篇，其中《坚定信心负重奋进努力谱写高质量发展新篇章》《带着情怀干事业心无旁骛抓落实》《“瞪羚”奔跃竞风流》《深入贯彻习近平总书记视察重要讲话精神奋力推动烟台加快实现高质量发展》《干事创业敢担当清正廉洁作表率更好地担负起推动高质量发展的历史重任》《对标先进经验加快制度创新不断激发高质量发展的动力活力》《提振精气神激发新状态砥砺新作为奋力谱写烟台高质量发展新篇章》等在省委刊物《山东通讯》刊发；《在新时代高质量发展中走在前列》在《支部生活》刊发。宣传阐释党的基本理论、基本路线、基本方略，党中央重大决策部署及省委、市委工作要求，党的最新理论成果，市委主办的《烟台通讯》获全国十佳党刊荣誉称号。

【调查研究】 2019年，市委政策研究室完成调研课题和情况调度材料70余份，形成一批有深度、有分量的调研报告和参谋预案，省委、省政府和市委、市政府主要领导先后22次在市委政策研究室提报的调研材料上作出批示。其中，调研形成的《学习借鉴外地经验加快烟台苹果产业转型升级的调研报告》，省委刘家义书记作出批示，并以省委办公厅《参阅件》形式印发全省；《乡村振兴的美丽样板——来自烟台市莱阳濯村的调研报告》，在中央政研室《学习与研究》刊发，获评烟台市第32次社会科学优秀成果特别奖；《用好关键一招激活一池春水——关于烟台市全面深化改革情况的调研报告》，省委改革办以简报形式刊发全省，市委书记张术平作出批示；《栖霞衣家村的振兴发展之“路”》，市委书记张术平作出批示，获评山东省第三届乡村治理论坛“山东省乡村治理优秀案例”第二名；《关于建设制造业强市的调查与思考》《关于市级重点项目推进情况的调查报告》《关于推进中心市区“城中山”保护开发的调查与思考》《关于深入推进我市殡葬改革工作的调查与思考》《各显其能展身手众人拾柴火焰高——对全市“双招双引”部分典型案例的调查与思考》《关于推动养马岛旅游转型升级的调研》《区块链：核心技术自主创新的突破口》《加强科创平台建设赋能助力高质量发展——关于全市科技创新平台建设情况的调研》《关于加快推动我市生活垃圾分类处理的调研》《关于加快推进公交都市创建工作的调查与思考》《狠抓“三闲”盘活处置以资源集约高效利用助推高质量发展》《“瞪羚”奔跃竞风流—对瞪羚企业成长发展情况的调查与思考》《立下“愚公移山”志攻坚拔寨促和谐——关于芝罘区化解历史遗留问题和信访积案工作的思考》等调研报告，市委张术平书记均作出批示。

【深化改革】 2019年，市委改革办组织召开市委深改委会议7次，研究审议改革方案20个，以市委、市政府及“两办”名义出台改革文件100多个；新争取省级以上改革试点120项，其中国家级31项，承担省级以上改革试点379项，其中国家级144项，位居全省前列。出台《关于进一步深化市场化改革扩大高水平开放加快体制机制创新的决定》，提出234项标志性、引领性、支撑性体制机制创新项目。制定《2019年度改革工作要点》，以台账形式细化分解为79项具体改革任务，明确全年改革工作的“时间表”“路线图”和“任务书”。印发《2019年烟台市领导领衔推进落实重点改革项目清单》，由市级领导牵头推进18项事关全局、推进难度大的重要改革。出台《2019年改革督察工作计划》，建立问题整改台账，销号管理、限期整改。结合工作重点制定年度考核办法，利用考核压力倒逼改革任务落实。在全省率先出台《聚焦五大领域加快流程再造工作实施方案》，重点围绕涉企审批、为民服务、城市管理、项目落地、自贸试验区5个领域提出再造举措，委托第三方机构对《聚焦五大领域加快流程再造工作实施方案》落实情况进行评估，构建服务最优、成本最低、百姓满意的政务服务流程。按照省委要求，筛选确定烟台开发区、招远开发区、龙口开发区、莱州开发区作为试点，高质量编写试点方案，落实17条改革举措，烟台开发区改革经验做法在省委改革办工作简报上予以刊发，入选全国创新提升实践案例；招远开发区入选国家级经济技术开发区绿色发展联盟。6个典型被省委改革办《改革情况交流》刊发，龙口市化解信访矛盾典型案例推荐至中央改革办。

（撰稿：赵立志　审稿：王松杰）

网络安全与信息化工作

【重点工作网上宣传】 2019年，市委网信办开展习近平新时代中国特色社会主义思想、习近平总书记系列重要讲话精神、重要会议活动和庆祝中华人民共和国成立70周年、“不忘初心、牢记使命”主题教育等网上宣传。围绕市委、市政府中心工作，向人民网、新华网、央视网等中央主流新闻网站和腾讯、今日头条等商业网站推送稿件150余次、发稿370余篇。组织开展“2019世界工业设计大会”“第二十届国际果蔬食品博览会”等网上宣传活动，开设专题专栏270余个，发稿3400余篇。

【新媒体建设】2019年12月12日，由山东省互联网传媒集团主办，大众网·海报新闻、山东大众信息产业有限公司承办的第三届山东政务新媒体年会暨海报号运营者大会在济南召开，烟台市11家政务新媒体入选山东政务微博微信影响力年度排行前50名。组织召开全市新媒体座谈会和新媒体表彰大会，建立“联系服务、培训提升、交流互动、表彰激励”四个机制，鼓励支持团结自媒体人士，宣传推介烟台。

【主流网络媒体合作】2019年，市委网信办加强与今日头条、腾讯网、澎湃新闻、山东省互联网传媒集团等主流网络媒体战略合作，依托其平台优势、资源优势、宣传策划优势，在市委市政府重点工作、重要会议、重要活动和烟台城市品牌推介等方面。10月16日，与今日头条合作，举办“相约仙境 遇见鲜美”——2019全国网络达人烟台行采风活动，抖音话题#好xian吆烟台#播放量超过4.4亿次。

【网络安全工作】2019年9月2日，市委网信办举办全市网络安全工作培训班，对市直各部门单位、中央省属驻烟台单位、县市区网信部门和属地网站等部门单位的分管负责人、具体负责人等300余人进行集中培训。9月16日，举办2019国家网络安全宣传周烟台市活动，市教育局、市工信局、市公安局等10余部门的主要负责人出席现场活动，媒体记者、安全志愿者、各界群众等1000余人参加现场活动，电信、银行、网安企业等40多家部门单位开展网络安全现场展示活动，解答群众关心的网络安全问题，通过集中宣传，提升广大群众的网络安全意识。启动仪式后，烟台市陆续举办校园日、电信日、法制日、青少年日、个人信息保护日等系列主题日活动，开展网络安全进社区、进企业、进机关、进校园等宣传普及活动。

【互联网行业党建工作】2019年8月29日，烟台市互联网行业党委揭牌成立，同步启动“e路航标”互联网党建主题活动，统筹推进全市互联网行业党建工作再上新水平。11月6～8日，山东省委网信办在烟台举办全省互联网企业党建工作培训班，深入学习贯彻中共十九届四中全会精神，贯彻落实中组部、中央网信办关于加强互联网企业党建工作的部署意见和全国互联网企业党建工作座谈会要求，观摩调研烟台市互联网企业党建工作。省委网信办、全省各地市网信办、重点网络社会组织和互联网企业、省重点新闻网站等110人参加培训交流，烟台市在会上作典型发言。

（撰稿：丁学仕　邱涛　审稿：左言新）

财经工作

【概况】2019年，市委财经办完成各类综合文稿40余个，参与制定政策文件10余个，编发《财经专报》134期，开展重要经济战略课题研究30余个，服务召开市委财经委员会会议3次。

【经济运行分析】2019年，市委财经办按照“一月一调度、一季一分析、半年一总结、全年一部署”的要求，建立涵盖主要经济部门单位的经济分析会议制度，吸纳国家、省及烟台市高校科研院所、相关行业专家学者的决策咨询制度，包含120家行业代表性企业的问卷调查制度，形成全市经济运行常态化调度分析体系。每月召开全市经济分析联席会议，掌握各经济领域运行情况，分析运行中问题和困难，查找原因，研究对策。每月末调度当月全市经济运行情况，预测分析当月经济运行趋势，增强运行分析时效性，为领导科学预判、相机决策提供参考。在基本面运行分析的基础上，强化对经济运行的微观分析、深层次分析，常态关注工业、投资、外贸、财税、金融等重点领域、重要行业、重点企业运行状况，有针对性地开展深度研究分析，及时发现经济运行中的苗头问题和发展趋势。挖掘推广县市区及部门经济工作中的创新举措和典型案例，先后总结莱州市推行鼓励企业上市挂牌“1+1+1”工作法、龙口市聚焦标准经济、芝罘区培育高新技术企业、幸福新城开发建设、福山区聚力攻坚城建领域历史遗留难题等一批县市区先进经验做法。

【综合文稿服务】2019年，市委财经办起草综合文稿40余个，其中市委主要领导讲话、发言20余篇，包括：在全省经济运行情况调度会上的发言、市委财经委员会历次会议上的讲话、山东省区域性基金管理中心建设推进会上的讲话、全市“双招双引”和“三重”工作调度会上的讲话、省委征求意见座谈会上的发言、中国（山东）自由贸易试验区烟台片区建设动员大会上的讲话、全市经济运行调度会上的主持讲话、学习传达省委有关会议精神专题会议上的讲话、市委十三届九次全会上的讲话等。牵头或参与制定10余个政策文件：针对运行分析、课题研究中发现的热点焦点制约点靶向施策，制定《关于构建新型政商关系的实施办法》《关于做好第四季度工作努力完成年度经济目标的分工方案》《关于进一步推进夜间经济发展的实施意见》等政策文件；承担制定《市委常委会2019年工作要点》《烟台市提高关键核心技术创新能力主要任务分工方案》《烟台市提高自然灾害防治能力主要任务工作方案》、学万华精神促高质量发展的实施意见、十九届四中全会贯彻落实意见等政策文件。

【经济课题研究】 2019年，市委财经办开展重要经济战略课题研究30余个，调研形成的《学习借鉴外地经验加快烟台苹果产业转型升级的调研报告》，以省委办公厅《参阅件》形式印发全省；调研形成的《关于建设制造业强市的调查与思考》《大力发展我市夜间经济的建议》，进入全市决策；围绕制造业强市、海洋经济大市、宜业宜居宜游城市和现代化国际滨海城市建设，形成《2018年全市经济运行分析及趋势展望》《改造实体经济——明石集团打造创新创业共同体推动新旧动能转换的探索实践》《山东省区域性基金管理中心建设工作的八个短板》《关于实施人口导入战略推动城市经济发展的建议》《财税收支到了最困难时期需重点关注五个问题》等一批原创调研报告；联合市委党校、烟台大学、鲁东大学、山东工商学院等驻烟台高校，组织开展战略空间重构策略、渤海海峡跨海通道影响、东北亚物流枢纽建设等11个前瞻性课题研究，形成一批高质量调研成果。

【简报编发】 2019年，市委财经办编发《财经专报》134期，获市领导批示22次，其中有《长岛海洋生态文明综合试验区建设现场办公会精神贯彻落实情况回访报告》《金山湾区规划建设现场办公会精神贯彻落实情况回访报告》《朝阳所城历史文化街区保护开发项目现场办公会精神贯彻落实情况回访报告》《房地产业和建筑业上半年运行总体平稳，商品房价格保持稳定》《全市固定资产投资低位运行 第二产业和基础设施投资率先实现由负转正》《幸福新城探索形成“市区协同开发、规划引领招商、党建带动征迁”新模式——幸福新城开发建设第3次回访调研情况》《老旧小区改造上升至国家层面 多地密集部署全面启动》《我市地方级税收增收压力较大 第四季度需全力抓调度促增收优结构》《各县市区贯彻落实市委财经委员会扩大会议精神亮出全年奋斗目标》《我市金融领域风险分析》《〈关于做好第四季度工作努力完成年度经济目标的分工方案〉12月份贯彻落实情况通报》等。

【市委财经委员会会议服务】 2019年，市委财经办服务召开市委财经委员会会议3次。3月26日，市委财经委员会召开第一次会议，传达学习习近平总书记关于加强党对经济工作领导的重要论述和省委财经委员会第一次会议精神，研究讨论《市委财经委员会工作规则》《市委财经委员会办公室工作细则》和《烟台市提高关键核心技术创新能力主要任务分工方案》，听取市委财经办前期工作和下步打算。10月8日，市委财经委员会召开第二次会议，传达学习中央财经委员会第五次会议精神，研究提高自然灾害防治能力。10月26日，市委财经委员会召开扩大会议。

（撰稿：王衍　审稿：王松杰）

机构编制

【概况】 2019年，市委编办先后组织完成机构改革、承担行政职能事业单位改革、综合行政执法体制改革、开发区机制体制改革试点、规范“属地管理”等重点改革任务。完善绩效考核体制机制，促进事业单位公益服务质量提升。健全编制资源统筹、监督检查等工作机制，提高机构编制管理的科学化、规范化、法定化水平。

【党政机构改革】 2019年，市县乡完成机构改革任务，通过省调研评估组评估验收。改革后，市级党政工作部门精简到50个，机构设置更加科学。印发51个部门单位“三定”规定，为部门履行职责提供法定依据。提出市直部门党建办公室设置和专职党务干部配备等意见，打通全市党建工作“微循环”。同步组织、压茬推进县乡机构改革，市县乡三级改革有序进行。做好机构改革“后半篇文章”，编制公布市直部门权责清单，明确权责事项5123项。制定9个重点领域77项县乡“属地管理”事项主体责任和配合责任清单，明晰层级事权关系。

【事业单位改革】 2019年，市委编办完成承担行政职能事业单位改革，将市级53个事业单位承担的行政职能全部划归行政机关后，整合压缩为24个；市网信办等8个参公事业单位转为行政机构或并入行政机构。将县市区508个副科级以上事业单位承担的行政职能全部划归行政机关后，整合压缩为424个。除行政执法机构外，市县不再保留或新设承担行政职能事业单位，实现政事分开。深化公益类事业单位改革，先后将市级39个公益类事业单位整合为19个，16个公益类事业单位变更名称，80个公益类事业单位调整隶属关系，实现资源整合、效能精简。研究印发38家市属涉改事业单位“九定”（机构名称、隶属关系、职责任务、机构规格、内设机构、人员编制、编制结构、领导职数、单位类别和经费形式）方案，规范事业单位机构编制管理。

【重点领域改革】 2019年，在巩固前期综合执法试点成果的基础上，加大市场监管、生态环境保护、文化旅游、交通运输、农业农村、自然资源等6个领域综合执法工作整合力度，市级执法队伍减少到13支，实现一个部门一支队伍管执法。统筹推进开发区体制机制改革试点，剥离社会事务管理职能，招远、莱州、龙口3个开发区将社会事务管理职能剥离至所在街道；烟台开发区综合采用“上收”市直部门一部分、“下沉”街道一部分的办法，剥离社会职能36项。推行“大部门、扁平化”管理，招远、龙口、莱州3个开发区管委会工作机构精简为5个；烟台开发区实行“大经济”“大招商”“大建设”等大部门管理，工作机构由24个精简设置为10个。4个试点开发区人员数量由改革前的5609人精简为1243名控制员额，精简比例78%。完成建设工程消防设计审查验收职责移交、承接工作。完成森林公安管理体制调整工作，加强公安部门的集中统一管理。研究提出总工会、团市委、科协、残联等群团机关党建办公室设置意见，健全完善群团机关党建工作体制机制。

【事业单位监督管理】 2019年，市委编办推动事业单位绩效考核提质增效，按照市委主要领导“重实绩、重群众满意度”指示要求，调整完善履行职责和创新创优指标，增设3个“突破项”、2个“加分项”，列出22项“负面清单”，提高群众满意度指标分值，探索职业院校同类同考新模式，完成261个市直事业单位年度考核工作。其中，59个事业单位为“优秀”等次，136个为“良好”等次，60个为“合格”等次，5个为“较差”等次。加强事业单位事中事后监管。开展“双随机、一公开”抽查，抽查结果全部通过“烟台机构编制网”向社会公布。督促、指导367家市直事业单位进行2018年度报告公开，合格率100%。

【机构编制管理】 2019年，市委编办健全编制资源统筹机制，重新核定中小学教职工编制，调整编制周转专户，满足全市中小学用编需求。重新核定市属公立医院人员控制总量、领导人员数量和内设机构，为医疗事业发展提供有力体制机制保障。加大对纪委监委、公安、住建、医疗保障、妇联、监狱等部门或领域的机构编制调整支持力度。研究下达全市机关事业单位2019年度用编进人计划，完成市县两级免费师范生、免费医学生、“三支一扶”等需求计划的审核、上报工作，保障各级各类用编需求。健全机构编制监督检查机制。将监督检查嵌入机构编制决策管理的事前、事中、事后各环节，严把“合规审查”“台账管理”“跟踪落实”“联动审批”四个关口，实施从机构设立到撤销所有机构编制事项的“全链条”监管。加强机构编制统计分析。完成2019年度机构编制统计，每月印发机构编制统计报告，分析全市机构设立撤销、实有人数增减、编制职数核定等情况，服务领导决策。推进机构编制工作法定化建设。学习贯彻落实《中国共产党机构编制工作条例》，完善配套制度，做好“立改废”工作，保证各项工作规范、有序运转。

（撰稿：马骏　审稿：孟庆国）

扶贫工作

【概况】 2019年，烟台市以问题整改落实为主线，实施公益专岗、孝善养老、产业扶贫、行业扶贫、社会扶贫、乡村振兴与脱贫攻坚融合发展6项举措，强化工作机制、资金投入、政策支撑、作风建设、考核评估、扶贫宣传6项保障，巩固脱贫成果，提升脱贫质量。全市有省脱贫攻坚先进单位2个、先进集体1个、先进个人6个。

【调研工作】 2019年，烟台市开展“万户大走访大调研”，市县镇3级扶贫干部走访贫困户10121户15391人。开展“沉一线全覆盖、抓整改促落实”主题调研，实现扶贫工作重点村、建档立卡贫困户、财政专项资金扶贫项目3个全覆盖，发现问题全部完成整改。市委书记、市长等29名市级领导带头，市县两级11499名干部走访调研35224户贫困户，发现问题全部完成整改。

2019年5月22日，市扶贫办启动“沉一线全覆盖、抓整改促落实”主题调研活动
（供稿：高龑）

【信息管理】 2019年，烟台市实施建档立卡贫困人口动态调整，做好信息采集比对，确保底数精准，至年底，全市脱贫享受政策贫困人口37626户58416人。建立农村贫困人

口即时帮扶机制，对因病因灾因学因意外等突发原因导致生活困难、出现“两不愁三保障”方面问题的困难农户，即时纳入台账、落实帮扶措施。全市纳入即时帮扶贫困户186户407人，按照脱贫享受政策人口管理，落实帮扶政策和帮扶措施。

【资金保障】 2019年，烟台市统筹各级财政专项扶贫资金1.67亿元，同比增长21%；整合行业扶贫资金12857万元，市县两级爱心捐助资金用于脱贫攻坚3443万元；发放富民生产贷3760万元。

【项目管理】 2019年，烟台市规范提升财政专项资金扶贫项目运营管理，建立扶贫项目3个阶段、9个步骤、43个具体环节“3943”建设运营管理规范流程和86项项目档案规范标准。组织力量对722个财政专项资金扶贫项目开展排查并逐一整改规范。全市产业扶贫项目全部明确所有权、放活经营权、确保收益权、落实监督权，产生收益3301万元，带动3.32万名贫困群众实现增收。

【民生保障】 2019年，烟台市落实“两不愁三保障”和饮水安全政策措施。落实教育资助和控辍保学措施，资助建档立卡贫困学生4953人次，享受“雨露计划”补助618人，贫困家庭学生建档资助率100%。推进健康扶贫，落实“先诊疗、后付费”“一站式”结算等政策，为建档立卡贫困人口购买扶贫特惠保险。经各项保障后，贫困人口个人负担合规医疗费用不超过5%，家庭医生签约服务实现全覆盖。严守贫困户住房安全底线，完成贫困户增量危房改造安置1561户，住房安全鉴定率达到100%。组织实施饮水安全两年攻坚行动，全面排查扶贫工作重点村和建档立卡贫困户饮水安全情况，排查贫困户自来水村通户不通情况，饮水安全摸排率达到100%，完成贫困户自来水改造1047户。逐一核查享受政策贫困人口纳入农村低保和特困供养情况，核查纳入农村低保2264人、特困供养480人。加大残疾贫困人口关注力度，为788户建档立卡贫困重度残疾人实施家庭无障碍改造，为12533名有康复需求的贫困残疾人提供康复服务。

【特色工作】 2019年，烟台市提升脱贫质量，深化“双帮扶责任人”制度，县级机关事业单位、国有企业党员干部担任贫困户“第一帮扶责任人”，镇村党员干部、“两代表一委员”为“第二帮扶责任人”，构建起“二帮一”结对帮扶网，帮扶责任人落实“三清三明六个一”帮扶责任，及时解决贫困户生产生活困难。规范提升孝善养老，规范协议文本、赡养费交纳和奖补资金发放，受益贫困老人36714人。推行公益专岗，因人因需精准开发设置村务服务、村庄善治、产业辅助、家政服务等4类公益专岗，帮助10657名有一定劳动能力贫困人口实现就地就近就业。实施贫困户“三洁三亮”庭院清洁行动，帮助贫困群众实现居室、庭院、厕所“三整洁”和室内顶棚、墙面、门窗“三明亮”，修缮贫困户房屋4598户，清理整洁庭院8540户。推进脱贫攻坚与乡村振兴融合发展，实施“五提升五融合”举措，支持扶贫工作重点村发展集体经济、改善基础设施，277个省扶贫工作重点村年集体经济收入均达3万元以上，其中189个村达到5万元以上。

【社会帮扶】 2019年，烟台市开展寻找“最美扶贫人”活动，评选表扬80个“最美扶贫人”。开展“百企帮百村”活动，225家非公企业与179个贫困村结对共建，投入资金491万元，采取龙头企业直接参与扶贫产业项目、辐射带动贫困户增收、公益帮扶等模式，促进贫困村贫困户持续增收。全国工商联专职副主席谢经荣对牟平区“百企帮百村”工作予以批示肯定。畅通群众监督渠道，有贫困人口的村居均在公共场所公告公示“12317”监督举报电话和市县扶贫办电话，受理群众来电、来访和扶贫政策咨询，接受社会各界监督。

【扶贫协作】 2019年，烟台市将省内扶贫协作作为重要政治任务，召开烟台—德州第4次联席会议，10个区市、54个镇村和113个部门、企业与德州有关方面结成协作关系。投入财政专项扶贫协作资金3220万元，实施扶贫协作项目15个，完成投资12.35亿元。举办劳务培训24次，组织劳务招聘39次，实现就业435人。开展干部挂职交流15人次，专业技术人才交流164人次。邀请德州企业到烟台参加各类大型展会3次，达成合作意向37份、意向金额600余万元。

【督查考核】 2019年，烟台市先后开展脱贫攻坚问题排查和整改落实“回头看”督查、县级党委政府和市成员单位扶贫开发工作成效考核，开展第三方评估。将扶贫领域腐败和作风问题专项整治纳入全市“不忘初心、牢记使命”主题教育10项专项整治。

（撰稿：高斐　审稿：尹鹏）

台港澳工作

【对台港澳经济工作】 2019年，市委台港澳办超额完成招商引资任务指标300%，引进资金合同额1.53亿元，实际到位资金8038万元；全市新批台资项目15个，实际利用台资2.59亿美元，新批港资项目85个，实际利用港资 5.899 亿美元。主动承接产业转移，推动项目落地见效。争取华新丽华集团投资 10 亿美元，将大陆各地的不锈钢上下游生产企业集中到烟台市；围绕美联广场项目、富士康晶圆项目及 5G+8K 产业等影响力大、拉动力大的项目集中用力。

【对台港澳交流工作】 2019 年，市委台港澳办接待基隆市信义区基层团等台港澳团组 101 批 1063 人。陪同市领导赴中国台湾、香港、澳门参访，推动经贸文化、医疗健康、农业等领域的交流。举办“2019 烟台天后行宫妈祖文化节”，邀请中国台湾宫庙代表到烟台市开展妈祖文化交流，共同弘扬中华优秀传统文化；协助驻烟台高校与台湾多所学校建立友好院校关系，签订互派学生协议；组织烟台一中、莱阳一中学生赴台参加 2019 第五届亚洲杯中文辩论锦标赛；举办台港澳同胞及亲属国庆茶话会和“两岸情·一家亲”海峡两岸艺术名家书画展活动。

【对台港澳宣传教育工作】 2019 年，全市刊发涉台港澳稿件 446 篇，其中中央、省级媒体 26 篇；邀请台湾联合报系到烟台市采访，对烟台市经济社会发展情况进行全方位报道；联合市委统战部举办“同心大讲堂”活动，相继邀请国台办培训中心主任王杰和全国政协委员、军事科学院原副政委王卫星到烟台市举办台湾问题及两岸关系报告会。

（撰稿：程义辉　审稿：董锐）

机关党建

【概况】 2019 年，市直机关工委管理 88 个市直部门（包括中央、省属驻烟台单位）党组织，1500 余个基层党组织和 3.3 万余名党员。

【落实主体责任】 2019 年，市直机关工委按照“部门单位党组（党委）—机关党委—下属党支部”的三级组织管理体系，在机构改革中全面加强机关党的领导，成立市直 88 个部门单位（含中央、省驻烟台单位）直属党组织，完成 1500 余个基层党组织调整。由党组（党委）书记、下属单位主要负责人担任党组织书记；在机关党委配备专职副书记，市委组织部、市直机关工委、各部门单位党组（党委）共同对专职副书记人选进行把关审查；每个部门配备 2 名以上党务干部，建强专职队伍 200 余人。与市委组织部联合制定《关于指导督促部门单位党组（党委）履行机关党建主体责任的意见》，制定党组（党委）抓机关党建工作责任清单，明确工作职责，厘清责任界限，强化责任担当。对基层组织，深化部门党组（党委）、直属党组织、基层党支部“三级责任清单”制度，逐级卡实责任、层层传导压力。对离退休党建，指导各部门单位普遍单独设立离退休人员党组织，选配一批担任过“一把手”的老干部任书记，落实离退休党建工作经费制度。

【运行机制建设】 2019 年，市直机关工委建立完善机关党建部署、推进、评价、落实工作体系，抓好布局谋篇。年初研究制定《烟台市市直机关党的建设规划纲要（2019—2022 年）》和 2019 年机关党的工作指导意见。突出考核体系创新，围绕基础工作、日常工作、专项督查等 7 个方面，设置星级评定标准和工作质量认定标准，制定千分制评定办法，实行定性评价和定量相结合考核。抓实督查提升，研究出台市直机关党建工作督查制度、党建督查员管理、星级评定专项督查等一系列工作制度，形成“1+N”机关党建督查工作体系。从部门一把手、分管负责人、专职副书记等多层面选拔人员，组建 70 人的党建督查员队伍，编印《督查工作手册》，每次专项督查前集中开展业务培训，年内组织对 62 个市直部门 180 个基层党组织，开展巡察整改“回头看”“党建突出问题专项治理”“日常工作抽查”等专项督查，反馈整改问题 300 余项，对问题突出和整改落实不到位的 11 个党组织印发督办单。创新党务调度形式，开发机关党建 OA 网上办公系统，优化党务工作流程，实现党建工作快速部署、及时反馈、适时考核，通过 OA 系统布置、调度工作 300 余次。

【基层党组织建设】 2019 年，市直机关工委开展标准化党支部建设，围绕“固本强基”目标，制定“9 类 36 项”基层党组织基础党务工作任务，编印标准化指导手册和工作文件汇编，指导基层党组织建立完善组织制度 10 项。建立“烟台机关党建”网站，刊发各类稿件 470 多篇，打造机关党建宣传学习园地。围绕建设“六有”过硬党支部，结合主题教育发出《关于进一步推进过硬支部建设的通知》，完善 5 类 22 条过硬支部建设指标，细化全面体检、对标先进等“四个一”措施，指导各直属党组织在本系统、本领域内至少打造 1 个特色化过硬支部，机关打造特色化过硬支部 95 个。组织对所有党支部开展分类定级，机关事业单位在职党支部基本达到标准化过硬。严格党员教育管理，加强理论教育，指导各级党组织开展四中全会精神集中宣讲 268 场次，参加党员干部达 1.5 万人次。执行组织制度，指导 1500 余个基层党支部如期完成 2018 年度组织生活会和民主评议党员。做好省、市委“七一”推荐表彰工作，高标准推荐省级先进个人 6 名，市级先进集体 16 个，先进个人 28 名。从严履行发展党员程序，研究确定除直属机关党委外42个二级基层党委发展党员审批权限，年内发展党员341名。规范机关党费收缴、使用和管理工作，建立机关党费管理人员台账，集中组织业务培训。

【机关作风建设】2019年，市直机关工委优化规范听取群众意见工作，根据机构改革和工作形势的变化，调整“网上民声”和“民声热线”（简称“两条渠道”）活动参与部门单位，召开工作推进会议，明确各有关部门和活动承办媒体的工作分工，建立各司其职、各尽其责的工作责任体系。年内《民生热线》节目播出322期，接听听众热线2300余个，问题回复率100%，处结率达97%;《网上民声》《烟台民意通》栏目收到各类有效留言9万余条，回复率达到98.29%。组织网上访谈直播活动28场，现场答复群众提问的问题356个。参与组织《问政烟台》节目，播出15期。深化机关精神文明创建工作，培育和践行社会主义核心价值观，全年评选市直机关文明单位141个，初步推荐25个单位参评2019年度市级文明单位。建立机关文体活动新机制，市直机关举办健步走、大合唱、书画展、游泳比赛、羽毛球团体赛、健身培训等大型活动8次，参加党员达8000余人次。组织做好市直机关党员“双报到”工作。指导市直各部门单位、中央省属驻烟台单位，分别到社区报到服务基层服务群众。市直机关309个党组织、1.4万余名在职党员联系287个报到社区，每月组织到社区开展志愿服务活动，每个报到单位至少认领4个服务项目。强化执纪问责，开展作风大改进活动，了解掌握机关党员干部思想动态，上报市作风办问题线索12条。做好案件审理工作，全年审理谈话、送达处分决定教育谈话32人次，受理派驻纪检监察组案件30起，处理违纪党员干部32人，政务处分4人，诫勉谈话1人。

【专项治理】2019年，市直机关工委把开展党建问题专项治理作为推动机关党建新体制新机制有效运行的重要抓手，确定5大类20项治理内容，发出《关于召开直属党组织书记层面专题会议抓紧落实几项重点工作的通知》，指导88个直属党组织开展全面自查。对各部门单位问题清单和整改方案进行多轮审核反馈，市直机关各级党组织查摆问题540余个，制定整改措施1200余条。

【专题警示教育】2019年，市直机关工委组织市直党政系统专题警示教育工作，研究制定工作方案，督促指导市直党政系统78个参与单位，按时保质完成集体学习、专题讨论、廉政谈话等专题警示教育活动各项任务。市直党政系统8000余人观看《亮剑》警示教育片；开展理论中心组集中学习研讨80余次，参加506人次；结合“三会一课”“主题党日”等开展学习讨论100余次，参加人数2万余人次；各层面廉政谈话1.9万人次。

（撰稿：于晓丹　审稿：蒋家飞）

巡察工作

【概况】2019年，市委巡察办加快全覆盖进度，市级覆盖率达84.6%，县级达66.1%。完成第六轮、第七轮和第八轮常规巡察，覆盖35个部门（单位）、2个功能区、7个镇（街）及其所辖村（居），发现重点问题2224个，向被巡察党组织提出意见建议216条。配合第八轮常规巡察，市委宣传部成立市委巡察意识形态专项监督检查组，对被巡察单位2016年以来落实意识形态工作责任制情况进行专项监督检查。配合省委第五轮、第六轮巡视，市县两级分别成立巡察组，分两批次对12个县市区的2个职能部门和15个镇街及其所辖村（居）进行上下联动巡察。组织市县两级巡察机构完成对人防系统腐败问题专项巡察全覆盖，发现问题9个，提出意见建议3条；对全市11个县市区（不含长岛）开展招商引资质效专项巡察，发现问题81个，提出针对性意见建议62条。

【巡察工作规范】2019年，市委巡察办印发《关于进一步提升巡察工作规范化水平的通知》《关于建立巡察教育培训师资库的通知》《关于深入精准发现问题和线索进一步提高巡察工作质量的通知》，以完善制度、健全机制为抓手，推动工作规范化建设。制定出台《中共烟台市委巡察工作领导小组办公室职能配置、内设机构和人员编制规定》《市委巡察组组长负责制实施办法（试行）》《市委巡察组副组长岗位职责规定（试行）》《市委巡察组联络员岗位职责规定（试行）》，修订《市委巡察组工作操作流程》《被巡察党组织配合巡察工作手册》，为开展巡察工作提供更加清晰的指导和依据。年底，对芝罘区、福山区、莱山区、牟平区、海阳市、莱阳市、栖霞市、蓬莱市、招远市、龙口市的巡察工作进行实地调研和专项检查。

【问题整改】2019年，市委巡察办实行巡察发现问题“三反馈”制度，除向被巡察单位党组织反馈外，同步向分管市领导和有关职能部门反馈。协调市纪委和市委组织部分别制定出台巡察整改督查督办办法。建立市委书记点人点事情况台账，对账销号、逐项落实。制发22份巡察建议书，向市委组织部、市政府办公室等职能部门提出意见建议50条。对市总工会、市委党校、广播电视台、公路局、农科院、警校、烟台汽车工程职业学院、烟台工程职业技术学院、烟台农业学校、山东省烟台艺术学校进行巡察整改“回头看”，发现并督促再整改问题38个。总结2018年巡察整改和成果运用情况，向市委常委会进行专题汇报，压实整改责任。市委党建工作领导小组专题通报巡察镇街村居发现的基层党建问题。市委意识形态和宣传思想工作领导小组办公室针对巡察发现的问题，组织开展全市意识形态领域问题自查整改。市纪委吸收巡察发现典型案例，制作《亮剑》和《迷失的心》两部警示教育片，对全市领导干部开展警示教育。

【巡察会议与活动】 2019年2月11日，市委巡察工作领导小组会议召开，听取第五轮巡察工作情况汇报。

3月4日，十三届市委第六轮巡察和第五次专项巡察工作动员部署会议召开。

3月6—9日，市委巡察组向市总工会、团市委、妇联、公路局、公积金管理中心、烟台职业学院、烟台汽车工程职业学院、烟台工程职业技术学院、烟台监狱、戒毒所、警校、交警支队、社保中心、建管办、烟台第一职业中等专业学校反馈第五轮巡察情况。

3月11日至5月上旬，成立8个巡察组，对市人防办、仲裁办，烟台经济技术开发区潮水镇、古现街道、大季家街道、八角街道、福莱山街道5个镇（街）及其基层站（所）、所辖村（居），烟台高新技术产业开发区马山街道及其基层站（所）、所辖村（居），昆嵛山国家级自然保护区及其林场，昆嵛镇及其基层站（所）、所辖村（居）开展第六轮常规巡察。

3月27日至5月下旬，配合省委第五轮巡视，成立3个巡察组，对牟平区宁海街道、王格庄镇，蓬莱市紫荆山街道、村里集镇和龙口市东江街道、龙港街道、七甲镇等7个镇（街）及其所辖村（居）开展上下联动巡察。

4月9日、11日，两次召开市委巡察工作领导小组会议，听取第六轮巡察中期汇报。

5月27日至6月上旬，成立5个巡察组，对全市11个县市区（不含长岛）开展招商引资质效情况专项巡察。

6月11日，市委巡察领导小组会议召开，听取第六轮巡察情况汇报。市委常委、市纪委书记、市委巡察工作领导小组组长岳德川主持会议，市委常委、组织部部长、市委巡察工作领导小组副组长于涛出席会议。

6月29日，市委书记专题会议召开，听取第六轮巡察情况汇报。市委书记张术平主持会议，市委副书记、市长陈飞，市委常委、市纪委书记、市委巡察工作领导小组组长岳德川，市委常委、组织部部长、市委巡察工作领导小组副组长于涛出席会议。

7月3日，全市巡察工作会议暨十三届市委第七轮巡察工作动员部署会议召开。

7月4—5日，市委巡察组向被巡察单位反馈第六轮巡察情况。

7月8日至9月上旬，7个巡察组成立，采取提级巡察的方式，对市公安局、高速公路警察支队、开发区公安分局、高新区公安分局、昆嵛山公安分局、龙海公安分局、机场公安分局、海阳核电公安分局、芝罘公安分局、福山公安分局、莱山公安分局、牟平公安分局、海阳市公安局、莱阳市公安局、栖霞市公安局、蓬莱市公安局、龙口市公安局、莱州市公安局、长岛县公安局和招远市公安局开展第七轮常规巡察。

7月15—23日，市委巡察组向被巡察单位反馈3月27日开展的联动巡察情况。

9月17日，十三届烟台市委市县联动巡察工作动员部署会议召开，安排部署第二次市县联动巡察工作。

9月18日至12月中旬，配合省委第六轮巡视，成立3个巡察组，对芝罘区只楚街道、福山区清洋街道、莱阳市冯格庄街道（经济开发区）、莱州市沙河镇、招远市泉山街道、栖霞市西城镇、海阳市凤城街道、长岛县北长山乡、莱山区文化旅游局和自然资源局开展上下联动巡察。

10月14—18日，成立5个巡察组，对市总工会、党校、广播电视台，烟台汽车工程职业学院、烟台工程职业技术学院，公路事业发展中心（原市公路局）、农科院、警校、烟台农业学校、山东省烟台艺术学校进行巡察整改情况“回头看”。

10月19—23日，对芝罘区、福山区、莱山区、牟平区、海阳市、莱阳市、栖霞市、蓬莱市、招远市、龙口市的巡察工作进行实地调研和专项检查。

11月12日，全市巡察工作推进会议暨十三届市委第八轮巡察工作动员部署会议召开。

11月18日至12月底，成立6个巡察组，对市科协、文联、社科联、残联、红十字会、侨联、工商联、友协、贸促会、计生协会、党史研究院、档案馆、投资促进中心和招远经济技术开发区开展第八轮常规巡察。配合第八轮常规巡察，市委宣传部成立市委巡察意识形态专项监督检查组，对所巡察单位2016年以来落实意识形态工作责任制情况进行专项监督检查。

12月2日，市委巡察工作领导小组会议，听取第七轮巡察情况汇报召开。

12月12日，市委书记专题会议召开，听取第七轮巡察情况汇报。市委书记张术平主持会议，市委副书记、市长陈飞，市委副书记吴承丙，市委常委、组织部部长、市委巡察工作领导小组副组长于涛，市委常委、市纪委书记、市委巡察工作领导小组组长傅逊出席会议。

12月17—27日，市委巡察组向被巡察单位反馈第七轮巡察情况。

（撰稿：杨恒明　审稿：连峻峰）

老干部工作

【概况】 2019年，全市离退休干部总数为73014人，其中离休干部3258人，退休干部69756人。在全省离退休干部和老干部工作“双先”表彰中，烟台有36个部门、单位和个人被表彰，受表彰数量位居全省第一，市委老干部局被评为全省老干部工作先进集体。

【党建活动】 2019年，市委老干部局以深入学习贯彻习近平新时代中国特色社会主义思想为重点，通过集中宣讲、专题辅导、微党课、信息化平台推送等方式，引导广大离退休干部树牢“四个意识”、坚定“四个自信”、做到“两个维护”。组织离退休干部党员参加“不忘初心、牢记使命”主题教育，市县普遍举办离退休干部党支部书记培训班，以庆祝建党98周年和中华人民共和国成立70周年为契机，开展主题党日、文艺展演、书画摄影展、走访慰问等活动。把离退休干部党建纳入机关党建考核，卡实党建工作主体责任，市老年大学、老干部活动中心成立学员党总支，举办离退休干部党建工作成果展，拨发党组织工作经费和党组织书记工作补助160余万元。

【服务保障】 2019年，市委老干部局深化“双高期”离休干部服务管理制度，推行“一人一策”精准化服务模式，提升离休干部晚年生活质量。市财政、国资部门拨付离休干部统筹外待遇资金6672万元，确保离休干部生活待遇落实。推进离休干部医药费即时结算制度，解决老干部看病就医难题。针对部分市直部门老干部待遇落实不到位问题，研究落实提高市直离退休干部公用经费标准。健全完善离休干部及遗属困难帮扶机制，发放帮扶资金37万元，帮扶44名离休干部和43名遗属。完成《山东省离休干部名录》（烟台卷）编纂工作，收录离休干部22079名。

【活动平台建设】 2019年，各级老年大学、活动中心启动实施“红色校园、养心乐园”建设。推进“老年大学进社区”工作，开设社区老年大学教学班69个，老干部在家门口上老年大学的“圆梦”行动取得初步成效。全市老年大学老干部活动中心联盟挂牌，市老干部乒乓球、台球、太极拳、健身气功协会先后成立。举办全市离退休干部艺术节和老干部文艺会演，组织开展书法绘画和摄影作品展，35幅作品在省里获奖。承办全省第八届老干部艺术节东片区文艺会演，烟台参演3个节目，总分第一，获金奖、创新奖和组织奖。联合市直机关工委、市文联、市文旅局等单位，举办市直机关“庆祝中华人民共和国成立70周年”书画作品展。

2019年7月1日，市县1500名离退休干部同步开展“坚守初心 银帆护航”主题党日活动　（供稿：宋久明）

【服务社会】 2019年，市委老干部局把基层社区作为老干部作用发挥新舞台，动员组织老干部参与社区文明劝导、矛盾纠纷调处、理论宣讲、关心下一代等工作。烟台市老干部志愿者协会挂牌成立，发展老干部志愿服务队伍241支，7000多名离退休干部参与志愿服务活动。开展“最美老干部志愿者”“最美老干部志愿服务组织”“最佳老干部志愿服务项目”争创活动，烟台4名志愿者、2个服务组织、2个服务项目受到全省表彰。

（撰稿：宋久明　审稿：禹方兴）

党校工作

【干部培训】 2019年，市委党校举办主体班次33期，培训2054人次。举办全市党校系统优秀教学奖评选、全市党校系统精品课评选。1门课程获第三届全省党校（行政学院）系统精品课评选三等奖，3门课程当选省委组织部全省干部教育培训好课程，1门课程作为省委组织部全省5门精品课程之一向中组部推荐参加全国好课程评审。突出主业主课，抓好习近平新时代中国特色社会主义思想进教材、进课堂、进头脑工作，开设《习近平全面深化改革重要思想》《习近平文化建设的思想》等新课题，形成“1+4+N”习近平新时代中国特色社会主义思想教学单元、马列经典著作导读教学单元。围绕中共十九届四中全会精神、以组织力的提升促乡村全面振兴、防范化解重大风险等内容，组织开发《坚持和完善中国特色社会主义法治体系，提高党依法治国、依法行政能力》《提升基层党组织的组织力》等新专题30多个。优化教学方法，新增加大海阳社区、衣家村、戚继光纪念馆等现场教学点。开展警示教育“进学校、进课堂、进学员”活动。《以组织力提升促乡村全面振兴——党支部领办合作社的烟台实践》《“问政烟台”直播演练》等课程运用现场式、案例式、研讨式、访谈式等教学方式方法。邀请部门领导、外请专家讲课103人次。

【科研咨政】 2019年，市委党校发表论文137篇，省级以上91篇。完成省级课题9个，立项新课题37个。《乡村全面振兴的烟台实践》《坚定中国特色社会主义‘四个自信’的万华实践》等26篇调研报告被省、市领导批示。编辑《烟台论坛》7期、《咨政参考》25期，举办全市党校系统庆祝中华人民共和国成立70周年暨科研咨政能力提升培训班，获全市社科优秀成果奖3项，被评为全省党校（行政学院）系统科研工作先进单位。组织召开全校科研工作座谈会，举办全市党校系统“以组织力的提升促乡村全面振兴——村党支部领办合作社”专题研讨会。开展“乡村全面振兴的烟台实践”专题调研，到100个“党支部领办合作社”示范村、党校包帮贫困村和部分党支部领办合作社脱贫致富贫困村开展调研活动。开展“坚定中国特色社会主义‘四个自信’的万华实践”专项调研，在全市“学万华精神促高质量发展”专题理论研讨会作典型发言。创新开展“在学员中广泛开展调研咨政”活动，学员参与撰写调研报告95篇，12篇被各级领导批示。加快推进教学科研一体化，“乡村全面振兴的烟台实践”等调研成果转化为教学课程。加快推进创新工程实施，创新工程的实施意见和150万元的创新工程经费获市委市政府批准。

【改革创新】 2019年，市委党校做好“四个结合”：党校干部教育培训工作与市委理论中心组学习、与胶东（烟台）党性教育基地建设、与智慧烟台大讲堂、与网络党校的紧密结合。市委在党校举办理论中心组学习活动3次；承接胶东（烟台）党性教育基地培训班次617批、培训3.6万人次；举办智慧烟台大讲堂7期，培训1.3万人次。党校全年培训总人数达到12万人次。深化胶东（烟台）党性教育基地建设成果，打造“1+2+1”主题教育精品课，即：《不忘初心，牢记使命》一堂主题教育大课；《百年烟台从屈辱走向复兴的历史启示》《弘扬胶东革命精神，致力民族伟大复兴》两堂地方特色课；“红色戏曲进党校”一堂红色题材课。现代吕剧《西海地下医院》《突围》、现代京剧《闯王进京》在市委党校上演。强化基层党校创新建设，挂牌成立万华化学集团、烟台邮政公司两个党校分校。

【网络党校】 2019年，党校网络党校用户数3.7万人，课程总量596个，学习总时长1315万小时。

【人才培养】 2019年，市委党校教师队伍有22批次44人次参加中央党校、省委党校和各大高校举办的进修培训班。完成职称换聘，干部选拔任用、晋升职级，公开招聘教师和人员选调、挂职等工作。

【业务指导】 2019年，市委党校创新开展党校“2+1”牵手共进活动，由1名校委委员和1名教师组成1个工作组，到1个乡镇开展一次调研、形成一篇调研报告、送一堂免费课程。创新采取“点课菜单”形式，省、市两级党校20名教师义务送课38次，为5800多名干部送精品课。组织开展2016—2018年度“三评”工作。举办全市党校系统庆祝中华人民共和国成立70周年红歌演唱会，编发《烟台党校通讯》10期。

（撰稿：李心全　审稿：贾伟杰）

党史史志工作

【概况】 2018年12月26日，烟台市委印发文件，撤销中共烟台市委党史研究室、烟台市地方史志办公室，组建中共烟台市委党史研究院（烟台市地方史志研究院），作为市委直属事业单位，正处级规格，编制30人，设院长1名，副院长3名；正科级领导职数7名，副科级领导职数6名。共设7个科室，分别为办公室、党史一科、党史二科、宣教和信息科、史志科、年鉴科、馆务和资料科。主要负责研究中国共产党烟台历史和烟台市地方历史，组织编写《中国共产党烟台历史》《烟台市志》《烟台年鉴》等书刊，组织开展党史史志学习教育和宣传活动，建设管理党史馆与方志馆，指导县市区党史史志业务工作等。2019年3月12日选举成立市委党史研究院支部委员会，依程序选举产生1名支部书记，6名支部委员。6月27日重新划分4个党小组。至年底，有党员40名，其中在职党员22名，离退休党员16名。

市委党史研究院先后到东山社区、市档案馆、图书馆等单位开展党史志书、年鉴进机关、进企业、进农村、进社区、进校园、进军营等“六进”活动。

【党史研究】 2019年底，烟台市委党史研究院完成《中共烟台地方史》第一卷修订、第二卷征询意见工作，并对修改意见进行整理。开展市、县委书记口述史工作，在全国、省部、市级劳模口述历史采访的基础上，完成《社会主义革命和建设时期烟台劳模访谈录》书稿编辑工作。先后审阅山东商务职业学院《胶东红色文化通俗读本》《胶东红色文化概论》、市委组织部《胶东红色文化展览馆陈立面征求意见稿》和烟台市教科院《红色记忆——胶东红色故事连环画系列读本》《传奇英雄于得水》《烽火雷神庙》《地下医院》《万两黄金送延安》《党员登记表》等书稿。

【宣教和信息工作】 2019年，市委党史研究院发挥党史史志资政育人作用，紧扣中华人民共和国成立70周年和开展“不忘初心、牢记使命”主题教育，在《烟台日报》开设“庆祝中华人民共和国成立70周年、弘扬胶东英烈精神”“烟台历史上的今天”等宣传专栏，在《烟台晚报》开设“激情燃烧的岁月”专栏，与水母网合作开展“永远的记忆、红色烟台70年”等专题报道。与烟台大学、鲁东大学、海军航空大学、烟台工程职业技术学院等高校合作，开展赠书、授课等系列活动。继续采取“1+6”模式，在市内主流媒体、党史史志网站和“烟台党史”微信公众号开设“烟台历史上的今天”专栏，每天同步推送烟台党史上的重大历史事件，宣传普及地方党史史志知识，增强社会公众对党史史志的认识。

【基层志书编修与指导】 2019年，市委党史研究院指导《福山区志》《芝罘区志》完成志书出版任务。对《海阳县志》进行跟踪业务指导和服务。因2018年长岛撤县改区，经研究决定《长岛县志》下限由2003年延长至2018年。市委党史研究院于4月18日参加《长岛县志》编撰部署暨业务培训工作会议，进行专题培训。会后，从市里抽调专门力量全程参与，从篇目设置、业务培训到初稿审评等各个环节进行帮扶，至年底形成120余万字的初稿。在全省率先启动三轮修志工作，选取开发区作为试点单位，并结合当地实际制订完善篇目、对相关人员进行业务指导。6月5日，《烟台开发区志（2004—2023）》编纂动员暨修志业务培训会议召开，启动新一轮志书编修工作。

市委党史研究院先后对《烟台财政志》《烟台机构编制志（2003—2018）》《烟台市人防志》等进行业务指导。推动一批拥有独特文化、自然景观、产业景观等特色资源优势的镇和村编修志书，其中蓬莱《刘家沟镇志》、开发区《古现东村志》入选“中国名镇名村志”，开发区《金东社区志》《八角村志》《河北村志》入选“齐鲁名镇名村志”，获奖数量列全省第二。2019年12月25日，启动编修红色志书《西障郑家村志》。

【年鉴工作】 2019年，市委党史研究院编辑出版《烟台年鉴（2019）》，完成《山东年鉴》和《中共山东年鉴》烟台部分的供稿任务。继续推进指导县市区年鉴编辑工作，全市12个县综合年鉴全部年内出版发行，实现“一年一鉴”全覆盖。

【馆务资料工作】 2019年，烟台市方志馆新馆舍规划建设工作逐渐展开，经过多方论证，对新馆舍的空间布局进行规划设计，并向有关建设部门提交《烟台市方志馆规划设计建议书》。为迎接新馆建设，与烟台港党性教育基地、市胶东民间艺术博物馆、东山街道党群E家进行合作，并达成重要文献资源共享协议。烟台市级方志馆收藏图书8000余册，通过网络购书平台，先后采购山东画报社系列丛书《老照片》及其他与烟台有关的地情书百余册。市方志馆建立“烟台文人书库”，列出专家清单，通过收藏烟台籍和在烟台工作生活过的专家学者的学术成果、颁发收藏证书、签约学术支持等形式，保留乡愁记忆。

【《烟台市志（1978—2002）》出版发行】 2019年7月22日，《烟台市志（1978—2002）》发行会议在东山宾馆召开，各县市区委（工委）分管负责人、党史研究中心主要负责人、市直各部门分管负责人等200多人与会。市委副秘书长、办公室主任吕世强主持会议，市委党史研究院（地方史志研究院）院长季胜林详细介绍志书编修情况，中国地方志指导小组秘书长、

2019年7月22日，《烟台市志（1978—2002）》发行会议在东山宾馆召开
（供稿：王磊）

中国地方志指导小组办公室主任冀祥德，省委党史研究院（省地方史志研究院）院长赵国卿，烟台市委常委、秘书长于松柏出席会议并讲话。《烟台市志（1978—2002）》被山东省政府办公厅授予“山东省优秀史志成果奖”。

【《胶东红色工业图志》出版发行】 该志于2016年初启动，编纂人员实地走访国内50多个胶东兵工企业相关单位，采访170多位兵工企业当事人及知情者。在搜集资料、科学分类的基础上编纂出初稿。2019年经12轮修改完善和资料论证核实，形成定稿，出版发行。该书采用志书体例，分为兵工组织建设、兵工工业、后勤保障、采金夺金与其他红色工业、科研与人才培养等5章、24节，共3.6万字，选取530幅珍贵历史图片，再现胶东红色工业的光辉历程，反映胶东人民勇于奋斗的革命精神，彰显胶东红色工业做出的重大贡献，在红色工业研究和红色文化图志编写方面独树一帜。

【《烟台党史上的今天》出版发行】 2019年12月出版发行。该书上限自烟台地区有党的活动始，下讫2018年，以时间为经、事件为纬，通过展现各个历史时期烟台党史上发生的重大事件，描绘出一部有血有肉、活灵活现的烟台党史。该书采用编年体和纪事本末体相结合的记述方法，再现中国共产党领导烟台人民进行革命、建设与改革开放的伟大实践与辉煌历程，向中华人民共和国成立70周年献礼。

【《烟台年鉴（2019）》出版发行】 由中国共产党烟台市委员会和烟台市人民政府组织，中共烟台市委党史研究院（烟台市地方史志研究院）编辑，全面记载烟台市自然、政治、经济、文化和社会各项事业的基本情况，采用分类编辑法，坚持以学科分类为主，学科分类与社会分工相结合的编辑原则，设31个类目。主体内容分为类目、分目、条目3个层次，以条目为基本记述单元，旨在为读者提供了解烟台基本信息，为宣传烟台、研究烟台、建设烟台服务。本卷年鉴记述时限为2018年1月1日至12月31日。

【《中共烟台地方史》编修】 2019年，市委党史研究院完成《中共烟台地方史》（第一卷）的修改补充和《中国共产党烟台历史》（第二卷）的征求意见工作。《中共烟台地方史》（第一卷）由于成书时间较早，在史料运用、史实考证、观点确立等方面存在着一定的问题和不足，对一卷本进行修订补充。至11月，完成该书在县市区党史部门的意见和建议征询工作，并对修改意见进行汇总整理。《中国共产党烟台历史》（第二卷）记录1949年中华人民共和国成立至1978年十一届三中全会召开期间烟台（含“两地一市”）各级党组织领导带领人民进行社会主义革命和建设的历史。将40万字初稿印刷成册，分发到11个县市区党史部门和部分老干部中征询意见，完成第一轮征询工作，并对各修改意见进行整理。

2019年6月5日，烟台经济技术开发区召开全区第二轮区志编纂动员暨修志业务培训会议 （供稿：郭恩革）

【《社会主义革命和建设时期烟台劳模访谈录》编辑】 2019年，市委党史研究院对访谈录进行书稿编辑校对，参与并完成招投标工作。该书收录前期采访的21名烟台地区（含“两地一市”）各级劳动模范和先进工作者的访谈录。全书11万余字，图片60余张。

【《烟台市二轮修志纪念文集》编写】 2019年，二轮修志基本结束后，为全面总结烟台市二轮修志经验，为三轮修志提供借鉴和服务，下半年启动该文集编撰。文集设修志大事记、文件选编、编写规范、重要讲话、志书简介、理论与创新、修志情怀等专栏。

（撰稿：云霞　审稿：范宇明）

档案工作

【概况】 2019年，市档案馆馆藏档案达到680个全宗，34.5万卷（件），资料3.2万余册，底图档案1.2万余张，录音、录像档案6026盘，照片档案1.2万张，实物档案3573件。

【档案基础业务】 2019年，市档案馆调整充实新馆建设领导小组和工作专班，通过到新馆现场调研对接、加强沟通协调、深入研究论证、严格技术把关等措施，配合市城发集团加快建设进度。通过争取市委办发文通报、定期统计汇总等方式，主动协助做好县级馆建设工作。推进馆际联动查档服务，与上海浦东新区、济南、潍坊、临沂、枣庄等地签署跨馆利用民生档案协议书。整合馆藏资源，依托省档案目录中心开展开放档案利用工作。全年接待社会各界查档利用者543人次，查阅、提供利用档案资料30659卷（件），复制、翻拍档案资料5951页，为纪念中华人民共和国成立70周年、市委市政府工作参考、有关部门编史修志、落实老干部待遇、就业民生保障等发挥重要作用。加大对市直部门单位的档案进馆督促力度，做好档案进馆验收工作，全年接收市委办、市政府办等15个单位进馆档案18888卷（件），目录186份，电子文件光盘210张。接收国务院和省、市政府公报123册，接收《人民日报》《大众日报》等报刊资料904期。创新形式，在《烟台日报》《烟台晚报》等发布征集公告，征集到多件与烟台历史有关的档案资料和实物档案。做好特色档案征集，与市文联联合征集书法美术剪纸等作品近百幅。重点做好所城里改造、烟台红利市场拆迁、烟台“葡萄酒博览会”“果蔬食品博览会”等跟踪拍摄记录，拍摄征集照片300余幅。做好政府信息公开工作，在确保不泄密、不失密的前提下，对1988年形成的馆藏满30年119个全宗、3108卷、30377件档案进行开放鉴定，面向社会开放档案1367份。开展档案抢救保护。继续开展国家重点档案《东海关档案》抢救保护与翻译项目，通过招投标方式由专业资质公司参与，分批次进行翻译开发和数字化，为《东海关档案》安全保管和发挥社会价值提供保障。做好国家级重点档案文件级目录采集及基础体系建设工作，对革命历史档案、民国档案等重点目录数据进行校验核查、安全备份。抓好档案日常安全管理。开展档案安全隐患风险排查治理，严格按照库房“九防”要求，及时调控库房温湿度，确保达到规范要求。对馆藏诏书题词、名人字画、荣誉牌匾等珍贵档案，拟定清单，定制专门装具并进行更换，实行双人双锁保管。严格落实档案库房出入制度，确保馆藏档案的绝对安全。加强电子档案安全建设，加强密级档案数据库管理，对馆藏3T电子数据到省备份中心进行备份保存。

【服务经济社会】2019年，市档案馆配合市委办公室做好党和国家机构改革档案文件专项清理工作，按照要求对500余份档案文件进行审核，确保审核结果合法合规。开展机构改革档案处置指导服务，与市委办公室联合印发《关于开展机构改革档案处置情况检查工作的通知》和《涉改单位档案处置工作要点》，对79个涉改单位档案工作进行督促指导，为涉改单位档案规范管理提供支撑。开展扶贫开发档案工作，印发《烟台市扶贫开发档案管理实施细则》，从工作体制机制、档案整理方法等方面加强管理。指导长岛县引水济岛工程档案，并组织验收组对该项目档案工作进行验收，助力长岛海洋生态文明试验区建设。加强机关档案工作，召开市直档案工作协作会议、全市档案统计人员会议，制发通知对年度归档文件整理、档案进馆、档案统计调查等进行安排部署。指导市公安局、市发改委、张裕集团、中集来福士等大系统、大企业档案工作。依托政务网档案管理系统平台，指导市政府办公室、市自然资源和规划局等单位电子档案归档，提高市直部门电子档案在线归档率。加大对破产企业、民生企业、涉密领域等方面档案的指导力度，提高档案管理水平。与烟台日报社合作，围绕庆祝中华人民共和国成立70周年等重大活动，在《烟台日报》推出档案系列宣传专刊，全年刊发《从档案工作看我市靓丽“城市名片”》7个整版内容，宣传层次、影响创历年之最。策划组织“国际档案日”、烟台科普周等重要时间节点的档案宣传活动，与烟台海关、鲁东大学联合举办“新中国的记忆”主题广场宣传。加强同各级新闻媒体的联系，加大《烟台档案信息网》信息发布力度，在各类新闻媒体发表稿件119篇，创历年新高。开展档案学术研究及档案专业职称评审等工作，市档案学会连续七年被评为“烟台市社会科学先进学会”。

【信息化建设】2019年，市档案馆加强政务网数字档案系统管理平台运行维护和应用推广，指导市直部门进行电子档案逻辑归档。做好档案数据库维护和新增量数据管理，定期对全文数据库和目录数据库进行检查、修正，增强数据库承载功能和安全性能。全年完成15926条文件级目录与全文数据的挂接，检查、修正全文数据34500余页、目录数据7000余条，扫描图像数据4623幅，采集《烟台新闻》视频5976分钟。加强“烟台档案信息网”维护管理，更新上载工作动态26次、政务公开信息111条、《档案工作交流》12期。作为胶东在线网上民声成员单位，网上回复咨询、留言17条。

（撰稿：于建波　审稿：陈英起）

责任编校：云　霞

烟台市人民代表大会

综　述

【概况】2019年，市人大常委会贯彻中共十九大和中共十九届二中、三中、四中全会精神，落实习近平总书记视察山东视察烟台重要讲话、重要指示批示精神，履行法定职责，推动市委重大决策部署落实，推进地方立法，开展监督检查，加强代表工作，完成市十七届人大三次会议确定的目标任务。

【立法工作】2019年10月，市十七届人大常委会第二十二次会议表决通过《烟台市山体保护条例》《烟台市海岸带保护条例》和《烟台市民营经济促进条例》。5月，参加省人大组织召开的《山东省长岛海洋生态保护条例（草案）》立法听证会，并参加立法调研活动，配合省人大做好长岛海洋生态保护立法工作。12月，烟台人大地方立法的经验做法，在省人大设立常委会40周年座谈会上作典型介绍。

【监督工作】2019年，常委会助推市委重点工程落地，聚焦"三重"工作，听取审议国民经济和社会发展计划执行、旅游公共服务设施建设、加快制造业高质量发展、城建重点项目情况等专项工作报告，加强对重大水利基础设施、城市建设、文化旅游、民生保障、脱贫攻坚等方面的调研和视察，分析影响工作推进的主要问题，向市政府提出科学务实的意见建议。采取跟进调度、现场办公、专项督导等方式方法，加大对芝罘仙境、海上世界等重点项目的实施监督，推动项目实施。开展湾长制巡查，组织环保世纪行活动，推动实现蓝色海湾治理目标。围绕推动治理交通拥堵问题，常委会组织开展进一步缓解城市交通拥堵工作专题询问，重点对人民群众反映比较集中的学校和医院周边堵点治理、断头路打通等问题集中发问，对问题整改情况跟踪监督，重点路段的交通拥堵问题得到有效缓解。围绕打造安全、舒适、便捷的公交出行环境，听取审议市区公交事业发展情况报告，推动"一元公交"、城市公交向农村延伸、智能化交通管理体系等民生实事有效落实。围绕推进人居环境改善，对农村人居环境整治工作进行视察。提高专项工作监督质量，听取审议法院办案质量检查情况、农产品质量安全、环境保护、防震减灾法实施、代表建议办理等专项工作报告，提出意见建议62项，形成"听取报告、分组审议、评议报告、结果反馈、督促整改"多环节的有效监督体系。对14项政府工作进行评议。对法院、检察院办案质量情况进行监督检查，选聘由24名法学专家和知名律师组成的专家组，筹建监督检查"两院"办案质量信息平台，组织专家随机抽查30卷案卷，并进行现场评查，听取审议法院办案质量情况的自查报告，对有的案件审判效率不高、案件事实认证不全面和卷宗存在瑕疵等问题，提出改进意见建议。强化预决算、审计和国有资产监督，听取审议预算、决算、审计等工作报告，强调要加大财政支持"三重"工作力度，拓宽审计监督覆盖面，推进审计信息公开。推动预算联网监督系统建设，实现省、市、县三级人大预算监督联网。常委会首次听取审议市政府国有资产管理情况和全市行政事业性国有资产管理情况报告，要求加强国有金融企业监管，强化国有资产绩效管理，完善自然资源国有资产核算和报告制度。依照法定职责，对大气污染防治法、安全生产法、体育法、城市供水条例等法律法规实施情况进行检查，督促政府和有关方面履职尽责；对近年发生过生产安全事故或安全隐患较多的企业，进

2019年3月5日，市人大常委会主任、党组书记王晓敏到芝罘区西炮台社区党群服务中心调研社区党建和志愿服务工作　（供稿：赵兴华）

行重点检查，邀请人大代表和相关领域专家参与，对执法检查中发现的12大类36项具体问题隐患，逐一列出问题清单，及时反馈有关单位，实行跟踪问效，确保问题整改到位。做好规范性文件备案审查工作，备案审查市政府规章2件、规范性文件58件。完成2016年至2019年现行有效政府规范性文件审查工作，清理和失效76件，继续有效36件。建成备案审查信息平台，与全国人大和省人大实现互联互通，提高审查效率和质量。

【代表工作】 2019年，常委会深化“为人民履职，做合格代表”主题实践活动。5月组织召开现场观摩交流会，总结交流经验做法，出台《关于聚力高质量发展深化代表主题实践活动的意见》。抓好典型示范，评选并通报表扬51名优秀市人大代表，组织媒体对部分优秀代表进行宣传报道，制定的优秀代表评选标准在省人大《情况交流》刊发。抓好督促指导，构建起三级人大上下联动、五级代表积极作为的工作格局，全市各级人大代表完成承诺事项1.3万件，代表或代表企业参与新旧动能转换和“三重工作”237件，引进或新上项目695个，引进外资8亿美元，引进高端人才471人，各类捐款5500多万元，帮扶困难家庭1.1万户、困难学生6300多人，有关经验做法还分别在全国人大《联络动态》、省人大《情况交流》刊发。着力提升代表履职能力。4—5月，在24个市人大代表小组中开展“一法一章程一条例”集中学习活动，增强代表的政治意识、法治意识和表率意识。采取“请进来”与“走出去”相结合的方式，6月组织部分省人大代表参加两期省人大代表学习班，在全国人大小汤山、北戴河培训基地举办全市人大代表和人大干部学习班，培训人大代表和人大干部179人。邀请全国人大领导和中央党校、国防大学等专家、教授围绕中国特色社会主义法律体系以及人大代表履职专业知识、高质量发展、“一带一路”、国际形势等内容进行辅导讲座，提升代表履职能力。提高代表建议办理工作实效，采取源头规范+大督办+重点督办的方法提高办理水平，组织召开全市人大代表建议网上办理工作培训会议，从源头规范建议办理工作。实行代表建议督办通报制度，8月、9月分别对各专委会督办的重点建议和对口督办的建议进展情况进行调度并通报。探索创新督办方式，在全省地市一级首次开展重点督办建议办理情况专题询问，在全省率先实现建议办理满意度和建议落实满意度“双项”网上测评，代表建议所提问题解决率同比提高5个百分点。省人大常委会党组书记、副主任于晓明专门作出批示指出“烟台的做法有创意，有新意，符合人大工作的发展方向，很具借鉴意义和价值，请以适当方式转发各市参考。”《人民权利报》头版头条、省人大《情况交流》、山东人大微信公众号等媒体都对此进行报道。组织代表调研视察活动，组织17名省人大代表到烟台市重点区域和重点行业，开展大气污染防治情况专题调研。组织11名住烟全国和省人大代表就文化和旅游融合情况进行专题调研，增进代表对文旅融合发展产业的了解。参与推进全市“三重”工作，就海上世界、芝罘仙境、山东自贸区烟台片区、幸福新城等项目，组织住烟全国和省人大代表进行集中视察。拓宽代表知情知政渠道，邀请代表参加常委会会议、视察调研、执法检查等履职活动900多人次，参与法院旁听庭审、听证会、座谈会、问政烟台等活动300多人次。开展“代表联系月”活动，通过座谈走访等形式，认真听取代表意见建议，密切常委会同代表的联系。

【人事任免】 2019年，常委会坚持党管干部原则和依法任免有机统一，加强与市委组织部、“一府一委两院”的沟通联系，及时了解掌握人事动态，做好任免议案审核和拟任命人员资格审查、任前公示、法律知识考试、供职发言等工作，确保人事任免的严肃性。任免地方国家机关工作人员215人次，组织53名被任命人员进行任前闭卷法律知识考试。

重要会议

【人民代表大会】 2019年1月16—19日，市第十七届人民代表大会第三次会议举行。会议期间，先后听取、审议政府工作报告、市人大常委会工作报告、市中级人民法院工作报告、市人民检察院工作报告，审查烟台市2018年国民经济和社会发展计划执行情况与2019年计划草案的报告、烟台市2018年预算执行情况和2019年预算草案的报告，并作出相关决议。会议补选陈飞为烟台市人民政府市长，补选徐少宁为烟台市人大常委会副主任，补选王晓燕、白国强、朱波、李桂勋、杨红生、张冰开、董希彬为烟台市第十七届人民代表大会常务委员会委员。会议表决通过关于增设烟台市第十七届人民代表大会社会建设委员会和更名烟台市第十七届人民代表大会内务司法委员会为烟台市第十七届人民代表大会监察和司法委员会的决定，通过调整补充的烟台市人大有关专门委员会组成人员人选名单。

【人大常委会】 2019年1月2日，市十七届人大常委会第十七次会议举行。常委会主任王晓敏，副主任刘洪波、李宁、张伟、潘士友、黄永政，秘书长牟强等常委会组成人员出席会议。市委常委、常务副市长王中、市中级人民法院院长江敦斌、市人民检察院检察长邵汝卿，市监察委员会负责人等列席会议。会议决定任命陈飞为烟台市人民政府副市长，表决通过《烟台市人民代表大会常务委员会关于接受张永霞辞去烟台市人民政府市长职务的请求的决定》。会议听取、审议市人大常委会主任会议关于提请决定烟台市人民政府代理市长的议案，决定陈飞为烟台市人民政府代理市长。会议表决通过关于召开烟台市第十七届人民代表大会第三次会议的决定，会议听取、审议并表决通过有关人事免职名单，决定任命李朝晖为烟台市人民政府副市长。

1 月 11 日，市十七届人大常委会第十八次会议举行。常委会主任王晓敏，副主任刘洪波、张伟、潘士友、黄永政，秘书长牟强等常委会组成人员出席会议。市委常委、市纪委书记、市监察委员会主任岳德川、市人大常委会党组副书记徐少宁、副市长王晓军、市中级人民法院院长江敦斌、市人民检察院检察长邵汝卿等列席会议。会议听取、审议关于烟台市第十七届人民代表大会第三次会议筹备工作情况的汇报，决定市十七届人大三次会议于 1 月 16 日至 19 日召开。会议听取、审议市政府关于 2018 年城市规划和城建重点项目实施情况暨 2019 年安排意见的报告、关于烟台市“十三五”规划纲要部分指标调整方案（草案）的说明和市人大常委会主任会议关于提请补选山东省第十三届人民代表大会代表的说明，听取、审议并表决通过烟台市第十七届人民代表大会常务委员会代表资格审查委员会关于部分代表的代表资格的报告，确定出席市十七届人大三次会议的代表应为 493 名。会议补选王可、岳德川为山东省第十三届人民代表大会代表（其代表资格须经省人大常委会确认）。经过审议，会议对市政府专项工作报告进行评议；表决通过烟台市第十七届人民代表大会常务委员会关于批准《烟台市国民经济和社会发展第十三个五年规划纲要》部分指标调整方案的决议、烟台市第十七届人民代表大会第三次会议议程（草案）、提请烟台市第十七届人民代表大会第三次会议审议的烟台市人民代表大会常务委员会工作报告稿、烟台市第十七届人民代表大会第三次会议主席团和秘书长名单（草案）、列席烟台市第十七届人民代表大会第三次会议人员范围、烟台市人大常委会 2019 年工作要点、烟台市人民代表大会常务委员会关于接受金志海辞去烟台市人民政府副市长职务的请求的决定和人事任免名单。王晓敏向新任命人员颁发任命书。会议举行新任命人员宪法宣誓仪式。

3 月 20 日，市十七届人大常委会第十九次会议举行。常委会主任王晓敏，副主任徐少宁、刘洪波、潘士友、黄永政，秘书长牟强等常委会组成人员出席会议。副市长张波、市中级人民法院院长江敦斌、市人民检察院检察长邵汝卿，市监察委员会负责人等列席会议。王晓敏围绕加强常委会组成人员履职能力建设作讲话。会议传达学习十三届全国人大二次会议精神，听取、审议并表决通过关于调整代表资格审查委员会组成人员的决定，市人大常委会主任会议、市政府、市中级人民法院提请的人事任免名单，市人民检察院提请的人事批准名单和人事任免名单。会议决定任命崔宗涛为烟台市人民政府副市长。王晓敏向新任命人员颁发任命书。会议举行新任命人员宪法宣誓仪式。

6 月 18 日，市十七届人大常委会第二十次会议举行。常委会主任王晓敏，副主任徐少宁、刘洪波、张伟、潘士友、黄永政，秘书长牟强等常委会组成人员出席会议。副市长王晓军、李朝晖，市中级人民法院院长江敦斌，市人民检察院检察长邵汝卿等列席会议。会议听取市政府提请的《烟台市市区山体保护条例（草案）》及其说明、关于 2017 年度市级预算执行和其他财政收支审计查出问题整改情况的报告、关于全市贯彻实施《中华人民共和国防震减灾法》情况的报告，市人大常委会执法检查组关于检查《中华人民共和国大气污染防治法》《山东省大气污染防治条例》实施情况的报告、关于检查《中华人民共和国安全生产法》《山东省安全生产条例》实施情况的报告、烟台市第十七届人民代表大会常务委员会代表资格审查委员会关于个别代表的代表资格的报告。市人大常委会、市政府、市监察委员会、市中级人民法院分别提请人事任免事项。经过审议，会议对市政府专项工作报告进行评议，表决通过烟台市第十七届人民代表大会常务委员会代表资格审查委员会关于个别代表的代表资格的报告和人事任免名单。

8 月 28 日，市十七届人大常委会第二十一次会议举行。常委会主任王晓敏，副主任徐少宁、刘洪波、张伟、潘士友、黄永政，秘书长牟强等常委会组成人员出席会议。副市长张代令，市中级人民法院院长江敦斌等列席会议。会议听取市人大法制委员会关于《烟台市市区山体保护条例（草案）》审议结果的报告，市政府提请的《烟台市民营经济促进条例（草案）》及其说明、《烟台市海岸带保护条例（草案）》及其说明、关于 2019 年以来我市国民经济和社会发展计划执行情况的报告、关于烟台市 2018 年市级决算草案和 2019 年以来预算执行情况的报告、关于烟台市 2018 年市级预算执行和其他财政收支的审计工作报告、关于烟台市区公交事业发展情况的报告、关于我市坚持质量兴农统筹推进农产品质量安全工作的报告。市政府、市中级人民法院、市人民检察院分别提请人事任免事项和人事批准事项。会议书面印发市政府关于提请审议《2019年烟台市市级预算调整方案（草案）》的议案。会议表决通过烟台市人民代表大会常务委员会关于批准烟台市2018年市级决算的决议、烟台市人民代表大会常务委员会关于批准2019年烟台市市级预算调整方案的决议、烟台市人民代表大会常务委员会关于接受张波辞去烟台市人民政府副市长职务的请求的决定、烟台市人民代表大会常务委员会关于接受王晓军辞去烟台市人民政府副市长职务的请求的决定和人事任免名单。

10月29—30日，市十七届人大常委会第二十二次会议举行。常委会主任王晓敏，副主任徐少宁、刘洪波、张伟、潘士友、黄永政，秘书长牟强等常委会组成人员出席会议。副市长李朝晖，市中级人民法院院长江敦斌等列席会议。王晓敏、刘洪波分别主持全体会议。会议听取市人大法制委员会关于《烟台市民营经济促进条例（草案）》审议结果的报告、关于《烟台市海岸带保护条例（草案）》审议结果的报告，市政府关于2018年度全市行政事业性国有资产管理情况的专项报告、关于我市加快制造业高质量发展情况的报告、关于全市旅游公共服务设施建设情况的报告，市中级人民法院关于办案质量检查情况的自查报告，市人大常委会执法检查组关于检查《中华人民共和国体育法》实施情况的报告、烟台市第十七届人民代表大会常务委员会代表资格审查委员会关于个别代表的代表资格的报告。书面印发《2018年度全市国有资产管理情况的综合报告》。市政府、市监察委员会、市中级人民法院分别提请人事任免事项。经过审议，会议对市政府专项工作报告进行评议，表决通过《烟台市山体保护条例》《烟台市民营经济促进条例》《烟台市海岸带保护条例》，报请省人大常委会批准后施行；表决通过烟台市第十七届人民代表大会常务委员会代表资格审查委员会关于个别代表的代表资格的报告和人事任免名单，决定任命李波为烟台市副市长，任命傅逊为烟台市监察委员会副主任。根据市监察委员会主任岳德川的辞职请求，会议表决通过烟台市人民代表大会常务委员会关于接受岳德川辞去烟台市监察委员会主任职务的请求的决定。根据市人大常委会主任会议的提请，会议决定傅逊为烟台市监察委员会代理主任。

12月25日，市十七届人大常委会第二十三次会议举行。市人大常委会主任王晓敏，副主任徐少宁、刘洪波、张伟、潘士友、黄永政，秘书长牟强等常委会组成人员出席会议。副市长李波，市人民检察院检察长邵汝卿等列席会议。王晓敏、张伟分别主持全体会议。会议听取市政府关于2019年城市规划和城建重点项目实施情况暨2020年安排意见的报告、关于2019年全市环境状况和环境保护目标完成情况的报告、关于市十七届人大三次会议以来代表建议、批评和意见办理情况的报告；书面印发市政府关于提请审议《2019年烟台市市级预算调整方案（草案）》的议案和相应决议（草案）。市人大常委会主任会议、市政府、市中级人民法院、市人民检察院分别提请人事任免事项。经过审议，会议对市政府专项工作报告进行评议；表决通过关于召开烟台市第十七届人民代表大会第四次会议的决定，决定：烟台市第十七届人民代表大会第四次会议于2020年一季度召开；表决通过烟台市人民代表大会常务委员会关于批准2019年烟台市市级预算调整方案的决议和人事任免名单。

【主任会议】2019年1月2日，市十七届人大常委会召开第42次主任会议。常委会主任王晓敏主持会议，副主任刘洪波、李宁、张伟、潘士友、黄永政，秘书长牟强出席会议。会议听取、讨论市政府和市人大常委会人事任免事项、市人民检察院人事免职事项等。听取、讨论关于市人大常委会人事任免事项的汇报。会议听取、讨论关于常委会第十七次会议议程、日程的汇报、关于召开烟台市第十七届人民代表大会第三次会议的决定（讨论稿）的汇报。

1月10日，市十七届人大常委会召开第43次主任（扩大）会议。常委会主任王晓敏主持会议，副主任刘洪波、张伟、潘士友、黄永政，秘书长牟强出席会议。会议听取、讨论市监察委员会、市人大常委会提请的人事任免事项、关于常委会第十六次会议有关议题审议意见、关于常委会第十八次会议议程（讨论稿）和日程（讨论稿）及有关议题准备情况、关于计划报告和预算报告初审意见、关于全省人大农业与农村工作座谈会会议精神的汇报。听取、讨论并通过关于《烟台市人大常委会2019年立法计划》及编制情况的说明。

2月25日，市十七届人大常委会召开第44次主任会议。常委会主任王晓敏主持会议，副主任徐少宁、刘洪波、张伟、潘士友、黄永政，秘书长牟强出席会议。会议听取、讨论关于市十七届人大常委会第十九次会议建议议题。会议决定：2019年3月下旬召开市十七届人大常委会第十九次会议。

3月14日，市十七届人大常委会召开第45次主任（扩大）会议。常委会主任王晓敏主持会议，副主任徐少宁、潘士友、黄永政，秘书长牟强出席会议。会议听取、讨论市中级人民法院人事任免事项、市人民检察院人事批准事项和人事任免事项、市政府人事任免事项和市人大人事任免事项的汇报。听取、讨论常委会第十九次会议议程、日程和有关议题准备情况的汇报。讨论通过关于市十七届人大三次会议期间代表提出议案建议基本情况及2019年重点建议拟定情况、关于追加2019年立法计划审议项目情况和关于对全市实施《中华人民共和国大气污染防治法》《山东省大气污染防治条例》情况进行执法检查的工作方案。

4月12日，市十七届人大常委会召开第46次主任（扩大）会议。常委会主任王晓敏主持会议，副主任徐少宁、黄永政，秘书长牟强出席会议。会议听取、讨论市人大常委会人事任免事项的汇报。听取、讨论常委会第二十次会议建议议题的汇报。会议决定：2019年6月中旬召开市十七届人大常委会第二十次会议。听取、讨论关于检查《中华人民共和国大气污染防治法》《山东省大气污染防治条例》实施情况的报告（讨论稿）和关于受全国人大财经委委托开展中小企业促进法实施情况评估工作的报告。

5月30日，市十七届人大常委会召开第47次主任（扩大）会议。常委会主任王晓敏主持会议，副主任徐少宁、刘洪波、潘士友，秘书长牟强出席会议。会议听取、讨论市监察委员会人事任免事项、市中级人民法院人事任免事项、市人大人事任免事项和市政府人事任免事项的汇报。听取、讨论常委会第二十次会议议程、日程和有关议题准备情况的汇报。讨论通过关于聚力高质量发展深化人大代表主题实践活动的意见、关于通报表扬优秀市人大代表的决定和关于2019年烟台市人大代表和人大干部学习班方案。讨论通过关于《中华人民共和国中小企业促进法》实施情况的评估报告。

6月12日，市十七届人大常委会召开第48次主任（扩大）会议。常委会主任王晓敏主持会议，副主任刘洪波、张伟、潘士友、黄永政，秘书长牟强出席会议。会议听取、讨论市政府人事任免事项的汇报。

6月26日，市十七届人大常委会召开第49次主任（扩大）会议。常委会主任王晓敏主持会议，副主任徐少宁、刘洪波、张伟、潘士友、黄永政，秘书长牟强出席会议。会议听取、讨论常委会第二十次会议有关议题审议意见、常委会第二十一次会议建议议题。会议决定：2019年8月下旬召开市十七届人大常委会第二十一次会议。

7月16日，市十七届人大常委会召开第50次主任（扩大）会议。常委会主任王晓敏主持会议，副主任徐少宁、刘洪波、张伟，秘书长牟强出席会议。会议听取、讨论市人大常委会人事任免事项的汇报。

7月31日，市十七届人大常委会召开第51次主任（扩大）会议。常委会主任王晓敏主持会议，副主任刘洪波、黄永政，秘书长牟强出席会议。会议听取、讨论市人民检察院人事任免事项和人事批准事项、关于接受张波辞去烟台市人民政府副市长职务的请求的决定（讨论稿）、关于接受王晓军辞去烟台市人民政府副市长职务的请求的决定（讨论稿）和市政府人事任免事项的汇报。听取、讨论常委会第二十一次会议议程、日程和有关议题准备情况的汇报。听取关于赴宁夏、青海三市（州）考察学习推进质量兴农和农产品质量安全工作情况的报告、关于赴贵州四市考察学习旅游公共服务设施建设情况的报告。

8月20日 市十七届人大常委会召开第52次主任（扩大）会议。常委会主任王晓敏主持会议，副主任徐少宁、张伟、潘士友、黄永政出席会议。会议听取、讨论市政府、市中级人民法院提请的人事任免事项的汇报、常委会第二十一次会议有关议题准备情况的汇报和关于对全市实施《中华人民共和国体育法》情况进行执法检查的工作方案。

9月5日，市十七届人大常委会召开第53次主任（扩大）会议。常委会主任王晓敏主持会议，副主任徐少宁、刘洪波、张伟、黄永政，秘书长牟强出席会议。会议听取、讨论了常委会第二十一次会议有关议题审议意见的汇报和市十七届人大常委会第二十二次会议建议议题的汇报。

10月11日，市十七届人大常委会召开第54次主任（扩大）会议。常委会主任王晓敏主持会议，副主任徐少宁、刘洪波、张伟、潘士友、黄永政，秘书长牟强出席会议。会议听取、讨论有关人事任免事项的汇报、关于常委会第二十二次会议有关议题准备情况的汇报等。

10月29日，市十七届人大常委会召开第55次主任会议。常委会主任王晓敏主持会议，副主任徐少宁、刘洪波、张伟、潘士友、黄永政，秘书长牟强出席会议。会议听取、讨论有关人事任免事项的汇报。

是日，市十七届人大常委会召开第56次主任会议。常委会主任王晓敏主持会议，副主任徐少宁、刘洪波、张伟、潘士友、黄永政，秘书长牟强出席会议。会议听取、讨论法制委员会主任委员赵雪平关于《烟台市民营经济促进条例（草案修改稿）》、《烟台市海岸带保护条例（草案修改稿）》有关情况的汇报。会议同意汇报的意见。会议决定：将两个条例（草案表决稿）提请常委会第二十二次会议第二次全体会议表决。

11月7日，市十七届人大常委

会召开第57次主任（扩大）会议。常委会主任王晓敏主持会议，副主任徐少宁、刘洪波、张伟、潘士友、黄永政，秘书长牟强出席会议。会议听取、讨论关于常委会第二十二次会议有关议题审议意见的汇报等。

11月15日，市十七届人大常委会召开第58次主任会议。常委会主任王晓敏主持会议，副主任徐少宁、刘洪波、黄永政，秘书长牟强出席会议。会议听取、讨论关于烟台市第十七届人民代表大会第四次会议安排意见（讨论稿）的汇报。会议同意汇报的意见。会议要求，将关于召开烟台市第十七届人民代表大会第四次会议的请示报市委批准。

12月12日，市人大常委会主任王晓敏主持召开市人大常委会第59次主任（扩大）会议。副主任徐少宁、刘洪波、张伟、潘士友、黄永政，秘书长牟强出席会议。会议听取、讨论市中级人民法院人事任免事项、市人民检察院人事任免事项、市人大常委会人事免职事项和市政府人事任免事项的汇报。听取、讨论关于常委会第二十三次会议议程和日程的汇报。听取、讨论关于常委会第二十三次会议有关议题准备情况的汇报。听取、讨论关于烟台市第十七届人民代表大会第四次会议方案的汇报。听取、讨论关于烟台市人大常委会监督检查法院检察院办案质量专家工作费用支付办法（讨论稿）及其说明。听取关于全省人大教科文卫工作座谈会精神的汇报。

12月23日，市人大常委会主任王晓敏主持召开市人大常委会第60次主任会议。副主任徐少宁、刘洪波、张伟、潘士友、黄永政，秘书长牟强出席会议。会议听取、讨论市中级人民法院人事任免事项和市人大及其常委会人事任命事项的汇报。听取、讨论关于接受慕欣辞去山东省第十三届人民代表大会代表职务的请求的决定的汇报。

12月31日，市人大常委会主任王晓敏主持召开市人大常委会第61次主任（扩大）会议。副主任徐少宁、刘洪波、张伟、潘士友、黄永政，秘书长牟强出席会议。会议听取、讨论关于常委会第二十三次会议有关议题审议意见的汇报。会议听取、讨论关于市十七届人大常委会第二十四次会议建议议题的汇报。会议听取、讨论关于《烟台市人大常委会2020年立法计划（讨论稿）》编制情况的说明。

全国、省、市人大代表名单

住烟第十三届全国人大代表名单（11名）

王　雁（女）　王威东
王晓洁（女）　车　轼
李登海　邹　宁
张术平　陈　飞
周建军　周洪江
宫明杰

烟台市选举的山东省第十三届人大三次会议代表名单（65名）

于　宁　于晓宁
于　健（女）　马红玲（女）
王中平　王　可
王兆玉　王寿纯
王志伟　王　枚（女）
王珍海　王晓敏
王凌燕（女）　王　琳
王锡峰　王德涛
孔德娟（女）　田　梗（女）
曲敬阳　曲　雯（女）
吕　波　朱文龙
刘宏涛　祁小青（女）
孙玉荣　孙东伟
孙付春　孙伟杰
孙宪法　杜振宁
李建平　李　玲（女）
李俊杰　李淑芹（女）
李维记　李　喆
杨升岩　杨　军
杨　波　杨学丽（女）
吴鹏飞　吴翠云（女）
张仁华（女）　张术平
张　霞（女）　陈　飞
陈兆宽　陈松海
陈　蕾（女）　林翠英（女）
岳德川　孟秀芹（女）
柏继民　秦　松
原达（蒙古族）　秘波海
高　秀　高君勃
黄海悦（女）　曹积生
梁　辉　韩耀东
程仁策　傅　逊
管锡基

烟台市第十七届人大第四次会议代表名单（496名）

芝罘代表团（60名）

于　波　于全胜
于丽萍（女）　于希茂
于爱军　于德利
王　庆　王大军
王永才　王建中
王洪海　王祥和
王德胜　曲云峰
曲敬阳　吕清波
乔　巧（女）　任吉宏
刘　亭　刘德平
衣美华（女）　闫青利
闫德中　安家德
孙红卫　孙茂健
李莎莎（女）　李增群
杨升岩　杨秀丽（女）
杨希勇　杨恒坤

吴忠强　宋红云（女）
张　庆　张　兵
张胜云　张健业
陈希亮　林裕明
郑舒东　赵生传
赵国明　赵雪平（女）
胡祗光　咸国涛
姜　勇　姜雪宁（女）
姚云喜　郭新章
唐　波　曹庆礼
崔芳菲（女）　商静宇
盖永新　隋丰俊
蒋忠强　程伟华
管延松　翟维兴

福山代表团（35 名）

丁开鸿　于守田
王曰义　王庆凯
王荔强　由庆生
吕红梅（女）　朱　波
刘民晓　刘丽丽（女）
刘建民　祁小青（女）
孙　平　牟树青
牟德华　苏　展（女）
苏　智　苏永强
杜纪挑（女）　李　春
李春磊　杨俊生
陈　琼（女）　陈义忠
林　良　林　霞（女）
胡　辉　祖明艳（女）
徐少宁　郭大为
唐玉才　黄　健
彭德洲　廖增太
潘洁波

莱山代表团（33 名）

于永军　王永远
王远杰　史亚萍（女）
毕可志　曲学芬（女）
吕雪峰　刘　森
刘洪波（女）　孙伟杰
孙军强　孙克法
李　林　李万平
李存明　杨永学
杨同毅　辛　军
宋　勇　宋吉良
宋华西　张仁祖
张风团　张恒传
赵珍阳　宫　权
袁会先　高　琦
郭京兰（女）　黄丽英（女）
温金祥　蔡润圃
薛　萍（女）

牟平代表团（35 名）

于　环（女）　于录章
于善栋　王　涛
王寿恒　王启瑚（女）
王国京　王建国
王德东　石德彬
曲君利　曲胜利
吕冠成　朱秀香（女）
刘一品　刘少杰
刘启明　孙　杰
孙延杰　牟　强
李　明　李　玲（女）
李林才　杨　波
宋有锋　宋宪礼
林吉学　姜玉波
姜善红（女）　费洪美（女）
高鹏斐　黄永政
戚剑波　崔付晓
隋自清

海阳代表团（45 名）

于　锁　马丽萍（女）
王　勇　王　磊
王玉东　王玉玲（女）
王春珍（女）　王树魁
王晓燕（女）　王惠刚
包信锐　邢永强
曲鲁娟（女）　任江超
刘　卫（女）　刘长城
刘宏涛　刘学利
刘绍旭　孙同库
孙维健　孙翔宇
杜军海　李　军
李英作　李咏梅（女）
李彬善　杨越嵋（女）
吴　放　吴承丙
辛晓伟（女）　张玉涛
陈　飞　陈振汉
邵汝卿　邵珠峰
罗鲁豪　姜曰象
姜兆伟　徐　鑫
盖石磊　程　波
程　春　鲁晓龙
颜世芹（女）

莱阳代表团（55 名）

于　涛（女）　于函令（女）
王　波　王曰刚
王作鹏　王启波
王凯源　王建峰
王瑗坡　王翠云（女）
巩和国　吕同策
刘清玉（女）　刘筱杰
衣明军　孙学泉
纪法清　苏　芳（女）
杜　杰　李　明（女）
李　勃　李永进
李胜刚　吴明菊（女）
邹常厚　汪学明
宋志波　初秀勇
初鹏飞　迟秀法
张　君（女）　张培勇
张德润　邵　蕾
武永刚　郑树强
赵焕志　郝志学
柳喜彬　姜千坤
宫庸超　夏晓丽（女）
倪建武　郭文满
唐宫殿　盖仲彦
盖新平（女）　梁　辉
梁翠芝（女）　尉云高
尉栋军　隋春霞（女）
董永利　鲁效梅（女）
潘旭日

栖霞代表团（40 名）

王　彬（女）　王日芝（女）
王利益　史维宁
白国强　吕扬文
刘永乐　刘言志
刘炳言　刘瑞伟

衣元良　孙步云
李明起　李淑芹（女）
吴洪亮　邹风谦
邹志强　迟　伟
张　乔　张　涛
张术平　张朋义
张朋尧　陈　隽
陈兆宽　林卫卫（女）
林文海　林锡堂
周少霞（女）　郑　勇
赵树荣（女）　柳喜军
姜延泉　姜志礼
栾盛波　郭惠平（女）
龚景仁　崔永明
慕　森　潘岐军

蓬莱代表团（32名）

于相富　马贞增
王　轰　王　栋
王一涵（女）　王成家
王志忠　王晓敏
王晓楠（女）　司培东
朱锦祥　刘长庭
孙　文　孙丕卿（女）
孙浩斌　杜康生
李　卫（女）　李　莉（女）
李桂勋　杨东洲
迟力夫　迟志波（女）
张世欣　张启元
张维利（女）　季恩军
郑　钧　赵明远
修维东　梁　中
董　芹（女）　韩耀东

长岛代表团（11名）

于永信　于旭华
王红燕（女）　毛玉柱
孙华君　李俊杰
李盛平　张巧英（女）
赵作军　赵胜龙
胡志德

龙口代表团（47名）

于俊田　马　林
马玉岳　王　英（女）
王　鹏　王伟修
王兆铭　王建生
王春燕（女）　王清业
孔凡平　付述智
丛方伟　曲振涛
吕少梅（女）　朱之方
刘维波　江敦斌
孙月红（女）　孙为富
纪寿冕　李　明
李秀梅（女）　杨作强
吴金海　吴新明
宋卫宁　宋维刚
张海燕（女）　陈家忠
苑春丰　呼勋光
赵　海　战永广
姜春华（女）　姜常娥（女）
高赫男　戚永茂
崔晓林　麻名萱
隋荣庆　董希彬
韩世军　傅　逊
傅继东　潘士友
薛　磊

招远代表团（40名）

刁培松　王　磊
王凤玲（女）　王兴发
丛春万　兰香才
曲云彬　刘光瑞
孙发敏　孙艳丽（女）
李　军　李殿林
杨守高　杨彩红（女）
宋洪宇　张　伟
张少伟　张立夫
张金亮　张孟苏
张晓燕（女）　邵文兵
范玉超　林美龄（女）
赵晓晖　姜　峰
姜天华　贺业增
徐林宏　翁占斌
栾书冰　焉　冰
曹学军（女）　彭少军
彭桂东　温吉华（女）
温洪福　臧　宁
滕　毅　魏　东

莱州代表团（54名）

于　宁　于　波
王　中　王永刚
王召永　王茂东
王明娥（女）　王树海
王景波　王耀仪
井　毅　毛合成
尹国文　由绪斌
冯光瑞　曲成斌
衣学航　孙水玲（女）
孙文明　孙建国
李玉峰　李明治
李秋萍（女）　李新华（女）
杨红生　杨丽燕（女）
杨秀莉（女）　杨忠耀
宋福林　迟爱梅（女）
张冰开　张寿岐
张绍鹏　张祖峡（女）
张鲁东　所尚君
周天军　郑洪刚
孟宪崇　赵浩材
柳尧林　姜文岐
姜肖蓬（女）　秦丰国
秦世贤　徐　敏（女）
徐锦诚　崔文罡
崔汉良　董志良
韩泓冰　程　岩（女）
焦建军　滕春竹

解放军代表团（9名）

马荣耀　王福晓
李　宁　张　华
张仕洋　张永坤
林清华　金　巍
栾春盛

（撰稿：赵兴华　审稿：王国京）

责任编校：云　霞

烟台市人民政府

重要会议

【全体会议】2019年1月8日，市委副书记、代市长陈飞主持召开市十七届人民政府第四次全体（扩大）会议，研究即将提请市十七届人大三次会议审议的《政府工作报告（讨论稿）》，安排部署政府自身建设和当前工作。会议原则通过《政府工作报告（讨论稿）》。

1月25日，市委副书记、市长陈飞主持召开市十七届人民政府第五次全体（扩大）会议，研究部署《政府工作报告》重点工作责任分工及人大代表建议、政协提案办理工作，审议通过《关于进一步加强政府自身建设的意见》。

【常务会议】2019年1月8日，市委副书记、代市长陈飞主持召开市政府第46次常务会议，研究安全生产、生态环保等工作。

1月29日，市委副书记、市长陈飞主持召开市政府第47次常务会议，研究自然保护区违规问题、饮用水水源地水质保护攻坚战、评选表彰制造业强市建设先进集体和先进个人、民营经济高质量发展等事项。

2月19日，市委副书记、市长陈飞主持召开市政府第48次常务会议，研究水污染防控、“大棚房”和违建治理、治拥堵保畅通、扫黑除恶及禁毒等事项。

4月19日，市委副书记、市长陈飞主持召开市政府第49次常务会议，研究当前经济运行、优化营商环境、科技创新、安全生产、环境保护等工作。

5月19日，市委副书记、市长陈飞主持召开市政府第50次常务会议，研究山体保护、国土空间总体规划、金融政策体系、河湖清违整治、数字政府建设等。

6月24日，市委副书记、市长陈飞主持召开市政府第51次常务会议，研究公共安全、优化提升工程建设项目审批制度、推行终身技能培训、壮大现代企业群体、稳定就业等工作。

7月8日，市委副书记、市长陈飞主持召开市政府第52次常务会议，研究“进解促”专项工作、乡村振兴暨脱贫攻坚重点工作、世界工业设计大会筹备、扶持中小企业高质量发展、促进民营经济发展、5G产业发展等工作。

7月19日，市委副书记、市长陈飞主持召开市政府第53次常务会议，研究海岸带保护等工作。

8月5日，市委副书记、市长陈飞主持召开市政府第54次常务会议。会议研究《关于进一步支持企业对接资本市场加快上市挂牌的政策》《烟台市政务服务“好差评”工作实施方案》和烟台国丰投资控股有限公司发债工作。

9月2日，市委副书记、市长陈飞主持召开市政府第55次常务会议，研究下放政务服务事项、提高残疾儿童康复救助标准、全面实行湾长制等工作。

9月29日，市委副书记、市长陈飞主持召开市政府第56次常务会议，研究部署产业升级、夜间经济、装配式建筑发展、共有产权住房管理、工业设计等工作。

10月23日，市委副书记、市长陈飞主持召开市政府第57次常务会议，研究部署战略性新兴产业培育、林长制、市场监管、发展国际友城等工作。

11月11日，市委副书记、市长陈飞主持召开市政府第58次常务会议，研究部署法治政府建设、国有企业改革、重点水利建设等工作。

11月20日，市委副书记、市长陈飞主持召开市政府第59次常务会议，安排部署当前工作，研究明年重点项目安排、生态环境保护等工作。

12月4日，市委副书记、市长陈飞主持召开市政府第60次常务会议，研究部署工业互联网、高端化工、生产性服务业、食品安全等领域相关工作。

12月19日，市委副书记、市长陈飞主持召开市政府第61次常务会议，研究部署法治政府建设、政府立法、安全生产、国有企业改革、基层医疗服务等工作。

综合协调服务

【服务中心工作】2019年，市府办把“三重”工作、《政府工作报告》重点工作作为贯穿全年的工作主线，明确166项政府工作报告重点事项和100项重点民生事项责任分工和时间表、路线图，督办重点事项2300余件次。防范化解重大风险方面，起草《关于进一步支持金融业高质量发展的意见》，组织召开全市网络借贷风险专项整治暨防范处置非法集资等专题会议，妥善应对渤海玛珠轮失火、开发区马家沟景区气球坠落等15起突发事件。向省委、省政府总结提报烟台市23个方面的经验清单，完成国务院大督查、《问政山东》节目反馈问题的整改落实。起草《关于做好“两促两保两稳”工作的意见》《烟台市苹果发展2020—2025发展规划》等重大政策文件，参与山东自贸区烟台片区、中韩产业园政策研究。制定《市民社区食堂建设指导意见》，开展市民社区食堂试点，市区已建成运营38处社区食堂。参与组织世界工业设计大会、医药创新与发展国际会议、国际健康产业大会等国际、国内重大会议活动20余次。

【精准脱贫】 2019年，市府办组织召开全市乡村振兴暨脱贫攻坚工作推进会议等8次全市性会议。开展“践初心访贫困、沉一线促脱贫”活动，先后走访莱阳市37个村216户困难户了解扶贫政策落实情况。

【污染防治】 2019年，市府办以落实中央、省环保督察及“回头看”反馈意见整改为重点，协助市领导组织各类专题会议、实地督导60余次，会同专家团队对提升环境空气质量开展联合攻关，形成《烟台市大气污染跟踪研究专题报告》。

【“双招双引”工作】 2019年，市府办围绕新兴产业开展招商引资活动，合同引进资金和实际到位资金均完成市里下达的任务指标，位居市直部门前列。响应全市“双招双引”工作部署，安排2人参加全市招商工作专班。

【综合文稿】 2019年，市府办起草领导讲话、工作汇报等各类文稿1800多篇、800多万字。其中，撰写的《生态环境委员会第一次会议讲话》《在第十届华商企业科技创新合作交流会上的主旨演讲》等被市政府主要领导表扬。支持高新区高质量发展、稳定生猪生产保障市场供应等方面的建议被市委、市政府纳入决策。

【调查研究】 2019年，市府办各党组成员结合“进解促”、扶贫走访等工作，下基层访社情，真调查真研究。办公室全年形成高质量调研报告26篇，其中，《8个战略性新兴产业招商领域研究》《关于2020年全市经济社会发展要素需求情况的调研报告》等13篇得到市委、市政府领导批示。

【信息服务】 2019年，市府办聚焦领导关注、社会关切领域，及时发掘问题根本，凝练“烟台经验”，讲好“烟台故事”。全年编发《专报领导参阅信息》(《每日要情》)110余期700余篇；上报国办、省政府办公厅信息700余篇，被采用400多篇，其中，《烟台市全力打造“智慧税务综合体”提高办税服务质量取得明显成效》《烟台市构建“六大网络”全面打造老年健康服务体系》等32篇信息被国办、省领导批示。

【依法决策】 2019年，市府办启动老岚水库建设、数字烟台发展规划等6个市级重大行政决策事项。规范市政府行政复议、应诉的审核程序，完善以市政府名义签署的合作协议运转流程，完成行政复议审核100件，行政应诉48件，办理政府合作协议28件。依法接受监督，受理省、市人大代表建议和政协提案698件，办复率100%，满意率99%。编制修订《烟台市2019年政务公开工作要点》《烟台市政府信息主动公开基本目录》，指导政府部门梳理公开事项清单700余项、政府信息5000余条，规范答复市级政府依申请公开案件98件。

【服务创新发展】 2019年，市府办出台《关于创新体制机制提升优化营商环境的实施意见》《烟台深化“一窗受理·一次办好”改革的措施》，先后以市政府名义取消、承接、下放、调整市级行政权力事项36项。国务院批复成立山东自贸区烟台片区后，第一时间协调做好760项市级权力事项下放承接工作。成立市区治堵工作专班，组织编制《烟台市城市道路交通管理规划》《烟台市停车设施专项规划》，对市区11处公共停车场和227条道路停车场实施专业设计和规范化管理。

【保障服务】 2019年，市府办协调市领导出席国家、省、市各类会议410余次、会见重要客人672批次、出席重要活动190多次。协助市领导累计走进企业231个，项目199个，解决难题367个。严格控制以市政府名义召开的全市性会议，审核全市性会议方案23个，完成压减1/3的任务目标。控制发文数量，完善发文审核机制，制发文件数量同比减少1/3以上。推进电子政务创新，在全市政府系统率先启用“山东通”移动办公终端。全年办理各类来文来函4100余件，请示件310余件，领导批示2600余件。全年接待到烟台中外客人560多批次、5000多人次，其中省部级以上34批次、国内外客商100余批次。助力全市“双招双引”做好内引外联工作，接待1700余人次，报送招商引资、外地经验类信息1600余条。走访驻地企业180余家，拜访知名人士500余人次。

【畅通民声渠道】 2019年，市府办建立市领导及部门主要领导接听政务服务热线工作机制，8 位市领导和 27 位市直部门主要负责人受理并解决群众问题 544 个。完善热线事项处置流程，对来话事项实施定期回访、全程督办，保证事事有落实，件件有回应。在市政府门户网站开通政商直通车专线，为企业咨询政策、提出建议搭建平台。全年热线平台接听受理群众来话来信 543964 件，办结率达 99.48%。

【口岸服务】 2019 年，市府办协助烟台机场集团新引进九元航空等 5 家航空公司入场运营，新开承德、北海等 7 条国内航线。烟台港口岸扩大开放验收工作通过省政府预验收和国家口岸办现场检查验收。先后完成烟台港、蓬莱港口岸 46 个泊位的临时开放报批工作，做好全市 8 个泊位正式对外开放前准备工作。在全国首批试点“两步申报”改革，完成全国首单空运货物进口和全省首单海运货物进口“两步申报”业务。在省内率先公布通关流程，及时发布通关信息，妥善调处通关纠纷。

（撰稿：孙锴　审稿：于向明）

行政审批服务

【概况】 2019 年，市行政审批服务局完成各类政务服务事项 11.6 万件，群众满意率 99.98%。因商事制度改革成效显著获国务院办公厅通报表彰并获督查激励，被山东电视台作为“担当作为、勇于探索”的典型进行报道。

【相对集中行政许可权】 2019 年，市行政审批服务局承接 127 项划转事项，并逐事项签订《交接备忘录》。2 月，启用行政审批服务局印章，全部划转事项实现“一枚印章管审批”。出台《行政审批与监管协调联动工作机制》，建立联络会商、信息互通、业务协同等三项制度，有效解决审批过程中出现的重大问题难以决策、审批监管衔接不畅等问题。出台《烟台市行政审批服务局行政审批程序规定（试行）》，编制《行政审批事项决定权限目录》，逐事项明确审批权限并充分授权到位，85% 以上事项无需部门负责人审批，在窗口即可办理到位，大幅提高审批服务效能，全年办理审批业务 4.6 万余件。

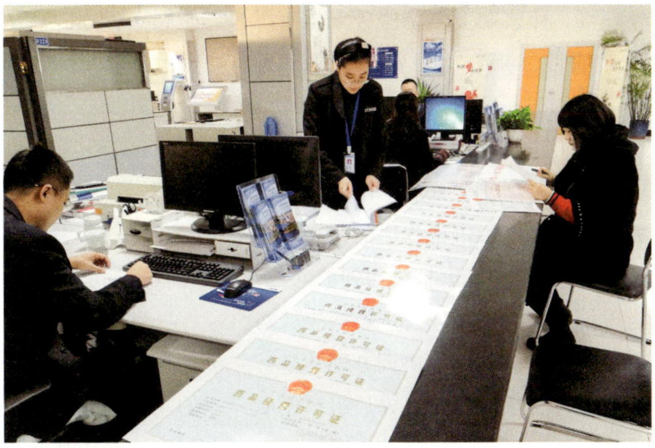

2019 年 2 月 2 日，烟台市第一批加盖审批专用章的药品经营许可证发行 （供稿：刘玉婷）

【“一窗受理·一次办好”改革】 2019 年，市行政审批服务局优化政务服务中心窗口布局，设立审批服务局、“综合事务”、进厅部门三类窗口，建立“6+1+N”的“一窗受理”服务新模式，并在商事登记、投资立项等窗口实现无差别受理。推进关联事项“一链办理”，聚焦基层量大面广、与群众生活密切相关的重点领域和高频办理事项，打破部门、层级限制，按“链条”梳理办理“一件事”关联事项，推出烟台市第二批“一链办理”事项 86 项，并逐事项编制服务指南和流程图。推进电力接入“一链办理”，通过打通烟台政务服务平台与山东电网系统数据联通，打通企业电力接入“一链办理”梗阻，全年通过线上方式办理电力接入业务 48 件，工程建设项目 10 千伏电力接入审批时限由之前的 3 个月压缩到平均不超过 35 个工作日。加强政务服务“一网通办”，有序推进 5 类依申请行政权力事项上网运行省级试点，逐项配置平台流程，实现 644 项权力事项上网运行，通过政务服务平台办理市级业务 7892 笔，在数据多跑路、群众少跑腿方面走在全省前列。推进政务服务事项标准化管理，梳理发布市县两级事项目录 64017 项，实施清单 81884 项，实现事项名称、事项编码、实施依据、法定时限等重点要素省市县“三级十同”。

2019 年下半年，市行政审批服务局建立“一窗受理”服务新模式，并在商事登记、投资立项等窗口实现无差别受理 （供稿：刘玉婷）

【帮办代办服务】 2019 年，市行政审批服务局设立绿色通道专门窗口，建立专窗受理、专人协办、集中会商、并联办理等工作机制。围绕服务保障市级重点项目、新旧动能转换项目，开展“进、解、促”工作，对新能源汽车、海上世界、幸福区片改造等100项“三重”项目，开展上门问需等服务。对即将进入审批程序的开展“批前辅导”，对项目审批中遇到的问题，能现场解决的现场办公现场解决，对不能现场解决需带回协调办理的进行转办交办、重点督办，先后组织调研81次，与企业座谈交流52次，帮助解决问题37件次，提供重点项目保姆式代办服务131次。

【商事制度改革】 2019年，市行政审批服务局简化事项申请材料，可以通过横向数据联系直接获取的材料，不再要求申请人重复提交。3月1日，启用新版营业执照，推行“审核合一”审批，对61种企业办事流程进行规范和简化，推行全程电子化登记，企业登记当场办结率达到100%；推进企业注销登记便利化改革，压缩企业注销程序；10月，实行企业印章免费刻制，企业开办实现全环节费用“零支出”；推行“信任承诺”审批，对关系企业重大利益的紧急事项，在企业信誉良好，基本材料齐全、合法有效基础上，可当场登记，先行发证，先后为冰轮集团等30多个企业开展“信任承诺”审批。

【建设工程审批制度改革】 2019年，市行政审批服务局成立市级重点项目调度中心，将分散在各部门负责的37项审批职能和水、电、暖等8项公共服务职能全部集中到市政务服务中心统一办理。推进流程再造优化，在全省率先推行施工许可容缺施工图审查和消防设计审查；设立“多图联审”综合受理窗口，将建筑设计审查、消防设计审查、人防设计审查纳入一个窗口进行联合审图，减少企业跑腿。工程项目从立项到竣工主流程审批时限由120个工作日压缩到45个工作日，企业办事效率提升65%以上。

【政务服务“好差评”】 2019年，市行政审批服务局启动政务服务“好差评”省级试点创建工作，在全市范围推行传统评价和网络电子评价为一体的立体化政务服务“好差评”工作机制。依托大数据局“云平台”，开发建设“烟台市政务服务投诉与评价”小程序，改进微信公众号“在线评价”模块，研制开发全程网办电子评价模块。开通“吐槽找茬”专窗，聘请人大代表、政协委员、企业及媒体代表作为全市政务服务社会监督员，对全市政务服务窗口单位进行监督。市县乡三级政务服务窗口通过“小程序”收集评价33337人次，评价内容166685个，处理转办群众投诉35个、差评问题67条。

【制度建设】 2019年，市行政审批服务局建立“容缺受理·告知承诺”工作制度。在全市范围实行政务服务“材料缺失先行受理、告知群众限时补齐”服务模式，市级梳理可容缺受理材料206件，涉及164项“一次办好”事项，其中，涉企审批事项实行100%“容缺受理”。建立窗口“无否决权”工作制度。对企业和群众的申请事项，只说“行”、不说“不行”，全面提升企业群众办事获得感。建立证件免费复印工作制度。在各级办事大厅设置免费复印点，为企业群众免费复印办理业务所需的证件、文件等资料。

【公共资源交易】 2019年，市行政审批服务局推进全市工程招标交易从线下向线上延伸，构建“市县一体”运行的公共资源交易电子化平台体系，实行建设工程项目交易全流程电子化，实现建设工程所有招标项目、招标投标全过程电子招投标“双覆盖”。加强对县市区分中心业务管理，组织开展全市业务工作会议，对分中心系统操作进行专业培训和现场指导。加强分中心考核，每月对各分中心工作进行考核，提高分中心的运行服务水平。

（撰稿：刘玉婷　审稿：王评）

外事工作

【对外友好交往】 2019年11月8日，在国务院总理李克强和牙买加总理安德鲁·霍尔尼斯的见证下，市委书记张术平与牙买加驻华大使丘伟基在北京人民大会堂正式签署《中华人民共和国烟台市与牙买加金斯敦市建立友好城市关系协议书》。与韩国扶余郡建立友好合作关系，至此，烟台市国际友城达到30个、涉及17个国家。接待东亚经济交流推进机构评价委员会、欧盟驻华代表团等高访团组46批349人次，组织双向产业交流推介会、新旧动能转换暨重大发展战略推介会、百家韩企烟台行等重大活动10余场。

【服务经济社会发展】 2019年，市外办组织市委书记张术平访问日本韩国和挪威俄罗斯蒙古、市长陈飞访问日本韩国新加坡等重要出访团组25批148人次，举办政府交流研讨会、经贸洽谈会、产业交流推介会等活动50余场，搭建烟台市创新合作交流工作站、烟台（挪威）创新中心、启迪中英海洋科技研究院等招引平台，签署合作协议和意向80余个。统筹世界工业设计大会暨国际设计产业博览会、世界老年旅游大会、烟台国际葡萄酒博览会、国际食品博览会、国

2019 年 11 月 8 日，市委书记张术平与牙买加驻华大使丘伟基在人民大会堂签署《中华人民共和国烟台市与牙买加金斯敦市缔结友好城市关系协议书》

（供稿：孙旭飞）

际健康产业大会等重要国际会议的外事活动，组织中挪产业设计创新与合作发展论坛、烟台—瑞典区域能源研讨会、中英海洋科技交流论坛、中日韩青年创新创业论坛等有影响力的国际性论坛。组团并邀请 6 个国家的 8 个代表团 50 余人参加山东国际友城合作发展大会，位居全省第一，被市委《信息参考》第 107 期刊发。举办 2019“梦想中欧”青少年画展，参加顿河畔罗斯托夫建市 270 周年城庆，组织游泳训练中心、足球协会、马拉松协会等 30 余人赴国外交流比赛，开展“走出国门看友城”团组 8 批 162 人次。

【外事管理与服务】 2019 年，市外办牵头制发《关于优化涉外服务环境提升城市国际化水平的实施意见》，提出 17 项具体措施，打造“六种环境”，在全省属于首创，受到市委书记张术平批示肯定，经验做法被外交部第 5 期《外事管理》、省外办第 9 期《外事要报》刊发推广。成立烟台市外籍人士服务中心，开通全市首个 24 小时多语种外籍人士服务专线“6781999”，牵头编撰《外籍人士在烟工作生活指南》，提供信息咨询、应急翻译、生活帮助、旅游推介等公益服务。先后赴西安、杭州、成都等先进城市和斗山工程机械公司、华圣外籍人员子女学校、昆嵛山国际武术学校等实地调研，召开征求意见座谈会和专题调度会，为外籍人士解决困难。规范因公出国管理。按照“因事定人、人事相符”原则推进“流程再造”，审批因公出国团组 420 批 1069 人次，其中党政 163 批 447 人次，调整压缩不合理团组 5 批 5 人 38 人天，未批准团组 14 批 49 人次；办理护照 455 批 1126 人次，代办赴各国签证 362 批 1010 人次；申办 APEC 商务旅行卡 138 批 275 人次；签发来华邀请核实单 433 批 781 人次；办理领事认证 909 批 1727 人次。举办全市涉外管理工作业务培训班，妥善处置韩资企业烟台博奥医疗器械劳资纠纷案、韩国商人在莱州死亡等涉外案件 51 起，开发区刘延忠海外涉案事、海阳宋显良意外身亡事等领保案件 17 起。规范外国记者管理，妥善处理英国路透社记者到烟台访问、新西兰普伦蒂湾时报编辑到华采访等事宜，做好“感受山东新动能、见证开放山东新愿景”烟台站外媒采访活动。建强翻译队伍。组织第八届外语活动月和英语翻译高级研修班，建立起包括缅甸语、意大利语、瑞典语等小语种在内 10 个语种 294 人的翻译人才库，完成重大稿件翻译 18 宗 24 万余字，同传任务 6 次，重要外事翻译任务 60 余人次，培养一批复合型外语人才。

（撰稿：孙旭飞　审稿：张焕伟）

机关事务管理

【概况】 2019 年 1 月 26 日，市委办公室、市政府办公室印发关于《烟台市机关事务管理局职能配置、内设机构和人员编制规定》的通知。烟台市机关事务管理局是市政府工作部门，为正处级。单位行政编制 25 名。设局长 1 名，副局长 3 名，正科级领导职数 8 名，副科级领导职数 5 名，暂保留工勤编制 19 名。内设办公室、财务与资产管理科、基建科、房管科、综合管理科、公共机构节能管理科（挂市公共机构节能办公室牌子）、公务用车管理科 7 个科室和机关党委（党建办公室挂人事科牌子）。烟台市机关事务管理局连续九年保持省级文明单位称号。

【机关房产管理】 2019 年，市机关事务管理局落实《党政机关办公用房管理办法》和《山东省党政机关办公用房管理办法》，做好党政机关房产管理。统筹现有房源，为机构改革涉及的 60 多个市级部门、单位，统筹调剂办公用房、业务用房 3 万多平方米。为市“不忘初心、牢记使命”主题教育办公室、“学习强国”办公室等机构安排集中办公用房。8 月起，依托全国数据库，组织开展全市党政机关办公用房信息统计工作，建立定

期报告制度，掌握全市办公用房管理信息。10月底在全省第一个完成党政机关（包含160多个乡镇、街道）办公用房统计报告工作。做好房屋维修管理，完成市委市政府办公楼部分办公室、会议室、会客室、卫生间的修缮改造，对办公楼外墙进行粉刷。对市农业农村局、革命老区建设促进会等单位的办公室进行修缮改造。新建的市级机关幼儿园获得山东省建筑装饰装修质量“泰山杯”奖。

【公共机构节能管理】 2019年，市机关事务管理局印发《关于2019年全市公共机构能源资源节约和生态环境保护工作安排的通知》。对全市公共机构重新进行调查摸底、梳理登记，并在统计系统进行更新调整，细化考核项目。开展创建节约型机关活动，倡导垃圾分类行动，在市级机关办公区分类摆放垃圾箱，组织公共机构志愿者活动，全年组织志愿者活动6次。6月，承办以“绿色发展，节能先行”为主题的山东省公共机构节能宣传周暨生活垃圾分类志愿者行动启动仪式。芝罘区列入国家机关事务管理局合同能源管理项目试点县（区）。开展节约型公共机构示范单位创建和评选活动。申报4个国家、5个省级示范单位。全市1683家公共机构统计报表率达到100%。1月16日常务副市长王中代表烟台作为全省唯一的市在省政府召开的“全省公共机构能源资源节约和生态环境保护工作电视会议”上作典型发言。

【公务用车管理】 2019年，市机关事务管理局根据机构改革后各单位新的编制情况，重新核定车辆编制数，按照“车随职能走”的原则对改革单位公务用车进行划转。对超配车辆统一收回进行统一调剂分配，完善公务用车平台使用功能和消息数据，融入全省“一张网”。组织对公车平台管理人员和司勤人员进行培训。建立公务用车配备更新和使用情况报告制度。开展公务用车配备使用情况检查，加强节假日等关键节点公车管理。完成市人代会、市政协会等全市重大会议活动和处置突发事件等车辆服务。

【食堂管理】 2019年，市机关事务管理局启动机关餐厅社会化、智慧化改革，先后对市委市政府办公楼食堂、西部食堂、人防指挥中心楼食堂进行改造升级，面向社会购买服务，创建新的干部就餐模式，每天提供不同的特色餐和营养餐。开发微信公众号，各餐厅餐卡实现通用。开展“五一美食节”“端午节开放日”“中秋节体验日”等活动。完善机关餐厅监管机制，坚持定期巡查和召开监管例会制度，落实餐厅6T管理。传承机关食堂的传统特色食品工艺，创立“老大院食品”公司。推进市民社区食堂建设，在鹿鸣和翠苑小区建设3个社区食堂，与机关食堂餐卡连通，解决小区居民的就餐问题。

【财务资产管理】 2019年，市机关事务管理局完成市委办、市府办等部门的经费管理工作，完成年度财政收支决算报表、结转结余情况表、三公经费预算调整报表等报表的编报、归档工作。完成新旧会计制度的过渡衔接工作。重新梳理各单位所有收支业务，建立各代管账部门2019年新账。完成2018年决算和2019年预算执行工作。编制市级有关行政事业单位房地产、后勤服务管理经费预算。加强预算执行管理，完善资金支付流程，严格控制“三公”经费的列支进度和五项经费的审核标准。加强固定资产的数据化、标识化管理，提高资产使用效益。

【服务保障】 2019年，市机关事务管理局加大对外包物业企业的管理考核力度，市人防指挥中心楼、工商局楼、广电大厦B座和机关西部办公区的物业服务更加规范到位。市府礼堂、市委市政府办公楼会议室接待各类会议演出1400多场次。完成机关文印服务保障。推进鹿鸣、翠苑小区等机关生活区公共设施维护修缮工作。

（撰稿：周洪亮　审稿：张前程）

大数据工作

【概况】 2019年，烟台市全面启动“数字烟台”建设，6月3日，市政府办印发《关于加强我市数字政府建设的实施意见》，研究出台《数字烟台2019年行动方案》等文件，组织开展《数字烟台发展规划（2020—2023年）》编制工作；6月21日，烟台市政府与华为科技软件技术有限公司签署战略合作协议，推动华为（烟台）云计算数据中心、软件创新中心、人工智能创新中心建设。强化电子政务基础设施建设，完成市直单位408个、县市区121个信息系统迁移上云，对87个市直单位、15个县市区的网站实行集约化管理，构筑全市“统一技术平台、统一安全防护、统一运维监管”的一体化政务服务体系。组织开展全市政务数据归集“百日会战”行动，归集33个单位222类13.5亿条政务数据；推出“烟台一手通”政务服务APP，接入服务事项1400多项，注册用户53.69万。打造新旧动能转换可视化督导服务平台，入驻企业2322家，发布信息4203条，安装摄像头项目126个，对已开工省重大项目实现视频联网监控全覆盖；审核备案36个部门的106个政务信息系统项目建设方案，共造价 3.8 亿元，节约财政资金 3000 余万元。

【大数据产业】 2019 年，全市各类大数据产业园区 11 个，园区内相关企业 112 家。其中，烟台留学人员创业园区获评省级示范数字经济园区，O·Tech（橙色云）协同创新数字智慧园区获评省级成长型数字经济园区，园区试点数量位居全省第二；万华化工新材料大数据产业化应用项目和东方威思顿电气智能计量大数据云平台项目被列入工信部 2020 年度大数据产业发展示范试点；牟平区获批 2019 年省级四星级新型智慧城市建设示范试点，烟台市列入 2020 年省级四星级新型智慧城市建设预试点。

【电子政务】 2019 年，全市统一电子政务云基本建成，部署物理服务器 95 台，收纳托管服务器 120 余台，部署专享服务器 41 台；使用虚机 891 台，开通 vCPU6930 核，内存 18422G，存储 737.57T；部署网络设备 52 台，安全设备 22 台，服务器存储设备 141 台，光纤交换机 12 台；迁移上云政务信息系统 600 个，上云率 100%。电子政务外网行政服务域接入单位 1478 个，实现市县党政机关单位全覆盖；公共服务域接入单位 1442 个，完成市、县、乡镇、街道全面接入，有效覆盖率 90% 以上；初步完成互联网出口整合，整合率超过 95%。推进政府网站统一技术平台建设，实现全市政府网站统一技术平台、统一安全防护、统一运维监管，平台共运行市政府主站、各县市区门户网站和各部门单位网站 78 个，其中门户类网站 16 个，政府单位网站 62 个。

【数据应用管理】 2019 年，烟台市基于政务信息资源共享交换平台，开展政务数据归集，政务信息资源共享交换平台归集全市 13.5 亿条政务数据资源。全市各部门通过政务信息资源共享交换平台申请市级政务信息资源 539 个，调用 354 万次；申请省级政务信息资源 402 个，调用 446 万次。深化数据开放利用，接入山东省公共数据开放网，至年底，向社会开放政务信息资源目录 7016 个、数据量 4785 万条。

【规划发展】 2019 年，烟台市启动《数字烟台发展规划（2020—2023 年）》编制工作，围绕做强核心引领产业、培育前沿新兴产业、巩固提升基础产业等方面发力，培植数字产业化新动能，《规划》作为市级重大行政决策事项正在履行相应程序。

【“烟台一手通”政务服务 APP】 2019 年 11 月 5 日，发布“烟台一手通”移动政务服务平台，推出亮证服务 18 项，秒办秒批事项 15 项，接入涵盖社保医保、公积金、住房保障、教育培训等 16 个领域的 108 项高频应用，按照政务服务标准化要求接入政务服务平台依申请服务事项 1300 多项。

【政务数据归集“百日会战”】 2019 年 8 月 8 日，市大数据局组织全市 50 个部门和单位，开展政务数据归集“百日会战”，归集 13.5 亿条数据资源，在全省率先完成政务数据归集，基本消除困扰烟台多年的政务“信息孤岛”“数据烟囱”。利用政务数据资源共享，烟台公积金管理中心在全市首次实现业务流程再造，开发出 12 项“零跑腿”网上自助办理事项和 9 项减件“一次办好”事项，方便群众办事。

（撰稿：张京军　审稿：孙义平）

信访工作

【越级访治理】 2019 年，市信访局在全市开展进京去省越级访治理活动，狠抓信访矛盾源头预防，开展进京重复访专项整治，强化越级访事项规范办理，加大督导考核问责力度。全市进京越级访同比下降 64.1%，去省越级访同比下降 40.5%，完成市委提出工作目标，中央信访联席办、省信访局专门刊发简报介绍烟台有关经验做法。

【化解信访积案】 2019 年，市信访局开展“担当作为、狠抓落实”信访积案攻坚化解专项行动，层层落实领导包案责任制，坚持分类施策、专班治理，强化调度督导、考核通报。省交办 35 件 10 年以上积案、市交办 216 件“四大领域”积案全部化解清零；435 件 5～10 年积案化解率 87.1%，2507 件 5 年以下积案化解率 88.8%。

【信访事项办理】 2019 年，市信访局落实“一次办好”改革精神，抓好初信初访受理办理工作，开展人民满意窗口创建活动。全市信访事项及时受理率、按期答复率和群众满意率分别为 99.95%、99.88% 和 93.16%。在 7 月召开的全省人民满意窗口创建工作会议上，烟台市做典型发言。

【信访改革创新】 2019 年，市信访局制定出台《烟台市信访事项规范化办理工作规程》和《烟台市依法分类处理信访诉求工作规程》，对信访事项登记、录入、转送、交办、受理、答复、送达、复查复核、督查督办等各环节工作做出细化规定，以办理规范化、流程标准化促进规范办理、倒逼责任落实。

（撰稿：乔艳峰　审稿：刘持胜）

责任编校：云　霞

中国人民政治协商会议烟台市委员会

综　述

【协商民主】 2019年，市政协组织开展各类协商活动19次。围绕“加快我市家政服务业发展”开展调查研究，就出台家政服务业扶持政策、打造“烟台大姐”家政服务品牌、建设家政信息服务平台等形成建议案，市委书记张术平，市委副书记、市长陈飞分别给予批示肯定。围绕“深化农村土地制度改革，激发乡村振兴内生动力”和“提升基层社区网格化管理水平，创新社会治理”两项课题分别开展常委会专题协商，提出的关于发展农业适度规模经营、盘活利用闲置农房宅基地、建立网格化服务管理条块融合机制等对策建议，被市委、市政府采纳，列入2020年全市重点工作。围绕建设区域性物流中心、发挥商会在民营经济发展中的作用、加快农村电子商务发展、改善农村人居环境等方面开展调查研究和对口协商，形成一批高质量协商建言成果，为市委市政府科学决策提供有益参考。市政协承担“培育新型经营主体，健全现代农业经营体系”“提高乡村法治德治水平”两项省政协重点课题调研任务，调研成果被编入省政协乡村振兴调研报告汇编，报送到省委、省政府参阅。

【促进发展】 2019年，市政协开展重点调研课题8项，组织委员视察20余次，形成建议案、调研报告40多篇。围绕化工产业安全生产转型升级、公安机关“一次办好”改革、传统特色文化资源的保护利用、葡萄与葡萄酒产业发展、“书香烟台”建设等社会各界关注的问题开展集体视察，推动相关工作开展。围绕高铁新区建设等重点项目、重点工程开展专项视察，帮助委员更好知情明政，凝聚助力发展共识。连续第三年组织银企对接活动，搭建委员企业与金融机构交流平台，银企双方面对面话发展、解难题、谋合作，实现互惠双赢。

2019年11月8日，市政协主席朱秀香（中）带队到市供销社联民集团有限公司围绕“加快全市家政服务业发展”开展专题民主监督　　（供稿：任高飞）

【民主监督】 2019年，市政协开展民主监督活动17次。围绕促进家政服务业发展开展民主监督，对支持骨干家政企业发展、家政企业减税降负、提升培训质量等组织委员建净言、献良策。围绕规范集贸市场发展、推动文明城市创建开展民主监督，对构建文明城市创建长效机制把脉建言。组织委员参加《问政烟台》、担任行风监督员、开展民主评议等活动，发挥委员民主监督作用，积极为民发声、为民代言。全年向上级政协报送委员信息625篇，被采用145篇。其中，关于成立山东救生救援协会的信息，省政府副省长凌文给予批示肯定；关于推动葡萄酒产业发展等10篇信息，被中共中央办公厅《每日汇报》和全国政协办公厅《每日社情》采用，呈报党和国家领导人参阅。

【服务民生】 2019年，市政协开展“六送六下乡”服务民生行动，组织委员到基层送教育、送医药、送科技、送文化、送法律、送爱心。为贫困村协调新上项目5个，开展种植养殖技术专门培训30次、法律宣讲12次，安排文艺演出20多次；为群众赠送药品和生产生活用品，开展义务诊疗1000多人次，为4所中小学捐赠图书3000册。组织委员与困难群众结对帮扶，帮助解决实际问题30多件。

【团结联谊】 2019年，市政协走访委员单位47次、组织开展“委员接待日”活动49次，活动覆盖近300名委员，密切政协组织与委员之间的联系。深化“专委会+界别联络组+区域活动组”模式，明确由8个专委会与22个界别组、13个区域活动组对口联系，实现专委会联系委员全覆盖，推动界别工作组织化、区域活动常态化。全年开展界别活动30次，组织区域活动组委员开展跨县市区视察6次。邀请各民主党派、工商联和无党派人士参加政协履职活动，支持他们通过政协平台发挥作用。2019年各民主党派、工商联提交提案230件，占总数的43%以上，其中党派集体提案均被列为重点督办提案；反映社情民意信息426篇，占总数的43%。加强与港澳台地区联谊交流，主席会议成员带队赴港澳地区走访看望港澳委员、港澳台侨和外事工作顾问，召开香港青年才俊座谈会，宣传推介烟台；拜访澳门山东商会等多家机构，建立友好往来关系。市政协组团赴台湾开展经贸文化交流和宣传推介工作。

【文史资料】 2019年，市政协牵头成立烟台市戚继光研究会，深入研究和挖掘民族英雄戚继光的史学价值。与深圳市政协联合开展东江纵队红色文化研究，并在烟台联合举办“北撤烟台——东江纵队革命历史专题展”暨弘扬东纵红色文化专题研讨会。出版《烟台政协70年》，13万字；出版《烟台文史》第6期、第7期，发行4000册，23万字；完成《烟台文化遗产大观》丛书的史料征集工作，120万字。

重要会议与活动

【重要会议】 2019年1月11日，市政协召开十三届十次常委会议，听取市政府关于市政协十三届二次会议后提案办理情况的通报，审议通过有关人事和机构设置事项，审议通过关于召开市政协十三届三次会议的有关事宜，决定市政协十三届三次会议于1月15日召开。

1月15—18日，市政协十三届三次会议在烟台召开。市政协主席朱秀香，副主席田明宝、姜中二、秦松、曲荣君、梁传松、王国伟、李京波、刘建峰，秘书长宋志刚出席会议。与会委员听取并审议批准朱秀香代表政协第十三届烟台市委员会常务委员会所作的工作报告和曲荣君代表政协第十三届烟台市委员会常务委员会所作的关于市政协十三届二次会议以来提案工作情况的报告，审议批准政协第十三届烟台市委员会2019年协商工作计划安排的报告。会议选举王成华（女）、王寿山、王茂波、卢国栋（女）、任长良、刘世渊、刘焕明（女）、李明强、李浩生、张勤敏、邵伟伟、赵杰、赵燮、侯建强、秦随兵、贾平（女）、徐世艾、郭强、黄亚林、隋玉娜（女）、曾宪胜21人为政协第十三届烟台市委员会常务委员会委员。

2月28日，市政协召开十三届二十一次主席会议，审议通过市政协2019年工作要点、市政协关于担当作为狠抓落实以高质量履职助推烟台高质量发展的实施意见、市政协2019年委员视察工作安排、十三届市政协专门委员会委员名单、市政协专委会联系界别联络组和区域活动组分工。

5月28日，市政协召开十三届十二次常委会议，围绕“加快烟台市家政服务业发展”开展专题协商。

8月2日，市政协召开十三届十三次常委会议，听取市政府关于2019年上半年烟台市经济社会发展情况、全市乡村振兴工作有关情况的通报，围绕“深化农村改革，激发乡村振兴内生动力”开展专题协商。

9月12日，市政协召开“不忘初心、牢记使命”主题教育工作会议。市政协党组书记、主席朱秀香在会上讲话，党组副书记、副主席姜中二主持会议。省委主题教育第四巡回指导组副组长姚丙华及指导组成员，市政协党组成员出席会议。

9月27日，市政协召开十三届十四次常委会议，围绕“提升农村基层和城市社区网格化管理水平，创新社会治理”开展专题协商。

10月15日，市委政协工作会议在东山宾馆召开。市委书记张术平出席会议并讲话，市政协主席朱秀香传达中央、省委政协工作会议精神，市委常委、组织部部长于涛主持会议。

11月6日，市政协组织召开银企对接助推经济高质量发展座谈会。

12月27日，市政协召开智库专家座谈会，围绕发挥政协智库作用、助推经济社会发展建言献策。

12月31日，市政协召开十三届十五次常委会议。会议书面传达中央和省委、市委有关会议精神，听取市政府关于市政协十三届三次会议以来提案办理情况的通报，审议通过召开市政协十三届四次会议的有关事宜，决定市政协十三届四次会议于2020年1月9日在烟台召开。会议还审议通过《市政协提案工作条例》和有关人事事项。

【重要活动】 3月22日，市政协组织部分委员赴牟平区水道镇东直格庄村开展“六送六下乡”暨“关注扶贫、美丽乡村送温暖”活动，捐赠5吨高效海藻有机肥。

3月27—29日，省政协副主席唐洲雁带领调研组到烟台，围绕“选好配强支部班子，打好乡村振兴的组织基础”进行调研。

4月3日，朱秀香到芝罘区调研“创新基层社会管理”工作。

4月4日，市政协组织开展“促进黄金金融业加快发展”主题经济沙龙活动。

4月8—10日，省政协副主席王艺华带领调研组到烟台，围绕“加强农产品质量品牌建设”进行调研。

4月23日，朱秀香走访烟台稼地服装有限公司。

4月23日至5月10日，市政协“推进新时期农村电子商务加快发展”调研组先后到海阳、招远、栖霞以及菏泽、德州等地开展调研。

5月7—8日，省政协调研组到烟台，围绕“改善营商环境，扩大对外开放”进行调研。

5月12—18日，市政协“深化农村改革，激发乡村振兴内生动力”调研组，赴江苏、浙江等地学习考察。

5月15日，市政协组织部分委员围绕“全民阅读、书香烟台”建设情况，到万科翡翠湾城市书房、当当阅界城市书房和烟台图书馆视察。

5月20日，市政协组织部分医疗卫生界委员和专家，赴莱阳市穴坊镇王家村和西躬家庄村开展义诊活动。

5月28日，市政协组织部分委员到昆嵛山保护区，调研护林防火工作，慰问一线护林防火职工，发放慰问金2万元。

5月30—31日，山西省政协调研组到烟台，围绕“关于推进医养结合，发展康养产业的建议”进行调研。

6月14日，市政协组织担任政法系统社会监督员的委员，围绕“认真履行社会监督员职责”进行座谈。

7月3—5日，省政协副主席、党组副书记吴翠云到烟台，围绕民盟山东省委《关于加快海洋强省建设，推动高质量发展的建议》重点提案落实情况开展视察督办。

7月11日，市政协组织部分委员围绕公安出入境管理工作，到市公安局出入境服务大厅、反电诈工作专区和指挥调度大厅视察。

7月17—19日，省政协调研组到烟台，围绕“增强创新能力，促进新旧动能转换”进行调研。

7月19—20日，深圳市政协主席戴北方带领调研组到烟台，围绕“合作开展东纵北撤登陆烟台遗址保护事宜”进行专题调研。在烟期间，调研组实地考察胶东革命纪念馆、东纵北撤烟台登陆点、东纵烟台司令部旧址等，探望当年东纵驻扎烟台时的亲历者，并就深圳市与烟台市合作开展东纵北撤烟台旧址保护利用相关事宜进行座谈。

7月25日，市政协组织部分委员围绕《关于加强中小学体育教育、增强学生体质的建议》《关于整顿小饭桌、加建中小学生吃饭午休场所的建议》两件重点提案进行督办协商。

8月1日，市政协组织部分委员围绕《关于加强生态数据统筹应用的建议》《关于加强我市矿区尾矿粉污染监管的建议》两件重点提案进行督办协商。

8月8日，市政协调研组到龙口市徐福街道四农社区、北马镇前诸留村、黄山馆镇驿东新苑社区，围绕“农村土地经营权流转工作及城乡建设用地增减挂钩工作”进行调研。

8月9日，市政协组织部分委员围绕“都市工业发展”，到芝罘区视察。

8月20日，市政协组织部分委员围绕“农村人居环境综合治理”，到莱山区解甲庄街道南水桃林村、朱柳村视察。

8月22日，市政协组织部分委员赴牟平区王格庄镇联合举办“爱祖国、爱家乡、献礼祖国70华诞”主题歌会。

8月27日，市政协组织部分委员围绕供销社“为农综合服务体系建设”工作，到牟平区供销社龙泉商贸城、为农服务中心和市供销社龙泉茶业基地视察。

8月30日，市政协组织部分委员围绕“加快现代物流业发展，促进区域性物流中心建设”，到宝能烟台国际物流中心和山东济铁烟台物流园视察，并开展对口协商。

9月5日，市政协组织从事法律工作的委员到福山区福惠社区，为社区居民提供法律咨询和法律援助。

9月11日，市政协组织部分委员和市园林处专家到牟平区水道镇东直格庄村开展“送科技下乡暨助建美丽乡村”活动。

9月25日，市政协组织部分委员围绕“化工产业安全生产转型升级情况”，到泰鸿橡胶有限公司视察。

10月6日，市政协组织部分委员围绕《规范医疗责任保险运行机制，构建和谐医患关系》《严厉打击和有效防范针对老年群体的涉众经济犯罪》两件重点提案进行督办协商。

10月14—16日，省政协副主席王修林带领调研组到烟台，围绕“构建我省医养康护服务体系”进行调研。

10月18日，市政协围绕“推动农村人居环境综合治理”开展对口协商。

10月23日，市政协组织部分委员围绕“文物保护和旅游业融合发展”，到雷神庙战斗遗址、牟平恤养院旧址视察。

10月23日，市政协组织部分委员围绕基层宗教管理工作到海阳市基层宗教场所视察。

10月28日，市政协围绕“发挥商会作用，助推民营经济发展”开展对口协商。

10月28日，朱秀香走访中铁渤海铁路轮渡有限责任公司。

11月6日，市政协组织部分委员围绕《关于加强生态数据统筹应用的建议》《关于加强我市矿区尾矿粉污染监管的建议》两件重点提案进行督办协商。

11月8日，朱秀香视察尚恩家政服务公司和联民集团有限公司，围绕"推动全市家政服务业发展"开展专项民主监督。

12月20日，市委副书记、市政府市长陈飞走访市政协机关，与市政协领导班子成员座谈，围绕政府工作征求意见建议。

12月24日，市政协组织部分委员视察芝罘区文化路农贸市场、东方巴黎农贸市场和进德农贸市场，围绕"文明城市创建工作"开展专项民主监督活动。

重点提案

【概况】 2019年1月，市政协十三届三次会议以来，市政协委员、各民主党派市委、市工商联和市政协各专门委员会提交提案673件，经审查，立案526件。根据市政协《提案工作条例》《重点提案遴选与督办办法》等有关规定，从立案提案中遴选出19件提案作为重点提案，经主席会议研究确定，形成《市政协2019年重点提案阅批、督办协商计划》。其中，报送市委、市政府领导阅批4件，由市政府分管副市长和市政协主席会议成员共同领衔督办协商15件，组织开展7次督办协商活动。

【重点提案选介】 2019年，市政协在19件重点提案聚焦烟台市新旧动能转换、乡村振兴、生态环境保护等党政中心工作，群众普遍关心关注的民生热点难点问题上，通过调查研究，提出许多措施具体、可行性较强的意见建议，为党政部门更好地开展工作提供参考。《关于加快烟台职业教育与地方产业融合发展，促进新旧动能转换的建议》《关于深挖海洋产权市场，助力海洋强市建设的提案》等由市政府分管副市长和市政协主席会议成员共同协商的重点提案，在梳理市领导关注的重点问题的同时，进行及时跟进和有效落实。《关于规范和加强我市医疗广告审批监管，保障患者利益的提案》等市领导阅批的重点提案，得到市委领导肯定。

省、市政协委员名单

住烟台山东省政协委员名单（37名）

于永信　马继业
王一涵（女）　王文本
王成华（女）　王作鹏
王建中　叶乐明
曲宏伟　朱长红（女）
朱秀香（女）　朱希强
刘克静（女）　刘泽铭
李明治　李京波（女）
李建平　吴健民
邹志强　宋　勇
宋华西　张　伟
张　波（女）　张金波
张宝健　张海燕（女）
栾　奕（女）　唐　波
崔明德　隋子林（女）
彭德洲　程伟华
傅永宽　释真龙
释悟实　翟小芳（女）
潘士友

烟台市政协委员名单（495名）

中国共产党（24名）

王天立　王玉平（女）
王立国　王式亮
王国伟　王维宙
朱秀香（女）　许前东
孙运波　李浩生
杨效坤　肖模田
宋志刚　张　岩
张建生　陈绍广
赵　杰　郝德军
柏华煜　姜中二
郭尊东　梁传松
谭　伟　戴志东

中国国民党革命委员会（7名）

卢　辉　刘希光
孙佑昆　张宏伟
周晶明　贾志林
隋子林（女）

中国民主同盟（11名）

王　瑞　王　德
卢国栋（女）　丛　芸（女）
冯钢铭　华　臻（女）
杨世安　冷广东
苗志萍（女）　姜海燕（女）
鞠晓明（女）

中国民主建国会（8名）

于春水（女）　王凤泰
王家涛　刘义钦
杜振民　郎丰忠
郝瑞勇　徐杰芳

中国民主促进会（7名）

于　泳　曲荣君
孙泓炜　陈宗利
侯西勇　姜洪波（女）
高素琴（女）

中国农工民主党（7名）

王茂波　孙丰宝
李京波（女）　连　清（女）
张恩宁（女）　郝翠芳（女）

贺业赤

中国致公党（9名）

王成华（女）　刘林德
李忠维　李德翔
宋鹏飞　陈桂勇
姜斑女（女）　高秀岩
唐振铎

九三学社（9名）

牟冬梅（女）　李　玲（女）
李忠臣　张香兰（女）
张桂德　秦　松
常黎明　梁启华
樊　静（女）

无党派人士（9名）

马永平　王雪欣
田明宝　刘建峰
孙吉福　李　玲（女）
迟美娜（女）　张邦业
韩　玲（女）

中国共产主义青年团（5名）

王东亮　杜海涛
张嘉江　胡珊珊（女）
薛文华

总工会（12名）

王　枚（女）　闫艳华（女）
李成山　李红新
辛兆强　房本瑜
郝宗发　高明才
唐玉卿（女）
翟　纯（女，蒙古族）
魏　强（女）　黄亚林

妇女联合会（13名）

于　晶（女）　马晓菲（女）
王明洁（女）　王晓梅（女）
王笑停（女，满族）
孙春杰（女）　邹　虹（女）
宋修波（女）　林月红（女）
郑英卿（女）　赵恒立（女）
曹风春（女）　潘　莅（女）

青年联合会（6名）

王　哲　孙长虹（女）
张　真（女）　张同泉
陈　静（女）　解继全

工商业联合会（13名）

王凤华（女）　王立波
王全宁　王春雷
刘兰清（女）　刘德旭
纪华芹（女）　纪涵文
陈光晓　范绍波
季道远　姜军武
訾艳芹（女）

科学技术协会（10名）

于希峰　王云芝
王连红（女）　丛　宁（女）
仲晓宁（女）　刘维正
李君斋　郝春萍（女）
钱如贵　梅展豪

台湾同胞联谊会（2名）

李建平
蔡志强（高山族）

归国华侨联合会（13名）

王少健　王岩峰
王瑞君（女）　华永良
刘　洋　刘前进
牟永生　陆　赟
邵伟伟　郭　强
崔　超　鲍冠云（女）
翟一鸣

文化艺术界（19名）

王　冶　王秀梅（女）
卞　涛　许黎萍（女）
李国森　吴昭冰
冷　宁　迟京丞
张　宁（女）　陈燕琴（女）
郑洪杰　修思礼
姜常论　贺宗仪
袁承光　徐汉伟
栾晓宾　唐　玮
彭成瑶（女）

科学技术界（51名）

于自强　王　珺
王　梦（女）　王广群
王云杰　王永军
王志政　方琼谊
孔　伟　邓俊英（女）
石高峰　冯　庸
曲昆生　刘云龙
刘永胜　刘宏玉
刘黎明　汤传乐
孙明海　李　波（女）
李日华　李勇军
李殿邦　杨　平
吴春峰　邹安革
宋焕毅　张　侠
张书亮　张建辉
陈　静　陈　磊
周国永　赵芳彦
赵岩杰　赵金菊（女）
柳忠豪　姜　波
姜振良　宫文浩
耿继川　倪道卫
栾希英（女）　陶旭东
盖元举　董风立
董翠萍（女）　焦召明
解居麟　熊川虎
薛致勇

社会科学界（5名）

于　豪　王建光
孙桂杰（女，锡伯族）
林　江　姜　亮

经济界（62名）

于丰豪　王　宁
王　涛　王仁学
王文强　王旭东
王岩峰　王积武
王培学　王清东
王新军　孔宪凤（女）
史本峰　付培锦
曲运铎　吕素霞（女）
刘　勇　刘希忠
刘尚伟　刘艳霞（女）
孙大超　孙明志
孙宗升　孙春萌
李　孟　杨永业
杨永亮　杨守贤
张　安　张　荔（女）
张华胜　张启友
张建平　张建芳（女）
张绍冰　张善生

张勤敏 陈　蕾（女）
陈义亮 林绍文
罗小阳 赵　军
赵广孝 侯立斌
姜　军 贾　平（女）
顾善科 徐中平
徐宝华 徐建华（女）
栾　宣 郭黎青（女）
黄尚渭 曹　杰
隋玉娜（女） 提瑞婷（女）
彭德杰 葛显光
韩文亭 傅光辉
傅基伟 谭益波

农业界（23名）

于作昌 王清明
方立锁 权福健
任长良 任尚泉
刘仁众 衣学军
孙　健 吴树康（女）
沈兴海 张建勃
范长山 郑　钧
郝加喜 姜　梅（女）
姜松环 顾兆国
徐月华 徐敬伟
崔晓云（女） 蒋旭东
潘德辉

教育界（33名）

于　波 于　莉（女）
于建涛 山其红（女）
王秀姬（女） 王洪波
王淑燕（女） 王新宁（女）
邓殿栩 冯开梅（女）
毕见武 曲卫君（女）
孙爱珍（女） 牟　岩（女）
牟晓华（女） 李文喜
李向红（女） 李育华（女）
李鹏运
杨峰丽（女，苗族）
肖丽春（女） 迟景国
张晓永 林同海
季美娜（女） 赵少俐
赵冬梅（女） 徐　荣（女）
徐世艾 徐丽珍（女）
郭宏成 寇润平
董晓良

体育界（7名）

于　风（女） 于永生
孙逢安 李亚林（女）
吴　明 所洪彬
颜秉蓬

新闻出版界（4名）

王　宏（女） 张　博
黄　玮（女） 韩　梅（女）

医药卫生界（25名）

于　霞（女） 于军修
马德年 王　慧（女）
王为娜（女） 王建涛
付希满 吕志波
刘文清（女） 李　玲（女）
邹　勇 张敏静（女）
张燕飞 陈　静（女）
林　卫 林　林（女）
胡书俊 姜兆友
姜洪洋 郭　晶（女）
黄河亮（女） 崔　伟
董　山 傅风华
薛云丽（女）

民族、宗教界（11名）

于　磊 刘万弓
安春宇（达斡尔族）
邹钟毅（女） 张心祥
陆洪军（侗族）
金宗峰（回族）侯信阳
龚清泰 释真龙
释悟实

特别邀请人士（90名）

于　坤 于大勇
于水泉 于文兴
于立祝 于茂清
于忠杰 于逢连
王少丽（女） 王寿山
王宏铭 王欣璧
王宗超 王建军
王政昌 王策铭
王焯琳（女） 王嗣强
王翠珍（女） 田　力
田存基 白咸勇
丛建国 丛鹏程
邢　昀 毕荣花（女）
吕卫东 吕英林
吕松霞（女） 刘　君
刘世渊 刘来英
刘兵兵（女） 刘治波
刘思媛（女） 刘振东
刘铁军 刘焕明（女）
刘静文（女） 衣凤凰
安克强 孙　军
孙永军 孙建华
李　刚 李心敏（女）
李光耀 李国安
李新新（女） 杨　林
杨丽红（女） 吴建勇
吴晓飞 何炳权
佘世昌 谷玲坤（女）
邹　钧 辛卫东
宋贤章 宋昌林
宋宗良 张行如
张旭达 张杰平
张金富 陈思泷
邵力波 林福云
赵　燮 赵美瑜（女）
郝正运（女） 郝永平
相福亮 侯建强
秦随兵 夏晓峰
殷广春 高　军
高景波 郭银涛
曹承华 盖会霞（女）
盖相宇 梁　涛
葛卫华（女） 董福荣
韩国功 曾宪胜
褚丽娜（女） 魏红国

（撰稿：任高飞　审稿：李新征）

责任编校：云　霞

纪检监察

综　述

【概况】 2019年，市纪委加强对各级各部门贯彻落实中共十九大精神，习近平总书记视察山东重要讲话、重要指示批示精神，党内政治生活、民主集中制等情况的监督，强化监督执纪问责，查处违反政治纪律问题71人次。其中，针对落实省委领导批示“走过场”问题，给予党纪政务处分4人。履行协助职责，为市委履行主体责任搭建平台，采取“一封信”、约谈党组织书记、实地调研、检查考核等方式，对各级党组织进行警示提醒。坚持以问责促担责，实施党内问责703起，问责党组织240个、党员领导干部561人。围绕打好“三大攻坚战”、乡村振兴、新旧动能转换、“三重”工作等重大决策部署，强化纪律保障，严肃查处有令不行、有禁不止等问题。其中，针对“大棚房”问题专项清理整治，问责27人；针对省环保督察移交的8个问题，问责17人。

【纪检监察体制改革】 2019年，市纪委巩固拓展监察体制改革试点成果，全面贯彻监察法，全要素规范使用监察措施10918次，其中留置82人。修订完善《问题线索管理和处置工作办法（试行）》，优化工作流程，理顺运行机制；制定出台《反腐败协调小组工作规则（试行）》，加强与司法、执法部门在查办职务违法犯罪案件中的协作配合，提升监察工作质效。深化市县派驻机构改革，市级层面制定改革实施意见及3个配套实施方案，指导有关企业、院校完成机构设置、人员配备等工作；审核县级改革文件，加强督促指导，完成县级纪委监委派驻全覆盖改革任务，县级派驻机构增加编制230余个、人员90余名。发挥信息化建设优势，以获批中央纪委国家监委留置场所科技保障平台信息化试点单位为契机，优化完善一体化智能平台和大数据查询分析研判平台，部署谛听、智能讯问、智能审理、智能阅信、全景语音会议系统，建成集留置全流程信息化管理、智慧看护等功能为一体的综合管理平台；在芝罘、福山等6地同步试点，推动纪检监察工作与现代信息技术深度融合。

【监督职责】 2019年，市纪委制定出台《监督检查工作实施办法（试行）》，把“两个维护”、全面从严治党、党风廉政建设、意识形态等作为日常监督重点，盯住权力运行各个环节，用好监督执纪“四种形态”，采取谈话函询措施471件，前两种形态占比92%。统筹用好信访、述责述廉、廉政档案、聘请特约监督员等举措，研究制定市委巡察机构与市纪委监委有关部门、派驻机构与委机关部门及巡察机构协作配合实施意见，推动“四个监督”有序衔接、协调一致。组织县市区党政领导班子成员向同级纪委全会、县市区党委主要负责人向市纪委全会进行述责述廉；全市1900多名市管干部纸质和电子廉政档案实现全覆盖。各派驻机构嵌入监督“三重一大”事项1011次，处置问题线索508件，立案58起，处分处理50人。

【纠治“四风”】 2019年，市纪委在纠治“四风”中，查处违反中央八项规定精神问题508起、处理542人；严肃整治领导干部利用名贵特产类特殊资源谋取私利问题，查处相关问题2起，党纪政务处分2人；严肃整治形式主义官僚主义问题，查处问题993起、处理1127人。协助市委开展“作风提升年”活动，参与全市首档电视问政节目《问政烟台》，通过问政问责联动，促进问题整改、作风提升；对14个县市区、58个部门、8个国有企业深入察访，制作专题片在全市警示教育大会播放。制定出台《实施容错纠错工作流程（试行）》，先后对2名干部容错免责，对8起举报不实问题进行澄清，通报曝光诬告陷害党员干部典型问题2起。

【反腐败审查】 2019年，全市纪检监察机关处置问题线索9284件，立案4156件，结案3696件，处分3666人。严肃查办烟台银行、市融资担保有限责任公司、市人防办原主要负责人以及烟台山医院、毓璜顶医院副院长等一批严重违纪违法案件。制定追逃追赃工作规则，调整充实3个工作专班加大工作力度，3名外逃人员已劝返1人。从严抓实以案促改，督促政法、公安、国资、卫生健康、金融等7个重点领域用好身边“活教材”，开展警示教育、梳理廉政风险、堵塞制度漏洞；制发纪检监察建议书48份，督促相关部门单位针对人防系统腐败、生猪屠宰领域涉黑涉恶等8个突出问题开展专项治理，健全完善制度规范67项。针对市管干部、机关党员干部和基层农村党员干部，有针对性地定制“廉政教育套餐”，召开全市警示教育暨作风建设大会、“七一”表彰暨警示教育大会、党的建设暨警示教育大会、全市警示教育大会、新提拔市管干部集体廉政谈话会，制播本地典型案例警示教育片《歧路》《亮剑》《迷失的心》《权力的迷途》以及廉政寄语视频《家风》。

【整治腐败】 2019年，全市纪检监察机关开展专项治理，漠视侵害群众利益问题专项整治查处问题369起，处理425人；扶贫领域腐败和作风问题专项治理查处问题346起、处理373人；民生领域专项整治查处侵害群众利益问题1351起、处理1442人。开展解决农村纪检监察信访举报专项行动、转变基层作风化解信访举报问题专项治理，全市到京访同比下降36.5%，到省访同比下降28.5%。推进“惩腐打伞”，查处涉黑涉恶腐败及“保护伞”问题105起、236人，其中涉黑涉恶腐败57起94人，“保护伞”24起37人，工作推动不力24起105人。

【队伍建设】 2019年，在全省纪检监察系统先进集体和先进个人评选中，烟台市有3个单位、9人获表彰；市纪委监委学雷锋志愿服务队被评为“烟台市优秀青年志愿服务组织”，7人获全市优秀共产党员、先进工作者等荣誉称号。落实全员培训要求，举办各类培训班79个、培训5300余人次，覆盖率达100%；组织47名县级干部赴复旦大学专题研修，选派210名纪检监察干部到中央、省、市纪检监察机关帮助工作、参加双向学习锻炼和万名干部下基层活动，提拔任用科级及以上干部81名。强化内部监管，修订完善借用干部、“一书两卡”监督办法等6项规章制度；坚持刀刃向内，对执纪违纪、执法违法坚持“零容忍”，处置涉及纪检监察干部问题线索119件，立案7件，处分处理31人。

重要会议与活动

【重要会议】 2019年1月4日，县市区纪（工）委书记座谈会议召开，市委常委、市纪委书记、市监委主任岳德川主持会议并讲话。

1月4日，全市作风大改进工作领导小组成员单位扩大会议召开，市委常委、市纪委书记、市监委主任岳德川出席会议并讲话。

1月25日，中共烟台市纪委十三届四次全体会议召开。出席全会的市纪委委员36人，列席256人。市委书记张术平出席全会并讲话。市委常委、市纪委书记、市监委主任岳德川代表市纪委常委会作工作报告。

2019年1月29日，2018年新提拔市管干部集体廉政谈话会议召开

（供稿：丛麟）

1月29日，新提拔市管干部集体廉政谈话会议召开，市委常委、市纪委书记、市监委主任岳德川出席会议，对2018年新提拔的市管干部进行廉政谈话。

3月5日，专项治理工作会议召开，市委常委、市纪委书记、市监委主任岳德川出席会议并讲话。会议决定，2019年重点围绕形式主义官僚主义突出问题、生猪屠宰领域涉黑涉恶问题、人防系统腐败问题、信访举报问题、市直机关党建问题、城市违法建设问题等方面开展专项治理。

4月1日，企业家座谈会召开，向有关企业家代表征求干部作风和营商环境建设方面的问题和意见建议。

4月24日，市作风大改进工作领导小组成员单位联席会议召开，市委常委、市纪委书记、市监委主任岳德川主持会议并讲话。

6月24日，深化市级派驻机构改革工作联席会暨交流座谈会召开。

7月9日，市委反腐败协调小组会议召开，市委常委、市纪委书记、市监委主任岳德川出席会议并讲话，市委常委、市委组织部部长于涛主持会议。

7月18日，作风大改进第一次“评诺”会议召开，听取13个热点部门主要负责人报告“践诺”情况，市委常委、市纪委书记、市监委主任岳德川主持会议并讲话。

7月18日，全市案件质量及审理工作会议召开。

9月6日，全市深入推进人防系统腐败问题专项治理工作会议召开。

9月16日，市纪委监委全体干部会议召开，市委书记张术平出席会议并讲话；省委第十三巡视组组长岳德川出席会议并讲话；市委常委、市委组织部部长于涛出席会议并宣读任免决定；市委常委、市纪委书记傅逊出席会议并讲话。根据组织安排，岳德川任山东省委第十三巡视组组长，不再担任烟台市委常委、市纪委书记、市监委主任；傅逊任烟台市委常委、市纪委书记，不再担任威海市委常委、市纪委书记、市监委主任。

9月20日，全省纪检监察系统表彰大会在济南召开，烟台市纪委监委党风政风监督室、莱州市纪委监委、海阳市纪委监委3个单位获“山东省纪检监察系统先进集体”称号；刘文清、杨林瀚、王泽立、王志铭、刘志华、刘玉安、李锐、赵金光、车志孟9人获“山东省纪检监察系统先进个人”称号。

10月29日，市人大常委会召开第22次会议，会议任命傅逊为烟台市监察委员会副主任；会议表决通过烟台市人民代表大会常务委员会关于接受岳德川辞去烟台市监察委员会主任职务的请求的决定；会议决定傅逊为烟台市监察委员会代理主任。

11月4日，反腐败国际追逃追赃工作专题协调会议召开，市委常委、市纪委书记、市监委代主任傅逊主持会议并讲话。

11月6日，漠视侵害群众利益问题专项整治调度推进会议召开。

11月8日，县市区纪（工）委书记座谈会议召开，市委常委、市纪委书记、市监委代主任傅逊主持并讲话。

12月20日，全市党风廉政建设情况党外人士通报会召开，市委常委、市纪委书记、市监委代主任傅逊出席会议并通报2019年度党风廉政建设情况。

12月30日，县市区党（工）委书记向市纪委全会述责述廉会议召开，市委常委、市纪委书记、市监委代主任傅逊主持会议并讲话。

【重要活动】 4月17日，省纪委监委第三专项检查组对牟平区、蓬莱市、龙口市纪委监委开展专项检查。

4月22—24日，省纪委监委案件审理工作检查组到烟台开展处分决定执行情况暨案件质量检查。

4月25日，中央纪委国家监委信息中心印发《关于同意山东省烟台市纪委监委开展留置场所科技保障平台信息化项目试点的复函》（中纪国监信息〔2019〕22号），市纪委监委获批全国留置场所科技保障平台信息化项目试点单位，试点期限12个月。

5月17日，市纪委组织对30个扶贫领域职能部门履行监管责任情况开展为期1个月的专项监督检查。

5月20—23日，市纪委组织对16个县市区纪检监察机关保密工作执行情况开展集中督导检查。

7月4—6日，省委常委、省纪委书记、省监委主任陈辐宽一行到蓬莱市、长岛县调研，省纪委常委、秘书长、省监委委员陈培华，市委常委、市纪委书记、市监委主任岳德川陪同调研。

10月25日，市纪委举办纪检监察系统专项检查培训班，动员部署第一轮专项检查工作。自10月下旬起，组织3个专项检查组围绕纪检监察机关履行监督责任和系统内部管党治党“两个责任”以及纪检监察干部学习贯彻中共十九大精神、遵守政治纪律和政治规矩、纪律作风、履职尽责、自身建设等方面情况，对芝罘区、海阳市、招远市纪委监委开展专项检查。

12月5日，市纪委召开新闻发布会，市纪委副书记、市监委副主任邢永强通报漠视侵害群众利益问题专项整治工作情况。

2019年12月5日，市纪委召开新闻发布会，通报漠视侵害群众利益问题专项整治工作情况　（供稿：丛麟）

（撰稿：丛麟　审稿：连峻峰）

责任编校：云　霞

法　治

综　述

【维护社会稳定】 2019年，全市政法机关完成中华人民共和国成立70周年大庆安保、海军成立70周年多国海军活动、"一带一路"高峰论坛开幕式等重大活动安保维稳任务。化解信访积案，加强涉军、涉师、涉众、涉疫苗等重点群体动态排查管控，10年以上信访积案全部"清零"，5～10年、5年以下信访积案化解率均达80%以上。以扫黑除恶"山东战役"烟台行动为总抓手，打响以广泛动员发动为切入点的"声势战"、开展以反腐打伞为主攻方向的"攻坚战"、发动以重点行业领域整治为目标、涉黑涉恶线索核查办理为重点的"破袭战"，掀起对黑恶势力的强大攻势，推动全市扫黑除恶专项斗争向纵深推进。开展治爆缉枪、打击"两抢一盗"、电信诈骗、非法集资等专项行动，打击暴力犯罪、多发性侵财犯罪、涉众型经济犯罪、毒品犯罪、网络违法犯罪等犯罪活动。创新打击电诈"市级主研主侦、县级主抓主办"联合作战模式，全国现场推进会在烟台召开。"云剑"反诈、追逃、打击民族资产解冻类犯罪列全省第一。全年破获刑事案件1.5万余起、治安案件3.2万余起，47起命案全部告破。推进见义勇为工作，把建设"正气烟台"作为推进见义勇为事业的总抓手，在妇女节、清明节、护士节等节点，对见义勇为牺牲人员家属、见义勇为人员及对见义勇为事业做出贡献的人员进行走访慰问和表彰奖励，举办正气烟台第四届见义勇为颁奖典礼，联合市红十字会对44名造血干细胞捐献者进行表彰。

【服务社会发展】 2019年，市政法机关出台《依法保障和服务民营企业健康发展实施意见》《"一次办好"便民惠商56条》等文件，推动各类服务"一次办""一门办""马上办""公开办"。组织政法部门开展一系列护航经济发展专项行动，增强服务发展的预见性、深度性和实效性。在芝罘区、高新区等科技企业密集区，建立集咨询宣传、定期联络、侵权办理于一体的知识产权保护中心。全年提供法律咨询600余次，惩治影响现代产业发展、破坏市场经济秩序、侵犯知识产权犯罪580余人。在党委政府关注、人民群众关切的敏感事件、重要案件等急难险重问题面前，主动承担打击防范、调节保护职能。全市破获涉众型经济犯罪、恶意逃废银行债务案件725起，审结企业破产重组、股权转让等案件341件，执结涉企案件9282件，挽回直接经济损失8.7亿元。组建成立民营企业法律服务联盟，开展"千名律师服务千家企业"活动，组织"法治体检"1400余次。

【法治建设】 2019年，市政法机关实施"七五"普法规划，开展"宪法十进"，推进"谁执法谁普法"责任制落实，加强"一堂一会一阵地"建设，将"法德共进"与"自治、法治、德治"三治结合治理体系相靠拢，与"共建、共治、共享"的基层社会治理格局相融合。推进执法规范化建设，完善执法司法权力监督制约机制，定期对容易滋生执法司法腐败的重点领域和关键环节，进行重点监督、重点管控。组织召开两次警示教育大会，剖析近年来全市政法系统违纪违法案件和作风建设方面的案件，以案示警、以案为戒、以案促改，推动广大政法干警依法履职、严格自律。制定实施全市法治政府建设年度计划，部署开展法治示范单位创建活动，探索实行以"三提前、三结合、三规范"为主要内容的"繁简分流、高效便民"工作法和以"零距离、五现场、三渠道、五公开"为基本模式的"0535阳光复议"工作机制，被省司法厅推介。行政执法监督"全覆盖、全方位、全融入、全规范"的烟台模式被司法部推广。

【矛盾化解工作】 2019年5月21日，全省调解工作会议在烟台市召开，省委常委、政法委书记林峰海对烟台市首创的"五级推进、五化并举"调解工作经验给予肯定，并要求在全省推广。在每个县市区都打造集接待、受理、调处、督办、化解、回访于一体的调解"一站式""综合化"实体平台，辖区内各行业专业调委会统一进驻，"情、理、法、德"多管齐下，让群众"进一个门、调千种事、解万家忧"，实现"一站式受理、零距离服务、专业化调处、综合性解决"。全年化解矛盾纠纷26299起，化解成功率95.7%。聚焦矛盾频发、纠纷集中的行业和领域，在医疗纠纷、道路交通、物业管理、劳资纠纷、金融保险等数10个行业和领域建立行业性专业性人民调解组织。成立全国第一家破产清算重组调委会和全省第一家知识产权纠纷调委会，组建由18家知识产权研究机构和法律服务机构组成的知识产权纠纷调解专家库。推动金牌人民调解员进驻公安派出所，设置专职调解室，构建起“治安＋调解”的“警民联调共同体”，缓解基层民警的调解压力。聚焦品牌联建，鼓励专业能力强、知名度高、热心调解的人民调解员建立个人品牌调解工作室，形成群众身边“信得过、靠得住、叫得响”的调解品牌集群。全市建立个人品牌调解工作室161个，每月调处各类矛盾纠纷1000余起。

【基层社会治理】2019年，市政法机关按照“实体化、实战化、实用化”要求，统筹公安派出所、司法所、人民法庭、派驻检察室和民政、信访等基层资源力量，推进市县乡村四级综治中心标准化建设。全市所有区市均建起县级综治中心；所有的镇街综治中心均达到标准化建设要求，村（社区）建成率达到82%。在全省率先为全市所有镇街配备专兼职政法委员，为各级综治中心配备主任和工作人员，确保综治中心工作有人管、有人干。整合社会治理力量，将党的建设、社会保障、综合治理、应急管理、社会救助、重点人员管控等统一纳入网格化服务管理体系，建立起多网融合、一网统筹的总体格局。针对“网眼太大”的问题，按照“四至清晰、规模适度、方便管理、相对稳定”的原则，重新梳理划分基层网格。其中，城市社区每300～500户或1200人左右划分一个网格，农村每个行政村划分为一个网格。同时，在每个网格配备1名网格员的基础上，每50户再配备1名网格助理员。年内，全市城乡社区划分网格1万余个，专兼职网格员3万余名，基本做到“一格一员”或“一格多员”。强化群防群治力量建设，搭建“居民议事会”“村民说事室”等自治载体，实现民事民议、民事民办、民事民管。在全市范围内配备警务助理6263名，“一村一警务助理”实现全覆盖。

【智能化建设】2019年，市政法机关推进全市综治信息系统建设，研发全市综治信息系统，开发“四步流程”运行督导模块、“平安指数”模块等。在“平安指数”模块中，可以实时采集各地重大刑事案件发案、吸毒人员数量万人比、进京非正常上访人次数、群众对社会治安的满意度等20项要素指标，市里每季度将各要素指标按权重进行汇总测算，年底进行汇总，对指数最低的县市区作为全市社会治安、安全问题相对突出县市区向省委政法委上报备案，并对其政法委书记进行约谈。推进“平安智慧社区”建设，打造集三维码数字门牌、智慧安防小区、重点单位安防、交通要素管控、社区治理一体化等为一体的社区生态应用系统。整合前端视频监控、出入口管理、信息发布、周界报警、可视门禁、一键报警、移动应用、物联网防盗、电子巡更、烟感探测、可燃气体探测、智慧用电子系统等子系统，搭建“智能管理＋治安防范＋政务服务＋便民生活”社区服务平台。全市建成平安智慧社区50余个。推进“互联网＋政法”服务平台建设，依托微信、手机APP等新媒体平台，深化“烟台政法”“公正烟台”“烟台公安”“智慧检务”“烟台司法”“正气烟台”等新媒体平台建设。“烟台公安”注册用户超过300万，访问量突破8000万人次。在全省政法系统微信影响力排行榜中，“烟台政法”始终位居全省前列，并在全省经验交流会上进行经验交流。

【政法队伍建设】2019年，市政法机关开展“素质强警”工程，按照“县级干警进高校，科级干警进党校，普通干警进网校，全体干警大轮训”的工作思路，推进政法干警教育培训工作。与市委组织部联合在上海交通大学举办为期一个周的烟台市推进市域社会治理创新专题研修班，全市60名政法干部参加培训。开展“从严治警”工程。研究出台“五监督”“五评议”工作意见，通过政治督察、执法监督检查、纪律作风督查巡查、政法部门相互监督和社会监督等措施，分级分层面开展督察评议，对发现的问题以“督办单”发到政法部门，责令限期整改，评议结果纳入年终考核。10月21—28日，市委政法委牵头成立两个案件评查小组，分别对3个县级法院、3个县级公安局执法办案情况进行现场抽查和带案评查，对发现的问题进行现场反馈，责令限期整改，推动办案质量不断提升。开展“从优待警”工程，在全市政法机关建立政法干警职业荣誉制度，推进落实入职授衔宣誓、退休座谈、表彰激励、功模休养、优抚负伤牺牲干警等政策。健全依法履职保护机制，加强对政法干警执法权益的保护，坚决依法打击暴力抗法者，旗帜鲜明地支持政法干警严格执法、公正司法。加强政法文化建设，分系统建立荣誉室、文化长廊等设施场所，市公安局在首届全省公安系统警体运动会上获得第一名。

（撰稿：于涛　审稿：赵常春）

地方立法

【概况】2019年，市人大常委会审议通过制定《烟台市山体保护条例》《烟台市海岸带保护条例》和《烟台市民营经济促进条例》3部地方性法规。

【《烟台市山体保护条例》立法过程】2019年6月18日，市十七届人大常委会第二十次会议对条例草案进行初审，提出一些意见和建议。会后，市人大常委会法工委书面征求省人大常委会法工委的意见，征求市政府有关部门、人民团体、民主党派、工商联、各县市区人大、政府以及立法基地、部分人大代表、立法顾问对条例草案的修改意见和建议，并通过烟台人大信息网向社会公开征求意见。7月9—11日，法工委会同市政府有关部门到招远市、栖霞市、牟平区进行立法调研，实地走访查看部分山体，听取基层部门的意见。7月16日，法工委组织市政府有关部门召开座谈会，听取对条例草案的修改意见。7月25日，法工委邀请立法基地、部分立法顾问召开论证会，就条例草案中有关专业性问题进行研究论证。根据省人大常委会法工委的审查意见和各方面的修改意见，法工委对条例草案进行修改。7月26日，法制委员会召开会议，听取法工委关于条例草案修改建议的汇报，对条例草案统一审议，在此基础上，法制委员会提出条例草案修改稿。8月28日，市十七届人大常委会第二十一次会议对条例草案修改稿进行审议，提出一些意见和建议。9月20日，市人大法制委员会再次召开会议，对条例草案修改稿进行审议修改。10月29日，市十七届人大常委会第二十二次会议审议并表决通过《烟台市山体保护条例》。11月29日，省十三届人大常委会第十五次会议批准。12月2日，市人大常委会予以公告（第65号）。

【《烟台市海岸带保护条例》立法过程】 2019年8月28日，市十七届人大常委会第二十一次会议对条例草案进行初审。常委会组成人员普遍认为，为保护和改善海岸带环境，维护生态平衡，促进经济和社会的可持续发展，制定这部条例非常必要。同时，对条例草案提出一些修改意见和建议。会后，根据常委会组成人员和专门委员会的审议意见，市人大常委会法工委对条例草案进行初步修改，通过烟台人大信息网向社会公开征求意见和建议。同时，还分别征求市政府有关部门、人民团体、民主党派、工商联、各县市区人大、政府以及立法基地、部分人大代表、立法顾问对条例草案的修改意见和建议，并书面报省人大常委会法工委审查。9月11日至12日，法制委、法工委会同市司法局、海洋发展和渔业局、自然资源和规划局、生态环境局，赴莱阳市、蓬莱市进行立法调研，听取对条例草案的修改意见。9月18日，法工委组织市海洋发展和渔业局、自然资源和规划局、生态环境局、城管局、住建局、农业农村局、发改委和司法局召开座谈会，就条例草案部分重点问题进行探讨研究。9月19日，法工委邀请立法基地、部分立法顾问召开论证会，对条例草案有关专业性问题进行研究论证。在上述调研论证的基础上，根据省人大常委会法工委的审查意见和各方面的修改意见，法工委对条例草案多次研究修改。9月20日，市人大法制委员会召开会议，对条例草案修改稿审议修改。10月29日，市十七届人大常委会第二十二次会议审议并表决通过《烟台市海岸带保护条例》。11月29日，省十三届人大常委会第十五次会议批准。12月16日，市人大常委会予以公告（第66号）。

【《烟台市民营经济促进条例》立法过程】 2019年8月28日，市十七届人大常委会第二十一次会议对条例草案进行初审。常委会组成人员认为，为优化营商环境，维护民营经济合法权益，促进民营经济健康发展，制定这部条例非常必要。同时，也对条例草案提出一些修改意见和建议。会后，市人大常委会法工委梳理汇总常委会组成人员和有关专门委员会的审议意见，书面征求省人大常委会法工委的意见，还征求市政府有关部门、人民团体、民主党派、工商联、各县市区人大、政府以及立法基地、部分人大代表、立法顾问对条例草案的修改意见和建议，并通过烟台人大信息网向社会公开征求意见。9月11—12日，法工委会同市政府有关部门到莱阳市、蓬莱市进行立法调研，实地走访部分民营企业，听取基层部门的意见和建议。9月18日，法工委组织市政府有关部门召开座谈会，听取对条例草案的修改意见。根据省人大常委会法工委的审查意见和各方面的修改意见，法工委对条例草案进行修改。9月20日，法制委员会召开会议，听取法工委关于条例草案修改建议的汇报，对条例草案统一审议。9月23日，法工委邀请部分民营企业家召开座谈会，听取民营企业意见和建议，对条例草案进一步修改完善，并向法制委员会作汇报。10月29日，市十七届人大常委会第二十二次会议审议并表决通过《烟台市民营经济促进条例》。

（撰稿：赵兴华　审稿：王国京）

公　安

【概况】 2019年，全市公安机关在全省群众满意度测评中位列第一。被评为2019年度全省优秀市级公安局。被省委、省政府表彰为全省大庆安保维稳工作先进集体，被省厅授予突出贡献奖，并记集体二等功。被市委、市政府表彰为2019年度全市经济社会发展十佳先进集体，全国、全省8个现场会在烟台市召开。完成70周年大庆安保维稳、海军成立70周年多国海军活动等315场次重大安保和警卫任务。侦办涉恐案件17起17人。发现删除涉政谣言信息2580条，落查人员6300余人。省厅交办19起信访积案100%化解，全市进京越级访同比下降41.5%。破获刑事案件11950起，查处治安案件35380起，50起命案全破。打掉黑社会性质组织16个，恶势力犯罪集团60个，涉恶类团伙593个，扣押冻结资产49亿元，综合排名全省第一。连续三年实现电信网络违法犯罪“两降两升”目标，全国现场推进会在烟台市召开。“云剑”行动战果居全省第一，其中反诈、打击民族资产解冻类犯罪两个单项排名全省第一。全市毒情由全省二类地区降至三类。入围全省6个申报“全国首批社会治安防控体系标准化城市”推荐城市，获评全省唯一的社会治安防控体系建设九大系统试点城市。全市监所管理连续13年“零事故”。治理“三非”外国人做法被国家移民管理局总结推广。全市未发生重大道路交通、爆炸和群死群伤事故。深化“放管服”改革，落实“六办”措施，出台便民惠商56条措施。探索“无人警局”“24小时自助车管所”等新模式。升级“互联网+公安”政务服务平台，300余项业务“打包上网”，访问量超1亿人次。打击非法集资等经济犯罪725起，涉案43.5亿元，挽回直接损失8.7亿元。侦办食药环假犯罪案件520起，抓获1350人，全省第一，其中利用保健食品诈骗老年人系列案件得到公安部通令嘉奖。推动市委出台《关于加强新时代全市公安工作的实施意见》。创新推出PTU勤务模式、警情三清归零模式、智慧公安、现代警务共同体、警民联调等亮点品牌。反诈中心在全国全省领先，一级互联网监控中心通过公安部验收并授牌，公安部经侦局数据导侦（烟台）战略中心落成并投入使用。整改“问政烟台”、市委政治巡察反馈提出的问题，消除风险点315处。抓好全警实战大练兵，出台为基层减负23条和机关内部“一次办好”79条措施，募集优抚基金4000余万元。全市189个集体、387名个人受到表彰奖励。

【社会面巡逻防控】 2019年，市公安局为健全“1、3、5分钟”快速反应机制，提升防范应对暴恐活动、个人极端事件等重大风险水平，9月19日起，指挥调度处牵头在市县两级公安机关组建37支PTU作战单元，科学安排执勤点位，精确划分巡防网格，突出显性用警，强化武装震慑，全天候对“1、3、5分钟”快速反应圈进行叠加式、加强式巡控，在全市形成“大投入、大合成、大巡防、大查控”的社会治安管控新格局。按照“突出重点、以快制快”的原则，围绕党政机关、中心广场、学校医院、车站码头等重点部位，划定33个巡区，设置停驻点64个、巡防线路37条，形成市县所联动、点线面结合的巡控网络；参照社会面等级巡防勤务模式，制定三级PTU勤务等级规范标准，根据维稳局势、治安形势和现实需要，梯次增加参巡警力和频次、扩大巡逻范围。

【110接处警规范化建设】 2019年，市公安局围绕警情“三清”工作，指挥调度处通过每日抽查、警情监测、案件点评等措施，加强110接处警规范化建设。统一抢劫、抢夺、入室盗窃、寻衅滋事等25类重点、高发警情的录入反馈工作标准，提高警情数据质量，加强数据支撑服务实战效能。加强对疑似涉黑涉恶警情、重大刑事警情、滋事打架类、邻里纠纷类、拆迁类、故意伤害类等敏感警情的监测，从源头上抓实执法办案质量，最大限度减低执法隐患，避免信访投诉事件发生。每天选取突出警情、多发警情和重大敏感案事件，由值班局长在“日点评”会议上对相关县市区进行调度和点评，并针对疑难警情处置、疑难案件侦办环节提出指导性意见。

【安保工作模式】 2019年，由指挥中心情报部门牵头，整合涉军、涉政、涉众等各涉稳工作专班，成立市局安保情报工作专班。优化顶层设计，建立情报线索一体化会商调度、启动重要线索最高级别通报和快速反馈机制，严格情报信息归口，每天2次集中会商研判、2次视频调度，科学评估研判产品风险等级，分级精准推送“市委书记、政法委书记、公安局长”督办。核查涉稳线索731条，1800余人，全部“清零”。

【警情工作】 2019年，由指挥中心情报部门牵头，打造警情“三清”警务新模式，以“日点评、周研判、月会商”常态研判为抓手，开展维稳形势、警务运行质态综合研判，形成新型合成作战机制。全市每天受理的有效警情全部清零，警情总量每天同比下降600余起，刑事案件立案率同比上升18.56%，治安案件查结率同比上升44.36%，警情引起的初信初防同比下降15.4%，涉警投诉同比下降17.1%，没有发生因执法问题引起的公安行政复议和行政诉讼案件。法制支队每日对全市警情分流、接处警及案件查办等情况进行网上执法巡查，在执法办案闭环管理系统研发应用专门的“三清监督”模块，每日警情分流及受立案情况自动监督、每日打击处理情况和行政刑事案件查结率自动统计。支队每日早8时在全市公安机关早点评视频会上点评执法巡查监督情况，并每日制发一期《警情案件“三清”情况通报》。5月始，按照省厅部署，法制支队在全市公安机关针对2016年

10月后的未清零警情和未处结案件开展执法“双清”专项行动。全市清理刑事案件7139起，行政案件7080起，清仓率位居全省前列。

【督察工作】 2019年，市公安局以中华人民共和国成立70周年大庆安保维稳为主线，围绕三年攻坚、重大安保、扫黑除恶等领导关注的中心工作、重点工作，紧盯不落实的人和事不放松，确保事事有着落、件件有回音。围绕队伍管理和规范执法抓督察。以“两所两队两无一零”专项督察为主要抓手，紧盯警情“三清”“放管服”改革、110接处警等工作中的不规范问题，紧盯队伍违规违纪行为，综合运用案件核查、网上巡查、现场督察等形式，狠抓教育管理、追责问责和制度建设，切实解决不作为、慢作为、乱作为等问题。年内，市局组织各类现场督察活动28次，发现查纠问题隐患230余个次，并跟踪抓好整改落实。

【装备建设及信息化建设】 2019年，市公安局完成重点装备项目建设26个，总计9463万元。完成信息化建设项目10个，总计5080万元。投入4383万元为指挥中心、交警、特警配备车辆、安检排爆等警用装备物资。

【打击非法集资等涉众型经济犯罪专项行动】 2019年，市公安局运用经侦侦控大数据和公安技术手段，在案前及时有效发现管控和案中及时查处稳控两个关键环节上超前预警、提前布控、依法查办。发挥派出所等一线实战部门防范打击非法集资的职能作用，联合市场监管、税务、街道办事处等部门，开展非法集资“零发案”辖区创建工作，从源头上加强防控。全年烟台经侦立涉众型经济案件89起，破案59起，抓获嫌疑人223名，逮捕33人，移诉35起133人，挽回经济损失2000余万元。

【打击恶意逃废银行债务专项行动】 2019年，市公安局印发《打击恶意逃废银行债务专项行动实施方案》，对此类犯罪开展专项打击行动，成立全市公安机关打击恶意逃废债工作领导小组，以经侦、法制等部门为成员。全年烟台经侦打击恶意逃废债金融违法犯罪，立骗取贷款案6起、高利转贷案1起，破案3起，抓获犯罪嫌疑人8名。

【云端工作】 2019年云端发展打击任务7起，接受部署应用任务68起，其中有立案打击战果的24起，抓获犯罪嫌疑人50人；协查子系统收到协查任务257起，涉及烟台市14个县市区，核查总人数达3万余人次。

【治安防控建设】 2019年，全市治安部门按照市局“12345”的总体思路，知责、明责、尽责，守住底线，完成77项、315场次大型活动安保任务；联合司法局印发《关于建立“警民联调”工作机制的实施意见》，并召开现场会，部署开展人民调解员、律师进派出所、进社区活动；成立专班推动社会治安防控体系建设标准化城市创建工作，入围全国候选城市和全省唯一“九大系统”试点申报城市；先期创建25个“枫桥式派出所”示范点、28个“现代警务共同体”示范点，试点建设30个“智慧社区”，省厅在烟台市召开会议推广智慧社区“烟台模式”，4个派出所被省厅命名为“枫桥式派出所”，市局连续召开现场会总结部署“现代警务共同体”建设和“枫桥式派出所”创建工作；部署基础数据“灭虚纠错”集中行动，整治各类虚假、错误数据178万余条；以隐患清零为抓手，开展打击整治黄赌假、非法经营成品油、枪爆违法犯罪等专项行动，持续加强治安重点要素管控督导检查。落实户籍窗口“1+6”服务模式，规范公布8类66项户政高频业务审核事项，一次性取消证明类、兜底性材料10份，与政府部门对接10类数据共享资源，助推35项业务无需跑腿即可办理。

【刑侦工作】 2019年8月29日，全国公安机关打击治理电信网络新型违法犯罪专项行动现场推进会在烟台召开。公安部副部长杜航伟出席会议并讲话，副省长、省委政法委副书记、省公安厅党委书记、厅长范华平，市委副书记、市长陈飞出席会议并分别致辞。国务院部际联席会议成员单位联络员、各省市区和新疆生产建设兵团公安厅局有关负责人、省公安厅相关部门负责人300多人参加会议。会议对烟台公安以智慧警务为引领、以反诈中心为支撑、以宣传防范为阵地的打击治理防范工作模式给予肯定。为给春节、“两会”创造安全稳定的社会治安环境，奠定国庆安保社会治安基础，刑侦支队组织开展集中打击突出刑事犯罪“百日会战”。自2月1日至5月10日，在扫黑除恶、打防电信网络诈骗、集群打击传统盗抢骗犯罪、打击个人极端暴力犯罪、打击民族资产解冻类犯罪、遏制拐卖人口犯罪6条战线，向各类突出刑事犯罪发起凌厉攻势。百日破案会战破案3588起，刑拘2001人，逮捕857人，取保1755人，抓获逃犯1196人。

【打击涉枪犯罪】 2019年市公安局围绕“六个坚决防止发生”创建活动和“打击追缴非法枪支弹药”等专项行动，严厉打击持枪犯罪和非法走私、制贩枪支弹药等涉枪犯罪活动，侦破涉枪案件28起，刑拘涉枪犯罪人员33名，缴获各类枪支64支，其中以火药为动力的枪支16支，气枪12支，火药弹598发，铅弹3141发。公安部、省厅涉枪线索525条，核实率达到100%。

【破案打击工作】2019年全市命案现案50起全部破获，命案破案率、起诉率均为100%。莱山“1·20”特大故意杀人案、栖霞“4·20”杀人抛尸案、海阳“5·06”高腐男尸案、招远“6·22”杀人案、福山“9·19”杀人纵火案等重特大案件均及时侦破，消除影响。在省厅2019年命案积案目标案件攻坚行动中，组织涉案单位总结分析案件特点，发挥现代科技手段，4起命案积案攻坚目标案件破获2起，成绩全省第一。2018年度全省十大命案精品案例评选，海阳“2005·4·18”故意杀人案被评为十大经典案例。

【扫黑除恶专项行动】2019年，全市公安机关侦办涉黑案件9起、恶势力犯罪集团案件32起，侦办涉恶类团伙案件246起，抓获涉黑涉恶犯罪嫌疑人1804名，破获各类刑事案件1985起，查处涉案资产49亿元；部省级督转线索查结率80%，线索核查工作考评全省第一。

【打击电信网络新型违法犯罪】2019年，全市立电信网络诈骗案件1646起，同比下降0.3%；损失3761.03万元，同比下降1.1%；破获案件数2259起，同比上升18.15%；抓获嫌疑人790人，同比上升14.66%，完成“两降两升”工作目标，综合考评成绩全省第一。

【追逃工作】2019年，全市上网逃犯2127名，抓获逃犯2755名，其中3年内逃犯2633名，3～8年逃犯101名，8年以上逃犯21名，公安部B级通缉令1名、部督逃犯3名、省厅悬赏缉捕逃犯2名、省督逃犯11名，总成绩全省排名第一。在全省“雷云行动”大数据追逃中，烟台市13名目标逃犯抓获10名，60名非目标逃犯抓获16名，总成绩名列全省第五，情报研判和侦查打击工作全省第三名。

【“放管服”改革】2019年，全市市县两级13个出入境接待大厅全域启动24小时自助服务区，提供24小时自助取证业务，实行周六办证；推出节假日前延时、错峰受理、容缺服务和服务人才发展战略、推动新旧动能转换、支持非公经济发展便民惠商措施22条。全市公安出入境管理部门受理审批公民出国（境）及签注申请215973件次；受理审批各类境外人员证件6015人次。2019年度市政务服务窗口工作考核，在15个单设大厅中位列第一。法制支队牵头梳理编制《烟台市公安局权责清单》和《公安系统地方立法新设立的权责清单通用目录》，梳理市公安局权责清单共451项，其中行政许可49项、行政处罚320项、行政强制32项、行政确认7项、行政奖励1项、行政检查13项、其他行政权力18项，公共服务事项11项。

【外国人管理】2019年，市公安局加强专项治理，严厉打击出入境领域违法犯罪活动，全市查获“三非”人员610人；查获非法外教6人。国家移民管理局2次以简报形式转发烟台市打击“三非”外国人的经验做法；对烟台市协助云南侦办“2·13”组织运送他人偷越国（边）境专案给予通报表扬；在全省现场会上作题为《聚力合成作战，提升专项治理成效》的典型发言。

【执法巡查】2019年，市公安局组织专门人员，分批次对全市基层所队开展多次实地执法检查、执法案卷抽查及网上执法巡查工作。定期开展执法规范化信息化考核，对全市公安机关考核情况进行通报。9月组织全市办案区交叉大检查，对全市230多个办案场所全部进行检查打分，对其中19个办案场所下发停用整改通知书。针对全市上半年不批捕案件较多问题，7—9月专门开展全市公安机关不批捕案件专项执法。案管中心建设工作全部完成，各县市区案管中心、受案大厅和各派出所案管室、受案窗口全部建设完成；各县市区执法办案场所示范点建设完成。2月支队承接公安部执法办案管理中心建设调研座谈会。制定印发全市公安机关向纪委监察部门移送线索和通报情况的程序、关于进一步强化涉企案件审核把关等工作的通知等办案指导文件。组织开展非法散装汽油案件、非访案件、网络套路贷打击、网上办案系统

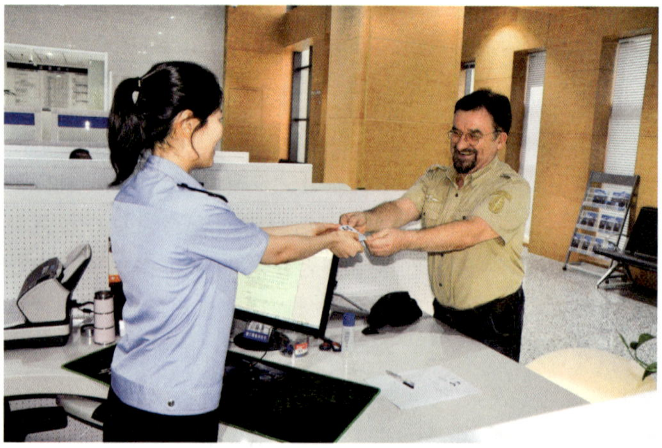

2019年，烟台市落实“放管服”改革，为外国人发放永久居留证件（供稿：赵伟平）

信息化应用等多场次专题培训。2019年法制支队承办刑事不立案复核案件56起、国家赔偿复议案件29起，行政复议答辩及出庭应诉10起，审核市局民事法律合同163件，研究指导、组织核查或派员参与侦查疑难复杂案件120余起。

【普法工作】 2019年，市公安局牵头组织各警种部门制定2019年市公安局普法责任清单，明确普法的任务和目标，落实各普法责任主体的责任，牵头编写2019年烟台市公安局法治政府建设报告，并在门户网站上作出公示。利用“12·4全国宪法日”等重要节点牵头组织市局机关开展普法主题宣传活动，组织支队党员民警定期开展“双管双责”进社区活动，在社区开展法制宣传活动。

【主要警种信息化建设】 2019年，市公安局在“智慧经侦”建设上，推广I2等多个可视化研判工具，积累160余种清洗规则、40余个技战法。“智慧治安”建设上，完成“一标三实”数据整改、“智慧社区”建设等年度工作目标，烟台市入围全国社会治安防控体系标准化建设候选城市。“智慧刑侦”建设上，强化视频侦查业务，全市所有县市区局均成立图侦专业团队，推动视频侦查走上专业化、实战化轨道。“智慧技侦”建设上，实现机主、话单等5类技侦数据在线服务，全市建成4G热点600余个，实现重点区域热点数据全方位采集。“智慧网安”建设上，高标准完成“电子数据取证实验室”和“互联网信息监控中心”双“一级”创建，电子取证和舆情管控水平全国一流。“智慧监管”建设上，出台“智慧监管”建设方案和“智慧监所”建设标准，完成市第二看守所、蓬莱和龙口三个试点监所建设任务。升级完善“天网”“警搜”等15个系统和工具，与大华、橙鹰等4家高新企业签订战略合作协议，“风洞”“万仞”等12项新工具投入实战应用，支撑打防主业；开展信息化应用“大学习、大培训”，通过集中培训、送教到岗等方式，全市公安民警信息化意识和应用能力提升。

【网安工作】 2019年，市公安局围绕全国全省“两会”“国庆70周年大庆”等重大活动、重要敏感节点，开展网上巡查处置、情报预警、落地调查等工作。以“净网2019”专项行动为牵引，严打网络黑色产业链和涉网违法犯罪活动，破获“3·15”非法利用信息网络案，斩断涉及全国20多个省市，利用互联网经营、贩卖迷奸、催情药物的黑色产业链条和从日本走私违禁药品的地下渠道，被公安部列为全国“净网2019”专项行动新闻发布会发布的6起典型案例之一。梳理本地市县两级政府、具有独立域名的市直行政机关、胶东在线等本地重点网站和关键信息基础设施，全部纳入烟台市网络安全态势感知平台进行安全保护和检测预警，确保全市网络安全。完成“一级电子数据取证实验室”和“一级互联网信息监控中心”创建工作，先后通过公安部验收并授牌。

【禁毒工作】 2019年，全市推进“6·27”青少年毒品预防教育，创建毒品预防教育示范学校15所，其中国家级1所（福山区崇文中学），省级1所（烟台第一职业中专），市级13所；全市中小学连续三年无涉毒案件发生；建成禁毒教育基地12处，禁毒主题公园13处，设置禁毒宣传栏、长廊、大型禁毒公益广告牌等150余处；“6·26”国际禁毒日来临之际，市禁毒办联合教育部门，开展致学生家长一封信和“拉手青春不与毒行”禁毒主题作品征集活动和网络直播，受教育群众达170万人，形成社会、家庭、学校的有机联动。组织各县市区禁毒职能部门持续开展县级缉毒会战、打击网络涉毒、“百日扫毒”攻坚战等一系列禁毒严打整治行动，至年底，全市移送起诉犯罪嫌疑人441名，破获部省级目标案件16起，切断毒品的供应渠道。按照省禁毒办建设标准，建成社区戒毒社区康复工作办公室159个，其中国家级示范点1个，省级示范点3个，全市配备专兼职禁毒社工621人。以中华人民共和国成立70周年大庆安保为主线，开展“清隐”“清零”专项整治行动，彻查隐性人员、严控高危人员、全清脱失人员，未发生吸毒人员肇事肇祸和进京滋事。戒断三年未复吸人员9019人，约占烟台市登记在册吸毒人员（1.6万人）的56.37%；新增吸毒人员幅度连年下降，2019年新增吸毒人员536人，下降16.12%。针对易制毒化学品管制工作易出现的突出问题和薄弱环节，开展全市易制毒化学品和制毒原料管控专项行动，对全市171家经营性易制毒化学品企业进行全面核查，依法处置5家违法经营企业，全年捣毁制毒物品窝点3个，抓获制毒物品犯罪嫌疑人11名，缴获制毒物品50540.4千克，办理行政案件17起。

【装备建设】 2019年，市公安局研究制定《关于组建警察战术作战单元（PTU）的意见》，在全市组建37个PTU作战单元，对全市重点部位、场所、路段实行武装巡逻，及时有效地处置各类突发性事件，前移巡处警务，加快推进全市综合警务站建设，推进社会面巡防立体化建设。对库存装备进行全面梳理清点，研究制定并经市局党委会审议通过《关于进一步加强特警支队装备建设的意见》，建立完善装备领用、管理、报废等规章制度。

【食药环侦工作】 2019 年，市公安局推进严打食药犯罪专项行动和集中打击食药环假犯罪“昆仑”行动，侦办案件 606 起，抓获犯罪嫌疑人 1560 名，打掉犯罪团伙 183 个，端掉窝点 374 个，涉案价值 13 亿元。侦办公安部、省厅督办案件 36 起，总数全省第一，公安部两次予以通令嘉奖，省厅 4 次发来贺电，部、省、市领导先后 16 次批示表扬。侦破郑某假冒戴森产品案，是戴森公司进入中国市场以来第一起涉及制假售假全要素、全链条打击的刑事案件，英国驻华使馆发来感谢信。

【防范应急工作】 2019 年，市公安局推进全市 1390 处人员密集场所硬隔离设施建设，将全市 534 处加油站全部纳入重点目标管理体系。开展“清疑、清邮、清路、清油、清店”为主题的“五清”专项行动，对寄递物流、交通运输、散装汽油、宾馆等重点行业、问题人员严管严查，开展各类反恐应急演练 17 次，发现问题隐患 372 处，现场整改 142 处，限期整改 230 处，开出大额反恐罚单 14 张。

【“智慧公安”工作】 2019 年，市公安局升级“互联网 + 公安”政务服务平台，开通微信支付，升级“电子证照”，331 项事项网上运行、93 项全程网办；上线“交通事故快速理赔”系统，85% 以上轻微交通事故实现网上流转；坚持“机器换人”，设立“无人智慧警局”。年内，为群众提供网办服务 2200 余万次。

【救助基金管理】 2019 年全市救助受害人 476 人、垫付救助基金 2225.71 万元，追偿 273 笔、853.93 万元，分别同比增长 6.97%、23.21%、64.46% 和 114.35%；化解矛盾纠纷 25 起，信访隐患 7 件；完成基层基础三年攻坚任务，建立 1 个市级救助服务大厅、16 个基层救助基金管理机构；建成开通 33 条“快速救助绿色通道”，覆盖全市所有行政区县。

【道路交通管理】 2019 年，烟台支队推进事故预防、治堵保畅、服务民生、智慧交管、党建队建“五大工程”，三次获“全国文明单位”，公安部华东片区交通安全联合整治行动现场推进会、全省交通事故矛盾纠纷化解现场推进会、全省公安交通管理基层基础建设攻坚工作会在烟台市召开，多项经验做法被全省全国推广，全市交通事故死亡人数下降 11.5%。以大数据依分析研判为依托，以重点违法、重点时间、重点路段为切入点，通过数据分析开展业务指导、监督、评估工作，逐步将秩序整治推向精细化管理，全年支队查获各类违法行为 58.7 万余起，现场查处各类违法行为 23.5 万余起，查处重点违法 2.3 万余起，夜间 22 时至次日 6 时查处违法行为 2.7 万余起，同比分别增长 537.1%、354.6%。

【边防工作】 2019 年，市公安局完成中华人民共和国成立 70 周年、海军成立 70 周年多国海军活动等重大活动安保任务，部署开展基层基础工作大会战，对各类矛盾风险、安全隐患等全面摸排。先后获取 2 条有价值的涉及影响国家安全稳定线索。推出仙境“HUI”警务全新服务品牌。部署开展涉海信息集中采集活动，采集船舶信息 6594 条，渔船民信息 12838 人。针对“两证”取消，落实船舶进出港报备制度，研究制定《船舶进（出）港报备单》和《沿海边防治安管理执法权力清单》，指导做好边防治安管理工作，据此查获违法船舶 83 艘、渔船民 198 人，查破非法捕捞水产品案 16 起，涉案金额达 220 余万元。侦破“2019·6·22”特大组织他人偷越国境案，抓获犯罪嫌疑人 4 名，查阻偷渡人员 100 名。侦破“2019·9·18”走私国家禁止进出口货物案，查扣作案船舶 1 艘、查获走私冻品 130 余吨，冻结涉案资金 155 万元，抓获犯罪嫌疑人 15 人。开展“三非”外国人专项治理、扫黑除恶等工作，查破 2 起非法雇佣“三非”外国人案件，查获缅甸籍非法务工人员 28 名。联合开发区公安分局相关部门连续破获 2 起涉案价值达上亿元的案件，其中侦破的李在国等诈骗案，抓获犯罪嫌疑人 135 名，捣毁仓储窝点 15 个，涉及受害人 9 万余人，涉案金额达 6.5 亿元，10 月 20 日，国务委员、公安部党委书记、部长赵克志签署嘉奖令给予该案通报表彰。

（撰稿：赵伟平　审稿：宫琪）

检　察

【服务经济社会发展】 2019 年，烟台市县两级检察院制定服务意见 17 个，确保中心工作推进到哪里，检察服务就跟进到哪里。聚焦“三重”工作，联系重点项目 36 个，协助完善内控机制 71 项，严惩强揽工程、阻挠施工犯罪 28 人，促进项目建设顺利推进。聚力金融安全，针对涉众型经济犯罪数量激增的实际，成立专门办案组 15 个，既依法办案、又协助监管，织密金融安全司法“防护网”。办理传销、“套路贷”、非法集资、逃废金融债务等犯罪 487 人、同比上升 3.4 倍，发出加强监管的对策建议 29 条，促进规范金融秩序。守护青山绿水，开展破坏环境资源犯罪专项立案监督，依法打击滥伐林木、非法排污、盗采海砂等犯罪337人，审查环保公益诉讼线索173件，办理公益诉讼案件118件，督促复垦土地38公顷，追缴生态修复费用383万元。依托知识产权保护中心、派驻工商联联络室，开通“绿色通道”，投入“三打”“三治”“三清”专项整治行动，联系服务企业、商会218家，办理损害公平竞争、侵犯知识产权犯罪185人，起诉侵占资金、干扰经营犯罪145人，对15名涉嫌犯罪的负责人或骨干宽缓处理，2起民营企业家无羁押必要案被评为全省精品案件。

【保障民生】 2019年，在省院民意调查中，烟台检察工作群众满意度达97.5%，位列全省前茅。针对外卖网络平台部分商户未公示经营许可证、超范围经营等问题开展专项检察，督促有关部门排查店铺1915家、整治1321家。针对不合格养生保健品流向市场问题开展专项监督，起诉销售假药犯罪54人，10余种保健品被列入“黑名单”，避免群众再受害。针对侵害妇女、老人、残疾人合法权益问题，依法严惩相关犯罪119人，支持民事起诉44件、法院采纳意见41件，帮助追回赡养费、劳动报酬147万元。针对未成年人司法保护问题，以市院被确定为全国首批未成年人检察工作社会支持体系建设试点单位为契机，健全以司法办案为核心，以教育挽救、犯罪预防为重点，以双向保护、法治宣传为支撑的工作模式，严格落实最高检“一号检察建议”，严惩侵害未成年人犯罪137人，对涉罪未成年人封存犯罪记录44人，帮助重返校园、考入大学8人；两级院检察长全部担任法治副校长，开展普法教育104场次。市院未检处被表彰为全国青少年维权岗，最高检、团中央联合在烟台召开推进会。

【扫黑除恶专项斗争】 2019年，全市检察机关批捕85人，起诉243人，两级院检察长直接办理黑恶案件21件。市院对所有黑恶犯罪统一审核，全市追捕追诉18人，不捕不诉25人，改变定性68人，做到是黑恶犯罪一个不放过、不是黑恶犯罪一个不凑数。发现移送“保护伞”“关系网”线索19件，监督查封扣押冻结涉黑恶财产2.1亿元，不让黑恶势力“死灰复燃”。

【惩处危害安全违法犯罪】 2019年，全市检察机关批捕各类刑事犯罪嫌疑人3303人、起诉7470人，其中，起诉绑架、故意杀人等严重刑事犯罪325人，起诉盗窃、抢夺等多发性侵财犯罪1802人。参与法治文化大宣讲、矛盾纠纷大化解、涉农犯罪大排查活动，提供法律咨询780次，调处矛盾纠纷372件；起诉套取侵吞扶贫资金犯罪5人，惩处制售假农资、破坏林耕地和乡村霸痞等犯罪81人。

【化解各类矛盾纠纷】 2019年，全市检察机关推行认罪认罚从宽制度，抓住权利告知保障、控辩沟通协商、精准量刑建议等节点，制定制度规范11个，案件适用率逐月提升至85%，量刑建议采纳率达91.6%，实现嫌疑人认罪、被害人认可、社会舆论认同。围绕打造新时代“枫桥经验”烟台检察版，坚持办信接访就是办民生，在12309检察服务中心推行“一件事一条链跑一次”工作流程，使群众人不空跑、事不跑空。落实“7日内程序回复，3个月内办理过程或结果答复”制度，妥善处置涉检信访204件，依法处理群众诉求1723件，11起信访积案全部化解。围绕推进检察环节社会综合治理，针对办案发现的社会治理倾向性、典型性问题，向有关部门发出检察建议581份，采纳率99.7%，以检察建议的增加促进社会问题的减少。广泛推行“研说研讲”新媒体栏目，落实普法责任、讲好检察故事、传播法治精神，促进形成尊法学法守法用法的浓厚氛围。

【刑事诉讼监督】 2019年，全市检察机关实行监督事项案件化办理，在立案、侦查、审判、执行等环节严格监督，确保犯罪受到惩罚、无罪不受追究、违法得到纠正。加强刑事立案和侦查活动监督，督促撤案139件，监督立案137件，对适用强制措施不当、违法取证等案件监督纠正237件。加强刑事审判监督，提出和提请抗诉64件，法院已改判或发回重审34件。加强刑事执行监督，监督监管活动违法199件，纠正不当减刑、假释、暂予监外执行125件，纠正财产刑执行违法93件，办理羁押必要性审查案件672件，惩治罪犯又犯罪案件49件。深化监狱派驻检察与巡回检察相结合的监督模式，促进教育改造、罪犯管理等工作更加规范。对175名罪犯的特赦报请、审理和裁定同步监督，确保特赦依法规范实施。

【民事行政检察和公益诉讼】 2019年，市检察院主动承担省院民事行政检察重点培育试点，监督纠正民事行政诉讼活动违法267件；对确有错误的民事行政裁判，提出抗诉和再审检察建议45件，法院已改判或发回重审24件；对当事人虚假诉讼、恶意诉讼和违法调解等问题，监督纠正“假官司”“假调解”7件。推动构建“党委领导、政府支持、检察主办、行政协作”的公益诉讼工作格局，树立“通过诉前程序实现维护公益目的是司法最佳状态”的理念，既重点办理诉前程序案件，用最小的司法资源获得最佳办案效果；又以积极、负责的态度慎重诉诸法庭，推动问题解决。突出办理法律明确赋权的“4+1”领域案件，审查线索229件、同比上升59.1%，办理诉前程序案件226件、同比上升66.2%，提起诉讼19件，督促收缴各类公益资金2.1亿元。经验做法被《人民日报》、新华社报道。探索拓展公益诉讼领域，部署开展中小学周边商业环境调查监督，发现违规销售烟草、开办娱乐场所等问题112个，向教育、烟草、市场监管等部门发出检察建议23份，相关单位迅速开展整治。

【职务犯罪检察】 2019年，市检察院贯彻上级关于坚决惩治腐败的决策部署，与监察委加强对接，依法惩治公职人员职务犯罪案件，提前介入调查42次，督促补强证据60份，审查逮捕34人，提起公诉31人。行使诉讼监督活动中的直接立案侦查权，立案查处司法人员利用职权实施的侵犯公民权利、损害司法公正案件4人，维护司法权威。

（撰稿：黄哲　审稿：薛二涛）

法　院

【概况】 2019年，全市法院新收各类案件148305件，审执结153442件，法官人均结案274件，同比分别上升19.13%、23.75%和18.1%。其中，市法院新收各类案件13994件，审执结14124件，法官人均结案196件，同比分别上升16.37%、17.36%和24.05%。全市法院工作保持良好发展态势，有21个集体、72名干警受到市级以上表彰奖励，市法院被评为全省庆祝中华人民共和国成立70周年安保维稳先进集体，莱州法院被评为齐鲁法治文化建设示范单位，海阳法院被评为山东省人民满意政法单位，罗春光法官被评为山东省人民满意政法干警。

【刑事审判】 2019年，全市法院依法审结一审刑事案件5760件。开展扫黑除恶专项斗争，审结涉黑涉恶犯罪案件36件268人，对93名被告人判处五年以上刑罚，对167名被告人判处财产刑，没收财产1.5亿余元，罚金2045.9万元，审理王某等黑社会性质组织犯罪案，推动扫黑除恶专项斗争向纵深发展。严惩危害群众生命财产安全犯罪，审结杀人、抢劫等暴力犯罪和盗窃、诈骗等侵财犯罪案件2115件。严惩破坏市场经济秩序犯罪，审结集资诈骗、非法吸收公众存款等涉众型经济犯罪案件306件，审理涉案金额达2.8亿元的王某刚等组织领导传销活动案。严惩毒品犯罪，审结贩卖、运输、制造毒品等案件291件，审理涉毒200余公斤的周某等贩卖、运输毒品案。严惩贪腐犯罪，审结贪污受贿、渎职等职务犯罪案件43件，保持打击腐败犯罪高压态势。落实刑事案件律师辩护全覆盖、认罪认罚从宽等制度，适用认罪认罚从宽制度审理案件1270件。严格减刑、假释案件办理，批准1148件，不予批准56件。

【民事审判】 2019年，全市法院依法审结一审民事案件33341件。打造家事案件“温情审判”模式，审结婚姻家庭、赡养抚养等家事案件11913件，牟平法院家事审判庭被评为全国维护妇女儿童权益先进集体。平等保护劳企双方合法权益，构建劳动人事争议案件裁审衔接工作机制，审结劳动争议、工伤保险等劳资案件4578件。建设“道交一体化处理平台”，邀请道路交通调解委员会入驻法院开展诉前调解、诉前委托鉴定，诉前调解1079件，推动道交纠纷网上办理、高效化解。高度关注涉及城乡基础设施建设、扶贫产业项目、农村土地“三权分置”等领域纠纷，审结土地承包经营权、土地征收补偿等涉“三农”案件280件。保障生态文明建设，审结涉及资源保护、环境污染案件132件。

【商事审判】 2019年，全市法院审结一审商事案件44100件。平等保护市场主体合法权益，审结买卖合同、服务合同等案件6499件，营造公平竞争市场环境。助力防范化解金融风险，与金融机构建立涉金融案件联席会议机制，设立金融纠纷审前调解中心，审结融资租赁、金融借款等案件17846件，维护金融安全。加强破产审判工作，完善“府院联动”“执转破”等机制，审结破产重组、股权转让等案件341件，审理的莱州某公司破产重整案，通过司法重整推动该公司由亏损2亿元扭转为年销售额和纳税额分别达到5亿元和500余万元，

2019年5月17日，烟台市牟平区行政争议审前和解中心调解1起行政案件　（摄影：王白石）

入选全省法院十大破产典型案例。加大知识产权司法保护力度，实施“精品案审判”工程，审结侵犯商标权、著作权等知识产权案件859件，协调建设知识产权巡回审判法庭，保障创新驱动发展战略实施。服务对外开放，依法保障山东自贸区烟台片区建设，建立自贸区内涉税争议处置机制，审结涉外案件110件，办理司法协助57件，助推更高水平对外开放。

【行政审判】 2019年，全市法院审结一审行政诉讼案件1191件。审查非诉行政执行案件1805件，监督支持依法行政，维护行政相对人合法权益。服务保障全市违法建设治理、“大棚房”问题专项清理整治等行动，制定7条服务保障意见，审理相关案件62件。深化行政案件跨区域管辖，92名当事人自主选择管辖法院，保护当事人诉权。

【执行工作】 2019年，全市法院集中开展涉民生、涉民营企业、涉金融案件专项执行行动，依托网络查控系统，查询、冻结银行存款21.56亿元、证券1.37亿股，查询房产5664套、车辆11629辆，执结各类案件48942件。严惩失信被执行人，发布失信名单10068例，限制高消费27292例，限制购买机票、高铁票37360例，对24案35人罚款72.9万元，拘留891人次，判处刑罚17案18人。坚持公正善意文明的执行理念，依法审慎采取强制措施，执行的烟台某投资开发有限责任公司欠薪案，在将120多名工人欠薪执行到位的同时，帮助企业恢复生产经营。深化执行机制创新，联合保险公司构建执行悬赏、执行救助等保险新机制，保险公司支付救助金136.2万元。

【便民机制建设】 2019年，全市法院推行网上立案、跨域立案，在诉讼服务大厅设置自助立案终端、设立跨域立案窗口，网上立案98242件，跨域立案100件，方便群众诉讼。完善涉诉信访网上办理、远程视频接访等机制，开展“防范和化解涉诉信访案件工作落实年”活动，按照“三到位一处理”要求化解信访积案362件，进京访同比下降34.8%，完成建国70周年大庆安保维稳工作。

2019年3月12日，烟台市牟平区人民法院一并执结14宗劳动争议纠纷案件，为14名工人追讨欠薪7万余元

（供稿：魏俐伟）

【司法责任制改革】 2019年，全市法院明确法官、法官助理、书记员职责清单，让法官集中办理审判核心事务，52人结案超过500件。落实院庭长办案制度，带头办理发回重审、涉黑涉恶等疑难复杂案件，结案51695件，占结案总数33.69%。强化新型审判权监督制约，实行改发案件双向沟通交流、典型案例集中发布等机制，加强对“四类案件”监督管理，建立有效的审判监督体系。

【两个“一站式”建设】 2019年，全市法院建设一站式多元解纷机制，组建诉前调解团队56个、速裁团队39个，建立无争议事实记载、无异议调解方案认可等机制，实现诉前调解、司法确认与速裁审理无缝衔接，速裁结案16090件，其中，7018件实现15天内结案。建设一站式诉讼服务中心，优化诉讼引导、立案受理、调解速裁等功能区设置，配置云柜等自助服务设备，将保全送达、委托鉴定等辅助性工作向诉讼服务中心集中，建设24小时法院5处，为当事人提供便捷诉讼服务。

【智慧法院建设】 2019年，全市法院搭建电子送达平台，建设电子卷宗随案同步生成及深度应用系统，融合智能阅卷、类案推送、文书制作“左看右写”等功能，推进全流程网上办案。创新司法公开途径，上网公布裁判文书78642份，常态化开展庭审直播14983场，依托“公正烟台”新媒体发布自制普法微视频12期，获“年度中国优秀政法新媒体”等荣誉。

（撰稿：魏俐伟　审稿：王兴龙）

仲　裁

【概况】 2019年，全市受理仲裁案件760件，标的额23.9亿元，上交财政非税收入1432万元，分别完成年度工作任务的141%、299%和260%。

【服务中心】 2019年，市仲裁办研究制订《关于保护支持民营经济高质量发展的八条意见》，参与市司法局制订的《2019年法治政府建设工作计划》。受理中丝集团与朗湖公司商品房预售合同纠纷一案，该案标的额高达13.9亿元，是烟台仲裁委员会成立24年来标的额最高的一起仲裁案件。及时组建由经验丰富的仲裁员组成的仲裁庭，对2万页的证据材料、698份合同、764份发票逐一进行梳理、核对，确保案件公正公平审理。承办2起涉及市直机关、县市区政府部门的敏感案件，处理消费领域的维权案件，仲裁庭及时疏理争议各方的焦点问题，找出各方均能接受的解决方案，调解商品房预售合同纠纷34起，保险合同纠纷案件18起，汽车消费纠纷5起。

【案件质量】 2019年，市仲裁办完善仲裁规则，起草《仲裁裁决书核阅办法》《专家咨询委员会工作规则》《鉴定机构选定办法》。加强仲裁员能力素质建设，召开2019年仲裁员培训会议，邀请市中级人民法院民三庭庭长王建梅和资深仲裁员王文起，就法院撤销仲裁裁决的具体原因和仲裁庭审的理念进行讲解。加强对仲裁分会重点案件的审核指导，指导开发区分会妥善处理市委重点督办的甲乙电子案件，指导龙口分会重新仲裁涉案标的额1.6亿元的中国建设银行龙口分行7起案件。开展优秀法律文书和案卷评比活动，组织开展2019年度优秀仲裁法律文书评选活动，对报送的30篇法律文书进行评比，通过推荐、初审、评审的环节，评出9篇法律文书为优秀仲裁法律文书。

【宣传推行】 2019年，市仲裁办巩固媒体宣传的成果，利用烟台仲裁官网、微信公众号、《水母网》等媒体发布工作动态、仲裁知识、案例选登等各类信息80余条。与水母网合作，开展仲裁知识有奖知识问答活动，吸引近千人参与竞赛活动，微信公众号关注量提高20%。举办法务论坛，与市工商联、市企业与企业家联合会联合举办首届烟台仲裁·企业法务论坛，副市长赵峰出席会议并致辞，来自部分企业总裁、法务总监、法务专员及律师事务所、商会代表参加论坛，万华实业集团有限公司总裁商锦斌等6位嘉宾从不同角度介绍企业运营过程中的精彩案例，水母网通过现场“云平台”进行直播，吸引2000多名网友在线观看。在案件审理中提供仲裁法律意见，在审理5起金融借款合同纠纷案件中，加强与烟台银行、广发银行烟台分行等方面的工作交流，指导签订约定由本会解决争议的仲裁协议。

（撰稿：周卫军　审稿：韩长安）

司法行政

【概况】 2019年，烟台市司法局、原烟台市人民政府法制办公室（市政府行政执法监督局）的职责整合，重新组建烟台市司法局，中共烟台市委全面依法治市办公室设在市司法局。至年底，烟台市司法行政系统编制1700名，其中，监狱684人，强制隔离戒毒所116人，市级机关45人，县级机关459人（其中，司法所352人）。律师事务所174家，执业律师2115人。14个公证处，公证员56名。13个法律援助中心，工作人员112人。124个基层法律服务所，基层法律服务工作者566人。面向社会提供服务的司法鉴定机构14个，执业司法鉴定人156人。年内，烟台市入选“全国法治政府建设示范市”候选城市，市司法局被评为全国公共法律服务先进集体、全国“七五”普法中期先进集体、全国人民调解宣传工作先进集体、全国“法考”工作表现突出单位和全国法治政府建设工作先进单位等，系统内23个集体，24名个人获得省部级以上荣誉表彰。

【依法治市】 2019年，烟台市在全省首批组建中共烟台市委全面依法治市委员会、市委全面依法治市委员会办公室，成立立法、执法、司法、守法普法4个协调小组。全市12个县市区均完成依法治市领导机制和工作体系的建立。审议通过《市委全面依法治市委员会2019年工作要点》，印发《市委法治委2019年工作任务清单》。建立法治建设情况年度报告、重大问题请示报告、重要法治决定（方案）备案、重要法治工作事项审批、调研督导、信息报送等工作制度，形成总揽全局、协调各方的党领导全面依法治市的工作体系。

【依法行政指导】 2019年，烟台市参与法治政府建设示范创建活动，全国1847个申报城市参评，烟台市入围56个候选城市（地区）之一。12月，中央依法治国办组织的实地评估核查工作组到烟台进行评估核查。

【地方立法】 2019年，《烟台市人民政府规章制定程序规定》制定出台，建立民营企业立法联系点制度，确立26家民营企业和协会商会为地方立法联系单位。做好《烟台市停车管理规定》《烟台市消防管理若干规定》两部政府规章的备案工作。组织起草、审查3部地方性法规草案和1部政府规章。其中，《烟台市山体保护条例（草案）》《烟台市海岸带保护条例（草案）》于2019年11月29日山东省第十三届人民代表大会常务委员会第十五次会议批准通过。《烟台市民营经济促进条例（草案）》经市十七届人大常委会第二十一次会议表决通过。政府规章《烟台市城镇居民二次供水管理办法》经市政府第57次常务会议研究。

【政府法律顾问制度】 2019年，市

司法局组织开展全市党政机关法律顾问调研活动，举办市委市政府法律顾问座谈会，调整完善法律顾问工作细则等管理制度。法律顾问开展工作提供法律服务229件次，包括：出具法律审查意见书123件，参与政府立法研究论证6件次，起草重要法律文件4件，参与政府重大行政决策论证6次，开展专项法律服务5件，审查以政府为主体的重大协议38件，为市政府信息公开进行法律把关23件，参与行政复议应诉案件24件。

【执法监督】 2019年，市司法局落实行政执法“三项制度”，编制《行政执法“三项制度”实施要点》，设立统一行政执法公示网络平台。加大市直行政执法部门各类音像记录设备配备比，配齐配强重大执法决定法制审核人员，建立市级法制审核人员数据库。行政处罚与行政强制权力事项上网运行工作成效初现，烟台市行政执法监督“四全模式”在山东省全面推行行政执法“三项制度”工作现场会进行典型发言，工作经验被司法部推广。加强行政执法队伍规范化建设。清理全市执法主体和执法人员，市政府发布市级行政执法主体通告和行政执法人员名单公告，审核确认市级法定行政机关70个、法律法规授权组织13个，市级行政执法人员2360人。严格行政执法人员培训制度和考试纪律，培训行政执法人员6500余名，组织全市5900名执法人员参加全省行政执法人员资格考试。开展行政执法监督专项监督检查。对16家市直行政执法部门组织开展行政执法监督专项检查，对3个县级综合行政执法局开展专题调研和督查。开展全市行政执法案卷评查工作，行政执法社会化监督网络初步建立。证明事项清理和告知承诺制工作稳步推进。组织全市对本单位证明事项进行梳理，公布《取消证明事项清单》，取消证明事项20项。组织开展证明事项告知承诺制试点，确定试点事项18件，办理告知承诺事项6100件，试点工作得到司法部行政执法监督协调局肯定。

【行政复议】 2019年，市司法局在全市推行“0535”阳光惠民复议工作机制。年内收到行政复议申请599件，受理566件，审结509件。其中维持90件，终止376件，驳回5件，确认违法9件，责令履行9件，撤销19件，综合纠错率为81.34%。完成烟台市人民政府第二届行政复议委员会调整工作，修订《烟台市人民政府行政复议应诉案件办理规程》，编写烟台市2019年度行政复议工作报告。

【行政应诉】 2019年，全市办理行政应诉案件1328件。其中，一审案件1026件，审结852件；二审案件260件，再审案件42件，审结275件。行政机关负责人出庭应诉率连续三年实现增长，年内负责人出庭应诉率达78.9%，比2018年增加7个百分点，比2017年增加35个百分点。注重健全行政应诉工作制度，修订《烟台市人民政府行政复议应诉案件办理规程》，强化指导考核力度，建立行政机关负责人不能出庭应诉请假报告、不依法出庭通报批评制度，将行政机关负责人出庭应诉及行政机关败诉两项内容纳入区市法治政府考核，福山区、开发区、海阳市等区市负责人出庭应诉率达到100%，开发区、牟平区、莱州市、海阳市等区市实现行政应诉案件零败诉。

【规范性文件监管】 2019年，市司法局加强备案审查工作，制定出台《关于进一步做好行政规范性文件合法性审查工作的通知》，梳理统计辖区内行政规范性文件制发主体，编制本区域规范性文件制定主体清单，同时将51个主体向社会公布，并对规范性文件制定主体实行动态管理。完善制度建设，出台《市政府规范性文件合法性审核办法》等4个文件，提升合法性审查和备案审查工作的制度化、规范化水平。按照“谁起草、谁清理”的原则，对现行有效的政府和部门的规范性文件进行清理，清理市级规范性文件57件，废止21件，拟修改4件，继续有效32件。

【重大行政决策】 2019年，市司法局落实《重大行政决策程序暂行条例》，将《老岚水库工程建设征地和移民安置大纲》等6个事项作为重大行政决策事项，确保重大行政决策事项程序合法。

【普法依法治理】 2019年，市司法局开展“宪法进社区”“送法进民企”“志愿服务普法行”等普法活动，改造升级《法治烟台》电视普法栏目。落实“谁执法谁普法”普法责任制，制定并落实新的普法责任清单，与36个市级执法单位签订普法承诺书。对20个国家级、108个省级、487个市级民主法治示范村（社区）进行全面复核，先后3次在市政府常务会议组织集体学习《党政主要负责人履行推进法治建设第一责任人职责规定》等文件。举行“践行初心·法润烟台”普法志愿服务活动，成立40个普法志愿服务团，在福山区试点开展“法德人家”评选。三和德通律师事务所主任杨希勇获评2019年度山东省十大法治人物，龙口市公安局刑侦大队付绍刚获得提名奖。

【基层基础建设】 2019年5月，全省调解工作会议在烟台召开，“五级推进·五化并举”调解模式面向全省推广。联合市委政法委等部门制定《关

2019 年 6 月 14 日，烟台市司法局与市民营企业协会、中小微企业联合会、律师协会、公证协会联合举办烟台市“优化环境·法惠民企”系列活动仪式
（供稿：张丹丹）

于加强人民调解员队伍建设的实施意见》，推进一村（社区）一专职人民调解员建设，“智慧调解”系统全面启用。开展“攻坚克难解矛盾，忠诚担当迎国庆”矛盾纠纷大排查、大化解集中攻坚行动。全年化解矛盾纠纷 2.98 万件，调解成功 2.86 万件，调解成功率 95.8%，调解协议涉及金额 5.7 亿元。持续加强司法所规范化建设，全市 160 个司法所，67 个被评为“省级规范化司法所”。1 月，福山区司法局门楼司法所、招远市司法局梦芝司法所分别被司法部评为全国模范司法所、全国先进司法所，莱阳和莱州 2 名司法所长被评为全国模范司法所长。

【公共法律服务】 2019 年，市司法局全年办理律所设立、律师执业、转所等行政审批及相关事项 853 件。支持和服务民营经济发展，印发《关于充分发挥司法行政职能作用积极支持服务民营企业发展的实施意见》，出台 16 条具体惠企措施。联合市民营企业协会等举办“优化环境·法惠民企”活动，编发《民营企业法律服务手册》，创新推出法律服务产品和项目。对全市 1981 名执业律师进行年度考核审查及执业证备案工作。全年办理各类公证事项 42208 件。推行公证“放管服”“一次办好”、公证证明材料清单制度等减证便民工作。推动公证事项由线下向线上转移，在鲁东公证处试点，实现公证办证系统与在线受理平台的对接。展开省级法律援助服务标准化试点工作。推进刑事法律援助工作，联合公检法出台《关于开展刑事案件认罪认罚从宽制度试点工作的实施办法》，年内受理刑事案件 2956 件，同比增长 463.05%。加强法律援助案件质量管理，评选烟台市第二届法律援助十大优秀案例，推动法律援助办案质量提升。

2019 年 11 月 8 日，烟台市“践行初心·法润烟台”普法志愿服务活动启动仪式举行，并向成立的 40 个普法志愿团授牌
（供稿：张丹丹）

【社区矫正】 2019 年，烟台市完成全国两会、海军成立 70 周年多国海军活动、中华人民共和国成立七十周年大庆等一系列重要活动的安保维稳任务。做好省厅“智慧矫正”试点建设，监管指挥平台投入使用。完成刑罚执行一体化建设试点，选派 24 名干警到各区市参与社区矫正工作。完成特赦实施工作等重点任务。推进社区矫正“丝雨行动”社会化工作，市县两级建立志愿组织，吸纳志愿者 3000 余人与鲁东大学合作开展心理矫治业务培训，提升社区矫正对象心理干预和矫治水平。

【监狱戒毒】 2019 年，市司法局推进监狱新指挥中心和“智慧监狱”建设，完成监控平台和狱墙隔离网升级改造，监舍楼夜间全部实现“瞪眼值班”，构建“一分钟警务圈”。推进文化育人工程，开展“三大标兵”评选和年终评审活动，调动罪犯改造积极性。强制隔离戒毒工作，以“1231”工作思路为统领，坚持值班医生巡诊制度，全年为戒毒人员诊断治疗 6000 余人次。推动医联体和专科联盟建设，与医院达成共建协议、建立“绿色通道”；建立医疗联合体，设立戒毒人员专用病房。心理矫治多点发力，与滨州医学院人文学院联合建全省地市级戒毒所第一个“心理戒毒实验室”，并成立课题研究小组。

（撰稿：张丹丹　审稿：宫艳）

责任编校：云　霞

群众团体

烟台市总工会

【概况】 2019年，烟台市总工会辖14个市区（7区7市）总工会和昆嵛山保护区、保税港区2个工会工作委员会，5个市直产业工会（交通海员工会、医务工会、私营企业工会、建设工会、供销社工会），21个市直系统、行业工会，62个市直属单位和中央、省属驻烟台单位工会。全市基层工会组织9675个，涵盖单位1.9万家，职工人数约102.5万人，工会会员100.1万人。烟台市总工会获市委2019年度经济社会发展综合考核二等奖。打造“新时代职工之家”工作获“2019年山东工会改革示范项目”。烟台市因“1＋3”法律维权新模式的经验做法在全省会议上作典型发言。国际海员俱乐部获“全国海员之家”称号，财务工作获全国财务工作先进单位，经审工作获全省规范化考核特等奖，宣教工作获全省新媒体创意大赛第一名。

【培训平台搭建】 2019年，市总工会依托技工（职业）院校建立工匠孵化基地，提升在校学生技能水平，培育一批“校园小工匠”；依托具备资质的工人文化宫、企业和各类实训基地，开展多样化、广覆盖、开放式的技术培训服务，为企业和职工提供订单式技能培训；依托职工网上学习培训平台，组织开展网上自主学习、闯关练兵、培训考试等，鼓励职工线上学习，线下实践，提升技能；整合和指导基层办好职工学校、农民工学校、工会女职工培训示范学校等，增强一线技术工人的岗位实践能力、创新能力。开展职工职业技能大赛，坚持市内竞赛与省内竞赛、国内竞赛相衔接的劳动和技能竞赛机制，推进重大战略、重大工程、重大项目、重点产业劳动和技能竞赛，引导带动行业企业开展岗位大练兵、技能大比拼活动；设立“烟台工匠”竞技擂台，每年确定若干工种，打破学历、资历限制，通过擂台竞技方式，每年评选10名“烟台工匠”。深化“五小”创新竞赛，以创新为驱动，助力企业创新转型、产业升级、提质增效、节能减排；打造一批“工匠孵化器”，每年命名一批市级“工匠孵化基地”“工匠孵化工作室”和劳模创新工作室，带动更多职工投身新旧动能转换和创新创业“主战场”。开展“万名技师带高徒”活动，组织和引导劳模创新工作室领衔人、烟台工匠、首席工人、创新能手等高技能人才，主动做好“传、帮、带”工作，传承岗位经验、专技特艺和优秀技法；每年遴选100名师傅与学徒签订《师徒结对协议书》，进行重点关注和跟踪服务。

【职工医疗保障网建设】 2019年，市总工会联合烟台银行和量典网，创新推出免费职工“补充住院医疗保险”，工会和职工不用花一分钱，每人每年最高可享受5万元的赔偿。烟台银行作为发卡方和保费提供方。量典网作为保险代理公司一方，负责成立职工补充住院医疗保险项目共保体，解决基层工会和职工在保险公司投保和理赔方面遇到的各种问题。在职工补充住院医疗保险期内，符合城镇职工基本医疗保险统筹支付范围内的医疗费用，扣除住院起付线后，达到0.8万元即给予理赔，年最高可享5万元赔付。不论职工是否患有疾病均可投保，一旦住院发生的合理治疗费用即可赔付。办理职工补充住院医疗保险的会员参保生效后，一旦住院，理赔没有任何等待期。参保会员如果单次住院费用达不到补充医疗保险的报销标准，可以不分次数、多次累加，总数达到起付线后即可理赔。至年底，市总工会为符合条件的会员免费赠送补充住院医疗保险30万人（次），赔付5483笔，累计赔付金额1047.5万元。先后有7人次累计达到赔付限额5万元，其中有2人一次性赔偿5万元。这种全新的工会普惠模式在《工人日报》《工会新时空》《中国企业报》《山东工人报》《烟台日报》等媒体报道。

【新时代职工之家建设】 2019年，市总工会联合市委组织部落实《关于深化“党建带工建、党工共建”，大力加强基层工会组织建设的意见》，推进基层党组织和工会组织阵地、队伍、活动、资源共建共享。全市党工共建基层组织达678家。坚持把“家”建在职工身边，做到面向职工、贴近职工、服务职工，推出一批特色鲜明、品牌鲜亮、“一家一品”的职工之家。全市培育打造各具特色的职工之家80多个。制定《基层工会职工之家实体化建设评价细则》，实行百分评价，总分90分以上为“优秀”，凡是考评90分以下的单位，一律取消其参加市级工会先进集体的评选资格。坚持“实际、实用、实效”原则，在规模以上企业建立“两屋五室”职工之家，涵盖职工书屋、妈妈小屋，职工文体活动室、培训室、劳动争议调解室、向日葵心灵工作室、劳模（工匠）创新工作室；规模较小企业建设“五角”职工小家，包括图书角、活动角、荣誉角、娱乐角、健身角。推进“网上职工之家”建设。把齐鲁工惠烟台站会员实名制、智慧工会建设等纳入建家内容，市县两级工会整合资源，做大普惠平台，开展免费观影、免费游园、加油优惠等500多次活动，优惠金额1000多万元。市总工会领导班子分三路，到不同类型企业进行差异化指导。先后培育打造50个职工之家典型，召开全市工会阵地建设现场观摩会，使基层工会学有榜样、赶有目标，带动720多家基层职工之家提档升级。注重发挥评价激励机制作用，把资金向建家工作倾斜，确保建家阵地、服务设施经费到位。市总工会命名一批职工之家示范单位，设立200万元的年度奖励资金，全市建家资金投入1500多万元。10月29日，市总工会打造新时代职工之家的做法被《工人日报》头版头条采用。

【产业工人培养】 2019年，市总工会推动产业工人队伍建设改革融入全市工作总体部署，形成上下联动、互相配合、统筹推进的格局。各部门先后制定出台《关于实施“烟台工匠”建设工程的意见》《关于推进烟台市职业教育产教融合创新发展的意见》等15项配套政策或制度，涉及到产业工人队伍思想政治、技能培训、待遇提升等多个方面。市政府出台一系列激励产业工人成长成才的制度，每年选拔一次“烟台市首席技师”，每次30人左右，管理期4年，每月享受800元津贴。每两年选拔一次“烟台市突出贡献技师”，每次30人左右，享受一次性津贴9000元。每年选拔一次“烟台市技术能手”，每次100人左右，享受一次性津贴2000元。市总工会创新开展面向产业工人的工会工作，开展“建功烟台·工会在行动”创建工作。2019年，全市3200多个参建单位的80万名职工投身“重点工程立功竞赛”，在全市217个重点项目开展劳动竞赛立功活动，推动重点项目优质高效推进。开展“百万职工大阅兵、十万精英大比武”活动，开展1000多场次技能比武，160多万名职工主动学技术、练本领、强素质。市人社和教育部门把新时期产业工人队伍建设工程与推动产业布局和转型升级紧密结合，先后创建3D打印技术与应用、健康服务管理、新能源汽车检测与维修、工业机器人应用与维护、汽车营销省级重点名牌专业18个、省级“一体化”教学试点专业2个、省级示范专业群1个。各院校和企业共创建国家级高技能人才培训基地、技能大师工作室4处，省级技师工作站等17处，市级技师工作站29处。

【服务“三重”工作】 2019年3月7日，市总工会召开“当好主力军、聚力新动能、建功新时代”重点工程立功竞赛誓师大会，拉开全市职工“当、聚、建”劳动竞赛的序幕。制定竞赛实施意见，配套印发推进措施和竞赛办法，在全市设15个赛区，围绕161个市级重点工程项目开展“八比一创”竞赛，涵盖劳动竞赛、创新竞赛、安康竞赛和技能竞赛四个大类，全域覆盖“重点工程、重点园区、重点产业、重点企业”四个主战场。全市开工的重点工程全部开展形式多样的劳动竞赛，评选出中建八局城发广场、市民休闲广场、胜利路安置房、文莱高速等竞赛典型，吸引全市1200多个参建单位60多万名职工参与。非公企业参赛率屡创新高，新增980多家，参赛职工40多万人。

【职工思想政治工作】 2019年，市总工会发挥理论引领作用，先后邀请全总、省总和上海的专家到烟台宣讲十九大精神，采取理论培训、专题辅导、工会讲堂、知识竞赛等多种形式，让中共十九大精神进企业、进车间、进班组、进工地。市总工会党组书记、常务副主席黄亚林多次作《英雄的胶东，伟大的使命》专题

2019年3月7日，“当好主力军、聚力新动能、建功新时代”烟台市重点工程立功竞赛誓师大会举行 （供稿：邱春波）

报告，并被省总工会聘为全省职工思想教育专家库专家。弘扬劳模精神、劳动精神、工匠精神，首次以市委、市政府名义表彰市劳模，市委书记、县市区和市直单位主要负责人与职工代表共同观看庆“五一”文艺晚会。将“五一”集中宣传月纳入全市宣传大局，多渠道、立体式宣传劳模工匠事迹。组织成立劳模工匠报告团到厂矿企业、大专院校宣讲28场；在电视台开辟《匠心筑梦》栏目，播出5期；在工会网站、APP和微信上设立“先进事迹宣讲厅”，引导职工收听收看，点击量超过3万人次。加快新文化宫建设和老文化宫改造，形成东西遥相呼应、功能相互补充的新格局。在市工人文化宫广场举办3个月的系列文化活动，在新工人文化宫设计建设反映胶东地区工人运动和工运事业发展历程的教育阵地。各县市区和企业组织庆祝中华人民共和国成立70周年活动，举办音乐晚会、戏曲晚会、文艺晚会、书画摄影展、体育比赛等3000多场次。利用电视台、报纸、新媒体等宣传平台，宣传最美一线职工、职工职业道德先进典型，引领职工学习身边榜样。开展“尊法守法·携手筑梦”法治宣讲150余场次，惠及农民工3万多人次。抓住“五一”“十一”重要时间节点，策划拍摄MV《我们都是追梦人》、快闪《歌唱祖国》，在公交车和滨海广场电子屏幕上滚动播出，在《学习强国》等媒体的点击量达150多万。通过网络平台，组织“百万职工网上学安全”“不忘初心、牢记使命”主题教育、争创“全国文明城市”有奖知识答题和“最美劳动者”评选、职工职业道德双十佳评选等活动，参与活动累计440多万人次。

【职工文化阵地建设】 2019年，市总工会推进职工文化阵地建设，提升改造工人文化宫。烟台市工人文化宫占地31314平方米，建筑面积6212平方米。在市总党组的支持推动下，按照回归公益的要求，拆除违章建筑1万多平方米，收回出租房屋58处。对工人文化宫内部和工人广场进行全面改造提升，新增职工活动中心、“公益乐学”大讲堂、书画培训室、舞蹈室等。改造后的工人文化宫，举办各类培训和活动50余场次，惠及职工5000人次以上。购置面积达2.5万平方米的新文化宫，设计建设反映胶东地区工人运动和工运事业发展历程的教育阵地，与老文化宫改造，形成东西遥相呼应、功能相互补充的新格局。为丰富基层职工文化生活，市工人文化宫开展“情系职工——送文化进基层”活动，先后组织职工艺术团到厂矿、车间和重点工程工地，送慰问演出、送红色电影150余场，2万余名职工受惠。组织承办为期3个月的广场系列文化活动、迎国庆职工书画展、篮球赛、羽毛球赛和象棋赛等。培训基层文艺骨干120多名，镇街及各企事业单位内部自发组建100余支职工文化团队。推动县级工人文化宫回归公益，实现市县两级工人文化宫上下联系、资源共享、互相补充。全市10家县级工人文化宫，2家进行扩建、2家进行重新规划，5家通过省总观摩评价，市县两级新增职工活动场所3万多平方米。

【庆祝“五一”国际劳动节暨劳动模范和先进工作者表彰大会】 2019年4月28日，烟台市庆祝“五一”国际劳动节暨劳动模范和先进工作者表彰大会在国际博览中心召开。市委书记张术平出席会议并讲话，市委副书记、市长陈飞主持会议。市委常委、常务副市长王中宣读《关于表彰烟台市劳动模范和先进工作者的决定》，市人大常委会副主任、总工会主席刘洪波宣读《关于命名第二届“烟台十大工匠”的通报》。会上，市领导为劳动模范、先进工作者和“烟台工匠”代表颁奖，劳模代表宣读倡议书。

【“1+3”联动维权模式多元化解劳动争议】 2019年，市总工会打造“1+3”联动维权模式。“1”是建立一批市级职工法律服务站，“3”是建立联合调解、劳动仲裁、法律援助三项机制。该模式建立后，使劳动争议调处由过去“被动型”向“主动型”转变，由过去只调解“劳动关系维权”的“单一型”向家庭婚姻、遗产继承和经济纠纷等“全面型”转变。探索建立职工法律服务站。市总工会与市司法局、市律师协会联合命名“烟台市十佳职工维权律师”，在三和德通等10个律师事务所挂牌成立市总工会职工法律服务站，开展法律宣传、咨询、培训服务工作。职工法律服务站坚持首接律师负责一站式服务，全年受理涉及职工咨询、劳动争议案件387件次。市职工法律服务站先后对80多家企业规章制度等涉及职工权益的规定内容、公布程序等进行“体检把脉”，纠正违反法律法规强制性规定、未进行职代会表决等100多个问题。持续开展“尊法守法·携手筑梦”法治宣传和公益法律服务行动。依托市职工法律服务站、驻烟台大学法学院，组织60余场次公益法律服务行动，服务职工和农民工7200余人次。探索建立联合调解机制。与市人社局联合建立劳动人事争议联合调解工作站，从法学专家、律师等人员中选聘22人组成特邀调解员专家库，为化解争议提供专家绿色通道方案，先后接收委托调解争议85件，涉案金额410余万元，调解时间由规定的15个工作日缩短到8个工作日，成功率为80%。探索建立劳动仲裁机制。市总工会设立市劳动仲裁委派驻仲裁庭，先后审理劳动争议案件10余次，确认50多人的劳动关系、650万元的涉案金额。探索建立法律援助机制。在为职工提供免费法律服务的同时，对于劳动争议职工（农民工）在调解不成且符合法律援助条件的情况下，依托中央专项彩票公益金法律援助项目，指派维权律师为其提供法律援助，办理法律援助37件，结案35件。

【“掌上职工之家”建设】2019年4月22日，市总工会举行“齐鲁工惠”APP烟台站上线仪式，标志着烟台工会“掌上职工之家”建设进入全新阶段。自启动仪式始，市总工会通过客户端联系职工、服务职工，开设工会资讯、工会矩阵、会员优惠、惠工活动、补充医保、入会转会、工友圈、职工书屋、心理咨询、帮扶救助、职工e家、在线学习等功能模块，开展线上普惠活动，为职工提供指尖上的福利。补充医保模块为会员个人查询住院医疗补充保险投保情况、生效时限查询、政策问答、理赔资讯等栏目。入会转会模块让各行各业的职工找到工会、找到自己的组织依靠。职工书屋模块为职工会员的线上图书馆，会员可在线免费查阅资料、读书学习。模块涵盖图书分类、图书推荐、图书心得、阅读排行等栏目。心理咨询模块为会员提供相关的心理健康资讯。至年底，各级工会在齐鲁工惠APP烟台站开展免费观影、游园、心理健康检测等职工普惠活动500多项，优惠金额1770多万元，吸引APP注册会员超过50万人。开展的“2000张免费观影券”活动，仅10分钟就有10000多名职工参与抢券，甚至有的普惠活动瞬间参与峰值达3.5万人。

【烟台国际海员俱乐部获“全国海员之家”称号】2019年，烟台国际海员俱乐部在烟台保税港区建成“海员之家”，为海员服务提供新平台，常规化海员服务更加坚实。实现常年登轮服务海员不断线，全年登轮160多艘次，服务国内外海员3000多人次。在重要节日节点开展春节送对联、端午送粽子、中秋送月饼、国庆看烟台等活动，海员之家自营运后接待国内外海员和港口工作人员300多人次。打通海员家属服务通道。针对海嫂探亲难的问题，联合边防检查站建立“海员家属服务站”，为海员家属提供车辆接送、优惠住宿等服务150余人次，对部分困难海员家庭提供免费住宿服务。打通海员医疗绿色通道。针对海员特别是外籍海员就医手续烦琐的问题，与烟台边防检查站、烟台海港医院联合建立“中国烟台海员医疗定点医院”，开通海员医疗绿色通道，为国内海员提供医疗服务近万人次。定期把体检服务车开到岸边，轮船边上开展医疗服务，让广大海员享受到“零距离”医疗服务。打通海员金融服务通道。针对国际海员的金融需求，与中国银行保税区支行联合建立“国际海员金融服务站”，设立英语服务专柜、国际海员金融服务专线，制作海员服务卡、推出海员集中兑换登轮服务，为国际到港海员提供安全、便捷、人性化的金融服务100人次。

（撰稿：邱春波　邢成刚　审稿：刘海强）

中国共产主义青年团烟台市委员会

【青少年思想引领】2019年，团市委实施青年马克思主义者培养工程，成立“学习强国·新时代烟台青年讲师团”，举办各类宣讲教育活动百余场次，“青年大学习”网络答题每期覆盖团员青年5万余人。实施“红色基因传承”工程，制作小青燕系列文创产品10余种，组织“十大杰出青年”等评选表彰活动。组织“最书香家庭”评选颁奖活动，为21个村（社区）铺设公益图书角48处。开展网上共青团建设。筹建烟台青年融媒体中心，设立高校新媒体工作站，团属新媒体粉丝总数达到40万人，年均阅读量超过千万次。

【服务中心工作】2019年，团市委

2019年4月26日，“青春心向党 建功新时代”烟台市各界青年纪念五四运动100周年主题团课举行（供稿：周君）

举办中日韩青年创新创业论坛、青企峰会2019烟台专场推介会，累计开展招商活动10余次，交流走访三类500强企业14个，联系高层次专家8人，引进项目合同金额3亿元、实际到位5600万元。选取莱山区南水桃林村等5个村为“青年村”试点，累计投资400余万元，实施工作项目30多个。举办全省农村优秀青年骨干学研班，推进“金晖助老”“牵手关爱”行动，结对帮扶失独贫困老人700余人、贫困留守儿童3000余名。组建“美丽烟台”“仙境海岸”“赛会服务”“网络文明”4支志愿服务队伍，推出“烟台很赞”“爱在烟台·救在身边”主题公交，青年志愿者在“国际葡萄酒博览会”“世界工业设计大会”等活动和赛会上尽展青春风采。

【服务青年工作】2019年，团市委构建青少年公共服务供给体系，重点打造10处学校少先队示范阵地，打造青少年研学基地7处，建成省级“青年之家”45处，成立烟台市希望青少年发展基金会，希望工程募集款物600多万元，资助困难青少年2800余人。构建青年创新创业体系，烟台市青年创新创业联盟、基金、导师团队和孵化基地“四位一体”工作格局初步形成。举办“我为烟台代言”公益创业大赛，15所驻烟台高校、500余支队伍、2400余名在校大学生报名参赛。构建青少年社会化维权体系，推进青少年代表列席“两会”机制，举办远离毒品、法律知识等讲座30余场次，成为全国40家未成年人检察工作社会支持体系建设试点之一，在烟台市举办工作推进暨专题培训班。

【组织工作】2019年，团市委严格团员标准，规范组织生活，严肃团内执纪，开展好各类主题团日活动。推动团员成为注册志愿者，抓好“团队衔接”“学社衔接”“党团衔接”三个关键环节，全市初高中团学比稳步控制在30%、60%以内。建立校地共青团联席会议制度，成立“创意策划”“新媒体运营”“公益服务”“创新创业”四个工作室。组建双招双引、少先队工作、组织体系建设、青少年服务平台4个专班。构建“同心多圆”体系，孵化联系青年社会组织22家，打造“幸福来敲门”等公益项目41个。

（撰稿：周君　审稿：王杰）

烟台市妇女联合会

【概况】2019年，市妇联启动“393破难行动”，聚焦“美丽庭院”创建、婚姻家庭辅导和基层妇联组织“细胞工程”三大重点，着力破解九大难题。市妇联兼职副主席、芝罘区大海阳社区党委书记、主任冷晓燕被评为全国三八红旗手，芝罘区妇联、莱州市妇联、龙口市妇联等7个基层妇联被省妇联、省人社厅联合授予全省妇联系统先进集体荣誉称号；宋修波、王明洁、邵东娅等7名个人被省妇联、省人社厅联合授予全省妇联系统先进个人荣誉称号。2户家庭获全国“最美家庭”荣誉称号，13户家庭获山东省“五好家庭”“绿色家庭”称号。

【组织建设】2019年，全市“会改联”回头看完成3344个村、增补执委5169名，建立“园区＋妇联”“行业协会＋妇联”“企业＋妇联”“商圈＋妇联”“机关事业单位＋妇联”653个，在网格、楼栋、妇女小组建立妇女微家1281个。赋能建好“一个家”，本着“建阵地、联资源、强服务”原则，在基层党群服务中心、党员活动室等设立妇女之家、妇女儿童家园6210个、执委工作站2090个，结合全市开展的社区“双报到”活动，与各级机关企事业单位共建服务项目2359个。推行亮牌服务，全市100%的镇（街）妇联、97%以上的村（社区）妇联实现亮牌；推行“一线工作法”，带头“四不两直”方式开展基层调研49场、覆盖基层83个调研点，开展“妇联执委进千家”活动，印制发放执委工

2019年10月30日，“巾帼红·家国情·奋斗志”烟台美丽人家风采展举行
（供稿：李玉霞）

作手册、执委联系卡，引导广大执委“肩上有责任，进门多办事”；提升工作效能，持续实施“新女性成长培训计划”，全市举办培训班234场、培训基层妇女骨干16180人，通过健全完善执委领办项目、执委述职、执委星级评定等制度，激发基层妇联执委的主责主业主角意识。

【家庭建设】 2019年，市妇联实施“巾帼红”领头雁行动，推行执委分片包帮制，市县镇村联建联创、“网格化”推进，先后出台重点工作包帮促实施方案，召开全市“393破难行动”全域现场观摩推进会，创新举办“巾帼红·家国情·奋斗志”美丽人家风采展，全市创建“美丽庭院”示范村50个、示范户48327户。织就“13+N”婚姻家庭护航网络，招募辅导志愿者276名，建立基层幸福护航站（点）48个，推行执委“联户、联包、联调”工作机制，通过组建婚姻家庭辅导讲师团、启动大学生婚恋导航工程、举办全市婚姻家庭辅导骨干培训班、开展婚姻健康大讲堂下基层等活动，帮助广大家庭提升经营幸福的能力，化解婚姻家庭矛盾4913对。召开全市妇儿工委成员（扩大）会议，推动各级党委政府为妇女儿童办实事；特别关注妇女儿童在医疗、家教、安全等方面的所需所盼，持续推进贫困妇女救助、春蕾计划等公益项目，全市募集救助款物65.98万元，帮扶贫困母亲1140名、资助女童1173人。设立小纽扣家教、“巾帼红诵”“安全叮咛”等24支特色志愿服务队，随时为基层提供“点单式”服务。

【女性素质提升】 2019年，市妇联启动“巾帼红·大宣讲”四进行动，将中华人民共和国成立70周年、“巾帼心向党 礼赞新中国”的大主题，分化为同唱爱国歌曲、同听先锋故事、共述家国情怀等接地气的“微教育”，线上线下同频共振，开展各类宣讲777场、覆盖65.1万名妇女，党的“好声音”唱响在基层的每个角落。创新举办“花开新时代·最美巾帼红”巾帼楷模颂，利用“烟台女性”微信公众号开设“巾帼风采”“最美巾帼红”“如果你认识”“初心·英模”等专栏专题，用百姓话讲好身边典型故事392个。建立各级各类妇女工作群4165个、覆盖专兼职妇联干部14.91万人，“齐鲁女性APP”“烟台女性”公众号粉丝达10万+，成为广大妇女“指尖上的精神家园”。

【妇女维权】 2019年，市妇联召开全市妇儿工委全体成员（扩大）会议，逐条梳理规划指标完成情况，制定市妇儿工委成员单位职责和工作规则，做到任务书、时间表、责任人“三明确”，确保2020年终期评估如期达标，妇女儿童整体发展水平有效提高。妇女创业就业平台更加多元，助力全市家政服务业提质扩容，发出“巾帼家政 温暖万家”倡议书，举办巾帼家政服务业工作座谈会、培训班，开展专场招聘会、就业创业指导服务47次，帮助4377名妇女实现就业，评选出2019年度“巾帼红”最美家政人16名。基层维权环境有效改善，持续做好村规民约和居民公约制定修订工作，维护妇女合法权益；相继启动三八维权周、巾帼维权志愿者“进社区、进家庭、到身边”宣讲活动，开展巡回讲座28场，广大妇女依法维权的意识和能力提升；发挥12338妇女维权服务热线作用，全市处结来信来访289件。

【巾帼扶贫】 2019年，市妇联针对“332”扶贫重点县镇村举办“烟台市小康路上姐妹同行”巡讲活动，开展德州、巫山协作扶贫，与鲁东大学女博士团队、滨医烟台附院志愿服务队、市慈善总会联合开展技术、医疗和资金扶贫，为200名贫困妇女发放救助金20万元；开展藏汉一家亲活动，日喀则市2户最美家庭与芝罘区最美家庭牵手结对；持续推进贫困母亲救助、“春蕾计划”等公益项目，全市开展“巾帼送暖”活动102场次，募集发放救助款物达65.98万元，帮扶贫困母亲1140名、资助春蕾女童1173人。

（撰稿：李玉霞　审稿：潘莅）

烟台市归国华侨联合会

【服务中心工作】 2019年，市侨联搭建县市区与驻烟台高校交流合作平台，促成人才、项目和技术合作，与50多个企业建立合作关系。牵线搭桥英国山东总会与龙口市政府就威龙引进战略投资进行洽谈；促成山东省城市服务技师学院与加拿大山东商会签订开展合作协议。开展海外人才调查工作，根据研究学科和专业门类把调查掌握的海外人才进行分类，建立海外人才数据库679人。协助市委办印发《烟台市侨联改革方案》。

【拓展联络联谊新空间】 2019年，市侨联接待来自18个国家和地区的24个侨社团100多人次的来访。新春佳节期间，发送电子明信片、电子邮件，通过电话、微信与侨界人士保持互动交流。先后给澳大利亚、意大利、法国、俄罗斯等10家海外侨社团换届发去贺电，密切双方联系，加强联络联谊。

【参政议政】 2019年，市侨联组织开展2次政协委员调研考察活动。全市侨界代表委员共提议案、提案各种意见建议 72 件。发挥驻烟台高校人大代表、政协委员的专业优势，参政议政，建言献策，提案议案 13 件，其中省人大会上提交 8 件，1 件人大代表联系群众工作报告。

【侨界特色活动】 2019 年，市侨联开展“送温暖活动”。市侨联走访慰问贫困归侨侨眷 72 户，发放慰问金 8.85 万元。全市侨联系统发放慰问金 26.64 万元。开展侨星志愿服务活动。创建“侨胞之家”4 家、“侨星驿站”6 个、“侨星志愿服务基地”6 个，开展“侨爱户外工作者”茂昌爱心防护镜发放活动等志愿服务活动 40 余次，参与人员 400 余人次。烟台市侨星志愿服务工作，在省侨联会议上作典型交流发言。建立 20 支侨星志愿者服务队，有 600 多名侨星志愿者。围绕全面推进依法治国战略实施，开展侨法宣传活动，推动《归侨侨眷权益保护法》和《山东省归侨侨眷权益保护条例》的贯彻落实。办理涉侨来信来访 2 件。

【文化交流】 2019 年，市侨联联合省侨联举办“首届中华鲁菜文化传承与繁荣学术研讨年会暨烟台市第四届鲁菜创新大赛”，13 个国家的侨社团 22 名侨领参加此次活动，省侨联在山东省城市服务技师学院设立“鲁菜海外推广示范基地”并授牌。参加“第二十届世界华人学生作文大赛”，获一等奖 19 篇、二等奖 77 篇、三等奖 94 篇，市侨联获优秀组织奖。承办 2019 年“寻根之旅”夏令营，接待来自德国、俄罗斯、阿联酋、比利时、柬埔寨等国家的 100 多名海外华裔青少年，更好地弘扬中华传统文化；组织参加“第四届华侨华人摄影展”。与致公党烟台市委员会联合举办“建国 70 周年书画摄影展”。

2019 年 7—8 月，市侨联承办“寻根之旅”夏令营活动　　（供稿：王丽丽）

【“寻根之旅”夏令营山东烟台营】 2019 年 7 月、8 月，市侨联承办“寻根之旅”夏令营，接待来自德国、俄罗斯、阿联酋、比利时、柬埔寨等国家的 100 多名海外华裔青少年，先后到莱州中华武校、福山王懿荣纪念馆、蓬莱蓬莱阁、栖霞太虚宫考察学习。

【“首届中华鲁菜文化传承与繁荣学术研讨年会暨烟台市第四届鲁菜创新大赛”举办】 2019 年 11 月 14—16 日，市侨联联合省侨联、县市区侨联举办“首届中华鲁菜文化传承与繁荣学术研讨年会暨山东省第四届鲁菜创新大赛”，13 个国家的侨社团侨领 22 人和其他 100 多人参加此次活动，签订协议设立 13 个海外工作站，牵线搭桥英国山东总商会与龙口市政府就威龙引进战略投资进行洽谈；促成山东省城市服务技师学院与加拿大山东总商会签订开展合作协议，省侨联在山东省城市服务技师学院设立“鲁菜海外推广示范基地”并授牌。

（撰稿：王丽丽　审稿：吕文怀）

烟台市文学艺术界联合会

【概况】 2019 年，市文联主管事业单位 1 个、文艺家协会 20 个、民办非企业单位 2 个。各文艺家协会有国家级会员 685 名，省级会员 2675 名。市文联被省文明委评为 2019 年度省级文明单位。

【庆祝中华人民共和国成立 70 周年系列活动】 2019 年 9 月，市文联同市委宣传部、市文旅局等部门联合主办烟台市庆祝中华人民共和国成立 70 周年优秀美术作品展、书法篆刻展、摄影作品展、篆刻作品展四大展览。先后展出 40 件篆刻作品、140 件摄影作品、140 件美术作品、200 件书法篆刻作品。3—9 月，举办“我和我的祖国”文学征文和“爱祖国·赞家乡”诗词楹联征集活动，征集散文、诗歌、报告文学、小说作品近 200 篇（首），诗词、楹联作品 210 余首（副），评出获奖作品 54 件。举办“仙境海岸”烟台市美术作品展、“与共和国同行”烟台市美协老艺术家作品提名展、“迎国庆·颂祖国书法作品展”、群众舞蹈展演、曲艺专场消夏系列演出和红色经典影片展映等6大类16项主题文艺活动。

【新时代文明实践文艺志愿服务活动】 2019年5月10日，烟台市新时代文明实践文艺志愿服务队活动启动暨分队授旗仪式在牟平区举行，作为全市新时代文明实践志愿服务总队的13支服务队之一，下设21个分队，首批招募500名文艺志愿者。在“5·23”文艺志愿者服务日期间，举办文艺演出60余场，开展文学、音乐、舞蹈、书画、摄影、民间艺术等培训、辅导、讲座60余场，赠送书画作品3000余幅，直接受益群众5万余人。全年组织艺术家进基层、进农村、进社区、进厂矿、进校园，开展“我们的中国梦”“送欢乐下基层”“书春送福”“到人民中去”等各类文艺惠民活动50余场次，免费向群众赠送书画作品3000余幅。建立“烟台现代画院美丽乡村采风基地”1处，组织文艺家到基层开展采风创作30余次。

【2019中国民间工艺品博览会】 2019年8月23—26日，在烟台国际会展中心举行，民博会是文联承担的“三重工作”，首次被市委、市政府确定为全市“四大展会”之一。此次民博会涵盖当代中国民间工艺品的各个门类，会上举办第14届中国民间艺术“山花奖”初评，从110多件作品中选出36件进入终评；打造专家队伍，国家级、省级民间工艺大师，非遗传承人，山花奖获得者210多人到会；加强宣传力度，各级各类媒体刊发、转发民博会相关报道6万余篇次。有12.7万人次观展，其中青少年达2万多人次，参观人数、交易额再创近年新高。

【烟台文艺大讲堂】 2019年由市文联主办，3月启动，每月一讲。市作协、市剧协、市舞协、市音协、市美协、市曲协、市书协、市摄协、市影协、市民协先后承办，烟台市文化馆协办。邀请文艺领域专家和著名学者，对烟台市中青年文艺家、协会骨干和新文艺群体进行政治、业务培训，全年举办10场，培训1000多人次。

（撰稿：张华　郭昊　审稿：贺宗仪）

烟台市残疾人联合会

【概况】 2019年，烟台市残联获评全国残疾人体育先进单位，2人获评全国残疾人体育先进个人，龙口市残联获“全国残疾人之家”称号。7个单位和个人受到省表彰。市残联机关和残疾人就业服务中心获评省级文明单位。

【市残疾人联合会第七次代表大会召开】 2019年3月27—28日，市残疾人联合会第七次代表大会召开。市委书记张术平，省残联副理事长张文涛出席开幕式并讲话，市委常委、组织部部长于涛主持开幕式，市总工会代表群团组织致贺词。大会正式代表180名，特邀代表15名，列席代表10名。会议听取和审议市残联第六届主席团《担当新使命，实现新作为，奋力开创新时代烟台残疾人事业新局面》的工作报告，选举产生新一届领导机构。

【市残疾人“阳光家园”投入使用】 2019年6月，市残疾人综合服务中心投入使用。中心位于莱山区恒润路9号，占地1.47公顷，建筑面积约1.7万平方米，主体由15层主楼、1层附楼组成，设置康复教育、就业服务、文化展示、体育训练四大功能区，年内入驻市残疾人康复教育中心、就业服务中心、文化体育中心和心生元特殊教育培训学校，同时开展听障、智障及自闭症儿童康复训练，残疾人教育就业培训，图书阅览、书法绘画创作等服务项目及各种球类、体操类体育训练比赛项目。年内，中心有120余名残疾儿童在内接受专业的康复训练，举办盲人医疗按摩考前培训、小儿推拿、掐丝珐琅画制作等3期残疾人职业技能培训班，开展女子轮椅篮球队集训、残疾人体育健身周活动、文化联谊活动等。

【“爱心助残·温度港城”扶残助残品牌】 2019年5月“全国助残日”期间正式发布“爱心助残·温度港城”扶残助残品牌。围绕品牌创建，相继开展“我和我的祖国·我们的30年”活动，集中展现残疾人事业发展取得的成就，展示残疾人学论述、听党话、跟党走，积极向上的精神风貌和奋勇追梦的人生斗志，在网站、公众号等开设专题进行宣传；开展“追踪榜样——讲述我们的故事”活动，以讲故事的形式对榜样事迹进行报道，激励全社会从自强模范身上汲取力量，在全面建成小康社会的进程中共享幸福和荣光；开展“心连心、手拉手、圆梦新时代”活动，每个党员干部结对联系1名残疾人，帮助残疾人解决生产生活中的实际困难；组织开展“爱心助残·温度港城——辅助器具知识宣传年”活动，历时5个月、遍及11个县市区，为全市200多名辅具适配服务人员进行业务培训，为500多名社区群众进行辅具知识宣传普及，提升辅助器具服务水平。

（撰稿：孔玉宁　审稿：隋京文）

烟台市人民对外友好协会

【概况】 2019年，市对外友协全年组织各类国际交流活动11余场次，接待海外来访团组21批340余人次，组织出访7批11人次。

【服务中韩（烟台）产业园建设】 2019年5月，市对外友协邀请“韩国妇人会”赵泰任会长率40余人的企业代表团到烟台，共同举办“共创未来——中韩企业家交流会”，中韩两国企业代表80余人参加活动，韩国8家企业分别就智慧农业汽调温棚、纳米素材生产技术等多个产品做项目推介，中韩两国企业在流通领域仓储运输、跨境直购电子商务等领域签订合作协议；10月邀请韩国庆尚北道安东市、闻庆市、义城郡、青松郡、军威郡等5个市郡的议长率团一行21人到烟台考察，在开发区中韩产业园设立3000平方米的“韩国经济文化展示中心”，搭建政府主导的经贸文化交流平台；11月举办“共创未来——中韩企业家交流会暨庆尚北道优秀产品走进烟台”系列活动3场，组织中韩百余家企业家与会交流，促进合作。先后邀请韩国水协中央会、韩国花茶协会、韩国海参协会等多个行业协会负责人到烟台考察，对接合作项目。

【服务经济发展】 2019年，市对外友协先后组织企业参加“第四届中国——中亚合作对话会”“中国中东欧17+1博览会”“第四届中国—中东欧国家创新合作大会”等高层次国际会议，达成多项合作共识。带领烟台中小微企业联合会有关负责人一行9人出访尼日利亚和埃塞俄比亚，考察访问埃塞俄比亚东方工业园及相关企业，与埃塞东方工业园建立友好关系，与当地园区及企业负责人座谈交流、吸取经验，促成“尼中埃努古经济技术特区”项目签约，为企业迈向国际舞台提供平台。3月组织烟台市华康海洋食品有限公司、旭辉水产有限公司等企业参加韩国尚南道商品出口洽谈会，签署多项合作协议。4月在韩国与烟台飞骏供应链有限公司共同举办“飞骏供应链亚洲区韩国仓”项目启动仪式举办，完成4项业务合作签约仪式，邀请亚洲新闻社等韩国媒体报道宣传。支持烟台飞骏供应链有限公司取得圆通快递首尔总代理资质，在韩国设立“飞骏供应链亚洲区韩国仓”，开展跨境直购业务，运营海外仓库4000平方米，日处理货量超过1万件。

2019年11月26日，由烟台市人民对外友好协会、烟台市文化和旅游局、韩国亚洲新闻集团共同举办的“第七届中韩友好音乐会”公益活动在烟台大剧院举行
（供稿：林松）

【国际交流】 2019年，市对外友协邀请美国“亨斯曼世界老年运动会”执行总裁凯斯参加“第二届世界老年旅游大会”，凯斯发表主旨演讲，并为环球功夫大师争霸赛优胜者颁发金腰带。邀请韩国安东市、水协中央会、庆尚南道山东代表处参加“第十四届东亚国际食品交易博览会”对接泰国资源，完成100多平方米的“直通曼谷”泰国商品展厅；作为指导单位参与“2019第六届香港国际音乐节”（烟台赛区）的组织工作；6月支持塔山集团举办“塔山韩国文化周”活动，邀请韩国传统舞蹈、乐器演奏、街舞等专业演出团队参加。

【对外交流】 2019年，市对外友协开展“中外文化交流面对面”系列活动，通过人文交流为主、兼顾经贸、科技、教育、卫生健康等领域的对话和交流。先后举办“中法文化交流面对面”“中外音乐交流面对面”“中韩文化交流面对面”等多场活动。开展青少年交流活动。与韩国环境体育青少年联盟共同创办“中韩青少年友谊互动营”，邀请韩国青少年到烟台开展文体交流，促进中韩青少年友好往来。第三届“中韩青少年友谊互动营”邀请来自韩国首尔市的260余名师生到烟台，该活动成为国内中韩青少年交流领域规模最大的活动之一。联合中国音协考级烟台考务共同创立“音乐带我看世界”国际青少年交流活动，组织112名青少年赴韩国进行为期6天的交流演出。应全国友协邀请，11月8—11日俄罗斯“羽环”少年舞蹈团到烟台进行友好访问，与市青少年宫、小林舞蹈艺术学校开展多场交流演出。举办“第七届中韩友好音乐会”。音乐会邀请韩国艺术家与烟台当地艺术家共同为烟台市民和在烟台韩企进行演出。音乐会期间，为增进两国友谊作出贡献的烟台韩国学校老师颁发中韩音乐会民间友好使者荣誉证书，为中韩两国优秀学生颁发奖学金。

（撰稿：林松　审稿：杨林）

烟台市红十字会

【概况】 2019年7月29日，烟台市红十字会第七届理事会第三次会议和常务理事会议召开，经调整选举出95名理事、39名常务理事，选举产生会长、常务副会长、副会长。规范政务平台为民服务事项，市县两级红十字会取得公开募捐资格证书。以《中华人民共和国慈善法》《中华人民共和国红十字会法》《中国红十字会章程》等为重点开展普法学习宣传，组织外出学习、参加烟台智慧大讲堂等干部综合能力提升相关培训106人次。加强网上红十字会建设，开通烟台市红十字会微信公众号，及时更新维护网站；与网信办和大数据局协调配合，做好舆情管理和阵地建设。至年底，全市有118支志愿服务队，11715名红十字志愿者。

【宣传工作】 2019年，全市红十字系统在“五八世界红十字日”“世界急救日”“世界艾滋病日”等重要时日之际，采用民生对话、录制专题片、举办新闻发布会、选树典型、红十字知识竞赛等形式开展宣传，举办大型现场宣传活动100多场次。

2019年5月7日，市红十字会与市见义勇为基金会举办烟台市见义勇为造血干细胞捐献先进群体表彰暨“红十字博爱周”活动新闻发布会　（供稿：刘月明）

【救助服务】 2019年，全市红十字会系统开展多种形式的助学、助困、大病救助等活动，募集发放慰问金、食品、药品、衣物、医疗器械等物资价值1100多万元，受益家庭3000多户；新建造血干细胞捐献、遗体器官角膜捐献、贫困眼疾患者3个关爱救助基金，基金总量达11个、200多万元。

【救护培训】 2019年，市红十字会承办山东省救护培训师资班，整合前期已有师资成立由29名志愿者和专兼职工作者组成的烟台市红十字会救护培训志愿讲师团；莱山区红十字会与民政、教育部门联合建立中小学生命安全大课堂；发挥救护培训基地和志愿者的作用，全年培训急救员1370人，普及教育超3万人次。

【捐献缅怀追思活动】 2019年，市红十字会在清明节和寒衣节期间组织开展遗体器官角膜捐献者缅怀追思活动。在莱州市大基山公墓建成莱州市遗体器官捐献纪念碑，在牟平区沁水河公园建立遗体器官角膜捐献纪念林，全市性大型捐献缅怀设施列入规划。

【捐献激励表彰机制】 2019年，市红十字会与市政法委市见义勇为基金会共同授予烟台市已捐献的48位造血干细胞捐献者为“烟台市见义勇为造血干细胞捐献先进群体”，以后逐年表彰；全市有14568名捐献志愿者加入中国造血干细胞捐献者资料库，2019年实现造血干细胞捐献7例，累计捐献49例；实现捐献遗体24例、累计捐献109例；实现角膜34例，累计捐献120例；参与器官捐献260多例、挽救600多名重病患者的生命，240多名眼病患者重见光明。

（撰稿：刘月明　审稿：于才已）

责任编校：云　霞

民主党派和工商联

中国国民党革命委员会烟台市委员会

【概况】 2019年，民革烟台市委发展党员13人，有党员287名、基层委员会1个、支部15个。其中，大学以上学历158人，研究生以上学历49人，高级职称80人，各级人大代表、政协委员43人。民革烟台市委被民革山东省委评为民革示范支部创建工作先进集体，二支部被民革中央授予优秀民革党员之家称号，三农支部被民革山东省委授予首批民革示范支部称号。

【思想建设】 2019年，民革烟台市委开展“不忘合作初心，继续携手前进”主题教育活动，组织市委班子成员和机关干部到龙口市徐镜心故居参观学习革命先烈崇高的思想境界和爱国精神，更加坚定走中国特色社会主义政治发展道路的信心与决心。通过培训班、报告会、座谈会等形式组织党员学习各级会议精神。组织70余名党员分批参加市委统战部举办的“同心大讲堂”、非公有制经济高质量发展论坛等。提升民革各级组织和广大党员的参政议政能力，提高参政议政工作制度化、规范化、程序化水平，加强提案和反映社情民意信息工作，举办参政议政工作培训班，先后2次召开社情民意小组会议，制订完善制度化、规范化、程序化工作机制。

【组织建设】 2019年，民革烟台市委加强基层组织工作规范化建设和活动场地建设，统一给各支部制作展板，召开示范支部创建专题座谈会，动员各基层组织全面参与。至年底，所有基层组织成立“民革党员之家”，达到“五有”标准的占75%。市委机关落实各项工作制度，完成主委会、市委（扩大）会议等一系列工作。协助各支部和专门工作委员会召开会议，完成调研活动和社会服务工作。做强做实宣传工作，年内市委网站发布工作动态、党员风采、学习交流等信息20余条。

【参政议政】 2019年，民革烟台市委年初确定重点调研课题，开展专题调研，先后组织调研组成员到芝罘区、莱山区住建局相关部、室走访座谈，赴市住建局开展“房屋安全管理信息化建设”专题调研，完成《关于烟台市房屋安全管理信息化建设存在的主要问题及对策》调研报告；会同市司法局、市城市管理局、市环境卫生管理中心等部门前往广州、昆明、重庆等地开展生活垃圾分类管理办法立法考察调研，完成《关于全社会动员全方位推进实现生活垃圾分类全覆盖的调研报告》；完成统战理论政策研究课题《增强县（市区）统战工作探讨》。围绕监督事项开展民主监督，推进全市重点改革事项工作开展，组织以“三农”专委会为主体的调研组赴市农业农村局围绕“深化农村集体产权制度改革”事项开展民主监督调研，相继到有关县市区进行实地调研，完成《关于对我市农村产权制度改革开展专项监督情况的报告》。围绕社会热点参政议政，在市“两会”上提交提案60件，《关于加强前期物业招投标管理的建议》《关于完善科技创新企业扶持体系的建议》《烟台市加装电梯存在的问题及解决办法的建议》等5件提案被市委会列为集体提案，其中《关于加强我市矿区尾矿粉污染监管的建议》被列为烟台市2019年重点提案（即市长督办提案）。向市政协提交社情民意信息50余件，其中四支部主委张丰和撰写的《关于将开发区203路公交车延伸至蓬莱大柳行的建议》在8月14日的《联合日报》以《张丰和：“小”提案助力“大”公交》头版给予报道。各基层组织开展调研活动。莱阳支部以推动乡村振兴为切入点，主要围绕莱阳农村的经济和文化融合方面，组织党员到特色村庄摸排，开展调查研究，形成《莱阳农村特色文化旅游》等调研报告；四支部为加大景区环境保护、发展全市生态旅游，组织党员赴荣成开展生态旅游业发展考察调研活动，撰写《关于注重生态式旅游产业发展的调研报告》；开发区支部组织部分党员到万华、万润等重点企业调研；新区支部为推进莱山文化产业发展，加强文化产业品牌培育，赴莱州文化馆、惜石斋雕刻艺术中心、莱州中华月季园调研；四支部、八支部、鲁东大学支部、烟台大学支部、工商学院支部到福泰社区、芝罘区规划局、毓璜顶办事处、白石办事处等地联合开展既有楼房加装电梯视察调研活动。

【社会服务】 2019年，民革烟台市委助力对口帮扶贵州纳雍县左鸠戛乡。为响应民革省委开展贵州纳雍县左鸠戛乡“同心帮扶”活动，号召和鼓励全市广大民革党员通过交纳“特殊党费”募集5万多元资金，捐助给左鸠戛乡，用于改善教育和医疗卫生条件。组织企业家党员到左鸠戛乡对口村开展调研对接活动，完成牟平支部主委孙艺洲企业（山东荣华食品集团有限公司）与当地劳务输出对接，可为村、乡贫困人口提供约500个培训和就业岗位。对贫困户劳动力符合条件且有技能培训意愿的，实施免费职业技能培训，帮助其通过培训实现转移就业，增加非农收入。做好左鸠戛乡特困村组对口帮扶工作，第二次发动基层组织和党员捐款9000元定向帮扶兴文村干口寨组3户贫困户，合力推进脱贫攻坚。

2019年，以“小樱桃文化节”为依托，探索文化兴农。5月20日在海阳市仙人盆村举办“第三届仙人盆福虎岭樱桃文化节”，通过民俗旅游、体验采摘等活动，推动当地农业发展、带动农民脱贫致富，此次活动在人民网和省市级近20家媒体宣传报道。组织三农支部及烟台大学建筑学院有关专家赴仙人盆村专题调研民宿旅游开发情况，对整个村民宿建设规划做出系统详尽的设计与改造方案。一期总投资200万元的6套民宿（共含15个房间、1个餐厅）10月底投入使用；二期投资500万元的14套民宿正在与设计院商讨设计方案。

开展科技兴农。2019年，多次邀请市农科院专家到村开展农业知识讲座；联系国外农业专家进行农作种植管理、病虫灾害防治等技术指导；开展优质农作物生产种植示范推广工作，帮助农民联系采购优质树苗果苗等，提高农作物品质，增加农民收入。协调市公路局投资100万元为村硬化道路2公里。

基层组织社会服务。2019年，芝罘区基层委携手烟台学雷锋爱心使者志愿服务队到栖霞桃村中心敬老院开展敬老爱老慰问及文艺演出活动，为老人们送去牛奶、白面、大米等价值1万元的爱心物资；一支部组织党员及领飞蓝天志愿服务中心志愿者到社区、学校开展垃圾分类宣讲活动30场，受众群体达3000余人；二支部启动自1988年至今从未间断、持续进行的第32年“关爱疾障儿童，走进烟台特殊学校义诊慰问活动”，联合顺达口腔医院给孩子们进行免费口腔检查，赠送220件价值上万元的衣服；四支部组织党员开展“我们的中国梦，文化进万家——暨迎接建国70周年‘母亲节’敬老爱老文艺演出走进福泰社区活动”；开发区支部组织“海岳之夜”伊万·雅那科夫钢琴演奏会；工商学院支部组织党员在学校为周边社区10多位不同年级小学生进行为期一周的（scratch）编程培训；八支部组织党员走进白石社区卫生服务中心开展义诊活动，给上百名社区老人进行《古中医养生保健——保“胃”战》科普讲座；九支部先后组织党员到芝罘区黄务养老院、市社会福利院开展“关爱长者、心系老人健康公益行”活动，为300多位老人进行健康查体、医疗健康咨询和健康知识讲座；三农支部组织党员开展贫困家庭走访活动，对海阳市盘石店镇20多户农村贫困家庭捐助价值5000元物资；十支部组织党员到SOS儿童村开展“关爱儿童、与爱同行”活动，给孩子们送去2000元的爱心善款和价值6000元的爱心物资。

【组统工作】2019年，民革烟台市委一支部在台商会馆举办海峡两岸文化交流活动，引进“烟台海峡两岸高尔夫球交流中心”“烟台海峡两岸太极拳交流中心”“烟台海峡两岸房车旅游文化促进会”落户台商会馆。通过举办海峡两岸文化促进会及论坛，采用多种形式，弘扬优秀的中华传统文化，烟大支部主委曹云峰长期与多位台湾音乐家保持着业务上的联系与交流。与来自台湾的长号音乐家、活动家梁明泉在北京进行会面与交流，并为来自烟台的长号学生上大师课，也为与烟台大学音乐舞蹈学院文化交流达成合作议项。加强涉台法律服务，民革莱阳港澳台法律服务中心受理台商咨询37件，代理案件3件，其中台商企业涉及劳资和货款纠纷2件，澳门消费服务合同纠纷1件。该中心重点吸收民革党员律师、与台港澳有亲属关系律师、担任台港澳企业法律顾问律师，为驻地及烟台范围的台商、港商、澳商企业及政府招商引资项目提供涉及前期项目法律意见书、选址洽谈、尽职调查，后期企业风险法律控制等服务，同时为台商台属人员办理身份证件，被莱阳市台胞台属联谊会称为“台商台属企业的贴心法律管家。”加强对台经贸合作，聚焦“双招双引”、推动非公有制经济新旧动能转换，四支部副主委吴春峰引进台湾华富生技有限公司总投资3600万美元的台湾味丹集团DHA藻油这一高质量“四新”领域项目落户烟台，推动两地经贸合作与交流。

（撰稿：张雪莲　审稿：孙静）

中国民主同盟烟台市委员会

【概况】2019年，民盟烟台市委下设县级委员会1个，基层委员会4个，支部委员会19个，小组1个，专门工作委员会12个。全年发展新盟员57人，平均年龄36.12岁。大学以上文化程度56人，其中硕士研究生17人，博士研究生7人；中级以上职称15人，其中高级职称7人。文化教育和科技主界别22人，政府及事业单位13人，新的社会阶层16人。县区政协委员5人。年内被民盟中央授予民盟思想政治建设和宣传工作先进集体。

【思想建设】 2019年，民盟烟台市委开展“不忘合作初心，继续携手前进”主题教育活动。以庆祝“三个70周年”为契机，举办书画展、摄影展、征文、文艺会演、MV摄制等一系列追寻活动。依托“刊、网、微”宣传平台，实现信息宣传高效传播扩散。年内“烟台民盟”网站和公众号发稿430余件。引导基层组织围绕思想建设开展“支部开讲”“知盟明史笃行”“不忘历史，不负韶华”、出版《萌发》刊物等各种特色活动。在民盟山东省十届八次常委（扩大）会上，烟台民盟就思想建设工作经验做典型发言。陈经纶、黄守白两位盟员获得“庆祝中华人民共和国成立70周年”纪念章。

【参政议政】 2019年，民盟烟台市委参与各类协商会，围绕全市改革发展稳定大局的重要问题提出意见建议，提出的关于加快烟台市会展业发展的建议得到市委主要领导的批示。在各级“两会”上，市委会及盟员中的人大代表、政协委员提交建议（案）、提案148件，其中集体提案14件。省人大常委会重点督办1件，市政协主席重点督办1件。上报社情民意信息100余件，盟省委、市政协采用71件，省政协采用9件，民盟中央单篇采用1件。年内民盟市委被市政协评为“反映社情民意信息工作先进单位”，8名盟员被市政协聘为特约信息员。召开专题会议，确定8项重点调研课题，市委会按照时间节点跟进服务、加强调度。整合盟内外专家，成立参政议政专家咨询团，配合民盟省委完成10余项重点调研，完成海洋牧场发展情况民主监督工作。召开体现民盟特色的界别协商会，为探索民主党派牵头协商积累经验；5人被聘为部门监督员，6位盟员多次以观察员身份参加《问政烟台》栏目。

【组织建设】 2019年，民盟烟台市委重新修订“民盟烟台市委组织发展实施办法”。至年底，盟员974人。按照《盟章》做好基层组织建设。新建、届调、换届基层6个，其中创新组建新盟员临时支部。按照从“五有”到“五好”高标准新建“盟员之家”5处，各基层组织全年开展活动达120余场次。

【社会服务】 2019年，民盟烟台市委加强在慢病防控方面的调研，通过走访市区、招远、牟平、福山、蓬莱等地的基层医院工作人员、社区居民以及研究数据资料等方式，初步掌握近年来烟台市以脑卒中为代表的慢病发病基本情况，5月，民盟烟台市委与福山区政府合作建立慢病医防融合共同体，这是烟台市首次启动慢病医融体建设，构建并完善医防融合体系，推动实现慢病患者全过程、全周期健康管理；同时启动开展“关注百姓健康、民盟医路同行”慢病防控进社区系列活动。响应鲁渝扶贫协作，发起“山海情缘传经典，助力巫山谱新篇”国学推广活动，并组织盟员向巫山县教育基金会捐资3万元，活动被中国扶贫网报导。持续推进社会服务品牌建设，开展龙泉同心实践基地共建，推进“暖心行动”“四进社区”活动，做好品牌效应，各基层组织开展感恩孝老，走访老盟员、困难家庭等扶贫济困活动，全年举行专题健康宣讲、义诊40余次，捐款捐物40余万元，2万余人受益。

（撰稿：高斯明　审稿：鞠晓明）

2019年5月26日，民盟烟台市委与福山区政府慢性病医防融合共同体建设启动仪式在福山剧院举行　（供稿：高斯明）

中国民主建国会烟台市委员会

【概况】 2019年，民建烟台市委有基层委员会4个、总支2个，支部38个、专委会9个，会员710人。民建烟台市委被民建省委评为2019年度新媒体工作先进单位和2019年度参政议政工作先进单位。

【思想建设】 2019年，民建烟台市委举办庆祝中华人民共和国成立70周年暨中国革命历史版画展，3000余人次观展。在全市各级组织开展“不忘合作初心，继续携手前进”主题教育，成立领导小组，印发《通知》及《实施方案》。在全市各基层组织中开展“不忘合作初心，继续携手前进”主题征文活动。

【组织建设】 2019年，民建烟台市委制订完善《民建烟台市委发展新会员办法》，实行发展会员“先考试后入会”制度。接待杭州、兰州、钦州、常州、大连、济南、潍坊等地民建组织到烟台考察调研活动，并与大连民建缔结为友好地市组织，企业家联谊会与大连双创工委缔结为友好基层组织。

【参政议政】 2019年，民建烟台市委组织会员开展考察调研，组织会内专家分3批，赴四川、重庆、苏州、宁波、亳州等地调研，形成调研成果12篇。上报市委统战部议政建言11篇，采用5篇，其中2篇得到市委、市政府主要领导批示。上报民建中央和民建山东省委调研课题5篇。上报社情民意信息145篇，民建中央采用1篇，省政协采用9篇，民建省委采用23篇，市政协采用56篇，有6篇上报全国政协。市委会4篇会员撰写的信息被评为“优秀参政议政成果”。与山东工商学院协商，成立“民建烟台市委参政议政专家咨询团”，并聘请烟台市非公有制经济高质量发展研究院为民建烟台市委参政议政智库单位。

【社会服务】 2019年，民建烟台市委在长岛召开以“新起点、新发展、再辉煌”为主题的企业家联谊会换届大会暨2019届第一次会员大会，200多名企业家会员参加会议。会议邀请3位专家分别就人生之道、金融政策、健康管理等方面做专题讲座。市委会继民建大厦一期项目后，推进二期工程（民建科技创新中心）。推动会员企业——万泰集团总投资10亿元的烟台之夜（非遗文化美学之夜）项目开工建设，打造民建会员企业平台和载体。继续开展思源·明天助学活动，年内认领困难学生170人，投入资金34万元。各基层组织投入扶贫资金105万元；助学工程投入资金68.9万元；捐建民建快乐书屋3个，投入资金12万元；培训学员30余人。在民建中央脱贫攻坚表彰大会上，民建烟台市委获“民建脱贫攻坚先进集体”称号，会员王永明获“民建脱贫攻坚先进个人”称号。

（撰稿：温玲芳　审稿：郎丰忠）

中国民主促进会烟台市委员会

【概况】 2019年，民进烟台市委有基层委4个、支部21个，专委会6个，经联会（企工委）、青联会和开明书画院各1个，会员416名。

【思想组织建设】 2019年，民进烟台市委推进同考核“五有五好”双基创建活动，落实21处活动场所，利用“讲会史”等特色学习阵地健全制度保障。注重“分类施教”，开展“不忘合作初心、继续携手前进”主题教育，加强专项培训。强化“四个结合”，推行两级组织集体性、“两会”成员参与性、专家学者专题型等集中调研模式和分包联系基层制。

【参政议政】 2019年，民进烟台市委先后开展市委会和基层组织集体性调研40余次，各类对口协商、民主监督工作20余场次，提出协商成果210余件次。其中，全国和省政协用稿8件，民进中央和省委用稿10件，3件列为领导重点督办提案、6件获评优秀成果。联谊会内各级组织、兄弟党派市委和政府职能部门，整合议政调研各方资源、汇集建言献策各路精英、获取知情知政各种素材。

【社会服务】 2019年，民进烟台市委注重科研创新，新增国家自然科学基金项目17个、省级自然科学基金项目23个、省级重点研发计划5项、市级创新项目15个，在研课题46个、在审课题23个，授权国家发明专利34项、转化18项，获国家软件著作权1项，国内外学术期刊发表学术论文113篇、付印《中国沿海极端气候时空特征》等专著12部，举办中西医结合学术年会等交流活动9场次，参与国内外学术交流会议41场次。重点围绕乡村振兴计划、经略海洋和新旧动能转换重大工程精准助力，向“放管服改革”“人才引进”“人才评估”“人才奖励”等协商事项建言献策，配合市政府开展国家级医养结合试点、居家与社区养老服务改革试点工作，发动会员通过共享农庄、共享民宿、康养中心、乡村创客等新型精准扶贫模式，租赁农村闲置房屋，解决空心村问题，以土地集约经营方式建设蓝莓、樱桃、苹果种植、畜牧养殖示范区，发展农业“新六产”，打造乡村振兴齐鲁样板。引入中国教育学会优质资源，依托家庭（心理健康）教育志愿者行动平台，主动服务基础教育国家级教学成果奖申报、学科教师培训工作，聘请53名专家到36所中小学校主办家庭教育高端论坛等60余场次；协助做好“教育部人文社科研究项目基地”，跟进县域教学改革实验区建设，助力申报齐鲁名校长和名师工程、国家和省级教科研规划课题100多项；联手烟台教科院策划编印小学、初中、高中《家长会活动设计》3部。

【社会服务工作】2019年，民进烟台市委坚持社会服务工作的“微公益”“温暖普通民心”原则，持续开展“(教科文卫法)五送惠民”和“同心扶贫日”活动，树立“明道正其义，为民不计功”的社会形象。年内，蓬莱市支部和莱州市支部分别被2市扶贫开发领导小组评选为“2019年度‘最美扶贫人’”。持续15年“同心·城乡助学行”，发放助学金19.6万元，持续13年“同心·农技特派员”，前往牟平、福山、栖霞、蓬莱、莱阳等13个省定贫困村提供田间技术指导服务，为2000多名农民现场解疑答惑；持续5年“进乡村·暖乡亲·春联万家/新春慰问”，到8个省定贫困村送去福字2600多个、书画作品160余件，发放米面油、芹菜（500公斤）、海鲜产品礼盒等慰问品价值2.6万元；持续14年“进乡村·暖乡亲·同心送健康”，面向3所敬老院、5个省定贫困村4500多人提供疾病筛查和保健咨询服务，送出药品价值5万多元；持续7年“同心·法律援助”专项服务，到三区五市开展“法律援助进社区/乡村”活动8场次，受益人群过万；持续6年“同心·国家扶贫日”活动，发放扶贫金3万元、助学金3000元。

（撰稿：姜轲　审稿：姜洪波）

中国农工民主党烟台市委员会

【概况】2019年，农工党烟台市委有农工党员333名，总支5个，支部22个，各级人大代表、政协委员42名。年内，吸收一批包括机关干部、医学专家、新社会阶层人士等在内的高层次代表人士22人，其中，硕士研究生7名，博士3名，高级以上职称7名，平均年龄38岁。

【思想建设】2019年，农工党烟台市委及各基层组织举办一系列培训、座谈等活动。国际劳动妇女节期间，联合市疾病预防控制中心举办智慧大讲堂。结合五四青年节，开展“加强自身建设，提高履职能力”专题培训，邀请市委党校蔡玉霞教授作《建设优良家风，端正党风政风》讲座，赴乳山参观马石山十勇士纪念馆和胶东育儿所纪念馆。11月，开展参政议政“思享”沙龙活动、参政议政工作培训班等一系列“不忘合作初心，继续携手前进”主题教育暨参政议政工作系列活动，组织党员赴养马岛胶东红色文化陈列馆接受革命传统教育，邀请农工党省委参政议政（社会服务）部领导参加有关活动并进行辅导讲座。参加农工党中央“不忘合作初心，继续携手前进”微视频大赛活动和中共省委统战部“同心筑梦·我和我的祖国”主题微视频活动。以党员朱清毅事迹为题材，由党员聂传杰精心制作的微视频《踏星借露，照引而来》分别报送农工党中央和中共省委统战部参展。发动党员参与农工党中央“同心共祝祖国好”随手拍摄影展、“中华梦桑梓情”书画展等系列活动，报送作品60余幅。

【参政议政】2019年，农工党烟台市委参与政治协商，市政协十三届三次会议期间提交集体提案9件、委员提案47件。其中《关于推进我市医药健康产业创新发展的建议》《关于加强生态数据统筹应用的建议》被评为重点督办提案，7月实地调研，召开座谈会听取提案答复工作汇报。全年整理报送社情民意37件，其中，《“4+7”模式下确保我国生物医药可持续发展》《原料药垄断问题丞待解决》《乡村医务人员流失问题亟待解决》被省政协采用上报全国政协，《乡村旅游应纳入乡村振兴战略总体布局》《关于进一步完善药品管理法律法规的建议》等13篇信息被农工党省委、市政协采用并报省政协。整理报送统战部议政建言8篇。围绕中共市委和市政协提出的年度重点课题任务，专题成立“农村养老”和“苹果产业”2个调研小组，形成《我市农村养老情况调研》《实施创新驱动战略，推进烟台苹果品牌提质升级》2个调研报告，其中《实施创新驱动战略，推进烟台苹果品牌提质升级》被市长陈飞批示。参加中共市委、市政府主要领导主持召开的全市党外人士通报协商会、主题教育征求意见座谈会等会议，提出《关于实施创新驱动战略，推进烟台苹果品牌提质升级》《关于推进烟台市大樱桃产业新旧动能转换》《烟台市海洋生物医药产业发展》等意见建议。参与中共市委统战部组织的各民主党派“养老服务产业”联合调研，协助完成《烟台市养老服务产业调研报告》。做好民主监督和对口联系工作，开展调研活动。协助并参与省委到烟台调研，先后到市海洋渔业局、文化和旅游局、科技局、招远市大户陈家、北岔河村、穗丰种植专业合作社等地考察调研，完成《提高农业综合生产能力》《关于深入推进农村集体产权制度改革》《我省海洋旅游问题》等调研课题。参与省市联合调研，协调市科技局、市场监督管理局、海洋发展和渔业局、绿叶制药集团召开专题调研座谈会，形成《烟台市海洋生物医药产业发展调研报告》。与市卫健委进行初步协商，确定民主监督事项为烟台市医养结合机构建设情况，11月进行实地考察，召开专题协商座谈会，

形成《关于对我市医养结合机构建设情况专项监督的调研报告》。

【社会服务】 2019年，农工党市委先后在海阳市大成养老公寓、山东省城市服务技师学院刘雪峰工作室成立农工党敬老助残社会服务基地、农工党烟台社会服务技术培训基地，使农工党市委社会服务基地增加到6个，涵盖脑瘫儿康复、残障人培训、老年人保健、基层医疗、技术扶贫等多个方面。以坚持开展“中国环境与健康宣传周”“国际科学与和平周”等活动为载体，市委及各基层组织先后组织20余名医疗专家，前往海阳市、莱州市等地开展义诊和系列宣传活动，为500余名村民提供诊疗服务，发放健康宣传资料1200余份。莱州支部先后组织痛风防治、夏季养生、高血压防治、急救知识等科普宣教、义诊活动30余场次，发放医学科普宣传资料上万余份，捐助医药物资5000余元。参与扶贫活动，先后为云南省德宏州、莱州市金城镇政府、莱州市实验小学、莱州市西由中学、莱州市慈善总会等捐款捐物56.8万元。莱阳总支开展“爱心复健”农工关爱行动，开展送技术到基层、义诊、三下乡活动，服务400人次，到复健医院为脑瘫儿童义诊2次，带去玩具、食品等慰问品。蓬莱支部专门成立健康扶贫帮扶小组，上门对家庭贫困的病人进行免费服务。组织党员先后在蓬莱市消防大队、蓬莱市出入境边防检查站等地进行“情聚蓬莱，救在身边”等多场应急安全知识培训活动。福山支部联合烟台市农科院组成专家服务团，利用农闲时间为群众普及果蔬种植技术、农业保险等知识，辖区8个镇街园培训10余次。组织党员医学专家到福山区张格庄镇西水夼村开展义诊活动，向留守老人、困难群众捐赠米、面等生活物资。海阳支部参与中共海阳市委市政府组织的各项工作，每名党员帮扶1个贫困户脱贫，邀请农业专家到户指导，解决农民技术难题，搭建农产品销售平台，帮助农户增产增收。

【组织建设】 2019年，农工党市委开展“争创优秀基层组织，建标准化支部；争创品牌，建功立业新时代”为主要内容的“双创双建”活动，以推进“党员之家”建设为契机，推进基层组织标准化、规范化建设。至年底，全市建成9个支部（总支）党员之家，其中市直总支、莱阳总支“党员之家”经省委验收达标后授牌，7个支部正在申报。

（撰稿：王宁　审稿：贺业赤）

中国致公党烟台市委员会

【概况】 2019年，致公党烟台市委有1个基层委员会，15个基层支部，年底有党员278人。

【思想建设】 2019年，致公党烟台市委以“不忘合作初心，继续携手前进”主题教育活动为主线，开展宣传教育活动。通过召开座谈会，组织参加社会主义学院、致公党省委和中央组织的培训。主办“庆祝中华人民共和国成立70周年书画摄影展”，集中展示100多幅摄影书法绘画作品，编印展览作品集。组织“我们身边的致公榜样”推荐评选活动，王成华、王海平、姜德娟、宋丽红、高秀岩、徐荣、姜华7位党员成为全省优秀致公榜样。开展“我和我的祖国”征文活动，征集党员文稿40余篇，记录党员热爱党热爱祖国的心声和感想。制作“同心奋进新时代 不忘初心促发展”视频宣传片、“各基层组织社会服务工作纪实”PPT，编印《庆祝新中国成立70周年烟台致公特刊》。王成华、马海涛撰写的《人民政协与民主党派的政治协商职能之异同》获致公党山东省委2019年度理论研究一等奖，并获省政协“庆祝人民政协成立70周年”主题理论研讨活动一等奖。全年在“烟台统一战线”微信公众号发布市委会工作信息18篇，《联合日报》8篇。

【参政议政】 2019年，致公党烟台市委举办专题培训讲座，聘请2位参政议政智库专家。参加中共市委、市政府、市委统一战线工作部等举办的各种协商会10余次，围绕优化营商环境、助推新旧动能转换等专题提出意见建议近20条；根据政党协商计划，提报年度重点调研课题2件。履行民主监督职能，就“优化涉外服务环境”形成《对优化涉外服务环境开展专项监督情况》的监督报告。通过全面发动、重点约稿、召开座谈会集中审查等方式，征集上报调研课题50件，致公党省委立项39件，其中1件课题被致公党中央选为集体提案提交全国政协会议、1件课题被致公党省委选为集体提案提交省政协全会。围绕致公党省委和省政协发布的选题要求，提交社情民意信息60件。其中，姚祥键和张晓杰撰写的2件信息被中共中央统战部采用，李卫东撰写1件信息被全国政协采用并转送中央和国家有关部门，另有3件信息被致公党中央采用，有20件信息被省政协采用，32件信息被致公党山东省委采用，46件信息被市政协采用；3件信息被中共烟台市委统战部《议政建言》采用，其中，2件信息获市长批示。提交市政协全会提案49件，其中3件被确定为重点督办提案。14名党员被市政协聘为社情民意特邀信息员。

【组织建设】 2019年，致公党烟台市委开展“五好”基层组织建设，引导基层组织结合自身实际“各打各的优势牌”，创建特色支部。致公党中央副主席曹鸿鸣一行走进党员企业，到高新区支部、开发区支部调研基层组织建设情况。莱山区支部成为致公党中央确立的全国21个“基层组织联系点”之一，被致公党省委确定为“示范支部”，致公党中央副主席吕彩霞到支部调研并给予授牌。对高新区支部和莱山区支部进行换届和届中调整，将年纪轻、学历高、能力强的优秀党员选拔进班子；选拔学历层次高、留学归国党员新成立致公党烟台市委留学归国支部。2019年，4个基层组织被致公党省委评为先进集体。

【社会服务】 2019年，致公党烟台市委以“文化公益、医疗公益、美丽乡村共建、引凤引智”四项工程为主题，集中开展社会服务活动。联合莱山区支部、开发区支部、山东工商学院支部、莱阳支部，为莱阳市穴坊中学捐赠价值6万元的致公书屋、1箱爱心急救包、5000元学习用品和5000元助学金；为泉水头村捐赠2000多册图书期刊。莱山区支部、开发区支部、高新区支部、莱阳支部捐赠4处致公书屋，价值9万元。福山区支部连续第三年举办“冬日暖阳”活动，为64名学生送去价值4万元的棉衣；定向捐助2.2万元，在福山区崇文中学举办“感动崇文2018年度人物”评选活动；为福山尚德中学捐赠1万余元图书奖励给有明显进步的贫困学生，为成绩优异的100名贫困生发放2.4万元青春励志助学金。莱阳支部、龙口支部、莱山区支部开展关爱特殊学生活动，分别为莱阳、龙口、莱山的特殊教育学校捐赠4台50英寸电视、1万多元的感统训练教具和6000元慰问金。莱山区支部为滨州医学院优秀贫困生发放8000元致公助学金。高新区支部为高新区区属小学捐赠价值20万元的青少年编程系统和教育软件。各基层组织开展书画展、书画公益讲座、文化下乡活动8次，服务群众600多人次。组织开展心理知识讲座6次，服务学生、警察、社区居民等290人次；组织医疗专家开展医疗惠民义诊活动23次，服务社区居民1200人次；组织举办“致力为公 乐享口福”关爱无牙老人公益工程，为1200多名乡镇、街道的老人进行健康义诊及口腔护理检查，为65名无牙老人免费镶装义齿，节省资金17.5万元；开展“爱心急救包”捐赠活动2次，为芝罘体校的学生和青海西藏牧区居民送去爱心急救包。龙口支部为共建帮扶村——马镇西周家村捐款2万元并协调部分资金，对电网做全面的升级改造；鲁东大学支部带领专家到福山区、莱州市、蓬莱市等地的农村及农业企业，进行技术交流与指导；福山区支部开展科技下乡活动5次，指导草莓、大樱桃种植户科学种植。开展引凤引智活动，参与双招双引，参与引进7个外资项目，投资额超过5亿美元；引进华润·双城汇项目，总投资约100亿元；引进国家高端外专1名，国家青年千人1名，泰山学者1名，烟台市双百计划2名，烟台开发区科技领军人才2名，海外留学归国人才2名。莱山区、高新区、山东工商学院支部发起“缴纳特殊党费、资助困难职工”活动，资助人防培训中心患病职工；莱山区支部开展3次慰问困难母亲活动，捐赠慰问金2.1万元。莱阳、龙口、福山、牟平等支部也开展慰问困难群众、关爱环卫工人等服务活动。邀请党员中的有关专家和金融企业为中小企业解读高新技术企业税收政策、进行融资对接；邀请国内专家，与企业开展技术交流与合作。年内市委会及各基层组织开展各类社会服务活动100多次，服务群众2万多人次，捐赠款物约合290万元。

【对外联络】 2019年，致公党烟台市委通过网络、电话等与“致公之友”开展经常性交流，通过他们向所联系的华人华侨宣传推介烟台“双招双引”政策，推动中外交流互动。党员们利用出访日本、韩国等地招商过程中，拜访日中商会、在韩山东同乡

2019年11月21日，致公党烟台市委在莱阳开展爱心助学捐赠活动
（供稿：马海涛）

会等友好社团组织，进行交流座谈。市委委员宋向阳组织出访台湾，邀请巴基斯坦客人到烟台访问，开展文化经贸交流；市委委员宋轲邀请印度电影界人士访华，与致公党中央文化委员会进行交流，举办中印电影交流研讨会；党员吴俊杉接待友城法国坎佩尔市的35名中学生到烟台交流，参观体验烟台的校园文化、市民风貌、城市建设和先进制造业；王平组织带领12名俄罗斯留学生在暑期历时10天，为莱山区冶头村绘制长25米的山海经故事和千里江山图墙绘，提升新农村的文化内涵；马惠娟出访法国和俄罗斯，参加文艺演出，传播中国传统文化。与市侨联、山东工商学院统战部共同承办2019年“寻根之旅”夏令营山东烟台营，来自德国和俄罗斯的30名华裔青少年和领队参加活动。

（撰稿：马海涛　审稿：王成华）

九三学社烟台市委员会

【概况】 2019年，九三学社烟台市委辖3个基层委员会，18个直属支社，1个直属小组。社员总数594人，平均年龄55岁，具有高级职称的社员占62%以上，79名社员具有博士学位，70人次担任各级人大代表、政协委员。

【思想建设】 2019年，九三学社烟台市委持续培育“和谐、创新、有为”的烟台九三精神。举办社员培训班和烟台九三科学讲坛，组织社员赴万华工业园参观学习。社市委网站登出稿件140余篇。建立社市委微信公众号，发出消息300余条。编印社市委刊物2期，编印完成《壮丽七十年，阔步新时代—庆祝中华人民共和国成立70周年书画集》。“社员之家”平台推进顺利。

【参政议政】 2019年，九三学社烟台市委从建设区块链产业园暨产业孵化基地、发展新时代海洋特色旅游、推进人才工作等方面提出建议。海岸带保护立法进入实施阶段，社市委跟进提出多条建议。社市委和社员调研完成并获得立案的各级人大建议、政协提案154件，较2018年增长10%。在市政协十三届三次会议上，社市委和政协委员获立案80件，其中集体提案12件中，3件提案被市政协提交中共烟台市委主要领导阅批或被市领导重点督办。发展海洋生物产业、推进垃圾分类处理、规范医疗责任保险运行机制等一批建议进入决策或得到落实。参与“黄河流域生态文明建设”课题研究，形成的报告成为九三学社中央报告的有机组成部分，报告得到习近平总书记和韩正副总理批示。承担并完成九三学社中央、省委调研课题7项。配合九三学社中央到烟台市调研节水农业发展。1名社员在社中央科学座谈会上重点发言。围绕重点选题，组织开展系列调研活动；围绕“打造创业发展新引擎”开展重点改革事项民主监督工作。报送省级以上信息超过80篇。1件信息被全国政协采用，9件信息被社中央采用，21件信息被省政协采用。5项建议获省、市领导批示。

【社会服务】 2019年6月10日，由九三学社中央主办，社省委、社市委等联合承办的“亮康行动”2019莱州光明行活动开展，免费实施白内障复明手术近百例。启动“洁净沙滩”环保公益活动，创作主题公益歌曲《美丽烟台》，组织社员及群众约300人在开发区金沙滩捡拾垃圾，开展快闪活动。公益快闪微视频登陆《学习强国》平台。提升新旧动能转换科技服务平台。引进“海骆实验室”及“米格实验室”，成立山东省首家半导体科技服务平台；引入区块链技术，开发“易智存”和知识产权保护区块链电子证据平台；建立全链条综合性“知识产权＋法律”服务体系，为创新型中小企业质押融资超过1.3亿元。提升“科技富民”“义诊为民”“文化惠民”“法律帮民”等社会服务工作品牌，加强芝罘、龙口、长岛、莱阳等同心服务基地建设。举办科技讲座和技术咨询活动20余次。推荐社员企业参加九三学社中央参与主办的中国创新创业成果交易会。启动“公益B超筛查”与“幽门螺旋杆菌筛查”公益项目，惠及群众2000余名。开展“学雷锋服务日”，为1000余名群众免费针灸。组织“健康小喇叭”科普宣讲团队，通过进社区、企业、学校、机关、楼宇、家庭“六进”活动，举办健康科普讲座100余场，惠及群众数万余人。开展10余期疑难病专家公益会诊，减免困难群体医疗费用约10万元。组织较大规模义诊服务10余次。举办“铭记历史，共创辉煌”庆祝中华人民共和国成立70周年书画展。“法进农家”公益律师驻村活动持续开展。开展科技、法律、医疗讲座和咨询活动200余次，捐款捐物及费用减免约60万元。

【组织建设】 2019年，山东工商学院支社完成换届，莱州市支社、海阳市支社成立，整合成立老年支社。推荐11名社员进入九三学社省委专门委员会，社员8人次担任政府部门特约监督员。80余人次参加社中央、社省委、市委统战部等部门组织的培训。

（撰稿：尹文东　审稿：张桂德）

烟台市工商业联合会

【非公有制经济队伍建设】 2019年，市工商联开展理想信念教育实践活动，各直属商会通过组织外出参观学习、联谊座谈交流等形式，组织多层次学习教育活动。300余名企业家赴井冈山、西柏坡、古田、遵义等地参加“革命老区行”活动。以提高工商联领导班成员履职尽责水平为主题，组织市、县两级工商联执委会成员参加烟台市委党校主题班次。响应市委、市政府号召，在会员企业中开展“学万华精神促高质量发展”系列活动。以“庆祝建国70周年”为契机，弘扬优秀企业家精神，与市委统战部联合开展优秀民营企业评比表彰活动。与市委宣传部携手，联合《烟台日报》、电台、电视台等媒体，从非公经济会员企业中选取具有代表性企业，集中开展宣传活动。与《烟台日报》、胶东在线等媒体合作，在工商联网站和微信公众号开辟“优秀企业家形象展示”专栏。

【商会党建工作】 2019年3月1日，市工商联组织建设暨非公党建工作推进会召开，在全市非公经济组织党员中开展“党建联盟·发展先锋”活动，号召市工商联所属商会党组织围绕“十个一”组织活动、开展工作。先后三次召开联席会议，研讨基层商会党建工作开展情况，推动商会党建服务中心工作。落实直属商会注册、组织建设和工作开展3个100%全覆盖任务。指导协助山西、甘肃2家商会成立党组织，帮助枣庄、江西完成商会注册。先后赴济南、青岛、广州、深圳等地学习，组织部分直属商会党组织负责人观摩全市基层百佳示范单位烟台市保险业协会和全国“四好”商会烟台市五金机电商会党建工作。培育浙江商会、济宁商会、湖南商会、湖北商会、芝罘区东山街道商会、盛华新材料科技股份有限公司等6个非公有制经济组织党建工作示范单位。在高新区建设党员教育活动基地，借助喜马拉雅FM推广非公党建“红色有声空间”。指导浙江、潍坊及河南商会规范党建工作，打造五金机电商会并推荐参加市级示范观摩。依托机关工委，组织商会党支部书记业务培训，推动商会党组织“三会一课”等制度落实。组织直属商会赴杨子荣纪念馆重温入党誓词，开展“亮身份 履践诺”活动。邀请中央党校教授、知名企业党务工作者讲授专题党课2次。

【扶贫工作】 2019年，市工商联开展“百企帮百村”精准扶贫行动，重点针对“332”重点村镇开展助力扶贫工作，引导民营企业特别是工商联执委、会员企业参与。开展“百企帮百村”脱贫攻坚和乡村振兴督导调研活动，驻会领导班子成员分别带队赴县市区督导调研，督促工作开展，听取意见建议，进行工作指导。进入全联台账管理企业182家，帮扶136个省定贫困村、1668名贫困人口，帮扶资金471.24万元；帮扶市级贫困村企业43家，帮扶31个村、174名贫困人口，帮扶资金20.55万元。烟台参与帮扶企业总数、企业投入金额增长率均位居全省前三。加大东西协作扶贫力度。组织企业家赴济南参加鲁渝工商联扶贫协作对接会，赴重庆参加鲁渝扶贫协作企业投资助力脱贫推介洽谈会，赴重庆巫山开展扶贫协作活动，赴德州开展考察交流活动。烟台市金融业商会、福山区工商联、烟台金桥集团、烟台云丰化肥向巫山县有关镇村捐献资金14万元、物资价值4万元；金融业商会、烟台云丰化肥分别与竹贤乡下庄村、曲尺乡朝阳村结对；促成烟台三嘉粉丝在巫山投资1700万元建设重庆巫峡粉丝有限公司并投产。烟台市潍坊商会、温州商会、台州商会及河北企业家商会为莱阳山前店镇东岔河村基础设施建设捐款9万元，并对贫困家庭进行走访慰问。

【助推“双招双引”】 2019年，市工商联协调推动由香港卫视山东区域总部投资的“紫荆国际文化广场”项目

2019年12月5日，烟台市新旧动能转换专题推介会举行。市委副书记、市长陈飞作了题为“加快新旧动能转换推动高质量发展”的主旨演讲（供稿：李伟峰）

落地，进入土地储备和拆迁阶段，该项目8月注册成立烟台港视文化产业发展有限公司，注册资本金折合人民币5亿元，总投资70亿元。配合市委统战部举办“全国知名民营企业家烟台行暨烟台城市和双招双引推介会”；借助山东省工商联十三届四次执委会议在烟台召开之际，举办烟台市新旧动能转换推介会，市长陈飞作主旨演讲，现场签约12个项目，合同投资额107亿元、外资额2000万美元。以广东省山东烟台商会、深圳市烟台商会成立为契机，联合市委宣传部、投资促进中心，在广州举办“仙境海岸 鲜美烟台”城市形象和“双招双引”推介活动。为助推异地商会建设，制定《支持异地组建烟台商会专项资金管理办法》，给予新组建的异地烟台商会5万元资金支持，用于协助开展“双招双引”工作。组建青岛市烟台商会、东营市烟台商会、广东省山东烟台商会、深圳市烟台商会等4家异地烟台商会。开展“走出去”活动。市工商联领导班子成员分别带队走访北京、上海、河北、广州、深圳、杭州、温州、青岛等地商会和企业，就烟台城市形象、招商引资政策、八大主导产业进行宣传推介。组织企业家参加“仙境海岸、鲜美烟台——2019（杭州）招商引资招才引智对接会”“2019年中国·烟台海内外精英创业大赛新闻发布会”“鲁台经贸洽谈会”、2019香港“一带一路”高峰论坛、第二届国际进口博览会等重大经贸活动，为民营企业“走出去”搭建平台。

【服务民营经济发展】 2019年，市工商联会同有关部门开展两次“送政策上门精准对接”服务民营企业活动，将中央和省、市出台的涉及民营企业政策汇编，推送给各县市区工商联、各直属商会、基层商会和广大民营企业。健全市工商联领导班子联系服务基层商会和会员企业制度，实现与企业家随时联系、定向服务，形成联系走访常态化、解决问题程序化、问题办理反馈规范化的工作机制。全市各级工商联组织走访调研企业、商会700多家，宣传解读相关政策，听取意见建议，帮助协调解决困难问题100多个。市工商联及时整理走访中发现的问题，每半年形成专题报告呈送市政府主要领导参阅。加强教育培训。举办“提升企业文化，促进民营经济高质量发展”专题讲座，邀请中央党校刘余莉教授就《群书治要》与中国式管理”进行授课。各级工商联根据企业诉求，组织300余名会员赴深圳大学、浙江大学、厦门大学等高校进行培训。加强平台建设。与市检察院联合开展“检察护航民企”检察开放日活动，与市人社局、市总工会、市企业和企业家联合会开展劳动人事争议联合调解工作，联合市仲裁委、市企业与企业家联合会举办“企业法务论坛”，会同市税务局开展“党建引领 税企共进”四方党建共建活动。配合全国工商联调研组、省委联合调研组到烟台开展调研，推荐非公有制经济人士参加市委、市政府重大会议活动，为全市经济社会发展建言献策。总结借鉴外地助力民营经济发展的先进经验，向市长陈飞呈报《温州市惠企政策“直通车”的情况报告及建议》。联合山东工商学院开展“非公有制经济营商环境调研”，形成《烟台市非公有制企业营商环境调查报告》。

（撰稿：李伟峰　审稿：纪华芹）

责任编校：云　霞

应急管理

综　述

【概况】 2019年，全市发生生产安全事故31起、死亡25人，同比分别下降35.4%和44.4%，未发生较大及以上事故；在全省率先探索开展城市公共安全工作，被省政府安委会确定为全省首批2个安全发展示范试点城市之一。市政府安委会连续18年获山东省“安全生产月”活动优秀组织单位，市应急管理局获省级文明单位称号。

【机制构建】 2018年12月28日烟台市应急管理局挂牌成立，2019年3月24日，市委办公室市政府办公室印发《烟台市应急管理局职能配置、内设机构和人员编制规定》，设13个内设机构和机关党委，负责应急管理工作，指导全市应对安全生产类、自然灾害类等突发事件和综合防灾减灾救灾工作，负责安全生产综合监督管理和工矿商贸行业（煤矿除外）安全生产监督管理工作。调整充实市政府安委会和14个专业委员会成员，市、县、乡三级均由同级政府主要负责人担任安委会主任；承担市森林防灭火指挥部、市防汛抗旱指挥部、市减灾救灾委员会办公室的日常工作，统一调度部署相关工作；结合机构改革，厘清有关部门的安全生产职责；督促全市落实党政领导责任、部门监管责任和企业主体责任，印发工作督导书22次。制定应急工作制度，出台《军地抢险救灾联动机制》《值守应急工作规范》《突发事件信息报送工作规范》《应急响应工作规范》等内部制度，对应急值守、突发事件信息报送、应急响应等工作做出明确规定。探索城市公共安全工作，在全省率先组建城市公共安全委员会，统筹负责城市公共安全工作，与清华大学公共安全研究院签订合作协议，共同建设“两云、两中心、一基地”（即工业安全云、消防安全云、综合应急管理指挥中心、城市安全运行监测中心、安全文化教育基地）；福山厚仁安全警示教育基地建成运行，是全省最大的安全体验基地；市综合应急指挥中心和城市安全运行监测中心建设项目完成立项审批，一期工程计划投资7851万元；在全省率先出台《烟台市提高自然灾害防治能力主要任务工作方案》，推动全市自然灾害防治能力和水平提升。

【宣传教育培训】 2019年，市应急局增强全民安全素质，在“防灾减灾周”、抗击台风“利奇马”、迎接中华人民共和国成立70周年安全生产专项督查等重要时期安全宣传和相关舆情应对工作，在国家、省和市级媒体发表新闻稿件800多篇；组织“安全生产月”活动，重点开展安全生产电视访谈、宣传咨询日等10大方面、22项宣传教育活动，烟台市在全省最具人气“安全生产月”活动城市评选中排名第二，并以第一名的成绩被推荐为全国“安全生产月”和“安全生产万里行”活动先进单位；强化开展防灾减灾知识宣传教育，组织开展“5·12”防灾减灾日和防灾减灾周宣传活动，协调有关部门，促成塔山地震科普教育基地对全市60余万中小学生免费开放。向省级推荐全省地震科普示范学校28家，组织86家省级地震科普示范学校开展复查工作；抓好企业主要负责人、安全管理人员和特种作业人员培训，举办“三项岗位”人员培训班2170期，培训人员3.2万名；同时集中培训360名乡镇安全监管人员，提升基层安全监管人员业务水平。

应急救援

【概况】 2019年，市应急局推进应急预案体系建设，组织修订市级非煤矿山、危化品、森林火灾、防汛抗旱、地震应急、自然灾害救助等21部专项预案，推动形成政府行业预案和企业预案相衔接的预案体系。

【队伍管理】 2019年，全市排查梳理各类应急救援队伍230支，总人数1.6万名，全部纳入救援队伍管理系统；依托烟台万华集团成立的应急救援队伍，升格为山东省危险化学品烟台应急救援中心，成为全市第二家省级危险化学品应急救援中心；依托烟台市水利工程处组建的烟台防汛抗旱专业救援大队，经省应急厅检查验收，纳入省级防汛抗旱应急救援专业队伍体系；加快应急直升机停机坪建设，新改扩建各类停机坪24处，成为全省第一个全部完成停机坪建设工作且数量最多的地市。

【应急物资管理和装备建设】 2019年，市应急局研究制定《烟台市市级救灾物资储备规划（2019—2021年）》和《2019年救灾物资采购计划》，提升市级救灾物资的储备能力，建立市级森林防火物资储备库，强化森林防灭火物资装备，初步建成无人机、单兵、指挥车与指挥中心之间的互联互通指挥体系，16个县市区会商系统全部实现与省、市、县三级互联互通。

【应急演练和救援】 2019年，市应急局组织开展重点行业领域应急救援演练3941次，组织参与全市森林火灾扑救、防汛抢险应急救援和危化品等事故现场救援31次，参加全省矿山应急队伍技能竞赛，其中招远市金都矿山救护队、牟平区非煤矿山救护队分别获得非煤矿山组团体总分第一名和第三名。

【应急专家队伍管理】 2019年4月17日，全市首届应急管理专家队伍成立，由涵盖应急管理、安全生产、防灾减灾三大领域10个专业类别的525名专家组成，为做好应急管理工作提供人才支撑。

安全生产监督管理

【概况】 2019年，市应急局开展事故救援和调查处理地方立法工作，组织起草《烟台市生产安全事故应急救援和调查处理条例》《烟台市实施〈地方党政领导干部安全生产责任制规定〉办法》和《烟台市城市公共安全管理办法》等政府规章；严格落实安全生产许可手续，累计核发非煤矿山、危化品安全生产许可证362个，注销许可证6个，完成建设项目安全审批36个；开展安全生产标准化工作，严格标准条件，确保创建质量，继续深化标准化建设与“双体系”建设有机融合，将双体系作为标准化的前置条件，推动标准化工作由“重创建”向“重运行”转化。全市新增工矿标准化企业362家；推进双重预防体系建设，全市有1395家高危企业和1494家规模以上企业完成创建任务，5325家企业完成风险管控清单编制、排查风险点532174个，培育标杆企业399家，93家小微企业开展创建试点工作；持续加大资金投入力度，市政府设立3000万元安全专项资金，为安全生产工作提供保障，推进安全生产责任保险和灾害民生综合保险工作，1415户企业缴纳安全生产责任险保费1539万元，组织筹集民生保险保费3320万元，为受灾群众赔付资金1393万元。

【安全隐患排查治理】 2019年，市政府安委会先后组织开展冬季安全生产百日会战大行动、迎接中华人民共和国成立70周年安全生产专项整治行动、“打非治违”专项行动、安全生产集中整治和其他安全生产整治行动，统筹抓好省政府安委会督导检查迎检以及16个包县市区督导组“驻在式”督导等活动，全市排查企业26万余家，发现隐患16万余处，挂牌督办重大隐患35处，到期整改率100%，立案查处非法违法行为1200多起，实施经济罚款3360万元。市应急局重点抓好危险化学品、非煤矿山、工商贸等分管行业领域的专项整治行动。全市化工和危化品行业集中开展为期6个月的化工和危化品企业安全专项整治活动，共检查整改问题隐患33060处，责令暂时停产停业整顿企业96家，立案处罚126起，关闭烟花爆竹常年零售店178家；非煤矿山行业开展地下矿山斜坡道运输车辆安全专项检查、安全会诊检查、矿山外包施工单位专项整治，发现问题隐患2503条，其中重大隐患35条，一般隐患2468条，清除施工企业15家；工商贸行业组织开展“金属冶炼、涉爆粉尘、涉氨制冷、有限空间”4个专项整治活动，组织专家到县市区巡讲48课次，现场培训企业人员8320人次，组织市级专家检查企业1482家，排查隐患11745项，认定重大事故隐患610项，责令94家企业停产整改，处罚企业103家，实现闭环监管。全年全市应急系统停产停业整顿48家，实施行政处罚538起，罚款1177.22万元。

【重点领域安全管控】 2019年，市政府安委会强化重点行业领域安全管控，充分发挥安委会办公室组织协调督导作用，指导相关部门强化道路交通、海上运输、渔业生产、消防、建筑施工、民爆器材、煤矿、城镇燃气、未成年人防溺水、防一氧化碳中毒等安全管控。加强危化品行业安全生产规范化管理，在全省率先出台《关于进一步加强化工园区和港口液体化工区规范化安全管理工作的意见》，规范化工园区和港口液体化工区，推动和加强安全管理规范化建设进度，实现安全管理“四个统一”；规范完善三级标准化评审程序，建立评审报告抽查复核制度；修订完善《烟台市危险化学品及化工行业安

2019年9月19—20日，“赛技能、保大庆”——2019年度烟台市危险化学品应急队伍救援技能竞赛在龙口港集团举行（供稿：刘艺）

全生产监管联席会议制度》，全面总结危化品安全综合治理工作取得的成效，建立综合治理长效机制。推进系统改造优化工作，化工和危险化学品行业在全省率先完成12家一、二级重大危险源企业在线监控及事故预警系统物联网数据采集工作，实现监测预警系统的有效运行，建立市、县两级监测预警管理运行机制，实行在线进行安全承诺公告制，全市168家危险化学品生产、储存和使用企业每日进行在线公告；非煤矿山行业推进单绳提升系统改造优化工作，将提升系统改造优化纳入全市重点民生项目，开展改造优化工作的3家矿山均在规定时限内达到进度要求，完成基建施工，投入资金1600多万元。

地震防御

【概况】 2019年，市地震监测中心台加强地震监测基础设施建设，提升震情监控能力，密切跟踪监视震情，做好地震应急处置。在各项地震监测要素评比中，监测信息学科获全省第一名、全国第二名，洞体应变获全省第一名，测震台网运行获全省第三名。烟台地震监测中心台获2019年度省属地震台综合考核先进单位和2019年度全省市级防震减灾工作先进单位称号，连续三年保持省级文明单位荣誉。

【震情及应对】 据烟台地震台网测定：2019年，烟台地区发生2级以上地震3次，3级以上地震1次。内陆最大地震为3月9日蓬莱市2.3级地震（北纬37.78度，东经120.78度），海域最大地震为9月22日长岛附近海域的3.0级地震（北纬38.08度，东经120.42度）。地震发生后，地震部门迅速启动地震应急预案，立即编报地震信息，根据胶东半岛地震地质特点、地震活动性和相关前兆资料，举行紧急震情会商，科学研判震情趋势，以震情简报形式及时上报市委、市政府。

【地震台网建设】 2019年，烟台市新建开发区和大竹山岛测震台，正式投入观测运行；完成8个新建预警基本站的土建工程和辖区20个地震预警基准站建设项目的可研及基本信息采集上报工作。组织实施栖霞鲁07深井观测站和昆嵛山、龙口、招远地下水观测点优化改造，震情监控能力提高。

【地震监测预报】 2019年，烟台地震监测中心台开展“地震监测质量年”活动。各科室、台站实施规范化管理，强化责任落实，加强观测资料的质量控制，定期对全市地震观测台点进行巡检，及时排除仪器故障，全市观测设施运行稳定，观测数据连续、准确，连续七年获全省监测信息学科评比第一名。按照观测标准化要求，规范数据处理分析，做好测震、形变、流体及电磁四大学科日报、周报、月报和年报工作。及时编发震情信息，科学制定震情速报流程，创新实施“2331工作法”。制订完善《烟台市地震台站工作管理办法》和《烟台市地震短临跟踪工作方案》等制度，强化震情短临跟踪监视。严格坚持24小时震情值班和周、月、年度会商制度，及时分析处理各类观测资料，加强各类异常的调查核实，结合本区地震地质特点和地震活动性，综合分析判定各类异常识别指标和预报指标，科学提出地震趋势判定意见。

防灾救灾

【灾情】 2019年，全市遭受风雹、干旱、台风等自然灾害，9个县市区53个乡镇街道受灾人口21万人，因旱灾需生活救助人口18580人，农作物受灾面积2.9万公顷，其中：成灾面积1.6万公顷，绝收面积900公顷；因灾造成直接经济损失1.98亿元，其中：农业损失1.97亿元，基础设施损失20.8万元，公益设施损失2.5万元。

【台风】 2019年，“利奇马”台风侵袭期间，市应急管理局对全市1800处危化品企业进行全面清理排查，组织99处地下矿山、65家露天矿山全部停产撤人，85座尾矿库停止排尾，落实专人24小时巡查，组织消防战士1458名、专职救援队伍29支、专业救援人员1510名，转移安置1万多人，组织专业保险咨询机构、保险公司和197名灾害信息报告员跟踪核查灾情，台风警报解除后，立即启动民生灾害保险，安排专门力量，进入灾情现场核实情况，确定赔付额度，及时赔付，最大程度减少群众损失。

【旱灾】 2019年，针对年内全市严重的旱情，市防指启动抗旱Ⅳ级应急响应，及时启动民生综合保险响应，与江泰保险经纪公司、民生保险共保体召开联席会议，会商确定补助方案并予以实施，投入保险资金165万元用于旱灾打井及饮水设施改善。

【火灾】 2019年，针对火灾风险高、压力大的情况，市森林防火指挥部制定印发《烟台市森林防灭火指挥部工作规则》《烟台市森林火灾应急预案》，举办全市森林消防实战化应急演练活动，组织召开全市春季森林防火形势会商会议，分析研判森林防火形势，研究森林火险气象监测预警合作事宜，研究充实市级森林火灾扑救专家组成员，建立部门之间火情通报和森林火险形势定期（不定期）会商机制。

（撰稿：刘艺　审稿：于建平）

责任编校：云　霞

军　事

烟台警备区

【思想政治建设】 2019年，烟台警备区采取党委中心组带机关理论学习、办班轮训和个人自学等方式，学习贯彻习近平新时代中国特色社会主义思想和习近平强军思想，配合开展理论考核、讨论辨析等活动，官兵“四个意识”更加坚定。组织“不忘初心、牢记使命”“传承红色基因、担当强军重任”主题教育，组织到杨子荣纪念馆、地雷战纪念馆、胶东红色文化陈列馆等红色教育基地深化党史军史学习、砥砺初心使命，打牢官兵听党话跟党走的思想根基。莱阳市人武部抓思想政治建设、第三干休所紧贴老干部特点开展主题教育的做法，先后在省军区作经验介绍。总结宣扬第一干休所战士戎恒进先进事迹，在区内外引发较大反响。加强军文化建设，组织开展庆祝中华人民共和国成立70周年系列活动，及时制作弘扬主旋律的宣传橱窗、文化灯箱，营区政治文化氛围。开展全民国防教育，组织开展第19个全民国防教育日系列活动，义务开放胶东地区武装革命斗争纪念馆，接待3000余人次参观。

【战备训练】 2019年，烟台警备区持续深化国防动员准备，修订完善方案预案。开展作战值班秩序专项整治，推进海上民兵应急分队建设，组织开展实地调研，强化民兵应急分队任务行动能力演练，迎接省军区实兵拉动考核。落实党委议训管训制度，严密组织开训动员、首长机关带人武部封闭集训和课题训练，开展民兵教练员及应急连骨干集训、民兵分队轮训，开展岗位练兵比武，通过以比促训，掀起大抓军事训练热潮。

【国防动员】 2019年，烟台警备区落实党管武装制度，协调召开市委常委议军会、人武部党委第一书记述职会议，推动党管武装纳入地方经济社会发展综合考评体系。莱阳市人民政府被表彰为关心支持国防建设“十佳”单位，渤海轮渡有限公司总经理于新建被评为全国国防动员工作先进个人。健全完善国防动员体系，组织召开市国动委第一次工作会议，制定印发工作规则和单位职责，研究推动重点工作有效落实。制定推进民兵调整改革落地落实《十二条措施》，严格专武干部选拔配备，对新任职基层武装部长进行资格认证。完成全市新兵征集任务，大学生征集比例达到87%、大学毕业生征集比例超过25%，未出现责任退兵、廉洁征兵问题，兵员征集质量再创新高。

【基层建设】 2019年，烟台警备区严格党委常委挂钩帮带机制，展开规范化建设试点。加强人才队伍培养帮带，组织接收全军交流转改文职人员适岗培训，帮助提高岗位履职能力。芝罘区、莱阳市人武部和第二、第六干休所被省军区表彰为基层建设先进单位。做好老干部服务保障工作，常态开展法律援助、健康巡诊、文艺演出等活动，为老干部安装应急呼叫系统、购置医疗设备器材，一批影响制约干休所建设发展的矛盾问题取得突破性进展，老干部满意度普遍提高。第一、第三干休所被军委国防动员部评为先进干休所。持续开展“解难题、送温暖”活动，组织对困难官兵救济、生活困难党员走访慰问，协调市退役军人事务局帮助改善直属单位生活条件。组织“学法规、正秩序、守规矩”教育整顿活动和“百日安全活动”，采取超常举措抓好两会、中华人民共和国成立70周年等重要时节安全管控，确保部队高度安全稳定和集中统一。

【拥政爱民】 2019年，烟台警备区参与打赢脱贫攻坚，开展扶贫帮困、助学兴教、医疗扶持和支持乡村振兴等行动。警备区各级先后投入230余万元，协调地方投资400余万元，立项产业扶贫项目9个，援建基础设施、整修入村道路、改善住房条件、新修水利灌溉设施等，慰问困难群众600人次，义务巡诊近3000人次，赠送药品价值10余万元，捐款捐物30余万元结对资助贫困学生。全区帮扶的13个省定扶贫工作重点村、162户贫困户、303人全部脱贫摘帽。

【综合保障】 2019年，烟台警备区规范经费管控使用，做好供应保障、卫生防病、经适房产权证办理、机关营区亮化绿化、军用土地确权转让等工作，组织发放新式车辆号牌，对全区在职驾驶员进行年度审验，全员通过考核。推进保障部门历史遗留问题解决，围绕“八清八治”开展清理纠治，完成不合理住房的腾退、整改工作。协调地方政府和驻烟台部队推进全面停止有偿服务工作落实，按期完成招接待和房地产租赁等委托管理项目移交工作。

（撰稿：张建乐　审稿：李宁）

预备役部队

【思想政治建设】 2019年，烟台预备役师用习近平强军思想武装头脑、引领航向，严密组织党委中心组和机关理论学习，实现干部理论轮训全覆盖。推进师党委机关“不忘初心、牢记使命”主题教育和深化“传承红色基因、担当强军重任”主题教育。聚焦任务特点和国内外形势变化开展形势政策教育。组织庆祝中华人民共和国成立70周年系列活动，开展“强军风采”群众性文化活动。严密组织“做新时代雷锋传人”主题党团日活动。

【备战训练】 2019年，烟台预备役师落实党委议战议训制度，担当主责主业，坚持各项工作向备战打仗聚焦。修订战备值班规范，围绕值班情况报告、战备拉动程序等四项内容，及时更新值班卡片，抓好重大节日战备值班。组建师应急指挥组，完善行动方案。持续归正军事训练中心地位，狠抓部队基础训练和首长机关训练，高标准组织预编官兵入队训练和成建制训练，严密组织训练预备期组训骨干集训，精准筹划新年度训练工作。

【部队管理】 2019年，烟台预备役师持续开展“贯彻落实新条令，塑造陆军好样子”和作风纪律整顿活动。落实形势分析、风险评估、综合检查等日常管理制度，组织涉密载体清理清查和各类库房整治专项活动。紧盯薄弱环节常态开展“两项清理”，及时堵塞安全漏洞。抓好隐蔽斗争工作，开展涉网倾向性问题整治、官兵违规参加地方社团清查整治和持有因私出国（境）证件清查纠治活动。组织重要岗位人员政治考核。

【后装保障】 2019年，烟台预备役师推进全面停止有偿服务工作，按时完成全师停偿任务和委托管理项目的资产移交工作。完成不合理公寓住房清理整治任务。持续深化重点行业整肃治理，开展经费使用管理情况自查互查活动，规范全师财务管理秩序。对部分装备器材和库房进行维护整修，开展装备系统专项整肃治理，提升装备管理正规化水平。

【基层建设】 2019年，烟台预备役师深入贯彻习主席“四个坚持扭住”重要指示，坚持按纲抓建基层，机关经常性帮抓指导。开展组织整顿工作，完成全师年度整组任务。为基层官兵办实事解难题，改善基层官兵工作和生活条件。开展经常性心理疏导服务，持续推进暖心工程，协调做好家属就业、子女入学、困难救济和看望慰问等工作，完成伤病残干部移交任务。解决“五多”问题，减轻基层负担。

（撰稿：林峰　审稿：刘军）

武警部队

【思想政治建设】 2019年，武警支队推进“传承红色基因，担当强军重任”和“不忘初心，牢记使命”两项重大主题教育，常态组织“双百”微课和精品课评比，配合开展“学英模事迹，讲英模故事”“党史军史天天学，红色基因代代传”和“读书强能”“卫士风采”等系列活动，规范升级营区政治文化环境。1人被总队评为优秀“四会”政治教员，2人分别在总队影视专业比武和演讲比赛中取得二等奖，政治工作处被总队表彰为“先进政治机关”。

【练兵备战】 2019年，武警支队推进“智慧磐石”工程建设，排查治理执勤隐患，筹划维稳行动，完成多国海军活动警戒设卡、“两会”和“大庆”安保期间联勤武装巡逻、武装押解押运等临时勤务300余起。承办总队军事工作专项推进会，训练场地在总队率先达标。开展群众性比武竞赛和首长机关指挥训练，总队半年军事考核总评第一，年终军事考核总评优秀，1人被武警部队评为“标兵教练员”，参谋部被总队表彰为“先进参谋部”。

【部队管理】 2019年，武警支队持续推进“条令年”活动，系统组织枪弹、车辆、“七网”等重难点问题专项整治，扎实开展“百日安全竞赛”、每日“五小”群众创安活动，做好新兵“三查”工作。支队连续21年实现“四无”，被武警部队表彰为“安全工作先进单位”，被总队表彰为“预防犯罪工作先进单位”。

【基层建设】 2019年，武警支队常委带工作组对基层单位覆盖式帮建两遍，突出内部关系、“两个经常”和“一线指挥所”难题破解，基层建设质量进步明显。执勤二中队被总队表彰为基层建设标兵中队，执勤二大队和5个中队被总队表彰为基层建设先进大（中）队。加强后装应急保障体系建设，分批次、多渠道培养后勤专业人才。提高医疗巡诊、伙食保障质量，为基层改善“四项设施”，保障处被总队表彰为“先进保障机关”。

（撰稿：杨磊　审稿：卢荻）

人民防空

【人防军事斗争准备】2019年，市人防办完成市人防基本指挥所指挥信息系统升级改造，实现军事指挥平台与人防基本指挥平台互联互通，被国家人防办称为“全国首个地级军事指挥平台与人防指挥平台的共建共享指挥场所”。承办全省人防无线宽带集群建设集训暨现场会，为全省人防人防无线宽带集群建设推广经验。推进县级人防基本指挥所建设，海阳市、高新区完成指挥所建设任务，牟平区指挥所主体工程完工，长岛完成指挥所选址立项，招远完成指挥所选址。开展人防通信系统建设，建成市级人防4G图传系统、四处市级人防重点目标高点监控和市级人防小型机动指挥通信系统，巡检维护市直管警报器，全市警报音响覆盖率保持在98%以上。开展按纲施训，印发《关于做好2019年度人民防空按纲施训工作的通知》，以《人民防空训练与考核大纲》（试行）为指导，开展市县两级人防系统共同科目训练与“准军事化”训练。开展第21次“815”防空警报试鸣活动，14个县市区同步开展防空防灾应急演练活动。

【人防工程建设】2019年，市人防办以人防系统腐败问题专项治理为主线，规范工程依法依规建设，推进工程审批改革，组织人防工程执法质监培训班，全市审批结建防空地下室面积与上一年同期基本持平，新增竣工人防工程面积同期增长20%，征收易地建设费同期增长71%。坚持规划引领，启动《烟台市人民防空建设规划（2019—2035）》编制工作。

【人防从业市场监管】2019年，市人防办印发《烟台市人民防空工程质量管控办法》《关于进一步规范防护设备生产安装企业市场行为的通知》《关于进一步规范人防工程中介企业从业行为的通知》和《关于进一步加强人防工程施工图设计有关工作的通知》规范人防从业市场秩序。加强事中事后监管，与省人防办联合开展人防设计监理企业“双随机”检查活动，对设计、设备企业组织开展第三方抽检。打造人防诚信体系，印发《关于在人防工程建设管理招投标领域试行使用第三方信用报告的通知》。

【人防服务与管理】2019年，市人防办推进“一次办好”，建立人防工程施工图市区两级联动审查机制，推行人防工程审批“告知承诺制”，实行市县两级施工图“多图联审”，实现“一窗受理、联合审图、信息共享”，每月度办结率、满意率均为100%。加强重大行政执法行为监督，推行行政执法公示制度、执法全过程记录制度和重大执法决定法制审核制度，制定《行政执法错案追究制度》《内部人员干预、插手案件办理记录、通报和责任追究制度》《行政执法投诉举报制度》《行政执法案卷管理制度》，对行政执法3项制度文件、执法主体及执法事项清单、程序流程进行公开公示。建成市本级人防工程信息数据库，完成全市1187个工程档案整理归档。制定《烟台市人防工程维护管理规定》《烟台市人防工程维护工作流程图》，完成早期人防工程维护及改造任务，确保工程处于安全使用状态。层层签订安全生产责任状，组织开展隐患排查治理及“安全生产月”活动。

【人防宣传教育】2019年，市人防办结合“5·12”防灾减灾日、“8·15”警报试鸣日集中宣传活动，在佳世客广场、文化广场设置人防宣传工作站，在社区利用新型多媒体警报器播放防空防灾宣传片。组织100余名中小学生开展“走进人防”体验活动，组织30余名中学生参加全省中学生人防知识教育夏令营活动，举办人防教师培训班，向全市中小学发放防空防灾教材5000余册。利用新媒体开展线上宣传，“烟台防空警报”话题成为当日微博热搜，阅读量5800余万次、评论4500余条。在《烟台日报》开展“壮丽70年，烟台人防风采录”4期专题报道，在《烟台晚报》连续4期科普防空防灾知识和介绍烟台人防建设成就，全年对外投稿300余篇，其中国家级7篇、省级49篇。

（撰稿：郑书伟　审稿：赵明山）

责任编校：云　霞

经济与社会综合管理

宏观经济指标

【概况】 2019年，烟台市生产总值增长5.5%，多数经济指标运行在合理区间、逐步向好变化，6个方面指标向好发展，4个方面指标表现平稳。

【投资增势】 2019年，烟台市逆周期调节政策和重点项目建设共同发力，固定资产投资增幅7月由负转正并逐月提高，全年增长5%，比全年最低值高出27.4个百分点。其中，第一产业投资增长295.9%，第三产业投资增长7.9%。161个市级重点项目完成投资563.9亿元、完成率111.1%，66个全域治水项目完成投资46.45亿元、完成率107.5%，90个市区城建重点项目完成投资201亿元、完成率100.5%。

【利用外资增势】 2019年，全市合同利用市外资金5044.1亿元、增长14.1%，实际到位市外资金1384.6亿元、增长26%。其中，合同利用外资59.8亿美元、增长34.7%，实际使用外资19.4亿美元、增长14.96%。引进10亿元以上项目155个，三类500强项目100个。签约日韩项目120个，合同利用日韩资金9.7亿美元，中韩产业园引进韩资项目45个。

【服务业发展趋势】 2019年，全市服务业经济重要稳定器作用凸显，1—11月，列统的30个服务业行业中21个营业收入实现正增长，水上运输业、多式联运和运输代理业、软件和信息技术服务业、互联网和相关服务业分别增长8.1%、16.8%、28.1%和89.6%，上拉全市规上服务业增幅4.7个百分点。金融业增加值增长6.5%以上，为3年最高增幅。全市接待国内外游客8600万人次、增长7.5%，实现旅游消费总额1200亿元、增长10.9%。举办国际果蔬食品博览会、医药创新与发展国际会议等会展活动117场，获评全国十大优秀会展城市。

【海洋产业发展趋势】 2019年，全市主要海洋产业产值增长10.7%，14个主要海洋产业中11个增长。国内首座深远海智能化网箱“长鲸一号”投入使用。新增国家级海洋牧场示范区3个，总数达到14个、占全国1/8，海洋牧场面积7万公顷、居全国首位。

【城乡居民收入增速】 2019年，全市居民收入增速超过经济增速，城镇、农村人均可支配收入达到4.8万元、2.12万元，分别增长6.9%和9.2%，提前完成全面建成小康社会居民收入翻番目标。

【先行指标增势】 2019年，全市工业用电量增3.76%、高于全省3.34个百分点。港口货物吞吐量增长15.67%，比上年提高5.1个百分点，其中集装箱吞吐量增长3.36%。机场旅客吞吐量突破1000万人次、增长19.2%，货物吞吐量增长10.9%。12月末金融机构本外币存款余额9115.8亿元、比年初增长889.76亿元，贷款余额5813.2亿元、比年初增长248.8亿元。银行不良贷款余额较年初下降13.7亿元，不良率为2.68%、下降0.37个百分点，5年来首次实现“双降”。

【工业增势】 2019年，全市规模以上工业增加值一季度、上半年均增长4.6%，三季度增长2.7%，全年增长5%，分别高于全省、青岛和济南3.8、4.4和0.8个百分点，居全省第3位。前十大行业6增4降，化学原料和化学制品制造业增长33.2%、计算机、通信和其他电子设备制造业增长1.5%、有色金属冶炼和压延加工业增长6.5%、电力、热力生产和供应业增长32.8%、专用设备制造业增长15.5%、非金属矿物制品业增长0.4%，上述6个行业分别上拉规上工业增幅8.2个百分点；汽车制造业下降1.1%、农副食品加工业下降6%、通用设备制造业下降19.1%、橡胶和塑料制品业下降11.2%，上述4个行业分别下拉增幅2.1个百分点。

【消费增势】 2019年，全市社会消费品零售总额增长7.4%，餐饮、商品零售收入分别增长8.9%和7.2%，其中汽车销售由降转增，全市限上汽车类企业累计销售额166.9亿元、增长3.4%，比上半年提高6.9个百分点。升级类消费持续加快，智能家电、智能手机消费升级类商品零售分别增长199.6%和140.4%。

【就业形势】 2019年，全年城镇新增就业13.81万人，完成年度计划的103.8%；城镇登记失业率2.4%，比上年下降0.66个百分点，低于全年控制指标和全国全省平均水平。

【物价运行趋势】 2019年，受禽肉价格指数上涨37.2%、鲜果价格上涨8.4%等因素拉动，烟台市居民消费价格总指数（CPI）上涨3%，低于全省0.2个百分点，与全年控制指标持平。工业生产者出厂价格指数（PPI）上涨1.9%，企业盈利空间扩大。

（撰稿：姜振华　审稿：孙吉鹏）

经济转型升级

【概况】 2019年，烟台市推进新旧动能转换，加快产业转型升级步伐，经济结构进一步优化，第三产业增加值增速快于第二产业4.5个百分点。

【工业结构】 2019年末，烟台市高新技术产业产值占规上工业总产值比重由“十三五”初期的41.87%上升到51.07%；战略性新兴产业产值增长12.6%，其中新能源产业、高端装备、生物产业、高端化工分别增长70%、50%、30%和20%。加快“两高一低”行业企业清理，关闭淘汰落后化工企业174家，清理整治石材企业600多家，累计治理“散乱污”企业6000多家，完成省下达的万元GDP能耗下降目标。

【投资结构】 2019年，全市“四新”经济投资占比53.3%、比上年提高8个百分点，高新技术产业投资增长5.4%，占比70%以上的民间投资增长6.4%、连续4个月正增长，新建项目投资增长15.1%，集体投资增长154%，股份制企业投资增长45.6%。

【财税结构】 2019年，扣除减税降费影响，全市一般公共预算收入可比增长4%，税收占比上升到72%、提高1.1个百分点，三产税收占比52.1%、超过二产，财政收入质量有所提高。

【外贸结构】 2019年，全市一般贸易出口增长8.9%、占比提高5.3个百分点，加工贸易出口下降19.1%、占比下降8.7个百分点。虽对美出口下降，但对欧盟、日本、墨西哥出口分别增长6.1%、1.5%和25.5%，对“一带一路”沿线国家和地区出口增长15%。

（撰稿：姜振华　审稿：孙吉鹏）

重点项目建设与固定资产投资

【重大产业项目】 2019年，烟台市一期投资1379亿元的裕龙岛炼化一体化项目，列入国家石化产业发展规划；投资472亿元的万华二期乙烯项目完成基础施工，三期工程接续启动；投资4亿美元的华润化学40万吨尼龙项目落户，6个化工园区批复建设，高端化工产业将迎来爆发式增长。宏瑞新能源汽车、华新丽华新材料、夏普半导体、东方航天港等一批重大新兴产业项目快速推进。

【重大基础设施项目】 2019年，潍烟高铁纳入国家干线铁路网，开工准备工作顺利推进；蓬莱机场二期建设拉开序幕，烟台西港区工程加快推进，大莱龙铁路扩能改造主线铺开；老岚水库项目挤进国家“十三五”中期调整规划，10月26日移民试点安置房启动建设；海阳核电1、2号机组投入商运，3、4号机组具备开工条件，全国首个核能商业供热项目投入运营。

【重点片区开发】 2019年，海上世界项目启动征迁，芝罘湾广场开工建设；芝罘仙境项目拉开“五位一体”建设框架；幸福新城、高铁新区启动建设，征迁面积超过500万平方米，签约落户项目16个；八角湾中央创新区完成规划，哈尔滨工程大学研究生院主体完工；夹河新城冰上运动综合体、中传文创等项目开工建设。

【重大项目招引】 2019年，115个省、市重大招商活动签约项目中95个项目完成注册、注册率82.6%，64个项目开工（运营）、开工（运营）率55.7%，其中“香港山东周”“儒商大会”签约项目落地率100%、列全省首位。一汽宝雅新能源汽车、石药生物医药产业园、木牛科技、蓝智通研发基地等一批新兴产业项目相继落户。

（撰稿：姜振华　审稿：孙吉鹏）

2019年，海阳核电一期全年累计发电量205.7亿度，并为周边10公里70万平方米住宅供暖　　（供稿：潘刚林）

【固定资产投资】 2019年，全年固定资产投资比上年增长5.0%。其中，集体投资增长154%，股份制投资增长45.6%，港澳台投资增长4.1%，国有投资下降5.7%，私营个体投资下降8.6%，外商投资下降32.5%，其他投资下降14.9%。在固定资产投资中，第一产业投资比上年增长295.9%；第二产业投资下降2.6%；第三产业投资增长7.9%。高新技术产业投资增长5.4%。民间投资增长6.4%。“四新”经济投资占固定资产投资比重提高幅度增长率为11.3%。全年房地产开发投资661.86亿元，比上年提高12.8%。其中，住宅投资增长25.3%；办公楼投资下降50.5%；商业营业用房投资下降13.8%。

（撰稿：徐少杰　审稿：庄英）

经济体制综合改革

【国家增量配电业务改革试点】 2019年，烟台市继续贯彻中发〔2015〕9号文件要求，进一步深化电力体制改革，规范开展增量配电业务改革试点。争取国家批复增量配电业务改革试点2个，占全省试点总数的10.5%。在不调整存量电力市场的情况下，放开增量市场竞争，打破传统配电业务由国家电网垄断的局面，使社会资本可以分享电力改革红利，降低企业用电成本，优化营商环境，增加地方收入。其中，烟台化学工业园增量配电业务改革试点在全省率先突破。5月23日，国家调研组到该试点园区调研。5月24日，国家调研组和山东省发改委在烟台市召开全省增量配电业务改革试点座谈会。8月20日，国家能源局山东监管办向烟台化学工业园增量配电业务改革试点项目业主——烟台兴华能源有限公司颁发电力业务许可证，这是省内已获国家发改委批复的19个增量配电业务改革试点中，第一个获得电力业务许可证的试点，开启烟台市增量配电业务改革先行先试、创新探索之路。

【市场准入清单制度实施】 2019年，按照国家统一部署，烟台市贯彻实施新版市场准入负面清单，推动“非禁即入”普遍落实。在媒体网站宣传《市场准入负面清单（2018年版）》，将国家《市场准入负面清单（2018年版）》在烟台发展改革委门户网站全文刊登，并会同商务局印制《清单》发至市直各部门和各县市区发改、商务局。市发展改革委党组成员赴县市区开展“进企业、解难题、促发展”专题调研，向企业详细讲解国家、省、市支持实体经济发展的优惠政策，现场赠送《投融资体制改革政策汇编》《市场准入负面清单（2018版）》等政策文件。6月4日成立烟台市市场准入负面清单制度全面实施工作专班。根据省发改要求对《清单》征询修改意见，并组织3个全面清理。8月23日，市发改委组织全市各有关单位及县市区发改、商务局收看省发改委召开的“全面实施市场准入负面清单制度培训视频会议”，听取国家发改委领导和中国政法大学专家讲解全面实施市场准入负面清单制度的总体要求和全面实施市场准入负面清单制度的有关法律问题。12月20日，在烟台发展改革委门户网站全文刊登国家《市场准入负面清单（2019版）》。

【行业协会商会与行政机关脱钩改革】 2019年，根据国家发改委、民政部《关于全面推开行业协会商会与行政机关脱钩改革的实施意见》要求，烟台市全面推开行业协会商会与行政机关脱钩改革。市发展改革委、民政局牵头组织对全市未脱钩的行业协会商会进行“五分离、五规范”脱钩改革。

机构分离，规范综合监管关系。行政机关或事业单位与行业协会商会合署办公的，逐步将机构、人员和资产分开，行政机关或事业单位不再承担行业协会商会职能。

职能分离，规范行政委托和职责分工关系。厘清行政机关与行业协会商会的职能，剥离行业协会商会现有的行政职能（法律法规另有规定的除外），具体剥离意见由业务主管单位提出，同级机构编制部门审核确定。

人员管理分离，规范用人关系。行业协会商会具有人事自主权，在人员管理上与原主办、主管、联系和挂靠单位脱钩，依法依规建立规范的用人制度，逐步实行依章程自主选人用人。在行业协会商会兼职的公务员，要辞去兼任职务。行政机关不得推荐、安排在职和退（离）休公务员到行业协会商会任职兼职。现职和不担任现职但未办理退（离）休手续的党政领导干部及在职工作人员，不得在行业协会商会兼任职务。

资产财务分离，规范财产关系。取消行业协会商会的财政直接拨款。

党建、外事等事项分离，规范管理关系。

【项目落地流程再造】 2019年，烟台推动招商引资项目向落地延伸，不断扩大有效投资，增强全市经济社会发展新动能，实现审批流程再造，优化提升审批效率，根据《聚焦五大领域加快流程再造工作实施方案》要求，成立烟台市项目落地流程再造工作专班。市发改委牵头，会同市自然资源规划局、市住房城乡建设局、市行政审批服务局等部门，研究制定《烟台市项目落地流程再造实施意见》，烟台市政府投融资或使用国有资金房建类项目审批时间由120个工作日压缩至70个工作日，政府投资或使用国有资金市政项目审批时间由120个工作日压缩至70个工作日；社会投资房屋建设项目审批时间由90个工作日压缩至45个工作日，社会投资一般工业项目审批时间由90个工作日压缩至45个工作日，带方案出让用地的社会投资项目审批时间压缩至20个工作日，形成项目快落地、快建成、快投产的项目审批新格局。

（撰稿：靳雅男　审稿：车培旭）

资源环境协调发展

【概况】 2019年，烟台市组织开展能耗总量和强度“双控”考核，将2019—2020年能耗“双控”目标分解落实到全市90家重点用能企业，制定印发《烟台市节能奖惩暂行办法》，进一步强化节能奖惩考核结果运用。

【煤炭消费压减】 2019年，烟台市卡实煤炭消费压减工作责任，组建全市煤炭消费压减工作专班，成立6个专项工作组，制定印发《烟台市煤炭消费压减工作总体方案（2019年—2020年）》《烟台市推进煤炭清洁高效利用实施方案》，召开全市煤炭消费压减工作会议，将48万吨煤炭消费压减任务目标分解到县市区、重点耗煤企业和重点用电企业。强化县市区煤炭压减工作预警，对全市煤炭消费压减工作情况进行通报。严格控制新上耗能项目审批、核准、备案，落实耗煤项目煤炭消费减量替代方案，从源头上控制能源特别是煤炭消耗；破解重大项目能耗制约，组织3个国家级省级重大项目申请国家能耗单列，累计能耗834.5万吨标煤。

【节能降耗】 2019年，烟台市推进节能技术进步，组织77户重点用能企业120名节能技术骨干参加“全市节能技术（产品、设备）推广交流会议，为用能单位和节能技术推广企业搭建供需交流平台；加强节能监管，组织节能监察机构对16户年耗能10万吨标准煤以上的重点企业和3户煤炭生产企业、18户水泥粉磨站企业进行节能监察，督促企业强化节能主体责任，挖掘节能潜力，落实降耗措施。举办“海岸社区广场节能宣传”活动，发放节能灯、绿色环保购物袋和宣传单页，广泛宣传节能意识，传播节能理念，推动全社会形成崇尚节约资源、绿色消费的良好风尚。

（撰稿：唐军　审稿：纪靖涵）

利用外资与境外投资

【概况】 2019年，全市在国家、省发改委通过备案的境外投资项目8个，投资地点涉及新加拔、缅甸、印度尼西亚、泰国、韩国等，投资总额达5.48亿美元。涵盖化工、轻工、装备制造、跨境电商等各个领域。

【万华化学境外投资】 2019年，烟台市投资美国40万吨/年二苯基甲烷二异氰酸酯一体化项目，由万华化学通过新加坡公司万华化学国际有限公司、匈牙利公司万华化学（匈牙利）控股有限公司在美国投资建设。项目位于美国路易斯安那州圣詹姆斯郡康文特市，拟建设规模为年产40万吨MDI的装置及配套公用工程、辅助工程设施和环保设施，产品主要在北美及周边市场销售，总投资12.5亿美元。

【南山铝业境外投资】 2019年，山东南山铝业股份有限公司与红石氧化铝国际有限公司等合资建设的印尼宾坦南山工业园100万吨氧化铝项目一期总投资8.4亿美元，拟引进齐力铝业建设二期项目。二期总投资4.5亿美元。该项目的建成可以利用印尼的资源优势，有利于缓解中国铝土矿资源储量不足、对外依存度逐年增加的问题；实现较低成本的氧化铝产能扩张，符合国家的产业规划方向，增强了公司的盈利能力、抗风险能力；能进一步提高带动印尼当地的经济发展，加强中国与印尼两国之间的经济和政治合作关系，推动有色行业国际产能合作进程。

（撰稿：冷佳琦　审稿：张雪梅）

工业与高技术产业发展

【概况】 2019年，全市第二产业实现增加值3185.48亿元，增长4.1%，规模以上工业增加值比上年增长5.0%，高于全省3.8个百分点。实施制造业强市战略，实施100个过亿元重点技改项目，完成投资204亿元。

【产业技术实力】 2019年，烟台市企业与高校、科研院所开展研发合作，全年引进中科院烟台产业技术创新与育成中心等高端研发机构80家，新增省级以上创新平台46个，全社会研发投入总额达到189亿元，居全省第二位。全市有22个项目重大科技创新项目获省科技奖、占全省1/5，6个项目获省科技进步一等奖、居全省首位。实施“创新平台升级培育工程”，2家工程技术研究中心升级为省级示范中心，总数达到25家。正海磁材获批国家地方联合工程研究中心，杰瑞油服获批国家国家级企业技术中心，隽秀生物、烟台大学、山东航天电子技术研究所等7家单位获批省级工程实验室（工程研究中心），东方瑞创达电子、博森科技等13家企业认定为省级企业技术中心。22家市级工程实验室（工程研究中心）和23家市级企业技术中心获得认定。中集“蓝鲸2号”、荣昌“红斑狼疮新药”等一批关键技术相继攻克，填补国内空白。推动科技成果加速向企业转移转化，全年技术合同成交额首次突破100亿元。对高污染、高能耗、低效益的行业和企业进行全面清理，全年关闭淘汰落后化工企业174家，清理整顿石材企业618家，累计治理“散乱污”企业6000多家，完成省下达的万元GDP能耗下降目标，清洁能源容量居全省第一。

【重点企业和项目】 2019年，万华百万吨乙烯、尼龙12、华润化学等一批项目加快建设，高端化工产业增加值增长20%以上。通用东岳汽车新车型、CVT变速器、海尔智慧厨房互联工厂等一批项目建成投产。南山、万华、招金、瑞康医药入围中国企业500强；玲珑、南山上榜中国战略性新兴产业领军企业100强；张裕连续12年入选中国最佳品牌排行榜，也是唯一上榜的葡萄酒品牌；玲珑轮胎获得山东省省长质量奖；南山铝业成功跻身世界最尖端的航空材料供应商俱乐部；凯恩新材料中标国家“工业强基”工程；睿创微纳成为全省首家科创板企业。烟台获“2019中国品牌城市”称号。

【战略性新兴产业】 2019年9月15日，烟台市生物医药产业、先进结构材料产业入选全国首批66个国家级战略性新兴产业集群，数量居全省首位。睿创微纳成为全国首批、全省首家科创板上市企业。“山东省微纳传感技术与智能应用创新创业共同体”被省政府批准为全省首批建设的5家共同体之一。启动开展烟台（国际）技术市场建设，全省率先打造“烟台市科技企业培育服务平台”，新增高新技术企业182家，同比增长119%，总数达到635家；1242家企业通过国家科技型中小企业备案，约占全省的六分之一，居全省第二位。出台《关于进一步促进高成长创新型企业加快发展的奖励办法》，对新认定的瞪羚、隐形冠军、小巨人、准独角兽、独角兽企业给予最低50万元、最高1000万元的一次性奖励。新增国家级制造业单项冠军企业2家，省级独角兽企业2家、“专精特新”企业51家、瞪羚企业33家；新备案国家科技型中小企业1242家，占全省近1/6，创新型企业呈爆发式增长态势。全市战略性新兴产业产值增长10%以上，其中，新能源产业增长70%，高端装备制造产业增长50%，生物产业增长30%以上。全市新建5G基站突破1200个。海洋特色优势更加突出，海洋主要产业产值增长10.7%，与中集集团共建中国海工北方总部，新建省级海洋工程技术协同创新中心8个，海洋牧场总面积达到7万公顷。

【要素支持保障】 2019年，烟台市成功举办医药创新与发展国际会议等会展活动117场，被评为全国十大优秀会展城市。世界工业设计大会取得圆满成功，山东省工业设计研究院落户烟台市，国际设计小镇启动建设。引进年产50万辆一汽宝雅新能源汽车、中海油LNG、华为大数据产业园、石药生物医药产业园等投资10亿元以上项目155个，实际到位市外资金1385亿元，增长26%，超额完成全年目标任务。成功举办产才交流大会等高质量招才引智活动，全年新增各类人才4.8万人，其中高层次人才6500多人，1人获“齐鲁大工匠”称号。7人入选泰山领军人才战略新兴产业创新类，9个项目入选泰山产业领军人才创业类项目，5个项目通过省外国专家双百计划项目答辩，2个项目获批引进国外智力示范推广项目，2人入选山东省“齐鲁友谊奖”，3个项目获山东省十大科技讲座和齐鲁讲堂项目。引进较高层次外国人才400余人，为来自28个国家和地区的外国人办理《外国人工作许可证》742份。

【新动能发展】 2019年，烟台市21个产品列入《山东省高端技术装备新产品推广目录》，157项技术创新项目列入全省企业技术创新项目计划，9家企业获批省技术创新示范企业。通过优化政策环境、加强宣传培训等方式，聚焦引导企业上云，上云企业数居全省第一。6家企业与海尔签署COSMOPlat工业互联网平台战略合作协议，推动“互联网+先进制造业”加快发展。与机械科学研究总院共建国家轻量化材料成形技术及装备创新中心汽车轻量化中心，打造全国领先的汽车轻量化材料研发生产基地。举办6场以“携手并进 共谋发展”为主题的市内企业对接会，通过产业链条互补、企业供需联盟、产学研合作等形式，推进产品市场互融和供需配套，促进产业深度合作。

（撰稿：陈百川　审稿：孔庆特）

社会事业发展

【概况】 2019年，烟台市按照加快社会事业发展是坚持共享发展的理念，深入研究社会事业发展趋势、重要事项、重大项目，协调推进教育、卫生、养老、体育等领域事业和产业发展。全市居民人均可支配收入3.78万元，增长8.3%，总量超过省定目标值，增速超过全省平均，省对烟台市该项指标考核得满分。承办庆祝中华人民共和国成立70周年成就展，市级领导班子成员集体参观展览，市委书记张术平对筹展工作给予充分肯定，1万余名市民参观展览。烟台市成为全国首批社会足球场地设施建设重点推进城市，是山东省唯一入选城市。争取2019年中央、省预算内社会事业投资项目3个，获得国家、省补助资金5700万元。

【专项资金争取】 2019年，市发改委为龙口妇幼保健院争取中央预算资金1200万元，省级配套建设资金200万元；为海阳市人民医院争取中央预算资金2000万元，为莱州精神卫生中心病房综合楼争取省级预算资金400万元。为烟台毓璜顶医院国际特需门诊争取省级预算内资金1900万元。海阳人民医院病房楼项目获1亿元2019年地方政府专项债支持。按照省发展改革委部署，相继开展社会服务兜底工程、公共体育普及工程、全民健康保障工程、教育现代化推进工程等2020年中央预算内投资项目申报工作，以及五批次社会领域地方政府专项债申报工作。高新区御花园老年养护中心、莱山区秀林养老、龙口润康颐养、莱州市殡仪馆改造项目、烟台城乡建设学校教学实训楼等5个项目将获得2020年中央预算内资金支持。

【家政服务业提质扩容】 2019年，烟台市对家政服务需求持续呈刚性增长，家政服务业迎来重要发展机遇，市委书记张述平对发展家政服务业作出重要指示。市长陈飞作出批示“请王中市长牵头，发改委研究中长期规划、人社局牵头起草意见”。常务副市长王中明确要求发改委、人社局尽快落实。为落实市领导指示批示精神，市发改委先后与市商务局、人社局等相关部门以及联民集团、烟台家政服务业协会等开展座谈，在此基础上形成调研报告。年末，正在编制《烟台市家政服务业中长期发展规划》。

【高尔球场清理整顿后续工作】 烟台市开展高尔夫清理整治“回头看”。按照省十部门联合开展2019年高尔夫清理整治“回头看”工作要求，对县市区“回头看”工作进行部署，并组成联合自查组多次对各类球场实地查看。所有球场均通过省核查组核查。根据《问题高尔夫球场取缔工作核查标准》5方面内容，开展高尔夫球场常态化监督检查。会同市自然资源和规划局、市生态环境局等部门，对高尔夫球场进行实地核查。经现场核查，3个球场现状与省直有关部门联合核查时的情况一致，没有发现反弹现象。

【庆祝中华人民共和国成立70周年成就展】 2019年，根据市委、市政府《关于庆祝中华人民共和国成立70周年活动的通知》和《中共烟台市委关于成立庆祝中华人民共和国成立70周年活动领导小组的通知》要求，市发展改革委承担“奋进的烟台”庆祝中华人民共和国成立70周年成就展的筹备布展工作。成立成就展工作专班和7个工作组，随后形成2万字的大纲脚本和图文小样，分别经市委市政府及相关部门多次审核修订后，最终形成230余幅图片、1万余字的展板。9月28日，“奋进的烟台——庆祝中华人民共和国成立70周年成就展”在烟台文化馆展厅开展。

【国家社会足球场地建设重点推进城市申报】 2019年，国家发改委、国家体育总局联合印发《关于开展全国社会足球场地设施建设专项行动的通知》，拟在全国范围内评选社会足球场建设试点城市。烟台市编制《烟台市社会足球场设施建设试点城市申报方案》，经山东省发展改革委转报国家发展改革委。9月16日，国家发展改革委社会司副司长彭福伟、省发展改革委副主任潘好亮到烟台市，专题调研申报全国社会足球场地设施建设专项行动示范城市工作及项目建设情况。11月15日，国家发改委、国家体育总局、国务院足球改革发展部际联席会议办公室共同发文公布山东省烟台市等21个城市为“全国社会足球场地设施建设重点推进城市”。国家将安排中央预算内资金3200万元，对烟台市申报的15个标准足球场和6个非标准足球场进行补助。国家发改委还对烟台市申报的政府投资建设的1个标准足球场和1个非标准足球场给予120万元的补助。两笔扶持资金3320万元，惠及6个市区（莱山、芝罘、福山、莱州、龙口和莱阳）。

（撰稿：于福全　审稿：于保华）

服务业发展

【概况】 2019年，全市服务业增加值实现3917.55亿元，增长7.1%，占全市GDP的比重为51.2%，比上年提高1.1个百分点。全市服务业投资增长7.9%，同比提高1.8个百分点。服务业实现税收390.14亿元，占全部税收比重达到52.1%。全年全市接待国内外游客8659.45万人次，增长8.6%；实现旅游消费总额1211.79亿元、增长12.03%。举办国际果蔬食品博览会、医药创新与发展国际会议等会展活动117场，获评全国十大优秀会展城市。社会消费品零售总额增长7.4%，餐饮、商品零售收入分别增长8.9%和7.2%。港口货物吞吐量增长15.67%，其中集装箱吞吐量增长 3.36%。机场旅客吞吐量突破 1000 万人次、增长 19.2%。12 月末金融机构本外币存款余额 9115.8 亿元、比年初增长 889.76 亿元，贷款余额 5813.2 亿元、比年初增长 248.8 亿元。银行不良贷款余额较年初下降 13.7 亿元，不良率为 2.68%、下降 0.37 个百分点，5 年来首次实现“双降”。

【服务业载体】 2019 年，烟台市对列入市级服务业载体“2211”培育工程名单的服务业特色小镇、园区、企业、项目等进行动态调整，按季度进行调度分析。推荐烟台市迈百瑞生物科技、橙色云科技等 2 家企业纳入省服务业重大项目库，打造服务业发展坚实载体。至年末，全市 100 户市级重点服务业企业实现营业收入 1320 亿元，100 个市级服务业重点项目完成投资 249 亿元。新增省级星级物流企业 2 家；宝能物流、传化智慧物流一期项目主体施工。

【服务业转型升级】 2019 年，烟台市推动第二批省级综合改革试点区域福山区、长岛试验区分别在现代物流方面和全域旅游方面进行先行先试，并取得省中期专家评估组的好评。烟台市中惠创智无线供电技术有限公司李思奇和山东立健药店连锁有限公司张立俊入围年度山东省泰山产业领军人才名单；橙色云设计和富美特信息入围年度省级服务业创新中心；迈百瑞生物科技有限公司房健民入围年度省级服务业专业人才奖励名单；烟台瀑拉谷葡萄酒特色小镇、招远皮草小镇、莱阳威德健康小镇入围年度省级服务业特色小镇名单。

【服务业政策】 2019 年，为贯彻落实山东省生产性服务业发展规划，烟台市出台《关于推进生产性服务业提升发展的实施意见》。围绕工业设计、现代物流、商务服务等 8 个重点发展领域，突出发挥生产性服务业保障和引领作用，推动烟台市生产性服务业与现代制造业融合发展。

（撰稿：王剑　审稿：刘永松）

国内经济合作

【参加丝博会】 2019 年 5 月 11—15 日，由国家发展改革委、商务部等部委和陕西省人民政府共同主办的第四届丝绸之路国际博览会暨中国东西部合作与投资贸易洽谈会（简称“丝博会”）在陕西省西安市曲江国际会展中心举行。按照山东省统一部署，烟台市由市发展改革委负责人带队，组织福山、莱山、高新区等有关区、市及有关企业赴西安市参会参展。

本届“丝博会”山东省重点宣传推介山东医养健康产业发展取得的新成就。烟台市依托绿叶集团，围绕医养健康产业，发展与其他省（区、市）的投资经贸关系，对于主动融入“一带一路”倡议构想、转变经济发展方式、开拓国内市场、助推新旧动能转换重大工程实施具有积极作用。展会期间，各参会单位借助会议平台，参加产业发展论坛，开展“双招双引”“大走访”活动，先后对接中国西电集团、中国航油（西安）公司等多家知名企业，邀请赴烟台考察对接。

【参加西洽会】 2019 年 5 月 16—19 日，由商务部、水利部、中国贸促会和重庆市人民政府共同主办的第二届中国西部国际投资贸易洽谈会在重庆国际博览中心正式开幕。按照山东省统一部署，烟台市由市发展改革委负责人带队，组织福山、莱山、莱州、栖霞等区市及有关企业赴重庆市参会参展。

烟台市立足农业科技化、智能化农机制造，依托莱州奥伦机械，与国内外开展合作交流，与重庆市城口县赵孝春野生食品开发有限公司、达州国储农业等 8 家企业达成合作意向。展会期间，参会区市积极对接中粮集团、国家能源等多家知名企业，助力烟台市“双招双引”。

【参加兰洽会】 2019 年 7 月 4—8 日，烟台市发改委组织莱山区、龙口市、招远市等市区赴甘肃省兰州市，参加第 25 届中国兰州投资贸易洽谈会（简称“兰洽会”）。此届展会，烟台市筛选组织烟台绿叶、烟台科思汇等企业参会、参展，展出希美纳、力朴素、思瑞康、医药产品包装、标识设备及喷码机等 20 余种展品。会上，烟台科思汇标识技术有限公司面向“一带一路”沿线的甘肃、陕西等省份的参会企业，对小字符喷码机、微字符喷码机、热发泡喷印系统、大字符喷码机、高解析喷码机和激光打标机等代表国内外先进水平的标识产品进行现场演示，与有关单位达成初步合作意向。

【参加西博会进出口展】 2019 年 9 月 20—23 日，第三届中国西部国际博览会进出口展暨中国西部（四川）国际投资大会（简称“西博会进出口展”）在成都隆重举行。按照山东省统一部署，烟台市发改委组织福山区、高新区、龙口市、蓬莱市、栖霞市等赴成都参加此次会议。

烟台市代表参加大会开幕式、第十二届中国西部国际采购大会、中国（四川）—南亚东南亚国家工商领袖峰会、2019 中国中阿经贸文化交流峰会、第十一届中国西部国际资本论坛、第八届中印学术峰会、2019 中国（四川）先进材料产业推介会、2019 中国西部国际口岸物流开放发展大会等一系列活动，借助大会平台向国内外客商推介烟台市投资环境，获取客商投资信息。参会期间，重点结合烟台新旧动能转换，围绕中国西部数字经济发展，对接虚拟增强现实、人工智能、大数据、数字娱乐音视频、网络及通信开发的最新技术及产品等；围绕中国西部产业新动能展，对接智能制造、新能源、新材料、节能环保、油气化工、生物医药、航空运营与服务等。

（撰稿：王登峰　审稿：丁震）

重点项目管理

【概况】 2019年，烟台市9个省级重点项目累计完成投资106.8亿元。其中，5个建设类项目全部实现开复工，累计完成投资90.7亿元，超额完成66.7亿元的年度计划投资任务。其余4个准备类项目完成投资16.1亿元，其中烟台智盾信息安全技术有限公司信息安全与智能制造一期项目、烟台泰和新材料股份有限公司应急救援用高性能间位芳纶产业化项目已超前完成手续办理并开工建设，其它2个项目正在加快办理项目前期手续。全市161个市级重点项目按照年度计划开复工率达到100%，累计完成投资563.9亿元，投资完成率111.1%。其中新开工项目累计完成投资195.4亿元，投资完成率102.2%；续建项目累计完成投资262.7亿元，投资完成率118.3%；改扩建项目累计完成投资105.8亿元，投资完成率112.2%，全市有48个项目超额完成“三重”工作计划。

【项目推进】 2019年3月中旬，市发改委组织召开全市推进项目集中开工暨重点项目建设调度会议，并在市、县两个层面同步开展“项目集中开工月”活动。开展重点项目“进现场、解难题、促发展”专项工作，实行“一线工作法”为项目建设提供坚实保障服务。4月下旬，市委组织开展全市重点项目建设观摩活动，以实地观摩评比促进项目建设推进。为进一步加快项目早落地、早见效，按照省里要求，规范成立重点项目并联审批协调领导小组，由市委常委、常务副市长王中任组长，副市长张代令、崔宗涛等任副组长，市发展改革委等有关部门主要负责人为成员，协调解决有关重大问题，规范完善项目并联审批流程，领导推进重点项目落地工作，研究解决项目落地过程中出现的问题，加快重点项目落地建设。协调小组办公室设在市发展改革委；针对项目建设中的难点和堵点问题，市发展改革委定期调度重点项目承担的部门、单位，对相关问题进行梳理汇总，上报省发改委协同推进，集中解决。

【重点项目信息化监管调度】 2019年，市发改委确保对市级重点项目建设实行全流程、全范围管理服务，着眼于打造省内重点项目监管系统标杆，在充分论证项目管理需求和科学谋划系统功能架构的基础上，研究开发市—县—企三级联动互通的重点项目信息化监管调度系统。该系统主要包括项目申报、月度调度、视频监控、图表分析、中期调整、信息通知、设置管控七大主体功能，并作为烟台市新旧动能可视化督导服务平台的核心模块，自2019年4月始，在平台电脑端和市领导手机端实时展示呈报重点项目数据、图文影像、分析测评等内容，为全市新旧动能转换可视化督导服务平台的功能构建、信息采集和平稳运行提供坚实支撑。

【项目服务保障】 2019年，烟台市在项目管理推进上从“重调度”转向“重保障”，坚持“政策有底线、服务无止境”，聚焦于土地、资金等项目建设难点堵点问题，协调全市各方面力量，并做好向省里的沟通争请工作，为项目建设排忧解难，保驾护航。市发改委先后2次分片召开重点项目建设座谈会，并从5月以来深入各县市区重点项目现场，实现一线现场办公全覆盖。为确保逐一解决项目建设中的困难问题，市发改委联合省级重点项目落地调度中心多次深入开发区、牟平、海阳等重点项目建设现场，落实解决项目建设制约问题，2019年以来为牟平区石药集团烟台生物医药产业化项目争取土地指标18.67公顷，为开发区泰和新材料股份有限公司应急救援用高性能间位芳纶产业化项目争取土地指标14.8公顷。

（撰稿：姜晓辉　审稿：车永凯）

蓝色经济区建设

【新旧动能转换】 2019年，烟台市研究形成《中国海工蓬莱产业集群建设方案》，提出“五个一”总体框架，规划布局“五大产业集群”。做好人才引进相关工作。建立健全蓝色人才团队项目储备库，按季度公布下达入库项目名单。继续做好“双百计划”人才（团队）申报工作，5家企业获得财政资金600万元支持，完善人才团队项目网上申报系统，召开申报工作培训动员会。做好2019年度省重点扶持区域引进急需紧缺人才项目争取工作，获得扶持资金100万元。争创省级海洋特色产业园和省级海洋工程技术协同创新中心。支持莱州高效生态海洋牧场产业示范园等申报省级海洋特色产业园。

【“一带一路”建设】 2019年，烟台市完善“一带一路”建设重大项目库，筛选上报10个境外投资项目。至年末，全市有29个境外投资合作项目列入省“一带一路”重大项目库。建立健全“一带一路”建设企业名录库，方便“走出去”企业建立更加紧密的联络关系，抱团开拓新市场。发挥各类论坛展会作用。4月25—27日，在北京主办的第二届“一带一路”国际合作高峰论坛上，玲珑轮胎塞尔维亚项目纳入论坛合作项目清单。

【长岛综合试验区建设】 2019年，烟台市印发《推进长岛海洋生态文明综合试验区建设2019年度任务清单》，将15项精品工程、市委现场办公会安排事项、长岛保护发展延续性任务细化成80项具体事项，明确责任部门和完成时限。全年累计争取到位各类补助资金14.9亿元；15项精品工程中，7个超额或提前完成，8个按计划推进。推动关键事项落实。协调推进长岛海洋生态保护和持续发展工作省级联席会5月17日在济南召开，会上印发《长岛海洋生态保护和持续发展省级联席会议制度（修订）》《2019年长岛海洋生态保护和持续发展省级联席会议工作要点》。围绕省现场评估确定的7个部分落实和10个未落实事项，协调省联席会议12月4日在济南召开。围绕解决长岛偏远岛屿成品油供应问题，组织开展7次专题对接、座谈交流和现场调研。围绕长岛机动车辆“双禁”工作，开展现场暗访，对发现的问题现场落实整改责任，推动各项工作有序开展。围绕长岛生态旅游发展开展现场调研，形成调研报告。

（撰稿：王立鑫　审稿：包希诚）

高端产业聚集区建设

【概况】 2019年，烟台市战略性新兴产业加速成长，全年战略性新兴产业产值增长10%以上，其中，新能源产业增长70%，高端装备制造产业增长50%，生物产业增长30%以上。生物医药产业、先进结构材料产业入选全国首批66个国家级战略性新兴产业集群，数量居全省首位。

【先进结构材料产业集群】 2019年，涵盖先进高分子材料产业的原料、中间体、制品的上中下游，成为中国先进高分子材料工业原料、制成品品种和门类最为齐全的产业基地，是省级战略性新兴产业聚集区、省级有机新材料高技术产业基地，也是中国工程塑料及合成树脂产业工业原料、制成品品种和门类最为齐全的产业基地，集聚万华、泰和新材、道恩、万润、巨力、玲珑等200多家企业和关联企业，整个产业主营业务收入突破1000亿元，直接和间接带动就业近10万人，成为烟台乃至全省的重要支柱产业。

【生物医药产业集群】 2019年末，烟台市形成以化学制药、生物制药、现代中药等为主体的医药产业体系，拥有七大国家级科技研发平台，拥有国内唯一的“长效和靶向制剂国家重点实验室”，在研产品近百个。以荣昌制药、绿叶制药、先声生物、迈百瑞、东城药业等为代表的领军企业行业地位突出，生物医药相关企业超过1万家、规模以上企业过百家、产业规模超过千亿元、利润超过200亿，年均复合增长率双双超过20%，发展速度和发展质量在国内同级地区处于前列。

（撰稿：陈百川　审稿：孔庆特）

国有资产管理

【概况】 2019年，烟台市市管企业实现营业收入1105亿元、利润总额173亿元、净利润139亿元、上缴税金79亿元；年末资产总额、所有者权益、国有权益分别达到2905亿元、1330亿元、796亿元。

【国企改革目标路径】 2019年，市委市政府主要领导担任全市深化国企改革领导小组组长，市委十三届八次全会审议通过《市属国有企业改革“三年行动计划”》，召开全市深化国有企业改革落实落地会议，市国资委成立改革工作专班、拟定市管企业改革绩效考核办法，组织市管企业完成改革承诺公示、制定综合改革方案。

【混合所有制改革】 2019年，市管企业混合所有制比例、资产证券化率分别提高到63%和65%。万华成为全省首家整体上市的国有控制公司。冰轮集团、泰和新材集团整体上市和交运集团员工持股改革加快推进。密封科技首发上市报至省证监局辅导，培育万华节能建材、海颐软件、东方纵横、新奥燃气等后备上市资源。北极星组织实施“1+4”综合改革，国裕融资租赁、正浩制盐、东方智能等企业混改有序推进。

【国企重组】 2019年，市、县两级经营性国有资产全部完成统一监管，各县市区国资监管机构履行出资人职责企业及各级子企业共554户，资产总额2491亿元、净资产862亿元。组建完成轨道交通集团，完成盐粮集团、山东莱动、海商公司等企业重组整合，配合省里完成国际机场集团、烟台港集团股权划转相关工作。

【国企改革制度建设】 2019年，烟台市推行高管人员契约化管理，完成万华化学集团市场化选聘经理层工作。研究制定三项制度改革、国企退

2019年6月20日，全省国有企业深化改革发展研讨会在烟台召开
（供稿：潘刚林）

休职工社会化管理、僵尸企业处置等政策文件，2020年起全面铺开实施。新华社刊发长篇通讯《“吾将上下而求索”——从万华改革之路看中国国有企业改革伟大实践》，全省国有企业深化改革发展研讨会在烟台召开，国务院国资委到烟台进行专题调研，以万华为代表的烟台国企改革经验在全国全省宣传推广。

【项目建设】 2019年，市管企业开工项目44个、总投资1332亿元，全年完成投资226亿元。国丰、蓝天、城发、财金等投融资公司承担总投资1000多亿元的重大城市工程建设任务，烟台海上世界、芝罘仙境、幸福新城等重大项目全面起势，老岚水库、城市轨道交通等项目启动建设。万华化学收购瑞典国际化工100%股权及其持有的福建康乃尔51%股权，总投资168亿元的万华工业园二期项目加快推进。泰和新材高分子新材料产业园项目扎实推进、宁夏宁东产业园年产3000吨高性能对位芳纶项目主车间建设完工。张裕葡萄酒城可雅白兰地酒庄建成投产。中集来福士交付全国首座深远海智能化坐底式网箱“长鲸一号”。

【融资推进】 2019年，国丰集团完成AAA信用评级，融资规模达300多亿元，获批公开发行70亿元债券，首期已发行20亿元，全年完成融资92亿元。蓝天集团城投公司获评AA+信用评级，轨道交通集团AAA、财金集团AA+评级相关工作正在加快推进。主动融入全省区域性基金中心建设，培育引进各类基金，总规模达到240亿元。注册成立首支乡村产业振兴基金和首支现代海洋经济产业基金。

【科研创新建设】 2019年，市管企业全年科研投入25亿元、同比增长25%。市管企业全年科研投入25亿元、同比增长25%。市国资委与哈尔滨工程大学签署全面合作协议，设立高端科研机构4家，达成校企合作项目9项。万华化学、东方电子分别组建成立万华大学和东方精进学院。

【双招双引】 2019年，烟台市组织成立国有招商公司和驻日、驻韩、驻港经济合作中心，市管企业签约项目15个、总投资600多亿元，与高等院校、科研院所签署合作协议11个。引入江西铜业共同投资32亿元打造江北重要铜产业基地。年末，中国海工集团战略重组、高端半导体封装测试、东方航天港等重大合资合作项目在加快推进。

【品牌培育】 2019年，万华化学再次入围《福布斯2019全球上市公司2000强》和《全球化工50强》榜单。以万华化学、泰和新材等企业为龙头的烟台先进结构材料产业集群，入选全国首批66个国家级战略性新兴产业集群。全年主办或承办“海上丝绸之路—启航烟台”航空产业发展大会、“仙境海岸·鲜美烟台”海上世界项目招商会等会展活动30余场。

【国资制度监管】 2019年，烟台市修订完善出资人监管权力责任清单，清单内的事项坚决管好管住，清单外的事项由企业依法自主决策。修订完善企业负责人经营业绩考核意见，“一企一策”设置不同的考核指标，实施分类考核、差异考核、精准考核。针对市级投融资公司监管，研究出台明确监管事项、完善监管流程的实施办法，各方权责边界初步厘清。

【国资阳光监管】 2019年，烟台市完成国资数据中心系统一期项目建设，对全部监管事项进行实时、动态、精准监管。完善国企阳光采购平台功能，扩大使用范围。举办法治国企讲堂、宪法日和宪法知识竞赛等活动，推进法治国企建设。抓好国有企业发展质量专项审计整改，督导企业对照问题建立台账，挂号督办、整改销号。做好国有股东履职报告、议案办理流程、评估项目专家评审等工作，企业全年召开股东会、董事会42次、办理议案198项、备案履职报告33份。加强产权交易监管，烟台联合产权交易中心共挂牌34项，成交16项、金额8.79亿元。

【烟台市区公交全面实施“一元一票制”】 2019年1月1日，市区164条公交线路全面实施“一元一票制”，烟台市成为全国第二个、全省第一个在市区内全线覆盖“一元公交”的城市。

【烟台市首家不良资产资产管理合资公司成立】 2019年1月30日，国丰集团与青岛市资产管理有限责任公司及深圳前海瑞丰川科技实业有限公司发起成立烟台市首家不良资产资产管理合资公司——烟台国信睿丰资产管理有限公司。公司注册资本10亿元，主营业务以收购、管理、受托经营不良资产为主，对不良资产进行管理、投资和处置等，服务实体经济结构调整和金融业优化升级。

【宁夏张裕摩塞尔十五世酒庄2015年份赤霞珠干红被世界葡萄酒大赛春季评酒会评为“最佳中国葡萄酒”】 2019年2月26日，在德国举办的2019年MUNDUS VINI世界葡萄酒大赛春季评酒会公布获奖名单，宁夏张裕摩塞尔十五世酒庄2015年份赤霞珠干红获大金奖(Grand Gold)，并被评为“最佳中国葡萄酒”(Best of Show China)。辽宁张裕黄金冰谷冰酒酒庄2016年份金钻级冰酒、宁夏张裕摩塞尔十五世酒庄2016年份赤霞珠干红、张裕摩塞尔家族2015年份赤霞珠干红、张裕摩塞尔家族2016年份赤霞珠干红、张裕摩塞尔传奇2017年份赤霞珠干白，分别获金奖(Gold)。

【全球首艘30万吨级铝矾土船首航烟台】 2019年5月5日，全球首条30万吨级铝矾土船“猎户座”大型货轮装载来自西非几内亚的26.28万吨铝矾土抵靠烟台港西港区30万吨级(兼顾40万吨)矿石码头。5月6日上午，接卸仪式举行。该船长327米，宽55米，是全球首条30万吨级铝矾土船，也是世界接卸的最大铝矾土船。它的第一次装、第一次运、第一次接卸具有重要意义，是中非铝矾土矿全程物流运输的新起点，也让烟台港发展成中国最大的铝矾土接卸港。烟台港是中国铝矾土进口第一港，30万吨级(兼顾40万吨)矿石码头，是渤海湾南岸唯一的、全国沿海港口为数不多的大型、深水、专业化矿石码头。

2019年5月5日，全球首艘30万吨级铝矾土船“猎户座”轮首航烟台港
（供稿：潘刚林）

【《烟台市市管企业工资总额管理办法》出台】 2019年7月30日，市国资委印发《烟台市市管企业工资总额管理办法》，建立健全与劳动力市场基本适应、与企业经济效率和劳动力生产率挂钩的工资决定和正常增长机制。

【烟台海上世界芝罘湾广场项目开工】 2019年12月28日，烟台海上世界芝罘湾广场项目举行开工仪式，市委书记张术平，招商蛇口高级顾问孙承铭，市人大常委会主任王晓敏，市政协主席朱秀香，市委常委、秘书长于松柏出席，市委副书记、市长陈飞讲话并宣布开工。烟台海上世界项目是全省新旧动能转换重点项目、被列为全省海洋经济五大工程之一，是烟台市城区九个重点开发片区之一，也是全市“三重”工作的重中之重，将建设集“船、港、城、游、购、娱”于一体的烟台都市新核心，成为全国第三座“海上世界”。项目包括一、二、三、四突提和会西街片区，总面积8平方公里，总投资1500亿元。聘请世界顶级的盖思乐设计公司进行设计。开工建设的芝罘湾广场是海上世界开工的第一期项目，总投资12亿元，建筑面积4.55万平方米，由招商蛇口和烟台市财金集团合作开发建设，打造集渔市综合体、特色餐饮、游客中心、商业风情街、风情休闲广场为一体的芝罘湾。

（撰稿：王晓辉　潘刚林　审稿：康建中）

财　政

【概况】 2019年，烟台市财政形势严峻复杂，面对经济下行压力加大和大规模减税降费政策实施的双重挤压，全市各级财政部门依法加强财政收支管理，积极开源节流、增收节支、平衡预算；科学统筹财政资金资源，集中财力办大事、保重点、兜底线；稳步推进财税体制改革，全面实施预算绩效管理，不断提高资金使用效益。

【优化财税营商环境】 2019年，市财政局着眼长远发展，把减税降费作为应对当前经济下行压力、激发经济发展活力最普惠、最有效的举措。全年新增减税降费119.7亿元，影响地方财政收入增幅10个百分点。其中，深化增值税改革减税34亿元，减税力度空前；个人所得税两步改革叠加减税22.3亿元，全市工薪个税纳税人数由117万人下降至56万人，中低收入群体受益最大；小微企业普惠性政策减税13.3亿元，惠及纳税人25.5万户；落实省里出台的小规模纳税人减半征收地方“六税两费”优惠政策减负5.8亿元；落实降低社会保险费率政策，减轻企业和群众负担18.4亿元。制造业实现减税45.9亿元，是全市减税规模最大的行业。民营企业各项政策合计减税63.4亿元，是减税政策的主要受益者。

【新旧动能转换基金】 2019年，市级安排资金9亿元，新发起设立现代海洋产业基金、企业发展股权投资基金等高质量基金9支，基金规模150亿元，为新动能快速成长聚资聚智。高规格举办新旧动能转换基金推介会等一系列推介活动，促进基金投资与企业融资精准对接，加快构建以烟台山基金小镇为核心的一体两翼基金发展格局，提升烟台市基金管理中心影响力。全市新增基金及管理机构102家，新增基金认缴规模304亿元。

【财政政策扶持新旧动能转换】 2019年，市财政局筹集资金9.4亿元，全面兑现制造业强市系列奖补政策，落实支持民营经济高质量发展30条、促进高成长创新型企业发展、加快企业上市挂牌、推动商贸流通创新发展等一揽子财政扶持政策，护航实体经济转型升级。

【新旧动能转换关键领域加大投入】 2019年，市财政局拨付资金29.9亿元，支持中科烟台产业技术研究院等产学研合作平台建设，对重大科技创新工程、国家级和省级科技创新平台、新型研发机构等进行补助，激发全社会创新发展活力。全市新增高新技术企业182家，增长119%。投入资金6.7亿元，全力保障“双招双引”，举办世界工业设计大会等会展活动117场，开展日韩山东周、烟台新旧动能转换香港投资恳谈会等招商活动105场；推动各项人才政策落地落实，支持新引进各类人才4.8万人。安排资金2.2亿元，支持新增、加密日本东京、名古屋等客货运航线，保障“齐鲁号”欧亚班列全线路运营，推动更多“烟台造”走向世界，开拓新兴市场。

【多元化、市场化投融资体系加快构建】 2019年，烟台市把握好国家政策窗口期，发行全省唯一一支生态旅游专项债券4.5亿元，支持长岛海洋生态文明综合试验区建设；在全省首批重大基础设施建设专项债券中优先发行5亿元，推动老岚水库项目实施；安排土地储备债券资金31亿元，用于海上世界等项目前期土地拆迁补偿等。支持市级投融资公司实体化运作、市场化融资，保障高铁新区、芝罘仙境等重点片区开发建设。

【国有资本运营方式创新】 2019年，烟台市在全国首创以统一范围为基础、统一平台为支撑、统一管理为主体、统一运营为核心、统一收支为保障的“五统一”国有资产管理运营新模式，初步构建起“大资产、大配置、大效益”的管理格局。盘活市级行政事业单位国有资产120亿元，支持国有企业壮大资产规模，提升市场信用评级。组建水业集团，完成涉水领域各类城市经营性资产、市属企业划转整合，打牢重大水利设施建设融资、市区供水一体化管理改革基础。成立国有资本运营集团，推动各类国有资源资产与资本市场紧密对接，变沉淀资产为流动资本，筹集更多资金保障重点项目建设。

【重大战略实施保障】 2019年，烟台市抢抓中国（山东）自由贸易试验区烟台片区建设等新机遇，争取海岛及海域保护、深化民营和小微企业金融服务综合改革、财政金融政策融合支持乡村振兴战略实施等一系列省级以上政策试点，先行先试、率先突破，推动经略海洋、乡村振兴等重大战略深入实施。

【改善民生保障】 2019年，烟台市践行以人民为中心的发展思想，坚持节支裕民，集中财力做好普惠性、基础性、兜底性民生建设，不断增强群众获得感、幸福感。全市用于民生领域的支出达到578亿元，占财政支出的比重达到74.6%。

【教育文化经费保障】 2019年，全市投入138.3亿元。落实各学段生均公用经费保障标准和学生资助政策，实施学前教育三年行动计划、消除“大班额”和高中阶段普及攻坚，新建、改扩建学校48所、幼儿园138所。支持高水准举办首届烟台市民文化节等系列文旅活动，组织文化惠民演出万余场。

【社会保障和就业经费保障】 2019年，全市投入123亿元。连续15年提高企业退休人员养老金，城乡低保标准分别提高到每人每月615元、440元。0～12岁、13～17岁残疾儿童康复救助标准每人每月分别提高900元、600元。设立退役军人创新创业和困难帮扶基金，为退役军人创业和帮扶工作提供多渠道、长期性经费保障。完善农民工工资应急周转金制度，保障农民工合法权益。

【医疗卫生健康经费保障】 2019年，全市投入61.7亿元。加快推进烟台山医院、传染病医院建设，支持提高居民基本医疗保险、大病保险、基本公共卫生服务等政策标准，全面落实国家基本药物制度，扎实推进国家医养结合试点，全市新增医养结合机构10个、床位3262张。

【城市建设经费保障】 2019年，全市投入63.2亿元。自2019年1月1日起，市六区152条常规公交线路全面实行一元一票制，成为全国第二个、全省首个实行“一元公交”的地级市。新建、整修市区道路23条，塔山南路基本贯通。改造公园、绿地、街景59处，建设城市慢行步道31公里、绿道16.3公里。

【乡村振兴经费保障】 2019年，全市投入49.1亿元。积极应对持续旱情影响，应急调水1.6亿立方米，主动下乡送水1828吨，缓解群众饮水困难。推进农业示范园区四级联创工程，支持苹果等特色产业提质升级。扎实开展农村人居环境整治，改造建设“四好农村路”1742公里，实施农村改厕11万户、危房改造1731户。

【生态环保经费保障】 2019年，全市投入29.2亿元。建立健全生态文明建设财政奖补机制，支持打好蓝天、碧水、净土保卫战，重点推进渤海区域环境综合治理、城市扬尘综合整治等，有效解决群众反映强烈的突出环境问题，生态环境质量持续改善。

【脱贫攻坚经费保障】 2019年，全市投入1.7亿元。全面解决“两不愁三保障”突出问题，推进东西部扶贫协作，巩固提升脱贫攻坚成果。

【预算管理改革】 2019年，烟台市财政信息公开更加全面规范，市级政府财政透明度连续三年位列全国地级市首位。全面实行中期财政规划管理，规范加强市级预算支出标准建设，预算编制更加科学精细。强化四本预算统筹衔接，资金使用更加高效。建立更加严格的存量资金清收机制，全市收回结余结转资金27.2亿元。

【涉农资金整合】 2019年，烟台市建立“中央大专项＋地方统筹”资金整合模式，实行建设内容、实施地点和实施程序“三整合”，实现中央项目资金和地方整合资金的紧密融合，有效提高了资金使用效益，改革进度走在全省前列。

【政府债务管理】 2019年，烟台市制订完善政府性债务管理办法、风险防控应急预案等一系列根本性制度，保证债务管理的各个方面都有据可依。单独编制政府债务收支计划表，政府债务实现“借、用、管、还”全过程监管。

【预算绩效管理】 2019年，烟台市研究制定《关于全面实施预算绩效管理的实施意见》等系列文件，将绩效理念嵌入财政管理改革全过程。持续开展部门整体绩效评价，继续扩大第三方绩效评价范围，推进绩效评价结果运用，对评价结果没达到优良等次的，按不低于10%比例压减预算，真正做到“花钱问效、无效问责”。

（撰稿：陈光　李明哲　曲智勇　审稿：孙福勋）

税　务

【概况】 2019年末，国家税务总局烟台市税务局机关设19个内设科室、6个派出机构、3个事业单位，共28个部门，下辖15个县（市、区）局，86个分局（所），承担33.5万户纳税人的征管服务工作。2019年，全市组织各项收入1078.9亿元，增长4.1%。其中，国内税收收入748.8亿元，社会保险费收入90.6亿元，非税收入22.4亿元。市县两级收入425.6亿元。全年工作在全省税务系统绩效考核中名列第三，多项工作被中央电视台等媒体正面报道，智慧税务建设得到上级领导的批示肯定。

国家税务总局烟台市税务局第二税务分局被中华全国妇女联合会授予全国巾帼文明岗称号，国家税务总局烟台经济技术开发区税务局第一税务所（办税服务厅）被共青团中央授予全国青年文明号称号，全市税务系统16个单位（市局机关及全部县市区税务局）被省文明委授予省级文明单位称号，国家税务总局烟台市税务局信息中心被人力资源社会保障部、国家税务总局评选为全国税务系统先进集体。国家税务总局烟台市税务局党委书记、局长郑舒东被山东省总工会授予富民兴鲁劳动奖章。国家税务总局莱州市税务局党委副书记、副局长张剑军被山东省财贸金融工会委员会授予山东省财贸金融系统职工信赖的娘家人。

【依法治税】 2019年，全市税务系统将依法行政定为年初春训的主题，制定领导干部尊法学法用法管理办法，注重领导干部法治思维的培养和法治能力的提升，抓牢推进依法行政工作的关键少数。推行“三项制度”，配套出台三个制度、三个清单、七个

指引，挂图作战，清单销号。组织处理行政复议、行政诉讼等案件9起，开展法制审核事项76项，提高行政执法质量。制定《全市税务系统公职律师管理办法》，明确公职律师职责，探索聘用系统内的公职律师为法律顾问，建立公职律师与社会律师的交流合作制度，维护征纳双方的合法权益。开展税收秩序整顿，持续开展打虚打骗、扫黑除恶、宗教自查等重点工作，发挥税务稽查尖兵作用，开展税警联合办案，净化税收环境。依法依规落实各项税费优惠政策，将减税降费作为全年税务工作的主题，与有关部门形成落实减税降费联动效应、为企业制作减税降费落实方案、开展专题“税收宣传月”活动扩大政策宣传辅导覆盖面，多措并举确保减税降费政策落实。

【税收监管】 2019年，烟台市以智慧建设为牵引，推动税务工作的技术变革、质量变革、效率变革、动力变革，加快税收治理体系与治理能力现代化进程。开展智慧税务建设，创新建成烟台“智慧税务综合体”，依托综合体十大功能区的配合运转，实现税收工作资源集约化、业务扁平化、管理专业化、机关实体化的同步推进，为构建现代化税收监管体系提供有力的平台支撑。落实《国税地税征管体制改革方案》，坚持问题导向，抓好整改提升，不断巩固扩大改革成果。稳步推进社保费划转工作，在烟台市政府的支持下，建立起“政府主导—省局指导—部门联动—村居实施”的多层级征缴体制，社保费征管职责划转阶段性任务圆满完成。深化个人所得税改革，进一步推进二阶段个人所得税改革稳步落地，依托智慧税务建设，探索以征管责任区监控为基础、以扣缴申报为重点、靶向治理为手段的个人所得税控管模式。联合科技、财政共同开发“科技企业培育服务平台”，联合生态环境部门建立环境保护税复核工作机制，打造出以团队化作业破解土地增值税清算难题的特色品牌，全年完成土地增值税清算项目30个。探索推进房地产一体化管理，联合发改委、土地、住建等部门，加强部门协作，开展数据共享，共同搭建房地产一体化智能管控平台，对房地产及其上下游产业实施全链条、全税种的新型管理模式，开创税收协同共治的良好局面。探索“区块链＋税务”技术运用，挖掘区块链独特优势，与同济大学、烟台大学合作开展应用探索，“区块链＋电子发票＋质量监督”的农产品质量保障体系建设项目顺利投产运行。开展执法风险、管理风险、遵从风险、廉政风险“四险联防”，对出口退税、废旧物资行业管理、涉农免税开票等高风险领域，搭建一整套闭环式风险防控体系，做到守底线不失控；对风险较小的涉税疑点推出风险提示服务，由纳税人自行整改，明确征纳责任界限。

【营商环境优化】 2019年，烟台市以纳税人、缴费人需求为导向，以服务地方经济发展为己任，创新整合技术应用，推行非接触式服务，以办税便利服务、政策支持服务、风险提示服务、信用应用服务、法律救济服务为引领，不断优化税收营商环境。加快智慧办税规划进程，由“智慧税务综合体”加开发区税银综合自助办税厅、芝罘区智慧办税厅，在烟台市区形成智慧办税“品”字形布局，全市建立24小时自助办税厅25个，布设自助办税终端机410台，打造城区“10分钟自助办税圈”。通过与人民银行和国库开设专线联手推出一体化退税（费）服务，将全部纸质资料迁移到线上，专线传递审理，专岗监督提醒，最快实现24小时退税款到账，加速企业资金流动。推出税邮寄递服务，通过税邮共建征纳物流平台、征纳双方互寄各类涉税“表证单书票函”，用“邮路”取代“走路”，提升服务的高效性与安全性。通过系列智慧服务产品的推出，非接触式服务量达到总业务量75%，为征纳双方减负提速。联合经信委、人民银行等部门共建“中小微企业融资服务平台”，具有功能全、惠及广、融资快等特点，支持中小微企业发展。坚持效率最优、秩序最好的原则，改造传统办税服务厅，形成专业窗口和分类窗口为主、综合窗口为辅、大密度导税为保障的新大厅布局，办税效率和办税秩序得到提升改善。服务好自贸区发展建设，对标自贸区企业所需、对标国内国际先进，围绕纳税信用动态管理、出口退税流程再造、外籍人士涉税事宜便利化等方面开展制度探索与创新，为自贸区发展增添动力。

（撰稿：郝宗敏　审稿：王清波）

审　计

【概况】 2019年，烟台市完成审计（调查）项目单位652个，查处各类违规问题金额18.3亿元，管理不规范金额1152.7亿元，促进增收节支9.1亿元，移送案件线索及处理事项67件。

【政策跟踪审计】 2019年，烟台市围绕推进经济高质量发展，聚焦新旧动能转换重大工程、“一次办好”改革和减税降费等上级各类重大政策措施贯彻落实情况，完成财政支持“十强”产业、“一次办好”、减税降费、清理拖欠企业账款等8类政策落实跟踪审计，有效推动各级各项决策部署落实到位。

【财政绩效审计】2019年，烟台市完成2018年度市级预算执行和其他财政收支情况审计，对所有一级预算单位进行全覆盖数据分析，重点对20个部门单位实施现场审计，市人大常委会对预算执行审计报告和整改报告给予肯定。集中对蓝天、城发、财金、国丰4大市级投融资平台进行审计，完成全市企业发展质量状况审计调查，确保国有资产保值增值。

【经济责任审计】2019年，烟台市学习贯彻《党政主要领导干部和国有企事业单位主要领导人员经济责任审计规定》，根据组织部门委托，全市对512名党政领导干部和国有企业领导人员进行任中、离任经济责任审计，促进领导干部履职尽责，担当作为。

【社会民生审计】2019年，烟台市从群众最关心最直接最现实的利益问题入手，完成保障性安居工程、学前教育、乡村振兴等民生审计工作，对全市33个文化、体育、健康等各类行业协会组织进行专项审计调查，对全市人防系统进行专项审计，完成2个国外贷援款项目外资公证审计，推动民生政策落实到位。

【审计服务】2019年，烟台市发挥审计"治已病、防未病"建设性作用，服务全市改革发展大局。强化审计查出问题整改，对2017年度市级预算执行审计查出问题整改情况进行逐项核实和汇总整理，向市人大常委会作全面汇报。组织市直各部门和各县市区对十八大以来审计查出问题整改情况进行"回头看"，督导和检查部门单位113个，涉及536个项目，整改率达到95%以上。发挥审计专业优势，履行好扫黑除恶领导小组成员单位职责，全年选派10批38人次参与巡视巡查、老岚水库、"万名干部下基层"等全市重点工作。发挥参谋助手作用，全年向各级党委政府提出审计建议348条、提交审计信息和综合性报告364篇，批示采用率达50%以上，其中，关于学前教育、稳就业、博物馆美术馆藏品等方面10多篇审计信息得到市委市政府主要领导批示。

【审计管理体制改革】2019年，烟台市坚决落实上级关于深化审计管理体制改革的决策部署，有序推进审计机构改革。除长岛县因行政区划调整外，市级和其他12个县（市、区）均成立审计委员会并召开会议，完成发改、财政、国资相关职能划转和人员转隶工作，根据新"三定"规定，迅速完成机构设置和人员调整工作。

【审计业务管理】2019年，市审计局长带队赴省内3地市学习审计质量控制和创建优秀审计项目方面的先进经验，组织完成全市优秀审计项目评选，对13个县市区审计项目业务质量进行全面检查，制发落实容错免责要求实施细则，修订完善审计质量控制类制度文件10多项，1个审计项目被评为全省表彰审计项目。落实审计项目和组织方式"两统筹"，政策跟踪审计、经济责任审计、预算执行审计、专项审计等实现有效结合。聘请7名特约审计员，为审计发展建言献策。

【审计信息化建设】2019年，烟台市坚持科技强审，完成金审三期ipv6网络改造工作，组织43名审计人员参加全省计算机审计中级培训，举办"网络安全月"对网络安全进行自查自纠，关于大数据审计的经验做法在全省审计系统相关专题会议上作典型发言。

（撰稿：朱荣华　审稿：周强）

统　计

【概况】2019年，烟台市统计系统完成常规统计工作、重点工作和统计改革任务，稳步推进统计管理体制改革，对新常态下全市经济运行发展态势和转型发展进行研判分析、监测，较好服务全市新旧动能转换和"三重"工作，完成第四次全国经济普查工作进度。

【专业常规统计】2019年，烟台市继续贯彻执行农业、工业、能源、固定资产投资、建筑业、房地产、贸易外经、餐饮业、人口、社会综合统计、劳动工资、服务业、城市基本情况等专业统计报表制度，做好各项常规统计定期报表。开展市县两级GDP核算。加强对县市区GDP核算数据质量的审核评估。做好新增四上企业的纳统准备工作。做好能耗统计监测预警、工业煤炭消费统计监测和节能减排督查工作。完成2019年全市人口变动抽样调查工作任务。

【统计改革】2019年，烟台市申报"烟台市统计局关于开展规模以下企业抽样调查代表性研究试点"，获省统计局批准作为试点城市，市委改革办确定为2019年市直部门改革典型事项。形成初步成果上报省统计局，并在省统计局召开的务虚会上作为典型材料。完成"四新"农业统计和现代高效农业统计核算，完成按照全市农林牧渔业产值、增加值分季核算工作。完成2019年投资统计制度改革工作。

【新旧动能转换监测】2019年，市统计系统组织完成全市2018年和2019年上半年八大产业监测工作，编印《2018烟台市八大产业监测年报》及《2019上半年烟台市八大产业监测半年报》资料；组织完成2018年全市新旧动能转换进程监测6项一级指标、27项二级指标的监测工作以及质效监测6项一级指标、31项二级指标的数据监测工作，撰写烟台市新旧动能转换监测报告。

【经济社会发展考核】 2019年，市统计局提报2018年烟台市考核指标完成情况、2018年各县市区经济社会发展综合考核指标数据和新旧动能转换考核有关指标数据。完成“十强”产业、交通运输设施考核任务。

【全国第四次经济普查阶段性任务】 2019年，全市完成普查登记有效单位19.98万户，摸底清查个体户50万户，实施抽样调查个体户3.1万户。

落实工作责任。印发《关于提高经济普查数据质量认真做好有关工作的意见》《关于印发烟台市第四次全国经济普查主要数据质量控制办法的通知》等通知、通报60余篇，强化质量和时间要求。

完成数据审核工作。及时将错误信息及时反馈给普查员。县乡普查机构每日向上级上报审核和数据处理进度，市普查办每日进行总结。各级普查机构及时发现问题进行督导检查，解决登记过程中的问题。实行全程查遗补漏制度。对普查登记中新发现的单位及时补录。

加强数据质量检查。市级普查机构多次派出工作组，督导参与每个县市区一个普查小区的数据检查工作，发现问题及时纠正，确保普查数据质量。做好普查数据评估、汇总与发布。对主要指标和分行业、分地区数据进行比较分析，评估普查数据的真实性、一致性和准确性。

【统计职能服务】 按期提供统计信息服务。2019年，市统计局每月将《统计月报》《全市主要经济指标完成情况快报表》及《与全国、全省对比表》等主要统计数据第一时间、最快速度提供给市领导，使领导及时了解烟台市发展状况。

及时反映经济发展趋势。搜集整理全省和17市、沿海开放城市等有关GDP核算基础数据和GDP相关评估数据，开展对比分析，供市委、市政府及相关部门决策参考。

做好各项数据服务工作。为市委、市府、市人大、政协和各部门、社会人士提供基础数据服务；答复网上民声及来电咨询上千次。围绕中心工作，进行统计分析研究。围绕新旧动能转换，不断对新常态下全市经济运行发展态势和转型发展进行研判分析，为市委市政府科学决策和部门的精准管理提供优质高效的统计分析建议，完成统计分析、信息67篇。

【统计数据质量提升】 2019年，烟台市制定印发《烟台市统计局领导班子及其成员和统计人员防范和惩治统计造假弄虚作假责任制实施办法（试行）》和《关于认真学习贯彻〈防范和惩治统计造假、弄虚作假督察工作规定实施办法（试行）〉的通知》，加强对防范和惩治统计造假弄虚作假工作的领导；搞好统计普法宣传，邀请省局统计执法监督局局长在烟台市委党校举办“依法统计依法治统”专题讲座；制定印发《烟台市统计数据质量管理体系（2019）》《烟台市第四次全国经济普查主要数据质量控制办法》并严格执行，为保证数据质量提供制度支持。严格统计执法检查。按照《烟台市统计局“双随机”统计执法检查计划》安排，对8个企业进行统计执法检查。对部分调查对象发出统计催报通知和统计数据查询书。

（撰稿：彭学斌　审稿：马淑臣）

责任编校：渠敬伦

市场综合监管

综　述

【概况】 2019年，烟台市市场监管工作走在全国、全省前列。烟台市市场监管局获批全国知识产权侵权纠纷检验鉴定试点、企业信用风险分类管理试点和全省企业自主年报试点单位。事中事后监管、NQI综合服务、广告园区建设、知识产权军民融合、知识产权协同保护等工作在全国系统会议介绍经验。“双打”和反不正当竞争执法经验在全省推广，标准化建设、广告监管工作在全省系统会议作典型发言。3月，烟台市市场监管局投诉举报科被中国共产主义青年团中央委员会命名为全国“青少年维权岗”；5月，烟台市被国务院通报表扬为深化商事制度改革成效显著、落实事中事后监管等相关政策措施社会反映好的地方；12月，烟台市市场监管综合执法支队被人社部、国家市场监管总局评为全国市场监管系统先进集体。

【机构改革】 2018年12月24日，烟台市市场监管局挂牌成立，加挂烟台市知识产权局的牌子。2019年3月24日，市委办公室市政府办公室印发《烟台市市场监督管理局职能配置、内设机构和人员编制规定》（烟办字〔2019〕68号）。4月13日，在全市重新组建部门中率先完成干部调整。4月28日，出台事业单位“九定”方案，是全省市场监管系统首批完成机构改革的地市局。机构改革完成后，局机关内设机构36个，下设正处级行政派出机构1个、副处级参公事业单位1个、其他事业单位9个。局机关行政编制人员164名，设局长1名（兼任市知识产权局局长），副局长4名（其中，副局长、市知识产权局副局长1名）。正科级领导职数38名（含总工程师2名、机关党委专职副书记兼任党建办公室主任1名），副科级领导职数29名（含机关纪委书记1名），工勤编制10名。

2018年12月27日，烟台市组建市场监管综合执法支队，整合工商、质监、食药监、知识产权、价监和盐业等领域的执法职能，实行一支队伍管执法。执法支队被定为全国食品药品犯罪协同治理重点调研基地，获全国市场监管系统先进集体称号。

【烟台国家级广告产业园发展经验在全国广告监管工作座谈会上作典型交流】 2019年4月12日，烟台市副市长李朝晖在重庆召开的全国广告监管工作座谈会上做典型发言，重点推介烟台国家级广告产业园区发展经验。至年末，该园区入驻企业400余家，全年总产值15亿元，实现利税1.5亿。

【烟台正海生物作为山东省唯一企业代表在全国医疗器械生产质量管理规范经验交流会议上做主题交流】 2019年11月8日，国家药品监督管理局组织召开医疗器械生产质量管理规范经验交流会议，参会生产企业10家，烟台市正海生物科技股份有限公司代表山东省唯一一家企业做主题交流发言。

【烟台市获评“2019中国品牌城市”】 2019年11月30日，在2019中国城市大会暨中国城市品牌评价发布会（地级市）上，烟台市获评“2019中国品牌城市”荣誉称号，城市品牌影响力在全国地级市中排名第九。中共烟台市委宣传部常务副部长李明代表烟台市上台领奖，并接受中国城市报记者采访。这一权威发布，出自中国城市报社、人民日报文化传媒等单位联合组成的中国城市品牌评价项目组。项目组按照《品牌评价城市》国家标准，依据从国家统计局、国家信息中心和国家相关部委信息平台采集的数据，对全国293个地级市进行标准化处理，计算出各城市品牌影响力指数，发布前100名城市名单。

烟台市获此荣誉，离不开驰名中外的烟台品牌。名品名企方面，“大国重器”中烟台元素频现，高铁、核电、大飞机、海工装备凝聚着烟台制造的力量。中集来福士生产的蓝鲸一号、蓝鲸二号出征南海，让中国成为全球领先掌握海底可燃冰试采技术的国家。烟台品牌农产品方面，烟台苹果、莱阳梨、烟台葡萄酒、烟台大樱桃、烟台海参、烟台鲍鱼、龙口粉丝、莱州梭子蟹、烟台绿茶等国家地理标志保护产品闻名全国。文旅方面，创树一批“国”字号示范品牌，张裕入选首批“中国国家工业旅游示范基地”，葡萄酒一、二、三全产业链发展模式成为烟台的特有城市品牌。

在品牌培育和推广方面，烟台市丰富相关政策供给，财政、金融、标准政策共同发力，形成品牌提升“加速器”。2017—2019年，烟台市发放标准化资助资金2500余万元、知识产权发展专项资金2150余万元。鼓励企业大力开展品牌创建，对首次入选“山东省100强”“中国500强”“世界500强”的制造业企业分别给予

100万元、300万元、1000万元奖励。市委宣传部加强与新华社、中国日报、凤凰网等主流外宣媒体的合作，不断拓展外宣渠道，创新传播手段，开辟“烟台英文全球传播平台”、凤凰网“凤观烟台”频道等新的外宣窗口。围绕“培育烟台品牌打造品牌烟台”宗旨，邀请海内外主流媒体到烟台，策划举办“媒眼看烟台”“外媒烟台行”等一系列对外宣传报道活动，面向海外内受众推广烟台良好的营商环境和城市形象。主动“走出去”，赴国内重点城市举办形式多样的城市品牌、企业品牌、产品品牌推介活动，提升“仙境海岸鲜美烟台”城市品牌的影响力。

营商环境优化

【概况】 2019年，市市场监管局协同有关部门推进优化企业开办、简化企业注销、“证照分离”等重大改革，使市场准入环境更加优化。工业产品生产许可事项取消13类、合并2类、保留10类，全面实施定量包装商品生产企业自我声明制度，取消计量保证能力现场核查，食品和机械装备制造领域发明专利授权周期由22个月缩短为3个月，实用新型、外观设计专利由8~9个月缩短为15~30天。落实支持民营经济高质量发展12条措施，推进小微企业“双升”战略，引导7227家个体户转型升级为企业。运用企业信息公示、“双随机一公开”、信息归集、联合惩戒等措施，加强事中事后监管。全市累计归集涉企信息100余万条，企业公示率90%以上，双随机抽查市场主体1.9万户，依法列入经营异常名录企业6202户。牵头推进“互联网+监管”事项清单梳理，全市认领事项1.3万余项，编制检查实施清单1万余项，数量位居全省前列。

【企业注销便利化改革】 2019年，市市场监管局等5个部门联合印发《关于持续推进企业注销便利化的工作方案》，依托企业注销“一网通办”系统，推行企业注销便利化，实现行政审批、市场监管、税务、商务、海关等部门数据信息的互通共享、并联办理。

【“证照分离”改革】 2019年，烟台市制定落实106项“证照分离”改革事项审批办法和事中事后监管措施。从2019年12月1日起，在山东自贸区烟台片区通过直接取消审批、审批改为备案、实行告知承诺、优化审批服务4种方式，分类落实“证照分离”改革全覆盖试点工作。

【企业年报公示】 2019年，市市场监管局通过电视、广播、微信公众号等多种方式加强宣传引导，建立工作进展周报送、年报率定期通报制度，建立未年报企业动态台账，设立年报咨询服务专线，多措并举推进年报工作。至2019年6月30日，全市企业公示17.33万户，公示率90.04%，同比增长2.68%，全省排名提升2个位次。

【涉企信息归集】 2019年，市市场监管局创建政府主导、部门协作、企业主动“三位一体”工作机制，调动各方因素，凝聚工作合力，分类精准施策，做好涉企信息归集和应用。至年末，全市累计归集涉企信息100余万条。

【商事制度改革做法受到表彰】 2019年5月，烟台市被国务院办公厅通报表彰为2018年深化商事制度改革成效显著、落实事中事后监管等相关政策措施社会反映好的地方，受到督查激励。牵头承办国家市场监管总局2018年度深化商事制度改革落实事中事后监管真抓实干地方经验交流会，总局、省局、市政府领导以及被国务院通报表彰的地市有关人员与会，市局局长王文锋作典型交流发言。

食品药品安全监管

【概况】 2019年，全市“食安烟台”建设稳步推进，1600家食品生产企业实行风险分类监管，90%以上的生产企业制订食品安全风险清单，5.4万户食品生产经营单位纳入网格化监管，完成国家、省、市、县四级食品抽检4.97万批次，“食安山东”示范单位达到625个，创建“放心肉菜示范超市”26家、规范化农贸市场12家，建设和提升改造“明厨亮灶”工程2100家。聚焦校园周边、网络订餐、假冒伪劣等突出问题，开展漠视侵害群众利益问题专项等一系列执法行动，检查整改食品生产经营单位1.6万家次，查处无证经营主体150个，查办食品案件152起，强制下线网络餐饮经营主体5960户。药品管控到位。高风险品种、中药饮片和特殊药品实现生产环节检查全覆盖，对发现的241项缺陷全部监督整改，疫苗等特殊药品实现“零事故”。药品零售环节损害群众利益专项整治、6类医疗器械专项监督检查、化妆品问题集中整治等专项行动初见成效，责令1321户药店整改。

【省级食品安全城市预评估】 2019年8月15日，市政府召开全市推进省级食品安全城市创建工作电视电话会议，对食品安全城市复查工作进行全面部署，各县市区政府分管负责人、各镇街分管负责人和各级食安委成员单位相关人员参加会议。9月17—27日，市食安办按照省食安办正式验收模式对9个县市区进行预评估，共检查现场业态点292个，按业态归纳整理问题911个。10月9日，市食安委召开创建调度会，通报全市创建预评估工作情况，市县两级食安委分管副主任及相关成员单位参加会议。10月29—31日，市食安办采用委托第三方机构的方式，按照《山东省食品安全市、县（市、区）验收细则（2019）》，对莱山区、芝罘区、高新区、开发区进行预评估。

【食品安全整治现场观摩】 2019年9月，市市场监管局组织全市食品监管执法人员到烟台市十三中进行食品安全整治现场观摩，现场讲解食品安全监管措施与方法，发放《校园周边食品经营标准规范》，明确食品安全监管部门的相关责任。

【食品工厂规范化行动】 2019年，全市推荐鲁花、喜旺、张裕等40余家企业为样板企业，组织当地大中型企业负责人到样板企业观摩学习。这些企业，在质量安全管控方面为全市1600家食品生产企业发挥食品安全主体责任落实起到示范带动作用。

【省级食品示范基地创建】 2019年10月，莱阳速冻食品示范基地、牟平饮料示范基地分别以92分和90分的优异成绩通过省市场监管局组织的示范基地复审。指导蓬莱局申请启动省级葡萄酒生产加工示范基地的创建工作。烟台黑尚莓食品有限公司、烟台新时代健康产业有限公司、烟台安德利果胶股份有限公司等3家“食安山东”食品生产示范企业通过省局复审。

【校园周边食品微信监管】 2019年，针对校园周边食品经营点多面广等情况，市市场监管局组织建立三张网（第一张网为监管人员内部组成的微信群网、第二张网为监管人员与校园周边食品经营者组成的微信群网、第三张网为监管人员与校方及家委会组成的微信群网），全市组建324个微信群，网内监管参与人员322人，经营者参与人员890人，校方及家委会参与人员1665人。监管人员通过微信群及时发布监管信息、传达监管要求、落实监管与监督有机结合模式，形成共管共治合力。

【“放心肉菜示范超市”创建】 2019年，全市26家商超参加“放心肉菜示范超市”创建，5月底组织创建工作培训会，创建单位的负责人和食品安全管理员181人参加培训，10月对创建情况进行评估，全部合格。

【规范化农贸市场创建】 2019年，全市12家农贸市场参加食品安全管理规范化农贸市场创建，7月组织创建工作培训会，创建单位的负责人和食品安全管理员138人参加培训，11月份对创建情况进行评估，全部合格。

【韭菜产品和鲜鸡蛋“双证制”管理】 2019年，市市场监管局实施韭菜产品“双证制”管理，加强与农业部门的沟通联动，严把产地准出关，规范合格证使用，督促韭菜产品生产经营者自律。扩大“双证制”实施范围，联合畜牧部门启动鸡蛋“双证制”管理工作，突出源头管控、市场倒逼和过程追溯，不断完善产地准出和市场准入制度。全市86家大中型超市、9家食用农产品批发市场的“双证”持有率和公示率均为100%。

【“明厨亮灶”工程】 2019年，市市场监管局组织15个县市区局采取设置透明玻璃幕墙、隔断矮墙或参观窗口以及视频显示、网络展示等方式升级打造餐饮业“明厨亮灶”工程，超额完成年初计划2000家任务目标。依托“互联网＋明厨亮灶”工程，申请省级中央补助资金150万元、市级财政资金165万元，搭建餐饮智慧化监管平台。

【校园餐饮安全监管】 2019年，市市场监管局对照《山东省食堂食品安全监督管理办法》，落实学校食堂“四查制度”，对全市1235家学校食堂开展全覆盖“季度检查”工作，发现797个风险隐患和问题，并要求逐一整改落实。全市85%以上学校食堂落实食品大宗原料集中招标、定点采购，“明厨亮灶”率达到100%。

【网络订餐监管】 2019年，市市场监管局制定印发《网络订餐专项检查整治方案》，规范网络平台经营行为。网络第三方平台全部在市局备案登记（“美团”“饿了么”在线经营商户7976户），整治下线5960余户，约谈第三方平台75家次，下达责令整改通知书1053份，出动执法人员7072人次，受理消费者投诉举报50多起，媒体宣传报道30多篇次；对第三方平台及监管相对人立案18起，罚款39.1万元（其中立案未到位罚款20万元）。

【旅游季节餐饮安全监管】 2019年，市市场监管局制定印发《规范旅游季节餐饮服务单位经营管理工作方案》，对全市7家中央厨房、6个高速公路服务区餐厅、30家集体用餐配送企业及集中接待外来游客酒店进行风险隐患排查，抽查1800多家餐饮服务单位，发现风险隐患及问题680多个，均整理形成餐饮安全风险清单，逐一反馈各相关餐饮服务单位，跟踪进行落实整改，有效强化监管相对人的食品安全风险防范能力。

【重大活动餐饮安全保障】 2019年，市市场监管局完成市“两会”、烟台市残疾人联合会第七次代表大会、化工行业自主创新与高质量发展论坛以及第十二届烟台国际葡萄酒博览会、医药产业大会等重大活动保障146次，现场保障3.21万人，未发生任何食品安全问题。

【食品抽检】 2019年，市市场监管局组织各级食品抽检，统筹安排国家级、省级和市本级食品抽检任务。完成食品安全抽检国家级、省级、市级、县市区级任务4.97万批次，其中国抽检935批次，省抽检3513批次，市抽检1.29万批次，县级抽检3.24万批次。以烟台市700万人口计，食品抽检达到7.1批次/千人。市级食品安全监督抽检合格率97.47%。

【药品生产领域监管】 2019年，全市在药品生产领域开展高风险品种、药包材、医疗机构制剂、中药饮片、特殊药品专项整治，将整治行动与日常监管、注册核查、产品抽验、特药监管、备案审查等有机结合，细化量化工作任务和目标，将各项任务叠加进行，层级推进，使药品生产企业检查覆盖面达到100%，发现主要缺陷26项、一般缺陷215项，并监督整改到位。

【特药监管零事故】 2019年，全市强化特药监管，实现监管零事故，生产企业使用的特殊药品从计划执行、现场投料、尾料处理等环节加强现场核查。全市共检查涉及在产使用第二类精神药品原料药生产企业3家，使用罂粟壳的药品生产企业1家，使用麻黄草的药品生产企业5家，研发使用麻精药品的企业2家，使用芬太尼等特殊药品的医疗单位142家。对区域性麻精药品批发企业、二类精神药品批发企业实行定期现场检查和网上监控，严防特殊药品流入非法渠道。联合卫健委对全市疫苗接种单位和疾病预防控制中心460余人分两期进行《疫苗管理法》《疫苗储存运输规范》培训，组织对市疾控中心、疫苗接种点进行2次全覆盖检查。

【医疗器械企业培训】 2019年6月，全市开展2019年医疗器械法规培训，30名基层医疗器械监管人员、100名生产企业、280名经营企业质量负责人、100名使用单位器械管理负责人参训。11月8日，国家药品监督管理局组织召开医疗器械生产质量管理规范经验交流会议，参会生产企业10家，烟台市正海生物科技股份有限公司作为山东省唯一一家代表企业在会上交流发言。

【医疗器械产业发展】 2019年，全市医疗器械产业发展迅速。隽秀生物研制的脱细胞基质周围神经修复膜为全国首款异种异体神经修复材料；创瑞健康通过全省首个3D打印义齿注册核查；艾胚康生物研发的人类精子质量分子评价系统获得全省首个创新医疗器械产品。

【基层监管工作指导】 2019年，市市场监管局在全省率先编写印发《医疗器械经营使用环节日常监管检查要点》，对常见违法行为及其法律责任进行梳理。分别从经营和使用两大监管环节，总结67个检查要点，梳理44项常见违法情形，为基层监管人员提供可操作性强的医疗器械监管指南。11—12月，采取“以查代训”方式，现场边检查边讲解，让基层监管人员尽快熟悉医疗器械经营使用监督检查流程、监管重点难点和要点。

【化妆品安全知识宣传】 2019年，市市场监管局在全国“5·25爱肤日”宣传周期间，组织开展“安全用妆点靓生活”主题宣传活动。协办全省广场宣传启动仪式，省局副局长任绍彦、烟台市副市长李朝晖出席仪式并讲话。现场活动形式多样、收效显著，几十家媒体的宣传报道。

【“净网清源”行动】 2019年，市市场监管局组织“净网清源”风险排查行动，清查412家化妆品网店和2家自营化妆品网络交易平台，责令下架6款不合格化妆品，督促23家网店建立化妆品管理相关制度。

【食品药品检验扩项】 2019年，市市场监管局生物制品3个项目通过CMA认证，实现烟台市食品药品检验检测中心生物制品领域零的突破。先后通过CMA食品类17个产品中的204个参数和8个方法，非食品类4个产品中20个参数的现场评审。完成食品中马拉硫磷等有机磷、联苯菊酯类农残等4个气质法测定检验扩项工作。

【烟台食品药品检测实现国际能力验证领域零的突破】 2019年，市食品药品检验检测中心通过由国际权威检测机构——英国政府化学家实验室组织的国际能力验证项目2个，实现烟台在国际能力验证领域零的突破，标志着中心的检验检测能力迈向国际先进水平。

特种设备安全监管

【概况】 2019年，全市特种设备得到安全保障。智慧电梯应急处置服务平台9月底建成。11月投入使用入网电梯5000部。突出学校、医院、商场、旅游景区等公众聚集场所，持续抓好电梯、涉危压力容器（管道）、气瓶、大型游乐设施等特种设备安全监察，完成定期检验特种设备2.3万台、监督检验特种设备2.2万台，全市特种设备定检率达到99%。

【特种设备安保排查】 2019年，烟台市对特种设备使用单位开展拉网式排查工作，完成液化石油气充装单位的专项整治、对大型游乐设施的2次拉网式排查、对锅炉及范围内管道的专项监督检查、危化品企业特种设备安全检查、特种设备领域安全风险隐患排查治理专项行动、特种设备生产企业专项检查等。全市检查各类相关企业4950家，下达安全监察指令书386份，立案查处115起，对检查中发现的问题立即组织整改，消除安全隐患，全市未发生特种设备安全事故，完成建国70年安保工作任务。

【工业气瓶专项整治】 2019年初，市市场监管局印发工作方案，对全市工业气瓶专项整治工作进行部署，通过组织企业自查、县市区局监督检查、市局抽查的方式，加强对工业气瓶充装单位的监管，督促企业履行主体责任，提高工业气瓶的充装使用安全。为加强建国70周年安保工作，市局将原计划于10月开展的抽查提前到8月进行，直接组织抽查23家工业气瓶（含车用气瓶）充装单位，发现问题12条，对2家单位依法查处，对抽查情况进行通报，点名批评部分县局。

【特种设备双预防体系】 2019年，市市场监管局组织各县市区局建立5类需要设置特种设备专职管理机构的企业台账，督促相关企业按照省局的工作部署建设特种设备安全风险分级管控和隐患排查治理双重预防体系，推动企业落实主体责任，提高特种设备事故防控能力水平。全市有42家企业按照要求建立双预防体系并通过评估。

【基层监管人员培训】 2019年，针对基层需求，市市场监管局协调省局和省特种设备协会在烟台市举办为期7天的特种设备安全监察员（B类）取证考核培训班，82人参训。组织对全市357名特种设备安全监察员进行再教育培训，邀请省内行业专家开展风险隐患排查技巧和现场监督检查经验方面的授课，提高人员业务素质。

【特种设备定检】 2019年，市市场监管局通报批评7家定检率不足98%的县市区局，督促各县市区局将超期未检的设备落实到具体监管单位，逐台落实超期原因，督促市特检院提升检验工作效率，及时为相关单位提供优质高效服务。至年末，全市特种设备定检率稳定在99%以上，居全省前三。

【烟台市智慧电梯应急处置服务平台启用】 2019年，该平台被列为烟台市重点民生项目。11月18日举行启用仪式，副市长李朝晖宣布平台正式启用。平台以电梯信息数据库为核心，统一电梯编号，统一应急电话（96333），建立24小时值守机制，电梯被困人员可以拨打“96333”救援热线寻求专业救援，通过平台调度实现以签约维保单位为主体、网格救援力量为辅助、119消防救援队伍为托底的三级响应工作模式，完成对被困人员的准确快速救援。

产品质量安全监管

【概况】 2019年，全市工业产品监督抽查覆盖面扩大。市局制发《重点产品质量安全监管目录》，开展危化品、电线电缆、消防产品、电动自行车等产品监督抽查2275批次，对89批次不合格产品依法处理，成品油批发仓储企业实现全覆盖抽检，总体合格率在98%以上。

【儿童和学生用品安全守护行动】 2019年，市市场监管局组织各地市场监管部门对校园周边商店、文具批发市场、校服销售门店等经营场所进行检查，重点检查各经营者是否销售“三无”和标签标识不符合国家标准要求的产品，是否存在销售具有安全隐患玩具等。对辖区内大中型商超销售儿童玩具和学生用品开展监督抽查，抽检相关产品39批次，检查企业、商超等经营主体583家，对检查过程中发现的经营者销售“三无”标识产品等行为，责令其立即下架、停止销售，并依法予以处理。

【眼镜产品质量整治】 2019年，针对工业产品生产许可证取消后定配眼镜行业门槛降低、部分定配眼镜经营单位内部质量管控机制缺失致使定配眼镜产品质量合格率出现一定程度下滑等问题，市市场监管局召开全市定配眼镜产品质量监督抽查不合格企业集中约谈暨质量分析会，集中约谈44家定配眼镜监督抽查不合格经营单位的负责人，进行相关质量分析及业务培训。

【电动自行车产品质量监督抽查】 2019年7—9月，市市场监管局首次开展流通领域电动自行车产品质量监督抽查工作。委托承检机构对全市流通领域电动自行车、锂电池、充电器3种产品开展监督抽查，抽取34批次产品，对3批次不合格产品依法处理。

【“进社区、进校园、进乡镇”消费者教育活动】 2019年，市市场监管局联合

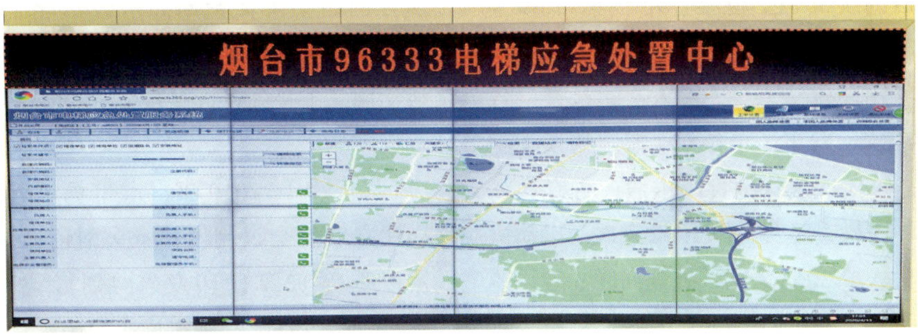

2019年11月18日，烟台市96333电梯应急处置中心启用 （供稿：董大为）

烟台市消费者投诉中心组织开展消费品质量安全“三进”暨消费体验进企业宣传教育活动。邀请省消协、市人大、市政协以及有关部门单位、专业律师、行风监督员和新闻媒体、消费者代表等30多人参加。活动期间，参观富尔玛烟台家居广场等企业，体验代表围绕企业诚信守法经营、销售商品质量、经营服务行为等方面，进行现场体验互动，并就消费者普遍关心的质量安全等重点问题提出意见和建议。有关企业从产品质量把关、生产流程规范、企业信誉提升等方面作介绍，现场回答体验代表提出的相关问题。

市场秩序监管

【概况】 2019年，全市市场监管工作聚焦群众痛点、难点、堵点，通过实施一支队伍管执法、一个号码管维权，促进市场公平竞争，维护消费者合法权益，公平竞争审查制度实现全覆盖。聚焦服装、葡萄酒等行业，查处各类侵权假冒和不正当竞争案件672起，同比增长57%。广告监管力度持续加大，各级广告监测平台线索查看率与处理率均达100%，传统媒体广告条次违法率同比下降86.3%。联合整治“保健”市场乱象百日行动扎实有力，国家督查组给予肯定。受理涉嫌传销举报67起，移交公安15起，驱散涉嫌传销人员1053人。深化对网络消费热点问题、各类资质认定检验检测机构治理，责令整改网站331个，责令停止平台服务网店927个次，1起案件列入山东省“2019网剑行动”十大典型案例。强化对电力、物业、医疗卫生、中介、口岸等领域的价格整治，群众获得感增强。推进“放心消费在烟台”创建，在全省率先完成“12315”12365“等5条热线整合，建起群众诉求案件快速响应机制，在消费接诉量增加21.8%的情况下，案件回访满意度提高8个百分点，投诉举报科被命名为全国“青少年维权岗”，消费者协会被评为2018—2019年度全国消费维权先进集体。

【“双打及反不正当竞争”工作】 2019年，烟台市“双打及反不正当竞争”的经验做法在6月、12月分别被省局上报到国家市场监督管理总局，并被总局刊发在“中国双打工作网”。6月26日，山东省“双打”领导小组办公室出专刊向全省推广经验。公平竞争审查工作在年终全省督察考核中，排名全省第一。

【广告专项整治】 2019年，全市质监系统开展6类专项整治：互联网广告专项整治，查处虚假违法互联网广告案件44件，罚没款25.435万元，开展行政约谈93次；户外广告专项整治，出动执法人员3319人次，发现违法广告172条次，其中责令停止43件，行政约谈36件，立案查处7件，罚没金额5.12万元；非法集资风险广告整治，共出动执法人员162人次，检查广告经营（发布）单位621家，约谈、函告331次；保健食品虚假广告专项整治，检查经营主体1942家次，出动执法人员3063人次，查处问题3起，涉及金额3.42万元，责令整改14起；公考培训广告专项整治，摸底全市公务员培训机构36户，检查86户次，出动执法人员243人次；冒用国家武装部队标识专项整治，出动执法人员2261人次，出动执法车辆747车次，检查生产经营主体2071户。

【“保健”市场百日行动】 2019年1月8日，全市启动联合整治“保健”市场乱象百日行动，市市场监管局联合9部门印发《全市联合整治“保健”市场乱象百日行动工作方案》。3月底，成立专项工作督导组，对全市进行督导检查；5月21日，召开全市专项工作总结会。“百日行动”期间，总局13部委督导组一行对烟台市开展实地督导，烟台市专项整治工作行动迅速、措施得力，得到总局13部委督查组的肯定。

【打击传销联合行动】 2019年8月27日，市区两级市场监管部门、公安机关开展联合行动，查处千人涉传现场，公安机关现场控制组织者11人，该案在法院提起公诉。2019年，全市受理涉嫌传销举报67起，其中市局转办、督办23件起；移交公安15起，其中市局移交1起；出动执法车辆112辆、执法人员350人次、驱散涉嫌传销人员1053人。

【电商经营主体监管】 2019年，全市完成电商经营主体建档7296户，建档率100%。采取不定期随机抽查形式，抽查各类数据5500余条，发现问题1260余条次，全部整改完毕。加强网络集中促销期间行政指导工作，压实主体责任，规范促销行为，活动期间未接到投诉举报案件。

【网剑行动】 2019年，市市场监管局建立联席会议制度，牵头网信办、发改委等12部门印发“网剑行动”方案，严厉打击网络市场违法违规行为。行动期间，全市完成网上检查网站、网店7100余个次，实地检查网站、网店经营者3200余个次，删除违法商品信息196条，责令整改网站331个，责令停止平台服务网店927个次，查处网络违法案件46件（其中，烟台某生物科技有限公司利用自建网站发布违法广告案列入省局“2019网剑行动”十大典型案例）。

【“守合同重信用”企业认定】 2019年，市市场监管局向市人社局、海关、银行等相关部门函询528件次。经审核认定，公示2017—2018年度烟台市“守合同重信用”企业278户，数量同比增加34.3%。

【合同格式条款专项整治】2019年，全市质监系统在全市范围内集中开展重点针对房地产业和汽车销售业领域合同格式条款整治工作。检查经营者739户，收集格式合同432份，排查涉嫌违法格式条款146条，约谈企业69次，下达行政建议书11份，责令整改通知书14份，立案6起，结案6起，处罚金2万余元，有效规范企业经营行为。

【转供电清理整顿】2019年，烟台市落实《山东省发展和改革委员会关于降低一般工商业电价的通知》《山东省发展和改革委员会继续降低一般工商业电价的通知》等一系列降电价政策。各县市区分2批整治规范转供电单位609家。按照省发改委印发的“烟台市用电量前100名转供电单位”名单，召开价格政策提醒会进行价格政策宣传，对用电量前100名转供电单位进行核查走访。全年减少工商企业电费支出约3.63亿元。

【涉企收费清理规范】2019年，市市场监管局对2016年以来国家和省取消、降低的收费进行全面清理，涉及市直部门和外地驻烟台单位37个，收费单位56个。根据各部门和所属单位上报情况，2016年以来国家、省取消行政事业性收费10个项目，14个收费标准，降低行政事业性收费5个项目5个标准；取消经营服务性收费项目6项8个标准。以上收费项目和标准除“预防性体检费”外，其他收费项目和收费标准，各收费单位均按国家、省要求停止收费行为，年可减轻企业负担2.87亿元。

【接诉即办工作制度】2019年，全市建立“12345”群众诉求案件处置的快速响应机制，制定出台《烟台市市场监督管理局接诉即办工作制度（试行）》。在反馈“12345”热线办之前，由市局投诉举报科负责对案件进行逐一回访，确保回访率达到100%，群众满意率达到90%以上。年内市局“12345”政务服务热线群众满意度平均达92.88%，胶东在线“网上民生”群众满意度93.59%。

【消费者权益保护】2019年“3·15”期间，全市组织召开大型企业放心消费行政约谈会，通报2018年商品质量抽检情况和全市投诉举报情况。6月底，作为全市放心消费创建总牵头部门，组织召开全市消费者保护工作第一次联席会议。7月，组织三大电信公司召开放心消费行政约谈会。11月初，组织召开全市放心消费推进暨投诉举报培训会,65人参加培训。在全市日用消费品、食品、电信等三大领域评选出市级放心消费示范单位211家。至年末，全市放心消费示范企业达339家。

【五条服务热线在全省率先完成整合】2019年6月1日，烟台市完善“12315”投诉举报工作流程，在全省率先完成“12315”“12365”“12331”“12358”“12330”五条热线整合，由12345政务服务热线统一接听受理，涉及市场监管领域的投诉举报，由12345政务服务热线通过后台分派工单，市局负责处置并反馈处理结果。

质量强市建设

【概况】2019年，全市聚焦高质量发展，整合计量、标准、检验检测和认证认可等要素，推行“1+7”NQI综合服务、标准化“四大工程”“一县一品”质量提升行动，不断夯实质量基础、推动质量提升。11月30日，烟台市获评“2019中国品牌城市”称号；12月28日获评“2019质量之光年度质量魅力城市”称号。全市制修订质量标准32项，39个项目列入山东标准建设计划，新增2个国家级服务业标准化试点，34个省级、3个国家级标准化试点项目通过验收。万华化学获准筹建国家技术标准创新基地，《海洋牧场建设技术指南》国家标准正式立项，长岛海洋生态保护和持续发展标准化示范区项目进入实质性创建阶段。刹车盘（片）、铝及铝制品两大产业质量稳步提升，创建山东省优质管乐器基地，玲珑轮胎获得第七届省长质量奖，5家企业进入世界品牌实验室中国500最具价值品牌榜，4家企业获得“泰山品质”高端认证，认证数量居全省第一。国家核电核岛产业计量测试中心启动建设，引入英国塞尔索·格里博格院士等高端人才，挂牌成立“高忠科复杂网络与智能系统实验室”。

【质量提升行动】2019年，烟台市出台《烟台市质量提升2019年度行动计划》《机动车刹车盘（鼓）片、铝及铝制品行业质量提升计划方案》，在企业集中度高、质量需求大的行业大力推进质量提升行动。组织质量提升现场交流会，开展标准宣传、政策解读以及观摩交流活动。拿出30万元专项资金启动机动车刹车盘（鼓）片领域的第一次质量提升比对实验，免费为行业企业开展关键质量指标检测。召开全市质量提升行动专题研讨会，推动各县市区结合当地特色产业制定方案，开展“一县一品”质量提升行动。

【质量强市专题研修班】2019年8月31日至9月6日，烟台市举办市场监管部门首个质量强市专题研修班。争取市委组织部将质量强市专题作为市场监管局首个专题研修班列入年内全市干部培训主体班次，采取“课堂教学＋实地考察＋互动交流”模式进行，各县（市、区）分管负责人及市场监管局局长、市质量强市及名牌战略推进工作领导小组成员单位分管领导等46人参加培训。

【NQI综合服务】 2019年6月21日，烟台市挂牌成立烟台NQI综合服务中心知识产权保护中心分中心，完成中国质量认证中心青岛分中心烟台现场办公室业务对接。在NQI综合大厅推行行政负责人制，建立每月内部学习、例会通报等制度，推动中心工作人员业务能力素质提升。首次邀请国内机械领域知名专家吴玉厚教授参与NQI协同服务，深入现场为企业提供专业指导，帮助冰轮通过“泰山品质”认证。受国家总局邀请参加WTO代表团座谈会，宣传烟台市的经验做法，受到有关领导和WTO官员好评。《中国质量报》头版头条对烟台市NQI工作进行宣传报道。

【品牌建设成果】 2019年10月22日，山东玲珑轮胎获得第七届山东省省长质量奖获奖企业并作为典型企业代表在全省质量发展座谈会上发言。创建山东省优质管乐器基地。在2019中国品牌价值信息发布榜中，烟台市有17家企业上榜，烟台葡萄酒、烟台苹果均连续第四次进入前十名。在2019山东民营企业品牌价值百强和制造业高端品牌培育企业榜单中，烟台市分别有12家、17家企业上榜，龙口市优质铝及铝制品基地位列山东省优质产品基地品牌价值第三。

【品牌推介】 2019年5月，烟台市开展“唱响烟台品牌 助力高质量发展”为主题的质量品牌提升微论坛等系列“中国品牌日”宣传纪念活动。7月，召开全市品牌建设新闻发布会。8月，推动中国质量报对烟台市品牌建设成效进行专版宣传。9月，组织开展质量月活动，启动“培育烟台品牌 打造品牌烟台 我为烟台品牌点赞”活动。10月，在北京召开烟台市品牌推介暨质量强市研讨会，副市长李朝晖主持会议，市委常委、宣传部部长于永信出席会议并代表市委市政府推介烟台市品牌建设成果。11月，启动媒体集中采访活动，邀请中央权威媒体走进烟台重点企业，全方位、多角度发出烟台质量声音，讲好烟台品牌故事。

【集贸市场计量监督检查】 针对集贸市场公平秤管理不到位问题，2019年7月25—30日，在全市范围内开展集贸市场计量监督检查。印发《关于加强集贸市场公平秤监督管理的通知》，统一制作并发放公平秤标识牌132块。各集贸市场公平秤管理规范，计量管理制度悬挂适当，强检计量器具按要求有序检定。

【夏粮用计量器具监督检查】 2019年7月起，在全市范围内对夏粮收购单位在用计量器具进行专项监督检查，检查范围是全市具有粮食收购行为的各类粮食经营主体，检查企业104家，检查计量器具203台件，不合格18台件，要求不合格单位停止使用并立即整改，保证粮食收购顺利进行。

【加油机监督检查】 2019年全市开展加油机专项监督检查工作，检查加油站197家，检查加油机1058台，处理投诉举报4件，对不合格加油机责令停止使用并要求整改，对投诉举报案件排查违法行为，处理结果按时回复并及时反馈。

【能源计量培训】 2019年9月，市市场监管局举办能源计量专项监督检查工作培训班，各县市区局从事能源计量管理工作人员、烟台市计量所及各县市区检验检测中心从事能源计量强检定计量器具检定服务的工作人员以及各县市区重点用能企业能源计量工作负责人等120余人参加。会上，山东省计量院研究员李杰对能源计量法律法规及规范文件进行讲解，山东恒邦冶炼股份有限公司、烟台清泉实业有限公司做典型交流发言。

【标准化综合改革】 2019年1月11日，烟台市标准化综合改革工作会议召开，市政府副市长张代令，各县市区政府（管委）及相关市直部门分管领导、各县市区市场监管局主要负责人、部分重点企事业单位主要负责人等190余人参会。至年末，3个国家级试点、28个省级标准化试点项目完成验收，184个项目在建。

【烟台市获评“2019质量之光年度质量魅力城市”】 2019年12月28日，在2019“质量之光”论坛上，烟台与大连、郑州、太原、苏州等10个城市一起获评“质量魅力城市”荣誉称号，烟台市副市长李朝晖代表烟台市政府领奖。此次论坛由市场监管总局指导、中国质量报刊社主办。“质量魅力城市”主要针对批准创建和验收的全国质量强市示范城市、标准国际化创新示范城市及推进质量工作成效突出地方政府所在城市而设置。

围绕质量提升这一主线，烟台市组织开展质量强市专题研修、品牌推介暨品牌强市研讨（北京）、品牌建设媒体行等系列活动，全市上下“质量第一”的理念不断强化；出台年度行动计划、刹车盘及铝制品专项质量提升行动方案，专门拿出30万元免费为企业开展质量提升比对实验，并通过现场交流、专题研讨扎实推进工作落地；实施标准质量品牌提升考核，启动“一县一品”质量提升行动，形成上下联动、各具特色的工作局面。

不断提升质量供给水平。引导企业发挥主力军作用，努力在创新引领、标准领跑、质量领先、品牌领军上下功夫，玲珑轮胎获得第七届省长质量奖，山东省省长质量奖达到7个，成功创建山东省优质管乐器基地，省优质基地达到10个，烟台葡萄酒、烟台苹果4次登中国区域品牌价值评价前十名榜单。大力实施质量激励政策，对151个标准化项目、400余个专利项目实施资金资助。至2019年末，全市参与制修订604项国家标准、650项行业标准和350项省地方标准；有效发明专利拥有量7106件，万人发明专利10.02件。投资4.18亿元的烟台医药与健康公共技术服务平台正式建成投入运行。

解决质量为民实事。医养健康模式在全国推广，社区食堂、城市慢道覆盖面不断扩大，“一元公交”全面实施，8100余家餐饮单位实现“明厨亮灶”，智慧电梯应急处置平台全面建成，广大百姓享受质量发展的成果和红利。

加大探索实践，在全国率先整合计量、标准、检验检测和认证认可（简称“NQI”）等质量提升要素，先行先试建设烟台NQI综合服务中心，推行“1+7”综合服务，给企业、群众带来看得见、摸得着的效果，作为全国三家基层单位之一，受邀参加国家市场监管总局座谈会并介绍经验做法。

【首次举办烟台市品牌推介暨“品牌强市”研讨会】 2019年10月21日，烟台市品牌推介会暨“品牌强市”研讨会在北京梅地亚中心举行。烟台市委常委、宣传部部长于永信出席会议并讲话，副市长李朝晖主持会议。中国品牌建设促进会理事长刘平均等专家围绕加快各行业品牌提升服务新旧动能转换等方面内容发表主旨演讲。于永信首先介绍烟台市品牌建设相关情况，烟台市农业农村局、工业和信息化局、文化和旅游局相关负责人分别推介烟台市农业、工业和文旅品牌建设成果。“品牌强市”研讨会上，张裕和玲珑轮胎分享品牌建设经验，蓬莱市、龙口市相关负责人做品牌交流发言。

【“5·20”世界计量日主题宣传活动】 2019年5月20日，烟台市以“计量飞跃助力产业发展”为主题，开展“520”世界计量日主题宣传活动。邀请英国阿伯丁大学塞尔索·格里博格（Celso Grebogi）院士、清华大学王雪教授做专题讲座，烟台市副市长李朝晖、省局计量处副处长张立群等出席会议并致辞，市市场监督局机关、市计量所、烟台大学核装备与核工程学院及烟台重点工业企业代表160余人参加会议。烟台市计量所向中外专家颁发聘书，挂牌成立“天津大学高忠科教授复杂网络与智能系统实验室”。

【长岛海洋生态保护和持续发展标准化示范区建设】 2019年，该项目列为市政府重点督查项目，年末进入实质性创建阶段。针对示范区建设，组织召开专家座谈会1次、邀请专家学者进岛4次、外出考察3次，与7家标准化研究机构进行合作洽谈。9月在北京召开工作方案和建设规划研讨会，邀请国标委等单位专家对项目方案进行论证。邀请省局领导到长岛进行《以标准化促进高质量发展》专题讲座，实地调研项目建设情况，争取省局对该项目给予40万元资金支持。

【万华化学获批筹建国家技术标准创新基地（化工新材料）】 2019年3月13日，市市场监管局组织企业参加国标委组织的技术方案专家论证会，10月17日国标委批复同意万华化学筹建国家技术标准创新基地（化工新材料），建设周期为2年，这是烟台市首个获批筹建的国家技术标准创新基地。11月25日上午，市局召开万华国家技术标准创新基地项目对接会，万华化学集团党委书记、董事长廖增太一行与市市场监管局局长王文锋等交流座谈，就万华国家技术标准创新基地项目筹建事宜进行对接。

【《海洋牧场建设技术指南》国家标准制定项目推进】 2018年12月25日，国家标准化管理委员会下达2018年第四批推荐性国家标准计划，由烟台市质监局牵头提交的《海洋牧场建设技术指南》国家标准制定项目列入计划。2019年，市市场监管局与相关行业主管部门、驻烟台科研技术机构进行对接，多次与中科院海岸带研究所专家组进行专

2019年5月20日，烟台市副市长李朝晖与英国阿伯丁大学Celso Grebogi院士为“天津大学高忠科复杂网络与智能系统实验室”揭牌　　（供稿：董大为）

题座谈，研讨制定具体推进方案，确定标准结构及各部分起草责任单位和人员，分管领导带队多次进京与国标委、行业主管部门和标委会秘书处进行沟通协调，由中国科学院烟台海岸带研究所牵头筹建起草工作组，研究确定标准的基本结构框架，各起草单位按照国家标准制定流程有序推进。

【百城千业万企对标达标提升行动】2019 年 1 月 18 日，国家市场监管总局召开百城千业万企对标达标提升专项行动电视电话会，莱山区、高新区、牟平区局、市信息所、市质检所相关负责人参会。4 月 17 日，市局组织企业到济南参加省局举办的“百城千业万企对标达标专项行动”工作座谈会，就烟台市工作进展情况进行交流汇报。组织国家机动车配件产品质量监督检验中心、市信息所等技术机构安排专人搜集分析标准，对比分析《GB/T 37442-2017 汽车用制动盘》国家标准与相应国际标准、欧美发达国家法规和标准等，选取关键技术指标制定《机动车底盘产品对标技术方案》，3 月印发通知组织县市区发动企业参与对标达标。

【机关标准流程再造】2019 年 9 月，烟台市市场监管局启动实施流程再造开展机关标准化建设工作，成立以局长王文锋为组长的实施流程再造开展机关标准化建设工作领导小组，印发工作方案，抽调骨干力量组建协调推进组和技术保障组两个工作专班。9 月 18 日，实施流程再造开展机关标准化建设工作动员大会召开，省市场监管局二级巡视员郭大雷、市政府副市长李朝晖出席会议并讲话。10 月 12 日，流程再造标准编写培训班举办，组织机关全体人员学习标准的基本结构和编写要求等知识，各科室梳理工作职责。至年末，各科室标准体系编制工作基本完成。

【“泰山品质”认证】2019 年，烟台市有 4 家企业的产品获得“泰山品质”高端认证：冰轮环境技术股份有限公司的开启式螺杆制冷压缩机，烟台宏远氧业股份有限公司的医用空气加压氧舱，山东南山铝业股份有限公司的变薄拉深罐罐体用铝合金带材，山东玲珑轮胎股份有限公司的轿车子午线轮胎。获证企业数占全省总数的五分之一，实现零的突破，获全省第一名。

知识产权强市

【概况】2019 年，烟台市市场监管局以知识产权强市建设为引领，开展“春笋行动”，培育具有自主知识产权企业。调整优化全市知识产权专项资金、开展专利创造清零、大户培育、企业贯标等工作，统筹推动知识产权创造、保护、运用。获得第 21 届中国专利奖优秀奖 8 项、省关键核心技术知识产权项目 2 项、省专利导航项目 3 项，拨付市级知识产权专项资金 809.9 万元，商标权质押融资取得突破，融资额达 42.53 亿元。在 2018 年度国家专利行政保护、知识产权快速协同保护和维权援助工作绩效考核中，烟台市知识产权保护中心以 94.5 的分数位居第一名。

【知识产权申请】2019 年，烟台市国内发明专利申请量 4559 件，同比下降 15.6%。国内发明专利授权量 1407 件，同比增长 3.2%。有效发明专利拥有量 7164 件，同比增长 12.1%，发明专利密度 10.11 件 / 万人。PCT 国外专利申请量 113 件。

【商标注册】2019 年，烟台市马德里国际商标有效注册量 212 件，商标注册年申请量 2.73 万件，注册量 2.26 万件，有效注册量 8.93 万件。

【知识产权示范企业认定】2019 年，国家知识产权示范企业新认定 7 家，居全省首位；国家知识产权优势企业新认定 14 家，居全省第三位；通过复核的企业 10 家，通过率 100%。

【知识产权质押融资】2019 年，全市实现知识产权质押融资 48.13 亿元，其中专利质押登记 50 件，融资金额 5.6 亿元；商标权质押融资取得重大突破，3 家企业融资金额高达 42.53 亿元。

【知识产权保护直通车】2019 年，烟台市落实《2019 年知识产权执法行动方案》，将民营企业大走访活动与专项调研相结合，全年走访稻香村食品、威龙葡萄酒、513 所、业林纺织、双塔食品等 10 余家企业，对企业提出的知识产权保护问题给予解答和快速解决，答复解决威龙葡萄酒、欣和食品、舒朗、旗源等多家企业问题。

【知识产权保护国际化】2019 年 6 月，烟台市与法国大使馆联合举办中法葡萄酒知识产权保护研讨会，共同探讨葡萄酒知识产权保护合作事宜。11 月，在 2019 医药创新与发展国际会议期间，邀请多位国内知名知识产权专家学者举办知识产权保护论坛，围绕创新与知识产权保护主题开展研讨，有效提升全市医药企业及代理机构知识产权保护意识和水平。

【烟台市成为首批知识产权侵权纠纷检验鉴定试点地区】2019 年 7 月 26 日，烟台市成为国家知识产权局首批知识产权侵权纠纷检验鉴定试点地区，重点探索认证认可、公益服务等多种检验鉴定模式，做好案件审理的技术支撑，弥补审理人员不足、专业不对口等问题。

（撰稿：董大为　审稿：林基强）

责任编校：渠敬伦

农业农村

综 述

【概况】 2019年，烟台市农业农村经济加快发展。农林牧渔业增加值585.74亿元，同比增长3%以上；粮食总产量172.76万吨。农村居民人均可支配收入2.12万元，同比增长8.3%。12月，市农业农村局被农业农村部授予全国农业农村系统先进集体称号、被省文明委表彰为省级文明单位。

【组织领导】 2019年1月18日，市委农业农村委员会成立。2月26日《关于印发市委全面深化改革委员会等13个议事协调机构组成人员的通知》（烟委〔2019〕20号）公布市委农委主任为市委书记张术平；副主任为市委副书记、市长陈飞，副市长崔宗涛（市委副书记空缺）。4月30日，市委书记、市委农业农村委员会主任张术平主持召开市委农业农村委员会第一次全体会议。会议传达学习省委、省政府有关会议精神，审议《中共烟台市委农业农村委员会关于成立乡村振兴五个专班抓好工作推进落实的通知》等文件，安排部署当前和今后一个时期全市农业农村工作。9月26日，市委农业农村委员会第二次会议暨市扶贫开发领导小组第二次会议召开，市委书记、市委农业农村委员会主任、市扶贫开发领导小组组长张术平主持会议并讲话。会议听取全市乡村振兴和脱贫攻坚工作情况，传达省委农委二次全体会议、全省乡村产业振兴推进会议、全省加强乡村治理体系建设工作会议精神，学习贯彻《习近平关于“三农”工作论述摘编》，研究县乡党政领导班子和领导干部推进乡村振兴战略实绩考核细则等文件，部署下步工作。

【机构改革】 2019年1月18日，烟台市农业农村局举行揭牌仪式。3月24日，市委办公室市政府办公室印发《烟台市农业农村局职能设置、内设机构和人员编制规定》（烟办字〔2019〕60号）。

【苹果高质量发展】 2019年，全市围绕转型升级、提质增效，拉开苹果产业“二次革命”的序幕，引领高质量发展迈出新步伐。品牌价值141.48亿元，连续十一年稳居中国果品区域公用品牌价值榜首。争取中国·山东国际苹果节暨果业博览会列入2020年国家节会计划；烟台市承建的“山东省苹果·果业产业技术研究院”获省科技厅同意，纳入全省“1+30+N”创新创业体系，通过专家审查，获省财政2000万元资金支持，建成后将是全国领先的苹果·果业创新创业中心和高新产业孵化中心；烟台苹果科技创新中心、展示交易中心、大数据中心建设等其他各项工作有序推进。承办全省果业发展现场会议，市委主要领导做典型发言。

【农产品质量安全】 2019年，全市新获证和续展“三品一标”产品264个，有效使用“三品一标”的企业302家、产品577个；创建省级标准化基地7个，总数达到114个。加快构建农产品从产地到餐桌全程追溯体系，坚决守护市民“舌尖上的安全”。整建制开展农产品质量安全市创建，获评省级以上农产品质量安全县11个；开展农产品抽检1955批次，合格率97%以上。

【农业品牌建设】 2019年，烟台市举办中国果菜茶产业对接交易会暨第25届（春季）山东植保双交会、2019年第三届中国大樱桃原产地产销对接会等大型产销会，接待客商2万余人，达成意向交易额超5亿元，烟台苹果、大樱桃、黄茶等特色农产品销往海内外，品牌知名度和美誉度进一步提升。编印烟台市农产品手绘地图册，制作烟台苹果微电影，认定省级农产品区域公用品牌1个、企业品牌8个，总数分别达到4个、39个，居全省首位。“烟台苹果”获2019中国农业品牌建设学府奖十佳品牌案例奖、中国地理标志农产品品牌声誉十强，“烟台苹果”“栖霞苹果”名列中国果业最受欢迎的苹果区域公用品牌十强，“莱阳梨”获中国果业最受欢迎的梨区域公用品牌十强，“烟台大樱桃”获中国果业最受欢迎的名优果品区域公用品牌十强，“烟台苹果”“烟台大樱桃”入选农业农村部“2019中国农业品牌目录”。

【农业科技】 2019年，全市高层次科研平台、载体有农业类国家级科研中心4个、省级工程技术中心5个、科研创新平台19个。定向签约公费农科生36名、培训基层农技推广人员591名、培育新型农业经营主体带头人3270人；科技人员下乡6000多人次，举办各类培训班700多场次，培训各类人员8.6万多人次。新增农作物品种 24 个，申报国家和省级各类科技计划项目 30 多项；获国家农牧渔业丰收奖成果二等奖 2 项，省农牧渔业丰收奖成果二等奖 3 项、三等奖 3 项。10 月 18 日，烟台市农科院授予齐山蜜薯种植专业联合社“优质甘薯生产示范基地”和“新品种繁育基地”牌匾。

【新型农业经营主体】 2019 年，全市新增农业产业化国家重点龙头企业 2 家，总数达到 15 家，农字号上市企业达 17 家。新发展农民专业合作社 2356 家、家庭农场 811 家，总数分别为 1.5 万家和 3100 家。骨干龙头企业克服经济下行压力和外部环境冲击，农产品出口逆势上扬，全年完成农产品出口 103.3 亿元，占全省 18.3%。

【农业绿色发展】 2019 年全市新增水肥一体化 1.82 万公顷，总数达 6.13 万公顷。秸秆实现全面禁烧，机械化还田 16.2 万公顷，综合利用率达到 93%。农膜污染得到有效遏制，回收利用率达到 70% 以上。畜禽规模养殖场粪污处理设施配建率 99%，粪污综合利用率达到 97%。

【三产融合发展】 2019 年，烟台市推荐海阳市为创建农产品加工业示范县，海阳甜柿加工业示范园区创建农产品加工业示范园区，18 家企业创建农产品加工示范企业。组织芦头镇庵夼村申报 2019 年中国美丽休闲乡村，推荐 13 家单位开展省级休闲农业和乡村旅游示范创建；门楼镇两甲庄村被认定为全国“一村一品”示范村、镇。组织推荐莱阳市、蓬莱市申报“新六产”示范县，28 家单位申报“新六产”示范主体，5 家农业产业化联合体申请创建山东省农业产业化示范联合体。特色农产品网上销售持续增长，年销售额超过 28 亿元，同比增长 3.7%。

【烟台苹果高质量发展研讨会暨 2019 中国（烟台）苹果产销对接会举行】 2019 年 11 月 1 日上午，烟台苹果高质量发展研讨会暨 2019 中国（烟台）苹果产销对接会在东方海天举行，农业农村部有关司局，财政厅、自然资源厅、农业农村厅等有关领导出席会议，市委、市政府主要领导及分管领导出席会议，近 200 家全国各地的苹果生产经营企业、电商与会。会上，市委书记张术平作重要讲话，省农业农村厅党组副书记、副厅长卜祥联致辞，相关领导对烟台市十佳苹果销售电商、烟台市十佳苹果生产基地、烟台市十佳苹果销售（出口）企业进行颁奖；2 位国家苹果产业知名专家进行授课，10 位烟台苹果产销商做主题演讲，最后，举行产销对接签约仪式。1 日下午，自上海、深圳、广州等地的经销商和烟台苹果龙头企业、合作社负责人还赴产区考察，共同为烟台苹果高质量发展出谋划策。

【龙口市被命名为第二批国家农产品质量安全县（市）】 2019 年 10 月 29 日，《农业农村部关于命名第二批国家农产品质量安全县的通知》（农质发〔2019〕9 号）公布第二批国家农产品质量安全县名单，龙口市位列其中。11 月 2 日，在徐州举行的第二届国家农产品质量安全县与农产品经销企业对接活动启动仪式上，被命名为第二批国家农产品质量安全县（市）。

【第三届中国大樱桃原产地产销对接会】 2019 年 4 月 23 日，第三届中国大樱桃原产地产销对接会在福山举行，烟台市人民政府、烟台市农业农村局、福山区人民政府等相关领导及跨越速运集团负责人出席会议。中国园艺学会樱桃分会会员单位，全国各地大樱桃主产区政府部门和行业协会有关人员，大樱桃生产经营、仓储物流、深加工企业和大型果品批发市场、连锁超市、电商平台负责人等 420 余人参会。会上，举行《烟台市特色农产品手绘地图册》上线仪式。

种植业

【粮油产业】 2019 年，全市稳定播种面积、加大科技指导服务、提高单产水平，发挥政策性农业保险筑底作用，克服冬春夏三季连旱以及虫害、旱灾、涝灾叠加发生的不利影响，保证粮油供给的稳定。小麦高产、旱地分别创全国单产纪录，亩产分别是 840.7 公斤、731.85 公斤。烟薯 25 在全国推广超过 26.67 万公顷。全市承担粮油绿色高质高效创建项目县 5 个，建成粮油绿色高质高效核心区 2000 公顷、示范区 1.6 万公顷，落实高标准农田建设任务 1.67 万公顷。

【果茶产业】 2019 年，全市果茶面积 25.69 万公顷，产量 683.19 万吨，实现产值 371.68 亿元，其中水果面积 24.42 万公顷，产量 674.93 万吨，干果面积 1.11 万公顷，产量 8.04 万吨，茶叶面积 1600 公顷，产量 2230 吨。全市苹果栽培面积 18.41 万公顷，产量 547.17 万吨，其中现代矮砧栽培面积 1 万公顷；大樱桃面积 2.32 万公顷，产量 23.44 万吨；梨面积 8817 公顷，产量 31.73 万吨；葡萄面积 1.49 万公顷，产量 40.73 万吨；桃、杏、李、草莓等其他水果面积 1.23 万公顷，产量 31.86 万吨。2019 年套袋水果 416.33 亿个，其中苹果 384.66 亿个，梨 10.48 亿个，葡萄、桃等其他水果 21.2 亿个。技术推广方面，重点推广老果园改造、果园生草及化肥减施、化学疏花疏果、病虫绿色防控、大樱桃设施栽培等，全市老果园改造面积1.6万公顷，大樱桃保护地栽培面积达506公顷。

【蔬菜产业】2019年，全市蔬菜播种面积7.7万公顷，总产量393.3万吨，总产值109亿元。种植面积超过3333.33公顷的蔬菜种类有黄瓜、番茄、马铃薯、大白菜、生姜和菠菜。设施蔬菜面积2.94万公顷，产量195.15万吨，产值74.66亿元，其中，有日光温室蔬菜面积6170公顷。应用节水灌溉、防虫网、杀虫灯、黄板诱蚜、日光温室秸秆反应堆、硫磺熏蒸器等技术，大面积推广生物制剂防治韭蛆、蔬菜轻简高效栽培等技术。

【种子种苗产业】2019年，全市各类种子种苗持证企业达31家，其中育繁推一体化企业2家，中外合资企业1家，生产经营主要农作物杂交种子及其亲本种子企业10家。全市审定（登记）农作物品种74个，其中玉米38个，小麦1个，大白菜20个，苹果10个，桃3个，茶树1个，番茄1个。

【首届"2019中国果菜茶产业对接交易会暨第二十五届山东（春季）植保双交会"】2019年3月15–17日，首届"2019中国果菜茶产业对接交易会暨第二十五届山东（春季）植保双交会"在烟台南山国际博览中心举办。参展企业数量259家，展出面积1.3万平方米，折合标准展位约558个；设置苗木展区、农化产品展区、生物农药绿色防控展区、农机械展区、农服展区和特色农产品对接区。全国农技推广中心处长、山东省农业农村厅副厅长、中国农业技术推广协会会长、烟台市人民政府分管副市长等领导在大会首日出席展会。展会同期举办"2019中国果菜茶高峰论坛""2019中国果菜茶作物论坛""农民大讲堂"和"十佳企业评选"等系列活动。大会接待客商近2万人，其中参会厂商代表约1700人，农资经销商约4000人，新型职业农民5000余人，社会观众3000余人。

【海阳甜柿等获评山东省第四批知名农产品区域公用品牌（11个）和企业产品品牌】2019年3月28日，山东省农业农村厅公布山东省第四批知名农产品区域公用品牌（11个）和企业产品品牌（100个）名单，烟台市海阳甜柿被评为"山东省第四批知名农产品区域公用品牌"，山东龙大粮油有限公司"龙大"牌花生油等8个企业品牌被评为"山东省第四批知名农产品企业产品品牌"。

【全省果业发展现场会议在栖霞市召开】2019年10月20日，全省果业发展现场会议在栖霞市召开，专题研究全省果业发展形势，安排部署重点任务，加快推进果业转型升级、提质增效，为推进乡村产业振兴、打造乡村振兴齐鲁样板作出贡献。省委副书记杨东奇出席会议并讲话，副省长于国安主持会议。会议期间，与会人员观摩"博士达"现代苹果示范园、汉桥现代农业产业园苹果示范基地、果都云苹果大数据管理平台等现场，烟台、枣庄、泰安、威海、滨州、栖霞、蒙阴等市县负责人做典型发言。

【烟台苹果连续十一年稳居中国果品区域公用品牌价值榜首】2019年11月22日，在湖南长沙举行的2019第五届中国果业品牌大会发布《2019中国果品区域公用品牌价值评估报告》，烟台苹果、栖霞苹果、烟台大樱桃品牌价值分别为141.48亿元、62亿元、50.81亿元。烟台苹果品牌价值突破141亿元，连续十一年稳居中国果品区域公用品牌价值榜首，这是烟台坚持品牌农业引领高质量发展之路的成功探索。

【金海种业"烟农1212"小麦新品种一天两破全国高产纪录】2019年6月21日，根据山东省农业农村厅申请，受农业农村部种植业管理司委托，全国农业技术推广服务中心组织

2019年6月21日，烟台市农科院选育的"烟农1212"小麦新品种，在莱州和莱阳分别单产840.7公斤和731.85公斤，分别突破全国小麦单产最高纪录和全国旱地小麦单产最高纪录

（供稿：刘芳园）

有关专家，对烟台市农业科学研究院承担的烟台市科技计划发展项目“小麦绿色高产高效栽培技术研究与示范”进行实收测产。1天之内在莱州、莱阳、招远进行3场验收，其中，在莱州金海种业，“烟农1212”以亩产840.7公斤打破全国冬小麦高产纪录；在莱阳冯格庄，以731.85公斤刷新全国旱地小麦高产纪录。在省政府专供领导参阅件上烟农1212创全国纪录的报道，于国安副省长作出“筹备全省种业大会，打造种业强省”的批示。

【烟台农科院获批首批“全国农产品质量安全与营养健康科普工作站”】2019年10月21日，烟台农科院获批农业农村部首批“全国农产品质量安全与营养健康科普工作站”，5名长期从事该项工作的专家学者成功获批“全国农产品质量安全与营养健康科普专员”。全国获得首批确认的工作站共有72家，山东省仅有3家。农产品质量安全与营养健康科普工作站是农业农村部为建立健全全国农产品质量安全与营养健康科普体系而创建的组织机构，主要面向社会广泛开展农产品质量安全与营养健康科普宣传、生产指导、消费引导、答疑释惑等方面的科普教育工作。烟台农科院连续多年承担国家农产品质量安全风险评估专项，调研和评估山东主产区苹果、梨、葡萄、大樱桃、蓝莓等大宗和特色果品质量安全，为指导生产、锁定监管重点、风险预警、应急处置提供有力技术支撑。

农村工作

【乡村振兴】2019年，烟台市落实市县乡村四级书记抓乡村振兴责任制，成立烟台市委农业农村委员会，组建“五大振兴”工作专班，健全完善“1+1+5+N”政策支撑体系。设立“乡村振兴重大专项资金”，统筹整合涉农资金48.1亿元，支持实施乡村振兴战略。鼓励工商资本投入“三农”，新增“梨农贷”“富渔贷”“欣农贷”等支农贷30余种，涉农贷款余额1963.94亿元，占贷款余额比为33.23%。创建乡村振兴齐鲁样板示范区省级3个、市级9个、县级7个。

【美丽乡村建设】2019年度全市争取美丽乡村建设资金4300万元，创建省级美丽乡村示范县1个、示范镇3个、示范村43个。推进新时代“双百工程”建设，创建100个达到省级美丽乡村标准的村庄、100个提升改造后进村庄、10个新时代美丽乡村示范镇、30个新时代美丽乡村建成镇。持续开展“四好农村路”三年集中攻坚专项行动，改造农村公路1580公里，建成客运站点1000个；推进农村道路硬化工程实施，村内道路硬化526个村。实施农村“七改”工程，开展农村人居环境整治攻坚活动，全市新增完成718个村庄的农村生活污水治理工作，累计达到1037个，治理率达到17.5%；完成农村无害化卫生厕所改造3.7万户。启动美丽乡村样板示范项目建设，首批在全市11个县市区重点谋划建设14个交通便捷、主题突出、特色鲜明的美丽乡村样板示范片，培育100个以上凸显“五大振兴”、代表烟台美丽乡村建设水平的样板村庄。

【农村综合改革】2019年，市农业农村局参与村党支部领办合作社的培育和发展，入选7种山东乡村振兴可复制可推广典型经验做法；全市党支部领办合作社发展到1470家，带动增加村集体收入3.8亿元，入社群众增收4.9亿元。加快农村集体产权制度改革，全市6521个村（居）完成清产核资，96.96%的村（居）基本完成改革任务。土地流转工作有序推进，健全农村产权流转交易中心和土地纠纷仲裁机构，通过审查监督的流转土地388宗4053.33公顷。

【蓬莱市大辛店镇、海阳市留格庄镇入选全国农业产业强镇建设名单】2019年7月20日，农业农村部办公厅、财政部办公厅发布《关于批准开展2019年农业产业强镇建设的通知》，蓬莱市大辛店镇、海阳市留格庄镇入选全国农业产业强镇建设名单。全国298个镇上榜，其中山东23个，全国最多。3月15日，农业农村部办公厅、财政部办公厅《关于

2019年，海阳市郭城镇战场泊村美丽乡村建设呈现出崭新面貌

（供稿：刘芳园）

做好2019年农业产业强镇示范建设工作的通知》明确对农业产业强镇示范建设的支持方式为：中央财政通过以奖代补等方式对农业产业强镇示范建设予以适当支持。中央财政补助资金由各地结合建设内容，按照填平补齐的原则，集中用于扶持壮大乡土经济、乡村产业，推进产业融合发展，推动建立现代农业产业体系。鼓励各级农业农村、财政部门按照规定统筹整合其他资金，撬动社会资本和金融资本投资，集中支持实施农业产业强镇示范建设。

【福山区门楼镇两甲庄村被认定为全国“一村一品”示范村镇】2019年9月24日，农业农村部公布第九批全国“一村一品”示范村，两甲庄村成功入选，为全国入选的442个村镇之一，全省入选的24个村镇之一，是烟台市唯一入选的村（镇）。两甲庄村全方位推动大樱桃产业发展，积极引进大樱桃优新品种、增加产出价值，提高果园管理水平、提升果品品质，线上线下结合、拓宽销售渠道，开展一二三产业融合试点、探索农业农村发展新模式，把大樱桃产业打造成全村农民致富增收的第一引擎。2019年，两甲庄村有大樱桃166.67公顷，户均面积近0.33公顷，年均大樱桃产量240万公斤，亩均1000公斤，两甲庄大樱桃果个大、色泽艳、口感好，深受市场欢迎。5月10日，在中国农业品牌目录制度建设启动发布会上，两甲庄村大樱桃代表福山大樱桃获评中国十大好吃樱桃第一名。

【龙口市芦头镇庵夼村被评为2019年中国美丽休闲乡村】2019年12月12日，龙口市芦头镇庵夼村被评为2019年中国美丽休闲乡村。庵夼村，位于烟台龙口市芦头镇南部山区，三面环山，全村面积3平方公里，耕地32余公顷，山峦面积266.67余公顷。村入口是一处水库，村东的大飘山是省级自然保护区，山上汇流而下的小溪自村内穿过，给山村增添生机与灵气。村东、南、北三面环山，西面临水，呈扇形分布，村落由东至西、由高至低梯形分布在大飘山的西山坡上，房屋就地取材，以石头为主，冬暖夏凉，具有山区石头房屋的特征。传统建筑占到村庄建筑总面积的70%，拥有古民居4000平方米，居住人口200人，抗战时期胶东第二行署在村里办公场所遗址约占1000平方米。庵夼村山石独特，取名奇巧，以方位、特殊标志、地形命名的奇峰异石，名号响亮，生动形象，加之脍炙人口的神话传说，给庵夼村增添神秘色彩。庵夼村大力发展旅游项目，相继发掘整理明代庵庙遗址、马虎涧、马蹄涧、火车头、洗脸盆、官坐等旅游景点，吸引众多城市游客。庵夼村有“山水风光赛江南”“龙口的‘井冈山’”等美誉，被评为山东省“最美乡村”“特色旅游村”，环村的大飘山也获批烟台市级森林公园、省级自然保护区。

畜牧业

【概况】2019年，烟台市肉蛋奶总产量达到119.48万吨，其中肉类产量71.44万吨，蛋类产量32.26万吨，奶类产量15.78万吨。全市建成饲料生产企业126个，饲料总产量470万吨，实现总产值150亿元；全市建成兽药生产企业11个，实现总产值2亿元，兽药经营企业217家，年销售额1.5亿元。全市建成畜禽屠宰企业30家，其中生猪定点屠宰企业16家、肉鸡屠宰企业13家、肉牛屠宰企业1家，实际屠宰生猪248万头、肉鸡3.4亿只。

【畜禽标准化规模养殖】2019年，全市新创建国家级畜禽养殖标准化示范场1个，累计创建国家级示范场45个、省级164个，均位居全省前列。山东民和牧业股份有限公司商品肉鸡八层立体养殖模式在全省全国示范推广。全市肉鸡多层平养比重达85%，畜禽规模养殖比重达88%，大型规模畜禽养殖场粪污设施配建率达100%，粪污综合利用率达到96.97%。

【畜禽良种产业】2019年，全市有种畜禽场111个，其中新建一级种猪场2处。存养祖代肉种鸡19.6万套、祖代蛋种鸡5.1万套，分别占全国的35%和15%；存养父母代肉种鸡775万套、父母代蛋种鸡24万套，分别占全国的15%和全省的15%；存养一级以上基础母猪3.6万头，占全省的60%以上。

【病死畜禽无害化处理】2019年，全市有6个病死畜禽专业无害化处理场，配套建成77个病死畜禽暂存站点、36辆专业无害化处理收集车，基本建成大型规模养殖场自建病死畜禽无害化处理设施就地处理，与中小规模养殖场（户）病死畜禽“统一收集、集中专业无害化处理”相结合的病死畜禽无害化处理长效机制。2019年无害化处理病死猪85万头、禽1800万只。

【全国白羽肉鸡主要疫病区域净化示范区项目在烟台市举行签约仪式】2019年5月17日，全国白羽肉鸡主要疫病区域净化示范区项目在烟台市举行签约仪式。中国动物疫病预防控制中心、山东省畜牧兽医局、烟台市人民政府、山东农业大学与山东益生种畜禽股份有限公司等五家单位强强联手，共同签订《山东省烟台市白羽肉鸡主要疫病区域净化示范区建设项目合作框架协议》。

【全国畜牧业结构调整及生产方式转变座谈会在烟台市召开】 2019年5月29—31日，农业农村部主办的全国畜牧业结构调整及生产方式转变座谈会在烟台市召开，各省市区与会代表50余人参加会议。会议实地调研考察山东民和牧业股份有限公司生态园、商品鸡养殖基地和蓬莱和圣农业技术开发有限公司渤海马繁育等新六产发展情况，并给予一致好评。

【全省畜牧业工作会议在烟台召开】 2019年12月10—11日，省政府在烟台市召开全省畜牧业工作会议，省政府办公厅有关负责人，省畜牧兽医局等7个省直部门负责人及有关处室主要负责人，各市政府负责人、农业农村部门主要负责人，莱阳、龙口、蓬莱、平度等14个畜牧大县政府负责人共90余人参加会议。会议现场观摩山东民和牧业股份有限公司、蓬莱市北沟镇运凯养殖场和龙口格润富德农牧科技有限公司3个肉鸡、生猪、奶牛产业现代化发展先进典型，并给予一致好评。

2019年12月9—11日，全省畜牧业工作会议召开。会议期间，与会人员参观山东民和牧业股份有限公司商品肉鸡八层立体养殖模式　（供稿：刘芳园）

农业机械化

【概况】 2019年，全市拖拉机保有量28.34万台，配套农具35.84万台（套），联合收获机保有量1.04万台，农机总动力779.02万千瓦，农作物耕种收综合机械化水平达91.26%。农机服务组织809个，农机作业服务专业户1.05万个，农机社会化服务面积占70%以上。

【农机购置补贴】 2019年，烟台市全年落实中央财政农机购置补贴资金4900万元，市级补贴资金190万元，补贴各类机具9214台（套），受益农户7331户，带动农民投资约1.76亿元。2019年起，全面实行补贴系统常年开放，实现随时申请、应补尽补；全面推进农机报废更新补贴试点工作，购机补贴资金优先满足报废更新补贴需求；首次开展植保无人机规范应用补贴试点；首次利用市级资金对粮食烘干机给予累加补贴。农机化发展转型升级态势明显，传统耕种收机械需求数量大幅度减少，且向大型、复式、智能化发展，粮食烘干、植保无人机以及畜禽粪污资源化利用等支持农业绿色发展的机具需求日渐旺盛。全市100马力以上大型拖拉机增长11%，保有量2967台；粮食烘干机新增14台套，保有量131台套；植保无人机新增34台，保有量85台；报废更新机具208台套。

【农机作业服务】 2019年三夏、三秋等重要农时季节，市农业农村局组织农机技术服务人员深入一线，指导做好机具检修和零配件供应，开展巡回服务。推行订单服务、托管服务和耕种收“一条龙”作业服务，开展深松整地、高效植保、秸秆青贮打捆、精量播种等新技术推广。全市完成土地深松3.05万公顷，其中深松作业补助试点面积1.02万公顷，补贴资金461万元。

【农机安全生产】 2019年，烟台市完成农机安全监管职能调整，安全执法职能划归综合执法部门，市县两级农机监理机构全部撤销。至2019年末，全市持证农机监理人员80名，注册登记拖拉机14.54万台，持证驾驶员6.6万人。开展农机安全风险隐患排查治理、迎接建国70周年农机安全生产专项整治、深化变型拖拉机联合整治及农机安全生产“打非治违”等专项行动。2019年，全市无道路外农机事故发生。

（撰稿：刘芳园　审稿：刘振晓）

水　利

【概况】 2019年，烟台市水利系统以“抓重点、补短板、强监管、争一流”为工作总基调，实施系统治水、全域治水，构建与经济社会发展相匹配、有效应对汛旱灾害的水安全保障体系。老岚水库工程取得实质性突破，全域治水攻坚行动超额完成任务，有效保障城市供水安全，水旱灾害防御成效显著，农村饮水安全保障能力不断增强，河长制湖长制工作走在全省前列，水利工程管理全面规范，水利扶贫和库区移民建设效果显著，双招双引工作取得实效。烟台市被水利部命名为全国水生态文明城市；市水利局蝉联省级文明单位、市直先进集体、山东省水利系统文明单位，被省委省政府表彰为抗击台风抢险救灾先进集体；规划建设与水土保持科被人社部、水利部评为全国水利系统先进集体。烟台市河长制服务中心副主任李兵获抗击台风抢险救灾先进个人称号。

【重点水利工程建设】 2019年，全市实施66项全域治水工程，完成投资46.45亿元，超额完成计划任务，年新增供水能力约1.3亿立方米，节水约1500万立方米。老岚水库工程挤进国家“十三五”调整规划，提前1个月完成工程可行性研究报告编制并通过省水利厅组织的技术审查，完成库区实物调查工作，移民安置规划大纲由省政府批复，规划报告通过省水利厅组织的审核，福山、牟平、栖霞三区市移民试点安置房于10月26日开工建设。

【城乡供水】 2019年，烟台市全年调引客水1.6亿立方米，完成庵里水库向门楼水库调水1235.5万立方米，保证城市供水安全和经济社会发展用水需要。实施农村饮水安全攻坚行动，两年任务一年完成，有效解决888个村、48.35万名农村群众饮水不安全问题。按照“同源、同质”标准，实施城乡供水一体化建设，全面提升饮水安全保障能力。开展农村饮水应急帮扶工作，向全市缺水最严重的50个村送去罐装生活用水1828吨、桶装水3.23万桶、瓶装水1000箱，惠及2.76万农村群众，市政府发放2000万元专项资金用于找水打井，保障饮水安全。

2019年7月底至8月初，市水利局开展农村饮水应急帮扶工作

（供稿：徐晓静）

【防洪减灾重点工程建设】 2019年，烟台市完成列入全省灾后防洪减灾重点工程建设的5座大中型水库、239座小型水库、2座大中型水闸除险加固工程、60公里河道治理工程建设任务，实现防洪安全隐患清零。加强水土流失治理，完成治理面积198平方公里。实施山洪灾害项目建设，完善群防群测体系。

【河长制湖长制】 2019年，全市开展河湖“清四乱”等专项整治行动，排查整改河湖问题1500余处。开展河道蓄水工作，列入计划的110条主要河流均实现蓄水目标。组织各级河湖长及河管员巡河湖63万余次，巡河湖次数位居全省前列。招募巡河志愿者1.6万名，多次组织巡河志愿者活动，在全市设立市县乡村四级“河湖警长”，严厉打击各种涉河湖违法行为。

【水旱灾害防御】 2019年汛前，烟台市逐库落实小型水库安全度汛措施，组织开展“一库一演练”和责任人培训，组织全市水利工程防御洪水应急抢险观摩演练，全面开展汛前检查，切实做好防汛准备工作。汛期，严格落实防汛责任制，加强值班值守和工程巡查检查，强化信息报送及抢险队伍和防汛物资管理，科学实施工程调度，有效应对台风“利奇马”和“玲玲”带来的4次强降雨、大风侵袭，实现安全度汛。做好各项抗旱工作，使有限的水资源发挥最大效益。发动抗旱劳力54.72万人、启动泵站1853处、机电井3.25万眼、出动各类抗旱机动设备18.8万台套，累计浇灌农田21.62万公顷次，挽回粮食损失2.88亿元，挽回经济作物损失9.14亿元。加快推进山洪灾害防治项目，提标升级12个自动雨量站、95个无线预警广播接收站，81个简易雨量报警器，15个简易水位站。

【工程管理】 2019年，全市完成239座小型病险水库除险加固工程，10个大中型水库管理单位通过省规范化管理考核；7区市完成小型水库管理体制改革，“三个责任人”“三项制度”均已落实。完成流域面积1000平方公里以上的7条河道、50平方公里的89条河道的确权划界工作，开展小型水库暗访督查，确保全市水库安全运行。

【水资源管理】2019年，全市落实最严格水资源管理制度，加强取水许可和计划用水管理，非农业自备水源取水户计划用水下达率100%，水资源效率和效益保持全省先进水平。开展节水型社会建设，蓬莱市、龙口市、海阳市被水利部命名为节水型社会建设达标县；以全市水利机关和鲁东大学为试点，推进节水机关和节水高校建设。

【水利扶贫】2019年，市水利系统对全市建档立卡3.93万户贫困户和536个省市扶贫工作重点村进行3次全面摸底排查、2次抽查暗访，将全市贫困户饮水安全信息全部建档立卡，录入全省农村饮水安全信息管理系统，实行销号管理，对1047户贫困户未通自来水的问题进行整改，确保饮水安全。实施105项库区移民扶持项目，改善移民村生产生活条件。

【9号台风“利奇马”防抗】2019年8月8—13日，烟台市全力做好9号台风“利奇马”防抗工作。市委书记张术平、市长陈飞、市委常委、常务副市长王中、副市长崔宗涛多次主持会商会议研判台风动向，指导防抗工作。8月9日12时，发布防汛防台风Ⅲ级预警，做好随时启动防汛防台风应急响应的准备。11日15时，防汛防台风Ⅲ级预警提升为Ⅱ级预警。

2019年8月11日，市委书记张术平（中）坐镇烟台市防汛抗旱指挥中心指挥防抗台风“利奇马”（供稿：徐晓静）

12日凌晨，副省长于杰连夜赶到烟台市，督导防汛防台风工作。13日6时30分，解除防汛防台风Ⅱ级预警。其间，水利系统积极配合水文、气象等部门对9号台风移动路径、风雨强度、发展趋势等开展分析研判，督导各级责任人及时上岗到位，检查履职情况。加强工程巡查检查，科学实施洪水调度，在保证工程安全的前提下，最大限度增加蓄水；台风影响期间，出动近万人次工作人员对所有水利工程加密巡查、监测，集结12支专业应急抢险队伍、600余台套抢险机械随时待命，确保水库、塘坝、河道、防潮堤等水利设施安全。水利部门与市应急等部门组织29支专职救援队伍、1510名专业救援人员全天候备勤，其他1.93万名应急救援人员、1530台套机械也都按时集结待命，装备4艘专业救助船、9艘海事巡逻艇、79艘搜救支援船的海上应急救援队伍严阵以待，各类救援物资做好随时调运准备。至11日16时，所有可能受到台风、风暴潮、洪涝和地质灾害威胁的群众全部完成撤离转移，得到妥善安置。

【山东省首个综合性高校合同节水管理项目签约】2019年8月9日下午，鲁东大学与山东水务投资有限公司高校合同节水管理项目签约仪式在鲁东大学举行。这是山东省首个综合性高校合同节水管理项目。省水利厅总规划师姜延国、节约用水办公室副主任袁峰，中国水务投资有限公司副总经理杨延龙，鲁东大学党委常委、副校长沈东，市水利局党组成员、河长制服务中心主任李秀强，山东水务投资有限公司副总经理周生光等负责人参加签约仪式并致辞。

（撰稿：徐晓静　审稿：于杰宁）

责任编校：渠敬伦

海洋发展与渔业

综　述

【概况】2019年，烟台市海洋发展和渔业系统以建设海洋经济大市为目标，加强海洋经济宏观调控，构建现代渔业产业体系，壮大海洋战略性新兴产业，提升海洋综合管控能力，全市海洋经济与渔业实现高质量发展。全年海洋经济增长率10.7%，超额完成省考核任务；渔业经济总产值1110亿元，渔民人均纯收入2.9万元，同比增长7%。

【机构设置】2019年3月24日，根据《市委办公室 市政府办公室关于印发〈烟台市海洋发展和渔业局职能配置、内设机构和人员编制规定〉的通知》，对科室进行重新设置和职责划分，调整后，局内设8个科室，分别是办公室、人事科、财务审计科、海洋发展科、海域和海岛管理科、渔业科、水产品质量安全监管科、项目管理科。下设事业单位4个，分别是烟台市海洋与渔业监督监察支队、烟台市海洋环境监测预报中心、烟台市海洋经济研究院、烟台市海洋捕捞增殖管理站。

【涉海经济体制改革】2019年，烟台市成立总规模10亿元的经略海洋产业投资基金，签订全国首单海洋牧场保险协议，为密切政银保协作、解决海洋牧场企业资金及保险问题提供成功案例。利用“21条”政策，支持保税港区海洋产业发展，提升园区海洋贸易便利化水平。完善考核体系，将海洋经济增长率纳入全市经济社会发展综合考核，县域海洋经济多极崛起、蓬勃发展。积极稳妥解决围填海历史遗留问题，保障裕龙岛炼化一体化项目、莱州湾海上风电与海洋牧场融合发展项目等重点项目用海需求。

【海洋发展能力提升】2019年，市海洋发展与渔业局组织人员参加省委党校经略海洋培训、浙江大学海洋强省培训；面向全市举办海洋经济大市专题研修班，充分利用信息技术，在市委党校网站上线《“一带一路”与建设海洋强国》等课程，持续提升各级领导干部相关业务能力水平。

【海洋大市形象宣传】2019年4月，烟台市承办中宣部“向海图强 经略海洋”宣传活动，开展“媒眼看烟台·聚焦海洋经济大市建设”等媒体宣传，邀请新华网、人民网、经济日报等30多家省级以上媒体到烟采访报道，提升烟台海洋经济大市形象。

【太平财险金融服务创新项目长岛海洋牧场“保险＋信贷”全国首单签发仪式举行】2019年9月11日，太平财险金融服务创新项目长岛海洋牧场“保险＋信贷”全国首单签发仪式在长岛举行。同时，这一创新型农业保险产品成功入围农业农村部金融支农服务，标志着山东省农业保险从陆地走向深海。此次签约是政银保密切协作，为海洋牧场企业提供风险保障，解决金融问题的成功探索。

海洋发展

【海洋工作组织领导体系建设】2019年4月4日，中共烟台市委成立海洋发展委员会，海洋经济发展坚持党的统领。分别于4月4日、8月20日和12月30日，召开3次海洋委工作会议，研究制定《关于加快建设海洋经济大市的意见》《海洋牧场发展规划（2019—2025年）》《关于加快海洋牧场建设的实施意见》《现代化海洋牧场建设实施方案》《关于加强渔港建设与管理的实施意见》《加快推进水产养殖业绿色发展实施方案》等，推进海洋经济大市建设工作。以党建为统领，推动系统内各级组织党的建设高质量发展，为全市海洋经济发展提供坚强保证。有序推进省委海洋委落实在烟台的53个重点事项，确定26项工作任务，倒排工期，严格完成时限，全部任务序时完成率100%。所辖14个县市区全部第一时间成立党委领导的海洋委，海洋工作组织领导体系建设速度、健全程度在全省领先。

【海洋经济空间布局】2019年，烟台市优化海洋经济空间布局，着力构建“一带三区”。东部海洋经济核心带领先发展。芝罘区对接全市6个突破主攻方向，完备产业体系，为全市海洋经济GDP增长做出巨大贡献。开发区突出抓好“三点一线、四大行动”，逐步建设成为全市海洋科技创新和对外开放新高地。莱山区海洋生态文明与经济发展互融互促，积极打造海洋发展典范区。牟平区坚持“一张蓝图”规划，集中力量“突破六大战略”，有效开创高质量发展新局面。高新区聚焦海洋新兴产业发展，海洋经济发展速度全市领先。福山区完成海洋委的建章立制、开篇布局等工作，为海洋经济发展奠定基础。北部休闲度假和装备制造产业集聚区、西部临港临海和高端产业集聚区、南部渔业和旅游文化产业集聚区协同发展。蓬莱市发挥海工装备产业优势，为促进海洋军民融合做出重要贡献。长岛获批国家“绿水青山就是金山银山”实践创新基地，海洋生态文明综合试验区建设取得重大进展。龙口市明确发展路径，把握一条主线，聚焦五大重点，海洋经济发展贡献率稳步提升。莱州市大胆创新，在海洋牧场与风电产业融合发展方面取得显著成效。招远市发起“三大蓝色攻坚战”，全面启动海洋攻势。海阳市、莱阳市、栖霞市等陆续出台支持海洋经济发展的实施意见，海洋新能源产业发展迈出坚实步伐。

渔　业

【海洋牧场建设】 2019年，烟台市集中打造莱州湾、庙岛群岛、四十里湾、丁字湾等4条海洋牧场带，建设海洋牧场示范之城，新增国家级海洋牧场示范区3个、省级海洋牧场示范区4个、国家级海洋牧场示范项目5个，省级以上示范区总数30个，其中国家级14个，占全国的1/8，海洋牧场总面积7万公顷。

【陆海接力养殖】 2019年4月25日，国内首座深远海智能化坐底式网箱“长鲸一号”落户长岛，创造2项世界第一和5项全国第一。工厂化循环水养殖总面积30万平方米、绿色养殖面积18.13万公顷，分别占全市工厂化养殖面积14%、全市海水养殖面积95.5%，名贵鱼年产量2.7万吨、产值12亿元，烟台市成为全国最大的名贵鱼陆海接力养殖基地。

2019年4月25日，中集来福士为长岛弘祥海珍品有限责任公司设计建造的智能网箱“长鲸一号”在烟台基地交付。这是国内首座深远海智能化坐底式网箱，成为山东省深远海智能渔业养殖和海上休闲旅游的新“地标”　（供稿：李宁）

【“海工＋牧场”联动】 2019年，烟台市升级改造智能化多功能系统，搭建“可视、可测、可控、可预警”的海洋综合管理大数据平台，实现海洋综合性管理的全方位、多层次、立体化。

【种业发展】 2019年，烟台市启动建设开发区蓝色种业研究院、莱州蛤蜊小镇，科学打造蓝色种业硅谷。精准示范推广海参、鲍鱼、海水鱼、扇贝等主导品种绿色养殖模式。全市年新增全国示范推广水产新品种3个，总数达到8个，约占全国的1/6；新增省级水产原良种场4个，总数达到21个；培育各类水产苗种3800亿单位，产值29亿元，继续保持全省领先。

【远洋渔业】 2019年，烟台市出台系列政策，支持京鲁渔业、烟渔公司等远洋渔业企业做大做强；加快推进烟渔公司总部基地和北京水产渔业综合基地建设；做深做实挪威三文鱼全产业链项目，优化产业生态，推动产业链价值攀升。

【特色休闲渔业】 2019年，烟台市将传统渔业与休闲旅游深度融合，培育“海上高尔夫”等系列品牌，休闲渔业实现年产值51亿元，同比增长13.5%。

【渔业生态环境养护】 2019年，烟台市编制实施养殖水域滩涂规划，严格落实功能区划管控要求。开展近岸海域渔业养殖全面排查，摸清近岸海域渔业养殖现状。合理规划增殖放流，争取相关资金5453.5万元，放流苗种7.8亿单位。

【水产品质量监管】 2019年，烟台市推进无公害认证和质量追溯体系建设，新增产地认定和产品认证84个；完成市级水产品质量追溯平台升级改造；开展水产品质量安全专项整治，水产品抽检合格率达到99.2%。

【深度经略海洋赋能深蓝经济——烟

台海参产业推介会举行】 2019年8月16日，深度经略海洋赋能深蓝经济——烟台海参产业推介会在北京举行。此次推介会由中共烟台市委宣传部、烟台市海洋发展和渔业局主办，农业农村部渔业渔政局、渔业(水产)等行业协会以及北京市饭店旅游有关单位近600余人参加推介活动，北京与烟台两地企业成功签订合作协议。

【2019中国·烟台首届海洋放鱼节公益活动暨全国放鱼日·世界海洋日宣传活动】 2019年6月8日，在莱山区黄海游乐城举行。本次活动是由农业农村部渔业渔政管理局、山东省农业农村厅、山东省海洋局指导，烟台市人民政府主办，烟台市海洋发展和渔业局、烟台市文化和旅游局、烟台市生态环境局、共青团烟台市委、莱山区人民政府、山东省水生生物资源养护管理中心承办，烟台市水生生物资源养护协会、烟台日报社、水母网等单位联合协办，旨在养护水生生物资源，推动“海上绿水青山”构建，促进生态文明建设，提升“仙境海岸·鲜美烟台”城市影响力。活动当天，放流牙鲆、许氏平鲉、大泷六线鱼等100万尾，累计放流苗种7.66亿单位。

【烟台开发区渔港发展有限公司赴塞拉利昂从事远洋捕捞启航仪式】 2019年6月16日，“烟台开发区渔港发展有限公司赴塞拉利昂从事远洋捕捞启航仪式”在烟台开发区八角渔港举行，7艘新型远洋渔船解缆离港。该项目为三年来农业农村部新增批复唯一一家非远洋渔业企业赴外远洋渔业捕捞项目，是国内唯一一家非远洋企业通过农业农村部专家论证的企业，同时也是烟台首个与塞拉利昂远洋渔业合作项目。

海洋二、三产业

【海工装备制造集群化发展】 2019年12月18日，烟台市政府与中集集团签署战略协议，合作筹建中国海工北方总部。烟台市依托中集海工研究院、杰瑞研究院等平台，提升装备制造国产化、自主化、品牌化水平，高质量推进全国重要的海工装备制造之城建设。中集来福士自主设计建造的超深水半潜式钻井平台“蓝鲸2号”赴南海作业，提升作业效率30%，节省燃料消耗10%，实现中国海洋工程能源及动力系统优化的重大突破。

2019年6月8日，2019中国·烟台首届海洋放鱼节公益活动暨全国放鱼日·世界海洋日宣传活动举行 （供稿：李宁）

【海洋生物医药产业高端化发展】 2019年，烟台生物医药产业集群纳入国家级战略性新兴产业集群，为山东省海洋经济发展赢得更多政策支持。全市海洋来源生物医药在研新品种10个，居全省前列；烟台东诚药业成为世界规模最大的硫酸软骨素原料药生产基地，生产的海洋来源硫酸软骨素已达到注射级别，在2019年度中国化药企业百强榜中位列第68名，排名较之前大幅提升。

【海水淡化产业化发展】 2019年，烟台市自主研发、生产反渗透海水淡化膜组件等关键部件，打破国际技术垄断，扭转中国在这类材料上长期受制于人的局面。莱州华电、开发区八角电厂、海阳核电、长岛海岛海水淡化等18个项目正式投入运营，海水淡化能力达到5.5万吨/日，有效缓解区域淡水资源紧张局面。

【海洋文化旅游品牌化发展】 2019年，烟台市构筑中心城区都市休闲核、蓬长生态文化旅游核和滨海一线文化旅游带“两核一带”海洋旅游发展格局，全年接待游客8600万人次、旅游消费总额1200亿元。举办2019国际海岸生活节，推进海上世界、芝罘仙境、欢乐海岸等一批重大项目建设，有效打造“仙境海岸·鲜美烟台”城市品牌。

海洋科技与对外合作

【海洋科技创新载体建设】 2019年，烟台市新增8处省级海洋工程技术协同创新中心，全市省级海工技术中心总数已达19处。组建市海洋经济研究院，推动成立山东智慧海洋协同创新服务联盟、市海洋产业技术创新战略联盟、市海洋牧场产业技术创新战略联盟等3个产业联盟，助力海洋经济发展。

【全国海洋经济创新发展示范城市建设成果】 2019年，烟台市16个在建涉海创新城市项目申请专利170多项、制定行业标准21项、新增省级以上新产品16个。中集来福士“超深水半潜式平台”获首届“市长杯”工业设计大赛金奖。

【海洋人才引进和科研团队建设】 2019年，烟台市选拔推荐7人参评泰山产业领军人才蓝色人才专项，3人进入答辩环节，1人进入公示名单，数量全省第三。

【对外交流合作】 2019年，全国政协副主席梁振英率港澳代表团到烟台视察海洋经济工作，对烟台市海洋经济发展成绩充分肯定。市委书记张术平率团出访挪威，与斯塔万格市就海洋经济战略交换意见，达成高端三文鱼养殖等合作项目。举办医药创新发展国际会议、中英海洋科技交流合作论坛、世界工业设计大会、装备制造业博览会等会议会展，推介展示烟台海洋经济发展成果。在海阳成功实现中国固体运载火箭首次海上发射，“中国东方航天港”项目建设加快推进。启动全国非远洋渔业企业唯一获批的远洋渔业捕捞项目——烟台开发区与塞拉里昂渔业合作项目，标志着烟台市远洋渔业取得新发展。

【烟台市海洋经济研究院暨海洋牧场产业技术创新战略联盟揭牌授牌仪式举行】 2019年6月8日，烟台市海洋经济研究院暨海洋牧场产业技术创新战略联盟揭牌授牌仪式举行。作为山东新旧动能转换综合试验区三个核心区之一，烟台市强力推进海洋经济大市建设，烟台市海洋经济研究院在原烟台市水产研究所的基础上应运而生，标志着烟台在海洋经济科技发展研究上开启新的历史篇章。

海洋监督与管理

【海洋执法监管】 2019年，烟台市制定海岸带保护条例，全面建立沿海县市区湾长制、渔港港长制、河长制组织体系，并在全国渔船渔港综合管理改革现场会交流推广相关经验。落实“旬巡查、旬报告”和属地监管责任，保持打击违法违规用海行为高压态势，全年未发生违法违规用海案件。强化伏季休渔管理，做好涉外作业渔船监测、管控，全市休渔秩序持续稳定，未发生涉外渔业违规事件。

【长岛海洋生态文明综合试验区建设】 2019年，省市确定的102项重点任务完成46项；举办2019中国海洋生态文明（长岛）论坛，落实各类支持长岛资金28.6亿元，142处自然保护区问题点位全部整改，腾退近岸养殖设施414.13公顷，整治修复岸线10.4公里。

【海岸带生态保护修复】 2019年，烟台市启动编制《海岸带保护与利用规划》，推进莱山区、开发区、海阳市、莱州市4个市级海岸带保护利用试点，实施海域、海岛、海岸带综合整治修复项目39个、修复岸线45公里。

【海域使用】 2019年，市海洋和渔业局积极稳妥解决围填海历史遗留问题，保障裕龙岛炼化一体化项目、莱州湾海上风电与海洋牧场融合发展项目等重点项目用海需求。

（撰稿：李宁　审稿：宋贤成）

责任编校：渠敬伦

工业和信息化

综　述

【概况】2019年，烟台市工信系统把握稳中求进的工作总基调，以新旧动能转换为统领，以高质量发展为目标，以项目建设为抓手，加快推进工业转型升级、提质增效。全年规上工业增加值增长5%，高于全省3.8个百分点。在国民经济41个工业行业大类中，烟台拥有35个大类行业，培育了海工装备、电子信息、有色及贵金属加工、食品加工、汽车制造、高端化工等优势产业集群。

【工业设计】2019年，烟台市将发展工业设计产业提上重要位置，作为加快新旧动能转换、实现高质量发展的重要手段。依托中德工业设计中心，挂牌设立山东省工业设计研究院，成为全国第一家省级研究院。年末，“一院一中心”完成覆盖22个行业领域的工业设计中心和重点实验室的建设规划，建成多个工业设计创新服务平台，与北极星、张裕等企业开展设计合作。烟台国际设计小镇启动区核心项目基本建成，吸引更多设计企业和人才落户烟台市。市政府出台《关于加快工业设计发展的意见》，提出发展目标，明确发展重点，制定具体支持政策。成功举办2019世界工业设计大会暨国际设计产业博览会、烟台首届“市长杯”工业设计大赛、国际家居纺织品创意设计大赛，蓝鲸二号、动车组型材等一批代表行业高水平的设计作品脱颖而出。

【创新驱动】2019年，烟台市聚焦新技术新产品，21个产品列入《山东省高端技术装备新产品推广目录》，157项技术创新项目列入全省企业技术创新项目计划，9家企业获批省技术创新示范企业。中集来福士自主设计制造的“蓝鲸二号”，是全球作业水深、钻井深度最深的半潜式钻井平台；玲珑轮胎获得山东省省长质量奖；南山铝业跻身世界最尖端的航空材料供应商俱乐部；凯恩新材料中标国家“工业强基”工程。聚焦新平台新载体，与机械科学研究总院共建国家轻量化材料成形技术及装备创新中心汽车轻量化中心，打造全国领先的汽车轻量化材料研发生产基地。举办6场以“携手并进 共谋发展”为主题的市内企业对接会，通过产业链条互补、企业供需联盟、产学研合作等形式，推进产品市场互融和供需配套，促进产业深度合作。

【信息化建设】2019年，通过优化政策环境、加强宣传培训等方式，烟台市引导企业上云，上云企业数424家，兑付“云服务券”819万元；累计上云企业876家，兑付资金1536万元，均位居全省第一。推动“互联网+先进制造业”加快发展，6家企业与海尔签署COSMOPlat工业互联网平台战略合作协议，13个项目入选全省首批“优势产业集群+人工智能”。成立5G基础设施建设和应用推进领导小组，明确责任、细化分工。经过争取，烟台市与济南、青岛共同列入山东省5G网络示范区。11月20日，烟台市政府与山东移动、联通、电信、铁塔和广电签署《共同推动烟台5G应用发展战略合作协议》，共建5G网络示范区。年底，全市开通5G基站达到1358个，完成城市核心城区5G网络覆盖。

【中小企业培育】2019年，烟台市工信系统推进企业进行规范化改制。按照“个转企、小升规、规改股、股上市”的发展思路，烟台市制定印发《2019年烟台市民营企业加快确立现代企业制度工作方案》，睿创微纳成为全省首家科创板企业，122家中小企业完成规范化公司制改制。加快培育高成长创新型企业。出台《关于进一步促进高成长创新型企业加快发展的奖励办法》，对新认定的瞪羚、隐形冠军、小巨人、准独角兽、独角兽企业给予最低50万元、最高1000万元的一次性奖励。建立以创新能力强、成长速度快、发展潜力大的中小企业为重点的高成长创新型企业培育库，以隐形冠军、瞪羚企业、小巨人企业等为重点独角兽企业培育库，实行动态管理。年内新增省级瞪羚企业33家，累计46家，全省第2；新增国家级制造业单项冠军企业2家、累计9家；新增山东省“专精特新”中小企业51家，累计297家；新增山东省“一企一技术”研发中心23个，累计239个。强化中小企业服务保障。出台《关于支持民营经济高质量发展的实施意见》，制定30条支持民营经济发展的具体举措。做好中小微企业融资服务平台升级改造、数据迁移等工作，平台注册企业达到3668家，融资近20亿元。举办3场中小企业民营经济政策宣讲会，为1300多名民营企业管理人员进行政策辅导。

【项目建设】2019年，山东裕龙炼

化、东方航天港、中国海工北方总部等事关烟台工业长远发展的重大项目进展顺利。抓好项目招引，合同引进市外资金20亿元，实际到位资金1.69亿元，超额完成招商引资年度任务目标。总投资20亿元的聚乳酸产业园项目签约，打造以乳酸、聚乳酸生产项目为核心项目的生物基新材料创新与应用研究院、聚乳酸核心产业园、聚乳酸应用产业园。抓好技改项目建设，总投资776亿元的100个过亿元重点技改项目全部开工建设，年内20个技改项目完工投产。

【服务企业】 2019年，市工信局牵头起草《关于支持民营经济高质量发展的实施意见》，从减轻企业负担、促进转型升级等方面出台30条支持民营经济发展的具体举措。在全省率先完成清理拖欠民营企业中小企业账款工作，帮助1200多户企业追讨账款1300多笔，累计清理账款15.82亿元。加大向上资金争取力度，累计争取国家工业强基、首台套重大技术装备保险补偿、新能源汽车推广应用补助等各类奖补资金7亿多元，助力企业提质增效。加强企业家队伍建设，举办4期“智慧提升工程”专题研修班，累计培训企业管理人员740多人次。成功举办“2019第十四届东亚国际食品交易博览会”“第十七届国际黄金珠宝首饰博览会”等各类展洽活动，为企业提供优质对外交流合作平台。

【火箭海上首发成功引动中国东方航天港建设】 2019年6月5日，海阳港、烟台船助力长征十一号固体运载火箭首次海上发射成功。7月16日，烟台市政府与航天一院、中集集团签订战略合作协议，共同建设以海上发射母港为牵引、以“一港四中心”为主要内容的中国东方航天港。

【2019世界工业设计大会暨国际设计产业博览会在烟台举行】 2019年10月18—20日，由工信部、山东省政府主办的2019世界工业设计大会暨国际设计产业博览会在烟台举行，来自40多个国家（地区）2000多家设计组织、机构、企业以及院校参会，10万多人次参会参展，达成初步合作意向项目投资总额近百亿元。会上，成立中国第一所工业设计联合创新大学，产生全球第一个设计产业组织；启动山东省工业设计研究院和烟台国际设计小镇；举办烟台市首届“市长杯”工业设计大赛。

【中国海工北方总部落地烟台】 2019年12月18日，市政府与中集集团签署《共建中国海工北方总部战略协议》，中集海洋新动能研发中心、中集海洋油气研发中心揭牌成立。市委副书记、市长陈飞，副市长张代令，中集集团党委副书记、常务副总裁高翔，中集来福士党委书记、总裁王建中出席签约仪式。陈飞、高翔共同为筹建中的中国海工北方总部、烟台深蓝海洋渔业有限公司揭牌，张代令代表市政府与中集集团签署协议，并为中集海洋新动能研发中心、中集海洋油气研发中心揭牌。根据协议，双方将共同筹建中国海工北方总部，并将其打造成为烟台实施系列海洋示范项目的依托载体。中集集团将充分发挥产业、资本、科技等方面优势，大力实施海洋牧场“百箱计划”，建设全国一流的海洋牧场，与烟台市在深远海渔业、海上风电、海上旅游、海洋化工、海上资源勘探开发、海洋工程装备等深海领域开展深入合作，并参与物流装备、消防救援、城市环卫、能源供应等城市配套服务基础设施建设。

【2019世界工业设计大会暨国际设计产业博览会在烟台国际博览中心举办】 2019年10月18—20日，2019世界工业设计大会暨国际设计产业博览会在烟台国际博览中心举办。本次大会由工信部、省政府主办，省工信厅、市政府、中国工业设计协会承办，全球40多个国家和地区的设计组织和机构共同协办。工信部副部长王江平，省委常委、常务副省长王书坚，原外经贸部副部长龙永图，市委书记张术平，中德设计专家委员会主席柯海迪出席开幕式并致辞，联合国工业发展组织总干事李勇发来祝贺视频，市委副书记、市长陈飞主持，市政协主席朱秀香出席开幕式。来自国内外政府机构、行业组织、知名企业、设计单位、高校院所的代表和专家学者1500多人出席开幕式。开幕式上，举行中德产业合作发展项目签约、国家级高端创新人才合作签约、重点项目集中签约、中国工业设计联合创新大学启动、设计产业合作项目揭牌启动以及《设计产业宣言》发布、主旨演讲峰会等活动。同期，在高新区举行山东省工业设计研究院主体研发办公大楼启用仪式。本届大会举办国际设计产业发展圆桌会议、国际设计产业发展专业论坛、100多场设计与制造融合对接会、发布200多个设计创新成果，同期工信部还召开全国部分省（市）工业设计发展座谈会等。这次大会上，40多个参会国家和地区的设计机构（组织）、高校、企业，共同发起成立第一个世界设计产业组织，并将总部永久放在烟台。设计产业组织全体代表共同面向全球发布《设计产业宣言》，成为工业设计诞生100年来的一次重要里程碑。中国工业设计协会联合国内外50多家知名大学和企业，共同启动中国工业设计联合创新大学，这是全球第一所大学与大学联合、大学与产业联合、教育与科研联合、科研与市场联合的创新大学。烟台通过本次大会储备在谈项目200余个，达成初步

合作意向80个，项目投资总金额近百亿元。中德工业设计中心与德国汉诺威贸易促进局签约共建汉诺威中德商务中心，实施中国新制造合作计划、搭建中欧创新孵化器。世界领先的设计软件公司欧特克与山东工业设计研究院，在前沿软件技术有机集成、研发及运用等领域，达成合作意向。中德工业设计中心与“十三五”国家重点研发计划首席科学家杨佳威教授、世界著名人工智能领域专家李玉喜博士、生态种植领域世界著名青年专家刘占宇博士等8位顶尖人才进行签约合作。

（撰稿：邓晓君　审稿：张宏）

电力工业

【概况】 2019年，全市有发电厂101家，装机总容量1754万千瓦。其中，省统调电厂6家，装机总容量1007万千瓦。地方公用及企业自备电厂（含南山铝业、怡力电厂）95家、总容量747万千瓦。

【发用电情况】 2019年，全市完成发电量725.6亿千瓦时，比上年增长36.9%。其中，统调电厂474亿千瓦时，增长67.9%，非统调电厂完成251.6亿千瓦时，增长1.1%。全市全社会用电量553.2亿千瓦时，增长4.5%。工业用电量435.9亿千瓦时，增长3.8%。

【变电站情况】 2019年末，烟台电网内拥有500kV变电站4座，分别是光州站、栖霞站、莱阳站、牟平站，变电总容量7500兆伏安。220千伏变电站38座，变压器98台，变电总容量14835兆伏安，线路129条，线路长度2913.6公里。110千伏变电站155座，变压器303台，变电总容量13938兆伏安，线路252条，线路长度3259.1公里。35千伏变电站137座，变压器259台，变电总容量3005.5兆伏安，线路354条，线路长度2819.5公里。

（撰稿：刘雪辉　审稿：郭小军）

【国网山东省电力公司烟台供电公司】 2019年，该公司发展总投入20.17亿元，其中电网投资16.56亿元；售电量完成350.64亿千瓦时，同比增长4.43%；营业收入205.64亿元；线损率完成3.65%，同比降低0.35个百分点；全网用电负荷最高达到823.5万千瓦，同比增长7.6%。

（撰稿：秦奎福　审稿：赵生传）

煤炭工业

【概况】 2019年，全市规模以上煤炭工业企业3家，实现主营业务收入6.22亿元，同比下降2.21%；实现利润694.21万元，同比增长21.01%。

【技术创新】 2019年，梁家煤矿2019年投入科研经费1897.18万元，完成创新课题402项。其中工程类创新课题122项，管理类118项，职工创新课题162项，实现技术创新增效5990万元；其中2项科研成果申报省部级以上计划，4项优秀科技成果通过中煤协及山能集团组织的成果鉴定，取得国际先进3项、国内领先1项的佳绩；申报专利14项，《煤矿用冰水循环冷风机》《采煤工作面支架接矸装置》《简易的综掘机应急电控系统》《工作面中部电缆防坠装置》《综掘机拖延电缆滑动架》《桥式刮板输送机分体可调式卸载缓冲装置》《锚索张拉机具固定装置》《调度绞车自动上油器》等8项成果，获得国家实用新型专利授权。

（撰稿：刘雪辉　审稿：郭小军）

黄金工业

【概况】 2019年，全市黄金产量169.35吨，同比增长0.65%，占全国黄金产量（380.23吨）的44.5%；其中矿产金产量60.34吨，同比下降1.64%，占全国矿产金产量（314.37吨）的19.2%，连续44年位居全国地级市首位；对外冶炼加工成品金产量109.01吨，同比增长1.96%。实现销售收入1796亿元，同比增长15.84%；工业增加值150亿元，同比增长5.92%；利润47.62亿元，同比增长12.6%。

2019年，全市黄金深加工完成86.3吨，同比下降1.75%。其中投资金条41.54吨，下降1.1%；金盐40.15吨（含金27.3吨），同期持平；金丝11.1吨，增长3.76%；首饰6.32吨，下降19%。

【黄金资源】 2019年末，全市保有黄金资源量为3705吨，占全国（13638吨）的27.17%和山东省（3960吨）的94.27%，其中岩金资源量3692吨，占全国（11573吨）的31.9%。莱州市保有黄金资源量2065吨、招远市保有黄金资源量936吨，占全市的81%。

【重点企业】 2019年，山金烟台矿业事业部、招金集团、中矿集团、恒邦冶炼股份主营业务收入分别实现681亿元、645亿元、219亿元、223亿元，总量占全市的98%；矿产金产量分别为26.782吨、20.746吨、4.58吨、1.472吨，占全市的89%；对外加工黄金分别为7.253吨、45.655吨、12.979吨、36.503吨，占全市的94%。

【科技创新】 山金烟台矿业事业部：围绕国家“十三五”重点研发项

目“深部金属矿建井与提升关键技术”“深部金属矿绿色开采关键技术研发与示范”“地下金属矿规模化无人采矿关键技术研发与示范”建设开展大量工作；完成“十二五”省级重点项目“近海海底黄金资源智能开采技术研究”和“矿用速凝早强充填胶凝材料研发及产业化”综合绩效评价工作，评价结果优秀。2019年获得省部级科研成果25项，其中中国黄金协会、中国有色协会等一等奖项目9项，二等奖11项。

招金集团及下属企业获得2019年中国黄金协会科学技术奖20项。其中：“采动应力下复杂破碎软岩巷道四维支护关键技术研究与应用”获中国黄金协会技术进步特等奖，“金精矿氰渣全组分无害化利用技术研究与应用”获得中国黄金协会一等奖；二等奖13项。联合全国尾矿综合利用及相关行业企业、高等院校、科研院所等单位，共同发起组建山东国环固废创新科技中心有限公司。

中矿集团：2月，《深井破碎矿体安全与强化开采综合技术开发及应用》项目被山东省人民政府授予山东省科学技术进步二等奖。4月8日，被山东省人社厅评为“齐鲁技能大师特色工作站”。

招远市河西矿业集团：4月，“灵北金矿带找矿综合信息研究与应用项目”“地压在线监测系统项目”获山东省科技进步二等奖（颁奖单位：山东省矿业协会）。1月，“基于高硫高铁金矿与含铜废料直接冶炼回收金和铜的方法”发明专利获国家知识产权局授权。

【矿山建设】 2019年，中金莱州纱岭金矿新建采选冶12000吨/日项目获核准批复；完成竖井浅表土段施工，正在优化施工工序，加速推进科研竖井施工。莱州瑞海金矿新建采选12000吨/日项目，1月31日，瑞海金矿地下采矿项目通过省联席会审查，4月9日取得省联席会批复。招金栖霞笏山金矿采选1500吨/日正在建设。烟台金曼750吨/日矿山建成投产。12月，河西矿业集团所属3个生产矿山（河西金矿河西矿区、隋家矿区，东兴公司张家岭矿区）被国家自然资源部遴选为国家级绿色矿山。

【黄金文化】 2019年6月30日，中矿集团公司党委被烟台市委授予“先进基层党组织”称号。12月3日，山东黄金玲珑红色教育基地被山东省关工委挂牌为“山东省关心下一代教育基地”。8月27—29日，中矿集团举办中国金都·财富招远第十三届黄金节暨第三届网络黄金节，策划实施黄金文创产业发展论坛、“淘金小镇杯”2019黄金旅游文创作品大赛、淘金大赛等文旅项目，提升中国金都黄金文化品牌的影响力和知名度。

【黄金行业管理机构改革】 2019年3月，原烟台市经济和信息化委员会更名为烟台市工业和信息化局，内设的烟台市黄金管理局（副县级）撤销，变更为黄金行业管理办公室（正科级）。主要职能是承担黄金行业管理工作；拟订黄金行业发展规划并组织实施；组织实施行业法规和规章、技术规范和标准；负责黄金行业生产统计调度工作；推进贵金属新材料研发工作。2月，招远市黄金管理局更名为招远市黄金产业发展促进管理中心，隶属招远市政府，由招远市工信局代管。

【黄金珠宝展】 2019年6月21—24日，2019山东（烟台）第十一届国际黄金珠宝玉器展览会在烟台国际博览中心成功举办。展会面积逾2万平方米，近800家来自海内外的珠宝厂商亮相；吸引6万余名观众前来观展，现场交易金额达6000余万元，订单总额超7500万元，再次获“山东省第一黄金珠宝展”。8月28日，第十三届黄金节在山东招远盛大开幕，由中国黄金协会、招远市黄金协会、山东招金集团有限公司、中矿集团共同主办的中国国际黄金矿业技术高峰论坛成为黄金节的重头戏，中国黄金、紫金矿业、山东黄金等大型黄金企业均派多名代表参会；开展黄金文创产业发展论坛、“淘金小镇杯”2019黄金旅游文创作品大赛、淘金大赛等文旅项目。

（撰稿：朱战胜　审稿：孙成国）

新材料产业

【重点项目】 2019年，山东道恩高分子材料股份有限公司多孔硅酸钙/石墨烯绿色复合材料的集成应用示范线改造项目，烟台恒源生物股份有限公司氨基酸生产线减排改造项目均已完工。山东道恩高分子材料股份有限公司热塑性聚氨酯弹性体（TPU）中试改造项目，中节能万润股份有限公司环保材料建设项目，山东凯恩新材料科技有限公司年产2万吨特种注塑新材料建设项目，万华化学集团股份有限公司聚氨酯产业链一体化——乙烯项目在建。万华产业园规划总投资1100亿元，规划面积12.5平方公里，是万华打造世界级产业链一体化的重要园区，二期工程年内完成投资80亿元，到2020年全部建成投产。

【技术创新】 烟台海川化学制品有限公司有机硅化合物类锂电池阻燃添加剂的研究开发、三氟甲基类聚酰亚胺二胺单体的研究开发；山东玲珑轮胎股份有限公司20寸全钢组合式胶囊锁定环、高耐磨、低滚阻新能源轮胎配方开发、高性能耐刺扎自愈合轮胎研究开发、高通过性农子胎国内空白系列产品开发、全钢钢丝包布与尼龙预复合新工艺研究；烟台桑尼橡胶有限公司坝高6—8米生态气囊支撑坝项目；中节能万润股份有限公司OLED电子传输材料开发、偏光板用高分子材料开发、热塑性聚酰亚胺材料开发、柔性显示用高阻抗耐弯折光敏聚酰亚胺材料的研发及产业化；烟台恒源生物股份有限公司L-天冬氨酸和L-丙氨酸转化细胞高密度培养及高效生物技术的研究；烟台信友新材料有限公司VCM马达用高韧性高强度快速固化环氧胶的研发；烟台安诺其精细化工有限公司一种分散染料中间体污水治理技术开发应用；烟台九目化学制品有限公司一种新型芳香胺类发光材料研发及产业化；龙口联合化学有限公司军用机器人迷彩涂料。

【亮点工作】 2019年，新材料和高端化工两个产业申报并列入省级“十强”产业“雁阵形”集群。2018年申报国家级新材料首批次保险补偿项目2个，拨付补偿资金1129万元，申报省级新材料首批次保险补偿项目10个，拨付补偿资金1592万元。申报2019年度省级新材料首批次保险补偿项目12个，补偿资金1798万元。申报2019年国家级新材料首批次保险补偿7个项目。年内，18家企业申报进入2019年度省新材料产业领军企业库入库名单，10家企业进入领军企业50强名单；航鑫材料申报国家新材料测试评价平台行业中心；在烟台召开全省新材料产业工作会议及产业高质量发展研讨会。组织新材料企业参加第三届海外院士青岛行活动、山东省创新驱动发展院士恳谈会新材料平行论坛、赴日韩开展产业合作交流活动、省新材料优质项目基金推介会。

（撰稿：王伟　审稿：邹强）

装备制造业

【概况】 2019年末，全市规模以上机械制造企业663家。其中，高端装备制造业占比达到23%以上，领域涵盖高技术船舶、海洋工程装备、航空航天设备、核电装备、数控机床、制冷设备、工程机械等。

【骨干企业】 烟台中集来福士公司 是中国海洋工程行业的领军企业，产品已覆盖半潜平台、自升平台及海工特种船舶三大类，其自主设计制造的深水半潜式钻井平台达到国际先进水平。2019年6月12日，中集来福士交付极地恶劣海域半潜式钻井平台“仙境烟台”，该平台是全球首座以我国城市命名的钻井平台。

杰瑞集团 是中国最大的油田增产作业设备生产企业，中国油气装备领域市值最大的民营上市公司，产品广泛用于海上油气资源开发，2019年推出全球最大的电驱压裂成套装备，形成一套功率密度高、体积小、模块化、成本低、就地供电、无环境污染的压裂作业装备及技术，打破国外技术及装备垄断。

烟台冰轮集团有限公司 是制冷设备制造行业唯一具备双甲级工程设计资质的企业。先后获中国机械工业核心竞争力30佳、中国大企业集团竞争力500强、中国机械工业100强、中国工商制冷空调行业排头兵企业、装备中国功勋企业等称号。

【技术创新】 烟台中集来福士公司是国家企业技术中心和国家能源海洋石油钻井平台研发（实验）中心，拥有烟台、上海、挪威、瑞典4个海洋工程研究院，深水平台设计建造能力全国领先、全球一流。杰瑞集团是国家火炬计划高新技术企业、国家高新技术企业，拥有国家企业技术中心、国家级工业设计中心等省级以上科技创新平台7个。先后进行“海洋平台油田增产设备”“年产200台套海上平台专用钻采设备扩产项目”等多项高端装备的研发及产业化。冰轮集团拥有5个国家级、9个省级科技创新平台，承担的环保部“工业冷冻中大型冷盐水机组R290替代HCFC-22项目”引领行业制冷剂替代技术发展。

【名牌产品】 2019年，烟台中集来福士的“蓝鲸2号”开赴南海执行可燃冰开采任务，实现海洋工程能源及动力系统优化的重大突破。中集来福士“超深水半潜式平台”、杰瑞“电驱压裂橇”分别获得首届“市长杯”工业设计大赛金、银奖。山东深海海洋科技有限公司等4家企业被认定为山东省“专精特新”中小企业。蓬莱京鲁船业、东方威思顿等企业20个产品被认定为2019年山东省首台套重大技术装备，10个产品被评为山东省精品装备。

（撰稿：周海亮　审稿：丛健）

汽车产业

【概况】 2019年，全市生产汽车32万辆，其中生产乘用车31万辆。主要产品有整车、汽车发动机、变速器、制动零部件、载重车车桥、汽车轮胎、汽车线束、车用轴承、随车工具等。汽车产业带动机械、电子、化工以及职业教育等行业健康发展。

【重点企业】 上汽通用东岳汽车有限公司、烟台舒驰客车有限公司、山东蓬翔汽车有限公司、上汽通用东岳动力总成有限公司、山东隆基机械股份有限公司、首钢东星（集团）有限公司、烟台胜地汽车零部件制造有限公司、龙口海盟机械有限公司、烟台矢崎汽车配件有限公司、山东汽车制造有限公司等。

【重点项目】推进东岳基地膨胀发展，强化龙头带动作用。2019年末，东岳基地具备年产60万辆整车、112万台发动机和72万套自动变速箱的能力。推动新车型和变速器项目的实施，科沃兹、创界、昂克拉三款新车型投产；CVT变速器，一期项目于年初建成投产，二期项目完成厂房建设、设备的采购与安装调试。2019年，东岳基地实现产值390亿元。

做好通用东岳零部件配套保障。围绕上汽通用东岳基地，德尔福、伟世通、江森、佛吉亚等12家世界500强企业构建较为完整的汽车配套产业链。东岳汽车本地化配套率超过80%，为其配套的本地企业200多家，形成以东岳汽车为核心的汽车及零部件产业集群。

推进新能源汽车产业发展。抓住国家大力推动新能源汽车发展的机遇，推进舒驰客车和海德汽车开发新能源客车、环卫车、清扫车新产品并报工信部审批。2019年，烟台市有29款车型列入工信部新能源汽车推荐车型目录。5月、10月先后为舒驰客车两次组织申报国家新能源汽车推广应用补助资金近3.3亿元。

山东汽车项目。服务山东汽车新能源商用车产业园项目建设，推动企业实施工厂升级改造、资质公告恢复、商用车产品开发等工作，协助企业做好工信部新能源汽车企业准入、本地供应商配套和产品轻量化开发等工作，项目已投产。

（撰稿：朱绪光　审稿：丛健）

食品工业

【概况】2019年，全市食品行业规模以上企业470户，从业人员11万人。获证食品生产许可企业1600多户，拥有食品生产许可证2639张。形成拥有谷物磨制、饲料加工、植物油加工、屠宰及肉类加工、水产品加工，蔬菜水果和坚果加工，粉丝及淀粉加工、焙烤食品，方便食品、乳制品、罐头、调味品、营养保健食品、食品添加剂、饮料酒、饮料等18个类别的食品工业体系。

【骨干企业】2019年末，全市有15户农业产业化国家重点龙头企业，76户农业产业化省级龙头企业，149户农业产业化市级龙头企业。山东鲁花集团有限公司、龙大食品集团有限公司列入山东省百强企业、工业百强企业榜单。烟台食品企业8户入选2019年鲁企300强，有6户企业6个产品为山东省制造业单项冠军。2019年，山东鲁花集团有限公司实现主营业务收入339亿元，继续位居全市食品行业首位。

【重点项目】2019年内，烟台双塔食品股份有限公司10万吨/年豌豆精深加工项目、山东健源生物科技有限公司12万吨/年豌豆综合深加工扩建项目、优承生物科技（烟台）有限公司6万吨/年豌豆综合利用项目，烟台东方蛋白科技有限公司3.5万吨/豌豆深加工项目等相继建成投产。招远市成为中国最大的豌豆加工基地，中国最大的豌豆蛋白生产基地。烟台安德利果胶股份有限公司年产2100吨高酯果胶项目建成投产，公司总产能达到6000多吨，占全球总产能的六分之一，居亚洲首位。年末，欣和企业年产45万吨酱油产品项目在抓紧建设，预计2021年末建成投产。建成达产后，欣和企业成将为北方地区最大的酱油生产企业。

【名牌产品】2019年，全市食品行业有25个入选山东优质品牌产品、21个产品入选山东知名品牌产品榜单。2019年“中国500最具价值品牌”烟台市有鲁花、张裕、威龙等3户食品企业上榜。张裕等5户食品企业入选2019年度山东省制造业高端品牌培育企业榜单。

【技术创新】烟台安德利果胶股份有限公司“柑橘绿色加工与副产物高效利用产业化关键技术”项目、莱州明波水产有限公司“水产集约化养殖精准测控关键技术与装备”项目分别获2019国家科技进步二等奖。山东东方海洋科技股份有限公司“海带良种培育与高效扩繁技术研究与应用”项目、蓬莱京鲁渔业有限公司等单位联合完成的“北太公海秋刀鱼资源开发与捕捞装备关键技术研究与应用”项目分别获2019年山东省科技进步三等奖。

至2019年末，全市食品行业有国家级企业技术中心5户，省级企业技术中心18户，市级企业技术中心17户。全市食品行业新增蓬莱国宾葡萄酒庄有限公司、莱阳和美华饲料有限公司、龙口市茂源果蔬专业合作社等4户院士工作站，全市总数14户。烟台东方海洋冯晓燕、烟台张裕集团李记明、莱州明波水产李元升、山东民和牧业孙宪法入选烟台市有突出贡献的中青年专家。

（撰稿：王军　审稿：刘国云）

医药健康产业

【概况】2019年，烟台市围绕建设国际生命科学创新示范区，聚力创建医药健康创新高地，生物“药谷”加快成型。全市医药健康产业主营业务收入达到900亿元，生物医药产业集群被纳入全国首批国家级战略性新兴产业集群发展工程。36个生物医药重点项目全面起势，14个项目主体完工，11个项目新开工。举办2019医药创新与发展国际会议，签约项目20个，投资总额150多亿元。医药与健康公共技术服务平台投入使用，获批2019年国家小微企业创业创新示范基地。10个项目列入“十三五”国家“重大新药创制”科技重大专项，在研新药、械98种，其中26种进入临床阶段，6个项目获2019年山东省重大科技创新工程项目支持。

【国家级战略新兴产业集群】2019年，在国家发改委公布的全国首批66个国家级战略性新兴产业集群中，烟台生物医药产业作为全省7个、全市2个产业集群之一成功入选，产业发展速度和发展质量在国内同级地区处于前列。

【医药健康产业创新发展奖励】2019年，烟台市对荣昌生物、绿叶制药等7家企业的11个产品进行药品和医疗器械创新产品奖励934.3万元，对惠诺药业和鲁银药业的3个产品进行仿制药一致性评价奖励150万元，对万润药业和卓越生物的3个产品进行药品和医疗器械出口认证奖励70万元。

【2019医药创新与发展国际会议】2019年11月7—8日在开发区金海岸希尔顿酒店召开。大会设置12项主要活动，来自国家和省医药行业主管部门和有关行业学会的领导、海内外医药健康领域专家学者、企业家以及媒体代表2000余人参加主会场及分会场活动。大会设置项目集中签约环节，集中签订项目20个，投资金额超过150亿元。

【医药与健康公共技术服务平台】2019年3月，烟台市投资4.18亿元的烟台医药与健康公共技术服务平台全部约3088台（套）专业仪器设备全部配齐，正式建成投入运行，按时完成市委“三重”工作中服务平台建设工作。平台全年为企业提供服务近9000次，接待国内外参观2000余人次，其中，国外团队约350人次。引进新项目20多个，获批2019年度“国家小型微型企业创业创新示范基地”。

【国际生物医药创新孵化中心】2019年末，烟台市投资6.1亿元的业达国际生物医药创新孵化中心包括生物医药孵化器和烟台市生物医药展示中心2个子项目，主体工程建设完工，装修完毕，符合办公条件，遴选7个项目正在孵化。提供全市重点医药企业资料，按周调度展示中心进度，确保展示中心尽快建成。

（撰稿：董大为　审稿：姚宝鑫）

纺织服装业

【概况】2019年，全市有近700余家出口纺织品服装企业，出口额达110亿元，与上年同比增长7%，实现连续4年“四连增”。

【毛衫集群】2019年，烟台市以“互联网+园区+企业+加工户”“订单+标准+服务”模式加速海阳毛衫从“家庭作坊式”向智能化高标准生产转型，海阳市连续五次被国家授予中国毛衫名城称号。海阳市政府出台《关于鼓励海阳市针织毛衫产业创新发展扶持意见（2019—2021年）》，设立总规模5亿元的针织毛衫产业发展基金，自2019年至2021年每年安排3000万元支持针织毛衫产业转型升级。海阳毛衫被评为全国最具品牌价值产业集群称号，举办第五届海阳国际编织艺术节。总投资约5亿元的海阳毛衫创新创业园项目初步投入运营，已入驻各类企业35家、配套机构15家。

【重点企业】山东南山智尚科技股份有限公司：该公司是集智能制造与品牌国际化运营为一体的纺织服装全产业链国家级高新技术企业。与国际羊毛局合作成立羊毛创新中心，参与国际毛纺织科技项目研发。已连续多年获评“中国服装行业百强”企业。

2019年3月，烟台医药与健康公共技术服务平台建成投入运行　（供稿：董大为）

山东舒朗服装服饰股份有限公司：凭借“实施‘智能化+平台化’全价值链品控管理模式的经验”获得中国质量协会“2019年全国质量标杆”及“2019山东省质量标杆”。在新华社、经济日报社、中国国际贸易促进委员会、中国品牌建设促进会等单位联合开展的2019中国品牌价值评价中，舒朗公司列纺织服装鞋帽榜单第27名。

烟台泰和新材集团有限公司：该公司是中国高性能纤维行业科技创新示范企业，中国特种纤维行业的开拓者、领军企业。被认定为国家知识产权示范企业，入选山东省2019年重点项目建设名单。泰和新材同万华化学等企业构成烟台先进结构材料集群，被国家正式纳入首批66个国家级战略性新兴产业集群。

烟台明远家用纺织品有限公司：该公司是山东省首批瞪羚企业、山东省级工业设计中心、烟台市工业双50强创新引领性企业。企业获工信部“纺织服装创意设计试点示范园区（平台）”，标志着烟台市家纺设计创新能力已迈入“设计国家队”，将进一步带动全市纺织行业提升创意设计，加快转型升级。

山东圣豪家纺有限公司：该公司“涤纶拉舍尔双层被头云毯SH003”产品获中国毛纺织行业协会“2019毛毯名优精品科技创新产品”称号，“涤纶拉舍尔双层复合云毯SH002”和“涤纶拉舍尔双层被头云毯SH003”产品获中国毛纺织行业协会“2019毛毯名优精品产品”称号。

烟台亚琦纺织有限公司：被认定为“山东省第二十六批企业技术中心”“烟台市级工程实验室”；获山东省纺织服装行业“2019年度优秀管理创新典型案例”。

（撰稿：王军　审稿：刘国云）

盐粮业

【概况】 2019年，烟台盐粮集团有限公司有序推进企业改革重组，全年实现营业收入2.26亿元，同比分别增长19.71%，至年末，集团资产总额5.58亿元，同比增长3.47%。

【营销渠道建设】 2019年，按照“统分结合”的经营模式，烟台市对盐业批发企业实行双层经营机制。对市场带动辐射作用强、市场容量大的中心区域的盐业批发企业实行强强联合，做到市场统一布局，管理统一服务，产品统一销售，价格统一结算；对各县市区的盐业分公司，面向社会，公开选聘一批职业经理人，按照内部三项制度改革的总体要求，全面自主管理，建立与企业功能性质相适应、与经营业绩相挂钩的市场化薪酬分配机制，有效提高市场占有率，全年集团公司小包装食盐实现销售1.5万吨，大包装销售6万吨，非食盐销售9000吨。

【产业拓展】 2019年，为实现企业转型升级、高质量发展赋能，市军粮供应站加快推进山东省国家级军粮综合保障基地项目建设，短时间内通过项目立项、环评、设计、规划、施工图图审、工程造价、项目评审、基建新建部分施工招标和监理招标等手续，于2019年9月底正式开工建设，10月协调施工单位和监理单位，完成项目新建部分的桩基检测，年底完成新建部分基建主体封顶。该项目的建成投产将为延伸粮食产业链条，培育新的经济增长点发挥重要作用。至年末，非洲加纳海产养殖项目投资总额约为1500万元，已建成养殖用地80公顷，500立方水体育苗池，预计将实现生产能力近3万吨/年的规模。

【品牌建设】 粮食企业并入后，烟台市以市场化方式推动盐、粮企业间同类业务横向整合，上下游业务垂直整合，进行资产、资源优化重组；引入战略合作者对粮食企业进行嫁接改造，稳妥发展混合所有制粮食经济，实现集聚效应，推动粮食产业的集群发展，把“烟粮”品牌做优做大做强。

（撰稿：王晓辉　潘刚林
审稿：康建中）

葡萄酒产业

【概况】 2019年，全市获得葡萄酒生产许可证的企业达到162户，全市规模以上葡萄酒企业13家，完成葡萄酒产量15.91万千升，完成主营业务收入55.45亿元，实现利润10.68亿元。

【品牌建设】 2019年，在“2019中国品牌价值评价信息发布会上”，烟台葡萄酒位列地理标志产品区域品牌第3名，连续四年蝉联地理标志产品区域品牌全国葡萄酒类第一名；6月28—30日，第十二届烟台国际葡萄酒博览会在烟台国际博览中心圆满落幕。此届酒博会内容丰富，特点突出，成果丰硕，影响深远。参展展位610个，其中海外展位190个，成交额达3.2亿元，协议合同金额达4.6亿元，参展人数达到4万多人次。至年末，全市葡萄酒企业拥有中国名牌产品3个、中国驰名商标8件、山东省名牌产品10个，山东省著名商标16件。

【葡萄酒庄建设】 2019年，烟台市重点抓好蓬莱“一带三谷”酒庄聚集区、张裕国际葡萄酒城、莱山瀑拉谷葡萄酒庄集群以及刘家沟葡萄酒特色小镇的建设。重点打造蓬莱“一带三谷”中“丘山山谷”，蓬莱市政府高度重视丘山谷葡萄酒休闲体验区的打造，成立丘山谷规划建设工作专班，全力推进片区规划建设工作。安诺酒庄、龙亭酒庄、拉菲瓏岱酒庄3个酒庄建成投产。至2019年末，全市建成、在建葡萄酒庄63座，葡萄酒庄集群效应日益显著。开展政策性酿酒葡萄农业保险工作，投保面积1133.33公顷，市级财政补贴约114万元。

【制度保障】2019年，《烟台葡萄酒产区保护条例》被列入地方立法计划。该条例的制定，将为促进烟台葡萄酒产区发挥好龙头产区的示范带动作用、助力产区持续健康发展、保障葡萄酒产品质量和信誉、规范葡萄酒生产等方面提供有力法律保障；发布《烟台产区葡萄酒庄园分级规范》，制定评定管理办法和评定细则，开展酒庄评定分级工作；烟台市葡萄与葡萄酒产业发展服务中心与市场监督管理局联合开展“葡萄酒庄园明码标价”专项整治工作，规范行业经营秩序。

【产学研合作】2019年，由滨州医学院葡萄酒学院牵头，联合烟台市农科院、鲁东大学、中国农业大学烟台校区等单位共同实施，在烟台产区区域化研究、适栽酿酒葡萄品种（系）筛选研究、适宜栽培模式研究以及配套酿造工艺研究等方面开展研究；举办2019年烟台产区葡萄与葡萄酒技术培训班和烟台产区主要葡萄酒产品感官分析品评会；烟台市葡萄与葡萄酒产业发展服务中心牵头编写《烟台产区葡萄酒课程》，通过该课程为中国的消费者普及更加生动有趣的葡萄酒文化知识。

【对外交流合作】2019年，烟台市葡萄与葡萄酒产业发展服务中心组织葡萄酒骨干企业抱团参加第100届全国春季糖酒会，并投放产区形象宣传广告，集中展示烟台葡萄酒厚重的葡萄酒文化；组织葡萄酒骨干企业赴天津、南京、厦门、深圳开展以“跨越山海，仙境佳酿与你相约”为主题的巡展推介会，主要以展示获奖葡萄酒和销售大单品葡萄酒为主，同时展示具有烟台特色和风土的葡萄酒；发起成立中国葡萄酒产区联盟，向农业农村部等国家部门建言献策并参加相关座谈会，促进中国加入国际葡萄与葡萄酒组织（OIV）；参加在瑞士举行的OIV组织第42届全体代表大会，争取将烟台市葡萄酒产业五年规划与OIV组织五年行动计划相向而行；加强与“世界杰出葡萄酒之都”组织联系沟通，完善申办材料，利用各种渠道加强与10个世界葡萄酒产区中心城市的交流，推动烟台市加入该组织。

【政策扶持】2019年，市葡萄与葡萄酒产业发展服务中心由班子成员带队，分别到宁夏、甘肃、新疆、吉林、河北等国内主要葡萄酒产区开展葡萄酒产业调研工作，结合全市葡萄酒产业发展情况和产区特色起草《进一步支持烟台葡萄酒高质量发展的实施意见（初稿）》。

（撰稿：何丹丹　审稿：张加玉）

轻工集体工业

【概况】2019年，市轻工联社发挥职能作用，行业改革发展、重点项目建设、招商引资、集体资产保值增值、化解历史遗留问题等工作实现新突破，联社经济继续保持平稳健康发展。

【重点项目建设】2019年，悦丰二期标准厂房项目顺利竣工，闲置资产得到有效盘活。该项目被列入市政府“三张任务清单”。作为联社的重点工作，党委狠抓落实，制订“时间表”、施工“进度图”，人员“责任表”加快项目的推进。该项目建有办公楼、厂房各一栋，建筑面积16800平方米，总投资3700余万元，全部工程于9月底完工，10月通过工程竣工验收和消防验收。年末，正在办理房产证过户、变更等手续。新建厂房和办公楼的对外招租进展顺利，与山东恒辉节能技术集团有限公司签订租赁框架协议，合同签订后，每年将增加租金收入200多万元。

【行业发展】2019年，市轻工联社年初印发《2019年联社系统经济运行工作意见》，鼓励引导企业树立攻坚克难、应对挑战的信心。采取座谈交流和实地走访等形式，围绕新旧动能转换、深化企业改革等方面进行深入调研，对发现的问题、听到的意见进行分析和研判，提出解决问题、改进工作的思路和举措，坚定广大企业战胜困难、创新发展的信心。烟台霍富汽车锁公司面对全球汽车市场发展放缓等不利因素，实施创新驱动战略，加大科技投入，创新管理体制，新研发的大众电子把手、新锁芯系统等智能化新产品，迅速占领市场，下半年，订单大幅增加，企业持续发展后劲增强。在全系统总结推广霍富经验后，产生很好反响和激励作用。烟台双一制鞋公司积极应对中美贸易摩擦影响，出口由美国转向法国等欧洲国家，产品销量不断增加。烟台制革公司发展循环经济，变废为宝。烟台龙益机械公司提高产品智能化水平，积极参加各类展会，订单显著增加。

【市工艺美术协会】2019年12月24日，烟台市工艺美术协会成立暨第一届会员代表大会在东方海天酒店举行，选举产生烟台市工艺美术协会第一届理事会会长、副会长，聘任秘书长。协会的成立为烟台工艺美术从业者搭建交流发展的平台，标志着烟台市工艺美术行业进入一个崭新的发展阶段。当年，全市工艺美术行业拥有11大类、上千个品种，从业人员达数万人，其中省级以上工艺美术大师13人，涌现出烟台绒绣、莱州毛笔、招远金银饰品、龙口管乐器、长岛砣矶砚、蓬莱八仙葫芦、莱阳面塑等特色工艺产品，年营业收入超过40亿元。

（撰稿：杨小青　审稿：宋毅骏）

电子信息产业

【概况】 2019年，烟台市电子信息产业拥有规模以上企业84家，从业人员12.2万人。累计拥有国家级技术中心1个，省级技术中心6个，市级技术中心5个，能够自主研制开发和生产11大类100多个品种的电子信息产品。从整个行业分布与行业结构来看，电子信息产业产品体系主要以通讯设备、消费电子、电子原材料为主导，形成以手机、4K电视机、游戏机、非制冷红外成像产品、智能电力远程控制设备、键合金丝、新型覆铜板以及新型电子元器件为代表的产品门类；构建起以大型企业为主导，外资、合资、民营共同发展的产业格局。

【骨干企业】 2019年，富士康实现工业营业收入421.3亿元，同比下降15%。乐金显示实现营业收入188.8亿元，同比下降6.1%。乐金电子部品实现营业收入29.6亿元，同比下降24.2%。整个外资占全市电子信息产业产值的81.9%。

【新兴产业】 2019年，烟台市发展新一代信息技术产业，涌现出一批技术创新企业、项目和产品。烟台艾睿光电科技有限公司成为红外成像行业领军者，是中国承担红外成像军品型号核心探测器最多的公司。莱州联友金浩新型材料有限公司主导产品为镍系动力电池隔膜、耐高温高孔率锂离子电池隔膜、军用锌银蓄电池隔膜、高速列车用高性能电池隔膜等，产品打破国外垄断，成长性较好。持久钟表公司拥有物联网时钟同步核心技术自主知识产权，并将核心技术应用到多行业的时间控制领域，根据公共用钟运行特点及要求，在国内最早提出钟联网概念，开展基于云管理的钟联网系统开发与推广工作，国内综合市场占有率达到80%以上，并出口到30多个国家和地区，是国内同行业出口量最大的企业。招金励福贵金属股份有限公司生产金盐、银盐产品，销量稳居国内市场第一位。产品主要应用于PCB、半导体、连接器、军工航天等高科技电子行业及珠宝首饰、钟表等传统电镀行业以及薄膜太阳能、建筑业和汽车玻璃制造业。

（撰稿：刘悦敬　审稿：张林波）

软件与信息服务业

【概况】 2019年，经工信部运行监测系统统计的全市软件与信息服务业主营业务收入为88.6亿元，同比增长18.1%。全市在工信部系统备案的软件企业（含系统集成）188家，从业人员1.8万余人。

【骨干企业】 东方电子集团　作为烟台市软件业龙头企业，是一家集科研开发、生产经营、技术服务、系统集成于一体的高新技术企业集团，为中国能源管理系统解决方案的主要供应商之一，拥有上市公司东方电子股份有限公司、烟台东方威思顿电气有限公司和烟台海颐软件股份有限公司等20个权属及投资企业，2019年实现主营业务收入43.2亿元。入围2019年（第18届）中国软件业务收入前百家企业，列第59位（软件业务收入33亿元），比上届前移4个位次；全省5家企业入围。

烟台海颐软件股份有限公司　提供行业信息化解决方案、行业数据管理和运营服务，拥有自主知识产权的企业级应用技术平台，在能源、公安行业为国内领先的软件产品与服务提供商，并在交通运输、智慧能源、电子政务、企业信息化等领域多有建树。公司为国家密码管理局批准的商用密码产品生产定点单位，拥有计算机信息系统集成二级资质，通过CMMI 5级、PCMM 3级、GJB9001B军工产品质量管理系统等多项认证，先后获得百余项软件著作权和软件产品登记，连续多年被评为山东省优秀软件企业。2019年，公司实现主营业务收入超过4亿元。

山东鼎信网络科技有限公司　是国内领先的便民电商系统开发商及服务提供商，2014年正式收购“综合缴费行业信息网”后，致力于通过完善的技术解决方案和优质的市场资源，为企业提供专业的综合缴费产品及信息化服务。2019年，公司实现主营业务收入3.5亿元。

烟台东方纵横科技股份有限公司　为集数据中心集成建设、数据中心网络交换业务、IT运维服务、云服务、信息安全、网络监控系统、工业自动化控制、安全生产信息化建设、软件开发、技术服务等业务于一体的综合性技术公司，国家级高新技术企业。拥有武器装备科研生产保密资格、涉密信息系统集成资质和山东省企业技术中心。2019年，公司实现主营业务收入 1.3 亿元。

烟台持久钟表集团有限公司　以智能时钟的个性化定制和时间服务为主业，是中国公共用钟和技术用钟行业的龙头企业，国家互联网与工业融合创新试点企业，获中国驰名商标，参与 5 个领域的国家标准制定，2019 年入围省级产业互联网示范平台项目名单、省“现代优势产业集群 + 人工智能”试点示范企业及项目名单、省 5G 产业试点示范企业及项目名单。2019 年，实现主营业务收入 1.1 亿元。

山东捷瑞数字科技股份有限公司　集数字创意、互联网应用、软件技术等为一体，是国家级电子商务示范企业、国家级动漫企业、国防武器装备科研生产保密资格单位。在数字创意、数字创意与软件智能交互融合、数字创意互联网 + 等领域具有强大的综合技术实力，数字展馆、虚拟现实、产品可视化技术全国领先。是工信部新型信息消费试点示范企业、2019 年入围省“现代优势产业集群 + 人工智能”试点示范企业及项目名单，2019 年实现主营业务收入 1 亿元。

山东渤聚通云计算有限公司　为国家高新技术企业、山东省软件资质认定企业，拥有数十项自主版权软件产品，通过 CMMI3 软件能力成熟度模型集成三级等多项国际标准认证，拥有工信部 IDC/ISP/ICP 经营资质许可，入选山东省“企业上云计划”首批行业云平台服务供应商和烟台市服务创新型示范企业。公司聚焦智能制造、现代海洋和数字贸易行业，致力于打造智慧园区和企业上云解决方案。2019 年，公司实现主营业务收入 3839 万元。

【重点项目】 2019 年，经省工信厅组织专家评定，东方电子股份有限公司的“E800 智能电网调度控制系统”、烟台东方威思顿电气有限公司的“智能能源管理及服务云平台”、烟台海颐软件股份有限公司的“海颐网省级一体化营销管理系统 V2.0”、烟台智慧云谷云计算有限公司的“智慧城市管控平台”、烟台东方纵横科技股份有限公司的“东方纵横矿业大数据管理平台”、烟台东方瑞创达电子科技有限公司的“基于 Ecode 的工业互联网标识解析系统”、烟台富美特信息科技股份有限公司的“食品安全合规管理系统”7 个项目入围全省软件产业高质量发展重点项目名单，入围数量列全省第三名。

【软件园区】 烟台软件园为省级软件园，分为 A 区、B 区。软件园 A 区，位于莱山区创业服务中心，建筑面积 3.5 万平方米。2019 年，软件园 A 区积极实施创新驱动发展战略，取得良好成效。年末，园区有软件企业 57 家，产业领域包括智慧家居、云计算技术开发、VR 技术研发及应用、工业自动化控制、智能淋浴、虚拟仿真等，从业人员 2000 余人。软件园 B 区，位于烟台开发区，建筑面积 4 万平方米，至年末园区累计孵化企业 173 家以上，涉及手机软件、智能控制、物流软件、企业管理系统、医学软件、自动控制等行业应用软件。

（撰稿：肖守瑜　审稿：张林波）

工业互联网

【概况】 2019 年，烟台市落实《关于实施制造业强市战略的意见》等推动两化深度融合的政策文件，推动互联网 + 工业向深度融合发展。在 2019 年全省两化融合发展水平评估中，烟台两化融合发展水平总指数达到 89.19，居全省第三位。冰轮集团获得工信部 2019 年制造业与互联网融合发展试点示范项目；东方威思顿、杰瑞石油等 13 户企业获得山东省第一批“现代优势产业集群 + 人工智能”试点示范企业及项目称号；杰瑞石油、道恩集团、渤聚通、艾欧特智慧城市、万华集团等 5 户企业获批第二批省级产业互联网平台示范，居全省第二位；金宝电子、华东电子等 7 户企业获得山东省 5G 产业方向示范企业试点。至年末，烟台市纳入国家两化融合贯标试点企业达到 24 户；纳入山东省两化融合贯标试点的企业 42 户，位全省前列。组织山东省两化融合深度行和企业上云等活动，万华、冰轮、招金等百余家企业参加相关活动。至年末，全市累计上云企业 875 户，兑付“云服务券”资金 1534 万元，分别占全省 25% 和 23%，两项指标均居全省第一位。

【网络发展】 至 2019 年末，全市骨干高速城域网总长度达 615.1 万纤芯公里，高速互联网出口达 4640G；全面完成光网城市建设，城区宽带网络提速改造基本完成，光纤网络实现城区全覆盖，乡镇宽带网络基础设施建设正加速推进；建设 WLAN 无线接入访问节点 20 余万个，基本覆盖高校、党政机关、交通枢纽、医院、旅游景点、大型文化会展中心、酒店宾馆、商场卖场等人流密集区域。年末，4G 移动用户 696 万户，互联网宽带接入用户数 251 万户。

（撰稿：刘悦敬　审稿：张林波）

绿色发展

【资源节约和综合利用】 2019 年，烟台市编制全年工业行业重点节能监察计划，组织企业开展烟台市能效星级评价和参选山东省能效领跑者等工作。推荐烟台神州能源科技有限公司、烟台双辰再生资源有限公司申报工信部废矿物油及废钢铁加工行业准入公告；组织完成国家第二批机电再制造试点龙口油泵油嘴有限责任公司验收工作。推进招远市国家循环经济示范城市、烟台资源再生加工示范区国家城市矿产示范基地、双塔食品国家循环经济教育示范基地、省民和生物循环经济教育示范基地和烟台资源再生加工示范区开展国家城市矿产示范基地等建设。帮助企业落实国家资源综合利用政策，山东鸿承矿业（集团）有限公司、烟台清泉实业有限公司、中节能（烟台）生物质热电有限公司、山东九曲圣基新型建材有限公司、烟台双塔食品股份有限公司、招远招进金合科技有限公司等6户企业被山东省人民政府评为山东省资源综合利用先进单位。

【绿色制造体系建设】 2019年，市工信局开展绿色制造体系建设，烟台张裕葡萄酿酒股份有限公司、山东金创金银冶炼有限公司、蓬莱金创精密铸造有限公司、莱州市莱玉化工有限公司、山东黄金冶炼有限公司、山东道恩高分子材料股份有限公司、山东隆基机械股份有限公司等7户企业入选国家绿色工厂示范名单。

【工业污染防治】 2019年，市工信局配合市环保部门实施工业企业环保督查工作，参加市政府环保督查交办事项落实组工作，赴有关县区对环保督查案件问责情况进行现场督查，参与市督查组赴对环保问题整改落实情况进行现场督查等。实行冬季错峰生产和化工行业转型升级，全市对174家确属不能完成整改的化工生产企业进行公示，列入第一批“关闭淘汰名单”，对其余化工生产企业不能整改合格的，将列入第二批“关闭淘汰名单”。

（撰稿：丛维敏　审稿：刘国云）

非公有制经济发展与服务

【概况】 至2019年末，全市实有市场主体86.76万户，同比增长14.4%，其中私营企业21.95万户，同比增长12.7%，个体工商户61.59万户，同比增长15.4%，农民专业合作社1.73万户，同比增长16.6%。

【工作推进机制建设】 2019年，烟台市成立市促进非公有制经济发展工作领导小组，负责贯彻落实中央决策部署和省、市有关工作要求，研究提出促进全市非公有制经济和中小企业发展的政策措施，建立健全跨部门协调联动机制，统筹推进全市促进非公有制经济和中小企业发展任务落实，协调解决非公有制经济和中小企业发展工作中的重点难点问题。领导小组办公室设在市工业和信息化局。市委、市政府印发《关于支持民营经济高质量发展的实施意见》《关于构建新型政商关系的实施办法》。在全省率先启动民营经济地方立法工作，10月29日，《烟台市民营经济促进条例》经市十七届人大常委会第22次会议表决通过，待省人大常委会批准后颁布实施。

【高成长创新型企业培育】 2019年，烟台市深入实施高成长创新型企业培育行动，市政府办公室印发《关于促进高成长创新型企业加快发展的奖励办法》，启动首批市级瞪羚企业认定工作。建立高成长创新型企业培育库，全市高成长创新型企业培育库入库企业320家，年内认定首批市级瞪羚企业59家；获评山东省独角兽企业2家；山东省瞪羚企业32家，累计46家。引导中小企业“专精特新”发展，全市新认定市级中小企业“一企一技术”研发中心17个，累计250个，市级中小企业“一企一技术”创新企业累计108个；新增山东省中小企业“一企一技术”研发中心23个，省级“一企一技术”研发中心和创新企业累计239个。新认定市级“专精特新”中小企业60家，累计760家，新增山东省“专精特新”中小企业51家，累计297家；新增国家级专精特新小巨人企业1家。

【民营企业改革】 2019年，市工信局落实市委、市政府《关于进一步深化企业改革的意见》，深入推动民营企业规范化公司制改制工作，制订《2019年烟台市民营企业加快确立现代企业制度工作方案》，举办3场民营经济政策宣讲会和1场民营企业改制专题讲座，邀请省民营经济政策宣讲团、IPO专家围绕企业规范化改制为全市1600余名民营企业管理人员进行政策辅导。建立民营企业改制企业培育库，定期对县市区工作进展情况进行调度通报。年内，全市有122家民营工业企业完成规范化公司制改制。

【中小企业公共服务体系建设】 2019年，山东恒诚检测科技有限公司、烟台富美特信息科技股份有限公司获评国家级中小企业公共服务示范平台，全市国家、省和市级中小企业公共服务示范平台分别累计达到3个、23个和7个。新认定市级小型微型企业创业创新示范基地6个，累计10个；新增省级小微企业创业创新示范基地6个，累计11个；山东国际生物科技园有限公司获评国家级小微企业创业创新示范基地，在培育国家级小微企业创业创新示范基地方面实现零的突破。

【中小微企业融资服务平台建设】 2019年，市经信局会同市发展改革委、税务局、烟台银保监分局、人民银行市中心支行对烟台中小微企业融资服务平台进行升级改造，有效整合“信用烟台”“优质纳税信用企业信息数据库”“中小企业融资需求项目库”等资源，通过线上线下相结合的服务模式，向有融资需求的中小微企业提供担保和信用增信服务。平台共有51家银行入驻，发布65个特色金融产品，注册企业3668家，发布融资需求26.57亿元，融资金额19.87亿元。推荐烟台国合融信应急转贷有限公司、烟台新动能应急转贷有限公司为山东省企业应急转贷服务体系备案合作机构。

【清理拖欠中小企业民营企业账款工作】2019年，烟台市落实党中央、国务院和省委、省政府工作部署，深入推进清理拖欠中小企业民营企业账款工作，市政府成立清欠工作协调推进小组，并成立由市工业和信息化局、财政局、国资委工作人员参加的清欠工作专班，具体负责推进清欠工作。坚持“边界清晰、突出重点、源头治理、循序渐进”的工作原则，坚持“属地管理、分级负责，谁监管谁负责”的工作要求，落实目标责任制，通过按月调度通报、专题会议研究、专项督导检查、设立投诉举报渠道等方式，督促相关部门、单位和国有企业认真排查摸底，建立清欠工作台账，制定清欠工作月度计划，落实清欠资金来源，确保按期完成清欠工作任务。至11月底，全市拖欠民营企业中小企业账款全部清偿完毕，在全省率先完成清欠工作任务。全市清理拖欠民营企业中小企业账款15.82亿元，涉及1200余户企业、1300余笔账款。

（撰稿：于远明　审稿：万树建）

无线电管理

【机构改革】2018年12月26日，市委印发市级机构改革实施意见，组建市工业和信息化局，承担无线电管理职能，不再保留省无线电管理办公室烟台管理处（市无线电管理办公室）。2019年3月29日，市委办公室市政府办公室印发《烟台市工业和信息化局职能配置、内设机构和人员编制规定》(烟办字〔2019〕51号)，设立无线电管理办公室。11月27日，市委编制机构委员会以烟编〔2019〕65号文通知，烟台市工业和信息化局加挂《山东省工业和信息化厅烟台无线电管理办公室》牌子，作为省工业和信息化厅派出机构，工信局无线电管理办公室改为无线电管理科。

【无线电监测查处】2019年，按照工信部无线电管理局和省工信厅下达的季度监测计划和专项频段监测计划，烟台市圆满完成各项监测任务，全年累计完成监测时长2.72万小时。3月组织召开频谱监测工作培训研讨会。每月按时上报监测月报，保质保量完成常规监测；排查统计烟台域内专项频段占用情况，对烟台域内公众通信频段、航空和水上专用频段、GPS频段、2.4/5.8Ghz等专项频段进行监测统计，排查非法占用专项频段的不明信号，统计专项频段的占用度情况，为国家制定5G频段划分、专用频率保护等政策决策提供准确的数据支撑。全年收到（测定）各类干扰投诉23起，其中航空干扰4起，卫星干扰1起，“黑广播”15台套，考试作弊3起。有关干扰信号经测定、处理后均已消除，维护了空中电波秩序。

【重大活动无线电安全保障】2019年，市工信局严格值班纪律，落实24小时监测值班制度，加强设备、车辆管理，畅通与公安、航空、广电、公众通信等部门的联络沟通与配合，抽调人员现场参与保障，完成青岛海军节海上阅兵期间无线电安全保障值班工作。组织4次全员的监测技术培训，并与威海管理处等兄弟地市开展联合实战演练，加强与公安、安全、文广新局、蓬莱国际机场、烟台港等部门的联络协调，每日沟通情况并按时报送信息，启用13个固定监测测向站重点加强广播电视、铁路、航空、水上等重点频段的监测保障力度，安排值班42人次，累计监测2904小时，国庆70周年前后烟台域内未发生无线电应急突发事件，完成国庆70周年庆祝活动无线电安全保障工作。

【重要考试无线电安全保障】2019年，市工信局保障全国高考、公务员招考、省直事业单位招考等各类大型考试30次，派出移动监测车120车次，监测保障人员480人次，启用便携式设备180台（套），移动监测测向设备120台（套），发现作弊信号并处置3起，协助公安机关和考试主管部门查获用于作弊的无线电发射设备3套，接收设备9个，违法人员8人。

【技术设施安全管理】2019年，市工信局每季度对建成的固定监测测向站和便携式无线电监测设备、检测设备、管制设备进行定期巡检，重点检查各固定站的防雷、防火、防盗、防水等技术设施安全情况。全年累计完成巡检52人次。实现各类技术设施安全稳定运行，全年未发生技术设施安全事故。

【边海防无线电监测网建设】2019年，按照《经济建设和国防建设融合发展“十三五”规划》、工信部《边海地区无线电管理技术设施建设工程专项规划》和《山东省边海防无线电管理技术设施建设工程专项规划》的部署要求，烟台市推进完成边海防无线电监测网建设项目。该监测网项目包括3个岸基监测站、3个岛礁监测站

和1个船舶监测站1。年末，完成北隍城岛、大钦岛、砣矶岛西村、南长山岛山前村、大黑山岛土岛、龙口市桑岛等6处站址的机房建设改造和监测测向主机及天线等设备的安装架设工作，烟台域内的边海防监测网已投入试运行。

（撰稿：薛义群　审稿：常志刚）

通　信

【中国电信烟台分公司（简称“烟台电信”）】 2019年，烟台电信收入5.79亿元，用户规模近150万户，在行业内的收入及用户份额逐年增长。

网络基础设施建设。全年开通800M LTE基站333个，1.8G LTE基站237个，1.8G室外微站44个，新增室内分布系统154套，对高校、高流量、高密度区域进行重点覆盖和优化，扩容小区265个，新建800M LTE基站全部具备NB-IoT服务能力，提升4G网络覆盖的广度、深度和公众服务能力，4G终端驻留4G网络时长占比与MR覆盖率均居全省电信公司前列。新增FTTH宽带端口6.5万个，网络实现全光化，普遍具备300M接入能力，部分具备千兆接入能力。完成市县传输网络第二平面建设和政企OTN建设及全市宽带网络的双路由改造工作，基础设施支撑能力大幅提升。

5G建设及应用。2019年烟台电信同500余家党政机关、企事业单位签订5G战略合作协议，携手迈入5G时代。6月27日，由中国电信5G网络鼎力支持，烟台市烟台山医院、北京积水潭医院、嘉兴市第二医院成功完成全球首例骨科手术机器人多中心5G远程手术，创造性的将骨科手术及AI人工智能和5G技术相结合，标志着中国5G远程医疗与人工智能应用达到新高度。8月17日，烟台电信与滨州医学院烟台附属医院打通中国电信在山东省内医疗机构的首个5G通话，医院利用中国电信的5G网络技术实施远程眼科手术。

（撰稿：王晓语　审稿：黄颖华）

【中国联通烟台分公司（简称“烟台联通”）】 创新建设和应用。2019年，烟台联通加快5G商用步伐，互联网技术创新业务发展强劲。响应国家提出的“力争2020年启动5G正式商用”要求，贯彻落实国家创新驱动发展战略，推进实施5G灯塔行动和领航者计划，统筹全市联通5G产业布局。与50余家本地行业龙头建立战略合作关系，开展5G应用场景联合试验，建立5G应用实验室，推进行业应用试点。建立完整创新业务发展体系，涉及IDC、IT服务、云计算、物联网、大数据等各个方面，实现创新业务产品化模式，建立“软件＋硬件＋服务”组合而成的“有形＋无形”的服务交付体系。

网络建设运营。省内持续领先，在山东联通建设运维专业线评价中，烟台联通累计排名第1。5G网络建设稳步推进，2019年3月9日开通首个5G基站，年内实现5G网络重点区域覆盖。全市所有乡镇、行政村实现宽带FTTH覆盖，百分之百具备100M接入能力。移动网络覆盖质量进一步提升，4G面积覆盖率达到98.1%，全省排名第二；网络人口覆盖率达到98.3%，全省排名第三。全省第一个完成农村网络广覆盖工程，实现农村2G全覆盖。网络用户口碑评价全省得分第一。

（撰稿：赵红华　审稿：王笑）

【中国移动烟台分公司（简称“烟台移动”）】 2019年末，烟台移动固定资产60亿元，员工1700余人，基层党支部24个，党员489人，客户规模500余万户，市场份额超过60%，宽带用户98万户，市场份额超过40%，全业务运营能力持续保持行业领先地位。2019年，纳税近1.4亿元，全市经济发展贡献名列第60名，获“十佳驻烟单位”称号。各类社会服务网点1万多家，直接或间接解决就业岗位达3万多人。

5G网络规划布局和产业化。自2019年2月开通全市首个5G基站以来，累计开通5G基站800余处，主要分布于烟台6区，完成政府、重点高校、交通枢纽和人流密集区的5G覆盖。并实现多项应用：3月18日，完成烟台市公安局5G网络覆盖，并通过5G+4K实现高清视频监控应用；5月11日，率先应用5G技术直播烟台广播电视台观众节；5月17日，在西大街开业首个5G体验厅；6月15日，烟台首例5G远程医疗项目亮相毓璜顶医院；10月，山东首所精品5G网络校园落地鲁东大学，同时实现公交1路车沿线5G网络全覆盖；11月20日，市政府与山东移动签订战略合作协议；12月，携手山东黄金焦家金矿打造“5G+智慧矿井”。

信息化服务。完成中国首个渔业多功能平台长岛佳益国家级海洋牧场海陆专用通信系统试点，实现牧场平台日常通信、4G需求，并实现监测数据安全、稳定、高效传输；与同济大学企业数字化应用中心合作，经过充分论证与调研，推动工业互联网国家二级节点在烟台落地；推进政务云、工业互联网平台项目建设，参与“政务信息系统整合”“企业上云”行动，结合自身优势推动“设备上云”；依托烟台移动大数据平台，以自身的信息化技术优势助力烟台智慧城市建设。

（撰稿：孙德明　审稿：曲广胜）

责任编校：渠敬伦

商贸服务

综　述

【概况】2019年，烟台市社会消费品零售总额3303.46亿元，同比增长7.4%。按地域分，城镇2606.27亿元，同比增长7.3%；乡村700.19亿元，同比增长7.8%。按消费形态分，餐饮收入268.28亿元，同比增长8.9%；商品零售3038.18亿元，同比增长7.2%。

【流通政策】2019年10月14日，市政府办印发《关于加快商贸流通业创新发展支持扩大消费的意见》，首次设立市级商贸流通发展专项资金，填补内贸流通政策空白。召开全市夜间经济工作会议，逐步理顺夜间经济发展重点工作和进度安排。

【流通领域试点推进】2019年，烟台市深入推进流通领域现代供应链体系、供应链创新与应用、城乡高效配送和农产品冷链物流等国家试点，获批山东省农商互联示范城市。海阳市、福山区被列为省级城乡高效配送示范县，数量居全省第一。

【商务领域监管】2019年，市商务局注重加强单用途商业预付卡、汽车销售行业、家政服务等商务领域执法，全年出动执法检查人员400余人次、实地检查企业100余家。抓好《问政山东》《问政烟台》曝光问题整改，其中《问政烟台》反映的10项问题均高质量整改。成品油监管、猪肉应急储备等工作扎实推进。

【商业模式优化】2019年，莱山区上市里街区获批首批省级步行街改造提升试点街区。金茂超市创建全国绿色商场，成为全市首个获此称号企业。直通家、好客烟开两家企业作为品牌连锁便利店典型案例报送商务部，数量占全省五分之一。

【商务扶贫】2019年，全市商务系统探索“电商扶贫＋合作社”、劳务扶贫、会展扶贫等新模式，新建或改造电商服务站点11个，带动391名贫困人口增收，承担的脱贫攻坚任务指标均超额完成。

【烟台市入选山东省“智慧便利店进社区工程”示范城市】2019年7月17日，烟台市入选山东省“智慧便利店进社区工程”示范城市，获省级商贸扶持资金200万；获得支持农产品流通对口支援和扶贫协作省级扶持资金50万元。

【烟台市10家企业被认定为“山东老字号”】2019年1月22日，山东省2018年老字号企业工作会议在济南召开，全省75家企业被授予第四批“山东老字号”牌匾，烟台市山东婴儿乐股份有限公司、山东华源莱动内燃机有限公司、莱阳齐花特香纯正花生油有限公司、海阳吉纹斋工艺品有限公司和蓬莱春酒家5家企业获牌。3月8日，山东省新认定出52家企业为第五批“山东老字号”，烟台双塔食品股份有限公司、山东德字门食品股份有限公司、山东食圣酿造食品有限公司、山东烟台酿酒有限公司、烟台旗源服饰有限公司等5家企业获“山东老字号”荣誉，烟台市老字号品牌总数达到16家。

商贸会展

【概况】2019年，全市举办具有一定规模和影响力的会展活动117个，展览面积82.1万平方米，参展商家9500余家，参会参展突破170万人次，同比分别增长46%，75%，46%，55%，会展直接经济收入约10亿元，签订贸易意向协议合同额超过30亿元，会展蓬勃发展带动广告设计、交通运输、仓储物流、住宿餐饮等上下游产业发展。

【会展产业布局】2019年，烟台市完成原市葡萄和葡萄酒发展服务中心和市会展服务中心优化整合，理顺全市会展发展机制，制定出台会展奖励和考核细则。围绕“产业会展、会展产业”思路，启动编制会展业中长期发展规划。通过竞争性磋商方式确定由广州西码展览股份有限公司执笔编制会展业中长期发展规划，规划围绕“产业会展、会展产业”的思路，为烟台市会展业中长期发展规划编制机构，从会展目标定位、会展网点及配套设施布局、市场培育、产业促进、人才培养、国际交流合作等方面，对会展全产业链进行布局。加快开发区会展中心建设，不断完善全市会展配套设施。

【品牌展会】2019年，市商务局参与举办中日韩青年创新创业论坛、烟台国际葡萄酒博览会、世界老年旅游大会、中国民间工艺品博览会、国际健康产业论坛、世界工业设计大会、国际果蔬·食品博览会等重点会展项目。

【招会引展】 2019年，市商务局分组赴上海、北京、杭州等地参加业内活动，展示烟台市会展政策环境，通过洽谈、拜访等方式加强与国内外组展主体和会展企业的交流沟通，吸引会展项目和会展公司落户烟台。经积极对接，下半年新增动漫展、三维打印学术会议、中国农产品供应链峰会等会展活动，初步确定2020年世界苹果产业大会、中国商标品牌节、园林景观规划设计博览会等近20个会展活动在烟台市举办，北京融合会展集团等在烟落地公司并计划引进多个会展题材展会项目。

【烟台市3个展览项目入选第二批山东省品牌展会】 2019年1月23日，经山东省商务厅组织专家评审委员会的评审结果和社会公示，烟台市“烟台国际葡萄酒博览会”“国际果蔬·食品博览会”和“中国民间工艺品博览会”3个展览项目成功入选第二批山东省品牌展会，数量占全省的四分之一。

【VinChina第十二届烟台国际葡萄酒博览会举行】 2019年6月28–30日，由烟台市人民政府主办，烟台市葡萄与葡萄酒产业发展服务中心、深圳百高文化传播有限公司承办的VinChina第十二届烟台国际葡萄酒博览会举行。来自法国、西班牙等22个国家地区和国内10大葡萄酒主要产区的500多家企业参展，举办世界葡萄酒产区风土论坛和葡萄酒品鉴等活动。本届酒博会签订贸易意向、协议、合同金额9.8亿元，其中协议、合同金额3.2亿元，参展达到4万多人次。

30日，市葡萄与葡萄酒产业发展服务中心组织召开中国葡萄酒产区圆桌会议。会议围绕“加强产区交流合作 提升国产葡萄酒竞争力 振兴中国葡萄酒产业”主题，共同研讨中国葡萄酒产业管理创新方法路径，深入交流经验做法，经与会代表共同商议，一致达成并签署《烟台共识》。

【中日韩青年创新创业论坛在烟台举办】 2019年6月25—27日，由中华全国青年联合会、中国国际商会、中日韩三国合作秘书处主办，中国国际青年交流中心、共青团山东省委、烟台市人民政府、中国国际商会中日韩企业交流中心承办，中日韩青年创新创业论坛在烟台举办。论坛举办期间，三国青年代表共同宣读《中日韩青年创新创业烟台倡议》，签署8项务实协议并举办中日韩青年企业家洽谈会。论坛结束后，中日韩三国青年考察烟台当地的中外企业。

【第二十届国际果蔬·食品博览会】 2019年11月8—10日，由商务部和山东省人民政府联合主办，烟台市人民政府和山东省商务厅共同承办的第二十届国际果蔬·食品博览会在烟台举办。其间，举办中国果蔬进出口贸易营销年会、中国（烟台）智慧农业应用与乡村振兴发展大会、中国果蔬行业数字经济高峰论坛和中国生鲜电商行业发展革新论坛等4场高峰论坛以及献礼20周年之果蔬创意设计大赛、果蔬产业链供需见面会、贸易洽谈成果签约仪式、烟台市农科院考察活动等特色活动。本届博览会展示面积2万平方米，共有来自海内外16个重要代表团集体亮相展会，参展企业达600余家，参展展位总计890个，其中，特装展示面积占整个展区面积的48.53%以上。展会期间，现场参观人数3.5万人次，意向成交额约5.3亿元。本届国际果蔬会集展（果蔬会）、会（论坛）、赛（刀工雕刻比赛）于一体，以专业化规划运营进行招商，以高端论坛活动聚集行业精英，以强大媒体阵容进行全方位宣传，为果蔬食品产业链上下游企业提供良好的交流合作平台。

电子商务

【概况】 2019年，据省商务厅委托第三方大数据平台监测，烟台全市实现网络零售额261.5亿元，同比增长17.9%。其中，实物商品网络零售额192.3亿元，占比73.6%，增长20.2%。从交易模式看，B2C网络零售额202.7亿元、增长28.2%，C2C网络零售额58.8亿元、增长4.5%。从电商平台看，天猫商城、淘宝网和京东商城网络零售额占比依次为30.7%、30%和10.7%，合计占比71.4%。全市有应用电子商务从事网络零售企业6253家，电商经营者注册网络零售店铺13.3万家。从各县市区情况看，网络零售额排名前三的县市区分别为芝罘区、莱阳市和莱山区，占比依次为32%、12.5%和12.1%，合计占比56.6%。

【组织管理】 2019年，市商务局拟定《全市电子商务工作绩效综合评价办法》，分7大项15小项对各县市区电子商务工作进行综合评价。组织2019年全市电子商务培训工作，举办近百场培训会，参训学员近3000人次。支持烟台市电子商务产业园通过2019年度国家级电子商务示范基地复审。

【农村电子商务】 2019年，发展农村电商被列入市政府“三重”工作，召开全市农村电商工作会议，全市农产品网络零售额居全省第一。协调天猫、盒马鲜生、拼多多、丹鸟等团队到烟对接洽谈，组织招商会，天猫“正宗原产地”项目省内首个落户烟台。申报山东省商务厅“村播计划”试点工作，海阳、福山获批山东省“村播计划”试点，试点项目总数在省内属于最多的城市之一。国家电子商务进农村综合示范项目落户烟台市，海阳成为国家电子商务进农村综合示范项目，年末中央财政资金1500万元已下拨试点县。推动“淘宝镇”“淘宝村”建设，莱州市沙河镇、土山镇被阿里研究院命名为“淘宝镇”，填补烟台市“淘宝镇”的空白。

市场体系建设

【农产品冷链物流和标准化试点收尾工作】 此项试点工作，实施19个农产品冷链物流项目的建设。2019年初，省厅对该试点进行绩效评价，验收组对试点工作给予肯定。烟台市制定的《果品气调库管理规范》，被批准为省级地方标准，并发布实施。

【便民消费网络完善】 2019年，烟台市入选山东省智慧便利店进社区试点城市，获省级商贸扶持资金200万，重点开展中小型生鲜超市、便利店进社区工作，并列入市政府为民办实事和三重工作，引导振华、家家悦新开社区连锁超市23处，两公司超市总数发展到297处，鼓励招远金百、好客烟开等企业建设改造连锁便利店30余处。

【扶贫协作】 2019年，市商务局鼓励烟台晟金昶裕、葛悠公司对接鲁渝市场，完成采购巫山恋橙、脆李、土豆等特色农产品1500余万元的扶贫协作任务。引导振华、家家悦超市采购德州面粉、挂面、扒鸡、调味品等特色农产品约150万元。

【供应链创新与应用试点工作】 2019年，烟台市成立由分管副市长任组长，市商务、经信等15个部门联合参与的全市供应链创新与应用试点工作领导小组，印发《开展供应链创新与应用的通知》，组织万华和龙大参加培训，动员瑞康药业、万华集团等企业加入人民银行应收账款融资服务平台。

【山东省农商互联示范城市获批】 2019年8月，经省商务厅专家评审，烟台市入选农商互联示范城市，为全省六个地级市之一，获中央扶持资金1650万元。市商务局组织专家项目评审，确定试点企业，完成网上公示。

市场监管与运行

【市场秩序】 2019年，市商务局围绕预付卡、直销等监管职能开展4次专项行动，召开1次预付卡备案企业座谈会和1次预付卡培训会，做好符合条件的的预付卡发卡企业备案工作。赴19户企业现场讲解相关法律法规实践应用，指导整改各类违法违规行为为50余处。

【汽车流通行业监管】 2019年，全市回收报废机动车6852辆，二手车市场交易量约11万辆，交易额约31亿元。组织开展打击非法拆解专项行动，整治取缔非法拆解点40余处。规范汽车销售经营行为，召开全市汽车销售管理工作会议，督促县市区加强事中事后监管。

【市场运行和消费促进】 2019年，烟台市建立2500吨市级冻猪肉储备制度，招标确定龙大、福祖两家承储企业，结束2014年后无市级猪肉储备的局面。组织开展成品油经营企业年检工作，印发《关于做好2018年度原油成品油经营企业经营资格年度检查和信息采集换证工作的通知》，全市共有765家企业通过年检。

服务优化

【涉企服务优化】 2019年，市商务局深入开展“基层服务年”和“进解促”活动，累计现场走访县区和企业群众300余次，发现解决问题困难170余条，在全省率先开展企业年报直播，帮助引进世界500强首钢丰田新能源汽车压缩机项目，相关经验被全市推广。

【政务服务优化】 2019年，市商务局制订年度定标明责重要事项，印发督查通知31份，细化分解重点工作413项，建立周调度、月通报机制，确保各项重点工作顺利推进。

（撰稿：左海森　审稿：赵新志）

供销合作

【概况】 2019年，全市供销社系统实现销售收入82.23亿元，实现利润5687.11万元，其中，直属企业实现销售收入68.66亿元，实现利润1812万元。

【经营服务业务拓展创新】 2019年，全市供销社系统围绕服务主要农业产业，依托各类为农服务中心、农民专业合作社等基层实体经营服务设施和优势经营服务项目，通过收集各类基层经营服务网点合理服务半径内种植大户、家庭农场、农民合作社、农业产业化龙头企业等各类农业生产经营主体的信息，发放明白纸，与农业科技部门合作开展农民培训，开展“社村共建”等有效形式，实施测土配方智能配肥服务、机防机治和飞防飞治植保服务、推广有机肥和生物肥施用、实施水肥一体化项目等创新经营服务业务。至年末，全市供销社系统建成各类为农服务中心 95 处，建成智能配肥站 80 处，开展测土配方智能配肥服务面积 5.33 万公顷；建成各类庄稼医院 120 处，拥有无人机等植保机械 237 台架，开展统防统治服务面积近 3.33 万公顷；推广实施水肥一体化项目服务面积近 1333.33 公顷。

【经营服务网络】 2019 年，全市供销社系统依托市县两级优势骨干企业，通过自身投入、联合合作、资源整合等多种方式，改造传统经营服务网络，努力做优做强农资、农用成品油、日用消费品、农产品等实体经营服务网络，不断夯实供销社在农村的经营服务基础。探索农村电子商务发展的路子，做好在淘宝、京东、微信商城等电商平台开设网店的基础上，主动对接全国总社、省供销社的电商平台，把区域产业特色电商融入全国、全省一张网当中，促进买全国卖全国的便捷服务能力得到提升。依托基层经营服务网点，设立县级电商运营中心和镇级、村级服务站，解决组织农产品上线和日用品线下配送“最后一公里”问题，推进线上线下融合发展。至年末，全市供销社系统发展农资连锁店、加盟店 3200 处，大型区域配送中心 7 处；发展农村加油站 60 处；建成日用品配送中心 9 处，发展直营超市 205 处；全市供销社系统组建县级电商运营中心 7 处。

【农民合作组织领办创办】 2019 年，全市供销社系统撤并或注销没有任何经营服务业务的“空壳社”，进一步规范领办农民合作社的同时，围绕服务当地主要农业产业和特色农产品，依托为农服务中心和基层的经营服务设施等，领办创办注册正规、产权清晰、制度健全、经营服务优势明显的各类务实管用规范的农民合作社。参与全市乡村振兴战略和党支部领办合作社示范行动，主动对接示范村、当地组织部门、乡镇党委政府，助力示范行动取得实际效果。至年末，全市供销社系统领办创办各类农民合作社 165 个，年组织开展农民培训 16 万多人次。

【城乡社区居民服务拓展】 2019 年，全市供销社系统围绕服务城乡居民生活需求，依托联民集团搭建的 12343 社区生活服务网络平台，免费为家政服务企业和市民提供服务信息对接，通过家政服务培训学校，免费培训家政服务人员，为下岗失业人员提供再就业机会，培育保姆、月嫂、育婴、养老、病护、钟点工等服务项目，开拓智能化、管家式物业服务规模，在中心区改造建设烟台半岛现代服务业孵化基地，为家政、电商等现代服务业提供创业孵化空间，选择有规模、有资质、有信誉的企业加盟，建设智慧社区服务网站平台，转型传统家政服务为共享平台，初步建立以平台为依托，以家庭服务为支撑，以培训为保障，以商品为补充，以社区服务站为载体，线上线下、服务商品融合的一站式家庭生活服务产业链。至年末，平台可为社区居民提供保洁、保姆、居家养老、家电维修等 18 大类 220 小项家庭服务信息；免费培训家政服务人员 6325 名，均通过人社部门考核取得上岗证书；“烟台大姐”家政服务平台实现在线签约交易，培训职工经理人和服务员 284 人次。

【扶贫脱贫攻坚】 2019 年，全市供销社系统在认真核对贫困户信息、理清帮扶底数的基础上，结合供销社自身经营服务业务，落实就业帮扶、入社帮扶、扶贫资金帮扶、农业服务帮扶、钱物走访帮扶及其他帮扶的“5+1”帮扶措施，分类开展帮扶，保证各项帮扶任务落实到位。全年对接帮扶贫困人口 634 户 983 人，在全省组织的两次电话抽查访问中，烟台市供销社系统的帮扶有效率和帮扶信息准确率均名列前茅；通过“5+1”措施帮助贫困户实现增收节支总额 24.39 万元。

【社属企业体制机制创新】 2019 年，按照各级关于建立混合所有制企业改革的部署和要求，全市供销社系统将企业增量改制工作与市委市政府“双招双引”任务落实、与系统内外的联合合作有机结合，围绕社属企业实际，突出重点和优势，瞄准、紧盯行业龙头企业、央企、大型国企，以股权投资及改革改制项目为载体，有针对性地开展招商引资和推进社属企业改革改制工作。按照先易后难的次序，成熟一个改制一个、成熟一部分改制一部分的办法，规范推动完成供销合作社与湖北富帮合作、联民集团电子商务公司与烟台中汇通管理有限公司合资及果品公司股权转让、供销石油公司与 BP 英伦、滨州现代中油公司的合资合作；市供销社计划合同利用市外资金 2.5 亿元，实际完成 2.46 亿元，完成计划 98.4%；计划实际到位市外资金 5000 万元，实际完成 1.91 亿元，完成计划 382%。在企业机制创新方面，突出企业效益这个重点，强化激励约束措施，实行正向激励和反向倒逼企业做大做强优势主业和转调创新业务。

（撰稿：张云　范超群　审稿：姜增道）

粮食流通

【概况】2019年，全市原粮购进684.2万吨，其中从生产者购进109.5万吨，从企业购进539.4万吨，进口35.3万吨；销售原粮353.8万吨，出口13.5万吨，转化用粮油244.7万吨。全市粮食产业经济入统企业89家，工业总产值292亿元，利税3亿元。拥有完好仓容208.8万吨，建成现代化标准粮库11处，总仓容44.4万吨。

【粮食流通】2019年，全市小麦播种面积达12.28万公顷，总产量70.56万吨，单产382公斤，收购22.6万吨。全市腾空有效仓容30万吨，安排收储库点79个，确保“仓等粮”。组织培训夏粮收购人员290多名，增强业务技能，确保“人等粮”。为有效解决市场化收购资金供应，协调农发行探索推行“信用保证基金融资担保”新模式，落实收购资金5.27亿元，确保“钱等粮”。

【地方储备粮管理】2019年，全市按时完成轮换、增储等年度任务。到7月底，全部完成收购入库地储轮换任务；成品粮油储备管理：对市级成品大米储备企业进行调整，与市军供站、新烟、台华、龙源油签订2019年度大米、面粉、花生油等成品粮油储备协议，并协调财政下拨储备费用。开展全市成品粮油储备大检查，落实好各方面责任，要求各承储加工企业库存数量必须大于协议储备数量，确保应急时调得出、用得上。

（撰稿：包华伟　审稿：廉标杉）

烟草专卖

【概况】2019年，山东烟台烟草有限公司（以下简称烟台烟草公司）实现税利18.02亿元，同比增长4.6%；实际上缴各类税费14.29亿元，同比增长18.4%。

【专卖管理】2019年，烟台烟草公司开展“齐鲁利剑”（2019）专项行动，健全政法委牵头、14家成员单位共同参与的协作机制，加大对互联网、寄递物流和加热不燃烧新型烟草制品案件的侦办力度，始终保持对涉烟违法犯罪行为的严打态势。推动精准监管落地，组织开展“深耕除莠”、串码烟治理等专项行动，市场净化水平稳步提升。全年查获涉烟案件1947起，查获非法卷烟1174万支、烟丝烟叶16.70吨，总案值1093万元；拘留95人，逮捕41人，判刑54人；破获国标网络案件12起，达到历史最好水平。落实国务院和行业“放管服”要求，做好政务数据归集衔接和烟草专卖法律法规宣传工作，不断强化法治烟草建设。全年累计开展集中法治宣传活动135次，发放宣传材料3万份。

【基础管理】2019年，烟台烟草公司坚持把流程建设作为“一把手工程”，推动全员参与、上下联动，完成518项流程的编制、评审与发布，其中2项流程被评为全省烟草系统“十佳流程”。严格采购管理工作，落实“应招尽招，真招实招”要求，实现采购项目全程监督、痕迹管理，剔除办公楼租赁、物业服务全资子公司单一来源采购，公开招标率达到98.27%。突出预算归口管理部门全过程管控，从严从实开展同级审计、经济责任审计以及各类专项审计，财审管理的约束作用持续发挥。加强精益物流建设，省内、外烟箱回收率分别达到100%、90%；省内首推卷烟送货电子签收，电子签收使用率100%，单户送货时间缩短1～2分钟。

【公益活动】2019年，烟台烟草公司捐赠资金135.71万元，其中新农村帮扶66万元，捐赠见义勇为基金50万元，爱心捐助18万元，贫困学生帮扶1.71万元。

（撰稿：吴非　审稿：王秀辉）

责任编校：渠敬伦

对外及港澳台经济贸易

综　述

【概况】 2019年，烟台市引进外国及港澳台投资项目346个，合同外资59.88亿美元，实际使用外资19.41亿美元。外贸进出口总额2906.83亿元，下降4.8%，其中出口1733.69亿元，进口1173.14亿元。新备案境外投资企业（机构）29个，中方协议投资额4.28亿美元；对外承包工程营业额4.05亿美元，外派劳务人员5870人，年末在外1.32万人。

【中美贸易摩擦应对】 2019年，针对中美贸易摩擦的严峻挑战，市商务局研究应对举措，组织引导企业参加广交会和日韩泰俄等海内外展会，赴东盟、肯尼亚等国家和地区举办“烟台制造全球行”，助力企业开拓新市场，新增进出口实绩企业904家，新增进出口额137.6亿元。对“一带一路”沿线国家出口304.3亿元，增长15%。

【外贸结构转调】 2019年，烟台市争创国家跨境电商综试区，发挥3个国家级转型升级示范基地和全省首批外贸转型升级示范县的带动作用，组织开展市级外贸转型基地评选工作，创建中国服务外包示范城市通过第二轮专家评审，鲁东保税物流中心（B型）获省政府批复。一般贸易出口占比首次超过50%。本土企业进出口保持增长态势，国有企业和民营企业分别增长61%、16.2%。63家外贸自主品牌企业出口占全市比重达到17.2%。

【外贸服务保障】 2019年，全市商务系统从年初就建立外贸运行情况分析和预警机制，多次召开全市外贸、海关与企业座谈会，帮助外贸企业解决用工用电、市场开拓等实际问题。制定出台外贸扶持政策，启动市级外贸综合服务和国际自主品牌企业培育认定工作，组织东方电子等申报国家级海外营销网络，助力企业增强进出口竞争力。发挥远洋航线和中欧班列的作用，通过新开通航线全年能够新增进出口30.6亿元，增长50%。至2019年连续两年在外经贸大学举办全市外贸创新发展专题研修班。

【中国（山东）自贸区烟台片区申建】 2019年，市商务局牵头成立全市自贸区申建工作专班，在全省率先组建贸易、金融、海洋等9个重点领域专题小组，派驻专人在北京、济南对接工作，会同有关部门完成区划范围确定、《总体方案》起草、片区方案招标、《实施方案》编制等工作。8月26日中国（山东）自贸区烟台片区正式获批，在《总体方案》112项创新举措中，烟台市承接100项。

【自贸区宣传推介】 自贸试验区烟台片区获批后，市商务局组织做好省揭牌活动、签约仪式、新闻发布等工作，统筹推进市挂牌活动、北京政策推介会、进博会专题推介等一系列宣传推介和政策解读活动，进博会期间的专题推介和恳谈解读分别得到省委、市委主要领导肯定。片区启动后，有世界500强项目华润化学以及工商银行、农业银行、中国银行、建设银行等10余家金融机构入驻，新开办企业1600多户。

【自贸区建设创新举措】 2019年，市商务局发挥片区创新高地作用，争取市政府下放首批760项市级行政权力和公共服务事项到片区，选取41项对上争取的重点创新事项，其中“中日韩跨国审批”模式、审批服务“自我声明制”、企业开办“集成合一”审批服务、“证照同办、多证联办”等创新案例全省领先，有关经验被省自贸区领导小组专刊报道。

【中韩（烟台）产业园建设】 2019年，市政府召开专题推进会议，组织参加深化中国山东·韩国开放合作推进会、山东韩国周、中韩产业园合作协调机制会议和2019新万金交流会等重点经贸促进和发布推介22次，市政府驻韩国经济合作中心揭牌，设立中韩（烟台）产业园规划展示馆，在北京南站等地设立专题广告，全年新引进韩国投增资项目45个，总投资3.2亿美元。其中，韩国C&M株式会社新能源汽车电子生产基地，是产业园引进的首个韩资世界500强；与韩科院设立的中韩科技孵化合作基地，是全市首个中韩国家级科技孵化器。

【特色园区建设】 2019年，烟台市谋划推进八大特色园区平台建设，建立定期调度机制，重点推进中德、中日、中意等特色国别园区建设。年末，中意产业园挂牌，中德产业园实现市场化运营，中日产业园规划基本完成。

【烟台经济技术开发区成为首批省级外贸转型升级试点县】 2019年1月

18日，首批省级外贸转型升级试点县名单公布，烟台经济技术开发区获批。这是烟台开发区继2018年获批国家级外贸转型升级示范基地后，获得的又一重要荣誉，为烟台市唯一入选县市区。烟台开发区时有进出口实绩企业590家，与173个国家和地区有贸易往来，3家企业入围山东省十强进出口企业，7家企业入围烟台市十强进出口企业，外贸规模占比全市过半、全省近一成。

2019年烟台市重点企业出口完成情况统计表

表8　　　　金额单位：万元

单位	2019年	2018年	同比
全市出口总值	17336913	17726905	-2.2 %
鸿富锦精密电子（烟台）有限公司	2293076	3018541	-24.0 %
上汽通用东岳汽车有限公司	891423	947302	-5.9 %
烟台锦泰国际贸易有限公司	758617	641022	18.3 %
富泰京精密电子（烟台）有限公司	570717	609597	-6.4 %
烟台森泽国际物流有限公司	463012	74475	521.7 %
鸿富泰精密电子（烟台）有限公司	431333	563091	-23.4 %
山东玲珑轮胎股份有限公司	402398	394888	1.9 %
烟台港务货运经营有限责任公司	373947	181003	106.6 %
浪潮乐金数字移动通信有限公司	340628	1227891	-72.3 %
烟台胜地汽车零部件制造有限公司	288908	277214	4.2 %
烟台中集来福士海洋工程有限公司	267725	119449	124.1 %
大宇造船海洋（山东）有限公司	236985	114960	106.2 %
万华化学集团股份有限公司	223188	154541	44.4 %
乐金电子部品（烟台）有限公司	209611	245342	-14.6 %
中节能万润股份有限公司	164832	161288	2.2 %
龙口海盟机械有限公司	118026	126324	-6.6 %
山东恒邦冶炼股份有限公司	105582	50679	108.3 %
烟台泉源食品有限公司	91951	58422	57.4 %
烟台帕特仑电子有限公司	91161	104784	-13.0 %
烟台东诚药业集团股份有限公司	90396	68188	32.6 %
烟台绮丽集团有限公司	90115	92283	-2.4 %
山东隆基机械股份有限公司	80464	94963	-15.3 %
烟台杰瑞石油装备技术有限公司	80086	69728	14.9 %
万华化学（烟台）石化有限公司	79656	57279	39.1 %
蓬莱大金海洋重工有限公司	79608	19094	316.9 %
烟台明远家用纺织品有限公司	78335	76058	3.0 %
五洲丰农业科技有限公司	77027	50364	52.9 %
烟台首钢磁性材料股份有限公司	76844	76282	0.7 %
斗山工程机械（中国）有限公司	73529	50374	46.0 %

续表 8

单位	2019 年	2018 年	同比
山东宏泰电器有限公司	71396	74043	-3.6 %
烟台龙大食品有限公司	69637	65839	5.8 %
德尔福柴油系统（烟台）有限公司	68349	69121	-1.1 %
栖霞长裕玻璃有限公司	65143	54389	19.8 %
山东道恩国际贸易有限公司	64049	73112	-12.4 %
烟台夏业电子有限公司	59941	8708	588.4 %
烟台杜奥尔车饰有限公司	58644	58765	-0.2 %
山东省中鲁远洋（烟台）食品有限公司	53320	53578	-0.5 %
烟台爱丽思中宠食品有限公司	53252	44607	19.4 %
龙口慧博国际商务服务有限公司	52022	58777	-11.5 %
烟台市富利通商贸有限公司	51633	53779	-4.0 %
乐金显示（烟台）有限公司	51356	171326	-70.0 %
栖霞德丰食品有限公司	50205	44596	12.6 %
烟台北方家用纺织品有限公司	48961	52425	-6.6 %
烟台正海磁性材料股份有限公司	48275	35090	37.6 %
烟台同德食品有限公司	47905	42563	12.6 %
康爱特维迅（蓬莱）化学有限公司	47331	87593	-46.0 %
山东康泰实业有限公司	46841	36904	26.9 %
烟台亚琦纺织有限公司	46652	35683	30.7 %
烟台海港国际物流有限公司	46067	39711	16.0 %
山东鲁达轿车配件股份有限公司	44678	36001	24.1 %

利用外资及港澳台投资

【投资产业】 2019 年，全市利用外资投资产业情况：第一产业项目 16 个，合同外资 1.36 亿美元，实际使用外资 2453 万美元；第二产业项目 96 个，合同外资 21.15 亿美元，实际使用外资 7.32 亿美元；第三产业项目 234 个，合同外资 37.37 亿美元，实际使用外资 11.83 亿美元。

【投资行业】 2019 年，烟台市合同外资列前五位的投资门类分别是制造业、房地产业、批发和零售业、科学研究和技术服务业、卫生和社会工作，合计投资项目 241 个，合同外资 48.03 亿美元，实际使用外资 16.82 亿美元。

【投资来源】 2019 年，38 个国家或地区在烟台市投资，合同外来资金列前五位的分别是中国香港、韩国、英属维尔京群岛、日本、新加坡，合计投资项目 246 个，合同外来资金 44.85亿美元，实际投资 16.7亿美元。

2019 年烟台市各县市区利用外资及港澳台投资情况统计表

表 9

县市区	项目（个）	合同金额（万美元）	实际使用金额（万美元）
芝罘区	33	48179	12088
福山区	20	33903	16341

续表 9

县市区	项目（个）	合同金额（万美元）	实际使用金额（万美元）
莱山区	34	48042	18079
牟平区	11	52258	15509
海阳市	6	26387	4660
莱阳市	8	21853	3292
栖霞市	2	8037	1624
蓬莱市	16	27276	9719
龙口市	44	41312	17967
招远市	22	45088	9995
莱州市	30	26126	9951
开发区	94	172642	63627
高新区	22	43580	9549
保税港区东区	4	612	283

对外及港澳台贸易

【外贸转型升级载体培植】 2019 年，烟台市外贸新业态发展迅速，转型升级成果显著。中国（烟台）跨境电子商务综合试验区获批，烟台中韩跨境电商平台和烟台市跨境电商统计监测系统平台上线运行。12 月 25 日，龙口市获批省级外贸转型升级试点县。全市贸易结构持续优化，一般贸易进出口 1309.7 亿元，增长 3.8%，占全市进出口 45.1%。

【多元化市场开拓】 2019 年，市商务局组织 600 多家进出口企业参加华交会、广交会、第二届国际进口博览会等大型国内展会，组织 60 多家企业赴日本、韩国、泰国、尼日利亚等国家开展经贸开拓活动，在深耕传统市场的同时，力拓“一带一路”和新兴市场。全年全市对“一带一路”沿线国家出口 304.3 亿元，同比增长 15%，市场开拓势头迅猛。

【外贸政策宣传培训】 2019 年，市商务局组织外贸形势与政策说明会、东盟市场分析说明会、外贸政策和跨境电商培训会等活动，与对外经贸大学合作举办全市跨境电商暨商务基础知识专题研修班。成立烟台市对外贸易协会，为外贸企业提供交流与信息共享平台。引导外贸企业创立自主品牌，认定 16 家市级国际自主品牌，全年实现自主品牌出口占比 17.4%。2019 年烟台本土企业外贸增势明显，国有企业进出口 253.3 亿元，增长 61%；民营企业实现进出口 1215.3 亿元，增长 16.2%。全市外贸自主品牌企业出口增长 8.2%。

【烟台中韩跨境电商平台启动仪式暨中韩跨境电商高峰论坛举办】 2019 年 11 月 29 日，由烟台市商务局、烟台高新区管委和共同主办的烟台中韩跨境电商平台启动仪式暨中韩跨境电商高峰论坛举办。烟台市商务局、烟台高新区工委管委领导、特邀嘉宾、韩国客商、烟台市传统外贸出口企业及跨境电商企业负责人约 200 人参加活动。其间，举办“数字经济时代的企业升级转型创新思维”“2020 电商发展新机遇”“电商转型升级的数字化助手”3 场专家论坛以及意向客户一对一对接洽谈会，为中韩企业合作搭建更广阔平台。该平台以 B2B、B2C 的贸易模式，集政策发布、产品展示、交易服务、支付结算、结汇退税、仓储物流等功能为一体，整合世界 500 强跨境电商巨头 Ebay、亚马逊、韩国 Gmarket 等全球优质资源，建设烟台市开展中韩服务贸易和电子商务合作的综合服务平台，平台上线后，可以帮助更多企业适应跨境电商发展新趋势，为烟台与韩国双向贸易开辟跨境电子商务绿色通道。

【烟台国家级跨境电子商务综合试验区】 2019 年 12 月 24 日，新一批国家级跨境电子商务综合试验区名单发布，烟台市成功获批。这是继 2016 年获批山东省跨境电子商务综合试验区后，烟台跨境电商发展的又一重要里程碑，对于加快全市外贸转型升级、助力高质量发展具有重要意义。

【烟台市跨境电商统计监测系统平台上线运行】 2019 年 12 月 24 日，烟台市跨境电商统计监测系统平台顺利完成验收并上线试运行。该平台由山东电子口岸承接建设，以中国（山东）国际贸易“单一窗口”跨境电商信息库为支撑，旨在承担跨境电子商务产业相关数据及风险信息的监测、采集、分析、评估、预警与发布，参与构建跨境电商企业信用体系，依托大数据分析为政府监管部门提供决策参考，助力中国（烟台）跨境电子商务综合试验区建设。

【烟台市外贸协会成立】 2019年12月19日，烟台市商务局联合烟台港集团、烟台海关、国家外汇管理局烟台市中心支局、中国信保烟台办事处、烟台市市税务局和敦煌网等部门和单位举办烟台市外贸协会成立大会暨全市外贸业务培训会。各县市区商务部门分管领导和业务科室负责人以及300余家外贸企业负责人和业务人员参加。在烟台市行政审批局监督下，经过投票选举，烟台市外贸协会会长单位由烟台港集团担任，南山集团有限公司、山东恒邦冶炼股份有限公司等5家单位担任副会长单位，烟台森泽国际物流有限公司担任秘书长单位，山东玲珑轮胎股份有限公司担任监事长单位，烟台杰瑞石油服务集团股份有限公司等13家单位担任理事单位。

服务贸易

【概况】 2019年，面对全球制造业服务化转型的新趋势，烟台市依托良好区位优势、丰富资源支撑和雄厚的产业基础，以创建服务外包示范城市为引领，注重特色导向，着力集聚技术、研发、创意等优势，在培植电力运维、工业设计和研发检测等生产性服务贸易方面集中用力，全市服务贸易快速发展。

【产业规模】 2019年，烟台市服务贸易发展步伐逐步加快，占对外贸易的比重由2016年的12.2%提高到16.4%。服务外包产业快速发展，全市服务外包执行额与2014年相比增长7倍，年均增长率约为68.1%；离岸服务外包执行额与2014年相比增长6.48倍，年均增长率约为65.4%。

【高端业务】 2019年，烟台市发挥制造业发展优势，依托重点企业的研发、设计等技术力量，发展工业设计和研发外包，价值链逐步向中高端延伸。ITO、BPO和KPO三大业务板块比例约为72∶5∶23，其中KPO增幅达到225%。形成以东方电子为龙头的电力运维服务外包、以现代汽车研发中心、橙色云为龙头的工业设计和研发外包等高端特色产业集群。

【服务贸易市场多元化发展】 2019年，随着“一带一路”建设不断推进和参与经济全球化程度持续加深，烟台市与相关国家（地区）的经贸交流不断加强，业务、人员往来更加便利，促进旅行、文化、技术等服务贸易领域深入合作。年末，烟台市与境外往来的国家（地区）达到60个，遍及亚洲、欧洲、非洲、大洋洲、北美洲，其中日本、韩国和“一带一路”沿线国家成为烟台市服务外包重点市场。

【服务贸易主体】 2019年，全市服务贸易园区（基地）基础设施不断改善，公务服务水平明显提升，产业集聚作用进一步增强。东方电子、富士康、现代汽车研发中心、创迹软件等一批服务贸易企业持续发展壮大。至年末，烟台市服务贸易企业总数达600多家，其中全市过千万美元服务外包企业达到52家；获得CMM/CMMI、ISO9001等资质认证的企业110家。

【载体建设】 2019年，烟台市坚持“园区化承载，集群化推进”理念，推广“重点区域+示范园区+特色集群”模式，推动先进制造业与现代服务业并重发展，全面提升现代研发中心、广告创意产业园、东方电子软件园等载体产业规模和集群发展水平。全市服务外包载体建设面积累计超过300万平方米，入驻服务外包及关联企业470余家，从业人员超过10万人，其中大学以上学历占从业人员总数53.3%。

【东方电子股份有限公司获2018年度中国最具影响力离岸服务外包企业】 2019年6月20日，2019中国（徐州）国际服务外包合作大会暨国际数字经济峰会上，东方电子股份有限公司获2018年度中国最具影响力离岸服务外包企业。

【莱山经济开发区获2018年度中国最具影响力科技服务园区十强荣誉】 2019年12月20日，在石家庄举办的中国科技服务产业最佳创新实践（TOPs）系列评选大会上，莱山经济开发区以第6名的成绩获2018年度中国最具影响力科技服务园区十强荣誉。莱山经济开发区依托省级服务外包示范基地建设发展，带动中意产业园、互联网创智园等重点园区在机械制造、电子信息方面的技术资源，推进中挪创新中心、橙色科技中心加快发展设计、维修、咨询、检验检测等领域服务外包业务，促进了生产性服务贸易快速发展。

【中国服务贸易开放与发展新年论坛在烟台开发区举行】 2019年12月21—

22日，以“扩大服务业开放，培育经济新动能”为主题的中国服务贸易开放与发展新年论坛在烟台开发区举行。本次论坛由中国服务贸易协会主办，来自国内外协会组织、科研院所、高校、企业等单位600人参加，主要探讨新时期国际贸易新格局、新趋势、新规则，金融创新与开放，自贸区促进绿色城市发展等热点话题。中共中央对外联络部原副部长于洪君，山东省政协副主席韩金峰，中国科学院院士、中国服务贸易协会会长周成虎，烟台市领导陈飞、朱秀香出席开幕式。

对外及港澳台投资和经济合作

【对外及港澳台投资】 2019年，烟台市兴办境外企业（机构）29家，实际对外投资10.89亿美元。主要投资对象为美国、泰国、塞尔维亚、新加坡等国家和地区，主要投资项目包括山东玲珑轮胎股份有限公司投资9.05亿美元在塞尔维亚设立玲珑国际（欧洲）有限公司兹雷尼亚宁海，主要从事轮胎生产及销售；烟台胜地汽车零部件制造有限公司投资8000万美元在美国设立的胜地（美国）控股有限公司，从事汽车刹车系统零部件制造和销售。

【承包工程】 2019年，全市签订对外承包工程合同37份，合同额3.96亿美元。新签约项目涉及房屋建筑、工业建设、交通运输、石油化工、电力工程等行业，主要分布在马来西亚、斯里兰卡、斐济、加纳等国家和地区。

【“一带一路”倡议融入】 2019年，烟台市制定融入“一带一路”倡议推进对外投资合作工作方案，建立《“一带一路”优势企业服务台账》和重大项目储备库，山东南山铝业股份有限公司印度尼西亚宾坦氧化铝公司及山东玲珑轮胎股份有限公司塞尔维亚设立玲珑国际（欧洲）有限公司兹雷尼亚宁海等项目纳入省级重点项目库。全年对“一带一路”沿线投资项目12个，中方投资额10.21亿美元；对外承包工程项目37个，合同额3.9亿美元。与“一带一路”沿线国家和地区均有贸易往来，完成进出口652.7亿元、增长16.9%。

【烟台成为全省首个运营“齐鲁号”欧亚班列全线路的城市】 2019年7月26日，烟台至德国杜伊斯堡欧亚班列正式首发，这是全市首次发运西欧方向班列，标志着烟台成为全省首个运营“齐鲁号”欧亚班列全线路的城市。该班列由山东高速物流集团有限公司运营，装载着家电、汽车配件、机械设备等货物，20天内到达德国杜伊斯堡。

经济园区建设与管理

【概况】 2019年，各级经济开发区以占全市近10%的土地面积贡献全市约70%的工业主营业务收入、60%的公共财政收入、70%的实际外资和80%的外贸进出口，初步形成百亿级以上产业集群19个，其中千亿级2个、500亿级3个，骨干企业集中，全市过百亿元工业企业中70%以上集中在各类园区。在商务部发布的国家级经开区综合发展水平考核评价中，烟台经济技术开发区排名第8位，招远经济技术开发区排名第143位。

【开发区体制机制改革】 2019年7月11日、12日，烟台市委召开常委会会议和十三届八次全会，研究部署、全面启动开发区体制机制改革创新工作，成立开发区体制机制改革工作专班，确定烟台经济技术开发区、招远经济技术开发区、龙口经济开发区、莱州经济开发区作为烟台开发区体制机制改革创新试点单位。8月31日下午，市委常委会会议审议通过4个试点开发区实施方案，并报省推动开发区体制机制改革创新领导小组办公室备案。至年末，首批改革试点完成，创出“党工委（管委会）+”、企业化运营、社会事务剥离等经验模式，相关经验做法在全省开发区体制机制改革专题培训会上作典型发言，在省委改革办工作简报上予以刊发，第一家被省开发区领导小组办公室报道推广，入选全国创新提升实践案例，全市开发区呈现出轻装上阵、活力迸发、高效发展的良好态势。

【自由贸易试验区建设】 2019年8月26日，国务院批复设立山东自贸试验区。8月31日，中国（山东）自由贸易试验区烟台片区挂牌，烟台举行片区建设动员大会，召开新闻发布会，21家金融和科创机构集中入驻、12个新动能项目集中开工。11月，国家税务总局烟台市税务局印发《关于支持中国（山东）自由贸易试验区烟台片区创新发展的实施意见》，在优化营商环境、创新服务机制、强化流程再造、完善征管模式等方面，制定32条服务和监管新举措。市政府下放首批696项市级行政权力事项以及64项市级公共服务事项，新增注册企业2000余家，新入驻金融机构10余家，华润化学材料、韩国新能源汽车电子等2个世界500强项目落户。首创“中日韩跨国审批”，率先开展海关“两步申报”试点，建立一体化退税（费）中心，试点建设中小企业双向投资促进公共服务平台，成功落地中韩科创孵化合作基地、中俄海洋技术创新中心、中科院产业育成中心等9家高端科创合作平台，制定知识产权质押贷款管理暂行办法，设立山东自贸区首家知识产权互联网审判庭，引进包括诺贝尔物理学奖获得者在内的高层次人才35名，各类创新要素和人才资源纷至沓来。年内，新增国家级制造业冠军、专精特新“小巨人”2家，省级准独角兽、瞪羚企业5家，首批科创板上市企业1家。

【中韩科创孵化合作基地揭牌】 2019年7月10日，中韩科创孵化合作基地举行揭牌仪式，这标志着烟台市首个中韩共建的国家级科技平台项目落户并启动运营，成为中韩间科技交流、成果转让、合作研发新平台。

【中韩烟台产业园管委会在海外颁发首批营业执照】 2019年10月17日，中韩烟台产业园管理中心在韩国为中韩合资山东米美生物科技有限公司等企业颁发营业执照，这是中韩烟台产业园管委会在海外颁发的首批营业执照。

【商务部外资司在烟台市召开山东省国家级经开区创新提升座谈会】 2019年7月29—30日，商务部外资司副司长朱冰一行到烟台市调研国家级经开区创新提升、国际合作园区有关工作，并主持召开山东省国家级经开区创新提升座谈会，全省13家国家级开发区汇报交流有关情况。其间，实地调研城市展示中心、业达智汇谷及大宇造船及中韩（烟台）产业园，听取产业园建设发展情况汇报，共同探讨国际合作园区的发展路径。

【中意（烟台）产业园揭牌】 2019年9月26日，中意（烟台）产业园揭牌暨意大利爱尔泰生产研发基地开工仪式在莱山开发区举行。产业园主要依托莱山经济开发区扩展区承接意大利及欧洲用地项目落地，依托建成区闲置厂房承接租用厂房项目落地，前期入住意大利爱尔泰、安国特紧固件等26家欧洲企业。

【国际经贸合作恳谈会】 2019年11月6日，烟台市在上海举办国际经贸合作恳谈会，推介山东自贸试验区烟台片区，推动深化务实合作。市委书记张术平出席恳谈会并致辞，副市长张代令主持。会上举行项目签约仪式，现场签约9个重点项目，达成合作意向20余个。

【山东自贸区烟台片区出台金融改革创新35条】 2019年11月12日，烟台市出台《中国（山东）自由贸易试验区烟台片区金融领域改革创新实施方案》，围绕健全完善金融服务体系、推进金融领域政务服务流程再造、促进跨境投融资便利化、加大金融服务实体经济力度、建立完善金融风险防控体系5方面制定35项措施。

【自贸试验区暨海关特殊监管区政策宣讲会】 2019年12月3日，烟台市自贸片区领导小组办公室联合烟台海关、烟台市税务局、人民银行烟台市中心支行共同举办“自贸试验区暨海关特殊监管区域政策宣讲会”，邀请青岛海关、烟台海关、人民银行烟台市中心支行、国家税务总局烟台市税务局的相关专家围绕海关、金融、税务服务支持自贸试验区和海关特殊监管区域建设的相关政策和文件进行深入解读，印发自贸试验区及海关特殊监管区域政策文件汇编，进一步推进山东自贸试验区烟台片区建设，加深全市企业对自贸试验区以及海关特殊监管区域相关政策的理解认识，使更多的企业享受到自贸试验区和海关特殊监管区域的政策红利。

（撰稿：左海森　审稿：赵新志）

国际贸易促进

【交流合作】 2019年，中国国际贸易促进委员会烟台市委员会（以下简称市贸促会）广泛开展国际交流联络，加强国际经贸合作，招商联络工作国际化进一步增强，企业合作交流深度和广度进一步提高。年内组织13家企业出访韩国、日本，签署合作协议2个、战略合作备忘录6个，达成多个合作意向。举办多次面向日韩的国内交流会，提高营商环境，吸引投资。

【国际经贸交流平台拓展】 2019年，市贸促会组织赴日韩出访团组4次，带领企业参加中日康养产业合作交流会及企业合作展洽会等多个会议，签署合作协议2个、战略合作备忘录6个，达成初步合作意向33个，位列全省前位。举办中日康养企业对接交流会活动，烟台市康养企业与日本100多家对口机构、企业进行接洽，切实推进双方贸易投资合作。

【大型经贸活动策划筹办】 2019年，市贸促会协办中国皮革产业链发展高峰论坛，吸引1000余名来自全国各地的行业精英参会。与日本康养机构合作举办专题讲座，对全市80余名养老护理一线人员及管理运营人员进行培训。协办中日韩青年创新创业论坛，多家世界500强企业、政府机构、商会、青年企业家代表、创业青年共约300人参加活动。举办“合作共赢——中韩企业家交流会”，活动邀请日韩企业家近70人，针对推动此后两地经贸合作展开交流洽谈，达成多个合作意向。

【营商环境优化】2019年，市贸促会推动烟台欧洲EUSOMA标准乳腺中心与毓璜顶医院合作、举办以金融手段推进国际贸易摩擦风险应对座谈会、组织现代汽车参加氢能源汽车储气罐及压力标准磋商会议。经市贸促会推荐，玲珑轮胎被授牌成为2020迪拜世博会中国馆高级赞助商，与中国馆一起向世界展示中国企业的内涵和风采。

【"双招双引"】2019年，市贸促会引进山东海耀电子科技有限公司，注册资本906万元，收购绿点（烟台）精密电子有限公司资产，生产电子零配件。完成合同利用市外资金9000万元，实际到位市外资金2000万元，完成招商引资目标任务。同时加强招商项目储备，多个项目对接洽谈中。

【参加境外展会】2019年，在国际贸易保护加剧和外贸出口传统竞争力弱化等严峻形势下，贸促会展坚持为企业提供高效精准服务，组织80多家企业参加日本国际食品饮料展、日本AFF纺织展、德国国际食品展等15个重点境外展会，展位数96个，参展人数176人次，帮助企业促成意向订单逾亿美元。协调参加省财政资金支持的境外展会活动，主要参加省商务厅牵头在日本、韩国、尼日利亚等地组织的专业展会活动，帮助企业在巩固传统市场的同时，扩大"一带一路"沿线国家（地区）等新兴市场份额。

【参办境内会展】2019年5月31日—6月3日，市贸促会参与举办第十四届东亚国际食品交易博览会，省内外专业观众6000余人到会洽谈采购，观展购物人数超过9万人次，签订购销合同、贸易合作意向协议等370个，资金额5亿元。参与支持2019中国（烟台）康养产业博览会的举办，展会面积1.86万平方米，设展位560个，有国内外183家企业参展。7月31日—8月2日，市贸促会、烟台市食品工业协会与上海自有品牌专业委员会共同举办自有品牌生鲜采供对接会，邀请"上海盒马网络科技""上海易初莲花连锁超市""山西美特好连锁超市"等全国17家知名零售企业到烟台，与烟台市103家食品加工企业、农业合作社、果蔬种植基地进行对接洽谈，参会人员近230余人，进行一对一配对洽谈近400次，为将烟台市当地生鲜特色产品、地域产品、优质产品推向全国零售市场搭建平台。

【参加2019青岛新动能展览洽谈会】2019年10月19—21日洽谈会期间，市贸促会牵头搭建烟台城市形象展区面积200平方米，以"新动能、新烟台、新时代"为主题的，通过宣传片、宣传册、产品展示等方式，集中宣传烟台的区位优势、产业特点、园区建设情况及新动能发展取得的重大成果，并现场展出烟台万华化学、中集来福士、泰和新材等11家烟台先进制造业代表产品；组织山东玲珑轮胎等3家企业在产业展区设置特装展位，展示企业新旧动能转换的最新技术成果；组织烟台市招商部门人员、企业、专业观众500人参加展洽会及配套论坛活动。

【商事签证服务】2019年，全市各类单证签证量约3.4万份，同比增长3%，出口金额约50亿美元，新增注册企业120家。正式签发中国—智利优惠原产地证和中国—东盟优惠原产地证。贸促会所签发的区域优惠原产地证15个国家和地区扩大到年末的24个国家和地区。

【政务服务效率提高】2019年，通过商务部和贸促会"两证合一"信息互认共享，实现对外贸易经营者备案与贸促会原产地备案合并同时办理，原产地证签发"一窗受理，当日办结"，企业办证"零跑腿"。

【商事法律培训】2019年，市贸促会以商事法律培训会议为平台，宣传提高知名度。主办出证认证业务培训会议、"防范化解海外市场拓展风险，运用商事法律手段应对国际经贸纠纷企业座谈会"培训，承办贸促总会商法中心主办的企业合规管理培训会。培训相关人员300人次。

【小微外贸企业投保服务】2019年，市贸促会扩大信保统保平台覆盖面，精准护航小微企业"走出去"。组织烟台市小微外贸企业与中国出口信用保险公司山东分公司签署保单协议，免费享用一年期出口信用保险，市贸促会注册企业中约有157家小微外贸企业通过信保统保平台投保，通过信保平台精准扶持。

【中国贸促会自贸协定（烟台）服务中心创设】2019年，市贸促会申请设立"中国贸促会自贸协定（烟台）服务中心"，发布经贸预警信息40余条，提供法律咨询50余次，受理商账追收案件4例，涉案金额2000多万元。在线为企业解疑答惑数以万次。提交调查问卷320余份。为应对中美经贸摩擦，帮助企业开拓多元化市场、优化国际市场布局提供工作抓手。

（撰稿：王馨　审稿：刘世民）

投资促进

【概况】2019年，烟台全市合同利用市外资金5044.1亿元、增长14.1%，实际到位市外资金1384.6亿元、增长 26%；合同利用外资 59.8 亿美元、增长 34.7%，实际使用外资 19.4 亿美元、增长 15%；引进过 10 亿元项目 155 个、三类 500 强项目 100 个。

【招商体制改革】 2019 年，市投资促进中心完成市县两级内外资招商工作职能整合，全市专业招商机构由 31 个增至 56 个，一线招商人员由 666 人增至 1335 人。创新构建起“1+8+3+3+X”招商工作体系，在市投资促进中心统筹抓总基础上，新设并正式运营新一代信息技术、智能制造等 8 个新兴产业招商办公室，驻京、沪、深 3 个招商代表处和驻日、韩、中国香港 3 个经济合作中心。依托国企平台，在全省率先成立专业招商公司——烟台国诚誉丰招商服务有限公司。

【招引平台搭建】 2019 年，市投资促进中心变招商引资为产业组织，聚焦重点引资国别、重点开发片区、重点企业群体、重点产业园区和重点展会平台，举办 2019（杭州）招商引资招才引智对接会、幸福新城投资推介会、百家韩企烟台行、跨国公司领导人青岛峰会烟台专场、上海新旧动能转换项目洽谈会、烟台—日本企业高层对话会、烟台—韩国经济交流恳谈会等各类招引活动 105 场，签约项目投资额过千亿元。其中，跨国公司领导人青岛峰会烟台专场期间，举办跨国公司（烟台）新兴产业对话会，签署中广核海洋能源综合利用、中传文化科技基地、华为城市智能体和大数据产业园等过亿元新兴产业项目 13 个，总投资额 145 亿元，涉及新一代信息技术、智能制造、新能源、新材料、数字创意等新兴产业领域；上海新旧动能转换项目洽谈会期间，烟台国际设计小镇、华新丽华生产及研发总部、费舍尔人工智能 AI 产业园、LNG 罐箱调峰集散中心、中南智能制造产业园、光明海上海生态小镇、康佳水流域治理、东方电气叶片制造、红星美凯龙等 9 个项目签约，总投资 173.6 亿元，其中外资额 1.3 亿美元，项目涉及高端制造、现代服务业等领域，将为烟台新旧动能转换、高质量发展提供坚实支撑。

【重大工程启动】 2019 年，自贸试验区烟台片区挂牌设立后，市投资促进中心引进华润化学、新能源汽车电子生产基地等世界 500 强项目。九大片区谋篇定局，成为招商引资主阵地，仅幸福新城即签约重点项目 19 个，总投资 1500 亿元。中韩、中意国际合作园区建设初见成效，引进中韩科创孵化基地、意大利爱尔泰生产研发基地等“四新”经济项目。

【专业招商】 2019 年，市投资促进中心走访（接待）三类 500 强企业 134 批次，引进传化物流、中南高科智能制造园、微软混合现实与智能制造创新基地等优质项目 10 个，总投资 84.4 亿元，协议外资 5580.1 万美元。招商专班签约引进木牛科技等产业项目 22 个，合同利用市外资金 168 亿元；储备招商项目 123 个，意向总投资 1556.9 亿元。

【签约项目推进】 2019 年，市投资促进中心跟踪调度 115 个省、市重大招商活动签约项目，协调解决土地、规划、环保、建设等问题。至年末，95 个项目完成注册，注册率 82.6%；64 个项目开工（运营），开工（运营）率 55.7%；累计到位市外资金 355.2 亿元，超额完成“三重”工作任务。其中，“香港山东周”“儒商大会”签约项目落地率 100%，列全省第一。

【营商环境优化】 2019 年 6 月 10 日，市政府办公室印发《烟台市“外商投资企业服务大使”制度实施办法》，设立 1152 名服务大使，实现外资企业全覆盖，大使数量居山东省首位。开展外商投资服务提升年活动，在全省率先建立外商投资企业投诉工作机制。开通外商投资投诉热线，开展“化解历史遗留问题”等活动，累计走访外资企业 3646 次，协调解决企业诉求 120 多项，推动 81 家外资企业增资，新增合同外资 9.5 亿美元，增长 13.1%。

【世界 500 强企业思科落户烟台】 2019 年 3 月 13 日，思科（烟台）智慧科技卓越创新中心启动仪式暨思科网络技术学院项目落地签约仪式在高新区举行，标志着世界 500 强企业思科落户烟台。

【2019 烟台市新旧动能转换项目洽谈会】 2019 年 10 月 11 日，“2019 烟台市新旧动能转换项目洽谈会”在上海举行，市委书记张术平出席活动并致辞。其间，烟台国际设计小镇、华新丽华生产及研发总部、费舍尔人工智能 AI 产业园等 9 个项目签约，总投资 173.6 亿元。

【跨国公司（烟台）新兴产业对话会】 2019 年 10 月 20 日，“跨国公司（烟台）新兴产业对话会”举行，市委副书记、市长陈飞作主旨演讲。15 个单体投资过亿元的新兴产业领域项目签约，涉及投资额 233.1 亿元。

【中南高科智能制造产业园项目】 2019 年 11 月 18 日，中南高科智能制造产业园项目在福山区临港产业园正式开工。项目总占地约 62.67 公顷，总投资 33 亿元。

（撰稿：郑兆杞　审稿：姚建军）

责任编校：渠敬伦

金　融

综　述

【概况】2019年，烟台市研究制定“1+4”金融创新政策体系（《关于进一步支持金融业高质量发展的意见》和《关于实施服务企业融资“金桥”计划的意见》《关于进一步做好防范化解金融风险工作的实施意见》《烟台市银行业金融机构考评奖励暂行办法》《关于加快推进山东省区域性基金管理中心建设的实施方案》），推出一系列有针对性和实效性的政策措施。“1+4”金融创新政策实施以来，政策效应逐步显现，金融产业呈现持续向好的发展态势。至年末，全市金融机构183家，其中银行业金融机构53家。注册基金及基金管理机构474家，基金认缴总规模2005亿元。拥有上市公司48家、股票49支。“新三板”挂牌企业56家，区域股权交易市场挂牌企业220家。全市本外币各项存款余额9115.84亿元，比年初增加889.76亿元，同比增长11%。本外币各项贷款余额5813.26亿元，比年初增加248.82亿元，同比增长4.74%。实现直接融资总额892.94亿元，同比增长90.6%。普惠贷款增速高于全部贷款15.18个百分点，企业贷款利率处于全省较低水平。

【融资服务】2019年5月27日，烟台市启动实施服务企业融资“金桥”计划，建立健全包括总规模5亿元的市级应急纾困基金、总规模10亿元的市企业发展股权投资基金、注册资本10亿元的地方资产管理公司以及覆盖各县市区的政府性融资担保体系等四项扶持工具和扶持政策，重点用于解决企业融资难和化解企业流动性风险等问题。至年末，市县两级应急纾困基金共为企业提供信贷周转资金35亿元。举办多次政金企对接活动，组织召开全市金融工作恳谈会议，各银行机构累计走访会议推介项目277个（次），授信余额126亿元。启动实施银行保险机构民营小微企业“进走访”主题年活动以及民营和小微企业首贷培植行动，累计走访各类民营和小微企业4801家，发放贷款总额277亿元；培植首贷企业3236户，累计贷款金额50多亿元。研究制定《烟台市地方政府与银行机构投融资顾问制度》，推动各县市区政府、市级融资平台与16家银行机构签署投融资顾问协议。全面推广无还本续贷业务，推动银行机构建立无还本续贷工作机制，年末全市无还本续贷余额达到394亿元。

【企业上市】2019年，烟台市推进规模企业规范化公司制改制工作，全年完成改制企业489家。至年末，全市累计完成改制企业1664家。不断强化重点企业辅导培训力度，组织举办“走进沪深交易所”活动，引导企业主动对接资本市场。建立健全动态调整的上市企业后备资源库，入库企业总数达到122家。与上海证券交易所、深圳证券交易所签订战略合作协议，共同打造烟台资本市场服务基地。抓住中央设立科创板政策机遇，7月22日，推动睿创微纳上市成为全省首家、全国首批科创板上市企业。另有12家企业进入上市程序，其中排队在审企业4家，辅导备案企业8家。至年末，全市有境内外上市公司48家，其中，境内上市公司39家，位居全省前列。

【区域性基金管理中心建设】2019年5月25日，烟台市出台实施方案有序推进区域性基金管理中心建设。各类基金规模稳步增长，全年新增各类基金及管理机构107家，新增基金认缴规模350.81亿元。至年末，注册在烟台市的基金及管理机构474家，基金认缴总规模2005亿元。搭建企业项目与投资机构对接平台，推进基金与产业融合发展，全市各类基金累计投出569亿元。

【金融风险防控】2019年，烟台市健全完善烟台市金融风险防控长效机制，形成金融风险监测预警、风险协调处置和舆情风险管控“三位一体”的工作机制。组织各县市区政府签订《金融风险防控化解工作责任书》，卡实金融风险防范化解的属地责任。按照“全口径、全领域、全方位”的原则，定期对全市重点领域风险进行全面摸排，切实掌握风险底数。集中开展压降不良贷款攻坚战，全年累计处置不良贷款327.5亿元，同比多处置204亿元。2019年末，全市不良贷款余额155.72亿元，较年初下降13.71亿元；不良比率2.68%，较年初下降0.37个百分点，低于全省平均水平0.21个百分点，不良贷款余额和比率近五年来首次实现“双降”。依托政监银企四方会商机制，协调解决各类信用风险，召开四方会商会议30多次，重点推动20余起大额信用风险处置化解工作，处置贷款金额34亿元。按照“企业主体、政府协调、市场运作、依法依规”原则，集中力量化解重点风险企业。经过努力，共有12家企业的风险隐患得到有效防控，从省市两级风险企业台账移出。开展打击恶意逃废银行债务专项行动，累计行政约谈企业及个人57人次；刑事立案23起，涉及金额2.6亿元；司法立案202起，涉及金额7.2亿元；联合惩戒企业49家、个人12人。

（撰稿：崔震彪　审稿：房德东）

银　行

【概况】 至2019年末，烟台市金融机构（含外资）本外币各项存款余额为9115.84亿元，比年初增加889.76亿元，同比多增610.53亿元；本外币各项存款增速为10.82%，高于全省平均水平2.25个百分点，增幅居全省第6位。人民币（含外资）各项存款余额为8520.16亿元，比年初增加810.7亿元，同比多增575.75亿元。人民币各项存款增速为10.52%，高于全省平均水平1.70个百分点，增幅居全省第7位。

全市新增社会融资规模311.91亿元。金融机构（含外资）本外币各项贷款余额5813.26亿元，比年初增加248.82亿元，同比少增162.47亿元，本外币各项贷款增速为4.47%，低于全省5.95个百分点，增速居全省第15位。人民币（含外资）各项贷款余额为5482.34亿元，比年初增加258.17亿元，同比少增54.58亿元。人民币各项贷款增速为4.94%，低于全省平均水平6.30个百分点，增幅居全省第15位。

2019年末烟台市金融机构存贷款情况统计表

表10　　单位：亿元

项目 \ 栏目	各项存款余额		项目 \ 栏目	各项贷款余额	
	2019年末	2018年末		2019年末	2018年末
本外币存款余额	9115.84	8211.87	本外币贷款余额	5813.26	5550.04
人民币存款余额	8520.16	7695.3	人民币贷款余额	5482.34	5209.84

【货币政策】 2019年，人民银行烟台市中心支行贯彻货币政策和宏观审慎双支柱调控政策，促进全市经济持续健康发展。落实定向降准释放资金支持小微企业要求，为全市金融机构释放支小资金60.8亿元。运用再贷款、再贴现等货币政策工具，全年发放再贷款1.8亿元，办理再贴现49.74亿元。深化线上线下银企对接，线上推进“山东省企业融资服务网络系统”推广应用，提升企业融资便利，降低融资成本。线下深化开展“金融顾问团”工作，走访企业513户，为企业解决生产经营现实问题。联合多部门启动“民营和小微企业首贷培植行动”，贷款金额40.13亿元。推创“科信贷”和“成果贷”两个中小科技企业信贷风险补偿信贷产品，指导银行业机构发放“科信贷”和“成果贷”贷款1.6亿元。全省首单民营企业信用风险缓释凭证落地烟台，支持辖区企业发行4亿元超短期融资券。加大民营企业债券融资支持力度，发放债务融资工具10笔、金额78亿元。推动央行资金产业扶贫贷政策落地，至年底，发放央行资金产业扶贫贷990万元，发放富民生产贷4359.5万元。

【金融稳定】 2019年，人民银行烟台市中心支行定期监测企业整体融资和信用风险情况，开展大规模负债企业风险监测与评估。会同银保监部门创新搭建政监银企四方会商机制，集中力量化解重点风险隐患。强化对问题突出机构核查，对辖内4家金融机构进行流动性和偿付能力压力测试。推动守信联合激励和失信联合惩戒机制建设，与市发改委及其他部门联合发布烟台市社会信用体系建设诚信“红黑榜”共15批，与多部门共享红黑榜类奖惩信息1235条。与烟台日报、水母网等媒体、网络平台联合开展存款保险知识网络宣传、存款保险知识有奖竞赛，立体化宣传存款保险知识。

【金融服务与管理】 2019年，人民银行烟台市中心支行以健全完善“一窗受理、集成服务”工作机制为抓手，推进综合服务大厅建设。推进账户管理制度改革，提升企业开销户服务的便利度和满意度。在省内率先实现烟台辖区公交领域的全渠道移动支付。与财政部门配合，组织辖内14家支库全部启动集中支付电子化改革工作，实现区级国库集中支付电子化业务上线运行。在全省率先实现“硬币存取预约系统”市县两级行政区划全覆盖。持续推进小微企业和农村信用体系建设，组织3453家企业自愿签署《市场主体金融活动信用承诺书》，通过“信用烟台”官网向社会公开。持续提升信用报告查询服务质效，推动商业银行设立自助查询网点23个，实现自助查询业务县域全覆盖。配合有关部门开展涉黑涉恶线索核查“百日会战”行动，推动打击涉黑洗钱犯罪工作。在省内率先以发行基金托管模式创新建设莱阳区域现金中心，有效降低县域银行业金融机构现金运行成本。联合开发区管委、长岛县政府先后深化“综合支付服务示范区”“特色海岛智慧支付项目”建设。

【外汇管理与服务】 2019年，外汇局烟台市中心支局改进外汇管理与服务方式，稳妥推进贸易投资自由化便利化。在省内率先启动并深入推进“外汇服务进万企”工作，切实解决企业难题。首创服务贸易对外支付税务备案电子化系统，11月底该系统在烟台全市上线运行，实现数据“多跑路”，企业“少跑腿”。推进资本项目收入结汇支付便利化试点，为企业节约财务成本约400多万元。不断加强便利化改革新政的传导力度，走进县域、企业开展面对面政策宣讲5次，推广汇率避险等业务，培训企业200多家。保持对外汇违法违规行为的高压大力态势，有针对性地组织开展银行和企业外汇业务专项检查，重点打击虚假欺骗性交易等实质性违规行为。

（撰稿：雷雯　审稿：徐忠波）

【银行业监管】 2019年，烟台银保监分局以“行业规范建设年”活动为主线，推动银行业“道德规范”“行为规范”“服务规范”“管理规范”的“四大规范”体系逐步建立。年内，各银行机构制定、完善职业道德规范制度223件，针对高风险关键岗位，制定监督预警程序440个；开展员工行为排查928次，发现问题线索241个，开展案件警示教育、集中教育培训1777场；修订内控、预警制度1627件，完善内控系统187个。聚焦市场乱象整治，组织对7家银行机构开展监管检查，针对关联交易违规、贷后管理不到位等问题，对2家银行机构行政处罚40万元，引导机构回归主责主业，合理控制内控风险。

【支持实体经济】 2019年，烟台银保监分局立足监管职能，引导全市银行业全面提升服务实体质效，助力经济高质量发展。优化自贸区金融服务，推动市政府出台自贸区金融领域改革创新方案，推动自贸区设立规模2亿元的中小企业信用保证基金，8家银行机构第一时间启动自贸区综合金融服务方案，自贸区内54家银行网点为企业融资326.03亿元。细化民营小微金融服务，出台金融支持民营小微企业专门意见，全省率先启动“百行进万企”活动，超额完成法人机构普惠型小微贷款“两增两控”考核指标。深化减费让利工作，年内各银行机构取消收费项目52项，整合精简收费项目20项，降低收费标准116项，收费项目减免2.11亿元，利率优惠减免3.25亿元，续贷政策减免0.52亿元，累计减费让利5.88亿元。

【风险防控】 2019年，烟台银保监分局将打赢金融风险防控攻坚战作为工作重中之重，压实机构主体责任和地方政府属地责任，持续筑牢辖区风险防控底线。聚焦辖区信用风险防控，督促各银行机构加大不良处置力度，至年末不良贷款余额155.72亿元，不良率2.68%，分别较年初下降13.71亿元和0.37%，时隔五年再次实现双降，信用风险开始整体呈现收敛趋势。聚焦重点企业风险防控，发挥债委会作用，为18家企业制定风险处置方案，将风险企业总数压降至13户，化解、处置问题贷款金额达60亿元。聚焦法人机构风险防控，推动烟台市政府研究通过《烟台银行风险化解处置工作方案》，全年烟台银行全年处置不良贷款54.06亿元，风险攻坚战阶段性成效明显。

【银行业改革】 2019年，烟台银保监分局将改革转型作为全市银行机构健康长远发展的重要抓手，持续强化监管引领，提升银行业发展质效。推进烟台银行改革，针对主要股东不符合监管要求，通过专题报告、监管提示等多种方式吁请地方政府吸引有实力股东参与烟台银行增资扩股，督促烟台银行制定股权优化方案，增资扩股工作稳步推进。深化农商银行改革，开展农商行股东股权和关联交易、股权质押反担保、贷款入股等专项排查工作，发现问题股东1044家、金额28.34亿元，整改股东115家、金额3.26亿元。提升财务公司治理水平，推动招金财务公司完善公司章程，健全公司治理基本依据；推动南山财务公司重新修订绩效考核办法，完善激励约束机制；对财务公司股东大会召开程序、董事履职、审计委员会工组开展等方面存在的问题，提出监管意见督促整改，财务公司治理水平进一步提升。

【优化金融服务】 2019年，烟台银保监分局组织开展“金融金融知识进万家”活动，以提升消费者金融风险防范意识为重点，加大金融消费者宣传教育力度，微信宣传数量达17.80万条，微信推送阅读量达109.13万次，深入基层集中宣教次数1336次，发放资料36.6万份，进校园活动中新生覆盖率达78%。引导银行机构落实“优化营商环境”，强化科技赋能，综合运用互联网、大数据、人工智能、云计算等新技术，加快构建线上线下综合服务渠道、智能化审批流程、差异化贷后管理等新型服务机制，持续提升信贷获得效率。至年末，全市银行业平均办理信贷所需环节、时间、材料三项指标分别为4.45个、9.51天、13.11件，较2018年末分别减少0.18个，0.28天，2.31件，信贷获得效率逐步提高。

2019年末烟台市银行机构资产规模统计表

表11

机构名称＼项目	资产总额（亿元）	机构名称＼项目	资产总额（亿元）
政策性银行合计	164.04	浙商银行	95.30
农业发展银行	164.04	城市商业银行合计	1387.33
国有商业银行合计	3511.08	烟台银行	1005.33
工商银行	797.46	威海银行	58.56
农业银行	1072.65	德州银行	21.08
中国银行	616.34	青岛银行	132.39
建设银行	819.81	潍坊银行	46.67
交通银行	204.82	天津银行	73.14
股份制商业银行合计	2626.72	日照银行	25.12
中信银行	135.50	齐鲁银行	25.03
光大银行	331.83	农村合作金融机构合计	1766.30
华夏银行	148.98	新型农村金融机构合计	106.04
招商银行	169.58	外资银行合计	38.54
浦发银行	153.37	韩亚银行	19.29
兴业银行	230.16	企业银行	19.25
民生银行	151.10	非银行金融机构合计	198.02
恒丰银行	969.99	南山财务公司	139.04
渤海银行	45.26	招金财务公司	58.98
平安银行	159.07	邮政储蓄	501.81
广发银行	36.57	全金融机构合计	10299.88

（撰稿：韩雪　审稿：肖起峰）

商业保险

【概况】2019年末，烟台市设有保险总公司1家，地市级保险机构77家，较2018年末增加3家；其中财产险机构33家，人身险机构44家。全市有县级及县级以下分支机构552家，保险从业人员8.3万人，保险业总资产达703.66亿元，同比增长15.55%。另有各类专业中介法人机构12家，各类专业中介分支机构418家。

2019年，全市实现原保险保费收入284.89亿元，同比增长6.84%。其中，产险业务保费收入65.65亿元，同比下降3.85%；寿险业务保费收入163.98亿元，同比增长7.07%；健康险业务保费收入50.14亿元，同比增长23.75%；意外险业务保费收入5.12亿元，同比增长8.65%。

2019年，全市保险业赔款和给付支出83.77亿元，同比下降4.52%。其中，产险业务赔款39.01亿元，同比增长1.79%；寿险业务给付30.31亿元，同比下降19.17%；健康险业务赔款和给付12.98亿元，同比增长21.85%；意外险业务赔款1.47亿元，同比增长16.31%。

【市场整治】2019年，市银保监分局组织开展对6家财险机构车险“报行合一”执行情况进行现场调查，查实4家机构违反报行合一情况，对2家机构采取停业监管措施，1家机构拟行政处罚。对2家人身险公司开展现场检查，对14家次人身险公司开展调查，向6家公司发送监管函，向4家公司下发约谈通知书，向1家公司发送责令改正通知书，拟对4家人身险公司进行行政处罚，其中对机构拟处罚约40万元，对个人拟处罚约20万元；对4家中介机构开展检查，监管约谈1家。

【行业规范建设】2019年，烟台市压实保险机构乱象治理主体责任和“一把手”第一责任，督导机构开展市场乱象自查，年内发现问题393个，涉及业务8150笔、金额1809.06万元；整改问题360个，占比91.6%；整改业务笔数3143笔，占比38.56%；整改问题涉及金额1139.54万元，占比62.99%；追回资金损失5.98万元。督促各保险机构建立健全制度39个，完善信息系统6个，内部问责涉及停业整顿1家，通报批评64人次，警告17人次，开除18人，经济处理122人次，涉及金额12.404万元。督导保险机构开展员工行为排查，自查发现问题115个，整改问题110个，整改完成率95.65%；监管抽查发现问题7个，已整改问题7个，整改完成率100%。督导中介公司开展从业人员执业数据清核，加强整改力度。

【风险防范化解】2019年，烟台银保监分局设立5大类16项具体指标，对全市财产险市场总体风险进行量化，每月监测车险异动指标，每季评价车险综合服务指标，把问题机构纳入检查范围，对车险签单保费增速较高的6家公司发送监管质询书，要求公司分析原因，严格执行“报行合一”。每季监测、定期通报人身险公司13个月继续率指标，排查人身险公司保单满期给付及退保情况，开展年度风险测评，摸清风险底数，对测评得分低于60分的11家机构发送监管意见书，提示风险。加强中介机构风险监测，针对风险机构开展巡查，对风险测评为中级及列入经营异常名录的7家中介机构进行全程监控，分别采取开展现场调查、巡查、约谈机构负责人、函询等方式了解机构业务发展模式和风险隐患，督促机构完成整改工作，提高依法合规经营水平。年内，全市保险公司建立、完善职业道德规范111个，开展业务学习培训1853次，开展案件警示教育480次，微信、微博宣传量1万次，制作、张贴宣传画4.32万张，制作展板555个，报纸、杂志发表专题文章或新闻报道220篇。各保险公司强化内部合规文化建设，内部合规指标占比较年初上升4个百分点，内部通报66次，问责处罚26.34万元。各保险公司开展风险应对处置演练122次，制定风险防范预案4250个，对关键制度、关键问题和关键人员内部检查次数597次，发现个数325个，整改数316个，整改率97.23%。

【服务实体经济】2019年，全市保险业不断探索创新险种服务实体经济，参与社会管理，在维护生产稳定、完善社会保障体系、促进社会和谐等方面发挥积极作用。服务地方特色农业，推动全国首个“深海网箱养殖保险＋信贷”创新农险项目签约，为2户企业提供风险保障2500万元，推进海水养殖“走向深蓝”。服务改善民生，各保险机构做好职工大病补充保险和长期护理保险承保工作，持续推进“银龄安康”工程，提高健康险覆盖率。面对台风“利奇马”灾情，第一时间启动应急响应机制，简化理赔手续流程，及时为受灾群众提供救援服务，各保险机构先后投入查勘、理赔、救援、服务3000余人次，查勘车辆320余台，救援车辆360余辆，全市保险公司接到报案994件，其中车险报案497件，农险报案217件，赔款600余万元。

2019年烟台市保险机构情况统计表

表12

项目	2015年	2016年	2017年	2018年	2019年
保险公司家数	66	72	73	74	77
财险公司家数	28	31	31	31	33
省级分公司	0	0	0	0	0
地市分公司	28	31	31	31	33
县区支公司	229	233	246	251	261

续表 12

项目	2015 年	2016 年	2017 年	2018 年	2019 年
寿险公司家数	38	41	42	43	44
省级分公司	0	0	0	0	0
地市分公司	38	41	42	43	44
县区支公司	263	267	274	292	291
正式从业人数				81895	82516
财险人员				15398	12147
寿险人员				66497	70369

2019 年烟台市保险业务主要指标统计表

表 13

项目	2019 年保费收入（亿元）	同比增长	赔款和给付支出（亿元）	同比增长
财产险公司	68.41	-3.46%	40.73	2.20%
人身险公司	216.48	10.56%	43.04	-10.12%
累计	284.89	6.84%	87.74	-4.52%

（撰稿：韩雪　审稿：肖起峰）

资本市场

【概况】 2019 年，全市新增上市公司 1 家，“新三板”挂牌公司 1 家，区域性股权交易市场挂牌公司 35 家，新增直接融资规模 588.6 亿元。

【企业上市挂牌】 2019 年，烟台市按照“上市挂牌一批、辅导备案一批、改制规范一批、重点培育一批”的工作思路，发掘培育后备企业资源，上市公司队伍不断发展壮大。3 月，成立由市政府领导任组长、14 个部门和单位为成员的推动企业上市专项小组，进一步加强对企业上市工作的指导、协调、服务和督导。抢抓上海证券交易所设立科创板并试点注册制机遇，加强政策宣传和服务指导，推动烟台市优质企业在科创板上市，7 月 22 日，烟台睿创微纳技术股份有限公司成为全省首家、全国首批科创板上市企业。加强与全国中小企业股份转让系统、省内股权交易中心的沟通合作，引导支持企业到“新三板”和区域性股权交易市场挂牌，拓宽企业股权融资渠道，为企业进入更高层次资本市场积累经验。年内，全市新增上市公司 1 家，总数达到 48 家，其中境内 39 家，境外 9 家；新增“新三板”挂牌公司 1 家，总数达到 56 家；新增区域性股权交易市场挂牌公司 35 家，总数达到 220 家。

【直接融资规模扩大】 2019 年，烟台市引导上市挂牌公司根据发展需要，采用灵活多样的方式在资本市场募集低成本资金。2019 年，全市上市公司新增资本市场直接融资规模 588.45 亿元，包括首发融资 12 亿元，定向增发融资 548.76 亿元，发行可转债融资 27.69 亿元。至年底，全市上市公司累计实现资本市场直接融资规模 1957.68 亿元，包括首发融资 304.52 亿元，定向增发融资 1221.95 亿元，公开增发、配股和可转债融资 229.21 亿元，其他债务融资工具融资 202 亿元。此外，“新三板”挂牌公司年内新增融资规模 0.06 亿元，累计达 13.06 亿元；区域性股权交易市场挂牌公司年内新增融资规模 0.09 亿元，累计达 4.3 亿元。

【后备企业资源发掘培育】 按照全省企业改制“五年行动计划”要求，烟台市持续推动规模企业规范化公司制改制工作，引导企业建立现代企业制度，具备对接资本市场的基本条件。2019 年，全市完成改制企业 489 家。至 2019 年，全市累计完成 1664 家。从全市改制企业、“四新”经济企业、高新技术企业中筛选挖掘优质后备资源，建立起包含 118 家企业的上市后备资源库，及时掌握企业上市进度，持续加强跟踪服务指导。组织开展后备资源企业大走访活动，年内现场调研走访全市70余家后备企业，帮助企业解决上市进程中遇到的困难和问题，推动企业尽快对接资本市场。2019年，全市新增上报上市申请材料企业3家，辅导备案企业3家。至年末，全市有12家企业进入上市程序，其中中国证监会排队在审企业4家，山东证监局辅导备案企业8家。

【资本市场辅导培训】 2019年，烟台市加强与沪深交易所、全国股转系统、省内股权交易中心的交流合作，定期举办资本市场政策宣传、辅导培训、投融资对接等活动，加快推动更多企业进入多层次资本市场。8月7日，烟台市成立烟台资本市场服务基地，先后与上交所、深交所签订战略合作协议，初步打造形成涵盖企业上市挂牌前培育辅导、上市挂牌中协调服务、上市挂牌后资本运营的一站式服务体系。继续举办“走进沪深交易所”活动，组织全市重点企业到沪深交易所现场学习，让企业近距离接触和体验资本市场，增强企业对接资本市场的信心和能力。年内，市级层面举办资本市场培训活动6次，培训企业和政府部门人员300余人次。

【政策激励引导】 2019年，烟台市及时调整完善扶持政策，制定出台《烟台市资本市场开放创新发展引导资金管理暂行办法》《烟台市资本市场助推新旧动能转换若干政策》，着重发挥财政奖补资金的政策激励作用，对企业规范改制、上市挂牌、并购重组等进行补助，使奖励政策更有针对性和实效性。年内，全市为60家企业申请奖补资金6401万元，有效减轻企业对接资本市场过程中的财务负担。8月26日，市政府印发《关于进一步支持企业对接资本市场加快上市挂牌的政策》，在原有政策基础上进一步加大奖补力度，为企业对接资本市场提供更大支持。

【区域性基金管理中心建设】 2019年5月25日，烟台市制定出台《关于加快推进山东省区域性基金管理中心建设的实施方案》，成立由市政府主要领导任组长的工作领导小组，抓好基金管理中心建设工作的贯彻落实。规划确定芝罘区和烟台经济技术开发区作为全市基金产业发展的重点集聚区，高标准打造烟台山基金小镇和业达基金谷两大载体，吸引各类基金入驻发展。建立健全基金工商注册、税务登记、银行开户、登记备案等一站式服务机制，不断优化提升政务服务环境，为基金运作提供高效便捷服务。建立新旧动能转换基金投资项目库，累计全市入库项目119个、总投资额约1418亿元，申请基金投资388亿元。年内，举办山东（烟台）新旧动能转换基金项目推介会、渤海之滨创新金融论坛等活动，搭建全市企业项目与投资机构对接平台，吸引撬动社会资本支持产业转型升级和实体经济发展。年内，全市新增基金及管理机构107家，新增基金认缴规模350.81亿元。至年末，注册在烟台市的各类基金和基金管理机构474家，基金认缴总规模2005.37亿元。

【中介机构队伍】 2019年，烟台市借助优越的资本市场发展环境，支持引导证券期货机构在烟设立总部和分支机构，机构聚集发展态势明显，服务质量和能力不断提高。年内，全市新增证券分公司1家，证券营业部1家，期货营业部1家。至年末，全市共有证券机构41家（含分公司7家，营业部58家），期货机构11家（含总部1家，分公司2家，营业部10家）。证券期货机构的不断进驻，为各类企业的股权融资、债券融资、风险管理等提供资本市场服务，为广大投资者提供证券代理买卖、财务顾问、资产管理等专业化服务，在促进全市资本市场平稳健康发展方面发挥积极作用。年内，全市证券期货经营机构投资者开户数136.70万户，同比增长26.15%；实现交易金额2.48万亿元，同比增长103.81%；投资者保证金余额61.32亿元，同比增长60.62%；托管客户资产1982.74亿元，同比增长5.93%。

2019年末烟台市境内上市公司一览表

表14

序号	企业名称	上市时间	上市板块
1	冰轮环境技术股份有限公司	1998.5	深圳主板
2	烟台张裕葡萄酿酒股份有限公司	2000.10	深圳主板（A股）
		1997.9	深圳主板（B股）
3	万华化学集团股份有限公司	2001.1	上海主板
4	东方电子股份有限公司	1997.1	深圳主板

续表 14

序号	企业名称	上市时间	上市板块
5	烟台园城黄金股份有限公司	1996.10	上海主板
6	山东益生种畜禽股份有限公司	2010.8	深圳中小板
7	瑞康医药集团股份有限公司	2011.6	深圳中小板
8	渤海轮渡集团股份有限公司	2012.9	上海主板
9	烟台东诚药业集团股份有限公司	2012.5	深圳中小板
10	烟台泰和新材料股份有限公司	2008.6	深圳中小板
11	烟台正海磁性材料股份有限公司	2011.5	深圳创业板
12	烟台龙源电力技术股份有限公司	2010.8	深圳创业板
13	中节能万润股份有限公司	2011.12	深圳中小板
14	烟台睿创微纳技术股份有限公司	2019.7	上海科创板
15	烟台杰瑞石油服务集团股份有限公司	2010.2	深圳中小板
16	山东东方海洋科技股份有限公司	2006.11	深圳中小板
17	山东新潮能源股份有限公司	1996.11	上海主板
18	瑞茂通供应链管理股份有限公司	1998.7	上海主板
19	山东恒邦冶炼股份有限公司	2008.5	深圳中小板
20	山东丽鹏股份有限公司	2010.3	深圳中小板
21	山东南山铝业股份有限公司	1999.12	上海主板
22	兴民智通（集团）股份有限公司	2010.2	深圳中小板
23	山东隆基机械股份有限公司	2010.3	深圳中小板
24	朗源股份有限公司	2011.2	深圳创业板
25	中际旭创股份有限公司	2012.4	深圳创业板
26	山东登海种业股份有限公司	2005.4	深圳中小板
27	山东龙大肉食品股份有限公司	2014.6	深圳中小板
28	山东民和牧业股份有限公司	2008.5	深圳中小板
29	烟台双塔食品股份有限公司	2010.9	深圳中小板
30	山东仙坛股份有限公司	2015.2	深圳中小板
31	山东鲁亿通智能电气股份有限公司	2015.2	深圳创业板
32	恒通物流股份有限公司	2015.6	上海主板
33	威龙葡萄酒股份有限公司	2016.5	上海主板
34	山东玲珑轮胎股份有限公司	2016.7	上海主板
35	山东道恩高分子材料股份有限公司	2017.1	深圳中小板
36	烟台艾迪精密机械股份有限公司	2017.1	上海主板
37	烟台正海生物科技股份有限公司	2017.5	深圳创业板

续表 14

序号	企业名称	上市时间	上市板块
38	烟台中宠食品股份有限公司	2017.8	深圳中小板
39	山东弘宇农机股份有限公司	2017.8	深圳中小板

2019 年末烟台市境外上市公司一览表

表 15

序号	企业名称	上市时间	上市地
1	北方安德利果汁股份有限公司	2003.4	中国香港
2	中国高革股份有限公司	2006.10	新加坡
3	招金矿业股份有限公司	2006.12	中国香港
4	中国欧华庄园葡萄酒股份有限公司	2010.11	马来西亚
5	杰瑞能源服务有限公司	2014.3	加拿大
6	绿叶制药集团有限公司	2014.7	中国香港
7	烟台汉和食品有限公司	2015.2	英国
8	烟台金正环保科技有限公司	2017.7	美国
9	强信机械科技（莱州）有限公司	2017.5	中国台湾

2019 年烟台市证券机构交易量统计表

表 16

证券公司	交易额（亿元）	证券公司	交易额（亿元）
安信证券	214.97	民生证券	9.08
爱建证券	29.89	平安证券	28.15
渤海证券	48.74	山西证券	15.32
东方证券	62.16	申万宏源证券	180.90
东兴证券	53.62	首创证券	198.99
光大证券	217.71	天风证券	40.45
广发证券	492.43	万和证券	48.92
广州证券	76.91	西藏东方财富证券	38.84
国都证券	33.16	新时代证券	54.58
国联证券	203.08	长江证券	145.85
国盛证券	19.75	招商证券	643.55
国泰君安证券	56.91	中国银河证券	801.04
国信证券	663.36	浙商证券	59.26
海通证券	421.08	中航证券	57.17
恒泰证券	40.82	中泰证券	3936.74
华福证券	49.39	中信建投证券	436.32
华林证券	41.73	中信证券（山东）	1985.99

续表 16

证券公司	交易额（亿元）	证券公司	交易额（亿元）
华泰证券	696.03	中银国际证券	18.76
华鑫证券	68.96	华西证券	24.24
金元证券	23.11	兴业证券	13.89
联储证券	31.88		

【风险防范化解】 2019年，烟台市把防范化解资本市场风险摆在重要位置，强化对股票质押、债券违约、私募基金等重点领域风险的监测预警，稳妥处置风险隐患。密切关注上市、挂牌公司生产经营情况，督促企业按照监管部门要求，不断提高公司治理和内控水平。定期调度全市债券存续情况，建立企业存续债券风险台账，结合企业经营情况研判存在的风险隐患，督促企业提前做好兑付资金筹措工作，坚决防止债券违约。全市发行各类债券45只、融资规模332.03亿元，兑付债券36只、兑付规模283.95亿元，均按期进行兑付。至年末，全市有16家企业发行的84支债券尚在存续期，存续规模634.62亿元，未发现债券兑付风险。

（撰稿：王君明　审稿：荆世娥）

融资担保

【概况】 至2019年末，烟台市列入监管范围的融资担保机构26家。从区域分布情况看，覆盖全市13个县市区，其中芝罘区、福山区、龙口市、招远市、蓬莱市融资性担保机构数量达到3家，开发区融资性担保机构数量达到2家。

全市26家法人机构注册资本54.63亿元，户均注册资本2.10亿元，同比增长1.45%，其中7家机构注册资本达到3亿元以上，1家机构注册资本达到10亿元以上。

从机构性质看，全市国有独资、国有控股或参股的融资性担保机构20家，占全部机构总数的76.92%，其中国有独资机构6家，国有控股机构7家，国有参股机构7家，市县两级政府累计出资37.73亿元，占全部注册资本69.06%。

至年末，全市融资担保行业从业人员321人，机构高管全部具有财务、金融或担保行业从业经历，其中研究生学历16人，本科学历182人，大专及以下学历123人。

【融资担保机构业务】 至2019年末，全市融资性担保机构共实现新增担保额69.57亿元，其中，新增融资性担保额49.33亿元，新增再担保额14.41亿元。年末在保余额90.49亿元，融资性担保放大倍数1.21倍。

2019年度全市融资性担保机构共为全市674户中小微企业提供融资担保43.71亿元，其中，为622家小微企业提供担保35.71亿元，为134家“三农”企业及农户提供担保2.56亿元，为26户高新技术企业提供担保2.77亿元。

【年度财务营收】 至2019年末，全市融资性担保机构资产总额67.36亿元，负债总额13.22亿元，净资产总额54.14亿元，资产负债率19.63%，流动性比率493.58%。

机构全年实现担保业务收入0.98亿元，收取平均融资担保费率1.85%，担保业务利润0.88亿元，净利润1835万元。

【政策扶持】 根据国家、省市有关扶持中小企业融资担保机构的政策措施，2019年烟台市4家公司获得省级财政发放的降低担保费率补贴27万元。

2019年烟台市融资性担保机构一览表

表 17

序号	区县	企业名称
1	市直	烟台市融资担保有限责任公司
2	市直	烟台市再担保有限公司
3	芝罘区	烟台中恒信融资担保有限公司
4	芝罘区	烟台环宇融资担保有限公司

续表 17

序号	区县	企业名称
5	芝罘区	烟台市隆飞融资担保有限公司
6	莱山区	烟台市莱山融资担保有限公司
7	牟平区	烟台鑫鼎融资担保有限公司
8	开发区	烟台银桥融资担保有限公司
9	开发区	山东东方融资担保有限公司
10	福山区	山东光大融资担保有限公司
11	福山区	烟台润福融资担保有限责任公司
12	福山区	烟台创新融资担保有限公司
13	海阳市	海阳市盛海融资担保有限公司
14	龙口市	龙口市南山融资担保有限公司
15	龙口市	龙口市德嘉融资担保有限公司
16	龙口市	龙口市裕丰融资担保有限公司
17	招远市	山东天健融资担保集团有限公司
18	招远市	招远市财金融资担保有限公司
19	招远市	招远市企业融资担保有限公司
20	蓬莱市	蓬莱金信融资担保有限公司
21	蓬莱市	山东汇洋融资担保有限公司
22	蓬莱市	山东盛业融资担保有限公司
23	莱州市	莱州市金惠融资担保有限公司
24	栖霞市	烟台市鑫达融资担保有限公司
25	长岛县	长岛县中小企业融资担保有限公司
26	莱阳市	山东鼎铉融资担保有限公司

（撰稿：孟娇　审稿：张绍文）

责任编校：渠敬伦

交通·口岸·邮政

交通运输综述

【概况】2019年末，烟台市公路通车里程1.97万公里，公路密度144.1公里/百平方公里。其中，国省道通车里程2427.9公里，和上年相比无变化；农村公路通车里程1.73万公里，同比增加147.7公里。全市高速公路606.8公里，高速公路通车里程位居全省第二。全市完成公路旅客运输量5098万人次，同比下降1.5%，公路货物运输量2.12亿吨，同比下降0.8%。全年规模以上港口货物吞吐量3.86亿吨，比上年增长15.67%，其中集装箱吞吐量310.24万标箱，增长3.36%。市交通运输局机关及所属8个单位通过省级文明单位复查和推荐；系统内15人受到市级以上表彰，2人被推荐为全国交通运输系统先进个人、劳动模范候选。

【机构改革】2019年2月28日，根据《中共烟台市委机构编制委员会关于烟台市交通运输局所属部分事业单位调整设置的通知》（烟编〔2019〕9号）要求，烟台市整合市交通运输服务中心、市交通工程建设事务服务中心、市铁路建设服务中心（挂烟台市城市轨道交通交通建设服务中心、烟台中韩铁路轮渡工程筹建办公室牌子），重新组建市交通运输服务中心（挂烟台市城市轨道交通交通建设服务中心、烟台中韩铁路轮渡工程筹建办公室、烟台市铁路建设服务中心牌子），为市政府直属正处级公益一类财政拨款事业单位，由市交通运输局代管，单位领导职数6名（主任1名，副主任5名）。

3月24日，市委办公室、市政府办公室印发《烟台市交通运输局职能配置、内设机构和人员编制规定》（烟办字〔2019〕58号）。市交通运输局行政编制76名。设局长1名，副局长4名；正科级领导职数22名，副科级领导职数16名。内设科室20个：办公室、政策研究室、人事科、法规科、财务科、综合规划科、建设管理科、科技教育科、安全监督科、运输管理科、市交通战备办公室、公路科、铁路机场科、水运科、港口科、城市交通科、危化品运输管理科、行政许可科、蓬长航线管理科、机关党委（党建办公室）。

【交通基础设施建设】2019年，全市交通基础设施完成投资55.3亿元，其中铁路18.5亿元、公路31.7亿元、港口2.9亿元、场站2.2亿元。

铁路方面，列入全市“重中之重”工作的潍烟高铁项目取得重大突破，由2030年远期实施的城际铁路，调整为2020年开工建设的国家干线延伸铁路。2019年末，项目可研报告经国铁集团鉴定中心评审，建设方案基本稳定。大莱龙铁路扩能改造工程完成投资19.8亿元，轨枕更换完成75%，工程接触网支柱施工完成68.2%。莱荣高铁项目前期工作启动，国家发改委已同意“十三五”实施，境内线路完成优化。城市轨道交通项目建设规划报批基础工作基本完成，同步推进机场、高铁南站配套预留工程。万华集团专用铁路项目建成运营。

公路方面，文莱高速完成投资11.2亿元，路基工程完成95.8%，桥涵工程完成95.9%，路面工程完成31.6%，超额完成年度计划。实施普通国省干线公路项目11个，完成投资9.7亿元，建设和改造里程168.1公里，其中通车里程119.5公里。“四好农村路”三年集中攻坚专项行动持续推进，完成投资10亿元，改造建设农村公路1742公里、危桥76座，建成客运站点1383个。“四好农村路”示范县创建加快推进，建成示范路段300公里、公路驿站23个。农村公路安全生命防护工程持续推进，整治村级公路隐患路段1000公里。开工建设国防交通项目5个。

港口方面，烟台港西港区30万吨级航道及拓宽工程、防波堤二期工程完工，原油二期、LNG项目核准并具备开工条件，长岛港区陆岛交通码头完工，龙口港区总体规划调整方案通过交通运输部和省政府联合审查。

机场方面，烟台蓬莱国际机场二期工程建设开工。栖霞通用机场完成核准前支持性文件。长岛通用机场正在推进前期工作。

场站方面，龙口九南营运中心、海阳郭城新能源公交场站投入使用；莱山公交调度中心及公交场站主体工程完工并通过验收；长岛综合交通枢纽、海阳公交客运枢纽正在加快推进。

2019 年烟台市交通主要业务指标统计表

表 18

项目	计算单位	2018 年	2019 年	2019 年占 2018 年 %
一、旅客运输量	万人	5912.10	5831.80	98.64
公路	万人	5174.00	5098.00	98.50
水运	万人	738.10	733.80	99.41
二、货物运输量	万吨	25775.10	25530.49	99.05
公路	万吨	21389.00	21218.00	99.20
水运	万吨	4386.10	4312.49	98.32
三、港口货物吞吐量	万吨	33355.38	38582.17	115.67
其中：集装箱吞吐量	万 TEU	300.20	310.24	103.36
四、全市公路通车里程	公里	19534.5	19682.2	100.76
其中：高速公路通车里程	公里	606.8	606.8	100

【春运】 春运期间（2019 年 1 月 21 日至 3 月 1 日），烟台市发送旅客 407.67 万人次，同比增长 0.86%（其中，道路发送 195.33 万人次，同比减少 7.25%；水路发送 35.91 万人次，同比减少 0.09%；铁路发送 120.35 万人次，同比增长 6.79%；民航发送 56.08 万人次，同比增长 24.7%）。

道路方面，全市投入客运班车 1081 辆，市区投入公交车 2100 余辆、出租车 5400 余辆，抽调 120 辆大型客车作为机动运力以应对客流高峰。水路方面，全市投入客运船舶 42 艘，其中客滚装 28 艘、客箱船 2 艘、客船 11 艘、客货船 1 艘，2.74 万客位、2210 车位。其中，烟台至大连航线共投入客滚船 19 艘，烟台市投入客滚船 12 艘，1.7 万客位、1902 车位；蓬莱至长岛航线投入客运船舶 25 艘，其中客滚船 16 艘、客船 9 艘，8939 客位、304 车位。

铁路方面，烟台车务段重点加开北京、济南、青岛、威海等重点线路。民航方面，加密杭州、长白山、牡丹江、延吉、大庆、郑州、佳木斯、齐齐哈尔、西安、温州、哈尔滨、沈阳、太原、宁波、汕头、长春等国内航线及卡利博、富国岛等国际航班。

【“十一”假期运输】 2019 年，“十一”黄金周假期期间，烟台市发送旅客 133.89 万人次，同比减少 0.26%（其中，道路发送 52.12 万人次，同比减少 3.97%；水路发送 26.37 万人次，同比减少 13.46%；铁路发送 43.9 万人次，同比增加 11.72%；民航发送 11.5 万人次，同比增加 12.77%）。

道路方面，市区日均组织县际以上客运班车 200 余部、公交车 2000 余部、出租车 2000 余部，抽调多部大型客车作为机动运力以应对客流高峰。督促公交企业提前制定配车计划，加强对通往火车站、机场及景区、景点周边公交线路的组织调度，合理延长运营时间。为强化旅客联程运输，满足旅客换乘需求，指导城市公交与出租企业主动对接铁路、民航部门，强化城市公共交通与干线运输的协同衔接。在做好旅客运输的同时，加强重点物资的运输保障，结合非洲猪瘟联防联控工作，抽调 50 辆货车组成保障运输车队，重点做好煤炭、粮食等重点生产生活物资运输和疫情防控物资的运输。

水路方面，全市海上投入客（滚）船 46 艘，其中客滚船 34 艘、客箱船 2 艘、客船 10 艘，36998 客位、3138 车位。蓬莱至长岛航线实行滚动发船，遇有突发客流时可随时组织充足运力加班疏运。

【安全生产】 2019 年，全市交通系统聚焦重点领域、重点环节，全面推进“平安交通”建设，安全生产形势总体平稳。强化安全生产组织领导体系，根据局《三定方案》和人事变动情况，调整局安委会人员组成，明确具体办事机构和成员单位。围绕防汛抢险、应急救援、安保维稳、“平安行·你我他”等专项工作进行细化分解，开展安全生产“权力清单”和“责任清单”课题研究，卡实工作责任。开展“迎接建国 70 周年安全生产专项整治行动”“安全生产集中整治行动”等活动。组织开展第 18 个安全生产月活动，发放宣传资料 1500 余份，摆放宣传展板 120 块，悬挂横幅 300 余条，接受群众咨询 1100 余人次，以持续不断的安全活动为载体，提升全行业安全管理水平。委托省交通干校举办 5 期企业安全管理人员培训班，对1600名参训人员的安全生产知识和能力进行考核；组织对270余名危险货物港口安全管理人员和装卸管理人员进行资格考核。突出客滚运输等重点领域安全生产监管，落实车辆和旅客行包100%安检、巡舱打卡、重点场所封闭、车辆绑扎、实名制售票等管理措施，建立车载货物申报和委托人承诺制度，加大对故意夹带危险货物等违法违规行为的检查和处罚力度。

【交通工程质量和施工安全监督】2019年，全市交通系统强化源头监督，狠抓过程控制，严格交工检测，加大工程实施过程中各环节的监督力度。全年监督公路水运工程项目46个，其中：国省干线公路项目9个，农村公路中的县级公路及大型以上桥梁项目29个，水运工程8个，监督覆盖率100%。对5个干线公路项目、6个农村公路项目3进行交工质量检测，交工检测合格率100%。全年组织实施四轮综合督查和30余项次重点抽查，印发《质量监督检查意见书》45份，查处质量隐患86项，均要求相关单位进行整改，工程质量始终处于受控状态，没有发生质量责任事故。

（撰稿：于天洋　审稿：李凯明）

道路建设与运输管理

【公路建设概况】2019年，省里安排给烟台市的干线公路项目资金占全省资金总量的1/6，居全省首位。全年共实施干线公路重点项目12个，完成投资20.9亿元，有9个项目建成通车，通车里程119.5公里，全市“三重”工作项目全部超额完成或提前完工。烟台公路事业发展中心在年度市直事业单位绩效考核中被评为“优秀”等次、获省级文明单位荣誉称号。

【文莱高速超额完成建设任务】至2019年，市公路事业发展中心连续三年被省里评为高速公路建设优秀协调单位，2019年完成建安投资11.2亿元，占计划的112%，超额完成省里下达的年度建设任务，获全国交通运输行业优秀质量管理小组。

【普通国省道建设与改造】2019年，全市11个普通国省干线公路项目完成投资9.7亿元，省道209蓬黄线栖霞绕城、零点立交进出港匝道维修、国道517长莱线长岛影院至北城村大修、国道228丹东线莱州招远界至龙口蓬莱界大中修、国道206威汕线栖霞城西至栖霞招远界大中修、省道209蓬黄线栖霞城北立交至南三里店大修、省道501北南线长岛境内大修、冰轮路侧分带及非机动车道改造、普通国省道命名编号调整9个项目按期或提前优质完工；省道306海莱线海阳栖霞界至栖霞杨础改建、国道206威汕线龙青路口至招远莱州界大中修主体工程完工。

【重大项目谋划论证】2019年，市公路事业发展中心向大型企业推介荣乌高速外移项目，探讨论证绕城高速拓宽的相关事宜，国土空间控制规划编制已完成招标并签订合同。

【烟台“智慧公路”建设】2019年，市公路事业发展中心对智慧公路管理服务平台47项功能进行完善和拓展，上线感知公路和轻量化路况检测系统，全年通过平台处置事件、办理业务4.1万余件。取得1项国家发明专利，获全国交通行业职工岗位创新标杆成果。智能化养护大数据应用作为烟台市唯一推荐项目，在省大数据应用成果展上演示。以技术帮扶形式完成德州智慧公路建设。

【全市普通国省道命名编号完成调整】2019年6月24日，全市普通国省道命名编号调整工作全部完成，共投资5414万元，主要涉及交通标志调整、里程桩号传递及相关数据的更新，共对原标志调整111块，新增（更换）标志780块，移位更换标志板（反光膜）1.51万平方米，标志拆除161套，更换里程碑158块、百米桩7783块。

（撰稿：刘涛　审稿：柳景禄）

【农村公路建设与管理】至2019年末，全市农村公路总里程达到1.73万公里，其中县道2589公里、乡道2123公里、村道1.25万公里，桥梁

农村公路　（供稿：于天洋）

2316座，农村公路总里程和路网密度分别列全省第6位和第8位，行政村通油路率和通客车率均达到100%。

【“四好农村路”建设】 2019年是“四好农村路”建设三年集中攻坚专项行动承上启下的关键一年，全市完成农村公路新改建1742公里，其中路网提档升级工程341公里，自然村通达工程128公里，路面状况改善工程养护大中修1273公里和危桥改造76座，运输服务提升工程新建农村客运站点1383个，完成投资10亿元，“四大工程”均超额完成省市下达的年度任务目标。全市农村公路技术状况水平显著提升，农村交通基础设施有效改善。

【农村通户道路硬化工程】 2019年，根据省交通运输厅农村通户道路硬化方案，以“雨天不踩泥、晴天不起土”为基本标准，按照2020年基本实现农村通户道路硬化的目标，结合各地实际，烟台市全面启动全市农村通户道路硬化工程，为进一步优化路网结构、解决村内道路泥泞提供有力支撑，为农村群众出行补齐最后一块短板。开展建设需求摸底，推动536个村庄实现通户道路硬化，达到省定建制村通户道路硬化率10%的年度建设目标。

【村级公路安全生命防护工程】 2019年，根据市政府《关于印发烟台市村级公路安全生命防护工程实施方案的通知》要求，全市完成村级公路隐患整治1000公里，完成年度投资1.1亿元，2017—2019年完成3300公里，全面完成村级公路安全隐患治理三年任务，全市农村公路安全通行能力明显改善。

【“四好农村路”示范县创建】 2019年，招远、莱州两市持续开展“四好农村路”建设示范县创建活动，两市完成年度投资1.4亿元，建成示范路段300公里、公路驿站23个，为全市“四好农村路”建设创树典型和样板。进一步强化示范引领，组织在龙口市召开全市“四好农村路”建设推进工作现场会议，全市农村公路领导及业务代表现场观摩典型示范路段、交流经验做法，为下阶段推动“四好农村路”建设再上新台阶提供经验支撑。

（撰稿：于天洋　审稿：李凯明）

【道路运输概况】 至2019年末，全市有客运企业30家，其中市直三区客运企业5家。全市二级以上客运站17个，其中一级站3个（烟台汽车总站、开发区烟台汽车西站、招远金都汽车站），二级站14个。全市县际以上客运班车1008辆。全市有包车客运企业45家，客运包车754部（市直包车企业16家，客运包车386部）。全市道路普通货物运输企业1.69万家，道路普货运输车辆5.87万辆，其中市直道路普通货物运输企业1770家，道路普货运输车辆1.27万辆；县市区道路普货运输企业1.51万家，道路普货运输车辆4.6万辆。

【道路运输管理】 2019年，招远1个、栖霞4个建制村通客车任务完成。强化班线客运与客运包车管理，提升行业管理水平。加强对普通货物运输企业的监督检查，强化动态监管平台运用和运营全过程监控。

【出租客运】 2019年，烟台市区出租车道路运输证名称变更工作有序推进，依照《市区出租车证件名称变更办理流程》，对芝罘区、莱山区、高新区与出租汽车公司实行联合经营的个体出租车经营者按照流程依法依规办理证件名称变更，先后公示3批共计312台符合要求车辆的相关信息。召开各出租车公司联席会议，对市区1670余台出租车展开年审，对不符合标准要求的强制改正，确保出租车辆全部符合营运标准。开展平台行政许可工作，发放20家网约车平台经营许可，其中2019年度许可7家。开展车辆运输证办理，完成1385辆网约车车辆许可，其中2019年度818辆。加强网约车安全管理，督导网约车平台公司和私人小客车合乘信息服务平台在APP启动首页设置安全提醒界面，在APP显著位置设置“一键报警”，要求各平台公司向市公安局提供技术接口，实时推送平台司机、车辆注册数据及车辆位置、行驶轨迹等数据。年末，市区网约车平台、顺风车平台全部与公安局110指挥中心建立线下对接机制；投入运营的平台全部向公安部门开放端口，可实时调取数据；公安局管理程序已展开。

【公交客运】 2019年，烟台市区累计新增、优化调整公交线路45条，全市有公交线路172条，线路总长度4019公里，比2018年底分别增长5.2%和6.7%。市区公交累计完成发送乘客3.14亿人次，较上年同期增长1020多万人次，客流增幅4%。市区推广新能源空调公交车100辆。自1月起，市区常规公交线路均实行“一元一票制”，烟台市成为继珠海后国内第二个推行“一元公交”的城市，有效降低市民出行成本，胶东在线、今日烟台、烟台大众网等各大网络媒体网民跟帖点赞数量突破20万人次。开通烟台至栖霞城际公交线路，全线配备纯电动大容量空调公交车20辆，实行7元单一票价。线路开通后，日均客流量相比原短途客运班线增长约200%，达到约2700人次，累计发送旅客37.6万人次。推进智慧公交建设，完成六区GPS智能调度监控系统和乘车支付系统整合，更新公交刷卡系统，全部公交车辆支持支付宝、微信以及银联“云闪付”等多种便捷支付模式，市区日均使用扫码乘车人数已超过22万人次。完善智慧公交平台系统，增加定制公交服务版块，拓展公交服务领域，提升公交服务水平，11条定制公交线路上线运营。

【维修与车辆技术】 2019年，烟台市全面开展汽车维修电子健康档案系统建设，基本实现对一、二类维修企业的全覆盖。加快推进在用汽车排放污染检测与强制维护制度（I/M制度），建立排放检测和维修治理信息共享机制，为全市打好柴油货车污染防治攻坚战提供有力技术支撑。按照市政府要求，对产生的挥发性有机污染的市直二类以上及三类车身维修专项的维修企业，开展摸排督查，对没有达到环保要求的21家涂漆作业企业责令停止作业，限期完成升级改造。对市直127家二类以上及整车维修企业，危险废物产生处置情况进行摸排，未执行危废产处的20家维修企业，全部下达整改通知，并要求限期整改。至年末，市直5家与（M）站数据监管平台对接联网。全面完成普通货车“三检合一”工作，烟台市经交通部门许可或通过能力认定的15家综检站全部接入山东省道路运输车辆综合性能检测联网系统，实现“部、省、市、县、站”五级综检数据网络交换和共享，实现货车“一次上线、一次检测、一次收费”，有效降低物流成本。做好新增综检站能力认定工作，制定出台新增综检机构能力认定评审工作流程。全市综检机构15家，其中市直5家。

【从业人员培训】 2019年，烟台市道路运输从业人员综合服务平台完善，平台注册网约车驾驶员1.5万人。做好出租汽车驾驶员的背景核查工作，全市核查网约车驾驶员6000多人次，巡游车驾驶员1.5万人次。注销出租汽车驾驶员从业资格证件180个，杜绝安全隐患。合理安排危险货物从业人员培训计划，开办危险从业人员培训班10期，培训人数2300余人，按照部分企业的需求，补充所需的爆炸品、剧毒等类别的押运员、装卸管理人员。营业性客货驾驶员继续教育、诚信考核工作有序进行，全市开设继续教育培训班370个，培训7万人。全市办理诚信考核手续5.9万人次，其中市直7590人次。做好网约车及巡游车驾驶员从业资格考试工作，开设网约车驾驶员培训班76个，培训考试驾驶员9500名，累计有8500名驾驶员通过考试取得了网约车驾驶员证。优化驾校结构和布局，严把市场准入关，全市新增二级驾校1所、三级驾校3所，各类教练车100辆。

【场站配套设施】 2019年，观海路34组公交站亭及智能站牌建成并投入使用。莱山区公交调度中心及公交场站主体完工。龙口公交公司九南营运中心、海阳郭城公交场站建成投入使用。长岛综合交通枢纽开工建设。

【交通运输监察】 2019年，市交通局开展非法载客车辆专项治理，对悬挂“小红灯”等发光体涉嫌非法载客车辆进行集中整治，采取“六区联动、覆盖全市、不留死角、重拳打击”的执法模式，与公安交警联合制定行动方案，抽调精干执法力量，高强度对悬挂“小红灯”车辆实行全时段全区域持续监察，形成路面打击高压态势。组织人员在车站、小区等人员密集场所张贴、发放《关于严厉打击悬挂“小红灯”等特定标识物从事非法载客行为的公告》，动员社区群众拒乘“黑出租”，广泛搜集悬挂“小红灯”的车辆信息；约谈运输企业配合行动。加利用新闻媒体、智能平台等载体进行宣传报道，引导广大市民积极参与，引导驾驶员自觉维护客运市场秩序。推进联合治超常态化，与公安部门建立联合执法工作定期协商、联动协作、资源共享、隐患整治和信息发布五大机制，增强执法合力。组织召开联合治超暨联合执法工作推进会，确立超限检测站联合执法工作流程，进行现场治超观摩展。完成东陌堂治超站升级改造工程，增加引导称重设施、综合数字大厅、变压器等设施设备，为联合治超提供基础设施保证。加强重点领域重点环节执法检查，按照“全覆盖、零容忍、严执法、重实效”的总要求，依法查处各类非法违法道路运输行为，规范道路运输秩序。加强无证营运、超限运输、“两客一危”车辆等重点检查车辆，围绕从业人员资格、车辆资质和安全设施等环节，消除违法行为，减少安全隐患。在旅游旺季与旅游部门不定期开展夏季旅游运输市场联合整治，依法查处旅游市场的违法违规行为，保障游客安全出游。根据不同运输车辆的运行特点，有针对性地组织开展集中行动，保障节假日、重大活动道路运输市场，全年查处各类非法违法运输车辆5800余辆。

【烟台首条城际公交烟台至栖霞线路C1路开通】 2019年6月28日，烟台首条城际公交烟台至栖霞线路C1路开通。该线路共投放纯电动空调公交车20部，沿途设19站点，高峰期每20分钟一班，平峰期每30分钟一

2019 年 6 月 28 日，烟台首条城际公交烟台至栖霞线路 C1 路开通（供稿：于天洋）

2019 年 10 月 30 日，各项标准领行业之先的新能源纯电动双层空调公交车在 17 路投入运营（供稿：于天洋）

班，夏季日运行 32 个班次，冬季日运行 30 个班次，实行 7 元一票制。

【省内首条“红色教育公交专线”开通】 2019 年 7 月 1 日，市公交集团开通省内首条“红色教育公交专线”，专线每日 28 个班次，沿海岸线一路串联烟台山、胶东革命纪念馆、东炮台、雷神庙、杨子荣纪念馆等共 20 余处红色教育基地。当天上午，启动仪式在胶东革命纪念馆前举行。

2019 年 7 月 1 日，烟台市公交集团开通省内首条“红色教育公交专线”（供稿：于天洋）

【各项标准领行业之先的新能源纯电动双层空调公交车在 17 路投入运营】 2019 年 10 月 30 日，烟台公交集团购置的 20 台新能源纯电动双层空调公交车在 17 路投入运营。至此，已在 3 路、9 路、61 路、17 路更新新能源纯电动空调公交车 90 台，完成全年车辆更新任务的 90%。该批车辆按照打造烟台“城市名片”的高标准引进，整个双层巴士车长 12 米、宽 2.55 米、高 4.2 米，以烟台“滨海蓝”为主色调，配以浪花、海鸥、灯塔等造型，美观大方。车辆具有零污染、噪音小、易保养、能量利用率高等特点。全车豪华、舒适、智能、安全，各项标准均达到行业领先水平。科技含量极高：360 环视安全系统，可 360 度环视车辆周边情况；防撞、轨道偏移监控预警系统，一旦车辆发生车道偏离或小于安全距离，系统便能提醒驾驶员及时制动避免发生碰撞；驾驶员行为监控预警系统，当驾驶员出现疲劳驾驶、违规行为时会发出警报声提醒驾驶员及时修正并做出正确反应，确保全程全天全时安全运行；易燃易爆危险品报警系统，防止易燃易爆挥发物进入车厢内，确保乘车环境无高危隐患；云总线系统和胎压监控系统，实现对整车的数据信息化管理和有效提高行车安全性。

【中通 18 米铰接式“大通道”空调公交车 N18 在 1 路投入运行】 2019 年 11 月 2 日，市公交集团购置的 10 辆中通 18 米铰接式“大通道”空调

2019 年 11 月 2 日，烟台市公交集团购置的 10 辆中通 18 米铰接式“大通道”空调公交车 N18 在 1 路投入运行（供稿：于天洋）

公交车 N18 在 1 路投入运行。相比于其他公交车，新一代“大通道”公交车有前中后 3 个车门、三车桥设计，最大载客量 150 人，相比于之前的 12 米公交载客量翻一番。前后车厢通过圆盘相连接，大圆盘为全封闭设计。“大通道”两节车厢的连接采用的是手风琴风箱式设计，中间配有安全拉手，安全系数、舒适度更高。车辆配置的 360 度环视安全系统、防撞、轨道偏移监控预警系统、驾驶员行为监控预警系统、云总线系统和胎压监控系统为车辆运行和市民出行提供多重安全保障，并时刻提醒驾驶员加强安全行车意识。

（撰稿：于天洋　审稿：李凯明）

【烟台交运集团概况】 2019 年末，烟台交运集团辖属 20 个全资及控股企业，县级以上营运线路 600 余条，营运客货车辆 2600 余部，实现客运量 2665 万人，位列中国道路运输百强诚信企业第 43 位。

【“零换乘”交通体系】 2019 年，陆空对接方面，烟台交运集团新增 22 部纯电动机场巴士，营运车辆达到 127 部；增设开发区永旺购物广场机场巴士营业厅；加密海阳、栖霞等县市班次，机场巴士实现客运量 217 万人，同比增长 27%。陆海对接方面，与烟台港集团实现战略合作，全面开拓通勤班车、集疏港运输、船舶旅客接送、仓储配送等业务；开通蓬莱汽车站至蓬长客港往返免费接驳巴士，在蓬长客港出港通道增设旅客换乘中心。公铁对接方面，在烟台火车站、城际铁路烟台南站设立旅客换乘中心，进一步丰富以骨干车站为支撑、综合经营网点为补充的站场经营网络。

【交运校车】 2019 年，烟台交运集团新增专业校车 9 部，专业校车达 487 辆；持续开展健康校车活动，加强校车品牌文化、车厢文化建设，开展学生与校车共成长、多彩校车写家书传亲情等主题活动，集团校车业务实现收入 5175 万元，同比增长 3.8%。

【智慧车站】 2019 年内，烟台交运集团成为全省首家所属车站全部实现身份证检票的客运企业。集团 23 个微信公众号粉丝 150 万人，网上售票 183 万张，其中，微信售票 148 万张。集团客服热线统一整合为 4006369369，增设智能语音功能，累计受话 14 万次，微信客服访客 9.3 万次。

【交通旅游融合】 2019 年，烟台交运集团开通蓬莱汽车站至蓬长客港往返免费接驳巴士、养马岛环岛旅游观光车，养马岛环岛旅游观光车运送 13 万余人。建成福山汽车站、烟台南站旅游咨询中心，集团获得授权的旅游集散（咨询）中心达 12 处。

【现代物流】 2019 年内，烟台交运集团与张裕公司实现战略合作，为其提供东三省物流一体化服务；成立上海远丰物流有限公司，依托税收优惠提高竞争力，为鲁花商贸提供干线运输和仓储配送一体化服务，中标鲁花集团莱阳、常熟、深圳 3 个工厂运输业务，年运输收入 5000 万元。发展国际物流，参与搭建市级欧亚班列平台，累计发运货物 36 个大柜，实现收入 110 余万元。发展冷链运输，新开内乡至西安、武汉等 4 条冷链专线。

【汽车后市场生态圈】 2019 年内，烟台交运二手车市场获批建设机动车登记服务站；交运检测实现“三检合一”；烟台机场车站、烟台汽车西站、烟台汽车总站等场站新增充电桩 24 台；加强智慧驾校建设，应用智慧驾校平台，实现网上预约练车，培训合格学员 1750 人，全市驾校综合考核测评位列第二；开展网约车驾驶员从业资格培训，培训合格学员 1770 人。

（撰稿：刘洪强　审稿：张兵）

铁路建设与运输管理

【潍烟高铁】 2019 年末，该项目推进取得重大进展，实现预期目标。年初，争取项目纳入省政府工作报告，开启全省合力推进项目的快车道。4 月 4 日，项目取得国家发改委同意“十三五”实施的意见，原则明确项目线路规划、投融资、审批及建设主体等重大问题，基本扫清项目建设的各种障碍，更好保证项目高质量加快建设。8 月项目可研报告进行评审，11 月初山东省明确项目为 2020 年确保开工建设项目，全面启动项目各类支持性文件的编制报批和各类协议签订工作，12 月中旬对项目可研鉴修稿进行评审，基本稳定了建设方案。南站枢纽地方配套工程建设开局良好。按照市政府确定的上半年开工建设的目标，采取“一线办公、挂图作战、每天通报、每晚研判”的措施，超常规完成南站地方配套相关工程前期手续办理和各项规划设计衔接工作，并在一个月内完成涉及 363 户住宅、106 户承包地、9 家企业的曲家庄村拆迁工作，按时完成工作任务。烟台南站市政交通预留工程，完成具备条件的“三通一平”施工，施工范围内围挡已完成，组织开展详勘工作。潍烟高铁、南站枢纽站房和高铁新区“三位一体”统筹推进。发挥潍烟高铁专班和高铁新区规划建设领导小组办公室的作用，强化三者融合互动、统筹推进，通过日调度、日报告，及时研究解决推进中的具体问题，相关工作均取得重要阶段性成果。南站枢纽站房建筑设计方案基本确定；高铁新区核心区城市设计及控规研究形成深化方案成果，核心区所涉范围控规基本完成，核心区自主投资、战略合作、联合招商、以商招商等各项工作积极推进。

2019 年 5 月 29 日，烟台至阿拉木图“齐鲁号”烟台欧亚班列整列首发

（供稿：于天洋）

【莱荣高铁】 2019 年，该项目争取国家发改委同意项目可于“十三五”实施，境内建设方案优化工作完成。11 月初省里确定项目为 2020 年确保开工项目。12 月中旬，对项目补充可研进行评审，预留海阳到烟台方向联络线。

【城市轨道交通】 2019 年，烟台市城市轨道交通项目建设规划报批涉及的相关工作基本完成。南站市政交通预留工程批复，待南站站房方案稳定后，立即深化设计。机场轨道交通配套工程方案研究完成。结合烟台市新一轮城市国土空间规划，完成城市轨道交通线网规划修编初稿，并进行专家咨询。

【“复兴号”高铁列车在烟台首发】 2019 年 1 月 5 日 9 点 10 分，前往上海虹桥的 G462 次高铁列车从烟台站出发，这是由中国铁路总公司牵头组织研制、具有完全自主知识产权、达到世界先进水平的“复兴号”在烟台首发。此前为和谐号车底。“复兴号”高铁有寿命更长、身材更好、容量更大、舒适度更高、安全性更高的特点。从 1 月 5 日零时起，铁路开始实施新的列车运行图，济青高铁、青盐铁路两条新线融入全国高铁网，济南局集团公司办理旅客列车总数达到 402 对，山东旅客列车运能大幅提升，沿线群众出行更加便利顺畅。

【烟台至阿拉木图“齐鲁号”烟台欧亚班列整列首发】 2019 年 5 月 29 日，烟台至阿拉木图“齐鲁号”烟台欧亚班列整列首发。这是继 2018 年 12 月采用“零散集结”方式发运班列后，烟台发出的首班整列“齐鲁号”欧亚班列，标志山东省再添一条海铁联运国际物流通道。该列车装载着轮胎、大理石、家用电器、玻璃等货物，经阿拉山口出境，用时 10 天到达哈萨克斯坦。此前企业出口欧洲的货物需要先通过陆路运输至郑州、重庆和成都，在 3 个海关分别申报备案清单，再通过 3 个城市的班列集结，由阿拉山口出境运至欧洲。“齐鲁号”欧亚班列开通后，企业只需在烟台口岸完成一次申报一次通关，通关时间和内陆运输成本大为节省。

2019 年 1 月 5 日 9 点 10 分，前往上海虹桥的 G462 次高铁列车从烟台站出发。这是“复兴号”在烟台首发

（供稿：于天洋）

【“齐鲁号”（福山—河内）欧亚班列首发】 2019 年 6 月 18 日，“齐鲁号”（福山—河内）欧亚班列首发仪式在山东济铁烟台物流园举行。本次列车编组 41 辆，从位于福山的山东济铁烟台物流园出发，驶向终点站越南河内。这是山东省首次开行纳入铁路总公司欧亚班列方案的东南亚方向直达国际班列，改变了原有货物从烟台港内支线转港发往东南亚的单一线路，时间比海运节省一半以上。

【烟台与莫斯科之间的班列首次实现往返开行】 2019 年 7 月 15 日，“齐鲁号”欧亚班列（莫斯科—福山）抵达位于福山区的济铁烟台物流园，这是继6月28日“齐鲁号”欧亚班列（烟台－莫斯科）开行后，烟台与莫斯科之间的班列首次实现往返开行。该班列由山东高速物流集团运营，编组42车，满载货值约75万美元的进口牛皮纸，从二连浩特口岸入境，全程历时12天。

【烟台成为全省首个运营“齐鲁号”欧亚班列全线路的城市】 2019年7月26日，烟台至德国杜伊斯堡欧亚班列正式首发，标志着烟台成为全省首个运营“齐鲁号”欧亚班列全线路的城市，线路覆盖东南亚、中亚五国、俄罗斯和欧洲各国，实现北向、西向、南向国际物流大通道的全面畅通。

（撰稿：于天洋　审稿：李凯明）

【中国铁路济南局集团有限公司烟台车务段（简称“烟台车务段”）】 2019年末，烟台车务段管辖蓝烟铁路（蓝村至烟台）、青（岛）烟（台）威（海）荣（成）（简称青荣）城际铁路和龙烟铁路（龙口至烟台）三条线路的32个车站。其中蓝烟线车站10个，分别为烟台站、珠玑站、福山站、旺远站、桃村站、徐家店站、莱阳站、马格庄站、莱西站、姜家坡站。青荣线车站13个，分别为即墨北站、夏格庄站、莱西北站、莱阳站（普速、高铁合一）、海阳北站、桃村北站、芝罘站、烟台南站、牟平站、威海北站、威海站、文登东站、荣成站。龙烟线车站10个，分别为烟台西站、大季家站、大季家北站、解宋营站、西赵站、蓬莱市站、王李站、北沟站、龙口市站、芦头站。

车务段管辖总营业里程1136.8公里（蓝烟线和青荣线均为双线自动闭塞区段、龙烟线为单线自动站间闭塞区段）。其中蓝烟线182.6公里（烟台市境内121.2公里），与胶济线相连；青荣线营业里程302.8公里（烟台市境内146.3公里），与胶济客（运）专（线）相连，其他53公里；龙烟线113公里，与大莱龙线、德大线相连。全长137公里的桃威地铁线在桃村站与蓝烟线接轨，全长12.1公里的烟大铁路轮渡线在珠玑站接入蓝烟线。

【每日接发列车】 2019年，日接发旅客列车83.5对。其中：蓝烟线日运行客车15对。直11对［烟台9对（烟台—佳木斯、北京、太原、西安、广州、昆明、金华、郑州、徐州各1对），威海2对（威海—北京、汉口各1对）］；管内4对［烟台2对（烟台—曹县、菏泽各1对），威海2对（威海—济南、菏泽各1对）］。日运行货物列车19对，其中班列1对，直达列车1对，区段列车15对（烟大轮渡3对，大季家北7对、龙烟线2对、蓝烟线8对），摘挂列车2对。动车组列车68.5对。其中G字头动车22.5对（烟台—北京南2对、上海虹桥1对、长沙南1对、成都东1对、曲阜东0.5对、济南东（曲阜东）1对；荣成—上海虹桥1对、西安北1对、北京南1.5对、太原南1对、枣庄1.5对、济南东1对；威海—北京南1对、西安北1对、郑州东1对、运城北1对、武汉1对、沈阳北1对、济南东3对）；D字头动车25.5对（烟台—石家庄1对、潍坊1对、济南东（济南西）1对、济南东（平原东）1对，济南—烟台0.5对、济南西1对、荣成2对、岚山西2对、龙口市0.5对；荣成—石家庄1对、济南3对、济南西（平原东）1对、济南西1对、济南西（济南）1对；威海—盐城北1对、石家庄2对、平原东（济南）1对、济南西（平原东）1对；龙口市—威海0.5对、青岛1对、济南（济南东）1对；蓬莱市—青岛北1对）。城际列车20.5对（烟台—青岛（北）5对；荣成—青岛（北）8对；威海—青岛（北）6.5对、烟台南—青岛北1对）。

【车次变动】 2019年1月5日，青荣线增开列车11对：威海—运城北G2078/9 G2080/77次、北京南—威海G469/G470、郑州东—威海G2074/5 G2076/3次、成都东—烟台G2088/9 G2090/87次、武汉—威海G2082/3 G2084/1次、西安北—威海G2052/3 G2054/1次、济南东—威海G6939/G6932次、济南西（济南东）—烟台G6937/G6934次、威海—济南东G6936/G6933次、威海—济南东G6938/G6931次、青岛北—威海C6581/C6582次；取消高峰线2.5对：北京南—烟台G4219/G4220次、济南西—烟台D9461/D9462次、烟台—石家庄D4152次。4月10日，青荣线增开高峰线2对：济南西—烟台D9461/D9462次、烟台—荣成D9465/ D9466次。7月10日，青荣线增开列车7对（包括4对高峰线）：威海—盐城北D1696/7 D1698/5次、沈阳北—威海G2652/3 G2654/1次、烟台—岚山西D8142/3 D8144/1次、青岛北—蓬莱市D9477/6 D9475/8次、青岛北—烟台C6595/C6596次、烟台—岚山西D9436/7 D9438/5次、威海—青岛北C6598/C6597次。10月11日，青荣线增开列车6.5对（包括高峰线5.5对）：烟台—青岛北C6580/C6579次、济南西—威海G9229/G9230次、济南东（济南西）—威海G6991/G6992次、济南西（济南东）—荣成G6993/G6994次、青岛北—荣成C6599次、荣成—烟台D9470次、烟台—济南东G6996次高峰线、烟台—菏泽K5508/5 K5506/7次。停运1对：烟台—潍坊D6068/

D6067 次。10 月 11 日至 12 月 30 日临时增开广州南—烟台 G2056/7 次。10 月 12 日至 12 月 31 日临时增开烟台—广州南 G2058/5 次。10 月 11 日至 12 月 21 日枣庄西—烟台间每日加开 K5523/2/3 次。10 月 10 日至 12 月 20 日烟台—菏泽间每日加开 5010/1 次；10 月 11 日至 12 月 21 日菏泽—烟台间每日加开 5012/09 次。10 月 11 日至 12 月 21 日枣庄西开枣庄西—烟台 5036/7 次临时停运。10 月 10 日至 12 月 20 日烟台开烟台—曹县 5018/9 次；10 月 11 日至 12 月 21 日曹县开曹县—烟台 5020/17 次临时停运。11 月 27 日青荣线增开威海—曲阜东 G5584/G5583 次、烟台—曲阜东 G5592/G5591 次。

【集装箱班列开行】 2019 年 5 月，烟台站开行“齐鲁号”烟台地区中亚集装箱班列。其中 29 日开行阿拉山口 1 列计 41 车 1131 吨；30 日开行霍尔果斯 1 列计 42 车 909 吨。2019 年 6 月 18 日开行福山站到凭祥中亚集装箱班列，共计 1 列 41 车 416 吨。

【万华化学专用铁路开通运营】 2019 年 9 月 26 日，万华烟台工业园万华化学专用铁路开通运行办理货运业务。该专用铁路工程与龙烟铁路大季家北站东咽喉接轨，至厂内站，新铺轨 10.65 公里。厂内站按南北方向设置，自东向西设存车线 2 条，机车走行线、重车线、空车线各 1 条，并配有牵出线、机车整备线和机回线。专用铁路的开通解决万华化学铁路运输“最后一公里”问题，形成铁公水“三位一体”的综合交通运输网。铁路货车可直达企业作业区，串连起全国乃至欧亚市场。

【青荣城际线开通电子客票】 青荣城际线作为集团公司管内电子客票试点线路，在 2019 年 10 月初开始对相关车站设备设施进行客票电子化改造，并于 10 月 25—31 日试运行，11 月 1 日正式运行。设备改造及试运行期间客运组织良好，为集团公司全面推进客票电子化提供宝贵经验。

【夏格庄站正式开通】 自 2019 年 7 月 10 日起，莱西北站停办客运业务，原有 50 列动车组旅客列车停办。自 7 月 10 日起开办夏格庄站，34 列动车组旅客列车办理客运业务。

（撰稿：王媛媛　审稿：赵国明）

口岸管理

【概况】 2019 年，烟台航空口岸旅客吞吐量 1005.3 万人次，同比增长 14.5%，其中完成出入境旅客 86.2 万人次，同比增长 17%；完成货邮吞吐量 5.7 万吨；全年航班起降 8.64 万架次，增长 14.5%。全市海港口岸累计完成外贸运量 1.53 亿吨，同比增长 16%，外贸集装箱运量 52.6 万 TEU，与 2018 年基本持平，出入境旅客 27.7 万人次，同比增长 10.8%。

【口岸开放】 至 2019 年末，烟台辖区内烟台港、龙口港、蓬莱港和莱州港 4 个一类水运口岸开放泊位 164 个。12 月 29 日，交通运输部签发 2019 年第 97 号公告，烟台港口岸扩大对国际航行船舶开放，西港区和海阳港区结束 9 年的临时开放历史，成为烟台港口岸的重要组成部分。烟台港口岸实现正式扩大开放，对于烟台市加快建设海洋大市和深度融入“一带一路”建设具有重要意义。

【电子口岸建设】 2019 年，烟台市作为全国首批试点率先在省内启动“两步申报”改革，降低企业申报中的经济和时间成本；持续推进无纸化申报工作，口岸各部门推广“出口岸联系单”业务功能，加快实现船舶申报环节无纸化。至年末，烟台地区“单一窗口”企业注册数达 2570 家。2019 年全年烟台外贸企业通过电子口岸国际贸易“单一窗口”完成报关 38 万单，ECIQ 报检 5.7 万单，原产地证申报 1.5 万单，船舶申报 2 万单，跨境电商申报 495 万单，合计约 543 万单，货物申报、舱单申报、运输工具申报等主要业务应用率已达 100%。

【航线开辟】 2019 年，烟台航空口岸引进东方航空、青岛航空、奥凯航空、长龙航空过夜飞机各 1 架，山东航空 2 架，过夜飞机总量达到 21 架；新引进 7 家航空公司驻场运营，驻场航空公司累计达到 34 家；新开汕头、丽江、无锡、长治、长白山、嘉峪关、西宁、锦州、泉州 9 条国内航线，恢复珠海、南通、营口、呼和浩特、张家界、银川、齐齐哈尔、海口 8 条国内航线，加密北京南苑、上海、广州、重庆、成都、深圳、南昌等 30 条国内航线；开通烟台至日本静冈、越南芽庄和富国岛、菲律宾卡利博 4 条国际客运航线，恢复烟台至韩国釜山、香港 2 条国际（地区）客运航线，加密烟台至首尔国际航线，春节期间开通烟台—清迈国际包机航线。年内，国内航线网络覆盖除拉萨之外的所有省会城市和重要经贸旅游城市，东南亚国际航线初步连通，日韩航线稳中有增，国际（地区）航线总量达 13 条。

【口岸通关环境】 2019 年，烟台市继续深入优化口岸营商环境，出台《烟台市进一步优化口岸营商环境实施方案》和《烟台市口岸营商环境专项优化提升行动工作方案》，推动口岸相关部门实施一批“缩时间、降成本、强服务”的工作措施。深化口岸通关改革，在全省率先试点完成关检融合，全国首批试点“新一代查验管理系统”和进口“两步申报”改革，省内率先公布口岸通关流程与作业时限标准。开展清理规范口岸收费专项行动，在全市范围内对口岸涉企收费行为进行大排查，形成口岸收费检查常态化机制。继续推进免除查验没有问题外贸企业吊装移位仓储费用改革工作，全年为400余家外贸企业免除查验无问题集装箱9819个自然箱产生的吊装移位仓储费用864.43万元。

【烟台港口岸正式扩大对国际航行船舶开放】 根据《国务院关于同意山东烟台港口岸扩大开放的批复》(国函〔2014〕104号）和《交通运输部关于山东烟台港口岸扩大对国际航行船舶开放的公告》(交通运输部2019年第97号公告），自2019年12月29日起，烟台港口岸正式扩大对国际航行船舶开放，标志着烟台港口岸扩大开放项目圆满收官，结束临时开放历史。这会进一步提升山东港口的综合竞争力，对优化山东省口岸布局、打造对外开放新高地具有重要意义。通过验收后，将扩大开放烟台港西港区烟台港万华工业园码头有限公司码头102#,103#、山东联合能源管道输送有限公司码头601#, 烟台港股份有限公司码头501#、502#等共计12个泊位，为山东港口烟台港、万华工业园码头有限公司等大型企业生产运营提供有力保障。

【烟台至日本全货机航线开通】 2019年2月26日上午8点35分，圆通货运航空一架B757全货机由烟台蓬莱国际机场起飞，直飞日本东京成田机场，标志着烟台至日本全货机航线的开通。

（撰稿：甄骞　审稿：姜保周）

港航建设与运输管理

【港口规划】 2019年，龙口港区总体规划调整方案通过交通运输部和省政府联合审查，待完成环评工作后即可报送交通运输部和省政府审批，规划批复后将为裕龙岛炼化一体化项目、龙口港LNG接收站项目建设提供重要支撑。蓬莱西港区规划调整方案编制启动，为蓬莱西港区陆岛交通码头及陆域改造项目建设提供规划支撑。

【港口建设】 2019年，烟台市以西港区建设为重点，安排港口建设项目8项。烟台港西港区LNG接收站后方陆域回填工程开工，在抓紧施工；西港区30万吨级航道及拓宽工程、防波堤二期工程完工；西港区304-306号通用泊位工程码头主体完工，投入试运行。龙口南山LNG接收站配套码头工程、烟台港西港区LNG接收站配套码头工程获国家发改委核准，实现烟台市LNG码头零的突破，对满足渤海湾地区天然气供应需求和全省新旧动能转换具有重要推动作用；西港区原油码头二期工程获得省发改委核准，烟台港原油储运体系进一步完善。

【港口生产】 2019年，烟台市坚持以物流经营理念引导全市港口企业稳固老市场、开拓新市场，全年累计完成货物吞吐量3.86亿吨，同比增长15.67%，位列全国沿海港口第8位，全省沿海港口第3位；铝矾土全程物流体系、原油储运体系、矿石混配分拨基地等物流体系进一步强化，全年完成铝矾土吞吐量1.32亿吨，牢固保持全国铝矾土进口第一港地位，完成石油、天然气及制品吞吐量0.46亿吨，完成金属矿石吞吐量0.22亿吨；港口外向型经济不断强化，完成外贸吞吐量1.42亿吨，同比增长16.14%；烟台港集装箱自营船队和集装箱航运体系不断完善，完成集装箱吞吐量310.24万标箱，同比增长3.36%；烟大航线客滚业务稳定运营，完成省际滚装吞吐量158.47万辆，同比增长6.43%。

西港区30万吨原油码头　　（供稿：于天洋）

【港口整合】 2019年8月6日，省港口集团在青岛挂牌成立，烟台港集团整合到省港口集团，省、市港口发展进入新阶段。8月22日，烟台港、青岛港、日照港、渤海湾港口集团股权划转协议在青岛签署，成为山东省港口集团的全资子公司。

【航运发展】 2019年，烟大航线运

2019 年 9 月 27 日，渤海轮渡“中华复兴”轮试航
（供稿：于天洋）

力更新迈出新步伐，由渤海轮渡集团投资 4 亿元建造的豪华型客滚船“中华复兴”号完成试航。蓬长航线客船提档升级，“寻仙 70”“寻仙 71”两艘豪华客船首航仪式在长岛举行，开启蓬长航线高端豪华客船运输，服务长岛海洋生态文明综合试验区建设与发展。大型客滚船建造工作进展顺利，由烟台中韩轮渡公司投资 4 亿元建造的 2 艘多用途滚装船正在天津造船厂进行主体建造。渤海湾南岸集装箱“海上巴士”船队打造稳步推进，烟台港集团发挥港口自身优势发展航运业，新造 3 艘 6800 吨内贸集装箱船“惠中 5”“惠中 7”“惠中 6”轮，全部投入营运。潍坊至烟台、烟台至宁波集装箱航线正式营运。

【中国北方油气能源基地港建设项目签约】 2019 年 1 月 9 日，烟台港集团与中石油天然气股份公司旗下昆仑能源有限公司、中石油燃料有限公司在东方海天宾馆举行签约仪式，携手共同打造中国北方油气能源基地港。此次签约的两个项目分别是烟台港集团公司与昆仑能源有限公司合资建设运营的烟台港西港区 LNG 接收站项目，项目投资约 70 亿元，包括新建 26.6 万方 LNG 船接卸泊位 1 座，20 万方 LNG 储罐 4 座及配套设施。烟台港集团公司与中油燃料油有限公司合资建设运营的 30 万吨级原油码头二期、烟淄输油管道复线、配套原油罐区项目，项目投资约 50 亿元。此次签约是烟台港集团公司在成功引进中国海洋石油集团公司并与之深度合作之后与中国三大石油公司的又一次战略合作，对拉动烟台和省内管道途经城市经济发展，密切山东省内企业多方经贸合作发挥重要作用，加速推动烟台港成为集油气保税、期货交割、贸易等功能于一体的中国北方油气能源基地港。

【中石化烟台龙口 LNG 接收站项目举行签约仪式】 2019 年 1 月 12 日，中石化烟台龙口 LNG 接收站项目举行签约仪式，项目合作方中石化天然气公司、龙口市政府、恒通股份、龙口港公司分别派代表签约。项目计划将烟台港龙口港区 27#、28#、29# 泊位改造为两个 LNG 专用泊位，并在其后方场地建设 LNG 接收站及配套外输管线。

【蓬长航线智慧港口综合平台一期上线】 2019 年 5 月 21 日，蓬长航线智慧港口综合平台一期上线，投资 800 余万元，涵盖船票预订、航班变动通知、海上气象信息公告等功能，旅客网上购票后，扫描手机二维码或本人身份证即可登船。

【海阳港和烟台船助力中国首次在海上实施运载火箭发射】 2019 年 6 月 5 日 12 时 06 分，从海阳港运抵的长征十一号海射运载火箭，以烟台船舶“泰瑞”号为发射平台，成功将七颗卫星送入预定轨道。这是中国首次在海上实施运载火箭发射技术试验。

【蓬长客港集团开通“寻仙 70”“寻仙 71”豪华客船】 2019 年 6 月 5 日，蓬长客港集团开通“寻仙 70”“寻仙 71”豪华客船，根据船舶舱室条件、服务项目以及不同旅客的乘船需求，实行差异化服务，在航行过程中将为乘船旅客配备免费食品、水果、饮料、咖啡等。采取网络售票和专用窗口售票相结合方式，在蓬长两港设专用取售票窗口、专用检票通道、专用登船码头，淡季先期每天固定营运班次对开 2 个航班，始发时间分别为上午 08：45、下午 2：45，进入旺季再作调整。

【龙口南山 LNG 接收站一期工程成为烟台第一个获得核准批复的 LNG 项目】 2019 年 8 月 23 日，龙口南山 LNG 接收站一期工程获得国家发改委核准批复，建设 6 座 22 万方 LNG 储罐、1 座 8-26.6 万方 LNG 船舶接卸泊位及相关配套设施，为烟台第一个获得核准批复的 LNG 项目。

【亚洲最大邮轮型豪华客滚船——“中华复兴”轮交付使用】 2019 年 11 月 4 下午 3 时，“中华复兴”轮首次抵达烟台，标志着渤海轮渡斥资 4.2 亿元建造的 1689 客位 /3070 米车道线的亚洲最大邮轮型豪华客滚船正式交付使用。“中华复兴”轮客滚船总吨 44200 吨，船舶总长 212 米，型宽 28.6 米，载客定额为 1689 人，是中国自主设计、自行建造的新型、邮轮型客滚船，是亚洲吨位最大、装载能力最强的客滚船，再次刷新亚洲最大、最安全、最先进、最豪华客滚船的纪录，成为新的“亚洲之最”。安全设施同步向国际豪华客滚船看齐，船舶拥有良好的设计稳性和船体强度，服务航速 18.8 节，能够满足安全返港要求。为确保船舶在装卸车辆时的安全，船上配置防横倾装置，可在3分钟内迅速消除横倾，拥有极高的安全系数。客滚船车辆甲板通风情况良好；船舶加强消防能力，全船设水喷淋、水雾和CO2等多种灭火装置；增设电子海图导航，确保船舶航行安全。最新采用全船智能管控系统、智能机舱，采用更节能的扭曲襟叶舵。船舶配备2台7000KW发动机，拥有双套船舶动力系统、双电源系统、双套灭火系统，且船舶动力系统、通道系统、通讯导航系统等重要设施设备全部采用国际知名品牌。船舶配备保安警报系统、应急疏散系统—4套滑道撤离装置、航行数据记录仪—黑匣子、车辆系固装置、直升机停靠设施等先进设施设备，船舶甲板可直接降落直升机。船舶注重旅客旅行体验及舒适娱乐一体化，设有VIP海景套房、大型多功能演艺厅、儿童游乐区、购物中心、超市、水产专卖店、精品店、电玩区、KTV、旅客露天休闲吧、露天星空影院、露天烧烤、露天跑道及观景区等娱乐休闲场所。

（撰稿：于天洋　审稿：李凯明）

海上运输

【烟台港集团概况】 2019年8月，山东省实行全省港口一体化改革成立山东港口集团，烟台港与青岛港、日照港、渤海湾港成为山东港口权属四大港口集团之一。年末，烟台港集团形成以芝罘湾港区、西港区、龙口港区、蓬莱港区等四大港区为主体，以莱州华电港、潍坊寿光港、东营广利港、滨州套尔河港为支点，以几内亚博凯港为海外桥头堡的现代化港口集群。有各类泊位113个，其中万吨级以上深水泊位74个，码头岸线总长24063米，铁路专用线64.4公里，库场总面积909.3万平方米，职工14000余人。

全港全年完成吞吐量3.01亿吨，同口径比较增长17.7%；集装箱吞吐量完成310万标箱，同比增长3.3%；外贸吞吐量完成13265.1万吨；旅客发送量完成182.4万人次；滚装车发送量完成42.86万辆；完成铁路装卸车31.2万辆；商品车运量37.3万辆，同比增长8.1%；完成营运收入84.5亿元、同比增长9%；实现利润5亿元，同比增长29%，主要经济指标均创历史最好水平。

2019年5月8日，烟台港集团参加第31届世界港口大会，向世界推介“快速港口”品牌，并与多个合作伙伴签署八大合作协议　（供稿：潘刚林）

【港口生产】 2019年，芝罘湾港区完成吞吐量9063.3万吨，较上年增长5.5%；西港区完成1.08亿吨，增长35.8%；龙口港区完成7870万吨，增长10.7%；蓬莱港区完成1122.5万吨，增长13.6%；寿光港区完成1280万吨，增长32.6%。

烟台港依托几内亚全程物流链项目，铝矾土吞吐量完成11260万吨，同比增长11.2%，稳居全球铝矾土接卸第一港；原油吞吐量完成2690万吨，同比增长6.8%；VALE混配、保税转口业务拉动铁矿石业务增长，全年完成1865万吨，同比增长10.4%；商品车运量37.3万辆，同比增长8.1%；化肥业务全年完成460万吨，同比增长25.8%；矿建业务，增加临港建设碎石、石粉出口，全年完成1260万吨，同比增长171.2%，成为烟台港第五个年吞吐量过千万吨的货种；煤炭业务，全年完成外贸进口煤炭350万吨，同比增长212.2%；与上海泛亚携手，搭建环渤海集装箱“海上巴士”网络，增开日本关东、潍坊、龙口、宁波（温州）航线4条。

海外拓展。2019年几内亚赢联盟项目出矿量4500万吨，全港铝矾土吞吐量完成11260万吨，同比增长11.2%。几内亚港口管理公司实现收入1.6亿元，利润5300万元；烟台港国际工程公司实现收入1.6亿元，利润2100万元；金波项目1#泊位码头主体已完工，拟于2020年一季度投产。赢联盟联合体中标西芒杜铁矿项目。

【港口建设】 2019年，烟台港西港区原油码头二期工程取得省交通运输厅初步设计批复；#501、#318、#319、#320泊位、芝罘湾港区#53、#54、#43-#46泊位完成减载靠泊等级提升论证，并取得山东省交通运输厅及烟台市交通运输局相关批复。芝罘湾港区加强与市政府海上世界项目工作专班沟通，及时掌握项目工作要求及规划进展情况，在土地收储、生产搬迁转移、现场拆除、搬迁安置项目建设等方面完成年度工作计划；四突堤完成环保设施改造建设，为铝矾土装卸提供重要的环保支持。龙口港区粮食现代物流项目有序推进土建建设；3#、4#泊位改造工程完成泊位改造和连接桥等配套设施安装调试。蓬莱港区新客运区项目码头主体、客运站主体及配套单体工程全部完工。

【烟台港首艘自行建造的集装箱船“惠中5”轮首航】 2019年2月1日，烟台港首艘自行建造的集装箱船“惠中5”轮首航仪式在芝罘湾港区集装箱码头38#泊位举行。仪式结束后，“惠中5”轮装载328标箱投入“锦州—烟台—泉州”航线运营。

2019年2月1日，烟台港首艘自行建造的集装箱船“惠中5”轮首航 （供稿：于天洋）

【烟台港集团参与组建的几内亚金波联合港口公司成立签字仪式在新加坡举行】 2019年2月12日，由烟台港集团、新加坡高顶国际、几内亚金波铝土矿三方共同投资组建的几内亚金波联合港口公司成立签字仪式在新加坡举行。烟台港团队承担港口项目的相关建设、管理工作。

【《烟台港龙口港区总体规划方案调整》通过交通运输部和山东省政府联合审查】 2019年6月4日，《烟台港龙口港区总体规划方案调整》通过交通运输部综合规划司和山东省交通运输厅的联合审查，本次规划将裕龙岛配套码头纳入港区范围，并对LNG作业区进行重新规划。

【“亚马逊”轮船靠泊刷新烟台港接靠油轮的最大吃水纪录】 2019年8月8日，烟台港引航站引领满载状态下的30万吨油轮“亚马逊”乘潮进港，顺利靠妥烟台西港区601原油泊位。“亚马逊”轮船长333米，载重吨306687吨，平吃水22米，本次靠泊刷新烟台港接靠油轮的最大吃水纪录。

【环渤海集装箱“海上巴士”通航】 2019年10月17日，山东港口集团烟台港与渤海湾港、中远海运集运泛亚公司在烟台港国际集装箱码头公司61号泊位签署战略合作协议，举行环渤海集装箱“海上巴士”通航仪式。借助环渤海集装箱“海上巴士”，山东港口集团烟台港将与中远海运集运泛亚公司合作，依托中远海运发达的南北干线网络及烟台港自有内贸航线补充，通过与渤海湾内港口织点成线、连线成网，使环渤海地区的集装箱及散货实现运输环节无缝衔接，构筑起以山东港口为中心，涵盖环渤海、东北、长三角、珠三角以及华东、华南地区的集装箱物流运输网络。

（撰稿：张晶　审稿：徐国旺）

水上交通安全监督管理

【概况】 2019年，烟台海事局全面依法履职，保障水上交通安全，保护水域环境清洁，保护船员整体权益，维护国家海上主权和人民利益。实现水上交通事故四项指标“三降一平”，保持辖区“船畅其运、货畅其流、人畅其行”的良好态势。全年安全保障24.9万艘次船舶进出港，3.41亿吨货物运输，1499万人次旅客海上出行。

【海事治理现代化建设】 2019年，烟台海事局构建以“2+8”“示范区”建设布局为主干的现代化治理体系，聚焦“343”综合监管机制应用，构建“大巡航、大应急、大服务”三大机制，搭建“常态履职、静态服务、动态指挥”三大平台，组织开发船舶异常行为监测、智能CCTV等系统，应用大数据分析、无人机、卫星遥感等前沿技术手段。提升以“有效履职、科学执法、管理服务”为核心的现代化治理能力。承办山东海事局海事治理现代化“示范区”现场会，“烟台经验”在山东辖区进行推广。

【海上应急搜救】 2019年，烟台海事局推进涵盖“海情预警、指挥控制、搜救力量、救援评估和综合保障”五大系统的海上搜救体系建设。召开全市海上交通安全和搜救工作会议。迎接省人大社建委副主任委员王兆玉一行到烟台市开展水上交通安全专项调研。举办烟台市2019年大型客滚船海上联合搜救应急演练，以“电视直播+

2019 年 11 月 11 日，烟台海事局护航渤海轮渡客滚船舶　（供稿：曹健宇）

信息化”全景展现应急处置流程，全方位、全流程、全要素实练实训应急力量。成功抵御2019年第9号台风“利奇马”和第13号台风“玲玲”，安全保障500余艘次船舶在烟台避风，实现“不死人，少伤人，少损失”的防抗目标。妥善处置“5·9”“渤海玛珠”轮车辆舱失火等36起险情事故，救助遇险人员706人，救助成功率97%。

【打非治违】 2019年，烟台海事局开展打非治违“铁拳”行动，查处“三无”船、非法砂石船15艘，对12艘小艇罚款5.23万元，吊扣摩托艇56艘、小艇10艘，查堵载运危货上船车辆和“三超”车辆770余台次；莱州海事处与东营、滨州海事联合追缉查处非法砂石船行动被央视报道。引导长岛、桑岛58艘个人旅游艇合法化登记—集约化经营—公司化管理。拆除碍航养殖及定置渔具126.67公顷。法治海事建设成效显著，全年实施行政处罚354件，处罚金额359.9万元，创历年新高。

【海上风险隐患治理】 2019年，烟台海事局制定实施《海上安全风险防控指导意见》，深入推进滚动式隐患排查治理，开展滚动式隐患排查4次，治理隐患36项。巡航3万余海里，发现违章41起。动态监控船舶12.7万艘次，避免险情100起。实施航运公司体系审核23家，开具不符合111项、问题377项，开展航运公司日常监督检查99次，查处问题148项。实施各类船舶安全监督1万余艘次，滞留96艘次，查纠缺陷7600余项。落实《船舶安全监督规则》《海上滚装船舶安全监督管理规定》，打出客运安全监管“组合拳”。制定落实《关于推进辖区客运船舶安全监管模式转型升级的实施意见》《渤海湾客滚运输前瞻性研究工作方案》，推进本质安全。

【海洋防污与溢油应急】 2019年，烟台海事局开展“船舶碧海蓝天”行动，查处燃油硫含量超标和违规排污案件40起，查处集装箱危险品瞒报案件1起。落实船舶大气污染排放控制区政策，严格实施船舶燃油“限硫令”。开展水污染物综合治理，严格落实船舶水污染物排放标准，蓬长航线客渡船污染物接收、转运取得新突破。以零问题通过国家环保审计。联合市有关部门，组织首次船舶污染物联合检查。开展海事油样鉴定25起，接收样品163个。开展溢油应急演练1次，维护保养溢油应急设备400台套。参与东营韩国籍“五号汽船”LPG泄漏事件，海南三亚沉船溢油事故应急处置。发挥卫星遥感监测“千里眼”功能，支撑船舶海上非法排污案件查处。

【服务经济社会发展】 2019年，烟台海事局修订《服务经济社会发展暨重大项目建设责任清单》。助力烟台港西港区、海阳港区口岸扩大开放，西港区纳入两岸直航港口。服务中国海工北方中心建设，保障中集来福士“蓝鲸2号”“FPSO Petrobras”等大型海工装备安全出运12次。服务裕龙岛、烟台西港和龙口LNG等重大项目，助力“仙境海岸·夜炫芝罘湾”夜间海上游项目启动。用足用活政策，为大宇造船年均减免港建费240多万元。推行“单一窗口”建设，落实“减证便民”八项服务举措，实现通关“零待时”。创新“大政务”建

2019 年 12 月 12 日，烟台海事护航 FPSO Petrobras 超大型海工装备出港
（供稿：曹健宇）

设，实施船舶登记网上预审核，办理时间压缩近半，船员业务85%“零跑腿”、100%“一次办好”。组织船员培训考试1260期、3万余人次，签发船员证书2.7万本。校企合作，定向培养船员1600余人。妥善处理船员各类诉求1600余人次，船员诉求答复率100%。开通船舶抵押、融资租赁登记“绿色通道”，帮助企业融资12.5亿元。

（撰稿：曹健宇　审稿：许丰波）

海上救助与打捞

【海上救助】 2019年，交通运输部北海救助局（以下简称北海救助局）执行救助抢险打捞任务341起，挽救274名遇险人员的生命，使11艘中外船舶转危为安，直接获救财产价值约4.84亿元。“上善济海 守望千舟”文化品牌获首届交通运输政务事业类十佳文化品牌称号。

4月15—24日，“北海救113”轮、“北海救203”轮和直升机“B7126”在成山头北28海里处，救助香港籍失火集装箱船“广平”轮及船上20名遇险人员（其中外籍船员5名）。5月3—4日、8—9日，北海救助局调派2架直升机，累计飞行14架次，洒水79桶，共158吨，成功扑灭莱州、蓬莱两地山林大火。8月12日，“北海救118”轮在烟台锚地成功救助受台风“利奇马”影响发生船体倾斜的“颢达16”轮及船上9名遇险人员。9月2日，直升机“B7313”在烟台东北20海里处，成功接救2名烧伤渔民，并将伤者直接空运至烟台毓璜顶医院救治。9月5日，“北海救112”轮在成山头东北47海里处，成功救助机舱进水渔船“辽大开渔养22208”轮23名遇险人员。10月3日，“北海救115”轮、“北海救116”轮和直升机“B7313”在龙口北43海里处，成功救助失火拖船“海洋石油688”轮及船上17名遇险人员。

2019年5月3—4日、8—9日，北海救助局调派2架直升机执行莱州、蓬莱两地山林灭火任务　（摄影：刘飞）

【国家特殊专项任务】 2019年，北海救助局派遣“北海救101”轮、“北海救118”轮参与并完成长征十一号运载火箭海上发射指挥船、拖带锚泊及精准定位发射平台等保障任务。组织3艘专业救助船舶、1架专业救助直升机等救助力量，完成海军建军70周年青岛专项保障任务。出动3艘大功率专业救助船、1艘沿海双体快速救助船、1艘基地配套工作艇、1艘气垫船、2架救助直升机及1支应急救助队等救助力量，完成落水人员搜救、船舶消防灭火、快速转运应急潜水队员、遇险船破损部位水下封堵、遇险船应急拖带等应急处置科目演练，检验国家专业救助力量保障责任海域交通和运输安全的能力。

【救助实战演练】 2019年，北海救助局服务国家“一带一路”建设，分别组织救助船舶圆满完成“华西5000”“长鲸1号”“蓝鲸2号”等海上拖航、物资转运等专项保障任务。

【救助装备建设】 2019年，北海救助局加大智能化救助装备引进、研发和应用力度，建造完成适用养殖区人命救生的船艇“北海救气垫01”，提升海上养殖区人命救助能力。

（撰稿：于海波　审稿：刁希杰）

2019年6月2日，北海救助局执行长征十一号运载火箭首次海上发射保障任务　（摄影：刘飞）

“北海救气垫01”船艇　（摄影：罗昊）

2019年7月19日，烟台打捞局执行“龙汇达6999”打捞任务（供稿：王琴）

【交通运输部烟台打捞局概况】 2019年，交通运输部烟台打捞局（以下简称烟台打捞局）全年执行救助任务11次，救助遇险船舶7艘，打捞沉船5艘，救助遇险人员802人，获救财产价值5.3亿元。

11月，烟台打捞局技术中心获中国潜水行业打捞协会授予的“优秀团队奖”。4月，烟台打捞局“德滋”轮被辽宁省海上搜救中心评为“2018年度辽宁省海上搜救先进船舶”。8月，烟台打捞局郭旭理被山东省文明办评为“山东好人敬业奉献之星”。9月，烟台打捞局郭旭理被中央文明办评为“中国好人榜——敬业奉献”典型。

【渤海湾“碧海行动”打捞】 2019年，渤海湾“碧海行动”是由国务院批准，授权交通运输部落实，由烟台打捞局具体实施的国家重点公益性打捞工程。年内圆满完成4艘沉船的打捞任务。自2014年起，烟台打捞局在渤海海域累计打捞沉船66艘。

【“北游25”应急救助】 2019年3月23日，受恶劣天气影响，广西北海旅游客船“北游25”轮在涠洲岛附近水域搁浅，船上794人的生命安全受到严重威胁。由于涉险人员众多，救助环境和海况条件恶劣，交通运输部4位部领导坐镇指挥救援。烟台打捞局“德渝”“德浜”轮，不畏艰险，担当作为，连续奋战15小时，圆满完成救援脱浅任务，794名被困人员成功脱险。本次救助成为中国救捞史上单次单船救助人员最多的一次应急救助。

2019年3月23日，烟台打捞局“德渝”“德浜”轮在涠洲岛附近水域救助广西北海旅游客船“北游25”轮上794名被困人员（供稿：王琴）

【“广平”轮紧急救援】 2019年4月15日，香港籍集装箱船“广平”轮在威海成山角海域失火，由于该船载有六水硝酸镁等危险化学品，火势迅速蔓延并引发舱内燃爆，导致舱盖上面的集装箱绑扎件崩断，2名船员受伤，全体船员随即弃船，其他救援力量随即后撤。在距离青岛海上阅兵仅有8天的时间，烟台打捞局冒着燃爆不断、毒气弥漫、舱内高温反复的巨大风险，实行24小时不间断灭火作业，抢在阅兵式开始前稳住难船状态，彻底消除海上阅兵敏感时段、敏感海域的重大隐患。

【“龙汇达6999”难船打捞】 “龙汇达6999”轮船长110米，型宽17米，型深5.1米，2018年5月在威海海驴岛附近海域因故倾覆倒扣于礁石上。烟台打捞局应威海海事局委托，先后调遣德瀛、烟救起重2号、德港船组以及技术人员、潜水作业人员赶赴现场实施打捞，经过7天奋战，于2019年7月19日，对难船顺利实施扳正和起浮作业，完成“龙汇达6999”打捞任务。

【大深度饱和潜水技术突破】 2019年，烟台打捞局饱和潜水培训资质成功获批，商业饱和潜水实际作业深度达到130米，“饱和潜水应用前期研究”通过行业验收，形成200～400米大深度饱和潜水技术储备。

【《钢制浮筒打捞沉船技术要求》颁布】 2019年7月5日，烟台打捞局编写的《钢制浮筒打捞沉船技术要求》（JT/T 39—2019）通过国家审查颁布，成为交通运输行业标准。

【4项打捞技术获国家专利】 2019年10—11月，烟台打捞局的“一种箱式打捞沉船装置”“一种用于深水大吨位沉船的钢丝绳式液压千斤顶打捞系统”“一种用于深水沉船的链式牵引车打捞系统”“一种大型浮式起重船用吊排装置”等4项应急抢险打

捞技术获国家实用新型专利。

【芝罘湾基地溢油应急及抢险打捞设备库竣工验收】 2019年9月27日，烟台打捞局芝罘湾基地溢油应急及抢险打捞设备库通过竣工验收。该库总建筑面积7226平方米，配套相应的设备设施，有力保障北方海域海上溢油应急和抢险打捞设备存放、维护保养和操作训练。

（撰稿：王琴　审稿：苏建国）

民用航空

【概况】 2019年，烟台机场全年通航城市94个，完成航班起降8.6万架次，同比增长14.5%，旅客吞吐量1005.3万人次，同比增长19.2%，货邮吞吐量5.7万吨，同比增长10.9%。旅客吞吐量连续四年实现百万级历史性跨越。烟台机场实现千万级机场的新跨越，正式跨入大型机场行列，推动山东省成为全国第三个（江北第一个）拥有3个千万级机场的省份。

【安全保障】 2019年，烟台机场开展安全理念、规章标准、资质能力教育，层层签订安全责任书；落实法定自查管理办法，完善自查事项清单，组织兼职法定监查员开展法定自查工作；组织开展平安民航、安全生产月等活动大检查，强化机坪运行专项整治和飞行区围界防入侵；在全国地方机场率先转变空管方式，烟台进近管制区正式实施ADS-B管制；开展利用ADS-B及北斗（GPS）技术实施场面管理研发试点工作；主动配合市直有关单位做好净空和电磁环境保护，开展模拟航空器偏出跑道突发事件应急演练，合力提升风险管控能力，确保一带一路峰会、中华人民共和国成立70周年等重大活动的安全保障。

【服务管理】 2019年，烟台机场落实九项便民举措，开展“民航服务质量重点攻坚”专项行动；开展智慧机场建设，引进eID身份电子证照安全检查系统、人脸识别、手机值机、临时电子乘机证明、行李运输可视化系统等新技术，推行“无纸化”乘机服务，实施安检通道自助验证闸机改造，全面实现旅客值机、安检、登机全流程电子化；推出“朋来飞”旅客中转服务品牌，实现跨航司中转“无缝转机”，提升旅客中转的便捷性；加强与空管部门和军方的沟通协调；与驻场单位制定提高航班放行正常率措施；优化飞行程序，启用ADS-B等新技术，提升航班放行正常率。

【运输生产】 2019年，烟台机场加强市场营销工作的组织领导，争取民航局方、省机场管理集团、航空公司支持；深化与相关机场合作开发航线航班；研究制定市场营销工作方案，调度跟踪解决市场营销工作中的问题；引进运力，狠抓增飞航线航班，扩充航线航班容量，协调航空公司在客座率较高的上海、深圳、首尔等10多条繁忙航线上更换大型客机；新增和恢复烟台—三亚、烟台—常州—成都、烟台—静冈等45条航线，加密重庆、宁波、大阪、名古屋等28个城市航班密度，开通和恢复大兴、舟山、曼德勒、芭提雅、清州等22个城市客运航班，新增和恢复缅甸国际航空、越南航空、易斯达航空、圆通航空等7家航空公司，运营航空公司达到37家，停场过夜飞机达到21架，开通航线达到169条；打造机场、航空公司、旅行社“三位一体”的营销体系，与东航联合开发“海上丝绸之路——启航烟台”航空旅游品牌项目，打造经烟台赴东南亚、东北亚海上丝绸之路沿线国家的区域枢纽平台；出台鼓励各航空公司稳增长的奖励办法和鼓励旅行社销售低客座率航线的奖励办法，与携程网等OTA电商平台及周边旅行社开展业务合作，提高现飞航线航班客座率；利用航班剩余座位，根据不同客户群体制定体验飞、惠民行、机票+旅游等营销产品，挖掘客源潜力；开发中转客源，争取成为民航局开展国内中转旅客跨航司行李直挂服务的29家试点机场之一，推出“六免、四优、双尊享”的旅客中转优惠服务，中转旅客人数大幅增长；货运业务稳步增长，稳定运营仁川航空和韩亚航空的烟台至首尔全货机，新开烟台至东京的全货机航线；继续与顺丰快递和邮政航空合作，启航“樱桃航班第六季”，助力互联网鲜果电商和三农发展。

【基础设施】 2019年，烟台机场完善发展规划，完成总规评审工作；承办全省机场规划建设发展研讨会，完善烟台机场发展规划；推进二期工程，加强与民航华东管理局、省发改委、省交通厅、省机场管理集团等上级部门的汇报沟通，争取二期工程政策支持；主动对接配合市、区有关部门，与供电公司签订战略合作协议，做好电力线路搬迁及配合110千伏变电站建设前期工作；共同推进并完成二期工程初步设计及概算评审、地质勘察、建筑消防性能化评审、建筑结构超限设计审查、建筑规划方案报审等工作；持续调整优化二期工程规划设计方案并同步推进施工图设计和土地手续办理，以及信息中心、大修厂、长途站、酒店方案设计等工作；推进货站建设，推进国际代理库工程项目建设，完成国际货站的设计招标工作，提升货运保障能力。

【烟台市助力山东省成为全国第三个拥有3个千万级机场的省份】 2019年12月30日，烟台机场旅客吞吐量突破1000万人次，标志着烟台市成为内地第39家旅客吞吐量过千万的机场，山东省成为全国第三个拥有3个千万级机场的省份，华东地区拥有的千万级机场数量占到全国的三分之一。

（撰稿：孙务　审稿：史广存）

烟台海关

【概况】 2019年，烟台海关监管进出口货运量4594.8万吨，同比增长2.8%；进出口总值2398.1亿元，同比下降11.4%；征收税款134.1亿元，同比增长2.9%。监管进出境船舶3365艘次，同比增长5.5%；监管进出境飞机9341架次，同比增长19%。继续保持全国文明单位称号，并拥有多个青年文明号集体，其中国家级2个、省级5个、省直机关级1个。

【税收征管】 2019年，烟台海关落实属地纳税人管理制度，涵养税源、夯实税收征管基础。强化公式定价，防范主要税源商品税收风险，持续提高验估质效及主要税源商品备案、结算及时率和准确率，税收征管质量明显提升，入库总量创历史新高。

【保税监管】 2019年，烟台海关加大金关二期加工贸易管理系统及双随机管理系统推广力度，提升信息化管理水平。推进边角废料网上拍卖共管机制，为加工贸易企业内销提供新途径。加强对关区集中作业审核、保税维修等业务研究，不断优化监管流程。完善特殊监管区域信息化辅助管理系统，推进保税港区西区场站模式向主卡口模式转换，进一步提高通关效率。

【实货监管】 2019年，烟台海关上线运行“先期机检选箱系统”“查验集装箱智能管理系统”，提升口岸信息化监管水平。合理优化查检作业模式，运行虚拟查验中心，提升查验工作效能。落实口岸核心能力建设，推进监管作业场所整合，加强监管场所安全生产监督。严密进出境快件、跨境电商全链条监管，先后查发关区跨境电商直购进口走私母婴用品案、通过中韩航线客船免税店偷卸茅台酒案、邮递渠道偷运走私进口韩国化妆品案和偷运走私国家禁止进口日本药品案。

【稽核查工作】 2019年，烟台海关开展稽查作业99起，追补税款1694万元。企业ERP联网监管走在青岛关区前列，已与4家企业联网，监管效能得到提升。自主开发“稽查智能选取系统”，有效降低廉政、执法风险。引导企业“主动披露”，促进企业守法自律，切实享受改革红利。

2019年9月26日，烟台海关关员对“蓝鲸2号”进行现场监管（摄影：刁伟）

【企业管理】 2019年，烟台海关提升企业评审工作质量，评审企业372家。组织企业通过国外官方检查7次。扩充AEO认证企业储备，完成12家高级认证企业和22家一般认证企业重认工作，推进守信联合激励，失信联合惩戒措施，对71家企业进行信用等级调整公示，为482家企业出具守法证明，完善企业协调员制度，设立7名企业协调员，为营造关企合作共赢信用环境发挥积极作用。

【卫生检疫】 2019年，烟台海关牵头与烟台市口岸办、公安局、卫健委等7部门联合制定《烟台口岸卫生检疫联防联控协作机制》，与烟台市卫健委签订《强化全面合作确保口岸卫生安全合作协议》，建立有效的口岸卫生检疫联防联控机制。加大进出境人员传染病监测，检出各类传染病35例，其中在烟台口岸首次检出恶性疟疾。狠抓口岸卫生监督，在电讯检疫集装箱班轮中一次性检出3万只蜚蠊，是当年全国口岸蜚蠊检出数量之最。

【动植物检疫】 2019年，烟台海关加强动植物疫情截获及查验工作，截获检疫性有害生物124批、19种、654种次，截获一般有害生物120批、69种、2218种次。检疫进境种牛3942头，创烟台口岸接卸和隔离场采血通关新纪录。

【进出口食品安全监管】 2019年，烟台海关加强进出口企业、进境商品备案管理，严格市场准入制度。强化

2019 年 7 月 24 日，烟台海关关员对输华大豆进行检疫
（摄影：曲衍林）

111.6 亿美元，检出短重率超过 5‰重大短重情况 116 批次、短重重量 4.6 万吨、短重货值 1251.3 万美元，帮助企业挽回重大经济损失。

对进境食品事前、事中、事后全链条监管，确保产品质量安全。积极应对国外技术性贸易壁垒，推荐国外注册 30 厂次，推动辖区企业开拓国际市场。开展出口食品生产企业备案 495 次，办理进口商、收货人备案 63 次，进口水产品冷库备案 4 次，出口食品原料种植场、养殖场备案 4 次。

【商品检验】 2019 年，烟台海关严格进口大宗资源性商品检验，检出 148 吨固体废物，检出 784 吨铜精矿砷元素超标。加强对高风险商品、进出口危险化学品及其包装检验监管，检出不合格危险品 16 批次。强化对进口成套设备、旧机电、锅炉压力容器等商品检验，发现进口不合格商品 24 批，货值约 193.9 万美元。实施法定鉴定 988 批次，3060.7 万吨，货值

【打击走私】 2019 年，烟台海关打好“国门利剑 2019”专项行动攻坚战，严厉打击走私濒危物种、洋垃圾、重点涉税商品及海上偷运走私等，其中刑事立案 28 起，案值 2.3 亿元，涉税 2751 万元；行政立案 290 起，案值 2.3 亿元，涉税 2275 万元。查发海上偷运走私冻品案，涉案冻品 4000 余吨，案值约 1 亿元，涉税金额约 1100 万元。开展“蓝天 2019”专项行动，查扣走私木炭 87 吨，退运固体废物 7 批 473 吨。完成历史遗留的 5.4 万吨滞港危险固体废物退运工作。

【口岸营商环境优化】 2019 年，烟台海关制定《烟台海关服务自由贸易试验区烟台片区建设工作方案》，梳理落实 80 项支持措施。准确把握国家减免税政策，审核减免税证明 621 份、货值 2 亿美元，减免税款 1.8 亿元。支持中集来福士办理大型钻井平台进口租赁业务 3 批，货值 7.3 亿美元，通过关税保证保险为企业办理税款担保 1.3 亿元，为企业节省相关费用 430 余万元。

（撰稿：张少云　审稿：李建伟）

2019 年 7 月 3 日，烟台海关退运 152.6 吨禁止入境固体废物出境（摄影：唐克）

边防检查

【烟台出入境边防检查】 2019 年，烟台出入境边防检查站首批推进海港边检诚信管理，首次科学划定口岸限定区域，首度建成“一主两副”智能化勤务指挥体系，全年重大执勤差错、事故零发生。三区两队一中心建设提档升级，“蓝盾”系列行动战果丰硕，年度案件查获量位居全省海港站第一，出入境要素检查数、重点人员核查数、案件查办数创下“三个历史新高”。

安保服务。严明大庆安保首要政治任务，落实口岸管控党委主体责任和站长口岸安全管控负责制，构建“1+6”两级战时指挥体系，班子成员下基层、上战位、做表率，现场整改解决问题隐患 17 处。严格落实“五督五查五促”监督问责机制，制定执勤人员“四到三查两移交”工作法，规范执法执勤和案件移交流程。破获一起走私冻品案，查处携带政治性反宣品案件 9 起 9 人、持用变造证件出入境案件 2 起 2 人、船舶擅自出境案件 1 起，其他案件 27 起。

创新治理。强力推进“三区两队一中心”勤务标准化建设，扩建旅检候检场地 300 平方米，改扩建 5 条自助通道，建设勤务督导处置中心，推行“5+5”智能通关模式，旅客通关时间再压四分之一，智能化水平位居全省海港旅检前列；设置 4 处智能卡

口和4类12件智能查验设备，建成“一站式”执法办案区，“三区”建设科学规范。优化组建3类7个执勤队和1个专职核查办案队，推行“法制技术执勤现场双维护”制度，“两队”建设成效明显。布建1个综合指挥系统，升级机关、西港、现场3个指挥中心，实战型“中心”建设提质增效。

稳定管控。深入辖区11个码头、62个泊位及137家企业、6133名作业人员开展基础信息摸排，筑牢巡查、监护、驻船三道防线。探索建立四级响应机制，建设4个处突单元，与港航公安、海关、海事建立“四方共管”协作机制，打破职能壁垒，提升管控效能。加强情报研判、预警预防，年内上报情报信息36篇。

口岸开放服务。倾力推出《服务自贸区建设四项十二条举措》，推动烟台港区22个泊位正式或临时开放，9个泊位列入明年开放计划，新增泊位数量全省第一、全国领先。主动对接自贸区、海上世界、口岸扩大开放等重点项目，配套出台物流直通、建制驻勤、专项优检等12项便民利企举措，开通鲜活产品优先验放、汽车通关快速验放、钻井平台靠前验放“三大绿色通道”，服务地方职能更加彰显。主动融入诚信山东大局，推行海港口岸涉外企业边检诚信管理，纳入政府社会信用体系重点建设项目，边检影响力持续扩大。

【烟台机场出入境边防检查站】2019年，烟台机场出入境边防检查站共检查出入境人员97.70万人次，出入境航班8248架次，查获各类在控对象62人次，各类违法违规人员122人次，全年出入境人员总数再创历史新高。

综合效能。响应国家“放管服”改革工作要求，出台简政放权、放管结合、服务地方经济6类11项措施，创新管理模式，提升服务效能，为确保驻地合作重大项目和重要经贸活动顺利实施提供有力支持。

创新工作机制。推行口岸边检诚信管理服务实施办法，按照诚信受益、失信受损的原则，给予服务前置、开通诚信企业绿色通道等通关便利。完善特殊勤务动态研判机制，无缝化对接公务机、包机服务保障事宜，为救援、备降等紧急航班及特殊服务对象建立“家属陪护直通车”服务举措。年内，为20余个涉外企业团体便利通关，开通绿色通道紧急救助旅客16次，服务晚点备降紧急航班30余架次4000余人次。

警地共融发展。按照“政府主导、协作共建、警民共享、分类服务”的发展思路，在出入境执勤现场建立“空港书韵”综合休闲文化驿站，开通母婴无忧通道，提供儿童看护代管、手续快速办理等配套服务，尽施人文便利；服务烟台市“双招双引”战略大局，在口岸开通4条边检“特别通道”，两院院士及随行人员可凭相关证件经边检“特别通道”快速通行，为实现中外信息、技术、人才领域的全面交流贡献力量。

提升出入境旅客通关效率。为提高出入境旅客出入境通关效率、避免口岸高峰期排长队的问题，协调机场集团改扩建边检候检场地、合理设置边检现场标识、科学划定蓝色提示线，为顺利实施创造良好环境。加强出入境流量预测分析，配套出台节假日客流高峰“两公布一提示”，建立警力出入境互备、高低峰调配等高效、灵活的警力动态调度机制，确保警力配备更合理、口岸通关更顺畅。2019年以来，口岸出入境人员通关候检时间平均缩短至10分钟。

出入境旅客自助通关。投入500余万元，改建9条出入境自助查验通道，在中转查验区域增建2条自助通道，配套设置12台外国人生物特征自助采集仪、5台出入境记录凭证自助打印设备，完备自助通关相关辅助设施，发挥设备应用效能，最大限度便利旅客自助通关。年内，自助通关人员43.7万人次，平均每名旅客通关时间由45秒缩短至15秒，累计为出入境旅客节省约3500小时通关时间。

“互联网+边检”服务。牵头建设烟台空港口岸“通关e家亲”微信服务平台，让旅客真正实现出入境边检手续、证件签证等问题掌上问、随时答，真正让数据多“跑路”、让群众少“跑腿”。科学合理规划通关查验功能区，建成集前台验放、后台处理、航显辅助和立体指挥为一体的智能查验系统，极大缩短各航空公司出入境航班申报时间，提升边检管服效率。

安保服务。紧扣大庆安保维稳重任，细化职责，统筹推进，完善预警核查、前台查缉、后台核查、延伸追查四项机制，确保部署周密、查缉精准、服务文明、通关高效，为中华人民共和国成立70周年大庆创造安全稳定的口岸环境。

资源共享。注重与口岸管理单位的沟通协作，发挥各类资源的集聚效应，与政府相关职能部门建立交流合作机制，实现情报共享联动，打造“一体化口岸情报网”。树立横向管控理念，与市安全局、市公安局政保、出入境等6家部门及5家航空公司签订联勤联动工作协议，构建“警地联动”和“警企联勤”的“6+5”防控体系。年内，开展各类交流30余次，联合办案10余次。

（撰稿：季鑫　审核：李光明）

邮　政

【概况】2019年，烟台市实现邮政业务总量42.90亿元，同比增长

26.89%；邮政业务收入29.10亿元，同比增长13.21%。其中，快递业务量1.69亿件，同比增长22.19%；快递业务收入19.69亿元，同比增长11.05%。

【邮政普遍服务和特殊服务】2019年，全市邮政普遍服务局所272处，设有1个国家二级邮区中心局。信报箱验收工作稳步推进，全年实地验收新建住宅小区28处，信报箱1.3万户。邮政普遍服务的广度和深度不断延伸，全市12个机要网点机要通信继续保持质量全红，党报党刊发行质量稳步提高。

【快递服务机构】2019年，全市取得快递业务经营许可企业98家、备案分支机构230家，备案末端网点1570家，涉及快递品牌31个，快递从业人员逾万人，快递作业面积超53.6万平方米（含营业场所、合作营业场所），全市快递服务网点超2000余处，实现快递烟台市全境乡镇全覆盖。

【行业管理】普遍服务和特殊服务方面。2019年，市邮政管理局持续推进《邮政普遍服务标准》落实，对全市272处邮政普遍服务网点实行分级监管，出检200多人次，覆盖全市13个县（市、区）90多个普服网点，现场督导解决各类问题10多个，发送《责令改正通知书》3份，发送机要通信《责令改正通知书》3份，依法作出行政处罚1起。严格贯彻落实《邮票发行监督管理办法》，加大对全市14个集邮销售网点的监督检查力度，开展纪特邮票销售执法检查10次，涉及纪特邮票10套。与有关部门联合开展寄递渠道“扫黄打非”、反恐禁毒等活动，查堵非法邮件共220件。

快递市场监管方面。2019年，市邮政管理局开展日常执法检查和专项检查，对发现的违法行为和问题严肃依法查处，累计对40家企业进行行政处罚，罚款11.9万元。其中因未落实收寄验视制度，停业整顿15家；未落实实名制，处罚9家。深化“放改服”改革，进一步压缩审批时限，依程序完成22家企业的许可变更指导工作和28家分支机构的增设、变更和撤销，加强许可工作的规范管理。完成武汉世界军人运动会、世界互联网大会、青岛重大活动、第二届中国国际进口博览会期间的安保工作，检查企业448家，检查896人次。加强行业统计工作，统计数据分析应用水平明显提高。

【行业生态环保】2019年，市邮政管理局引导企业完善规章制度，将快递包装减量化、可循环、再利用等内容纳入企业内控制度之中；和市生态环境局联合印发《关于协同推进快递业绿色发展的实施意见》，在推进邮政业生态环保工作方面属山东省首例；按照环保要求，向企业提出“9571”工程量化指标，严格要求企业按时完成既定目标。年末，全市各网点设立“废旧包装回收箱”已达130余个。

【快递服务现代农业】2019年，市邮政管理局促进快递与烟台名优特产品、电子商务等关联产业深度融合，采取“互联网+快递”模式，主动与下游烟台特色农产品和上游电子商务对接，打通线上销售与线下配送渠道。在“烟台大樱桃”寄递量不断向好的态势下，加大培育力度，深入挖掘莱阳梨、莱阳萝卜、海阳西红柿、海阳白黄瓜、海阳网纹瓜等“银牌”“铜牌”农业项目，逐渐形成快递服务农产品金银铜牌的梯队格局。烟台苹果19年获评全省快递服务现代农业“千万级”金牌项目，全年烟台市主要快递企业累计寄递烟台苹果达1125.62万件，拉动就业约1.2万人次，支撑农业产值约4.13亿元。

【末端服务能力提升】2019年，市邮政管理局鼓励末端服务集约化、平台化发展，推进建立菜鸟驿站等末端公共服务站300多家，提高配送效率和水平；加快智能快件箱推广使用，推动智能包裹柜、快件箱布设，年末全市共2034组，构建宅递、箱递、站递互为补充的末端投递服务新格局；出台优化城乡配送网络相关政策措施，推动优化城乡配送组织方式、完善末端物流节点设施和发展绿色运输。持续推进快递“下乡入村”，引导行业内外企业联合发展，以共享站点、共享投递等模式延伸农村地区快递服务网络，提升乡镇农村的快递覆盖水平和服务质量。

【邮政综合服务平台建设】2019年，市邮政管理局引导邮政企业全面开展警邮、税邮合作，不断提升邮政综合服务能力和水平。警邮合作全面铺开，确定“全市统筹、典型带路、全面推进”的工作思路，打造邮政综合服务市级、县级、网点三级服务平台，全市268个网点开通代收交通罚没款业务，开通率98.5%。设立警邮合作试点网点2个，全面开通补（换）领行驶证、补（换）领号牌等16项服务业务；税邮合作方面，全市开通90个代征税邮政网点，代开发票5.36万张，代征税款5815.66万元。

（撰稿：董胜泉　审稿：张梅梅）

责任编校：渠敬伦

城乡建设与管理

城镇化建设

【概况】 2019年，烟台市坚持加快农业转移人口市民化、实施城乡融合发展的基本思路，推动全市城镇化建设步伐进一步提档加速，农村人居环境得到进一步改善，助力乡村振兴和脱贫攻坚再上新台阶。村镇建设投资70.04亿元。至年末，烟台市常住人口城镇化率达到65.42%、户籍人口城镇化率分别达到54.6%，分别较上一年度增加0.35%和0.4%，常住人口城镇化率全省排名第六。

【农村改厕】 2019年4月8日，烟台市召开无害化卫生厕所改造现场会，传达省市主要领导重要批示和有关会议精神，明确相关工作任务；10月25日，召开全市会议强化部署，通报全市农村无害化卫生厕所改造工作进展，激发县市区工作积极性。出台《烟台市健全完善农村改厕规范升级和后续管护长效机制工作方案》，引导县市区以“规范化管理、整体化提升、系统化运行、资源化利用”为目标，因地制宜，因村施策，分类推进，规范和明确下步工作重点，推动农村无害化卫生厕所改造工作快速推进，全年改造户厕11万户，其中涉农街道3.7万户。

【危房改造】 2019年，市住建局在按时完成344户省定危房改造任务的基础上，紧盯市委“‘两不愁三保障’突出问题年内清零”的目标要求，率先开展全市建档立卡贫困户危房改造全覆盖工作，新发现危房1561户，除13户亡故或失联，其余1548户完成改造或实施安置，并逐户建立档案。在危房鉴定改造过程中，通过建立危房改造专家库，聘请专业机构参与，为改造工作提供专业保障。

【清洁取暖】 2019年，市住建局会同市发展改革委、城管局印发《关于印发烟台市2019年清洁取暖建设计划方案的通知》，确定农村地区2.44万户的年度清洁取暖建设任务。7月17日，组织召开全市农村清洁取暖工作观摩会议，现场观摩海阳市徐家店镇施工项目现场，总结全市清洁取暖工作情况，安排部署农村清洁取暖工作。全年完成农村地区清洁取暖改造3.03万户，超额完成年度建设任务。

【特色（小）镇率先发展】 2019年，按照“一个引领，三个集中，九点培育”的发展思路，烟台市推进小城镇不断优化镇域空间布局，加快设施建设，完善镇区功能，调整产业结构，实现经济快速发展、镇域提质扩容、群众生活幸福感不断提高。

总结培育特色。指导县市区深挖产业特色，精准定位，重点从“高”“新”“泉”“游”“海”“农”“康”“融”“金”9个点发力，将特色小镇打造成为创新创业高地、产业投资洼地、休闲养生福地、观光旅游胜地，使之成为烟台市区域经济新的增长点。

强化资金支持。在落实省级奖补资金的基础上，市住建局协调市财政落实1000万元财政资金用于扶持省级新生小城市、重点示范镇和国家、省级特色小镇发展。

【美丽村居建设】 2019年，烟台市把美丽村居建设作为新形势下推动全市乡村振兴发展的重要抓手，持之以恒高标准推进。坚持规划引领，在莱阳市濯村召开全市美丽村居座谈会暨设计师下乡活动启动仪式，落实设计师驻点制度，第一批4个省级美丽村居村庄设计方案均由甲级以上资质单位进行编制。加大社会资本投入，引导具有休闲观光、乡村旅游、特色种植等运作经验的企业团队参与美丽村居建设，打造特色品牌，增强农村“造血”功能，为美丽村居建设提供产业支撑。坚持对上争取，在做好第一批试点培育的基础上，推荐福山区张格庄镇西水夼村、牟平区龙泉镇北夼村等8个村庄入选第二批省级美丽村居试点，试点总数达到12个，居全省第二位。提前指导各县市区“优中选优”，重点推荐村集体稳定、产业基础好、设施环境优美、村居特色突出的村庄作为申报全省第三批美丽村居试点储备，争取再有一批村庄进入省级试点行列。

建筑业

【概况】 2019年，烟台市建筑业总产值906.45亿元、同比增长9.2%，其中出省施工产值80.9亿元、同比增长4.9%；缴纳税金41.4亿元，占全市税收总额的5.5%。年末，全市有在建工程项目429个，总建筑面积2513万平方米；新签工程合同额832.3亿元，同比增长9.05%。新增一级企业19家、二级企业44家，二级以上企业数量占比达到33%，全市特、一级总承包企业达到52家。产值过亿企业165家，过10亿企业9家，其中烟建集团突破150亿。推荐46家企业获批省级工程总承包试点企业，试点项目4个，推荐13家企业获批省级全过程工程咨询试点企业，试点项目38个。

【美丽村居勘察设计】 2019年，市住建局启动美丽村居设计师下乡活动，是山东省首批全方位、大规模的设计师下乡活动，也是烟台市助力美丽村居建设的一次全新尝试。经过精心策划充分准备，29个设计团队于7月中旬完成并提报作品42个，范围包括建筑设计、景观设计和村庄设计3个方面，比原计划提前2个月完成方案设计。经组织专家考评，所有作品均符合省“泰山奖·美丽村居建筑设计大赛”参赛要求。9月下旬，省住建厅网站公布比赛结果，烟台市斩获优胜项目15个，获奖率为36%，位列全省前茅。

【建筑节能和绿色建筑】 2019年10月21日，烟台市制定出台《关于进一步推动烟台市装配式建筑发展的意见》，明确至2025年烟台市新开工装配式建筑面积占新建建筑面积比例达40%，在鼓励发展钢结构和绿色建材、推广工程总承包、严格过程监管、强化政策保障等方面提出具体意见，烟台市装配式建筑发展有了明确的政策标准。8月10日，烟台市被列为省级钢结构装配式住宅建设重点推广地区，制定出台试点方案；全年累计获评省级装配式建筑示范3个，省级装配式建筑产业基地2个，建筑节能与绿色建筑试点示范20个，获批省级建筑节能与绿色建筑发展专项资金2658万元。

2019年11月6日，烟台北航科技园28号楼在第十八届中国国际住宅产业暨建筑工业化产品与设备博览会被动式超低能耗绿色建筑技术交流大会上获被动式超低能耗绿色建筑质量标识
（供稿：刘津宇）

【建筑市场监管方式转变】 2019年，烟台市印发《烟台市建筑市场“双随机、一公开”监管工作方案》，综合采用多种执法检查方式，依托大数据、信息化等手段进一步健全建筑市场动态监管，全面拓展项目信息获取渠道，加强联动、谋求长效，提高监管效能。自开展建筑市场“双随机、一公开”监督检查以来，抽查建筑施工企业385家、造价咨询企业22家、工程监理企业12家，在建项目145个，下达整改通知书59份。

【专业技术人员挂证清理】 2019年1月28日，烟台市对工程建设领域专业技术人员职业资格“挂证”行为进行专项整治，整改建筑施工企业834家、工程监理企业27家、勘察设计企业87家、装饰装修企业56家、造价咨询企业20家；注销建筑类注册证书2877个，办理社保转移或非注册单位减员停止缴纳社保577人。

【建筑市场诚信系统监管平台一体化升级改造】 2019年，烟台市对市建筑市场诚信系统监管平台进行升级改造，打破“信息孤岛”，构建“横到边、纵到底”的信用信息共享机制，实现部、省、市、县信息互联互通，形成“数据1个库、监管1张网、管理1条线”的市场监管格局。

【建筑市场信用管理】 2019年，烟台市审核录入建筑市场各方主体优良信用信息1720条，不良信用信息42条；评价8大类2040家建筑业企业，发布两期建筑市场信用管理“红黑榜”，“红名单”企业136家、“黑名单”企业48家。开展“建筑市场诚信万里行”活动，采取线上宣传和线下宣传相结合、正面宣传和反面曝光相结合的宣传方式，弘扬正能量和主旋律，激浊扬清、惩恶扬善，营造工程建设领域“知信、用信、守信”的诚信氛围，为建筑业高质量发展提供有力道德支撑和信用体系保障。

【建设工程招标投标管理】 简化交易程序。2019年，烟台市梳理调整建设工程招标投标交易、监督系统，全面实现建设工程招标投标交易、监督全流程电子化，改变原有的开标评标现场（线下）监督模式，切实为建设工程招标投标各方主体提供公开透明、方便快捷、过程留痕的专业化、电子化交易、监督服务，促进行业转型升级提升。

创新方式方法。2019年，市住建局深化“放管服”改革，在严格落实招标人责任制基础上，率先实行建设工程招标投标活动“告知承诺制”，招标人通过《承诺函》书面承诺招标要件办理时间、书面明确招标项目基本情况和依法依规开展招标投标工作、自行承担未按照承诺执行的法律法规和规定的相关责任；推动建设工程招标投标监督工作从“严进、严管、严办”向“宽进、快办、执法”转变，压缩招标投标时限。

加强执法监督。2019年，市住建局依法开展建设工程招标投标活动监督执法项目86个项目（按标段），总中标金额23.21亿元，节约政府投资1.56亿元。

【工程质量管理】 2019年，烟台市贯彻落实工程质量终身责任承诺制度，未提交授权书和工程质量终身责任承诺书的，不予办理质量监督手续；落实“两书一牌”（法定代表人授权书、工程质量终身责任承诺书、永久性标牌）制度；全市新办理质量监督手续的工程355个，签署《住宅质量保证书》《住宅使用说明书》覆盖率为100%，新办理竣工验收备案工程设立永久性标牌覆盖率为100%。

加强工程质量检测管理，完成全市工程质量管理标准化工作试点示范阶段工作，形成企业与项目质量管理工作标准和行为规范，建立适用于企业经营管理水平的、在不同项目上可复制可推广的工程质量管理标准化体系。年末，进入推广阶段，在总结试点示范成功经验的基础上，逐步推广实施工程质量管理标准化。

【工程安全管理】 全面落实安全生产监管责任。2019年，全市建筑市场建立健全企业安全生产监管台账，将全市所有在建工地纳入网格化实名制管理，实行安全生产责任人公示制度，向社会公布监管单位、科室、责任人及举报电话等内容，压实安全生产工作监管责任，督促建筑施工企业增强法治意识、风险意识、专业意识、遵规意识，做到安全投入、安全培训、基础管理、应急救援“四个到位”。

开展建筑施工安全专项整治和安全生产大检查。2019年，市住建局组织开展大快严集中行动、百日攻坚行动、“雷霆”“利剑”“闪电”等各类安全整治行动17次，累计排查问题和隐患1700多条。

持续加强安全教育培训。2019年，市住建局组织全市建筑施工企业新增三类人员5706人报名考试，开展线下继续教育63班次，合计培训3700多人；开办特殊工种新取证人员培训32个班次，合计2235人，延期培训41个班次，合计3034人；组织监理人员安全培训4个班次，合计2300多人。

加强突发事件应对能力。2019年，市住建局编制《烟台市在建房屋建筑和市政工程质量安全突发事件应急预案》，依托烟建集团、山东德信建设集团等骨干企业，建立烟台市住房城乡建设局突发事件应急救援队伍；不断健全应急队伍运行机制，完善应急物资储备，定期开展应急演练，增强应对安全事故和突发性气象灾害的能力。

【建设扬尘治理】 全市建筑市场始终保持扬尘治理高压态势，严格“六个百分百”工作措施，组织重要督导检查活动16次，检查项目765个，对存在问题较多的71个工程项目，给予停工整改处理，罚款48万元，将7家施工企业记入不良行为记录，公开通报处罚各类市场主体143家。

【建设工程消防】 2019年6月底，烟台市完成消防职责的交接，在全省消防承接工作会议上作为唯一地级市代表作典型发言。为快速消化积压项目，组织建设工程消防验收“攻坚月”活动，抽调精干力量，实行周末加班、不间断验收模式，利用1个月时间彻底消除积压案件。对消防审验实施“流程再造”，简化程序，提高效率，实现“一次办好”。取消新建房屋建筑和市政建设工程（化工以及其它防火等级较高的项目除外）消防设计审查，以政府采购的施工图审查机构出具的审查合格意见书代替上述建设工程的消防设计审查，对一般建设工程的消防验收推行“只验一次”模式，实行“告知承诺”制。印发《审验指导手册》，明确统一要件流程、制式文书、审批时限、抽查比例、消防行政处罚自由裁量处罚标准等内容，构建信息共享、联合执法、火灾共同调查、联合审验等机制，全市提供审验服务1093次。开展化工、港口等非房建类建设工程消防设计审查专家评审工作，为万华、西港区等全市“三重”项目推进提供有力保障。

【烟台市入选全国城市社区足球场地设施建设试点城市创建】 2019年4月11日，烟台市入选首批全国城市社区足球场地设施建设试点城市，是全省唯一获此殊荣城市。半年内建立起社区足球场地建设监管长效机制，成立由市领导任组长，市住建、体育、教育、财政、自然资源和规划、城管等部门以及各区政府（管委）领导任成员的烟台市城市社区足球场地设施建设试点工作领导小

2019年11月，观海路23号5人制笼式足球场建设完成（供稿：刘津宇）

组，出台《烟台市城市社区足球场地设施建设试点工作实施方案》《烟台市市区中小学足球场地等体育场地设施向社会公众开放工作实施办法》等一系列指导性文件。至年末，建设完工23个社区足球场，超额完成年度计划。

【烟台市首创的施工许可容缺图纸审查机制经验做法在全省推广】 2019年5月15日，山东省住建厅印发《关于印发〈烟台市施工许可容缺图纸审查机制经验做法〉的通知》，全省推广烟台市首创的施工许可容缺图纸审查机制经验做法。容缺可大大加快项目开发进度，对开发企业来说是实实在在的利好。打破传统模式，不再将施工图审查合格书作为施工许可前置要件。建设单位在完成施工图设计文件报审并取得施工图审查机构开具的受理回执（含桩基项目需完成装机部分施工图设计文件审查）后，经项目属地住房城乡建设行政主管部门同意，可容缺施工图审查合格书办理施工许可（含质量安全报监）手续，即在进行施工图审查及修改回复的同时，建设单位可先行进行基坑开挖和进行桩基施工。

城市建设

【概况】 2019年，烟台市市区安排城建重点项目90个大项、133个小项，年度计划投资199亿元。发挥市区城建重点项目专班职能，实行周调度、月通报、季核查等制度，破除梗阻制约，加快推动市区城建重点项目建设。全年完成投资201亿元，开复工73项、开复工率达95%。获国家优质工程4项、泰山杯工程16项、省优质结构工程30项；胜利南路隧道工程获国家优质工程奖，滨海西路及夹河桥工程获"国家钢结构工程奖"。楚秀东路北段等10个项目提前完成年度计划，塔山南路等11个项目超额完成既定目标。

【重大项目推进】 塔山南路项目。2019年，项目完成总工程量的85%，山海路以西路段全线通车，其中远陵夼隧道、荆子山隧道分别提前6个月、2个月通车，跨蓝烟铁路桥工程提前3个月转体、通车，实现烟台市城建史上跨铁桥梁第一转，平顶山隧道提前3个月贯通，观海路下沉立交工程提前1个月进场施工。

芝罘仙境项目。2019年，拉开"五位一体"建设框架，征收工作完成过户并取得房产证676户，4栋修缮样板建筑完成工程总量85%，朝阳街、所城里正按春节前开街目标全速推进。

南山公园安置房、峰山水库安置房。2019年，46栋住宅楼土建施工完成86%，其中26栋主体封顶。

海上世界项目。2019年，海昌市场搬迁15天完成，征收攻坚首战

2019年12月30日，跨蓝烟铁路立交桥工程正式通过验收，并获2019年烟台市市政工程标准化示范工地荣誉称号。该工程是烟台城建史上第一座转体桥，10月16日完成主桥转体（供稿：刘津宇）

2019年6月5日，滨海西路及夹河桥项目通过住房城乡建设部“市政公用科技示范工程”验收，标志着夹河桥工程继获第十三届第二批“中国钢结构金奖”后又添一项国家级荣誉　（供稿：刘津宇）

告捷。机场路立交项目提前完成机场路行道树挪移，加快进行管线改迁及交通便道施工。

景观照明项目。2019年，在完成“一带五片”景观照明建设的基础上，市住建局着力打造滨海沿线、商业街区、城市出入口等重点区域和重要节点建筑群亮化，形成以“一心两翼”为核心的景观照明组团。

【重点项目实施】 主干道建设。2019年，竹林南路二期工程部分道路完成沥青摊铺，隧道桥梁完成工程总量50%；新城大街东段完成路基及雨污水管道敷设工程总量70%；金沙江路完成快车道施工，加快进行交通信号灯等附属设施施工；崇文街桥年末正进行竣工收尾工作。

断头路疏通。2019年，峰山路东延、五卒山东路东侧规划路、通姜路等4条道路均提前完工，电厂东路提前2个月进场施工。

交通拥堵治理。2019年，大海阳过街天桥完成桩柱等下部结构，万达过街天桥完成管线挖探；冰轮路完成侧分带及非机动车道改造。

道路景观提升（添绿行动）。2019年，完成港城大街、观海路两侧道路绿道系统、驿站游园、景观节点打造等景观提升。

背街小巷改造。2019年，芝罘、莱山、牟平、福山等4区21条背街小巷改造完成，街巷面貌显著提升。

管网管廊建设。2019年，福山区污水主干管网扩建工程进场施工；梁家电力管廊完成全部电缆入地敷设施工；黄务输电电缆入地、芝罘区建昌输变电工程完工。

【城市品质提升】 2019年，楚秀东路北段、锦绣新天地保障房项目南北配套路等12条道路建成通车。涝洼改造及防洪改造项目，完成50处涝洼点位改造及8条河道清淤。牟山路道路雨污分流改造完成。浩岭水库整治完成控源截污、生态治理修复等工程。国防教育训练基地保障中心项目提前1个月竣工。烟台工贸技师学院新校区项目提前3个月竣工投入使用。哈尔滨工程大学烟台研究生院项目主体封顶，提前开始室外配套工程施工。开工建设棚改安置房3607套，开工率100%；开展棚户区改造“两快两早”专项行动（快建成、快配套、早交付、早入住），1万多户市民住进新楼房。完成老旧小区改造13个、既有住宅加装电梯21部，群众生活更加便利。改造公园、绿地、街景59处，新建绿道16.4公里，城市环境绿意盎然、生机勃发。

房产交易与服务

【概况】 2019年，烟台市房价指数总体平稳，全年完成房地产开发投资661.9亿元、同比增长12.8%；缴纳税金121.7亿元，占全市税收总额的16.2%。全市商品房成交均价（下同）7930元、商品住宅7852元，市区商品房10368元、商品住宅10511元；12月底全市商品住宅去化周期为14.9个月，同比上年度增加3.8个月，其中市区商品住宅去化周期为11.7个月，同比增加4.4个月，仍处在9—16个月的合理区间。

【房地产市场调控】 2019年，烟台市做好高、中、低价位楼盘合理搭配和限时开盘工作，简化审批流程，按照“因城施策、一城一策”的调控思路，对市区范围内办理商品房预（销）售许可实行新建商品房销售价格申报备案制度，严厉打击违规炒作、虚假宣传等扰乱市场行为，房价指数连续18个月稳定在国家统计局公布的70个大中城市排名的中上游水平，波动较小、上涨温和。

【房地产市场乱象整治】 2019年，烟台市开展房地产烂尾项目治理，组织专项治理“利剑”行动，按照“项目续建、拆除重建、综合治理、政府收回”的思路，综合施策、分类处理，持续加大对烂尾楼、延期交房等突出问题的整治力度，14个烂尾工程复工建设。开展房地产领域违法违规行为专项整治，针对漠视侵害群众利益问题，制定《全市房地产领域违法违规行为专项整治活动实施方案》，检查企业 429 家、项目 357 个，查出 4 类问题 138 个，下达整改通知 94 个，约谈涉事企业负责人 78 次，通报企业 45 家，推送综合执法部门处罚企业 10 家，有效规范房地产市场秩序。

【房地产市场监管制度健全完善】 2019 年，烟台市依据《山东省房地产开发项目竣工综合验收备案管理办法》《山东省房地产开发企业信用信息管理暂行办法》制定出台实施细则，解决交房标准不明确及开发企业缺乏监督管理等问题，从制度上进一步规范房地产秩序、提高行业诚信建设。

【房屋交易推行“风险告知书制度”】 2019 年，烟台市将购买新建商品房中可能会出现的风险问题以及企业应该遵守、购房人应该清楚的内容形成风险告知书，予以现场公示，有效保护购房群众的知情权，提高房地产市场透明度，让购房群众买的清楚、买得明白。

【住房租赁市场培育】 2019 年，烟台市多角度创新思路、强化举措，探索形成住房租赁房源筹集“五种模式”，大量增加住房租赁房源提供，培育泊寓公寓管理有限公司、烟台龙湖置业服务有限公司等住房租赁企业 30 多家，鼓励支持国有企业、房地产开发企业、房产经纪机构、物业服务企业发展住房租赁业务；现有企业长租房源 9000 套，长租公寓出租率超 50%。

【中介及住房租赁市场环境净化】 2019 年，烟台市严厉打击自我炒作等扰乱市场行为，先后约谈 8 家自媒体、中介机构，检查中介经纪机构 845 家、住房租赁机构 404 家，受理 13 起群众违规问题投诉，下达整改通知书 109 份、通报违法违规中介经纪机构 12 家，整改住房租赁机构 55 家、通报违法违规中介机构 5 家。发布外籍人士在烟购买房产、租赁房屋指南。

【“红心物业”党建领航工程】 2019 年，烟台市出台《烟台市“红心物业”党建领航工程建设办法》。6 月 20 日，市住建局成立市物业行业党委，全面指导县市区物业党建工作，实施全市“红心物业”党建领航工程。推动健全组织领导、党建覆盖、规范管理、联建共治、保障支撑“五位一体”机制，初步构建起街道社区党组织领导下的社区居委会、业委会、物业公司等多方联动的“红心物业”体系。至年末，烟台市 12 个县市区成立分管县市区领导任组长的红心物业工作领导小组，11 个县市区成立物业行业党委，9 个县市区出台红心物业党建文件，7 个县市区建立物业党群服务中心，市县两级组织领导体系、党建覆盖体系基本建成。

2019 年 9 月，海阳市物业企业党组织举行庆祝中华人民共和国成立 70 周年文艺会演 （供稿：刘津宇）

【物业企业监管】 2019 年，全市建立“红黑榜”管理制度，通过守法守信联合激励和违法失信联合惩戒，促进企业依法诚信经营，维护市场正常秩序。12 月 24 日，印发《烟台市物业行业“红黑榜”管理试行办法》于 2020 年全面实施，明确划定物业服务企业 20 条“红线”，触线其即进入“黑名单”，将采取“取消在烟台市参与物业招投标资格”“物业服务合同到期后不得续签”“依法取消或限制参与政府采购资格”“所管理服务的物业项目降低收费等级”等 13 种惩戒措施，每年两次定期通过新闻媒体、信息平台向全社会公布。

【物业服务市场问题整改】 2019 年，烟台市对日常监督检查、网络集中反映、新闻媒体曝光、信访部门受理、业主投诉多的相关问题进行调查、汇总、整理，建立问题台账，制定整改措施，逐条逐项整改，确保问题查实、查细、查全。5 月，在全市集中开展物业行业突出问题专项整治“利剑”行动，对 14 家存在突出问题的物业企业进行全市通报，并通过新闻媒体向社会曝光。

【《烟台市共有产权住房管理办法》修订后印发出台】 2019 年 10 月 21 日，修订后的《烟台市共有产权住房管理

办法》印发出台，自 2019 年 12 月 1 日起正式实施。《办法》主要修订扩大政策适用范围、拓宽房源筹集渠道、完善产权份额比例、进一步严格产权增购制度等 4 个方面的内容。2017 年 3 月，市政府出台《烟台市共有产权住房管理试行办法》(烟政办发〔2017〕6 号)(以下简称《试行办法》)，当年 5 月 1 日起试行，有效期至 2019 年 4 月 30 日。《试行办法》试行两年来，烟台市在省内率先探索共有产权住房模式，市中心区先后筹集供应房源 1566 套，面向符合条件的保障家庭销售 510 套。

【《烟台市房屋租赁合同示范文本》出台】 2019 年，烟台市将房屋租赁双方应予以约定的有关内容进行归纳和明示，有效降低租赁双方矛盾摩擦发生的可能性。修订《烟台市预售资金监管规定》。完善相关政策延续性，扩大监管规定适用范围，细化预售资金监管管理要求，提高房地产市场的稳定性。

住房保障与房屋征收

【概况】 2019 年，烟台市坚持多主体供给、多渠道保障城市居民住房的思路，以实现群众“住有所居”为目标，创新住房保障政策体系，构建以租赁补贴为主，租赁型保障房和购置型共有产权住房并举的住房保障体系。修订《烟台市共有产权住房管理办法》，出台《关于进一步推进城市住房保障家庭租赁补贴工作的实施意见》，制定《烟台市国有土地上房屋征收侵害群众利益问题专项整治实施方案》。

【共有产权住房制度创新】 烟台市自 2017 年起在省内率先探索试行共有产权住房制度，试行范围为市中心区。2 年来，先后筹集房源 1566 套，面向经审核符合条件的保障家庭销售 510 套。2019 年，烟台建设共有产权住房试点工作被纳入全省 20 项重点民生实事。为进一步做好这项工作，烟台市在住建部、省住建厅的指导下，借鉴北京、上海等先进城市经验，修订出台《烟台市共有产权住房管理办法》，自 2019 年 12 月 1 日起实行。实施范围上，该办法明确将共有产权住房制度实施范围扩大到市区，提出在符合国土空间规划的前提下，符合条件的开发建设单位可以投资新建共有产权住房。产权出售上，为进一步适应保障家庭的需求，将共有产权住房的出售产权份额比例由 70% 的单一比例调整为 60%、70%、80% 三个档次，由承购人根据自身支付能力自行选择，剩余产权份额由出售人持有，增强了政策灵活性。售后管理上，将共有产权住房剩余产权份额的增购期限期由 2 年延长到 5 年，更好体现出“房住不炒”原则。该办法的出台实施，是烟台市不断探索创新住房保障制度的最新成果，为加快建立多主体供应、多渠道保障、租购并举的住房保障制度拉开政策框架。

【住房保障范围扩大】 为增强住房困难群体的获得感，扩大住房保障政策覆盖面，2019 年 12 月 2 日，烟台市制定出台《关于进一步推进城市住房保障家庭租赁补贴工作的实施意见》，自 2020 年 3 月 1 日起实行。根据保障能力和保障需求相适应的原则，将户籍保障家庭的收入认定标准由人均 29660 元提高到 35900 元，上浮 21%；最高保障面积由原来的 2 人户 40 平方米、3 人以上（含 3 人）户 50 平方米，分别提高 12.5% 和 20%，达到 45 和 60 平方米，政策优惠力度显著加大。首次将新就业无房职工、在城市稳定就业的外来务工人员等群体纳入租赁补贴保障范围，实行定额补助，每户每月补贴金额最高为 240 元，发放期限最长为 36 个月，为解决“新市民”阶段性、周转性住房问题提供了新的政策渠道。

【年度住房保障任务超额完成】 2019 年，全市计划发放租赁补贴 8000 户。至 12 月底，全市发放租赁补贴 10460 户，超额完成全年目标任务，租赁补贴任务总量持续位居全省第一位。其中，市本级任务由市住房保障和房产交易中心承担，发放 9759 户，占全市总量 93.3%，全市各级对提出申请、符合条件的保障家庭普遍实现租赁补贴“应保尽保”。

【住房保障管理规范化】 2019 年，按照“放管服”改革要求，烟台市完善街道、区、市“三审两公示”住房保障运行机制，推行随时申请、随时受理、按月审批的常态化申请流程。取消无房证明、婚姻证明、退役士兵证明、异地住房保障证明等多项证明材料，将“三审两公示”期限压缩为 60 天，简化办事程序，市本级审批认定新增住房保障家庭 1746 户。加强住房保障信息平台建设，落实资格年审和事中、事后动态监管制度，办理保障家庭年审 4795 户，取消不符合条件（含资格过期）2106 户，“有进有出”住房保障机制进一步形成，全年筹集房源 1566 套、配售 510 套。

【保障房运营管理】 2019 年，市住建局完善委托管理、购买服务等专业化管理模式，市本级对 2090 户保障房承租人续签租赁合同，完成保障房租金收缴 510 万元，收缴率达 99%；完成房屋维修 800 余户（次），投入维修费 80 多万元，入户巡查保障房 702 户，调解承租人纠纷 54 次，纠正违规使用行为9户，向人民法院起诉拖欠房租和不符合条件的承租人72户，清退房屋15套，追缴房租12户。

【房屋征收补偿管理政策落实】 2019年，按照“依法征收、加大宣传、有情操作”的要求，烟台市贯彻执行中央、省有关国有土地上房屋征收与补偿的法律法规，规范征收程序、征收行为，保证房屋征收合法合规，保障被征收人的合法权益。加大房屋征收项目和房屋征收政策的宣传力度，在房屋征收实施前和过程中充分听取各方特别是被征收人的意见，做到补偿安置的合法合情合理。

【房屋征收与补偿管理】 2019年，全年公示房屋征收评估机构28家，重新调整烟台市房屋征收评估专家委员会成员，建立《房屋征收（拆迁）项目台账》，实行“零报告”制度，真正实现动态化监督。

【国有土地上房屋征收漠视侵害群众利益问题专项整治】 2019年，市住建局开展漠视侵害群众利益专项整治活动，印发《烟台市国有土地上房屋征收漠视侵害群众利益问题专项整治实施方案》，围绕房屋征收程序和行为方面、补偿安置方面查找问题，发现问题彻查立改，真正解决群众困难；接待房屋征收补偿类群众来信、来电、来访60余人次，接办信访案件30余起；承办的16起省级交办重点信访案件全部办结。

（撰稿：刘津宇　审稿：吕春松）

市容环境建设

【概况】 2019年，烟台市在市区实施“拆违、增亮、添绿、治堵”四大环境提升工程，市城管局成立工作专班，抽调精干队伍，抓好违建治理、亮化提升、添绿增绿、秩序规范，不断提高城市“洁、绿、亮、美”水平。

【违法建设治理】 2019年，全市启动新一轮违法建设治理行动，组织县镇村三级召开动员会、推进会、现场会，按照“零容忍”“全清理”要求，4次排查摸准违建底数，以中心城区、城市绿线、道路两侧、山体山林、居民区等区域矛盾突出、群众反映集中的违法建设为重点，全面铺开违建攻坚治理。组织7个督导组每天实地督查、每周调度通报，新闻媒体设立专栏，公布举报电话，广泛宣传造势，在全市形成“有违必拆、违法必究”的强大声势。2019年全市新排查治理违法建设1520万平方米，派发督办单21件，办理市领导交办批办件15件，市县两级新闻媒体发布拆违专题报道2000件。

【市区景观亮化工程】 2019年2月2日，烟台市区完成滨海景观带和行政中心、会展中心等“一带五片”景观亮化建设，为全市人民献上一场盛大的“点亮烟台、悦动港城”亮化启动活动和跨年灯光秀表演，中央电视台《新闻联播》等多家新闻媒体关注报道。实施景观亮化二期工程，重点打造滨海沿线、商业街区、城市出入口及重要节点建筑群亮化，期间为元宵节歌唱《我和我的祖国》快闪活动、五一劳动节、七一庆祝建党98周年、十一庆祝中华人民共和国成立70周年、中国少年先锋队建队70周年、世界工业设计大会等举行多场大型灯光秀，向中华人民共和国成立70周年献礼。滨海广场亮化工程获得中国照明学会举办的第14届“中照照明工程设计奖”全国一等奖。

【添绿增绿行动】 2019年，以“简约大气、实用亲民、艺术美观”为标准，市城管局组织市区两级重点打造主干道路两侧、城市出入口、商业街区及重要节点绿化景观，道路全线实施行道树更换增植、增设绿篱、慢行系统、绿道建设、增花添彩等，实现人车分离、舒适出行，整体提升道路绿化功能和美化品质。2019年，市区打造绿化景观道路33条，栽植苗木31万株，改造小公园、小绿地、

2019年6月，观海路慢行系统改造完成，成为烟台市区第一条“绿化管理示范路”
（供稿：任泽坤）

小街景59处，建设慢行系统31公里、绿道16.3公里，观海路建成市区第一条“绿化管理示范路”。

【道路秩序规范】 2019年，市城管局落实《烟台市城市道路挖掘管理办法》，在市区统筹调度、统一协调各管线单位施工，推动市区道路施工实现“三个同步”，杜绝道路无序施工、重复开挖。以六区主干道沿线、大中小学周边、公交站点、商业聚集区、城市出入口等为重点，督导各区清理占道经营、店外经营、流动摊点等9万余处，清理违规户外广告牌匾、灯箱等1万余处；查处露天炭火烧烤摊点844处，车辆粘带撒漏994起。

市政设施与安全管理

【概况】 2019年，烟台市超前谋划建设跨区域、集约化处理垃圾、污水和供水、供气大型基础设施。总投资5.43亿元、处理能力850吨/日的市级生活垃圾焚烧发电升级改造工程完成招标、签订PPP合同，开工建设，2020年建成投运后市区生活垃圾焚烧处理能力达到2550吨/日，全部实现减量化、资源化处理。总投资9.38亿元、处理能力12万吨/日的市区套子湾污水处理厂三期工程完成设计招标，2022年建成。总投资5.6亿元，全长127公里、设计年输气能力30亿立方的市区天然气环城高压管线项目开工建设，2023年完工后建成高压—次高压—中压—低压四级压力体系和输配系统，保障市区燃气供应。落实安全生产责任，强化问题隐患排查治理，开展行业安全监管，实现安全生产零事故的工作目标。

【安全责任落实】 2019年，全系统贯彻“管行业必须管安全，管业务必须管安全，管生产经营必须管安全”和“党政同责、一岗双责、齐抓共管、失职追责”要求，严格落实安全生产全员负责制，逐级签订安全生产责任书3772份。开展“责任落实月”和“安全生产月”活动，组织有关单位参与全市安全生产宣传咨询日，全面落实专业人员持证上岗和职工先培训后上岗制度，组织双重预防体系建设、危化品治理、消防安全等各类安全生产培训70余次，从业人员受训率达到100%。修订完善安全生产应急预案，开展市政公用设施有限空间作业、燃气泄漏着火、夏季城市防汛等应急演练30余次，提高一线职工应急处置能力。

【隐患排查】 2019年，市城管局印发《安全生产专项整治行动实施方案》，全面排查整治城镇燃气和市政设施领域安全隐患，消除安全盲区和死角，对福山区开展为期近一个月的“驻在式”督导。重大活动期间，局系统组织检查组112次，检查生产经营单位87家次，发现整改问题隐患94处。

公用事业管理

【供水保障】 2019年，烟台市制定《烟台市城镇居民二次供水管理办法》，规范高层小区二次供水设施改造移交管理。组织县市区加强供水生产、调度和水质检测，加快3个县市水质提升改造，保障市民喝上安全水、放心水。

【供热保障】 2019年，全市组织供热企业做好设备检修、管网改造、燃煤储备等，全年新增集中供热面积648万平方米。按期完成燃煤锅炉超低排放环保改造，通过环保在线监测，实现达标排放。应对供暖前低温寒潮天气，11月8日起组织国有供热企业提前启动低温运行，抓好供热运行监管，确保全市供热安全平稳。

【供气保障】 2019年，全市围绕做好下年全市新增重点项目燃气能源保障开展专题调研，组织县市区加快储气设施建设，不断扩大管道天然气覆盖面，全年新增天然气用户12.8万户。

【环保清雪】 2019年，市城管局严格落实科学清雪、环保清雪要求，及时启动应急预案，全力应对市区多场持续强降雪，切实保障城市交通秩序并减少对环境影响。

市政公用设施建设

【城乡生活垃圾处理】 2019年，市城管局督导县市区加快中央环保督查反馈垃圾处理能力、渗滤液处置能力不足问题整改，启动4个垃圾焚烧发电项目，其中3个县级项目中海阳市、栖霞市开工建设。持续推动城乡环卫一体化，定期组织现场督查，严格落实村镇生活垃圾集中收运、规范处置、无害化处理，持续改善农村环境面貌。建立“海上环卫”工作机制，提升近岸海域环境卫生品质。全市推广建设小型生活垃圾压缩站83座，市区打造30条道路清扫机械化作业和深度保洁示范路。全年转运生活垃圾32.4万吨，无害化处理生活垃圾90.5万吨，接收处理餐厨废弃物5.22万吨，同比增长42%。制定市区生活垃圾分类实施方案和管理办法，市区生活垃圾分类试点参与单位26个，人数近6万人，配置分类垃圾桶1000余个、智能分类设备100余套，发放宣传材料3.3万份。

【污水处理工程建设】 2019年，市城管局督导县市区加快4个污水处理厂扩建项目，龙口市、莱州市3座污水处理厂扩建工程开工。福山区污水主干管扩建工程加快推进，套子湾及辛安河除臭改造工程启动建设，指导和抓好全市城市污水处理厂运行管理，烟台市获2019年度全省城市污水处理工作运营质量评价第一名。

【雨污分流与海绵城市建设】 2019年，市城管局督导县市区完善排水管网配套，全年完成雨污分流改造85公里。组织开展渤海黄海地区入海排污口排查整治，加强黑臭水体整治后续监管，严防问题反弹，黑臭水体整治工作全省名列前茅。加大海绵城市建设力度，完成南山公园、绿地改造等市级海绵城市建设项目，全年完成海绵城市建设38.8平方公里，超额完成省住建厅下达指标任务。

【再生水利用】 2019年，市城管局跨越三区，总投资6.2亿元、输水管网44公里的套子湾污水处理厂供万华工业园再生水项目建成通水运行，至年末为万华工业园、烟台发电厂等大型企业供水6万吨/日，全年供水1521万吨，有效缓解市区用水紧张局面。

【市政设施养护】 2019年，市城管局配合添绿行动完成观海路、港城东大街慢行系统改造。市区2座人行天桥开工建设，大海阳路天桥全部桩柱等结构施工完成。滨海路木栈道工程完成苗木移植、临时道路整平等前期准备和样板段建设。抓好30条主次道路和公园、景区等人流密集区段设施整修，累计整修面积3万多平方，更换灯具5000余套。抓好第一海水浴场、公共自行车设施维护，海水浴场接待游客200多万人次。

【排水设施养护】 2019年，市城管局抓好新接收排水和污水主干管线排查疏通，清挖各类检查井22万座，疏通管道74万米，清掏化粪池1627座，及时发现处置污水外溢和井盖丢损等问题。完成市中心区52个涝洼点位改造、8条河道清淤。开展“智慧排水”信息采集，完成6.24万座检查井、1862公里管线地理信息数据采集录入，为排水设施智慧化管理打下坚实基础。

【公园广场管理】 2019年，市区完成国防教育主题公园建设，南山公园设施改造项目开工建设，抓好新接收道路两侧绿地养护管理，建成社区游园5个，鹿鸣小区南侧新建苗圃57.4公顷。各主题公园开展爱国主义教育、科普知识教育、群众民俗文化等活动。抓好公园、广场设施管理，实施海韵广场海岸壁修复工程，修复广场灯具260余套，加强广场保洁、秩序管理，全年完成重大活动保障110次，举办公益宣传活动90余次。

【供排水和污水处理一体化】 2019年，市城管局配合组建烟台市水业集团公司，采取划转、并购、参股等方式推动整合市区5家国有、集体、股份制供水企业，国有供水企业划转整合迈出实质性一步，其他企业并购正在洽谈落实，逐步建立“统一规划、统一调度、统一监管、统一服务”的供水管理模式和“同城、同网、同质、同价、同服务”的城市供水格局。会同有关部门联合印发《烟台市城市污水处理提质增效三年行动实施方案》，对六区排水和污水处理设施规划布局、管网建设、运营管理等全面调研，按照“一张网、一个图、一个标准管到底”的工作思路，计划实施“厂网一体”管理，推动六区排水和污水处理一体化管理。

（撰稿：任泽坤　审稿：邢学东）

责任编校：渠敬伦

自然资源管理与规划

综　述

【土地资源】 烟台市地处山东半岛中北部。2019年末，全市土地总面积138.65万公顷，其中农用地105.76万公顷，占76.28%；建设用地21.19万公顷，占15.28%；未利用地11.7万公顷，占8.44%。耕地面积44.55万公顷，占农用地的42.13%。

2019年，烟台市自然资源和规划系统被烟台市委、市政府表彰为年度全市十佳先进集体称号，获评山东省攻坚克难先进集体，入选烟台市创先争优先锋榜。

【土地规划与计划管理】 2019年，烟台成为全省首批国土空间总体规划编制试点城市，全市20处省级及以上自然保护区总体规划全部获批；10处自然保护区范围调整方案全部通过省级评审，占全省通过评审总数的60%，及时保障裕龙岛、崆峒岛等重点片区及重点项目建设。全市局部修改土地利用总体规划1333.33公顷，上报新增建设用地800公顷，盘活处置批而未供土地1000公顷、闲置土地188公顷，供应土地1274宗、3600公顷，保障了烟台万华、荣昌生物制药、华新丽华、泰和新材、艾迪精密、老岚水库安置区等省市重点项目的用地需求。

【耕地保护】 2019年，烟台市研究制定《烟台市耕地保护激励暂行办法》，决定每年投入财政资金400万元对耕地保护工作成效突出的乡镇政府和村集体给予资金奖励，运用经济手段有效调动乡镇及村集体保护耕地的主动性和积极性。完成省政府下达的43.72万公顷耕地和38.64万公顷永久基本农田保护任务。开展年度土地矿产卫片执法监督检查、“大棚房”问题专项整治、违建别墅整治、自然资源领域扫黑除恶、市区建设工程规划实施监督检查等专项行动，查处违法用地716宗128.45公顷、违法采矿点24个，清理“大棚房”79处，排查出的373栋违建别墅通过拆除、没收、关停、罚款等措施全部处置到位，移交涉黑涉恶问题线索50起，监管在建工程491项、建筑面积2862.61万平方米。

【自然保护地资源管理】 2019年，烟台市对自然保护地基本情况进行调查摸底，登记造册78处。按自然保护地类型分为8类，其中自然保护区23处，地质公园9处，森林公园17处，风景名胜区2处，湿地公园7处，海洋公园5处，海洋特别保护区8处，水产种质资源保护区7处；按照保护级别划分，国家级32处，省级36处，市级10处。全市保护地中主要以森林系统类型居多，保护对象主要是中国赤松原生地和天然分布中心；海洋保护地保护对象主要以黄渤海特有蟹、鱼、贝、藻及软体动物等海洋物种原生地和产卵地为重点；野生动物类型保护区，长岛保护区主要以迁徙猛禽的为主要保护对象，斑海豹保护区主要保护斑海豹栖息地；地质公园主要保护在国内甚至世界上都具有典型性和稀有性的特殊的地形地貌、古生物化石、古人类遗址等地质遗迹；湿地公园主要保护和恢复河流湿地生态系统，保护和提升物种多样性；水产种质资源保护区主要保护刺参等水产种质资源及其生存环境。建立管理机构的自然保护地有64处，总体规划获批复自然保护地有46处，10处省级自然保护区范围调整通过省级专家评审，其中崆峒列岛、栖霞牙山、福山银湖、烟台沿海防护林等4处省级自然保护区范围和功能区调整先后获得省政府批复；海阳招虎山省级自然保护区功能区调整获得省自然资源厅批复，市保护区调整工作走在全省前列。

【山林生态保护】 至2019年末，全市20处矿山列入国家级绿色矿山目录，6处列入省级矿山目录，总量占全省四分之一多，居全省首位。纳入2018—2020年治理规划的226处废弃矿山恢复治理项目已开工106处、完成88处。全市露天矿山由年初的近百个压减到29个。中央生态环保督察发现问题点位整治完成7498处，占总数的96.8%，全市各类保护区内矿山企业全部停产停工。研究制定《烟台市区山体保护条例（草案）》和《关于全面建立林长制的实施方案》，对全市山体、林区实行分类管理、从严保护。全年完成造林与生态修复9320公顷、森林抚育1.33万公顷，分别占年度任务的107.5%和100%。投入资金8000余万元用于松材线虫病防治，清理病死松树和衰弱木等118万株。“招远市塔山四倍体泡桐生态修复工程”“海阳市望海水库生态廊道样板工程”被认定为省级工程，全市5个乡镇、45个村居获评山东省森林乡镇和森林村居，数量居全省首位。

【服务民生】 2019年，市资源和规划局提请烟台市政府出台城乡规划委员会工作制度，实行全委会和执委会分级决策审批，审批效率大幅提升。研究出台《烟台市自然资源和规划局关于聚焦企业和群众关切 深化流程再造优化营商环境的推进方案》，行政审批平均办理时限由法定的40个工作日、承诺的15个工作日，压缩到实际的7个工作日、部分事项立等可取。投入200余万元建成“线上、线下”一体化运行的烟台市土地二级市场交易平台，融合土地一、二级市场于一体的土地市场网正式上线运行，并与不动产登记系统互联互通，实现全市国有建设用地二级市场转让、出租、抵押登记一体化办理、“超市”化配置。第三次国土调查完成，全市12个行政区县的调查成果数据全部通过国家级核查，其中长岛是全省首个完成国家反馈问题整改的区县。莱阳市宅基地“三权分置”试点推进，有784个村庄完成测绘调查，发放集体土地所有权证书8329宗。公益林保险政策逐步落实，全市公益林投保面积达20.27万公顷，占公益林总面积的90.2%。新发展经济林433.33公顷、林下经济1266.67公顷，5家企业、7家合作社被评为省级林业龙头企业和林业合作社省级示范社，市级以上林业龙头企业达到60家，林业专业合作社达到1425个。

政策法规

【概况】 2019年，市自然资源和规划局落实党政主要负责人履行推进法治建设第一责任人职责，将法治理念和法治思维贯穿自然资源和规划工作全过程，恪守合法行政、合理行政、程序正当、高效便民、诚实守信、权责统一等依法行政基本要求，保障自然资源和规划事业在法治轨道上持续健康发展。

【法治政府建设】 2019年，市自然资源和规划局编发《2019年全市自然资源和规划法治工作要点》，统筹推进依法科学民主决策、转变政府职能、严格规范公正文明执法、有效化解社会矛盾纠纷等方面工作。落实重大行政决策法定程序，对关系经济社会发展全局、涉及面广、牵动性强、与公民和法人及其他组织利益密切相关的重大事项决策，均通过公众参与、风险评估、专家论证、广泛征求意见、合法性审查、集体讨论决定等程序。修订《重大行政执法决定法制审核办法（试行）》，公布《重大执法决定法制审核目录清单》，在行政许可、行政处罚、行政强制、行政征收等具体重大行政执法行为中全面进行法制审核。11月，印发《关于印发公平竞争审查制度的通知》，将公平竞争审查工作制度化、规范化、常态化。对存量文件进行4次梳理与整理，清理存量政策措施39项，继续有效8项。年内新增涉及市场主体经济活动的政策措施4项，均经公平竞争审查后公布实施。印发《关于理顺网上民生回复工作的通知》，进一步明确职责分工，回复情况定期通报，建立分工责任表，强化沟通协调，全年回复社会各界留言、问题2957条，回复率100%。

【法治宣传教育】 2019年，市自然资源和规划局抓好“六五”依法行政和“七五”普法规划的实施，开展法治宣传教育工作，制定《普法责任清单》，明确普法内容、普法对象、普法形式、责任科室，保障法治宣传教育工作真正落到实处，形成常态化机制。印发《全面落实“谁执法谁普法”普法责任制工作考评办法》，从组织领导、普法宣传、法治实践、载体建设等4个大项16个小项对县市区年度普法工作进行全面考核。开展“6·25全国土地日”“12·4国家宪法日”等节日宣传活动，分发宣传资料2000余份，现场解答群众问题100余人次。建立自然资源咨询员制度，帮助群众理解自然资源政策，及时掌握群众的思想动态，提前预防化解自然资源各类矛盾和信访纠纷。贯彻落实国家工作人员学法用法相关制度要求，领导班子全年集中学习《习近平谈治国理政》《习近平主持召开中央全面依法治国委员会第一次会议》精神等11次。开展《不动产登记暂行条例实施细则》《新时代国土空间规划的十大关系》《解决矿山环境问题的几点思考》《新〈土地管理法〉修改的亮点及突破》等专题培训讲座。

【法律顾问聘请制度】 2019年，市自然资源和规划局机构改革后，对法律顾问聘请事宜进行重新明确，聘请2名熟悉自然资源和规划业务、精通法律事务的专业律师担任法律顾问，通过增加法律顾问数量、采取统一资费方式、规范合同签署及采购、建立法律顾问年度考核评价机制等，推动法治机关建设。

【规范性文件管理】 2019年，市自然资源和规划局出台《烟台市自然资源和规划局关于完善规范性文件管理制度的意见》，确保规范性文件的合法性、合理性、可行性。年内制定出台部门规范性文件1个，起草出台政府规范性文件1个。坚持“有件必备”的原则，制发的2个规范性文件均于规定时间内报送市司法局备案，接受监督和审查。健全完善“实时清理、自动更新、动态调整”的规范性文件清理工作机制，对全局起草的、现行有效的地方性法规、规章、规范性文件进行3次全面清理。经清理，全局4个规范性文件中，因有效期届满失效1个，继续有效3个。

【行政复议和行政诉讼】 2019年，市自然资源和规划局制定出台《行政复议应诉工作规程》，并配套制定工作流程图，打造责任清晰、运转规范、高效衔接的应诉流程，规范出庭及应诉行为。以烟台市自然资源和规划局为被告的行政诉讼案件19起，均按照相关法律要求，规范制作答辩状、及时提供作出行政行为的证据、依据，并出庭应诉。对其中败诉的4起案件，认真执行法院生效裁判，及时纠正不当及违法行为，采取积极有效措施化解矛盾纠纷。年内，以烟台市自然资源和规划局为被申请人的行政复议案件共4起，其中维持市自然资源和规划局行政行为的2起，责令履行职责的1起，经协调裁定终止的1起。对责令履行职责的案件，及时纠错，坚决尊重和执行生效的行政复议决定。

【《烟台市区山体保护条例》出台】 市自然资源和规划局起草的《烟台市山体保护条例》于2019年10月29日经烟台市第十七届人民代表大会常务委员会第二十二次会议通过，并于11月29日经山东省第十三届人民代表大会常务委员会第十五次会议批准，自2020年3月1日起施行。

自然资源调查监测

【第三次全国国土调查】 2019年3月，根据国务院和省三调办的统一部署安排，烟台市人民政府调整成立第三次国土调查工作领导小组，全面推进烟台市有关工作。市自然资源和规划局按照职责组织技术力量对市辖15个县级调查单元开展技术指导和进度质量把控，历经第三次国土调查领导小组及办公室的建立和调整、实施方案编写论证、项目资金落实、发动宣传培训、公开招标采购、各部门数据资料收集和预处理、市级技术指导、质检核查、调查数据成果上报、修改完善等阶段。全市组织开展6轮调研督导，8轮市级核查；召开8次工作调度会，发布58份通知、工作简讯；6月、9月在济南进行长达40余天的集中办公。全市调查勾绘121.5万个图斑，外业举证36.4万个图斑，拍摄640 GB照片。烟台市第三次国土调查初始数据成果全部通过国家核查，全市平均差错率为0.11%，低于全省初始调查数据平均差错率。

【森林资源管理“一张图”年度更新】 2019年7月18日，烟台市召开全市森林督查暨森林资源管理“一张图”年度更新工作部署和培训班，开展全市森林资源管理“一张图”年度更新工作。此次年度更新主要通过遥感判读区划，结合现地调查核实的方式，参考2019年森林督查和国土三调初步成果，调查林地增加、流失以及其他变化，掌握林地变化的空间分布和管理属性变化信息，形成“一张图”年度更新成果，将全市森林资源管理“一张图”数据库更新至2018年底。7月26日，印发《2019年森林督查暨森林资源管理“一张图”年度更新工作实施方案》对本年度的森林资源管理“一张图”年度更新工作进行进一步部署。8月6—13日，成立6个调研组，对各县市区本年度的森林资源管理“一张图”进行市级调研，实地摸清各县市区的工作进度和开展情况，于8月22日，对各县市区的工作开展情况进行通报。9月23日，召开全市森林资源管理“一张图”年度更新工作市级调度会议，并制定收尾阶段工作方针，明确技术标准，确保数据按时上交。10月9—15日，省自然资源厅组织专家成立省级检查组，对烟台市的森林资源管理“一张图”年度更新工作进行检查验收，通过对内业区划质量和外野核实工作的检查，专家组对烟台市年度更新工作给予高度评价，认为市级技术指导到位，质量把控严格，各县市区区划质量高，全市通过省级检查验收。至10月17日，烟台市所辖县市区2019年森林资源管理“一张图”年度更新数据全部上交省林业监测规划院。

【草原资源专项调查监测】 2019年8月，烟台市启动2019年度草原资源专项调查监测工作。此次调查烟台市涉及2个县市4个样地，其中莱阳市1个，莱州市3个。莱阳市和莱州市成立草原资源专项调查工作小组，抽调多名责任心强并具备专业技能和工作经验的人员开展调查工作。至9月4日，完成4个样地的外业调查和卡片填写工作，9月6日完成市级检查，9月26日，省林业监测规划院组织专家赴莱州外业考核，通过验收。9月30日，烟台市4个样地的全部调查成果上报省林业监测规划院。12月20日，根据国家林业和草原局工作安排，省厅又布置入户补饲调查及数据录入工作，至12月27日，莱阳市和莱州市完成入户补饲调查及数据录入工作，市局完成市级核查并上报省厅。

【第六次沙化、荒漠化调查】 2019年11月14日，烟台市自然资源和规划局印发《关于印发〈烟台市第六次沙化监测工作实施方案〉的通知》，标志着烟台市第六次沙化监测工作启动，11 月 21 日，举办全市第六次沙化监测工作部署暨业务培训会议，对全市沙化监测业务人员进行技术培训，为沙化监测工作的开展奠定技术基础。12 月 10—30 日，组织技术人员对全市沙化监测工作的开展情况进行市级调研，并针对调研中发现的问题，印发《关于进一步明确全市第六次沙化监测工作技术标准的通知》，至年末，全市沙化监测工作总进度达到 80%。

自然资源所有者权益

【更新相关政策】 2019 年，市自然资源和规划局围绕“统一行使全民所有自然资源所有者职责”，开展各类全民所有自然资源资产所有权和行政管理权的比较研究、所有权实现形式研究、生态价值实现研究、土地增值收益研究等，总结研究各地实践经验，分析利弊，为政府决策提供好的经验做法和研究想法。经多方论证，提出机构改革后地租征收转向土地有偿使用的实施方案。

【出让价格审核】 2019 年，市自然资源和规划局稳妥推进评估政策、流程、评估机构更新。参与会审出让方案 103 件，组织对 30 宗拟协议出让土地委托机构评审，召开多轮专家评审会和业务评审会对出让价格进行审查。拟定《烟台市中心区评估管理实施意见》，通过规范审查的流程和标准，增加专家打分环节，夯实责任，提升评估报告质量。加强监督审查，加快评估过程，体现评估结果的公平公正性。

【全民所有自然资源资产清查】 2019 年，市自然资源和规划局利用好“土地变更调查”“地理国情监测”和“国土三调”等专项调查资料，配合自然资源部权益司研究制定清查统计试点方案工作，提出相关体系、制度，研究建立监督管理平台和信息系统，研究制定自然资源资产负债表试点工作方案。

【全民所有自然资源清单和管理体制】 2019 年，根据《关于统筹推进自然资源资产产权制度改革的指导意见》提出的“推进相关法律修改，明确国务院授权国务院自然资源主管部门具体代表统一行使全民所有自然资源资产所有者职责。研究建立国务院自然资源主管部门行使全民所有自然资源资产所有权的资源清单和管理体制。探索建立委托省级和市（地）级政府代理行使自然资源资产所有权的资源清单和监督管理制度，法律授权省级、市（地）级或县级政府代理行使所有权的特定自然资源除外”意见要求，市自然资源和规划局研究思考各级全民所有自然资源资产的管理目录和管理现状，落实山东省产权制度改革实施方案。

【所有者权益重要实现形式】 国务院自然资源部权益司启动自然资源资产划拨、出让、租赁、作价出资指导意见研究，发挥自然资源要素市场配置自然资源资产的决定性作用，发挥部门事中事后共同监管作用，提高资源配置效率，推进军地土地置换整合工作，建立健全军地分层级协调工作机制，完善配套土地政策，保障新增训练场等军事设施建设用地需求。2019 年，烟台市自然资源和规划局支持中央企业公司制改革、混合所有制改革、农垦改革、企事业单位改革、文化体制改革、培训疗养机构改革等，立足所有者职责做好国有土地资产处置工作。配合市国资委等部门推动“僵尸企业”土地处置工作。参与审查烟台市建工检测服务中心、烟台交运集团有限责任公司、烟台港集团、海通公司等企业的改制方案。研究制定失信单位黑名单制度和标准，探索保障所有者权益的手段。

【土地储备制度转型创新】 2019 年，市自然资源和规划局优化土地储备监测监管系统，强化土地储备数据的真实性、及时性，建立与财政部门关于地方政府债务管理的信息共享机制，共同防范债务风险等工作。规范土地储备工作，土地储备机构才能储备土地，严禁以政府储备土地违规抵押融资，严禁将储备土地作为资产注入国有企业。妥善处理存量土地储备贷款，确保按时整改到位，切实化解债务风险，促进土地储备事业持续健康发展。对储备机构信息等进行实时更新，履行监管责任。

【全民所有自然资源资产评价考核体系】 2019 年，为加强自然资源核算体系研究，烟台市自然资源和规划局与自然资源部部属协会中估协签订研究项目合同书，研究构建全市森林资源生态价值区片基准价体系。争取成为相关试点，提出可复制推广的工作模式，并形成具体工作规程标准草案。学习总结其他省市先进经验，例如广东省“土地资源资产价值评估与核算”试点经验。

【国有自然资源报告工作机制】 2019 年，烟台市建立健全森林、草原、湿地、水资源等国有自然资源资产报告协调机制，研究建立国有自然资源报告制度的总体框架。协调各相关市直单位，对全市自然资源底数及保护利用等情况进行梳理和总结，完成《烟台市国有自然资源资产综合报告》。

自然资源开发利用

【概况】 2019年末，全市国有建设用地供应总量为1274宗、3600公顷，供应面积比上年减少10.35%。其中通过出让方式供应925宗、1913.33公顷，同比减少34.4%；成交价款302.931亿元，同比增加6.12%。

【土地供应计划】 2019年，烟台市科学编制并实施年度土地供应计划。在年度供地计划中，统筹考虑，保证重大基础设施、省、市重点项目和以改善民生为重点的公共服务、环境建设的土地供应，合理控制住宅用地供应规模，对列入保障性住房建设计划的用地实行“应保尽保”。执行国家关于住房去库存的政策要求，“有保有压”落实商品房住宅供地计划。根据政府重点工作安排对文旅项目、医养结合项目进行单独统计，重点保障。

【土地供应政策】 2019年，烟台市严格执行《限制用地项目目录》《禁止用地项目目录》，对禁止类项目严禁供地，对限制类项目必须符合规定条件方可办理供地；鼓励类项目需节约集约用地。强化土地出让和批后监管，加强土地市场动态监测与监管工作，促进已供土地及时开发利用。

【供地审批权下放】 2019年，为推进“放管服”改革，优化营商环境，提高市区国有建设用地审批效率，3月29日《关于调整国有建设用地供应审批程序有关工作的通知》印发，对市区国有建设用地供应审批程序进行调整，取消沿用多年的供地审批环节。

【宅基地三权分置试点】 2019年，市自然资源和规划局牵头组织完成莱阳市宅基地“三权分置”试点工作。莱阳市按要求编制完成《莱阳市关于开展农村宅基地“三权分置”试点促进乡村振兴的实施方案》，于2018年7月底经烟台市委、市政府预审通过，报省农村土地制度改革试点工作领导小组办公室审核备案。市自然资源和规划局多次到莱阳市开展农村宅基地“三权分置”试点工作调研、督导，就试点任务、内容、方向、工作路径等进行研讨、督导。按照省自然资源厅的要求，莱阳市按时完成“三权分置”试点工作，2019年12月通过省厅验收。

【土地二级市场建设】 2019年7月6日，烟台市政府办公室印发《烟台市国有建设用地使用权转让出租抵押二级市场建设管理暂行办法的通知》。实现土地二级市场网与不动产登记系统互联互通，以及国有建设用地二级市场转让、出租、抵押登记一体化办理。全市范围内逐步建立起“线上+线下”一体化运行的土地二级市场，一套产权明晰、市场定价、信息集聚、交易安全的土地二级市场逐步建立完善起来，解决土地信息分散，交易平台不统一、交易规则不明确、监督措施不到位的问题，促进土地二级市场要素流通顺畅，不断提高存量土地资源配置效率。

国土空间生态修复

【概况】 2019年，全市贯彻落实省政府“绿满齐鲁·美丽山东”国土绿化行动部署，实施全域绿化三年行动计划，统筹推进森林生态修复与保护、退耕还果还林、森林生态廊道建设、森林质量精准提升、城乡绿化美化五大工程，全年完成造林和生态修复9320公顷，占年度任务的107.5%。聚焦中央环保督查反馈问题整改任务目标和部署要求，完成矿山恢复治理项目68个，正在实施的治理项目114个，申请销号的项目34个。

【国土绿化】 2019年，市委、市政府将国土绿化列入“三重”、市委工作要点和政府工作报告。3月4日，市政府召开全市全域绿化三年行动工作会议。3月25日，市委书记张术平等市领导在福山区门楼水库生态修复工程植树点参加义务植树活动。烟台市自然资源和规划局先后印发《关于做好2019年全域绿化工作的通知》《关于2019年度春季全域绿化工作的通报》《关于做好雨季造林工作的通知》等文件，督促县市区加快推进国土绿化进程。各县市区选取重点区域，精心打造亮点工程25处，总面积达1333.33公顷，其中招远市塔山四倍体泡桐生态修复工程和海阳市望海水库生态廊道工程被认定为省级生态修复保护工程和森林生态廊道样板工程。5个乡镇、45个村居获评山东省森林乡镇和山东省森林村居，35个乡村获评国家森林乡村。推荐上报的鲁东大学、于善栋分别获得全国绿化模范单位和全国绿化奖章荣誉称号。

【全民义务植树】 2019年，全市以植树节为契机，动员全社会力量参与国土绿化。烟台电视台烟台新闻和社会广角播出的《阳春三月万物苏 植树添绿正当时》《植树造林 打造美丽烟台》《生态兴则文明兴》《全域绿化：抢抓造林时机 加紧植绿添绿》等栏目，对县市区义务植树活动情况和近年来的义务植树成效进行系列报道。烟台市自然资源和规划局联合大众网等单位在牟平区、开发区、莱州市、龙口市、蓬莱市、栖霞市等地开展7场主题活动，植树3万余株。植树节期间，全市155万人参加义务植树活动，植树 500 多万株。

【废弃矿山治理】 2019 年，全市组织专家对废弃矿山进行科学论证，按照“因地制宜、分类施策、综合治理、重点突破”的原则，不断探索矿山治理新机制、新模式。7 月 13 日，烟台市自然资源和规划局召开全市矿山恢复治理工作会议，印发《关于加快矿山地质环境恢复治理的通知》，将矿山治理任务分解落实到县市区，督导各县市区分解落实到具体矿山、责任主体和责任人。实行矿山恢复治理月通报制度，建立工作台账，明确治理标准、完成时限，倒排工期、挂图作战，完成一个、验收一个，销号一个。对按期完成任务的县市区，在矿山治理奖补资金分配上给予适当倾斜。对进展缓慢、未按期完成任务的实行重点督导，并在矿山治理奖补资金分配上给予扣减或取消。10 月，市委、市政府对矿山恢复治理工作进行督查，进行全市通报。全市进一步加大资金投入，争取省、市财政专项资金 8900 万元。充分发挥省、市奖补资金、矿山恢复治理基金和保证金的作用，统筹用于全市废弃矿山治理。综合运用财政补贴、税收减免、金融支持、土地权益、收益分配、残留资源利用等政策，吸引有实力的企业和社会资金参与矿山治理，扩宽投融资渠道和多元化投融资机制。

耕地保护监督

【概况】 2019 年，烟台市自然资源和规划局全面落实最严格的耕地保护制度，坚决贯彻执行国家、省关于加强耕地保护工作的方针政策，履行耕地保护职责，完成全市耕地保护和永久基本农田保护责任目标任务。按照部省关于永久基本农田核实、储备区划定及整改补划及储备补充耕地核查的工作部署，稳妥推进各项工作，保障重大项目和重要事项用地，严格履行征地程序，落实补偿安置资金，维护被征地群众合法权益。

【严守耕地红线】 2019 年，为保护耕地特别是永久基本农田，市自然资源和规划局提前介入项目用地预审和选址，协助用地单位择址占用荒山、荒地，能不占用耕地的绝不占用耕地。对于临时用地确实难以避让永久基本农田的进行严格论证，确保永久基本农田“数量不减、质量不降、布局稳定”。严格耕地保护责任目标考核，确保耕地数量不减少，质量不降低。

【永久基本农田特殊保护】 2019 年，烟台市市、县两级政府及自然资源部门高度重视永久基本农田核实、整改补划工作，市自然资源和规划局主要负责人多次召开局党组会部署研究，赴县市区现场调度，并要求科学做实这项工作，要统筹考虑三条红线的关系，为国土空间规划编制打好基础。联合市农业农村局印发《烟台市永久基本农田核实、储备区划定及整改补划实施方案》，明确工作任务和要求。由于烟台市地处山东半岛丘陵地段，地形坡度大，集中连片土地相对稀缺，永久基本农田补划工作难度很大，需要整改补划的永久基本农田也比较多。为按时保质保量完成工作任务，市自然资源和规划局结合三调初步成果组织各县市区开展内业分析和外业核实工作。梳理出不符合划定要求永久基本农田图斑，并区分划定不实、违法违规占用、种植植物影响等类型提出分类处置的意见。为加快永久基本农田整改补划速度，在已落实的补划地块，先期开展“落地块、明责任、设标志、建表册、入图库”五项任务。规范有序划定永久基本农田储备区。永久基本农田储备区划定是保护永久基本农田和保障国家粮食安全的重要工作，11 个县市区永久基本农田储备区划定成果全部通过市自然资源和规划局、市农业农村局组织的论证审核，划定成果上报省厅质检。组织自然资源、水利和农业等方面的专家，对机场二期临时用地占用永久基本农田的必要性、合理性进行充分的论证。这是烟台市第一次对重点项目临时用地占用永久基本农田的论证工作，保障了重大项目及时推进。

【耕地占补平衡】 2019 年，烟台市严格落实耕地占补平衡政策，采取耕地数量、粮食产能、水田面积三类指标核销方式落实占补平衡。对重大项目占补平衡实行指标调剂。帮助蓬莱机场二期项目协调解决了耕地占补平衡指标。为保障项目建设，落实耕地占补平衡工作，严格储备耕地项目质量管理，全力推进补充耕地核查整改工作。

【耕地保护激励】 2019 年，烟台市研究制定《烟台市耕地保护激励暂行办法》，每年投入合理的财政资金对耕地保护工作成效突出的乡镇政府和村集体给予资金奖励，通过运用经济手段，有效调动乡镇及村集体保护耕地的主动性和积极性。

【征地管理工作】 2019 年，根据新《土地管理法》和部、省拟在 2020 年 1 月 1 日起全面实施新一轮征地区片综合地价标准的要求，烟台市启动征地区片综合地价调整工作，对市辖区的征地区片综合地价实行统一调整。对 2018 年度征地补偿费进行自查清理，保证征地补偿费全额拨付到位。严格征地审查工作，确保严格正确履行征地程序，落实补偿安置资金，维护被征地群众合法权益。

地质勘查管理

【概况】2019年，市自然资源和规划局紧紧围绕新旧动能转换、乡村振兴等重大战略，加强地质工作，推动地质工作转型升级，发挥地质工作在新型城镇化、农村现代化、资源保障等方面的重要支撑作用，更好服务经济社会高质量发展。

【找矿突破战略行动】2019年，烟台市重点开展三山岛—仓上成矿带、焦家成矿带、招远—平度成矿带、牟平金牛山成矿带和蓬莱—栖霞成矿区等“四带一区”的深部地质找矿工作。建立并完善政府引导、矿山企业、地质勘查单位及其他社会出资人共同出资开展地质找矿的资金投入机制。烟台市政府积极采取措施提高服务质量，通过维护矿产资源勘查秩序、推进重点矿种和重点成矿区带实施整装勘查、合理编制矿产资源规划等有效举措，不断优化矿产资源勘查开采布局，地质找矿取得历史性突破。年末，烟台市保有金资源储量3692吨，依据近5年烟台市平均消耗黄金地质储量50吨计算，保有黄金资源储量能够满足70余年的开采需求。

【自然保护区内探矿权退出】2019年，烟台市自然资源与规划局和省厅矿产勘查技术指导中心沟通，制定探矿权扣减避让退出自然保护区暂行工作流程，明确提交材料清单。3月，向相关县市区政府发出《关于加快推进我市自然保护区内探矿权退出工作的函》，明确自然保护区内探矿权退出补偿范围、退出工作时限、责任分工等问题。根据中央环保督察组反馈意见，烟台市自然保护区内涉及探矿权39个，至年底，退出探矿权21个，其余探矿权在推进办理补偿、退出手续。

【探矿权信息公示及实地核查】2019年，通过政府招标购买服务，烟台市自然资源和规划局确定核查承担单位为山东省第三地质矿产勘查院。按照“双随机一公开”的工作要求，抽取核查项目及核查组专家，采用集中会议核查方式，结合每个核查对象实地调查开展核查工作。对钻探工程全部进行钻孔施工现场拍照取证和岩心库实地核实，现场填写《核查情况表》。至2018年底烟台市有效并符合矿业权人信息公示条件的勘查项目300个，2019年实际公示294个，6个未在规定时间公示勘查信息，公示率98%。列入实地核查勘查项目总计51个（其中省厅通过随机摇号方式确定抽查勘查项目31个；烟台市自然资源和规划局结合日常监管及工作需要，专项抽查勘查项目20个）。

2019年9月24日，烟台市自然资源和规划局与山东省第三地质矿产勘查院签订战略合作协议（供稿：杜善胜）

【探矿权基准价制定】2019年，通过公开招标方式，烟台市自然资源和规划局选择山东天平信有限责任会计师事务所承担探矿权基准价制定工作。经实地调查、评估、测算，完成长石、高岭土、滑石等25个矿种的探矿权基准价制定工作。2019年3月，烟台市探矿权基准价由山东省政府批准发布实施。该项工作建立烟台市探矿权出让收益基准价格体系，维护矿产资源国家所有权益。

【抗旱找水】2019年，烟台市持续干旱，降水严重不足，工矿企业用水及农业农村用水均出现危机，给群众生产生活带来极大困难。烟台市自然资源和规划局把解决居民用水问题，特别是解决农村偏远地区饮水困难问题作为重点工作，协调第三地质矿产勘查院为抗旱定井40多眼，服务乡村振兴定井12眼，无偿施工水井11眼。其中对接栖霞市亭口乡村振兴服务队，为复兴村、林家、马家窑村定井位3眼，为复兴村施工278米深井1眼，每日出水量500立方米，解决30余户80余人饮水困难问题。

【金矿实物地质资料中心库】2019年，按照省自然资源厅“省财政支持、地市局主建、地勘单位参与、科普旅游融合”的分库管理模式，烟台市自然资源和规划局联合山东省地质矿产勘查开发局第六地质大队，共同建设国际一流的自动化、信息化、数字化仓储式金矿实物地质资料库。6月19日山东省自然资源厅印发《关于同意设立山东金矿实物地质资料中心的通知》。年末该项目已基本完成项目设计，正在进行平面设计规划报批工作。

矿产资源保护监督

【概况】 2019年，烟台市做好矿产资源开发、利用和保护的监督管理工作。加快推进绿色矿山建设，着力改善矿山生态环境，坚定落实矿产资源权益金制度方案，严格开展采矿权实地核查，维护矿产资源开发秩序。

【绿色矿山建设】 2019年，烟台市在绿色矿山建设中严格落实创新、协调、绿色、开放共享发展理念，准确把握自然资源工作新定位，围绕生态文明建设总体要求，坚持以保护生态环境为重点，建设绿色矿山为目标，以科技创新为支撑、落实标准、示范引领，将绿色发展观念贯穿与矿产资源规划、勘查、开发利用和保护全过程，引领和带动传统矿业转型升级，全面提升矿业发展的质量和效益，起到标杆模范作用。至年末，烟台市有20家矿山被评选为国家级绿色矿山试点单位，占比超过全省的1/3。

【矿产资源权益金改革】 矿产资源权益金制度改革方案是规范矿业权出让收益征收管理，健全矿产资源有偿使用，维护国家矿产资源所有者权益，促进矿产资源保护与合理利用的重要保障措施。自2017年改革方案施行以来，按照部、厅两级的工作要求，烟台市探矿权市场基准价格制定工作2019年3月完成，采矿权市场基准价格制定的招标工作结束，11月底前将完成基准价格制定工作，报省自然资源厅后发布执行。矿产资源权益金制度改革方案出台以来，特别是《关于加强我省矿业权出让收益征收管理工作的通知》印发以来，矿产资源权益金的收取办法提高矿山企业的税费负担，给烟台市的黄金行业乃至整个矿业带来较大冲击。针对全市各矿山企业反映的实际情况，积极向上级反映问题并提出意见建议。2019年，自然资源部、省财政厅、省自然资源厅先后于3月、5月和7月份赴招远市、莱州市及部分大型矿山企业开展实地调研，充分听取矿山企业的心声和自然资源基层管理部门的建议。在烟台市的多次主动汇报和积极协调下，7月30日，省财政厅、省自然资源厅印发《关于调整山东省矿业权出让收益征收管理政策的通知》，优化完善了矿业权出让收益征管政策，从“两降、一延、一规范”入手，为全省矿山企业松绑减压降负，助推矿山企业高质量发展。

【露天矿山综合治理】 2019年，针对全市露天矿山现状，以违法违规开采和责任主体灭失的露天矿山为重点，全面查清辖区内露天矿山数量、分布、开发利用、环境保护与治理等基本情况，逐矿逐项统计分析汇总，分类建立整治工作台账，逐项制定“一矿一策”整改方案，明确整改时限和标准。根据调查摸底情况分门别类开展整治，与当地生态环保部门联合开展整治，对达不到市政府规定的和不符合环保要求的露天矿山全部予以关闭，同时做好无证采矿、持过期采矿许可证继续生产等违法违规行为的打击力度，确保不出现反弹。

【矿产资源开发秩序】 至2018年末，烟台市有效采矿权231处，按照自然资源部勘查开采信息公示要求，烟台市公示采矿权231处，公示率100%。2019年4月，省自然资源厅随机抽查烟台市辖区内采矿权20处，其中省部发证13处，市发证1处，县发证6处。上年度列入异常名录矿山3处。根据烟台市当前矿业形式，选取47处正常采矿生产的金属和煤矿进行专项核查。2019年度继续采用政府购买服务的方式，通过在烟台市政府采购平台组织招标，委托专业机构进行矿业权信息公示实地核查。并总结前两个年度实地核查经验，创新工作思路，研究并制定《2018年度烟台市采矿权实地核查工作实施方案》，对实地核查工作中涉及主要检查指标进行量化，实行“打分制”，杜绝检查工作的“人情”“面子”，确保核查工作的公平、公正、公开。至2019年10月17日，技术支撑单位组织对以上70处采矿权进行实地核查，市县两级自然资源部门212人次、核查专家331人次参加核查，核查人员下井265人次。实地核查结论为1处拟列入异常名录（市发证采矿权）、2处拟不移出异常名录（1处省发证,1处市发证）,67处公示信息属实。

【矿产资源储量管理】 2019年，烟台市继续强化矿产资源储量登记管理工作，在办理矿山资源储量登记时及时建立台帐，要求矿山企业提供矿产资源储量备案、评审文件，并制定储量统计表格，整理、统计矿山储量新增数据，及时掌握矿山储量动态变化情况。年内全市完成省级以上发证的矿产资源储量查明登记23个，占用登记14个、查明登记19个。完成市级发证的矿产资源储量查明登记3个，占用登记3个、查明登记1个。提交金矿勘查报告26个，新增金金属量50.7吨。为确保上报的每一个数据合理、准确，要求矿山企业必须按照本年度储量年度报告中保有资源储量数据或者3年以内储量核实报告数据（以核实报告基准日按照生产规模扣减相应动用储量）为依据，较好完成每年的统计工作。2月，全市完成278个矿区的储量统计工作，矿山236个，统计矿种39个，开采矿种12个，储量数据与2018年矿山年报完全一致，储量统计覆盖率达到100%。

测绘和地理信息

【概况】 2019年，全市测绘和地理信息行业工作者贯彻落实《测绘法》《山东省测绘地理信息条例》等法律法规，积极主动作为：智慧烟台、智慧栖霞时空大数据平台建设试点项目完成设计书评审，对“天地图·山东”节点烟台片区的地形图分要素动态更新进行督导沟通，开展基础测绘成果审批分发，落实测量标志管护和质检经费30万元，加强测绘行业管理，组织录入全市测绘地理信息行业信用信息，完成市县管理部门和89家测绘地理信息单位统计年报，开展全市测绘资质巡查和测绘地理信息成果监督检查，全市测绘和地理信息工作有序开展。

【基础测绘】 2019年，全市自然资源和规划局和各县市区自然资源主管部门根据省自然资源厅要求不断加强基础测绘的管理和投入。根据省自然资源厅要求做好“天地图”山东节点烟台片区的地形图分要素动态更新工作，继续做好对上沟通和对下督导工作。协调财政部门争取资金对主城区大比例尺地形图的生产和更新，统筹调动各县市区的生产和更新；争取财政部门对编制烟台市地图、烟台市行政图的资金支持。协调省自然资源厅在统筹遥感影像获取和实景三维山东建设方面给于支持，节约财政资金，不断丰富全市地理信息数据库。继续做好基础测绘成果分发审批服务工作。

【智慧烟台】 智慧烟台时空大数据与云平台建设试点项目由自然资源部、省自然资源厅和烟台市政府三方共建共享，2019年1月26日，自然资源部和省自然资源厅组织专家在烟对智慧烟台时空大数据与云平台建设试点项目设计书进行评审，中国工程院院士张祖勋，自然资源部、省自然资源厅和中国测绘科学院有关领导、专家参会并听取项目技术汇报，经质询和讨论形成评审意见，相关工作正在按计划推进。智慧栖霞时空大数据平台作为省级试点建设项目由山东省自然资源厅、烟台市自然资源局和栖霞市政府三方共建共享，年末在按计划组织实施。

【测绘行业管理】 2019年，为加强测绘事中、事后监管，市自然资源和规划局全面提升测绘成果质量，规范落实测绘资质单位执业条件、行为，强化信息保密安全，按照上级要求，继续加强测绘行业管理，做好测绘资质巡查和地理信息成果检查，完善信息企业的社会信用管理，做到问题零容忍、整改无遗漏。主动作为深入县市区及相关涉密单位进行地理信息安全保密宣传及检查工作；不断完善保密制度和措施，做好测绘成果保密工作。继续做好测绘行政审批制度改革工作，进一步提高审批效率，促进全市测绘行业健康发展。

【测绘信用体系】 2019年，市自然资源和规划局贯彻落实“放管服”改革要求，加强事中事后监管，严格执行测绘地理信息统计年报及行业信用信息征集发布工作的要求，组织各测绘资质单位通过自然资源部网上政务服务平台（测绘地理信息行业信用信息管理平台）填报测绘地理信息行业信用信息，组织县市区主管部门完成测绘地理信息统计年报，完成自然资源系统和政府部门的机构变更统计工作。

【测量标志管护】 2019年末，全市有三等以上测量标志点533座，完好率89.5%，测量标志点保存完整，管护良好，得到省自然资源厅肯定。市自然资源和规划局2019年在用好测量标志管护系统的基础上继续做好测量标志点日常管理和巡查工作，格落实测量标志点拆迁审批，对未经审批私自拆迁的行为进行依法查处。落实测量标志管护和质检经费30万元，严格按照有关规定组织使用。

【地图监管】 2019年，烟台市加大国家版图意识宣传教育力度，建立全社会参与的监督机制，巩固和规范地图市场秩序取得的阶段性成果。联合市教育局持续开展国家版图宣传教育“三进”活动，指导各县市区切实把地图市场监管工作作为一项长期、经常性的重要工作，常抓不懈。严厉查处带有政治性问题的地图。对漏绘、错绘台湾岛、南海诸岛、钓鱼岛、赤尾屿等带有政治性问题和违背一个中国原则的地图进行查处，切实维护国家主权；重点查处存在失泄密隐患的地图。对标注军事单位、涉密设施等对国家造成安全隐患的地图重点查处；结合日常工作对车站、码头、图书馆、三站市场等重点位置进行明察暗访，发现问题及时报告，处理，确保全市地图市场的健康发展和国家地理信息安全。

【普法宣传】 2019年，烟台市持续做好新《测绘法》和《山东省测绘地理信息条例》宣传。将继续利用6·25土地法宣传日、8·29测绘法宣传日，组织各县市区和企事业单位采取悬挂横幅、板报、报纸、自媒体等多种形式开展宣传，提高从业人员和公众对测绘法和山东省测绘地理信息条例的周知度，营造依法、依规测绘的良性环境。

国土空间用途管制

【概况】 2019年，市自然资源和规划局围绕依法依规征地、维护群众权益、保障重点项目建设、承接省政府委托审批权下放、开展批而未供土地利用调整工作等，注重组织学习自然资源部、省自然资源厅国土空间用途管制各项政策，贯彻执行国土空间用途管制制度规范和技术标准，承担报国务院、省政府、市政府审批的各类土地用途转用的审核、报批工作；学习全市国土空间用途管制政策并监督实施，承担全市建设项目用地预审方面的事中事后监管工作。

【审卷报批】 2019年，市自然资源和规划局履行农用地转用和土地征收程序，保障重点项目建设。烟台市上报用地面积1191.96公顷，其中新增建设用地941.13公顷。对全市重点工程项目用地报批工作实行提前介入，主动协调用地单位做好土地征收报批各项前期准备工作，对项目用地在预审、立项、规划选址、林地占用、压矿、占补平衡以及回避各类保护区等各方面给予指导，做好重点项目用地协调服务工作；实行容缺受理，要求负责组卷报批的县市区国土局在土地预审、规划选址完成后立即着手开展土地征收的前期准备工作，待项目单位备齐组卷要件立即组卷上报；限时报批，对重点项目用地按时调度，对征收过程的每一步工作都计划了时间节点，要求各单位必须按期完成。

【承接审批权下放】 继2018年省政府部分审批权下放后，2019年5月省政府印发《关于节约集约用地保障重大项目建设的意见》规定烟台市承接省政府委托的部分省级农用地转用和土地征收审批权范围扩大至招远市、莱州市。为做好委托审批权承接工作，结合机构改革后部门职能调整，市自然资源和规划局出台《关于做好行使部分省级农用地转用和土地征收审批权工作的通知》《烟台市农用地转用和土地征收报批内部审查规定（试行）》，明确委托范围和内容、承接要求、审查重点、内容审查规定等。为做好委托省级审批权的承接工作，市自然资源和规划局出台专门的实施办法，规范相关用地的报批要求、审查要点，重新梳理精简审批流程，压缩办事环节，启用建设用地审查报批系统，确保“接得住、管得好、效率高”，为全市加快新旧动能转换，实现高质量发展提供坚实助力。2019年，烟台市批复委托审批权批次45个，总面积586.29公顷，占全市农用地转用及土地征收总批准面积的49.19%。

【批而未供土地调整利用】 2019年，按照省厅要求，市自然资源和规划局对符合调整利用范围、具备调整条件的地块进行土地利用调整，摸底调查、逐一进行现场勘查、出具现场踏勘报告，确保调整土地状态符合规定。全市报批批而未供调整利用土地82.15公顷，促进了批而未供土地消化、调整、盘活、利用，缓解了用地压力，提高了资源保障能力和节约集约用地。

国土空间规划

【概况】 按照《关于建立国土空间规划体系并监督实施的若干意见》和《山东省国土空间规划编制工作方案》的要求，2019年3月下旬烟台市启动规划编制，年末取得阶段性成果。

【组织保障】 2019年，为保障规划编制迅速推进，发挥政府在规划编制中的领导决策机制，烟台市成立由市委、市政府主要领导任双组长，市政府各副市长、烟台警备区司令员为副组长的市级国土空间总体规划编制试点工作领导小组，负责规划编制、报审过程中重大事项的指导和决策等工作。并设立领导小组办公室，由各相关市直部门和市县区政府为小组成员单位，具体负责制定工作计划，协调推进规划编制中的技术问题。出台《烟台市国土空间总体规划编制试点工作实施方案》，以市政府办公室的名义确定各责任部门和任务时间节点，强化目标措施和自认，稳步推进规划编制工作。借助机构改革的契机，在市自然资源和规划局设立国土空间规划科，承担建立完善空间规划体系工作。为做好此次规划编制，市局还专门抽调城乡规划、土地资源、林业等不同行业、不同领域的技术骨干力量实行集中办公，组建国土空间规划专班，全面推进规划编制和专题研究工作。

【规划编制统筹协调】 2019年，为统筹市域统筹发展，将全域发展一盘棋发展理念贯彻到规划中去，烟台市在规划编制过程中采取横向到边、纵向到底的编制方法，坚持城乡规划、土地规划、林业规划、生态保护规划以及林业发展保护规划等“多规合一”，在编制过程中实施市、县、镇三级联动，同步开展市县国土空间总体规划、镇国土空间总体规划、县域村庄布局规划和试点村庄规划，遇到的问题实时反馈、实时论证修改。市级层面，加大与发改、海洋渔业、生态环境、交通运输等各市直部门以及万华集团等重要企业的联系，多次召开市直部门和企业座谈会，明确规划中应当予以管控的因素。国土空间规划专班以化解矛盾、优化市域图版为目标，多次反复召集土地、林业、海洋、生态环境等行业部门和团队，讨论制定统一标准不同行业不同部门在处理和化解图版的原则和具体方法，为快速推进规划编制奠定技术基础。县级层面，开展对县市区自然资源和规划主管部门以及其编制承担单位的技术交流和培训，对其编制的规划进行较为系统的指导。

【技术团队选取】 2019年，为在时间节点前高标准完成任务，烟台市严格把握技术团队选取关，以国内知名大院为争取目标，多次赴北京、武汉、大连、济南、南京等城市遴选不同行业、不同领域顶尖的技术力量，组建中国城市规划设计研究院和武汉大学牵头的跨行业、跨领域的"2+1+8"联合技术团队，承担烟台市的本次规划编制任务。

【专业人才储备】 2019年，烟台市在启动编制规划启动之初，就高瞻远瞩以编好一张蓝图、带出一支队伍的编制理念，借助机构改革和规划编制改革的契机，全面锻炼新时代的专业人才队伍，为2025年建立完善国土空间规划体系的贯彻执行奠定坚实的人力基础。为学习先进地区国土空间规划编制经验，多次组织业务骨干力量赴上海、广州、深圳、平遥等地取经，参加同济大学举办的"同济大学空间规划体系解析及编制方法培训班"，系统学习解国内国土空间规划编制的前沿知识和动态，支撑烟台市规划的编制工作。

【规划质量提升】 2019年，烟台市坚持开门做规划，体现规划的战略性和可操作性，以实际行动诠释规划编制。在编制过程中，市自然资源和规划局赴开发区八角港区、金山湾、城铁南站区片以及龙口裕龙岛、长岛县等重点发展区域和重点项目、重点企业进行现场走访调研，了解掌握区片和重点企业的发展诉求，并将其纳入落实到规划中，摒弃过去规划落地难的问题，真正做好规划一张蓝图，引领城市发展。

林草资源和湿地保护监督

【森林督查】 根据省厅部署安排，市自然资源和规划局组织各县市区开展2019年森林督查，同时对2018年森林督查开展情况进行"回头看"。经各县市区核实、市局核查，省厅下发疑似图斑1922个，确认违法图斑497个，年底全部查处整改。收回林地221.89公顷，下一步补办林地使用手续40.39公顷。

【森林抚育】 2019年，全市完成全年森林抚育任务1.33万公顷。全年采伐林木活立木蓄积1.99万立方米，占年采伐限额的7.95%。

【湿地公园建设】 2019年12月25日，山东牟平沁水河口国家湿地公园试点建设通过国家林草局验收，成为"国家湿地公园"，这是烟台市获得国家批准的第一个国家湿地公园。组织省级湿地公园进行范围和功能区的调整，编制总体规划。8月，蓬莱平畅河省级湿地公园范围和功能区调整获到省厅批复。

【建立林长制】 2019年10月，市自然资源和规划局牵头起草烟台市《关于全面建立林长制的实施方案》（以下简称《方案》），制定林长制的工作机制、目标任务和推进措施。《方案》于11月24日由市政府办公室印发，烟台市林长制工作启动。

林业改革发展

【概况】 2019年，全市深入推进公益林保险共保体统保试点工作，确保公益林保险无缝对接、平稳过渡，推进国家林业综合改革试验区工作，完善工作流程和保障机制，加大督查督导力度，全面完成省厅下达的林业行业扶贫指标，创建"齐鲁放心果品"品牌3个，创建"省级经济林标准化示范园"6处，创建"国家林业重点龙头企业"1处，创建"山东省林业龙头企业"5处，创建"山东省农民林业专业合作社省级示范社"7处，创建"山东省乡村林场"8处。在2019中国北京世界园艺博览会上，全市摘得奖牌71块，其中，特等奖7块，金奖12块，银奖27块，铜奖25块。在第十六届中国林产品交易会上，全市斩获综合类奖项30个，其中金奖17个、银奖13个。

【政策性森林保险】 2019年，全市公益林面积22.47万公顷，投保面积20.27万公顷，投保率达到90.2%，投保金额1216.32万元，其中，政策性补贴883.62万元。为深入推进山东省公益林保险共保体统保试点工作，全市印发《关于开展全市公益林保险共保体统保试点工作的通知》《关于公布烟台市公益林保险共保体中标结果及推进统保试点工作的通知》，采取一次性公开招标的方式进行招标采购，确定森林保险首席承保人和共保人，并起草签订共保协议和政府采购协议，确保公益林保险无缝对接、平稳过渡，芝罘区、招远市、蓬莱市、海阳市的公益林保险到期后，均转入共保体承保，投保面积5.91万公顷，投保金额354.4万元。

【国家林业综合改革试验区】 2019年，烟台市出台《关于进一步推进国家集体林业综合改革试验区工作的通知》《莱阳市关于加强集体林业综合改革试验示范区工作的实施意见》《莱阳市集体林业综合改革试验示范区工作方案》等文件，保证试验示范工作分阶段分步骤有序推进，开展创新林权抵质押贷款及林权收储担保融资方式，培育新型林业经营主体，创新森林经营管理制度，推动一二三产业融合，创新集体林业发展模式，制定工作时间表，完善和规范森林保险工作流程和保障机制。

【林业行业扶贫】 2019年，全市完成经济林扶贫面积540.77公顷，经济林扶贫1097人，护林员岗位扶贫237人，林业企业（合作社）扶贫18个，分别完成省厅下达指标的162.2%、109.7%、296.3%和150%，全面完成省厅林业行业扶贫下达的各项任务。组织召开市自然资源和规划局行业扶贫领导小组成员单位协调会议，明确《2019年度脱贫攻坚工作配当表》中11项任务分工。参与起草《关于调整扶贫工作领导小组和办公室组成人员的通知》《2019年度烟台市自然资源行业扶贫成效评估办法》，筹备召开全市行业扶贫工作调度会议，起草领导讲话、会议通知等系列会议材料。加大督查督导力度，对扶贫进展迟缓的县市区，发送书面整改通知书，督促整改落实，确保全面完成扶贫任务。加大信息宣传力度，在省市两级分别组织刊发8篇林业行业扶贫信息。

【经济林品牌建设】 2019年，烟台现代果业专业合作社“xiandai+图形”苹果、龙口市南村果园果业有限公司“D.D.D”苹果、莱阳市官庄果蔬种植专业合作社“官之果”苹果等被山东省自然资源厅认定为“齐鲁放心果品”品牌，莱阳市官庄果蔬种植专业合作社苹果梨标准化示范园、烟台市增富山家庭农场苹果标准化示范园、山东健源农业发展有限公司桃大樱桃标准化示范园、招远市南伶农业科技有限公司榛子标准化示范园、海阳花崖生态林场有限公司元宝枫标准化示范园、莱阳青山胜景农业合作社文冠果标准化示范园被山东省自然资源厅认定为山东省“省级经济林标准化示范园”。

【新型林业经营主体发展】 2019年，烟台市博士达农化有限公司被国家林草局认定为“国家林业重点龙头企业”；招远南伶农业科技有限公司、烟台招远联蕾食品有限责任公司、烟台海阳华益生物科技有限公司、烟台海阳满山红农业发展有限公司、烟台莱山现代果业发展有限公司等被山东省自然资源厅认定为“山东省林业龙头企业”；烟台牟平休心谷林业专业合作社、烟台福山锦程大樱桃专业合作社、烟台市福山区万优果蔬专业合作社、海阳市栾家果蔬种植专业合作社、烟台市海阳黄金谷果蔬专业合作社联合社、海阳市雲冠山果蔬种植专业合作社、招远市农宏鑫果业专业合作社被山东省自然资源厅认定为“山东省农民林业专业合作社省级示范社”。

【林业产业发展】 2019年，全市新发展核桃、板栗、榛子、元宝枫等经济林433.33公顷，发展林菜、林粮、林果等林下经济1266.67公顷。至年末，烟台市有林下经济经营和利用面积6706.67公顷，林下经济产值7511.5万元。

【参加北京世园会】 2019年4月29日至10月7日，2019中国北京世界园艺博览会在北京召开期间，全市组织全市苗木花卉企业参展，选送月季、蝴蝶兰、仙客来和小草花等为特色的展品。本届世园会全市在展品竞赛中摘得奖牌71块，其中月季——艾莎、石竹——初恋、蝴蝶兰——粉珍珠、月季——红双喜、蝴蝶兰——大财主、矾根——梅子布丁、幸福家园组合盆栽等7个展品获得特等奖，还获得金奖12块、银奖27块、铜奖25块，奖牌数位居赛会前列。烟台市自然资源和规划局、烟台市森林资源监测保护服务中心、烟台市农业科学研究院获得“2019中国北京世界园艺博览会山东省参展工作先进集体”称号。

【参加第十六届中国林产品交易会】 2019年9月19—22日，烟台市组织17家林业企业赴菏泽参加展会，展示烟台苹果及苹果脆皮、苹果蒸馏酒、莱阳梨及梨膏、桑椹酒、黄桃罐头、葡萄酒、越莓酒、蜂蜜、牡丹花蕊茶、玫瑰口红、玫瑰花茶等具有烟台特色的名特优林产品，实现“展销结合、以展促销”的预期目的。本届展会，烟台市获得综合类奖项30个，其中金奖17个、银奖13

2019年9月19—20日，烟台市参展第十六届中国林产品交易会

（供稿：杜善胜）

个，位居全省前列。烟台市自然资源和规划局获得“优秀组织奖”“优秀设计奖”。

【8处林场被认定为2019年度“山东省乡村林场”】 2019年末，海阳市花崖生态林场、栖霞市芹子夼林场、龙口市庵夼乡村林场、烟台市果然绿生态林场、莱州市凤来栖林场、莱州市凤山林场、烟台祥山林场、烟台芝罘区塔山生态林场等8处林场被认定为2019年度“山东省乡村林场”。

自然保护地管理

【概况】 2019年，烟台市对自然保护地基本情况进行调查摸底，登记造册78处。按自然保护地类型分为8类，其中自然保护区23处，地质公园9处，森林公园17处，风景名胜区2处，湿地公园7处，海洋公园5处，海洋特别保护区8处，水产种质资源保护区7处；按照保护级别划分，国家级32处，省级36处，市级10处。

2019年烟台市各类自然保护地类型及级别一览表

表19

序号	保护地类型	国家级	省级	市级
1	自然保护区23处	长岛、昆嵛山	福山银湖、围子山、艾山、罗山、招虎山、之莱山、大飘山、黄水河口、大基山、沿海防护林、老寨山、牙山、峼山、崆峒列岛、千里岩岛、庙岛群岛、依岛、五龙河	崮山、大沽夹河、莱州湾
2	地质公园9处	长山列岛、莱阳白垩纪	昆嵛山、招虎山、养马岛、艾山、牙山、罗山、磁山	
3	森林公园17处	昆嵛山、罗山、长岛、艾山、南山、招虎山、牙山	文峰山、龙口、区山合山卢（哈卢）寺	北海、潜唐庵、庵夼、朱雀山、龙潭谷、天籁谷、塔顶
4	风景名胜区2处	胶东半岛海滨	昆嵛山	
5	湿地公园7处	沁水河口	王屋水库、平畅河、白洋河、辛安河、小孩儿口、五龙河	
6	海洋公园5处	招远砂质黄金海岸、蓬莱、长岛、烟台山、莱山		
7	海洋特别保护区8处	莱州浅滩、芝罘岛岛群、牟平沙质海岸、海阳万米海滩、莱阳五龙河口、蓬莱登州浅滩、龙口黄水河口	长山尾	
8	水产种质资源保护区7处	蓬莱牙鲆黄盖鲽、长岛皱纹盘鲍光棘球海胆、长岛许氏平鲉、莱阳市五龙河鲤、崆峒列岛刺参、莱州湾单环刺螠近江牡蛎、海阳千里岩海域		
9	78处	32	36	10

【自然保护区范围调整】 2019年，全市10处省级自然保护区范围调整通过省级专家评审，其中崆峒列岛、栖霞牙山、福山银湖、烟台沿海防护林等4处省级自然保护区范围和功能区调整先后获得省政府批复；海阳招虎山省级自然保护区功能区调整获得省自然资源厅批复，市保护区调整工作走在全省前列。

【自然保护区问题整治】 根据省政府办公厅印发的《山东省自然保护区问题整治工作方案》，反馈全市自然保护区问题点位7743处，其中Ⅰ类问题690处、Ⅱ类问题1673处、Ⅲ类问题5380处。至2019年末，销号7489处，其中Ⅰ类问题649处、Ⅱ类问题1534处、Ⅲ类问题5306处，达到“除矿业权及其附属设施外，Ⅰ类问题基本完成，Ⅱ类问题90%，Ⅲ类问题有序推进”的年度整治销号目标要求。

野生动植物保护

【概况】 烟台市地处胶东半岛中部，独特的地理位置，多样的生态环境，使得烟台市的野生动植物资源丰富多样。至2019年末，烟台市有陆生脊椎动物431种，其中兽类30种，鸟类377种，爬行类16种，两栖类8种；无脊椎动物310余种，其中昆虫纲有265种，蛛形纲45种。野生植物1330余种，其中，木本植物457种（乔木315种，灌木112种，藤本30种），草本植物120科742种；其他为苔藓类和藻类等。

【野生动植物管理】 2019年，烟台市全面加强野生动植物管理工作，落实野生动物疫源疫病监测点207处，监测人员300人。采用多种形式开展野生动植物保护宣传活动15次，发放宣传材料2300余份。建立健全野生动物救助点7处，完善野生动物救助、治疗、观察、放生体系，引导和组织救助长耳鸮、领角鸮、红隼、猕猴等国家一、二级保护及“三有”野生动物120头（只）。在长岛县开展秋季鸟类环志工作，猎捕国家二级保护鸟类2500只环志放飞。指导发展野生动物驯养繁殖产业工作，办理野生动物驯养许可手续8份。全面摸底排查人工繁育野生动物场所及毛皮动物养殖场所634处，对繁育场所疫病防控不定期检查1700次，做好野猪非洲猪瘟监测防控工作，在新冠肺炎疫情期间对繁育场所实行封闭隔离，全面禁止野生动物及其制品交易，未出现因野生动物引起的感染疫情。严格审核野生植物的采集活动，及时查处破坏野生动物资源的违法犯罪活动，打击野生动物偷捕偷猎行为，收缴各类非法捕猎工具60套。抓好野生动物展演管控工作，批准展演活动3次，2019年底根据防控新冠肺炎疫情的需要暂停野生动物展演活动1次。

防灾减灾

【概况】 2019年，市自然资源和规划局狠抓森林防火、林业有害生物防控、地质灾害防治和行业领域安全生产等重点工作，健全组织机制，狠抓督导落实，严防重特大灾害和生产安全事故发生，为维护生态安全、推动经济社会健康持续发展提供保障。

【森林防火】 2019年，全市各级各有关部门将森林防火作为保安全、保稳定的一条重要底线，狠抓责任落实、火源管控、宣传教育、应急处置等重点环节，全面提升森林防火能力，确保总体形势持续保持平稳。市自然资源和规划局成立由党组成员带队的6个督导组，对县市区进行督促检查，特别在3、4月森林高火险期，对重点区域高密度督促指导，将工作压力层层传导到最基层。全市累计开展森林防火督查300余次，排查整治各类隐患350处。4月，在全市开展森林防火宣传月活动，通过电视、广播、报纸、网络等媒体，宣传森林火灾的危害性和森林防火法律法规，提升全社会森林防火意识。全市出动宣传车1.3万余台次，张贴标语通告21万份，悬挂横幅12万余条，发放森林防火宣传手册、明白纸等75万份。按照《烟台市森林防火能力建设提质增效转型升级实施方案（2016—2020年）》要求，全市投入资金7600余万元，新建、修整防火通道245公里，重点林区道路总里程达到4800公里；设置小型储水窖、高位蓄水池等设施95处，全市水源地总数达到3250处；新建、硬化直升机起降点4处，确定直升机取水水源地47处；新建林火视频监控点28处、智能语音卡口374处，总数分别达到130处、2000余处，重点林区监控覆盖率达到85%以上。在全市范围开展森林防火隐患大排查大整治专项行动，开展巡查253组次，排查和整治隐患85处。市自然资源部门和应急管理部门联合印发《关于做好机构改革期间森林火灾信息报告工作的紧急通知》，为森林火灾应急处置提供规范指导。全市建成县、镇级森林消防专业队伍150支，配备专业队员3777名，森林防火期内，各级森林消防专业队伍坚持24小时值班备勤，对重点区域实施靠前驻防、机动巡防，遇有火情，迅速出击，科学处置，小火当作大火打，确保实现“打早、打小、打了”目标。至年末，全市未发生较大以上森林火灾和人员伤亡事故，森林火灾受害率始终控制在0.3‰以内。

【林业有害生物防控】 2019年，全市各级各有关部门狠抓林业有害生物监测、检疫、防治等措施落实，推动美国白蛾等重大林业食叶害虫实现“有虫不成灾”，部分区域松材线虫病防控工作取得明显成效。市自然资源和规划局印发《关于规范做好松材线虫病病死树清理工作的通知》《关于进一步抓好松材线虫病防控工作的函》等多个文件，对县市区林业有害生物防控工作进行指导，局主要领导、分管领导多次到省厅汇报防控工作进展情况，并带队采取“四不两直”的方式，16次深入实地检查，帮助县市区解决实际问题，推动各项措施落地落实。依据普查情况，全市自然资源和林业主管部门组织全市4000余名监测员、护林员对分包区片进行巡护，引进无人机监测技术对重点区域实施高密度巡防，松林监测覆盖率达到100%。针对普查和监测情况，对重点区域枯死、濒死树木实施清理，运用飞防、地面喷洒药物和释放生物天敌等手段，对媒介昆虫实施综合防治，全面降低冲口密度，

切断自然传播途径。市自然资源和规划局安排3个工作组，对重点县市区实施“驻在式”督导，并组织专业技术人员，深入重点区域对疫木清理工作进行指导，确保清理质量。各县市区运用飞防、地面喷洒药物、悬挂诱捕器等方式，对媒介昆虫进行综合防治，有效降低虫口密度。至2019年末，全市累计投入资金1亿多元，清理病死松树、濒死松树和衰弱木等超120万株，实施有害生物防治作业面积22万公顷次，无公害防治率达到100%。

【地质灾害防治】 2019年，市自然资源和规划局将地质灾害防治作为保安全保稳定的重要底线工作，报请市政府批准发布《烟台市2019年度地质灾害防治方案》，对年度地质灾害防治工作进行部署。组织技术人员对全市地质灾害隐患点进行普查，排查地质灾害隐患点467处，包括崩塌及隐患点296处、滑坡及隐患点5处、采空塌陷及隐患点91处、岩溶塌陷及隐患点7处、泥石流及隐患点68处，其中小型428处、中型37处、大型2处。针对汛期地质灾害防治工作面临的严峻形势，印发《关于提高警惕切实做好强降雨过后地质灾害防治工作的通知》《关于进一步做好汛期地质灾害防治工作的通知》等多个文件，对重点时期防治工作进行部署。特别是台风“利奇马”影响烟台市期间，市自然资源和规划局与市气象局联合发布地质灾害橙色和红色预警，组织力量对全市地质灾害隐患点进行反复排查，累计出动检查组538组次、1696人次，排查隐患点3269处，处置293处，全面完成各项防范任务，有效杜绝地质灾害发生。

【行业领域安全生产】 2019年，市自然资源和规划局印发《关于进一步明确安全生产工作责任分工的通知》，对全局安全生产进行明确分工，建立有效的工作推进机制。贯彻落实市委市政府、市安委会部署和《烟台市迎接中华人民共和国成立70周年安全生产专项整治行动实施方案》有关要求，印发《烟台市地下开采矿山超层越界违法行为专项整治工作实施方案》《关于进一步做好中华人民共和国成立70周年安全生产工作的通知》，狠抓非煤矿山执法检查、未成年人防溺水等重点方面监管，推动行业领域安全生产工作扎实开展。至年末，全市自然资源和规划、林业行业领域未发生生产安全事故。

执法监察

【概况】 2019年，根据《中共山东省委关于市县机构改革的总体意见》《中共烟台市委烟台市人民政府关于烟台市市级机构改革的实施意见》《中共烟台市委烟台市人民政府关于烟台市市级机构改革涉及的事业单位机构改革实施意见》《山东省事业单位机构编制管理规定》《关于市属事业单位“九定”工作的意见》和烟台市委22号文件精神，烟台市制定《烟台市自然资源综合执法支队“九定”方案》，完成规划执法支队与国土监察支队的合并工作，制定《烟台市市区建设工程规划实施监督检查工作制度》，明确执法支队和各规管办的职责，及相关的工作机制，为进一步做好执法工作提供制度保障和工作遵循。

【土地卫片执法检查】 2018年度土地卫片下发烟台市图斑9445个，监测面积5513.2公顷，其中新增建设用地图斑2884宗、1712.43公顷、耕地842.17公顷，其中合法用地1406宗、1360.01公顷、耕地743.54公顷；违法用地1478宗、352.43公顷、耕地98.63公顷。2019年系统全市耕地违占比11.71%。违法用地立案查处716宗、128.45公顷、耕地31.59公顷；已结案476件，未结案240件；立案拆除复耕57件、面积9.13公顷；非立案拆除复耕368件，面积87.11公顷，耕地41.34公顷；决定收缴罚款2262.53万元，收缴1447.57万元，决定没收31.88万平方米，没收27.63万平方米；拆除到位379宗，拆除建筑物4.92万平方米，拆除清理面积87.45公顷，耕地45.28公顷，提出处分建议6人，科级以下1人，其他5人；追究刑事责任3人，申请强制执行200件。

【工作机制创新】 2019年，自然资源部建立以“季度+年度”全覆盖为主、即时监测为辅的创新工作机制。市自然资源和规划局克服年度卫片的滞后性，加大监测频次，缩短工作周期，从原来年度全覆盖调整为季度全覆盖，提高卫片执法工作的时效性，强化“早发现、早制止、严查处”的目的，实行“增违挂钩”，完善联合惩戒机制，提高违法成本，创新工作机制。做到“早发现、早制止”将违法用地解决在初始消灭在萌芽。2019年完成一、二季度土地卫片工作上报工作。一季度土地卫片情况：部下发272个图斑（拆分后274个），监测面积324.29公顷、耕地147.81公顷。经核查：合法图斑149个、面积215.15公顷、耕地113.81公顷；违法图斑8个、面积8.04公顷、耕地7.64公顷，非新增图斑105个、面积76.24公顷、耕地35.97公顷（设施农用地、临时用地、设施农用地等）；其他图斑13个、面积24.86公顷、耕地21.02公顷（光伏用地、特殊用地、临时堆土等）。二季度土地卫片情况：部下发449个（拆分后453个），监测面积1480.74公顷，耕地321.31公顷。经核查：合法图斑311个、面积1070.69公顷、耕地121.3公顷；违法图斑6个、面积6.12公顷、耕地2.19公顷，非新增图斑121个、面积365.81公顷、耕地197.59公顷（设施农用地、临时用地、设施农用地等）；其他图斑20个、面积38.13公顷、耕地10.91公顷（农村道路、特殊用地、历史批文、临时堆土、绿化用地等）。

【规划实施监督检查】 按照调整后工作职责，建章立制。2019年，市自然资源和规划局对《关于进一步明确规划实施监督检查中违法建设处理职责的请示》《烟台市规划执法支队建设工程监督检查工作层级报告制度》和《烟台市规划执法支队规划实施监督检查工作案件会审制度》等规范性文件进行修改完善。出台《烟台市市区已批在建工程违法建设性质认定工作规定》。

推行网格化管理，强化责任落实。2019年，市自然资源和规划局按行政区域划分七大区片，责任到执法大队；各行政区域划分若干网格，责任到执法中队；网格内经规划批准建设工程的监督检查落实到具体人员，责任到专人。全面实施批后建设工程监督检查行政化、区域化、专人化，实施精细化监查。将所有批后建设工程以大队为单位，依开工次序，将十个环节列表上墙，实施《建设工程实时施工进度监督检查一览表》挂图监查、动态监查。严格监查工作制度。严格落实巡查工作制度，对建设工程开工验线、正负零、竣工规划核实等10个环节进行动态化监管，严格落实记录册、承诺书等5项制度，做到精细化管理，确保建设工程严格按照规划许可内容、要求进行建设。

提高规划手续审核效率。2019年，市自然资源和规划局对84项竣工规划核实申请、15项临时设施申请进行审核，对临建现场、部分竣工现场进行勘察和相关手续办理工作；完成市商务局组织的蓬莱、招远、莱阳、牟平等6个成品油经营站点联合验收工作。按时完成“互联网＋监管”系统数据梳理上报工作。按照省、市“互联网＋监管”数据汇集工作要求，完成烟台市自然资源领域执法监管行为上报任务；及时完成文件制定上报工作，按要求对《关于征求〈权责清单通用目录〉意见的通知》等6项意见征求稿提出书面修改意见。2019年，监管在建工程491项，建筑单体3116栋，建筑面积2862.61万平方米，发现违法建设项目3处，建筑面积22.2万平方米。

【信访投诉】 2019年，市自然资源和规划局通过市长公开电话、胶东在线和政府门户网等渠道与市民对话，听取群众对自然资源综合执法工作的意见建议。做好各类信访工作，接待市民上访15人次，督办市民来电51起，处理回复有关部门来信、来函122件，回复率和满意率100%。做好网络舆情处置工作。做好《网络舆情》第220期、第221期等五期网络舆情督办单以及市信访局网络舆情等内容的办理工作。做好信访维稳工作，对重点信访案件进行跟踪，制定维稳应急预案，注意维稳人员动向，及时向市信访局报送信访工作情况。

（撰稿：杜善胜　审稿：石学臣）

城市规划

【概况】 2019年，市自然资源和规划局牵头或参与开展46项城乡规划编研项目。其中，完成或通过各级审批会、专家评审会的项目24个，形成初步成果的16项，其他6项正按计划稳步推进。编研项目涵盖城市中长远发展规划、专项规划、控制性详细规划、城市设计、修建性详细规划、镇村规划、规划研究等7类。如：为贯彻落实好中央和省级关于建立国土空间总体规划体系的决策部署，健全国土空间开发保护制度，启动《烟台市国土空间总体规划》。为继续完善城市功能，开展《烟台市城市生态修复专项规划》《烟台市城市道路系统专项规划》《烟台市铁路枢纽与城市协调发展规划（场站选址）》《烟台市区商圈专项规划》等专项规划。为进一步细化空间规划指引，开展《芝罘区竹林路两侧控规》《养马岛控制性详细规划及重点地块修建性详细规划》《高铁新区城市设计及控制性详细规划研究》《莱山区观海路城市设计》《莱山区港城大街城市设计》等15项详细规划和城市设计。前瞻性地开展20多项规划研究，成为空间规划体系的有益补充。

【城市规划】 2019年，市自然资源和规划局完成烟台化工产业园（起步区）总体规划、芝罘湾区片控规、养马岛旅游度假区概念性规划、烟台市潍烟高铁场站站房选址设计，出具幸福新城整治范围和一期规划条件，金山湾新区规划已形成概念成果。制定《烟台市城乡公共服务设施配套标准及规划导则》，形成城市轨道交通1号线用地调整规划，以及山海路、荣乌高速市区段、化工南路等重要道路快速化改造等规划初步成果。开展各层级城市设计14项，完成烟台市特色小镇总体概念规划以及村镇风貌设计导则、村庄规划编制技术导则，全市编制镇（乡）总体规划87个，编制率100%。

【县市总体规划编制】 2019年，烟

台市加快推进7市1县总体规划编制，推进各县总体规划编制报批。至2019年末，7市1县总体规划评估成果和新一轮城市总规纲要完成并转报省住房和城乡建设厅，除栖霞外其他6市1县完成省自然资源厅纲要审查；海阳完成规划成果审查；蓬莱、龙口城市总体规划已经省政府批复（暂停实施）；《关于长岛城市总体规划修编成果审查批复的请示》转报省政府。根据自然资源部《关于全面开展国土空间规划工作的通知》，各市县城市总体规划相关成果已纳入在编的市县国土空间总体规划中。参与国土空间总体规划编制试点工作。牵头赴广州、深圳调研国土空间规划编制工作情况，学习先进地区经验。提前完成《烟台市国土空间总体规划编制工作方案》并上报省自然资源厅，起草完成《烟台市国土空间总体规划编制工作实施方案》。

【历史文化名城保护】 2019年，市自然资源和规划局完成烟台市区历史建筑测绘和建档工作，组织召开烟台市区历史建筑测绘和建档项目成果专家评审会，完成市区历史建筑测绘制图和档案成果整理完善。参加国家住建部在广州组织召开的全国历史建筑保护利用现场交流座谈会，并进行交流发言。配合做好朝阳街、所城里历史街区保护性提升工程。参加2个历史街区策划座谈会，并对2个街区春节展示段策划方案提出意见。做好历史建筑普查认定有关工作。按照省住房和城乡建设厅"关于报送住建部历史建筑确定第三方评估工作有关资料的通知"报送烟台市历史建筑确定工作总结，协调、配合做好住建部历史建筑确定专项工作第三方评估现场调研及"零城市"历史建筑潜在对象补报工作。对《山东省名城名镇名村保护条例（征求意见稿）》修改完善。对省司法厅转来的《山东省名城名镇名村保护条例》会同有关部门和县市区提出修改建议；参加省人大常委会法工委、司法厅、住建厅调研组《山东省名城名镇名村保护条例》立法调研座谈会。

【裕龙岛炼化一体化项目规划】 2019年，市自然资源和规划局坚持将裕龙石化项目作为重中之重项目，明确专人全程靠上工作，全力予以推进，按时完成项目前期规划工作。单位主要负责人多次带队赴省自然资源厅汇报项目规划情况，邀请省自然资源厅领导专程带队赴自然资源部汇报，争取工作支持。9月23日，省自然资源厅出具《关于裕龙岛炼化一体化项目的意见》的支持性文件。10月14日，组织召开《裕龙岛炼化一体化项目（一期）规划选址论证报告》专家评审会，按程序办理《建设项目选址意见书》，出具规划选址意见。

【重大建设项目规划选址审批】 2019年，市自然资源和规划局促进新旧动能转换，支持企业转型升级发展，加快推进烟台LNG、山东管网天然气管道工程、烟台港原油管道复线、海阳核电等项目进程。组织完成《龙口南山LNG选址论证报告评审会》《烟台港西港区LNG工程选址论证报告评审会》《莱州电厂二期500kv送出工程莱州段选址论证报告评审会》，为山东油气、中海日昇、烟台港、山东核电有限公司等办理项目规划选址有关手续，出具《规划选址意见书》。

【环保督察】 2019年，根据中央环保督察"回头看"反馈化工企业整改存在问题，市自然资源和规划局加强调度督办，制定本单位《中央环保督察"回头看"反馈意见整改落实方案》，多次督促各县市区对无规划许可手续化工企业整改工作情况进行完善。依据《关于进一步明确违规化工企业整改完成标准的函》，对全市220家无规划手续化工企业整改情况进行排查落实，按省自然资源厅要求进行整改互查。至年末，全市无规划手续化工企业整改工作全部按要求完成。

建设工程与市政规划管理

【建设工程管理】 2019年，烟台市区规划区范围内的规划建设项目，根据项目的类型和重要程度，按职责划分分别提交市政府和市自然资源和规划局审定批准。

市政府层面。组织召开市城市规划联席审议会2次，研究审定烟台市城市照明专项规划、莱山区民建科技创新中心规划建筑设计方案等14个规划建设项目；组织召开市城乡规划委员会1次，研究审议烟台市城市发展战略研究、烟台市养马岛旅游度假区概念规划设计等4个规划建设项目；组织召开市城乡规划委员会执行和审议委员会7次，研究审议烟台市总体城市设计、高铁烟台南站概念规划和站房建筑设计方案等59个规划建设项目。

市自然资源和规划局层面。组织召开14次项目审定委员会会议，研究117个规划建设项目。

【市政规划管理】 城市道路方面。2019年，在烟台市综合交通体系规划的指引下，市自然资源和规划局编制烟台市道路系统专项规划，通过全面梳理道路系统现状问题，提出切实可行的解决方案，优化全市道路网络系统，明确快速路、主干路等各等级道路系统。为更好地落实上位规划，主要针对高等级道路的功能提升开展规划研究，给未来的优化改造做好规划控制预留依据。陆续开展山海路快速化改造规划研究、荣乌高速市区段快速化改造规划研究、化工南路快速化改造规划研究、建设路北延道路规划研究、轸格庄立交与周边道路衔接规划研究等一系列规划研究工作。为实现芝罘区路网成网成环，有效提升芝罘区道路通行效率，组织编制芝罘区支路及以下等级道路路网优化提升规划，通过全面梳理芝罘区支路系统现状问题，提出断头路、丁字路打通微循环实施策略，同时启动老城区交通微循环改善策略研究，从路网、公交、慢行、停车等方面系统梳理老城区交通微循环改善思路，形成一套系统性强并具有较强操作性的交通微循环改善策略体系。

城市枢纽方面。2019年，从铁路枢纽与城市空间、综合交通的协调发展以及铁路枢纽的布局规划等方面，市自然资源和规划局对市区范围内铁路枢纽进行规划研究，编制完成铁路枢纽与城市协调发展规划，为烟台市铁路枢纽的选定提供依据。

【规划研究编制】 2019年，市自然资源和规划局开展烟台市道路系统专项规划、山海路快速化改造规划研究、荣乌高速市区段快速化改造规划研究、烟台市化工南路快速化改造规划研究、烟台市建设路北延道路规划研究、芝罘区支路及以下等级道路路网优化提升规划、莱山区观海路城市设计、莱山区港城大街城市设计等规划编制工作；配合市交警支队完成《烟台市城市道路交通管理规划》《烟台市停车设施专项规划》编制工作，配合市交通局开展《烟台市区公交线网整合优化提升》基础调研和方案审查工作，配合市城管局开展《烟台市滨海路慢行系统（木栈道）改造工程设计方案》多轮汇报座谈，配合市发改委、经信委、国家电网、人防办就开展新一轮《烟台市城市垃圾处理规划》《烟台市5G通讯设施布局专项规划》《烟台市电力专项规划》《人防设施建设专项规划》前期编制工作，对《烟台市城市消防规划修编（2017—2030）》方案进行审查并提出修改意见。

【规划审批和服务】 2019年，市自然资源和规划局为《2018年度烟台城市停车情况报告》提供相关材料，参与烟台市停车管理规定、市区近期停车场规划、城市停车场建设管理体制改革工作意见、烟台市停车场建设管理办公室成员单位及联络员工作职责等文件的制定、审查、听证及会签等工作，对规划的370余处公共停车场进行核实和控制预留。配合公安、住建、城管、交通等部门做好市区十大交通堵点治理工作；配合市交通局开展公交都市创建工作，针对《烟台市公交都市主题创建实施方案》《关于打造城区公交一张网三年实施方案》等审查和会签工作；配合牵头部门做好红旗路快速化改造、潍烟高铁和城市轨道交通相关规划建设、G18和G228规划选线外移等市区重点城建项目的规划服务工作。

城市更新

【城市设计】 2019年，市自然资源和规划局通过编制烟台市总体城市设计，明确城市风貌特色，确立总体空间格局、城市公共空间体系与景观框架的指导原则，为烟台全面开展城市设计奠定基础。在总体城市设计的指导下，进一步深化开展莱山区港城大街、观海路、迎春大街中北段等重点道路两侧详细城市设计编制，完善整体城市功能，缓解道路交通组织问题，改善城市环境和景观品质，提升重点地段城市形象，着力打造标志性区域。完成烟台市高铁新区城市设计及控制性详细规划研究的编制，采用城市设计与控规同步编制，控规合理确定用地功能与开发强度，城市设计营造城市空间、塑造高标识性城市特色风貌，两者“相互印证、相互校核”，实现城市功能与特色的融合一致，统筹谋划高铁新区发展，以打造具有区域竞争力的“烟台新门户、创智新高地”。选取芝罘区南沟街社区、进德社区作为试点，启动城市更新和社区发展规划编制，旨在通过城市更新和社区发展规划，统筹完善城市功能，优化空间布局，提升社区品质，激发片区整体活力，推动城市品质提升，提高人民群众的幸福感与获得感。围绕制度建设、组织模式、项目编制、审批管理、技术创新及公众参与等方面内容，对城市设计试点工作开展情况进行梳理总结，形成试点工作报告、案例和资料汇编，完成上报工作。

【历史建筑保护与利用】 完成历史建筑认定普查工作。2019年6月，市自然资源和规划局在组织完成全市历史建筑“零城市”清零任务基础上，组织对市区108处历史建筑、5处历史文化街区项目及时录入“住建部历史文化街区和历史建筑数据信息平台”。组织各县市做好已公布历史建筑信息录入工作。

配合做好朝阳街所城里历史街区建筑修缮设计及规划服务工作。2019年，市自然资源和规划局对朝阳街、奇山所城历史街区进行保护提升，配合做好街区策划运营方案，完成街区修缮和新建方案审批，做好样板区修缮、主街巷管网配套等规划服务工作。至2019年末，组织完成对朝阳

2019 年 10 月，住建部赴烟台市开展历史建筑数字化技术标准编制调研
（供稿：杜善胜）

街“新中国电影院”修缮工程设计方案专家评审及局项审会。组织完成历史建筑测绘和建档工作。2019 年，烟台市被住建部列为全国第一批历史建筑保护利用试点的 10 个城市之一，组织对市区 108 组历史建筑进行详细测绘，在省内率先形成《烟台市历史建筑测绘图集》《烟台市历史建筑登记表》。做好历史建筑数字化技术标准调研工作。10 月，国家住建部赴烟台市开展历史建筑数字化技术标准编制调研。配合调研组实地查看广仁路—十字街、烟台山—朝阳街街区及所城里各历史建筑保护及活化利用情况，完成对典型历史建筑的现场测绘工作。

村镇规划

【概况】 2019 年，市自然资源和规划局围绕中央提出的乡村振兴战略及人居环境整治攻坚活动，持续推进村镇规划，优化村庄布局，发挥规划引领作用，保障村镇规划编制工作高质量发展。

【村庄规划试点】 2019 年 6 月，按照《山东自然资源厅转发〈自然资源部办公厅关于加强村庄规划促进乡村振兴的通知〉的通知》要求，每个县（市、区）选择 10 个左右行政村（或几个行政村为单元）开展村庄规划编制试点，年底前全省完成 1000 个左右村庄规划编制试点工作。市自然资源和规划局按省厅要求统计上报全市 80 个村庄规划试点名单及摸底调查表，每半月调度《各县市区试点村庄规划工作进展情况调度表》，年内全部完成 80 个试点村庄规划任务。12 月下旬，为总结村庄规划编制试点工作成效，按照省自然资源厅要求，择优推荐质量高、内容好、有特色的 9 个村庄规划优秀案例，省自然资源厅最终选取招远市蚕庄镇西山王家村（特色保护类）及海阳市盘石店镇虎山村（城郊融合类）作为村庄规划优秀案例，汇编在《2019 年山东省村庄规划案例》中向全省推广经验做法。

【县域村庄布局】 2019 年，市自然资源和规划局指导各县市区逐村开展调研，进一步明确辖区村庄分类。按照“多规合一”的要求，全面分析村庄的实际情况，统筹安排，逐步优化县域村庄布局。12 月下旬，完成全市县域村庄分类，并向省自然资源厅择优推荐 4 个烟台市村庄分类优秀案例，省自然资源厅最终选取牟平区作为村庄分类优秀案例，汇编在《2019 年山东省村庄规划案例》中向全省推广经验做法。

【村镇相关规划】 2019 年，按照年度规划编制计划，市自然资源和规划局完成《烟台市特色小镇总体概念规划》《烟台市村镇风貌设计导则和村庄规划编制技术导则》，分别于 6 月 9 日和 7 月 1 日经烟台市城乡规划委员会执行和审议委员会第 1 次会议、第 2 次会议审议通过。按照《山东省美丽村居建设“四一三”行动推进方案的通知》要求，组织招标、编制《烟台市域乡村风貌规划》，完成规划编制，于 12 月 6 日通过专家评审会。

（撰稿：杜善胜　审稿：石学臣）

责任编校：渠敬伦

生态环境保护

综　述

【概况】2019年，烟台市深入践行习近平生态文明思想，有序整改中央和省环保督察反馈意见及“回头看”移交问题，成立市生态环保委，全面落实河长制、湖长制、湾长制、林长制，生态文明建设再上新水平。坚决打好蓝天保卫战。集中开展城市扬尘综合整治，改造燃气锅炉138个，淘汰国二及以下柴油货车3846辆，建成乡镇空气质量自动监测站138个，市区空气质量保持国家二级标准。坚决打好碧水保卫战。投资46.4亿元实施66项全域治水工程，26条重点河流氨氮指标改善51.3%，获得“全国水生态文明城市”荣誉。集中清理整治涉海排污问题，渤海区域一二类水质比例达到98.6%。坚决打好净土保卫战。建立危险废物污染防控长效机制。新造林和生态修复9333.33公顷，昆嵛山生态保护良好，赤松林入选“中国最美森林”。加快建设长岛海洋生态文明综合试验区，省市确定的102项重点任务有序推进，长岛被生态环境部命名为“绿水青山就是金山银山”实践创新基地。

2019年5月10日，昆嵛山赤松林入选“中国最美森林”名单

（供稿：尹兵）

2019年11月16日，长岛被生态环境部命名为“绿水青山就是金山银山”实践创新基地

（供稿：尹兵）

【市生态环境保护委员会组建】2019年，烟台市政府组建市生态环境保护委员会，由市长陈飞任主任，市政府各副市长任副主任，统筹协调全市生态环境保护工作。聚焦“四减四增”三年行动方案和八场标志性战役，编制《生态环境保护委员会两年攻坚行动重点工作责任清单》，明确100项工作任务，进一步细化“路线图”“时间表”。

【生态文明建设财政奖补机制】2019年，烟台市印发《建立健全生态文明建设财政奖补机制实施细则》，通过设立主要污染物排放调节资金、建立节能奖惩机制、实施环境质量生态补偿“三位一体”政策设计，强化县市区政府生态环保责任，发挥财政政策激励约束的双重作用，助推新旧动能转换和经济高质量发展。

环境质量

【概况】 至2019年，烟台市连续两年市区环境空气质量达到国家二级标准，4项主要污染物平均浓度、环境空气质量综合指数均居全省第二位。省控以上地表水考核断面全部达标，达标率同比提升33个百分点，提升幅度居全省第一位。长岛县成功入选全国第三批“绿水青山就是金山银山”实践创新基地。

【大气环境】 2019年，市区二氧化硫浓度8微克/立方米，二氧化氮浓度27微克/立方米，可吸入颗粒物浓度70微克/立方米，细颗粒物浓度为35微克/立方米，综合指数4.12。市区空气质量优良天数为293天，优良率80.3%，市区空气质量达到国家二级标准。

【土壤环境】 2019年，全市对42个国控基础点位开展例行监测，监测点位全部位于农用地内。按照《农用地土壤污染风险管控标准》（GB15618-2018）对监测结果进行评价，结果表明大部分监测点位污染物含量低于农用地土壤污染风险筛选值，无明显污染，全市土壤环境质量总体良好。

【水生态环境】 2019年，全市11条主要河流共设11个国控考核监测断面。其中龙山河大皂孙家、沁水河烟威路桥和平畅河平畅河入海口等3个断面全年断流，其余8个断面年度水质达标率100%；全市主要饮用水源地水质保持优良状态。其中，门楼水库、高陵水库、牟平一水厂水源地水质均达到国家《地表水环境质量标准》（GB3838-2002）Ⅲ类标准；东陌堂水厂和芝阳水厂水源地水质均达到国家《地下水环境质量标准》（GB14848-2017）Ⅲ类标准。

【海洋生态环境】 2019年，全市近岸海域优良（一、二类）海水水质面积比例达到99.19%，同比提升15个百分点，其中渤海优良海水水质面积比例达到98.62%，同比提升26个百分点，均高于省考核目标97.1%和95.4%的要求。

【声环境】 2019年，烟台市区域环境噪声市区年均值54.3dB（A），其他县市年均值53.2dB（A）；道路交通噪声市区年均值67.5dB（A），其他县市年均值66.6dB（A），等效声级均低于GB3096-93《城市区域环境噪声标准》中相应标准，达到《建设环境噪声达标区管理规范》中“环境噪声达标区”的基本要求。

生态保护

【自然生态保护】 2019年，全市实施全域绿化三年攻坚行动计划。统筹推进森林生态修复与保护、退耕还果还林、森林生态廊道建设、森林质量精准提升和城乡绿化美化五大重点工程，完成造林和生态修复9320公顷，累计完成1.71万公顷，占三年总任务的80.2%。打造亮点工程25处，总面积达1333.33公顷。5个乡镇、45个村居获评山东省森林乡镇和森林村居，数量位居全省首位。10个乡镇、100个村居获评烟台市森林乡镇和森林村居，推荐35个乡村参评国家森林乡村。开展森林抚育，全面完成森林抚育1.33万公顷任务。加强湿地修复，在河流、库塘等汇水区开展清淤疏浚、退养还湿、栽植水生植物、增殖放流，在近海与海岸开展清污，完成湿地保护修复5920公顷。

【生态文明建设示范区创建】 2019年，市生态环境局组织长岛县编制申报材料和相关规划，支持争创国家“绿水青山就是金山银山”实践创新基地（以下简称“两山”基地），打造全国“两山”实践创新海岛样板。11月，长岛县被生态环境部命名为第三批“两山”基地。

污染防治

【大气污染防治】 2019年，烟台市开展大气污染防治驻点督查，从生态环境保护局各部门抽调46名业务骨干组成12个驻点督查组，以颗粒物改善为重点，检查全市涉气点位1.1万家次，发现问题点位3685处，市电视台制作10余期节目对督查情况进行跟踪报道，集中解决一批突出大气污染问题，有效遏制空气质量反弹的不利态势。健全完善大气污染防治长效机制，修订完善《烟台市环境空气质量生态补偿暂行办法》，完善激励约束机制，出台乡镇环境空气质量数据排名和约谈制度，对空气质量恶化的6个县市区和21个镇（街）进行约谈，对空气质量改善排名靠后的3个乡镇实施区域限批，出台《烟台市大气污染防治量化问责规定（暂行）》，对推进大气污染防治工作不力，在蓝天保卫战工作中存在失职失责行为的党政领导干部实施量化问责。开展工业污染综合治理，全市198个燃煤机组和大型燃煤锅炉全部完成超低排放改造，建成运行293家重点企业挥发性有机物治理项目，144台燃气锅炉完成低氮改造。狠抓扬尘污染防治治理，成立扬尘整治专班，检查各类扬尘污染源6000余处，有效提升扬尘管控水平。强化大气污染防治科技支撑，建成运行乡镇空气质量自动监测站138个，实现自动监测县、乡全覆盖，邀请专业机构组成专家团队进驻烟台市开展科技联合攻关，为精准治污、科学防控提供依据。积极应对重污染天气，修编烟台市重污染天应急预案和重污染天气减排清单，夯实减排措施，细化减排清单，实施差异化管控，组织7次重污染天气应急响应，全面落实减排措施，最大限度减轻重污染天气影响。

【土壤污染防治】2019年，烟台市印发《烟台市土壤污染防治工作方案》，明确土壤污染防治工作目标、主要任务和保障措施。签订省、市土壤污染防治目标责任书和市、县（市、区）目标责任书，明确到2020年土壤污染防治目标。更新土壤污染防治重点监管企业名录，由原25家增加至49家。争取各类土壤专项资金1900余万元，开展土壤污染风险管控和修复，在莱州市、招远市开展农用地土壤修复试点。5月，在全市启动重点行业企业用地调查基础信息采集工作，将全市643个重点行业企业地块纳入调查范围，完成基础信息采集、风险筛查、数据上报等工作。组织全市11个化工集聚区开展防控方案编制和监测井建设工作。小麦秸秆实现全面禁烧，综合利用率保持在95%以上；反光膜、地膜污染得到有效遏制。全市畜禽粪污综合利用率保持在95%以上；规模养殖场粪污处理设施装备配套率达到99.18%。

【水污染防治】2019年，烟台市立足“滨海、半岛、丘陵”等地域特点，围绕“河畅其流、水复其清、岸绿景美”水生态文明建设理念，坚持因地制宜，分类施策，以生态补水、流域综合治理和污染防控相结合的方式，全面推进水污染防防治。出台《烟台市市级河长制湖长制部门联动工作制度》，加强部门间协调配合，协同推进水环境质量改善。印发《烟台市水环境质量生态补偿暂行办法》，开展水环境质量生态补偿，激励各县市区推动水环境质量持续改善。投资46.4亿元实施66项“生态修复、生态治理、生态保护”治水工程，在福山区、栖霞市、龙口市等5个区（市）实施6项工程建设生态清洁小流域，完善全域生态环境防护体系。投资1.4亿建成白洋河人工湿地水质净化工程，每日可净化上游来水3万吨，建立门楼水库饮用水水源水质安全的生态保护屏障。建成蚬河人工湿地水质净化及生态修复工程，对污水处理厂尾水进行水质净化引入下游河道生态补水。加大雨污分流改造投入力度，逐片区、逐街巷实施雨污分流改造，完成雨污分流改造85公里，城市、县城污泥无害化处置率达到100%，城市建成区黑臭水体整治完成率100%。17个县级及以上集中式饮用水水源地全部完成保护区划分及标识牌设置工作，共设置标志牌、地理界标588个，建设隔离防护设施11.75万米。整治县级地表水型集中式饮用水水源地环境问题178个，水源地规范化建设水平显著提升，城市集中式饮用水水源地稳定达标。

【海洋污染防治】2019年，烟台市组织实施《烟台市打好渤海区域环境综合治理攻坚战作战实施方案》《烟台市全面实行湾长制工作方案》。加强入海排污口清理整治，按照“查、测、溯、治”工作步骤，完成渤海、黄海入海排污口无人机航测、人工排查和渤海问题排污口整治。《烟台市海岸带保护条例》经省人大常委会批准通过，严守海洋生态红线，保护自然岸线，养护海洋生物资源，除国家重大战略项目用海外，全面停止新增围填海项目审批。编制实施《莱州湾环境综合治理实施方案》，全面加强重点海湾污染治理、生态保护修复和环境监管。修订完善环境突发事件应急预案，加强溢油应急能力建设，建立重点风险源专项检查机制；加强海洋环境监测，全面掌握海洋生态环境质量状况，开展海洋生态灾害预警与应急处置，开展浒苔绿潮应急处置，减轻海洋灾害影响。印发实施《烟台市全面实行湾长制工作方案》，建立市、县、乡三级湾长制组织体系，制定实施会议制度、信息管理制度、湾长巡查规定三项工作制度。全面开展莱州湾、庙岛湾、套子湾、芝罘湾、四十里湾、丁字湾市级湾长巡查，有序推进陆源污染防治、海上污染防控、海洋生态修复和海洋环境风险防范。

【噪声污染防治】2019年，烟台市强化交通运输噪声监督管理，在学校、医院集中的主要路段划定机动车辆禁行时间和设置禁止鸣笛标志，实施园林靓市战略，通过打造城区道路绿化景观建设构建城市声屏障。强化建筑施工噪声监督管理，对夜间施工严格审批、加强监管，除因生产工艺或特殊工期要求外，一律不允许夜间施工；在中高考期间禁止在午休时段及夜晚进行产生环境噪声污染的建筑施工作业。强化社会生活噪声监督管理，加大对KTV等文化娱乐场所和商业经营中使用音响设备等噪声的整治力度，禁止在居民区、文教区、医疗区等噪声敏感区域内设立KTV等文化娱乐场所，要求娱乐场所严格控制音量，采取安装双层隔音玻璃等措施，使噪声达到排放标准；取缔流动商贩利用扩音器招揽生意，减社会生活噪声污染。

【机动车污染防治】2019年，烟台市坚持车油路统筹，完善“天车地人”联网布控，检测机动车111.9万辆。通过平台监控、日常检查、电话举报、网上投诉等多个渠道，形成严厉打击违规造假检测行为的高压态势，结合路检路查倒查环检机构违规造假行为。建立机动车环保检验、遥感遥测、OBD远程监控、I/M监控、非道路移动机械监控“五合一”的移动源综合监控平台和加油站油气回收监控平台。投资2600万建设完成13套遥感监测设备并联网运营，通过遥感监测柴油车46.9万辆，采集1.7万辆超标车数据。建立柴油货车执法联动机制，每月开展10余次柴油车集中停放地与道路检查，抽测柴油车5754辆，查处不合格车辆128辆。推进油气回收综合治理，723家加油站与20家油库油气回收改造与联网监控工作基本达到序时进度。淘汰6250辆重污染货车，建立15962辆国三柴油营运货车信息台账，注销2991辆国三柴油营运货车营运证。

【农村人居环境整治】 2019年，全市开展农村人居环境整治“大排查、大改进”专项活动，全面自查，发现问题，督促整改，掀起新一轮农村人居环境整治高潮。聚焦“三清一改”，组织开展“百日攻坚”“三清三治三提升”集中整治活动。投入整治资金3.65亿元，清除“三大堆”等存量垃圾51.25万吨，清理私搭乱建、乱堆乱放1.95万处，拆除修缮残垣断壁6000余处，完成房前屋后清淤疏浚整治河塘沟渠3000余条。出台《烟台市健全完善农村改厕规范升级和后续管护长效机制工作方案》，完成乡镇和涉农街道农村改厕11万户（其中涉农街道3.7万户），完成改厕54.1万户，无害化卫生户厕普及率达到85.6%。全市1232个300户以上自然村建设公厕399个，普及率达到32.4%。出台《烟台市农村生活污水治理行动方案》，以分散处理就地利用方式为重点，梯次推进农村生活污水治理工作，新增718个村庄完成治理，治理率达到17.5%。巩固城乡环卫一体化全覆盖成果，县市区各选择2个村居进行生活垃圾分类试点，长岛综试区率先实现生活垃圾分类全域化。改造农村公路1742公里，改造危桥76座，建成农村客运站点1383个，建制村通客车率100%，乡镇物流服务网点覆盖率达到90%，启动全市农村通户道路硬化工程，完成526个村庄通户道路硬化工作，总数达到1190个。

环保科技

【生态环境保护科技建设】 2019年，烟台市加强生态环境保护科技支撑，推进生态环境保护科学技术成果转化和应用。以点带面推动智慧环保建设、切实提升生态环境保护科学化水平，筑牢渤海综合治理科技支撑。支持高等院校、科研机构、行业骨干企业开展技术攻关，加强生态环境科技人才队伍建设。

【清洁生产】 2019年，烟台市落实《关于进一步推进清洁生产加强污染源防控的指导意见》，进一步细化工作措施，加强对清洁生产工作的组织领导，加大清洁生产推进力度。以“双有”企业为重点，摸底调查，筛选年度强审企业名单，有序推进应实施强制性清洁生产企业开展清洁生产审核。按属地管理原则，将重点企业清洁生产评估验收工作下放到各县市区，督促企业按计划开展审核，市生态环境局统一监督调度。实施2019年度强制性清洁生产审核，加强日常监督检查，严格组织评估验收，确保清洁生产审核质量。组织引导企业开展自愿性清洁生产审核，完善激励措施，提高企业自愿审核积极性。年内全市55家企业通过强制性清洁生产审核评估验收、7家企业通过自愿性清洁生产审核评估验收。

【2019年生态环境烟台院士讲坛】 2019年10月24—26日，烟台市人民政府联合中华环保联合会，举办以环渤海环境综合治理为主题的“2019年生态环境烟台院士讲坛”。讲坛邀请中国著名卫星海洋遥感专家潘德炉院士、大气污染防治专家贺泓院士、环境基准标准与污染防治专家吴丰昌院士出席并发表主旨演讲，为深入推进生态环境保护工作提供新的思路和方向。省生态环境厅副厅长崔凤友、中华环保联合会副主席谢玉红、环渤海城市生态环境局代表、中华环保联合会生态环境领军班企业家代表以及400多名环渤海城市重点企业代表参加活动。论坛期间，举行烟台市生态环境保护领域“双招双引”项目签约仪式，集中签约环保联合会生态环境培训中心项目、海上钻井平台危险废弃物处理技术项目、厌氧氨氧化生物活性填料产业化项目等3个环保项目。同期举办“环境综合治理技术交流会”“环渤海环境综合治理技术与装备展”等活动。

环境监管

【环境法规制定】 2019年，根据机构改革后三定方案，烟台市研究制定《烟台市环境行政处罚工作程序（试行）》《烟台市生态环境局全面推行环境行政执法公示制度执法全过程记录制度重大执法决定法制审核制度实施方案》《烟台市生态环境局重大环境执法决定法制审核办法》《烟台市生态环境舆情处置与引导办法》《烟台市环境违法行为举报奖励暂行办法》

等系列制度章程，保障各项工作规范有序开展。印发《烟台市2019年环保设施和城市污水垃圾处理设施向公众开放工作实施方案》，全市3个开放单位全年开放163次，公众参加人数2000余人。

【依法行政】 2019年，市生态环境局全面贯彻“三项制度”要求，制定公布重大环境执法决定法制审核目录清单，对经听证程序作出的行政许可、适用于一般程序的行政处罚、行政强制全面开展审核，完成43件行政处罚和2件行政强制案件的法制审核，组织听证会2次，申请法院强制执行24件，办理行政复议案件9件，行政诉讼1起。完成行政处罚及行政强制权力事项要素变更及网上运行，涉及事项322条、裁量标准1212条。推进生态环境损害赔偿改革，筛选牟平区苏家口非法炼金选金污染事件启动索赔工作。

【环境执法】 2019年，烟台市制定《烟台市环境执法支队关于实施“三力三为”工程加快打造生态环保铁军先锋队的意见》，以激发活力奋发有为、提升能力蓄势而为、彰显魄力担当作为统领各项工作，组织全市环境执法业务培训会、全市生态环境执法技术比武竞赛等活动。环境执法支队先后被评为省级环境执法大练兵先进单位、省级精神文明先进单位。支队执法骨干在全省生态环境应急实兵演练暨生态环境监管技术比武竞赛中，获得环境执法类个人第一名。开展“双随机一公开”抽查执法活动，摇号抽查排污单位159家。坚持环境执法与普法服务有机结合，加强对企业懂法、守法指导服务，组织重点监管企业负责人和环保专工近200人召开2019年度环境普法服务宣讲会，组织街道社区及企业代表近40人，召开年度环境执法与服务工作交流座谈会。以信访案件办理为重点，妥善处理舆情回应群众诉求，组织开展环境信访案件办理“回头看”，严格监督和纠正环境信访查处中的不细不实问题。全年启动立案处罚程序85件次。

【固废与环境安全】 2019年，烟台市突出解决氰化尾渣大量贮存问题，在相关县市区危险废物得不到及时有效处置前，暂不批准产生该类废物的项目建设。发布危险废物处置设施投资引导性公告，引导社会资本针对性投入危险废物处置项目建设，建成12个处置利用项目。组织开展全市工业固体废物排查整治、危险废物专项排查整治，对自查和通报问题进行跟踪督办。针对《问政烟台》曝光的土法炼金、固废随意堆存等问题，在全市组织开展“清废”行动，严厉打击涉固废和危废环境违法行为。针对化工行业、化工园区开展危废排查整治工作，建立问题清单并督促整改落实。印发《建立健全危险废物污染防控长效机制的实施意见》，初步构建起“政府统一领导，部门各司其责，配合联动齐抓共管”的工作格局。开展铅蓄电池生产企业集中收集和跨区域转运试点工作和危险废物集中收集贮存转运试点工作。全面梳理涉重金属重点行业，建立全口径涉重金属重点企业清单，纳入全口径清单管理企业84家，建成2个重金属减排项目。开展涉镉行业企业重金属排查整治工作，建立土壤超标区域重金属企业清单。开展核与辐射安全检查专项行动，全年转移注销备案1000多枚放射源，对万华老厂区遗留的氪85、蚕业研究所遗留的2枚中子源进行收贮，全年收贮废弃闲置放射源60多枚。修订并发布《辐射安全应急预案》和《核事故应急预案》，组织辐射应急演练。组织辐射环境应急演练，参加山东省生态环境应急实兵演练暨生态环境监管技术比武竞赛活动。开展环境风险源企业环境安全隐患排查治理专项行动，督促风险源企业及时修编环境应急预案并备案。备案765家涉危化品、涉重金属和涉危险废物企业突发环境事件应急预案。

【生态环境保护督察】 2019年，烟台市严格落实督察反馈意见整改工作方案和督察工作制度要求，加快推进未销号问题整改，巩固前期整改成效。中央环保督察反馈27项问题整改完成14项；省环保督察反馈46项问题整改完成17项，其他问题全部到达序时进度要求。中央环保督察转办881个信访件完成880个，中央环保督察“回头看”转办417个信访件完成413个，其他信访事项正在加快推进解决。

（撰稿：尹兵　审稿：徐世刚）

责任编校：渠敬伦

科　学

自然科学综述

【概况】 2019年，全社会研究与试验发展（R&D）经费支出187.05亿元，占GDP比重为2.39%，分别居全省第三位和第四位。地方财政科技支出占公共财政支出的比重为3.83%，居全省第一位。新争取国家和省各类科技计划项目396项，获支持资金6.87亿元，创历史新高。获2019年度国家科技进步奖二等奖3项，2019年度山东省科学技术奖25项。

【科技成果与奖励】 2019年，全市推荐216项成果进行山东省科技成果登记。全市获得国家科技进步奖3项。

全市获得山东省科学技术奖25项。

【科技计划】 2019年，全市新上国家和省各类科技计划项目396项，获得支持资金6.87亿元，其中国家项目3项，省级项目393项。具体包括：中央引导地方科技发展专项3项，资金400万元，省重点研发计划85项，资金48027万元，省创新公共服务平台（省级工程技术研究中心）专项计划2项，资金200万元，省创新引导计划292项，资金15516万元，省科技创新基地专项计划3项，资金2250万元，省泰山产业领军人才工程计划11项，资金2400万元。

安排烟台市科学技术发展计划153项，资金5070万元。其中，重大科技创新类项目22项，资金2700万元；科技创新促进乡村振兴类项目27项，资金710万元；社会民生公益类项目42项，资金720万元；科技领军人才创新类项目3项，资金170万元；科技型中小企业创新竞技项目59项，资金770万元。

【高新技术及其产业化】 2019年，全市高新技术产业产值同比增长12.69%，增速明显加快；占规模以上工业比重48.26%，居全省第5位。全市新增高新技术企业182家，总数达635家；备案国家科技型中小企业1242家，13家企业入选全省创新能力百强企业，其中万华集团居全省首位。全市有1151家企业享受2018年度研发费用加计扣除55.11亿元；636家高企享受税收减免14.47亿元。191家中小微企业获“小升高”财政补助1910万元；107个项目获省市创新竞技补助1918.32万元。

【农业科技创新】 2019年，烟台市农村领域获批省级以上项目8项，经费2081万元。其中由烟台市山东蓝色海洋科技股份有限公司承担的国家蓝色粮仓重点专项“黄渤海现代化海洋牧场构建与立体开发模式”，获批经费1421万元；由烟台市农科院牵头烟台市16个科技扶贫服务队申报的“烟台市科技支撑乡村产业振兴技术集成与示范应用”项目获批省级重点研发计划（公益类），经费185万元。省科技厅对首批建设的农业科技园进行验收，烟台市首批获批的栖霞、海阳、莱阳、莱州、长岛5个省级农业科技园全部通过验收。栖霞园区以全省第三名通过省科技厅组织的省级农业科技园区验收，同时以全省第二、全国第14的成绩通过科技部组织的国家农业科技园区验收。新增“海阳市小纪镇苗家沟村农科驿站”1家。组织开展2019年度科技特派员选派工作，确认备案194名专家为烟台市科技特派员。2019年全市实施市级科技特派员项目8项，支持经费150万元。

【生物技术与制药】 2019年，市科技局组织开展药物和创新医疗器械研发及产业化奖励，奖励新药和三类器械研发及产业化项目10项，资金709.71万元。绿叶制药有11个在研新药进入临床阶段，其中“注射用利培酮缓释微球”分别在美国和中国提交上市申请。荣昌生物有5个Ⅰ类新药进入临床阶段，其中3个入选“十三五”国家“重大新药创制”科技重大专项，其中RC18（泰它西普）在治疗系统性红斑狼疮适应症上展现出领先水平，提交上市申请。

【科技金融结合】 2019年，市科技局开展科技信贷风险补偿工作，缓解科技型中小企业融资难、融资贵的问题。全年帮助111家企业获得银行贷款，放款金额约5.9亿元，其中“科信贷”34笔1.1亿元，“成果贷”92笔约4.8亿元。自2015年以来累计帮助220家（次）企业获得银行贷款，放款额达10.88亿元。2019年为列入科技信贷补贴范围的30家企业发放科技信贷补贴81.42万元，连续3年累计发放信贷补贴183.62万元。

【创新平台建设】 2019年，全市科技企业孵化器40家，国家级10家，省级备案15家，科技企业孵化器总面积86万平方米，在孵企业突破1600家。省级以上工程技术研究中心达95家、重点实验室18家。新增省院士工作站13家，总数达47家。

【科技创新服务】2019年，市科技局实施科技报告制度，收录共享国家、省级和市级科技报告234份。推进烟台市科技服务云平台建设，重大科技需求征集系统、高企培育库管理系统等5个系统上线运行，对科技指南发布、高企培育、校地科技成果对接等科技管理工作提供网络支持服务；平台用户总数1863个，累计推送各类科技资讯达15.3万条，为企业提供服务达1.4万项（次）。开展大型科学仪器设备和科技文献共享服务工作，至年底全市入网大型科学仪器设备1421台套，总价值约10.3亿元，拨付各类创新券补贴合计1700余万元；科技文献共享服务26万次，下载文献2万余篇。

【科技人才】2019年，全市5人入选泰山领军人才工程战略性新兴产业类人选，居全省第一位；9人获省第二届"创业齐鲁·共赢未来"创新创业大赛优胜奖（6个创业企业，3个创业项目），同比增量增幅全省最高。6家获胜创业企业转为泰山产业领军人才创业类；引进较高层次外国人才750人，办理69个国家和地区外国人才工作许可证2230份，新增省级引智示范基地3处；获省齐鲁友谊奖2人、省"外专双百计划"5项，备选项目1个、上级外国专家项目10项。

【科技交流与合作】2019年，市科技局组织人员到北京、兰州、深圳、沈阳等城市，走访中国农业大学、中科院过程工程所、中科院生态环境研究中心、中科院兰州化物所、中科院近代物理所、中科院深圳先进技术研究院、清华大学深圳研究院、中科院沈阳分院等20余所国字号科研院所和"双一流"高校，加强交流对接。推动烟台市政府与高校院所共建中国科学院烟台产业技术创新与育成中心、烟台中科先进材料与绿色化工产业技术研究院等新型研发机构。推动市政府与海洋大科学研究中心签订战略合作协议，搭建与中科院13个涉海科研机构的合作交流平台。全年组织产学研对接交流活动16次。组织以"创新引领 合作共赢"为主题的中科院过程工程研究所战略研讨会及合作签约仪式暨烟台成果发布推介会，中科烟台产业技术研究院揭牌，签署4项合作协议。组织中国科学院服务烟台经济高质量发展成果发布会，院士侯保荣就海洋防腐蚀有关知识作专题报告，现场交流项目30多个。推动与中科院深圳先进研究院、中科院兰州化物所、中科院金属所、中科院自动化所、中科院计算所、中科院烟台海岸带所、上海中医药大学进行项目合作。

国际科技合作。第二届中国（烟台）海工装备国际研讨会召开，来自中国、乌克兰、挪威、荷兰、德国等国内外知名高校、研究院所、国内知名海工装备总装建造企业的专家学者约100人参加研讨会；会上签署"特殊焊接技术职业技能教育培训"和"铜铝复合电缆接头焊接技术"两个三方合作协议；举办"创新使命——第二届可持续生物燃料国际会议"，来自10个国家的70余名专家学者、企业代表参加会议。丝绸之路高科技园区联盟第四届会议在格鲁吉亚第比利斯市举行，来自中国、俄罗斯、阿塞拜疆、乌兹别克斯坦、巴基斯坦、土耳其等丝绸之路沿线国家的30多个高校、科研机构、高新技术企业的100余位代表出席会议。

（撰稿：孙运智　审稿：王有林）

科学普及

【争创中国科协海智计划工作基地】2019年，市科协协调烟台高新区申报中国科协"海智计划"工作基地，10月获批中国科协"海智计划"工作基地，是此次获批的8个国家级基地之一。

【泰山科技论坛等高层次学术活动】2019年，市科协申报省科协泰山科技论坛，烟台市有6个项目入选，其中A类2个，B类4个；承担省科协大学生科技节赛事活动1项。开展烟台山科技论坛，引导学会、高校科协、企业科协组织开展高层次学术与海外人才交流，开展创新助力服务企业以及建言献策活动，把泰山科技论坛B类项目纳入支持范围，从申报项目中遴选确定8个支持项目。

【省科协中日韩工程技术大会申办】2019年，中日韩工程技术大会是省科协的品牌项目，连续举办三届，市科协开展承办2020年中日韩工程技术大会可行性研讨，经汇报请示，市政府同意举办2020年中日韩工程技术大会。12月，市委副书记吴承丙赴省科协对接申请，商定整体落实框架。

【国际民间科技交流】2019年9月，受中国科协、山东省科协委托，市科协组织做好第十届海峡两岸青年学子科技交流活动台湾团等一行30余人到烟台交流、参观张裕公司工业园。

【招才引智工作】2019年，市科协指导滨州医学院附属医院、海阳大地牧业公司建立省级院士专家工作站，指导龙口道恩公司科协院士专家工作站通过国家级认证。8 月，市科协、农技协、蓬莱科协组织“中国海洋大学食品科学与工程学院、烟台华康海洋食品有限公司校企合作座谈会”，组织校企双方围绕产教融合、科技成果产业化途径等进行深度交流，找准制约企业发展的瓶颈所在，探索校企合作、产教融合新途径，双方签署校企合作协议。12 月，市科协组织蓬莱海洋生物科技公司赴青岛与中国水产科学研究院黄海水产研究所技术合作洽谈。

【科技人才与优秀项目举荐】 2019 年，市科协推荐 10 个创新创业服务平台参评省科协创客之家，烟台汽车工程职业学院智创园入选。推荐 5 个项目参评第三届山东省科技工作者创新大赛，2 个获得二等奖。落实省委宣传部、省科协、省科技厅关于开展“齐鲁最美科技工作者”学习宣传活动的通知，组织各县市区推选烟台市 4 名优秀科技工作者参评“齐鲁最美科技工作者”。向省科协推荐烟台艾睿光电科技有限公司王宏臣参评第十六届中国青年科技奖。与市科技局联合发文组织开展 2019 年“全国科技工作者日”系列主题活动，并在胶东在线等媒体推出《致全市科技工作者的一封信》。整合科技界专家力量，组成科协科技专家库，组织开展“科技专家企业行”活动，为企业解决环保等技术问题，促进企业转型升级。

【烟台市 2019 年“全国科普日”主会场活动】 2019 年 9 月 21 日，烟台市全国科普日启动仪式在塔山风景区举行。活动以“礼赞共和国 智慧新生活”为主题，围绕智能科技、自然科学、卫生健康、科学实验、青少年科技等多个板块筛选定制 100 项科普展品，多场科学表演和现场体验活动。

【“烟台科学大讲堂”活动】 2019 年，烟台市开展烟台科学大讲堂宣传、申报，组织申报推荐的山东科学大讲堂项目入选 A 类项目 11 个，B 类项目 8 个。烟台市在推荐省级的基础上选取 21 项 A 类，B 类 18 项作为烟台市级科学大讲堂项目活动。

【科普信息化】 2019 年，市科协组织召开科普中国信息员专题会议，对县市区信息员进行培训。在烟台科协系统开展“科普中国学习之星”和“先进学习个人”评选活动，把推广“科普中国”与科普教育基地相结合，在扇子上印制“科普中国”二维码，推广“科普中国”的使用。组织申报 2019 年“科普中国”应用推广项目，获得中国科协资金支持，全国只有 20 家地市级单位获此荣誉。

【科普活动开展】 2019 年，市科协组建由 VR 体验、机器人舞蹈秀、无人机表演、天文观测、科普魔法秀等科技表演参加的科技体验秀团队。送科技下乡时分别在蓬莱、龙口、莱州、栖霞、招远、福山等校园开展进校园活动，让同学们近距离体验和感受到科技乐趣，多家媒体给予报道。与多部门联合承办中国航天科普展，在社区开展烟台科普大讲堂 20 场，在农村助力乡村振兴、智慧农民培训 20 场，送科技进校园表演团队 10 场。

【第 34 届烟台市青少年科技创新大赛】 2019 年 2 月 18 日，第 34 届烟台市青少年科技创新大赛，在市科技馆举办。大赛以“体验、创新、成长”为主题，旨在鼓励引导广大青少年参与科技创新和科学探究性学习活动，活动收征集各类作品 510 件，其中创新项目 103 件，科技创意概念 80 件，科技实践活动作品 30 件，科学幻想画 229 幅，科技辅导员项目 42 个，科学影响作品 26 件。经选拔推荐，烟台市 123 项优秀作品参加第 34 届全省青少年科技创新大赛，获一等奖 31 项，二等奖 22 项目，三等奖 26 项目，推荐全国作品 5 项。

【机器人竞赛】 2019 年 4 月 13 日和 5 月 25—26 日烟台市中小学机器人大赛分两期在烟台大学附属中学南校举行，来自全市 14 个县市区的 638 支队伍 1291 名选手报名参赛。经现场角逐，全市竞赛决出一等奖 200 个、二等奖 250 个、三等奖 164 个，57 个单位获优秀组织奖。经过推荐和市级竞赛选拔，选拔派出 20 支代表队、50 名参赛选手参加全省第 19 届机器人竞赛活动，获得 8 项一等奖、6 项二等奖和 6 项三等奖。莱州市云峰中学代表队获得全省教育机器人工程挑战赛初中组冠军，参加全国青少年机器人竞赛。

（撰稿：王鹏龙　审稿：葛树忠）

航天科技

【概况】 山东航天电子技术研究所，始建于 1958 年，是山东省唯一一家从事航天高科技研究的科研事业单位，国家级高新技术企业。

2019 年，513 所继续保持全国文明单位、山东省文明单位称号，被评为烟台发展突出贡献单位，获得省、部级以上科技成果 5 项，其中，山东省科技进步二等奖 1 项，航天科技集团公司科技进步奖 1 项；获得专利授权 21 项。

【参与中国航天任务】 2019 年，513 所完成以空间站问天舱、神舟飞船、北斗后续组网星为代表的宇航研制任务；配合完成北斗三号组网星为代表的 17 次、28 星宇航型号发射任务。其中，能量管理单元在首次海上发射实现应用；卫星通信终端在快舟一号甲中完成国内首次星箭通信飞行应用，X 频段测控子系统助力宁夏一号实现首飞；在国内首次将云平台技术、人工智能算法应用到卫星在轨异常实时检测和响应系统。

在长征十一号海射运载火箭任务中，根据渤海轮渡的”钻珠”号客轮保障船提出的通信需求，513 所、中国卫通联合烟台移动进行详细的分析，经过技术沟通确定，利用 Ka 船载专用动中通终端 + 移动基站方案，通过中国首颗高通量卫星——中星十六号，为船上的保障人员、新闻媒体及工作人员提供手机通信和宽带上网服务。

【航天技术应用产业】 2019 年，513 所加强与地方政府、企业交流合作，构建多个合作平台。成立山东省海洋智能感知、海洋遥感卫星应用 2 个省级创新中心，参与由烟台市科技局牵头组建的产业创新联盟，结合所内专业技术及地方相关资源优势，加快宇航技术成果转化，服务地方经济和民生。进与中国卫通的合作，实现卫星宽带通信在国家级海洋牧场、客运轮渡的应用，被评为中国卫通 Ka 卫星宽带业务 2018—2019 年度最佳合作伙伴。参与和支持中国东方航天港项目建设，参展烟台市承办的世界工业设计大会，承办第三届中国东北及环渤海地区航空航天合作论坛、2019 年山东省高分数据应用发展推进会、第五届中国海上卫星应用研讨会等，重点围绕卫星在海洋、农业、交通等领域的应用加大推广。完成“基于交流磁异常的海底电缆故障检测技术及装置”“基于全息探测技术的光泵式心磁磁力仪”等山东省市重点研发课题等立项工作，由所属华宇公司承担的天空地一体化智慧农业项目被列为山东省重大科技创新工程项目；推进海洋智能装备的发展，推广多个所内研发技术及产品，水下激光成像系统二代产品完成试验验证和产品定型，小型激光光泵磁力仪产品实现订购首单。

【教育基地建设】 2019 年，按照全国文明单位建设标准，制定基地建设计划，逐项推进实施，规范“全国研学教育基地”建设。

依托山东航天科技展馆，多层次、多平台、多角度，向社会公众，特别是青少年，宣传中国航天事业取得的辉煌成就和发展历程中形成的以爱国主义为核心的“两弹一星”精神和“载人航天精神”，宣传航天科普知识。山东航天科技展馆全年接待访客超过 2000 人次。

开展中国航天日（4 月 24 日）系列活动，招募青年志愿者担任科普讲师，通过举办航天日亲子活动、青年讲师、领导专题讲座等多种方式，开展系列科普宣传，扩大航天科技影响力，增强航天事业感召力。

（撰稿：席畅　审稿：张术鹏）

气　象

【气象服务与防灾减灾】 2019 年市气象局完成中国首次海上航天发射、交通运输部救捞系统专项应急保障演练、大型客滚船海上联合搜救演练、危险化学品生产安全事故应急救援演练、国庆 70 周年、海阳奥运沙排资格赛等重大保障任务，太原卫星发射中心、北海救助局、国际葡萄酒博览会等致信感谢。在迎抗台风、暴雨雪、寒潮大风、森林火灾等灾害性天气中，精准预报、及时服务，启动重大气象应急或特别工作状态 10 次，发布呈阅件 6 期，重要天气报告 153 期，预警信号 67 期。做好春运、农业、果业、城市、海上、增雨等专题气象服务，启用人影综合业务系统和物联网监控系统，升级作业装置，优化作业点 4 处，发射增雨火箭弹 832 枚。

2019 年市政府出台防汛抗旱会商制度，市安委会印发气象灾害应急预案，8 人受聘首届应急管理专家，参与制定地方防灾减灾预案 13 项，修改建议 40 余次。市政府根据气象预测延长供暖期和森林防火期。加强同新组建调整部门联动，更新决策服务短信库，开通政府协同办公系统、抖音、头条、公众号等服务通道。建成气象应急联动平台，加强森林火灾防范、应急气象服务协作。

2019 年联合自然资源和规划局开展汛期地质灾害气象等级预报预警。联合应急局、自然资源和规划局发布森林火险预警信号。高频联动生态环境部门应对重污染天气。

【气象统计】 2019 年，全市年平均气温 13.5℃，较常年偏高 0.9℃，较上年偏高 0.4℃。从各月平均气温距平看，全年有 11 个月为正距平，1 个月为负距平。其中 4 月平均气温接近常年略偏低，2 月、6 月、8 月和 10 月接近常年略偏高，1 月、7 月、9 月、11 月和 12 月气温偏高，3 月和 5 月异常偏高。从地理分布来看，莱州年平均气温全市最高为 14.7℃，招远平均气温全市最低为 12.7℃，其他县市区在 12.9℃～14.1℃之间。冬季全市平均气温为 0.1℃，较常年同期偏高 0.4℃，较上年同期偏高 1.0℃；春季全市平均气温为 13.2℃，较常年同期偏高 1.5℃，较上年同期偏高 0.4℃；夏季全市平均气温为 25.0℃，较常

年同期偏高 0.8℃，较上年同期偏低 0.5℃；秋季全市平均气温为 15.4℃，较常年同期偏高 0.9℃，较上年同期偏高 0.7℃。年极端最高气温 39.5℃，出现在福山，时间为 7 月 22 日，年极端最低气温 -11.9℃，出现在莱阳，时间为 1 月 17 日。

2019 年烟台年平均降水量 441.7 毫米，较常年同期偏少 180.3 毫米，较上年同期偏少 191.4 毫米。从地理分布来看，降水呈现南多北少的态势。莱阳年降水量全市最多为 566.3 毫米，其次是莱州为 539.4 毫米，龙口最少为 308.4 毫米。从各县市区降水距平看，莱阳、莱州、长岛的年降水量较常年偏少 40～100 毫米，烟台、福山偏少 100～200 毫米，蓬莱、龙口、牟平、招远、栖霞和海阳偏少 200 毫米以上。其中龙口和蓬莱与常年比偏少最多，均接近 5 成。

冬季全市平均降水量为 37.2 毫米，较常年同期偏多 4.8 毫米（多 15.2%），较上年同期偏多 12.5 毫米；春季全 3.9%），较上年同期偏多 30 毫米。

2019 年全市年日照时数 2360.2 小时，较常年同期偏少 232.9 小时，较上年同期偏少 117.5 小时，属日照偏少年份。其中，长岛日照时数最多，为 2637.1 小时，栖霞日照时数最少，为 2242.4 小时。冬季全市平均日照时数为 414.1 小时，较常年同期偏少 117.2 小时，属于偏少；春季全市平均日照时数为 731.5 小时，较常年同期偏少 20.9 小时，属于正常；夏季全市平均日照时数 643.8 小时，较常年同期偏少 50.9 小时，属于偏少；秋季全市平均日照时数 570.8 小时，较常年同期偏少 43.8 小时，属于偏少。从各县市区日照时数年距平值看，龙口、蓬莱偏少最多，均接近 400 小时。

【2019 年主要天气气候事件及其影响】 2019 年，烟台市年平均气温 13.5℃，较常年偏高 0.9℃；年平均降水量 441.7 毫米，较常年偏少 180.3 毫米。总的气候特点为气温波动幅度大，降水时空分布不均，天气气候异常。

台风“利奇马”造成全市性暴雨。8 月 11—13 日，受台风“利奇马”影响，烟台市出现汛期唯一的一次全市性暴雨、局部大暴雨天气。全市 142 个雨量自动监测站的平均降水量为 82.1 毫米，其中 15 站 100 毫米以上，119 站 50 毫米以上，最大降水出现在海阳朱吴为 185.8 毫米。

全年降水偏少，旱情持续发展。2019 年烟台年平均降水量较常年偏少 3 成左右，出现持续干旱。其中，5 月下旬至 7 月下旬持续高温少雨，全市平均降水量 103.7 毫米，较常年同期偏少 6 成，旱情迅速发展。

雨季开始晚，结束早，持续时间历史最短。2019 年雨季自 7 月 23 日开始，至 8 月 27 日结束，持续 36 天。为 1951 年以来开始时间最晚、持续时间最短的一个雨季。

汛期强对流天气频繁。6—8 月上旬，烟台市出现 8 次雷电、雷雨大风、短时强降水或局部冰雹等强对流天气。其中，6 月 4 日的强对流天气对烟台市部分乡镇造成明显的风雹灾害，农业损失严重。

11 月冰雹创近 30 年最晚纪录。受华北冷涡影响，11 月 10 日烟台北部的部分地区出现冰雹，创本地 1981 年以来最晚冰雹纪录。由于雹粒小，历时短，未形成明显灾害。

11 月出现罕见暴雨。11 月 23—24 日，烟台市区出现历史同期最晚暴雨，烟台站和牟平站降水量分别达到 81.7 毫米和 107.3 毫米。其中，23 日烟台站日降雨量为 60.3 毫米，突破 11 月历史极值。

年内出现 5 次寒潮天气。年内出现 5 次寒潮天气，分别出现在 3 月 21—22 日、11 月 13—14 日、11 月 17—19 日、11 月 24—25 日以及 12 月 30—31 日。其中 11 月中、下旬强冷空气频繁，连续出现三次寒潮天气。

大雾天气多，交通出行受影响。1—4 月、6 月、9—10 月及 12 月，烟台出现 17 次大雾天气，对交通出行造成一定影响。

年平均气温创历史第二高。2019 年全市平局气温 13.5℃，较常年偏高 0.9℃，为 1951 年以来第二高值。全年有 11 个月气温较常年偏高，其中 3 月和 5 月为历史第三和第二高值。35.0℃以上的高温天气出现在 5 月下旬和 7 月下旬，全市高温日数达到 9 天。

（撰稿：谢彤　审稿：王家芬）

水　文

【基层水文服务体系建设】 2019 年，烟台市基层水文服务体系建设及规范化管理不断健全。6 处县级水文局加挂水文中心牌子“双管理、双考核、双计划、双财政”落实，招远市水文局被纳入生态文明建设目标评价考核成员单位，负责多项对乡镇考核任务。烟台市县级财政投入总额超过 200 万元，纳入 2020 年预算达到 300 万元以上。实施烟台市县级水文机构标准化装备“六化”工程。分年度筹资 200 余万元启动县级水文机构环境提升工程，为 5 处水文中心建设集中供暖工程。各中心均列入地方防指成员单位，自主编发《防汛抗旱信息》简报和《水文水资源年报》，开发水文信息综合系统县域分系统，建立微信公众号。围绕水资源管理和全面实施河（湖）长制，各中心开展用水总量和水资源质量监测以及生态水量监测等技术服务，参与县级河（湖）长制考核督查工作。招远局建设“乡村振兴水文服务实验站”为乡村振兴战略提供精准服务，各水文中心在县级水资源调查评价、水土保持、水功能区监测、水文宣传等方面开展技术服务。

【水文现代化建设】 2019 年，烟台水文局推动水文信息化建设，坚持以应用为导向，单独开发与综合应用相结合的原则，开发完成党建、办公、信息、视频会议、机房、档案、设施设备、职工教育、内控体系等信息化管理系统，基本实现全过程全要素信息化管理。建设水文现代化示范站，运用物联网技术，对臧格庄水文站全面提升，实现远程控制和“测算报整”一键完成，自主研发太空舱缆道控制与测报作业集成式操作台。与国内人工智能领域居领先地位的海康威视集团签订融合发展战略协议，以开发区水文局为试验资源基地，探索“5G+ 人工智能 + 水文”的水文现代化监测模式并取得实质性进展。

【水文科技】 2019 年，烟台水文局强化自主研发能力，做好“三个结合”：将科研课题与实际工作需求相结合，将科技研发与人才培养相结合，将科技合作与补齐短板相结合。自主研发的便携式流量测算仪、林下覆盖度自动摄取装置、基于物联网技术的缆道自动控制与测报作业集成操作系统等。提升科技成果质量，1 项课题纳入烟台市科技局研发计划并通过验收，拟推荐省级科技进步奖；提报 2 项课题参与省科技厅重点研发计划与重大科技创新工程项目申报，其中 1 项入选省科技厅课题库；向水利厅申报 5 项科技储备项目，1 项被纳入重点研发计划；与河海大学合作的《烟台市主要河流生态基流保障规划与技术研究》得到烟台市财政 110 万元支持。申报 2 项发明专利与 4 项实用新型专利。

【水土保持、水生态监测】 2019 年，市水文局（烟台市水土保持监测站）规范完成国家水土保持监测点—门楼 5° 径流小区水土流失监测，4 个径流小区的侵蚀模数分别为平均为土壤流失量依次为 0.220（大豆）、0.208（花生）、0.481（裸地）、0.302（果树）t/hm^2。

【区域用水总量监测】 2019 年，经监测，烟台市本年度用水总量为 9.9188 亿立方米，较 2018 年减少 0.9718 亿立方米，其中，地表水用水总量 4.379 亿立方米，地下水总用水量 5.5398 亿立方米。本年度，全市调入黄河水 3641 万立方米，调入长江水 10945 万立方米，总计调入 14586 万立方米。其中调入市区 9786 万立方米，龙口市 917 万立方米，莱州市 2595 万立方米，蓬莱市 1414 万立方米，招远市 791 万立方米。

【地表水文动态】 2019 年，全市年平均降水量 446.6 毫米，较 2018 年偏少 36.3%，比多年平均降水量偏少 35.1%。各县市区降水量与 2018 年相比，偏少 11.0%～50.1%；与多年平均相比，偏少 12.1%～55.1%。年降水量最大点为栖霞市庙后站 582.6 毫米，最小点为福山区西回里站 239 毫米，最大点为最小点的 2.4 倍。

2019 年，全市出现 4 次较大范围的降水过程。全年最大降水过程出现在 8 月 10—16 日，全市平均降水量为 89.6 毫米，最大点降水量为昆嵛区涝奔站 242.0 毫米，最小点为莱州市驿道站 32.0 毫米；次大降水过程为 11 月 23—24 日，全市平均降水量为 31.8 毫米，最大点降水量为牟平区武宁站 133.0 毫米，最小点为莱州市郭家店站 3.5 毫米。

2019 年，全市各主要河流洪水过程主要集中在 8 月。各河道水文站年度最大洪峰流量如下：界河招远市张星水文站 6 月 20 日 18 时 49 分洪峰流量 9.77 立方米 / 秒；东村河海阳市海阳水文站 8 月 11 日 18 时 46 分洪峰流量 91.4 立方米 / 秒；界河招远市汤前水文站 8 月 11 日 21 时 14 分洪峰流量 16.2 立方米 / 秒；留格河海阳市留格水文站 8 月 11 日 23 时 53 分洪峰流量 33.2 立方米 / 秒；汉河牟平区姜格庄水文站 8 月 12 日 8 时 30 分洪峰流量 20.4 立方米 / 秒；大沽夹河（外夹河）福山区老岚水文站 8 月 14 日 1 时 15 分洪峰流量 12.5 立方米 / 秒；白龙河莱阳市大吕疃水文站 9 月 4 日 15 时 40 分洪峰流量 49.9 立方米 / 秒；东五龙河莱阳市团旺水文站 9 月 5 日 2 时 40 分洪峰流量 60.8 立方米 / 秒。全市 29 座大中型水库 2019 年末的蓄水总量为 2.035 亿立方米，比年初蓄水总量 3.4802 亿立方米少蓄 1.445 亿立方米，比汛初（6 月 1 日）蓄水总量 2.9049 亿立方米少蓄 0.8697 亿立方米，比汛末（10 月 1 日）蓄水总量 2.1024 亿立方米少蓄 0.0672 亿立方米，比历年同期 3.88 亿立方米少蓄 1.845 亿立方米。2019 年全市水资源总量为 7.5745 亿立方米，比 2018 年偏少 64.4%，比多年平均值偏少 76.4%。其中地表水资源量为 3.8765 亿立方米，地下水资源量为 7.4941 亿立方米，地下水资源与地表水资源不重复量为 3.6976 亿立方米。

【地下水文动态】 2019 年，全市平均地下水水位为 29.57 米，地下水位比上年同期下降 1.21 米，比 2019 年汛末（10 月 1 日）下降 0.30 米。各

县市区地下水位较上年同期相比，除栖霞市略有上升外，其他各县市区均有不同程度下降，下降幅度为0.10～2.33米，其中龙口市降幅最大，为2.33米；与上年汛末相比，除芝罘区、蓬莱、牟平、海阳、栖霞、开发区上升0.04～0.82米之间，其他县市区水位依然呈下降趋势，降幅0.04～1.58米，其中莱州市降幅最大，为1.58米。

【水情信息服务】 2019年，全年收发雨水情报文约108万份，向市级主管部门发布大中型水库洪水预报464站次，向各级领导、市防办及相关部门呈送“防汛抗旱信息”13期，发布“烟台市水文信息”3期，送报“烟台市大中型水库抗洪能力预测”6期，为烟台市防汛抗旱决策提供及时可靠的依据。

（撰稿：宋良红　审稿：衣学军）

社会科学

【概况】 2019年，在山东省第33次社会科学优秀成果奖评选中，烟台市有22项成果获奖，获奖数量居省内16城市第二位；烟台市有1处社会科学普及教育基地在省委宣传部、省社科联组织的省级社会科学普及教育基地考察中获得认定中，2处获选全省25处新入选基地；11月，在全国各省区市社科联联席会议上，市社科联作为山东省唯一的地级市社科联作交流发言；12月，在全省社科联工作创新发展研讨会上，市社科联作为全省4个社科联之一作典型发言。

【重大课题研究】 2019年市社科联以全市改革发展的重大理论和现实问题为主攻方向，聚焦“烟台经济社会发展目标定位”“推动高质量发展和新旧动能转换”“乡村振兴和生态文明建设”“文化建设和意识形态工作”等七大领域，开展社会科学规划课题立项工作，收到课题申报500余项，经评审立项275项。创刊《社科资讯》，其中，《新形势下经济工作需要处理好五大关系》《以稳投资促进经济高质量发展》《乡村振兴要注重引导资源要素向农村流动》等多篇资讯材料受到好评。筹划“烟台市庆祝新中国成立70周年成就展”，组织起草3万多字的展览大纲脚本，全景式展现烟台70年翻天覆地的发展变化，上百万人次党员干部群众参观展览。

【优秀成果评选】 2019年12月3—4日，在烟台市财会培训中心举办烟台市第32次社会科学优秀成果评选。此次评选强化为地方发展服务的导向，首次设立服务烟台经济社会发展评审组，提高应用性成果奖项比重和层次。期间，收到参评作品600多项，评出获奖成果142项。其中，《烟台改革开放实录》和《乡村振兴的美丽样板》两项成果，因应用效应突出获特别奖；20项一等奖成果均为国家一类出版社出版的著作和CSSCI核心期刊论文；49项二等奖和71项三等奖成果，涵盖经济、政治、文化、社会、生态、法治、教育、城市、农村等众多领域和行业，可为各行各业谋划发展提供重要学术支撑和智力支持。

【知识普及】 2019年5月19日，烟台市举行“弘扬时代新风 推进文明实践”为主题的社会科学普及周启动仪式。市委常委、宣传部部长于永信出席活动并讲话，市人大副主任潘士友、市政协副主席曲荣君出席活动，4所省属驻烟台高校领导出席启动仪式，市县两级200多家单位、1500多名社科工作者参加广场宣传，接待群众参观咨询上万人次。

8月，市社科联联合省社科联，邀请省十二届政协委员、省委宣传部原副部长兼文明办主任刘宝莅、省十一届政协委员、《祝您幸福》杂志社原社长兼总编郝岚峰、省疾病预防控制中心副主任医师、国家全民健康生活方式行动专家库专家陈先献等6名省内高层次专家到芝罘区、龙口市及其所辖10个社区，面对面、点对点地开展社会科学宣讲服务活动。

【学术活动】 2019年7月27日，“防范金融风险研讨会”在烟台大学举办，来自财政部、山东大学等20所高校和政府部门的40余位专家，围绕落实习近平总书记维护金融安全稳定系列论述，进行研讨交流，推出《中美贸易摩擦与宏观经济波动》《区域金融风险的累积与传导》等一批优秀研究成果。

9月24日，烟台社科界庆祝中华人民共和国成立70周年座谈会举行，市委常委、宣传部部长于永信出席会议并讲话，部分高校领导和社科专家进行交流发言，50多位社科理论工作者提交论文，结集印发《庆祝新中国成立70周年论文选编》。

11月2日，“乡村振兴：产业振兴与人才振兴专题研讨会”在鲁东大学举办，来自省内外23所高校、党校、科研机构的80余位专家学者参加研讨，收到论文60多篇。

11月23日，市社科联与山东商务职业学院共同举办“红色文化传承与红色文化进课堂学术论坛”，邀请临沂大学专家教授介绍沂蒙精神进课堂经验做法，40多名专家学者就胶东红色文化进课堂工作述学立论、建言献策。

（撰稿：都汉凯　审稿：孙文章）

责任编校：云　霞

教　育

综　述

【概况】2019年，全市有各级各类学校1566所，在校生100.77万人，教职工9.2万。其中，高校19所（含驻烟台高校），在校生23.47万人，教职工1.6万人；幼儿园944所，在园幼儿17.39万人，教职工1.9万人；小学295所，在校生26.93万人，教职工1.5万人；初中222所，在校生21.43万人，教职工2.5万人；普通高中47所，在校生8.4万人，教职工1.2万人；中等职业学校30所（不含技工学校），在校生4.7万人，教职工0.6万人；特教学校9所，在校生1228人，教职工365人。

2019年烟台市区公办小学、初中、高中基本情况统计表

表20

	学校数	在校生数	教职工数
小学	124	102891	6536
初中	56	60787	9210
高中	12	24268	

2019年烟台市民办中小学基本情况统计表

表21

	学校数	在校生数	教职工数
小学	6	18426	293
初中	15	26896	4957
高中	12	10592	

【教育综合改革】2019年，市教育局推进教育管理体制改革。四区高中阶段学校管理体制改革后，普通高中招生工作平稳有序。完成新划转学校教师待遇理顺工作和岗位设置、聘任工作。深化中小学德育改革。持续开展中小学德育课程一体化工作，实施中华优秀传统文化教育工程和红色基因传承工程，评选出首届中小学“十佳德育品牌”。创作完成《党员登记表》《万两黄金送延安》等5册胶东红色故事连环画。将红色文化知识列入语文、历史、道德与法治等科目考查内容。评选市级胶东红色文化精品微课程资源120件。光明日报《教育家》杂志对烟台市德育改革经验给予报道。中职“五位一体”德育课程被省教育厅作为典型案例推荐上报教育部。

实施“放管服”改革。推进政务服务事项“一窗受理”，完成111个实施清单事项要素梳理，所有依申请事项最大限度实现全程网办。推进政务服务标准化、规范化，编制并公开权责清单100项，实现同一事项名称、依据、类型等基本要素的省市县“三级四同”。承接省级下放事项，制定政策文件和服务指南。开展减证便民，确保市级无保留证明事项。完成“双随机一公开”监管、“互联网+监管”、政务数据归集等相关工作。

加强法治政府建设。制定教育行政执法“三项制度”，开展执法主体梳理规范。加强规范性文件的备案审查和合法性审核。完善法律顾问制度，举办全市教育系统行政执法专题培训暨法治讲座。

【学前教育】2019年，市教育局继续推进第三期学前教育三年行动计划，累计完成投资9.97亿元，新建改扩建幼儿园138处，新增幼儿学位3.7万个。实施城镇居住区配套幼儿园专项整治，188处幼儿园列入整治范围。整治无证幼儿园84处。推行集团化办园和“镇村一体化”办园模式。开展幼儿园“小学化”专项治理行动。出台《规范幼儿园招生工作指导意见》。全市学前三年普及率达到117.4%，比上年提高10个百分点，居全省前3位。

【民办教育与继续教育】2019年，市教育局指导县市区有关部门搞好民办学校行政审批服务，全市培训学校1087所。开展校外培训机构“双随机一公开”监管抽查。开展校外培训机构专项治理“回头看”，限期整改135所，取缔33所。实施民办学校规范办学防范化解风险专项行动，摸排问题348类次。会同市行政审批服务局开展民办学校年度检查工作。完成社区教育设点布局全覆盖，被中国成人教育协会表彰为“全民终身学习活动周成功组织单位”。

【特殊教育】2019年，市教育局按

照“全覆盖、零拒绝”的要求，做好适龄残疾儿童少年入学安置工作。全市在校就读的残疾学生中，在特教学校就读的606人，在普通学校随班就读的885人，实施送教上门的926人，全市义务教育学段残疾儿童少年入学率达到99%以上。推进特教二期提升计划项目库建设，完成投资6329.25万元，开工面积27854平方米，竣工面积25454平方米。开工或建成资源教室91个，资源中心13个。

【教育经费保障】 2019年，市教育局拨付义务教育经费保障机制改革资金3.81亿元，安排进城务工子女补助公用经费4760万元，免费提供教科书资金6943万元，惠及学生48万人。建立较为完备的生均公用经费拨款制度，学前教育生均公用经费标准提高至710元。争取上级资金6.09亿元，在同类地市中名列前茅。

【教育扶贫】 2019年，市教育局发放各类资助资金约3亿元，惠及学生10万余人次，全市没有1名学生因家庭贫困而失学。做好建档立卡贫困家庭学生资助工作，春季学期2584名、秋季学期2369名学生全部落实政策。继续选派17名教师在海阳、莱阳、栖霞开展支教工作。支持教育长岛发展，首次将支教长岛教师增加到15人；为长岛争取10名省公费师范生名额。选派15名教师首次开展支教德州工作。拓展支教巫山工作内容，选派2名教师赴巫山支教，开展“国学进巫山”“博士进巫山”“心理关爱进巫山”等活动，捐赠价值10万元图书，做好多批次巫山教育干部到烟台学习交流工作。选拔新一批7名教师援藏。

【教师队伍建设】 2019年，市教育局出台《关于全面深化新时代全市教师队伍建设改革的实施意见》，确定全市教师队伍建设改革的攻坚方向和主要举措。优化教师招聘办法，做好“组团式”校园招聘工作，扩大校园招聘实施范围，除东北师范大学、陕西师范大学外，首次将校园招聘范围扩大至非双一流高校，上半年在山东师范大学开展校园招聘工作；研究确立双一流高校和高水平师范院校全日制本科以上优秀毕业生、省师范类学生技能大赛三等奖以上、世界技能大赛优胜奖以上、全国职业院校技能大赛一等奖获得者的招聘方式；继续推进“面试前置”，全市各区市均全部或在部分学科实行“面试前置”，教师招考质量稳步提升，补充中小学教师1700余人。推行高职院校自主招聘教师工作，上半年批复同意烟台职业学院等高职院校在西安、武汉、烟台举行专场招聘会，逐步落实高校办学自主权。全年2.38万名考生参加教师资格面试。全市2400多名义务教育校长教师参与交流轮岗，推进全市中小学教师“校内—学区—县域”三级竞聘试点工作，在蓬莱试点开展“跨校竞聘”。增设基层中小学教师职称系列，实施在乡村工作10年20年30年不受岗位限制直接申报中级、高级、正高级职称工作。庆祝第35个教师节，开展市级先进个人和先进集体选树表扬工作，选树表扬299名市级优秀教师，100名优秀教育工作者、100名优秀班主任和60个先进集体，其中10名个人和2所学校获国家级表彰，30名个人和8所学校获省级表彰，莱州郭家店中心小学教师杨红梅被选为全省教师节表彰大会三位代表之一进行发言。教师节期间在各市主流媒体开展烟台最美教师集中宣传活动，在滨海广场开展“为教师亮灯”大型灯光秀公益活动。中华文化涵养师德提升工程顺利推进。加大典型选树宣传工作，教师武建君获得齐鲁最美教师称号，教师陶妍君获国家乡村优秀青年教师培养奖励计划人选，均为烟台市首次获此荣誉的教师。强化校长后备人才队伍建设，调整3名高中校长。28人入选第四期齐鲁名师人选，7人入选第三期齐鲁名校长人选，首位教师入选国家乡村优秀青年教师培养奖励计划。烟台市是全省网络研修示范区唯一的地市级单位。举行第五期儿童阅读推广人培训班，组织8000余人参加普通话水平测试。

【教育信息化】 2019年，市教育局实施教育信息化2.0行动。教育城域网出口带宽扩容至25G，与13个区市及21所直属学校网络链路升级为双万兆互联，成为国内普教系统首个整网开通IPV6的教育城域网。教育网络安全管理水平不断提高，在全省关键信息基础设施网络安全检查中成绩列第一位。数字校园建设形成全域推进格局，中心以上学校全部建有多媒体录播教室，中小学校基本实现无线网络全覆盖，所有班级配备交互式电子白板或触摸式一体机等“班班通”设备，信息化教学手段普及城乡课堂。推进“互联网+教育”大平台建设，教育管理、资源、视讯、网络空间等各类平台实现业务整合与功能优化，市级教育资源公共服务平台作用明显，全年直播优秀课例2017节，新增资源16万条、容量超过11T。创客教育坚持“普及性、特色式”发展，建成创新实验室1264个，每所学校建有2个以上创新实验室，举办系列学生创客大赛，参赛学生5万人次，多项作品在省赛国赛获奖。信息技术教学应用成果突出，在全省教育信息化交流展示活动中一等获奖比例居全省第一。建立教育APP日常监管和“双审查”责任制，对全市中小学及幼儿园违法违规APP全面排查，严防有害 App 进校园。承办第十九届中国教育信息化创新与发展论坛暨 2019 年全国教育信息化应用成果展示交流活动。

【教育督导】 2019 年，市教育局采取明察暗访、四不两直等方式检查 200 余所学校、幼儿园，对问题突出的区市教体局和学校进行约谈。推进县域义务教育优质均衡发展创建工作，制定“一县一报告”。开展政府履职督查评价，列出问题清单，推进问题整改。莱州市获批全省唯一一个国家级义务教育质量监测结果应用实验县市区。

【语言文字】 2019 年，市教育局组织开展第 22 届全国推广普通话宣传周活动，组织 8000 余人参加普通话水平测试。举办第五期儿童阅读推广人培训班。完成 2019 年全市县域普通话普及情况调查任务，上传国家语委平台 3200 余条调查录音。长岛通过普通话普及县域验收。

【图书发行】 2019 年发行各类报刊 186 万余份，寒假作业 68 万余册，地方教材 123 万余册。

【学校安全稳定】 2019 年，市教育局推进校园“三防”体系建设，彻底解决全市中小学、幼儿园一键报警装置未全覆盖等问题。开展大型专项安全检查活动 7 次，实现所有学校、幼儿园 100% 覆盖。开展食品安全联合行动专项整治，检查学校食堂 1200 多处。安全教育平台使用情况所有考核指标均名列全省第一。开展教育系统扫黑除恶专项斗争，完善应急处置预案，保持全市学校安全形势持续稳定的良好态势。

【招生考试】 2019 年，市教育局落实各类人才定向培养招生政策。开展净化考试环境严厉打击考试作弊违法犯罪活动专项行动。实施标准化考点升级改造工程。全年组织教育考试 20 次，参考人员为 64 万。

基础教育

【概况】 2019 年，市教育局严格规范办学行为，加强教辅材料选用管理，规范进校园进课堂活动，推行小学课后服务，开展延迟到校时间调研论证。推进体育艺术教育，加强音体美课程刚性化管理，新增国家级校园足球特色学校 17 所、幼儿园 18 所，创建省级体育专项特色学校 10 所。推进中小学生艺术素质测评工作，构建“政府主导、课程管控、队伍建设、监测评价”四位一体美育机制。加强劳动教育，出台实施意见，推动中小学劳动教育落地。举办“共筑航天新时代·山东烟台站”中国航天展系列实践活动。确定 100 多个“社会大课堂”活动场馆，惠及 30 多万中小学生，成为文明城市创建和素质教育的一大品牌。基础教育质量在全省领先，高考上线率和优生培养连续多年在全省保持领先优势。

【教育科研】 2019 年，在全省基础教育教学改革项目评审和年度规划课题立项中，通过率均位居全省第一，其中，27 个项目获基础教育教学改革项目立项，通过率 63%（高出全省 30 个百分点），36 项课题立项，通过率 51.4%（高于全省 21 个百分点）。

【消除中小学大班额】 2019 年完成投资 6.94 亿元，新建、改扩建学校 33 所，其中投入使用学校 26 所。

【高中阶段普及攻坚工程】 2019 年完成投资 6.1 亿元，推进 15 所学校工程建设，其中投入使用学校 11 所。

职业教育

【概况】 2019 年，市教育局构建区域统筹“大职教”格局，组建电子信息、医养健康、现代物流、跨境电商等新型产教联盟，构建起具有烟台特色的职教育人机制，被评为全省 2019 年度教育综合改革和制度创新十大典型案例。推进职业教育内涵建设，争取教育部 1+X 证书制度试点 33 个，省优质高等职业院校等省级项目 8 项，省示范性及优质特色中

2019 年 10 月 24 日，烟台市教育局在牟平区举办全市学校体育美育工作现场会 （供稿：刘静静）

2019 年 5 月 10 日，2019 年山东省职业教育活动周——烟台市职业院校技能文化展演活动在开发区举行 （供稿：刘静静）

等职业学校项目 14 个，居全省首位。建设腾讯烟台新工科研究院，推动升级改造传统专业，完成三年专业建设规划。举办山东省职业教育活动周烟台市职业院校技能文化展演活动。参加全国全省职业院校技能大赛总成绩位居全省第二。《光明日报》《中国教育报》、中央电视台等主流媒体集中报道烟台市职业教育改革创新经验。

【基础建设】 2019 年，烟台工贸技师学院新校区建设工程，完成 5 栋实训楼、体育场、配套设施等总计 17 万平方米工程建设，解决新校区校门口交通安全问题，提前一季度投入使用。烟台一职新校区建设工程，11 栋单体中有 10 栋主体封顶。烟台职业学院产教融合工程实训基地建设工程，主体工程提前 1 个月完工，基地正式启用。

高等教育

【概况】 2019 年，烟台市有普通高校 15 所。市教育局发挥校地合作联席会议制度作用，召开 2 次会议，设立 6000 万元的校地融合发展专项资金，印发《烟台市校地融合发展专项资金管理办法（试行）》，对高校科技创新人才和项目进行支持。按规定程序开展 2019 年度项目评审工作，提出支持项目名单，经市政府常务会议研究通过。筹备迎接烟台文化旅游职业学院和烟台幼儿师范高等专科学校省厅高校设置评估，2 所院校通过评审。

（撰稿：刘静静　审稿：宋守杰）

【烟台大学】 创建于 1984 年 7 月，是由北京大学、清华大学直接援建，烟台人民集资创办的省属重点综合性大学。具有博士生、硕士生、本科生招生资格和相应学位授予权以及博士后研究人员招收资格。“药学”“材料科学与工程”学科入选山东省“一流学科”建设立项。学校占地面积 140 万平方米，建筑面积 101.98 万平方米，教学仪器设备总值 4.18 亿元。设 22 个学院（部），65 个研究院所，66 个本科专业，涵盖文、理、工、法、农、医、经济、管理、教育、艺术等 10 个学科门类。全日制在校本科生、研究生、留学生 3 万余人，本科生源跨全国 30 个省（市、区）。专任教师 1562 人，具有高级以上专业技术职务人员 758 人，具有博士学位者 748 人，占专任教师的 48%。有中国工程院院士 1 人，兼职院士 13 人，长江学者奖励计划特聘教授等国家级人才 8 人，省“一事一议”顶尖人才、泰山学者工程入选者、泰山产业领军人才等 100 人。2019 年，学校成为山东省教育厅与烟台市人民政府共建高校，首次整体进入 U.S.News 世界大学排行榜。出台《烟台大学高质量发展实施意见》，启动实施“九项工程”。化学学科进入 ESI 全球前 1% 并持续保持。获批招收重大新药新型

2019 年 8 月 2 日，山东省教育厅与烟台市人民政府签约共建烟台大学 （供稿：赵海峰）

释药系统项目博士后研究人员资格。获批4个国家级、15个省级一流本科专业建设点。获批1个省协同创新中心、1个省工程实验室。获批设立第十三届省人大常委会地方立法研究服务基地。与烟台市政府、新华三集团、中国科学院过程工程研究所、山东裕龙石化有限公司等签署各类合作协议43份。获得2018年度省属高校绩效考核优秀等次。

（撰稿：赵海峰　审稿：马春富）

【鲁东大学】 创建于1930年，占地230公顷，校舍建筑面积103万平方米。设有22个学院、74个研究院（所）、85个本科专业，有1个博士后科研流动站、1个博士人才培养项目、17个一级学科硕士点、12个硕士专业学位类别。有专任教师1600人，其中正高231人、副高553人，具有博士学位的900人。有省级以上高层次人才114人次。面向除西藏外的其他31个省（区、市）和港澳特别行政区招生，在校硕博研究生1880人、本科生27650人。2019年，获批国家级一流专业建设点3个、省级一流专业建设点19个，省级一流本科课程23门。工程学学科稳定在全球排名前1%连续1年。体育学学科连续3年进入软科“中国最好学科排名”全国前25%。服务国家特殊需求“问题青少年教育矫正管理”博士人才培养项目通过验收评估。参评的18个硕士学位授权点全部通过首轮合格评估。通过全国首批来华留学质量认证。学生获国际级国家级竞赛奖励1278人次、省级竞赛奖励2657人次。应届本科毕业生年底就业率97.01%，高质量就业率40%。学校在“2015—2019年全国师范类本科院校学科竞赛排行榜”位列全国第17位，在武书连2019中国大学本科生就业质量排行榜列全国185位、山东省属高校第6位。教师立项国家级科研项目76项，年度科研经费总额1.1亿元，同比增长50.3%。烟台新旧动能转换研究院培育新型研发机构15个、公共研发服务平台2个。烟台乡村振兴战略研究院获批省乡村振兴齐鲁样板工程项目。与烟台市委共同创作《红色胶东》大型组歌，在烟台、中共山东省委党校公演5次，引起强烈反响。获批1个全国党建工作标杆院系、1个全国党建工作样板支部和4个山东党建工作“双创”培育创建单位，学校党委被评为山东教育系统先进基层党组织。学校获评全国绿化模范单位、省级文明校园，在2019年省属公办本科高校绩效考核中获评“优秀”等次。

（撰稿：李辰光　审稿：钟旭生）

2019年10月18日，鲁东大学作为山东省唯一一所高校成为全国首批通过来华留学质量正式认证的22所高校之一，进入国家来华留学教育第一方阵

（摄影：朱会敏）

【山东工商学院】 原名中国煤炭经济学院，始建于1985年，是原煤炭工业部唯一一所财经类高校。1998年9月，因管理体制改革转为中央与山东省共建，以山东省管理为主，2003年2月更为现名。学校占地90.9万平方米，建筑面积62.6万平方米，图书馆馆藏文献266.24万册，其中纸质文献总量157万册。学校有17个二级院（部）、7个研究院，3个山东省协同创新中心，6个山东省高等学校科研创新平台，1个山东省示范工程技术研究中心和4个新型智库。全日制在校本专科生、研究生20952人（留学生本科129人）。教职工1225人，其中专任教师915人，教授128人，博士412人。长江学者2人，国务院特殊津贴专家8人，全国优秀教师2人，教育部新世纪优秀人才2人，教育部高等学校教学指导委员会委员2人，泰山学者青年专家1人，山东省有突出贡献的中青年专家5人，山东省智库高端人才2人，山东省教学名师、山东高校十大优秀教师等40余人。学校有59个本科专业、5个一级学科硕士学位授权点和4个专业学位授权类别，获批博士学位授予培育建设单位。近3年毕业生就业率保持在95%以上。

（撰稿：胡淑芳　审稿：张卫纲）

【滨州医学院】 是山东省博士学位授予立项建设单位，山东省应用型人

2019 年 3 月 20 日，滨州医学院“山东省高等学校对接产业类协同创新中心”揭牌

（供稿：王志远）

才培养特色名校，有烟台、滨州 2 个校区和 2 所直属附属三级甲等综合医院，占地 112 公顷。设有 14 个院（系）、32 个本科专业、6 个硕士学位授权一级学科、39 个二级学科、5 个硕士专业学位授权点。全日制在校生 16373 人，其中，硕士研究生 830 人、留学生 177 人；专任教师 1098 人，“长江学者”1 人、山东省“泰山学者”和泰山产业领军人才 24 人。学校有国家级特色专业 4 个、省级应用型专业群 4 个、省级特色专业 8 个、省部级重点学科 8 个，其中，临床医学在省属同类院校中最早进入 ESI 全球排名前 1% 并入选山东省“一流学科”，获批为山东省新旧动能转换专业对接产业项目；立项国家自然科学基金立项 23 项，年度科研经费达到 6350 万元；在《新英格兰医学杂志》发表重要研究成果并入选年度最佳论文。形成残疾人高等教育的鲜明特色，1985 年在全国最早创办残疾人高等教育，构建“残健融合、教康结合、学用合一”的残疾人人才培养“滨州医学院模式”。构建融合多学科门类的“大康复”体系，成为山东省首家拥有覆盖临床康复、护理康复、假肢矫形、康复管理等“大康复”学科专业体系的高校，同时是全国首批、全省唯一获批康复治疗学硕士学位授权点的高校，是全国最早开设假肢矫形工程专业的高校，听力与言语康复学专业水平达到国内一流；成立康复学部、医养健康产业研究院等服务新旧动能转换机构。

（撰稿：王志远　审稿：颜廷海）

【烟台职业学院】 地处烟台市高新技术产业开发区，占地 100 余公顷，校舍建筑面积 54 万平方米，固定资产 9 亿元，教学仪器设备 2.1 亿元，馆藏图书 151 万册，是教育部“中国特色高水平高职学校和专业群”建设单位、国家优质高职院校、国家示范性骨干高职院校、国家产教融合工程建设院校、全国职业教育先进单位、国家职教师资培训基地。学院有 13 个系部，50 余个教学专业，涵盖装备制造、电子信息、建工、交通运输、财经、商贸、食品化工等 9 个专业类别，高职在校生 16000 余人。拥有专任教师 803 人，其中教授 71 人、副教授 306 人、硕博士 535 人，全国优秀教师 1 人、全国教育系统先进集体 2 个、省级教学团队 10 个、山东省教学名师 9 人、山东省青年技能名师 4 人、齐鲁首席技师 1 人。建有国家级重点建设专业 15 个、中央财政支持实训基地 1 个、国家级精品课程及精品资源共享课程 3 门、国家规划教材 8 门，拥有中国特色高水平专业群 1 个、山东省高水平专业群和品牌专业群 6 个、山东省示范特色专业 9 个，省级精品课程及精品资源共享课程 88 门。获国家级教学成果奖 2 项、省级教学成果奖 18 项，建有“教育部协同创新中心”2 个，“山东省高校工程技术研发中心”2 个。2019 年，录取新生 6260 人，毕业生 5984 人；获批为教育部“中国特色高水平高职学校和专业群”建设单位；获批 3 个省级高水平专业群，12 个全国 1+X 证书制度试点专业；国家发改委“十三五”产教融合工程实训基地投入使用；获评“山东省产教融合（校企合作）示范单位”；参加全国职业院校技能大赛获 3 金 3 银 2 铜；首批 14 名孟加拉国留学生入学；获全国高职院校“教学资源 50 强”“国际影响力 50 强”。

（撰稿：夏学超　审稿：韩英）

【烟台工程职业技术学院】（烟台市技师学院）占地面积 57.6 公顷，建筑面积 24 万余平方米。设机械工程、电气与新能源工程、信息与传媒、经济管理、汽车工程、航空服务、动力工程、工业技术应用 8 个系。有教职工 806 人，其中教授、副教授 168 人，省级教学名师 3 名，省级教学团队 5 个，山东省首席技师 2 名，省青年技能名师、技术能手 5 名，烟台市首席技师、突出贡献中青年专家、突出贡献技师、技术能手等 32 名。2019 年学院高职招生 4153 人，其中 80.4%

为烟台市外生源；高职毕业 3407 人，就业率 97.27%，其中 1761 人留烟就业，占就业生总数的 51.7%。2019 年，学院组建烟台市党史研究宣教基地，1 个党支部入选“全国党建工作样板党支部”；牵头成立烟台市现代物流产教联盟、中国（山东）自贸区烟台跨境电商产教联盟、烟台智能制造应用技术研究院，召开学院理事会一届二次会议，与施耐德电气共建智能控制实训中心，与腾讯烟台新工科研究院签订框架合作协议，与无锡科技职业学院签订友好合作院校协议探索学分互认、教师互派、干部互挂、课程共享、专业共建“三互两共”合作育人模式；获批国家级生产性实训基地 1 个、国家级骨干专业 2 个、教育部第二批 1+X 证书试点 3 项、山东省现代学徒制项目 1 个、山东省高等学校青创人才引育计划团队建设项目 1 个、省级名师工作室 1 个；获得职务专利授权 131 件，发明专利授权量居全省高职院校首位；签订技术合同 47 项，技术合同登记额度位居烟台市区域各高职院校首位；实施“红色电商助力乡村振兴”项目，对接开发区乡村、街道开展电商技能扶贫；与驻地海信社区居委会联合成立社区学院，开放体育场、图书馆等公共资源，打造社区课程，组建社区服务队服务社区居民需要。

（撰稿：姜轮　审稿：王俞森）

2019 年 9 月 27 日，海南天羽飞行训练有限公司与烟台汽车工程职业学院校企合作签约暨揭牌仪式举行，成立校企合作人才培养基地，组建“海航天羽空乘订单班”（供稿：卜涛）

【烟台汽车工程职业学院】 占地 75.3 公顷，建筑面积 30.5 万平方米，教职工 747 人。全日制在校生 1 万余人。有汽车工程系等 7 个教学系部，开设汽车制造与装配技术等 36 个专业，有 2 个中央财政重点支持建设专业，3 个省级特色专业，4 个省级品牌专业群，2 个省级现代学徒制试点专业，1 个专本贯通分段培养专业，中央财政支持的实训基地 1 个。建有省级精品课程 16 门，立项省级精品资源共享课程 14 门。学院建有 3.5 万平方米的实训中心，校内实训室 124 处，校外实训基地 250 处。学院是山东省技能型人才培养特色名校、山东省优质高等职业院校建设工程立项建设单位，获得全国职业技术教育先进单位、山东省文明单位、山东省企校合作先进单位等荣誉称号。被教育厅确定为第二批山东省优质高等职业院校建设工程立项建设单位。项目建设取得国家级标志性成果 11 项（37 个），省级标志性成果 19 项（127 个）。构建新能源与智能汽车、整车与零部件智能制造、汽车维修与服务、汽车营销与管理、财经商贸、信息与智能控制、交通服务、健康服务 8 个专业群；增设民航安全技术管理、虚拟现实应用技术、学前教育 3 个专业。参加全国职业院校技能大赛分别获得“嵌入式技术与应用开发”和“数控机床装调与技术改造”赛项二等奖。共获国家级一等奖 3 项，国家级二等奖 9 项，国家级三等奖 2 项，省级一等奖 16 项，省级二等奖 20 项。与江苏无国界发展有限公司、海南天羽飞行训练有限公司、青岛日日新信息服务有限公司及太平洋保险在线服务科技有限公司山东分公司等 4 家企业签订合作协议。与德国陆克思德公司联合成立中德新能源汽车培训与认证中心。与台湾健行科技大学签约，正式建立合作关系。

（撰稿：卜涛　审稿：张巍峰）

责任编校：云　霞

文化·旅游

文化综述

【概况】 2019年，全市文化系统有专业艺术院团10个，演出剧场10个，公共图书馆14个，文化馆14个，登记备案的各类博物馆、纪念馆35个，文保单位42家。围绕庆祝中华人民共和国成立70周年重大主题，举办首届烟台市民文化节，推出1.4万场活动，惠及百万人次。创新繁荣舞台艺术“双演”机制，新创、提升20部剧目，在烟台大剧院推出国内外演出145场，市区举办各类文博展览200余场，送戏下乡6000余场，农村数字化公益电影放映7.8万场。推出“我们的节日·4+N”“艺术烟台”公益培训、烟台之夏现代音乐汇等文化品牌活动。

【现代公共文化服务体系建设】 2019年，市文化和旅游局制定出台《关于推动乡村文化振兴工作的实施意见》《关于建设“新时代农民文化乐园”的实施意见》《烟台市“乡村儒学讲堂”建设与服务基本标准》等文件，整合原市旅发委和原市文广新局的乡村文化振兴职责，推进乡村文化振兴和基层综合性文化服务中心建设，召开全市文化扶贫工作调度会议，推进工作落实。评选“新时代农民文化乐园”示范点10个，“乡村儒学讲堂”示范点30个，委托第三方对全市基层综合性文化服中心进行实地核查，核查乡镇综合文化站28个，村（社区）综合性文化服务中心444个，其中普通村161个、省定贫困村83个、“332”扶贫工作重点村200个。2019年全市村（社区）综合性文化服务中心建成率100%。开展“送戏下乡”6000余场，开展农村数字化公益电影放映7.8万余场。开展广播电视扶贫“户户通”工程，为36714户贫困户免费接入电视信号。

【舞台艺术创作与展演】 2019年，市文化和旅游局实施“我们的节日·4+N”主题创作演出机制，新创剧目10部。市直三院新创京剧《戚继光》、吕剧《社区书记》、旅游歌舞剧《长岛长岛》，资金投入、创演阵容均达近年之最；县级院团新创蓝关戏《四知太守》、吕剧《突围》《衣家人》《老房》、京剧《寸草心》，其中吕剧《衣家人》参加“放歌新时代—山东省乡村题材优秀文艺作品集中展演”；民营剧团复排经典话剧《霓虹灯下的哨兵》《雷雨》获社会好评，舞台艺术创作空前繁荣。围绕元宵、七一、十一和元旦“4”个重要节日，以及五一、六一、八一等“N”个重要节点，打造4台高品质文艺晚会，其中“五一”晚会成为全市经济观摩项目，“十一”晚会成为市委理论中心组学习项目；推出104场“4+N”主题演出，惠及12万群众。开展烟台市繁荣舞台艺术“双演”会演选拔，评选出20件优秀剧（节）目，并给予资金支持。创新举办“烟台之夏”现代音乐汇，7月11日起在滨海广场连续20晚集中推出27场音乐会，观众近4万人。5部美术作品入选第十二届中国艺术节，17件美术作品入选第十三届全国美展，为历届入选作品数量最多、门类最广的一次，数量居全省前列，实现烟台美术创作历史性突破。鼓励电影、电视剧等节目创新创优，电影《党员登记表》入选第十三届山东省精神文明建设“文艺精品工程”奖，电视剧《苹果熟了》、电影《要活着去天堂》列入2019年度山东省影视精品推进计划专项资金项目。

【全民阅读活动】 2019年4月1日，《烟台市全民阅读促进条例》施行，是全国地级市中首部围绕全民阅读方面制定的地方性法规，为全民阅读工

2019年9月25日、26日，祖国不会忘记——烟台市庆祝中华人民共和国成立70周年晚会在烟台大剧院举行（供稿：宁楠）

作开展提供法律遵循。加大政府投入，全市全年新建城市书房17处，总量达到31处。围绕庆祝中华人民共和国成立70周年，举办“祖国颂”第九届烟台市民读书朗诵大赛，创新采用市、县、乡联动模式，开设118个乡镇（街道）初赛点，评选出50个“优秀市民朗诵者（团体）”。开展世界读书日暨百日“同城共读”系列活动，发出“服务全民阅读 共创美好生活”全民阅读倡议，吸引30多万市民参与。采取“市县联动、部门同步、资源整合、全民参与”的方式，举办第三届“讲烟台故事、建文明城市”比赛，增强烟台市民的文化认同和自豪感。加强儿童阅读推广人培训，培训儿童阅读推广人2000余人，持续壮大阅读“点灯人”队伍。开展2019年烟台市居民阅读状况调查。9月20日，烟台图书馆牵头成立烟台市全民阅读联盟，采取“场地联用、品牌联创、活动联办、培训联做、平台联建”的工作模式，共同推进“书香烟台”建设。

【文化产业】 2019年，全市规模以上文化产业法人单位197家，从业人员32995人。全市规模以上文化产业法人单位实现营业收入244.65亿元，营业利润3.82亿元。

【文化旅游市场整治】 2019年，市文化和旅游局整治文化和旅游市场秩序，印发《开展市场秩序和安全综合整治行动加快文化和旅游高质量发展实施方案》，组织召开动员会议，部署为期4个月的市场秩序综合整治活动，在开展监督执法的同时，对照标准全面开展“文旅要素回头看”活动。结合文旅部组织的“体检式”暗访活动，开展“十日攻坚战”“星级旅游饭店对标检查”等5个专项整治行动和日常执法检查，出动执法检查人员12241人次，检查经营场所2738家次，发现违法违规行为为187家次，其中责令改正11家次，警告121家次，实施罚款处罚55家次；景区降低等级1家、取消登记13家、饭店取消星级7家、导游注销资质675人。

【动漫产业】 2019年，烟台动漫基地（烟台1861文化创意产业园）是最早的一批“国家级动漫产业发展基地”。2019年末，汇聚屹林文化、飞翔动漫、白鲸动漫等40多家知名动漫企业。先后有《晶莹小子》《快乐星球》等多部动漫作品在央视播出并获奖项。新浪动漫烟台动画制作基地，面向全国开展影视+动漫实训合作业务，承接新浪动漫在国内与各大高校合作的实训拓展。烟台屹林文化传媒有限公司以IP形象研发为核心，构建起一条从内容创作、媒体互动、品牌授权、媒体传播到高新技术产品设计、市场营销的完整产业链。创意项目《丝绸之路文化探险》系列漫画入围国家文化部“2016年动漫品牌建设与保护计划”，第一集于2017年在韩国率先出版发行。同时，大量企业借助区位优势与日韩动漫产业建立密切的产业合作，并在韩国光州、富川等部分城市建立良好的合作模式。

公共文化

【首届烟台市民文化节】 2019年3月30日，市文化和旅游局创新举办礼赞新中国为主题的首届烟台市民文化节，围绕“城市美好生活”“中华优秀文化”“市民艺术风采”“人文艺术培训”四大类，推出“春之声”“夏之舞”“秋之韵”“冬之乐”四大篇章万余场活动，惠及市民上百万余人次，实现“百个社区大展示、千支团队大竞技、万场活动亮风采、百万市民共分享”的目标。开幕式以烟台市文化中心广场为主会场，15个县市区文化广场为分会场，共同推出富有特色的文化展演和服务活动。

【烟台首届文化惠民消费季】 2019年7—10月，烟台市举办第三届烟台文化惠民消费季，全市120家企业参与活动，在省厅指定的齐鲁文惠购平台上上传文化产品5000余件次，形成订单11万余件。开展艺术精品欣赏、新兴时尚采撷等6大主题8000余场文化惠民消费活动，成为全市公共文化服务的有效补充。全市投入文化惠民消费引导资金440万元，直接拉动消费1700多万元，间接带动文旅消费6000余万元。

【新编历史京剧《戚继光》】 2019年11月29日，由中共烟台市委宣传部、烟台市文化和旅游局、蓬莱市人民政府主办，烟台市京剧院创排的新编历史京剧《戚继光》在牟平大剧院上演。新编历史京剧《戚继光》讲述烟台籍抗倭名将、民族英雄戚继光带领戚家军抗击倭寇、保家卫国的英雄史诗故事。剧目抛开对戚继光人物的概念性描述，将史诗性叙事和传奇性叙事相结合，选取“三箭射三酋”、上《练兵议》、招练义乌兵、台州大捷等具体故事情节，同时注重对戚继光精神世界和内心情感的挖掘，把抗倭战争背后的历史文化背景、社会制约因素、民族苦难和辉煌史等丰富的意蕴涵盖进剧目，新编演绎巾帼英雄沈海平与戚继光的儿女情长，让戚继光奋勇抗倭、爱国为民、誓死守护海疆的英雄形象更加有血有肉、鲜活生动。新编历史京剧《戚继光》主创团队由全国知名专家组成。中国著名剧作家、国家一级编剧姜朝皋执笔，著名京剧表演艺术家、著名京剧导演陈霖苍任导演，著名戏曲音乐家朱绍玉作

2019 年 11 月 29 日，烟台市京剧院创排的新编历史京剧《戚继光》在牟平大剧院上演　（供稿：宁楠）

曲，中国京剧艺术基金会副秘书长洪业担任策划，北京京剧院舞美设计常疆任舞美设计、北京市曲剧团灯光设计刘贺担任舞台灯光设计。

【吕剧《社区书记》】 2019 年 9 月 27 日，由中共烟台市委宣传部、烟台市文化和旅游局主办，烟台市吕剧院创排的吕剧《社区书记》在牟平大剧院上演。吕剧《社区书记》以山东省城市社区“担当作为好书记”、烟台市芝罘区大海阳社区书记冷晓燕等为代表的基层优秀干部为原型，讲述工作在最基层的社区书记肖海燕深入群众、扎根人民，为群众服务的故事。吕剧《社区书记》是烟台市面向全国邀请主创团队的开篇之作，由中国京剧艺术基金会副秘书长洪业任策划，中国评剧院编剧、文华大奖得主冯静任编剧，北京人民艺术剧院导演、文华导演奖获得者顾威担任总导演，五十六号戏剧工作室青年导演王翼担任执行导演，省内资深吕剧音乐家栾胜利、丁博民担任作曲，常疆、刘贺等国内一线专家担任舞美、灯光设计。

文博图事业

【烟台市博物馆】 2019 年，烟台市举办展览项目 25 个，开创“烟台宝藏”展览品牌展览，《乾隆皇帝的珍宝》展览社会反响强烈；《我们的 70 年——新中国成立后烟台社会的发展与变迁》获国家文物局 2019 年度“弘扬优秀传统文化·培育社会主义核心价值观”主题展览推介。山东省博物馆学会保管专业委员会成立暨第一届委员代表大会在烟台市博物馆召开。烟台市博物馆作为专委会的挂靠单位，协助省博物馆学会开展各项日常工作。完成孙家遗址等 4 处遗址考古调查、勘探及发掘工作，保障市重点工程项目推进。联合日本九州大学等高校对大仲家遗址出土的陶片及石器考古研究，将烟台水稻种植历史提前千年，为“中日稻米之路”研究提供科学保障。联合北京大学，修复双耳带盖铜缶等 10 余件文物器皿，为文物保护利用做好保障。举办胶东商周考古学术研讨会，开启胶东商周考古研究新篇章。全年举办文化志愿服务队走基层、童心向党薪火相传、历史文化讲堂、青少年趣味课堂、展教活动 180 余期，接待观众 28 万人次。

2019 年 9 月 26 日至 10 月 27 日，烟台市博物馆举办的《我们的 70 年—新中国成立后烟台社会的发展与变迁》入选国家文物局主题展览　（供稿：宁楠）

【烟台美术博物馆】 2019 年，烟台美术博物馆围绕“新中国成立 70 周年”“烟台市民文化节”等主题活动，策划举办展览 73 场，全部面向公众免费开放，参观人数突破 10 万人次。开展以“美术馆优＋计划”“基层美育示范点”为主题的公共教育活动 120 余场，参与公众近万人次。烟台美术博物馆运营与管理模式入选“烟台市体制机制创新试点重点项目”，为创新文旅融合下的“美术馆＋”服务模式打牢基础。“梨园芳华——烟台京剧艺术展暨京剧雅集”入选烟台市城市营销综合项目，巡展北京、武汉两大京剧传承地。以弘扬地域文化，讲好烟台故事为内容的“仙境海岸·鲜美烟台——胶东窗花剪纸艺术展”完成英国、匈牙利欧洲两国巡展。“美术馆＋基层美育示范点服务模式”获文化和旅游部“全国美术馆优秀公共教育项目”提名奖。“无问西东——罗伯特·普利兹曼 & 陈雨肖像绘画双个展”入选文化和旅游部全国美术馆青年策展人扶持计划项目。美术馆“优＋计划”入编《全国美术馆优秀公教项目案例集》。2019 年，烟台美术博物馆获“山东省文化和旅游系统先进单

2019 年，“美术馆＋基层美育示范点服务模式”获“全国美术馆优秀公共教育项目”提名奖，基层美育示范点展览 33 场，全年参观人数突破 10 万人次

（供稿：宁楠）

位”；公共教育部获“2019 年烟台市女职工建功立业标兵岗”荣誉称号。3 次应邀在中央文化和旅游管理干部学院为“全国美术馆馆长培训班”作“中小美术馆发展之路”经验分享。

【烟台图书馆】 2019 年，烟台图书馆年图书入藏量 3 万种 7.5 万册，报刊年入藏量 1337 种。坚持“全民阅读，儿童先行”，以儿童阅读撬动全民阅读，全市儿童阅读率达 90.5%，高于全国 10.1 个百分点。在媒体、网站和微信、微博发布各类信息 1290 篇，烟台图书馆借阅排行榜进入《图书馆报》全国 12 个代表性图书馆借阅排行评价体系。围绕中华人民共和国成立 70 周年和首届市民文化节等重点工作，以重大赛事和品牌活动为引领，举办第九届读书朗诵大赛、百日“同城共读”、山东省少儿诗词大赛和“讲烟台故事”等各类阅读推广活动 3000 多场。在全省率先成立全民阅读联盟，为全民阅读注入新的活力。创新推出线上线下“你读书我买单”惠民项目，创新图书馆服务的“烟台模式”。在杭州“世界城市博物馆”建立首座烟台市域外“城市书房”，成为讲好烟台故事、传播烟台文化、展示烟台形象的重要平台。获得省文明委“省级文明单位”“全省市级公共图书馆绩效评价优秀单位”“山东省古籍保护工作先进单位”“全省图书馆文献资源共建共享先进集体”、2019“我最喜爱的童书”阅读推广活动“阅读推广贡献奖”等荣誉。烟台图书馆“灯塔故事会”被中国图书馆学会评为阅读推广优秀项目。

【胶东革命纪念馆】 2019 年，胶东革命纪念馆获得国家级 2 项、省级 4 项、市区级 18 项 24 项荣誉，如团中央授予的“全国青少年教育基地”、山东省总工会授予“山东省富民兴鲁劳动奖状”、1 名讲解员参加“伟大历程 辉煌成就”庆祝中华人民共和国成立 70 周年大型成就展。全年与市内高校、社区、机关事业单位 6 个基层单位，以及省外南昌新四军军部旧址陈列馆确立共建关系。全年接待 856 班次，其中，接待预约团体 690 个，自主参观团体 166 个，接待参观烟台山 77 个班次，服务党员干部、群众 4 万余人，征集建议和留言 200 余条。

【非物质文化遗产】 2019 年，市文旅局组织烟台剪纸、烟台面塑、胶东锔艺、螳螂拳、泥塑开展“非遗大课堂”，开课 300 课时，培训学员 3000 余人次。组织烟台剪纸、螳螂拳等 10 余项非物质文化遗产项目开展非遗进校园活动，进入中小学 43 所，职业学院 4 所，授课 3500 课时，培训 10 万余人次。在山东省“非物质文化遗产月”、全国“文化和自然遗产日”期间，举办“巧手剪春”——烟台市庆新春剪纸精品展、“非遗保护 中国实践”烟台市非物质文化遗产大型展演展示庆典活动等多项活动，5000 余名市民现场观看。烟台日报、烟台晚报、胶东在线、水母网、公众号等媒体对各项活动刊登报道 20 余篇。组织开展第五批国家级非遗项目申报工作，评选推荐胶东花饽饽习俗等 4 个项目参加山东省评审。组织开展第五批市级非物质文化遗产代表性项目代表性传承人评审，47 名传承人列入第五批市级非物质文化遗产代表性项目代表性传承人名单。组织开展 2018 年度山东省非遗保护十大亮点工作及十大模范传承人申报工作，福山大面省级代表性传承人权福健获“山东省十大模范传承人”称号。组织全市优秀非遗项目参加第二届世界老年旅游大会、散装酒原产地博览会、全国文化馆年会、民间工艺品博览会、山东省非遗发展大会，获得国内外友人的赞誉。

【文化遗产保护】 2019 年，市文化和旅游局对上争取文物保护专项资金 1021 万元。完成烟台山近代建筑群消防工程、防雷工程等重点文保项目。配合市重点基本建设工程，开展莱州东海神庙遗址、蒜园子村西北遗址、庙岛水下文物资源普查等考古工

作，平均每年完成考古调查勘探面积在100万平方米以上。推进芝罘仙境、老岚水库、裕隆岛石化三大项目建设的考古服务保障工作，提出“考古先行、研究跟进、整体规划”的工作思路，确保文物保护与工程实施两不误。完成朝阳街南洋大药房旧址修缮并开街，启动奇山所西城墙整体保护工程，保障项目打造为山东文旅新地标、烟台文旅新支点、中心城区新亮点。公布第八批762处全国重点文物保护单位，烟台招远市曲城故城遗址、海阳市赵疃地雷战遗址等5处名列其中。

【烟台山免费开放】 2019年接待游客127万人次，其中旅游团队7400批次，21.6万人次。举办灯谜迎春会、五一游园会、十一黄金周文化旅游节等群众性文化活动15场次，惠及市民及游客36.3万人次。打造爱国主义教育及党性教育基地，接待学习团体880个批次、6.2万人次。12月烟台山文物管理中心被山东省精神文明建设委员会命名为省级文明单位。

新闻出版

【“扫黄打非”】 2019年，全市开展“扫黄打非”清源、净网、秋风、固边、护苗五大专项行动，组织联合执法集中行动和暗访大检查，出动执法人员42356人次，检查经营场所9875家次，办结行政处罚案件162起。烟台市“扫黄打非”工作领导小组办公室等4个单位被评为全省“扫黄打非”工作先进单位，3人被评为先进个人。

【软件正版化】 2019年9月，烟台市政府办印发《关于做好使用正版软件工作的通知》，要求各县市区人民政府（管委）、市政府各部门、有关单位认真做好2020年度正版软件预算编制工作，确保全市软件正版化工作持续推进。

【报刊内部资料年度核验】 2019年，市文旅局对全市8家报纸、10家期刊、25家省连续性内部资料出版物逐一进行审核。

（撰稿：宁楠　审稿：张祖玲）

烟台日报传媒

【新闻报道】 2019年，烟台日报传媒集团围绕总书记视察烟台一周年，推出“牢记总书记嘱托 奋勇争先走在前列”专题报道，推出18个专版，400余篇稿件；围绕中华人民共和国成立70周年，以“壮丽70年 奋斗新时代”为主题，策划“烟台70年发展成就巡礼”“烟台历程”“礼赞建设者”“烟台高质量发展纪行”等专栏专题专版报道，250余个版，100余万字，800余幅图片，3000余条全媒体信息；围绕中心工作，策划推出“烟台改革再出发”“‘三重’工作进行时”“寻标对标奋勇赶超”等专栏专题。

【融媒体改革】 2019年，烟台日报传媒集团推进全媒体中央厨房建设推进。成立全媒体“中央厨房”筹建领导小组和工作专班，向省内外10余家先进媒体单位学习，以“实战、实用”为原则，开展全媒体“中央厨房”建设，建成一个中心——全媒体中心、一套系统——超融合全媒体系统、一个集群——以大小新闻客户端为首发的全媒体集群、一套机制——“统一指挥、统一把关，滚动采集、滚动发布，多元呈现、多媒传播”的全媒体传播机制，完成前期思想动员和教育培训工作。与芝罘区合建芝罘区融媒体中心，成为烟台市首家正式启动的县级融媒体中心，打造县级融媒体中心建设样板工程；对大小新闻进行升级改造，打造一个“智慧”+“智能”的全新智媒体；开设多个抖音、头条等新媒体账号，最高单条视频播放量过1.1亿次，红心点赞总量过千万。

（撰稿：孙琳　审稿：李田）

广播电视

【媒体融合】 2019年，烟台广播电视台在省内城市台中率先搭建实用性强、融合度高、发展前景广的媒体“中央厨房”，迈入大小屏联动、立体多维发布、大数据辅助决策的融媒体时代。1月10日，烟台新闻综合高清频道正式开播，融媒体中心同步启用。3月28日，独立研发运营的新闻客户端“烟台时刻”正式上线，构建起以融媒体中心为核心，“胶东在线”“烟台时刻”为旗舰平台，其他客户端、微信微博矩阵各具特色的融媒体发布阵容。5月11日，结合2019广电观众节，在省内率先实现5G直播。10月举办烟台首次5g技术应用展。融媒体建设走在全省乃至全国城市台前列。省内外多家广播电视台参观学习，有的还提出技术合作、引进工作流程的要求，全省调研和舆情信息工作会议组织现场观摩，国家广电总局发展研究中心专程到烟台调研。

【新闻宣传】 2019年，烟台广播电视台以庆祝中华人民共和国成立70周年为主线，突出宣传贯彻习近平新时代中国特色社会主义思想和中共十九届四中全会精神，围绕高质量发展、新旧动能转换重大工程、山东自贸区烟台片区、“不忘初心、牢记使命”主题教育、世界工业设计大会等重大主题、重点工作，推出“壮丽70年 奋斗新时代”“担当作为 狠抓落实”“三重工作进行时”等100多个专栏专题，组织人大会议开幕、全市高质量发展观摩会、抗击台风利奇马、2019世界工业设计大会等10多次融媒体直播报道。在中央广播电视总台《新闻联播》《新闻和报纸摘要》《全国新闻联播》等重点新闻栏目播发稿件110余条，其中，综合头题7条，提要30条，在省广播电视重点新闻节目播发头题79条，在省台电视发稿得分全省第一、广播发稿得分全省第二，获得省广播、电视宣传先进集体一等奖。

【舆论监督】 2019年，烟台广播电视台坚持建设性新闻舆论监督，创新推出大小屏联动、线上线下互动的大型融媒问政节目《问政烟台》。省政府《工作动态》、“学习强国”平台、中央人民广播电台《新闻和报纸摘要》、山东卫视《山东新闻联播》都对《问政烟台》的经验做法进行报道，潍坊、菏泽、临沂、日照、东营等地宣传、广电部门专程到烟台实地观摩学习，2019年烟台中考政治卷围绕“《问政烟台》的播出会产生哪些作用”出一道16分的论述题。12月5日，烟台广电研发的全媒体报料平台上线，实现《问政烟台》《民生热线》《网上民声》三大建设性新闻栏目的报料资源通融、内容兼容，为搭建全媒体阳光政务平台奠定基础。

【《问政烟台》】 2019年，由中共烟台市委、烟台市人民政府主办，市纪委监委、市委宣传部、市直机关工委、烟台广播电视台承办的大型电视问政节目《问政烟台》，4月26日20:00在烟台广播电视台新闻综合频道播出，“烟台时刻”新闻客户端同步播出。第一期问政单位——烟台市住房和城乡建设局主要负责人带队走进节目演播室，接受民意“大考”。年内播出节目16期，现场曝光问题100多件，转交有关部门问题500多件，其中95%得到解决，约3000万人次通过不同渠道收看节目。《问政烟台》作为烟台首档电视问政节目，通过大小屏联动、线上线下互动的全媒体舆论监督，倒逼干部履职尽责，督促部门担当作为、狠抓落实。节目将广受关注的民生问题暴露在阳光下，让职能部门在媒体的聚光灯下，直面群众质询，现场答复，公开承诺，真正做到为群众排忧解难。节目播出后，针对部门整改落实情况，烟台广播电视台《聚焦烟台》栏目将利用一个周的时间进行跟踪采访、集中反馈，放大电视问政持续发力效应，真正做到有问题、有答复、有承诺、有落实。“烟台时刻”新闻客户端作为《问政烟台》指定的网络发布平台，每期节目播出后，将开放市民评议平台，市民注册后，可以观看《问政烟台》的节目视频，给该单位的表现进行评议打分，提出意见建议，并随时欢迎市民提供线索、反映问题。

【品牌建设】 2019年，烟台广播电视台提高融媒体意识，在内容和形式上全面创新，推出烟台市首届时代楷模发布会、纪录片《烽火洪流》《与共和国同行》、专题片《烟台影像志》《澎湃新动能》、广播剧《寻找杨子荣》、短视频《烟台24小时》以及“我和我的祖国”“不忘初心 歌唱祖国”快闪等一批优质产品。网络专题《风从海上来·改革进行时》获第29届中国新闻奖三等奖，是山东省唯一获奖的网络作品。广播剧《寻找杨子荣》获中国广播剧专家评析一等奖，广播剧《叫俺一声娘》获山东省精品工程奖。《民生热线》节目再次获中国广播电影电视社会组织联合会“全国广播类10强品牌栏目”称号。FM105.9烟台音乐广播全新开播，FM103烟台交通广播全面改版。烟台春晚、音乐朗诵会、中国好苹果大赛、全能少年等品牌活动受到好评。电影公司公益放映7万多场次，形成文化惠民品牌。

【技术建设】 2019年，烟台市高清电视频道制播设备购置及系统建设项目完成，开播烟台市首个高清电视频道——烟台新闻综合高清频道，在全省各地市率先启用融媒体中心和双层融媒体全景演播室，搭建媒体“中央厨房”。烟台电视经济科技频道、影视频道、公共频道高标清同播获总局批准，烟台广播电视台融媒体中心二期项目建设启动，推动广播、电视、网络、客户端、微信微博矩阵多种传媒形态深度融合、全面转型、一体发展，实现对内、对外与多类平台的“资源通融、内容兼融、宣传互融”。技术系统更新改造，龙口转播台、广播发射台全台实时监控系统建设项目完成。广播电视安全播出责任部门多措并举，加强安全播出日常管理和重要保障期等时期的重点维护管理，完成庆祝中华人民共和国成立70周年重要保障期保障任务，实现全年广播电视节目安全优质传输和播出。

【产业经营】 2019年，烟台广播电视台做强“传统品牌栏目+公司化服务+产业化运作”模式，发挥《绿色田园》、少儿电视艺术团等作用，拓展农资、少儿、旅游、培训等产业。在广州、南昌、嘉兴设立中国果品信息服务站，服务烟台苹果的高质量发展，拉动农资产业。承建并运营烟台市新闻发布厅，承接30多场新闻发布会。发挥融媒体建设经验和技术优势，承接芝罘区、福山区、莱山区、莱州市等多家区县融媒体中心建设，以及“齐鲁工惠”烟台站等融媒体技术运营业务，在IPTV、网络点播等新兴市场开发上取得新突破。

（撰稿：丁春鹏　审稿：林劲松）

文学艺术

【文学创作】2019年，全市专业和业余作家出版发表小说、散文、诗歌、评论等各类体裁文学作品120余万字。出版的作品有：小说集《枕中九记》（王秀梅）、《水边的木屋》（卢万成）、《困守旷野的树》（于全胜），散文集《低飞》（王韵），童话集《雨奶奶》（王秀梅），文论专著《李白的选择》（陈占敏）等。矫健中篇小说《魔城之门》获第三届“中骏杯”《小说选刊》奖第一名。王秀梅中篇小说《番外篇》《失形记》《山市》分别被《小说月报》《中篇小说选刊》《长江文艺好小说》转载，王铭婵短篇小说《大人物》被《小说选刊》转载，王月鹏散文《点灯的人》《怀念烨园老师》分别被《散文选刊》《散文海外版》转载，林纾英散文《大椿树》先后被《散文选刊》《散文海外版》转载，王韵散文《覆盖月光的夜晚》被《散文海外版》转载，散文《人间事》入选百花洲文艺出版社《2019中国散文排行榜》。王月鹏长篇小说《一路之隔》、凌可新长篇小说《吊在扣子上的魂》、夏龙河长篇小说《黄金通道》入选2019年省作协文学精品打造工程。在省作协主办的“庆祝中华人民共和国成立70周年”主题文学征文活动中，市作协获得一等奖1个，二等奖3个，三等奖2个。

【艺术创作】在2019年举行的山东省“泰山文艺奖”评选中，曲波音乐作品《敬礼》获二等奖，赵双临美术作品《Yoga！瑜伽》获三等奖。在第13届全国美术作品展览中，市美协有17件作品入选，其中孙成河、汪瀛、李藻华的3件为进京展作品，这是烟台市参加历届全国美展入选作品数量最多、门类最广的一次。在第十二届全国书法篆刻作品展览中，市书协有6件作品入选。在第六届山东省小品新作大赛中，市曲协小品《拜师》获得一等奖。在省文联举办的2019山东合唱比赛中，市音协海韵合唱团获金奖。

【文艺活动】2019年1月11日，“大海与高原的情意——烟台市支援聂拉木美术摄影作品展牟平巡展”在市民文化中心艺术展厅举办。1月25日，由山东省作家协会主办，山东省作协文学创作室（山东文学馆）、烟台市作家协会承办的“文学照亮人生”——山东省文学名篇阅读活动在烟台毓璜顶宾馆举行。4月11日，烟台印社成立暨第一次社员代表大会在高新区召开。5月5日，烟台现代画院等7家单位联合举办“写生中国·大美芝罘”活动。5月10日，由烟台市委宣传部、市文明办、市文联主办，牟平区委宣传部、牟平区文联、龙泉镇党委承办的“到人民中去”——烟台市新时代文明实践文艺志愿服务队活动启动仪式在牟平区龙泉镇邹家庄村举行。5月18日，市摄协“深入生活，摄取最美瞬间”摄影创作采风辅导讲座在烟台市文化馆举行；市作协在莱山区源空间京东书城、烟台市作协青少年活动中心举办文学公益培训活动。5月21日，由山东省文联、山东省戏剧家协会、烟台市文联、烟台市文旅局主办，烟台市戏剧家协会、烟台市文艺志愿者协会、牟平区文旅局、牟平区文联、牟平区文化馆承办的“到人民中去”——2019山东文艺界5·23文艺志愿服务活动暨山东（烟台）第二届“农民戏剧展演月”开幕式在牟平一格广场举行。5月25日，市文艺志愿者协会、烟台市吕剧院在莱州剧院演出胶东革命历史题材原创吕剧《西海地下医院》。6月16日，烟台市芝罘区毓璜顶街道全市首家城市街道文联宣告成立。6月25日至7月1日，“红色胶东——烟台市庆祝中国共产党建党98周年美术精品展”在烟台画院陈列馆展出。7月29日，由市舞协主办的“舞动童心闪亮未来”第九届烟台市青少年舞蹈比赛在胶东剧院举办。12月22—30日，由市音协主办，烟台华韵民族乐团、烟台文华爱乐乐团承办的“2020新年音乐会”在烟台大剧院举办。12月27日，举办“两岸情·一家亲”烟台市海峡两岸书画展，展出书画作品140幅左右。

【对外交流】2019年8月5日，“2019韩中日国际艺术交流展”在釜山市政厅开幕。9月20日，“第25届中韩（烟台·群山）美术书法交流展”在韩国群山艺术殿堂开幕。10月26日，由烟台市书法家协会与韩国书家协会釜山广域市支会联合主办的“一衣带水”——中韩（烟台·釜山）文化交流展在烟台画院陈列馆开幕。11月2—27日，“仙境海岸鲜美烟台·庆祝中华人民共和国成立70周年烟台市美术作品巡展”分别在桂林美术馆、成都市美术馆开幕。11月8—11日，俄罗斯“羽环”少年舞蹈团到烟台，与烟台市舞蹈家协会进行友好交流。

（撰稿：张华　郭昊　审稿：贺宗仪）

旅游综述

【概况】2019年，全市接待国内外游客8689.45万人次，实现旅游消费总额1211.79亿元。全市有中国优秀旅游城市7座，中国旅游强县1个。星级旅游饭店76家，客房总数12392万间，床位21375万张。旅行社254家，其中出境游组团社20家。A级旅行社

62家，持证导游员2213人。A级旅游景区82处，其中AAAAA级旅游景区3处，AAAA级19处、AAA级53处、AA级7处。国家级旅游度假区2处，省级旅游度假区8处。全国农业旅游示范点9处；省级旅游强乡镇38个，省级旅游特色村87个，省级农业旅游示范点42处、精品采摘园49处。省级旅游休闲购物街区1处、旅游商品研发基地8处。烟台市获“2019美好生活·中国十佳宜居宜业宜游城市”“2019避暑旅游样本城市”称号。

【项目开发】 2019年，市文化和旅游局印发《2019年度烟台市旅游项目建设推进意见》，建立县市区领导分包旅游项目责任制。至年末，全市在建旅游项目63个，昆龙温泉、拉菲酒庄等8个项目建成开业，完成旅游投资197.2亿元。编印2019年烟台市旅游招商项目手册，包装策划52个招商项目。协助栖霞艾山温泉、栖霞古镇争取省级贷款贴息资金250万元。

旅游行业管理

【概况】 2019年，市文化和旅游局策划开展“文明旅游海岸行——八进活动”，结合烟台四季旅游特点、节庆活动，全年开展八进活动26场，参与人次3.9万人次。推动行业文明创城工作常态化、标准化，制定印发《烟台市文化和旅游系统创建全国文明城市工作制度》《全国文明城市测评工作任务分工方案》和《全国未成年人思想道德建设工作测评任务分工方案》。强化业务培训和工作指导，举办全市旅行社业高质量发展暨旅游安全文明培训班、全市旅游饭店业高质量发展培训班、全市导游员岗前培训班等7场培训，参训人员1300余人次，导游员袁飞入选文旅部组织的金牌导游项目。加强信用体系建设，制定印发《烟台市文化和旅游系统信用体系工作方案》，引导文化和旅游市场主体诚信规范经营，多家旅行社在“5·19中国旅游日”等时间节点推出规范化诚信旅游线路。全市新评定AAA级旅游景区3家。孚利泰国际酒店在酒店经营管理经验被中国旅游报报道，山东省旅游饭店协会号召全省旅游饭店学习。金海湾大酒店等3家酒店的典型经验做法被中国旅游报等多家媒体报道。

【依法治旅】 2019年，市文化和旅游局创新推出投诉处理与市场监管衔接“旅游投诉调处通报、投诉处理上门督导、普法培训约谈警告、实施诉转案查处、行政处罚信息公示”五项制度，首次构建完成“文化旅游法律志愿服务体系”，举行文化旅游维权法律志愿服务协议签约暨法律顾问聘请仪式，借助社会法律专业力量推动文化旅游纠纷案件快捷化、效能化、人性化处理，全年为旅游者、旅游经营者提供法律服务573起，立案处理旅游投诉40起，受理国家旅游监管服务12301平台转办案件122起，受理市政务服务“12345”热线转办投诉67起，受理举报、来访及网络媒体投诉22起，为游客挽回经济损失及赔偿额39.82万元，旅游投诉案件处结率、满意率均100%。组织开展旅游市场大整治、十日攻坚战，集中开展导游市场专项整治行动，联合市交通运输监察支队开展旅游运输市场专项检查，出动检查人员596人次，检查旅行社325家次，检查导游人数26人，下达责令整改通知书14起，约谈旅行社负责人2次，与交通运输监察支队开展联合执法检查4批次，开展市县联动执法检查9批次，完成省厅转办投诉举报调查4起，行政处罚1起，罚没款金额1150元。

【优化服务环境】 2019年，市文化和旅游局实现高效优质审批，压缩办理时限，精简审批材料，加大网络办理、预约服务等工作力度。完成政务服务中心原文广新窗口与原旅发委窗口合并任务，不断优化服务，简化审批流程，缩短办事时限，出版物批发企业设立许可由10个工作日压缩到7个工作日等，窗口承担的17项审批业务均实现“一次办好”。其中出境游名单审核、旅行社业务经营许可证核发、导游证核发、外商投资旅行社业务经营许可证核发等业务，实现不见面审批、全程网办，导游证核发实现即时办理。推出预约办理、延时服务等工作举措，全年提供预约和延时服务约120起。60项政务服务事项实行“容缺受理·告知承诺”机制。全年办理各类审批事项3104起，被评为2019年度政务服务窗口先进单位，所有事项按期办结率为100%、满意率100%。

【行业标准化推进】 2019年，市文化和旅游局实施“管理工作标准化工程”，受文旅部委托起草《文化市场综合行政执法人员执法资格认证和执法证件管理办法（初稿）》，通过文旅部组织的专家评审并结题；起草“包价旅游合同与旅游代订合同法律性质分析”标准化课题，入选文旅部“文化市场综合执法规范化课件”，全国30个课件入选，烟台课题是山东省唯一入选课题。指导旅游行业协会制定团体标准两个。

【智慧旅游】 2019年，市文化和旅游局完成旅游大数据二期项目研发上线并投入使用，形成“1+3+N”的文旅公共信息服务模式，即以1个大数据中心为支撑，实现“宣传营销、信息服务、行业监管”3大智慧服务功能，以大数据分析引导“N”个文旅公共信息服务项目建设应用。开发建设面向管理部门、企业和公众服务的烟台市文化和旅游电子地图，实现文化和旅游数据化、服务智能化、营销精准化、体验个性化的交互化功能。建立烟台文旅自媒体宣传体系框架，原文化、旅游官方微信、微博、网站等新、自媒体全部合并统一为“烟台文旅”，全年为市民游客提供相关信息资讯1.6万余条次，发布相关宣传信息16080余条次，海外社交媒体粉丝超过20万名，各平台粉丝总量超过270万人。创新文旅宣传品制作，设计制作《“鲜美烟台”宣传折页》《仙境海岸 新八“仙”生活》丛书和鲜美烟台手账本三大主题宣传品，设计制作烟台风情充电宝、十大景区剪纸、烟台旅游束手袋以及车载手机支架等多样、新颖的特色文创品，全年设计制作文旅宣传品合计160余万份。与移动、联通两大通信运营商合作，从暑期旺季起，面向外地间隔1个月以上到烟台游客，提供第一站信息服务，发送欢迎问候语和旅游公共服务信息，7—12月，发送短信741万条。

【旅游公共服务】 2019年全市新建3处旅游咨询中心，分别位于烟台南站、蓬莱高速服务区、蓬莱市北关路。至年底，全市建成旅游咨询集散中心33处、设置95处烟台旅游信息岛，发放文化和旅游宣传品120余万份。全市新改建旅游厕所135座，获省级建设资金631万元。

特色旅游

【概况】 2019年，全市有11大类新业态旅游企业103家，其中研学旅行项目56家，温泉旅游项目6家，滑雪项目5家，邮轮游艇项目3家，休闲垂钓项目6家，养老养生项目4家，中医药健康项目4家，房车露营地6家，旅游演艺项目3家，低空飞行3家，旅游装备制造7家。

烟台开发区海滨栈桥　（供稿：市委宣传部）

【乡村旅游与旅游扶贫】 2019年，全市有国家级、省级乡村旅游品牌100余家。其中包括2个省级休闲农业与乡村旅游示范县（市），19处省休闲农业与乡村旅游示范点（园区），42处省级农业旅游示范点，8处山东省美丽休闲乡村、5处山东省齐鲁美丽田园，33处传统文化村落、街区入选山东省首批“乡村记忆”工程文化遗产，2个村庄入选中国最美绿色乡村。全市省级旅游强乡镇38个，省级旅游特色村87个，精品采摘园49个，星级农（渔）家乐811家。建立122户132人旅游扶贫持续帮扶人员档案，实行持续帮扶，年内人均旅游扶贫增收200～3000元不等。

【海上旅游】 2019年，烟台首届游艇生活艺术节暨巅峰燕云号游艇启航仪式举办，与百公里“海岸之路”陆海呼应，开启海上旅游新篇章。推出芝罘湾海上看烟台、市区滨海一线、崆峒岛环岛、长岛环岛、蓬莱滨海等海上游线路。

【工业旅游】 2019年全市有国家级、省级工业旅游示范点（基地）27家，其中，国家级工业旅游示范点6个，省级工业旅游示范点17个，国家首批工业旅游示范基地1个，山东省首批工业旅游示范基地3个。10月，在河北唐山举行的第三届中国工业旅游产业发展联合大会上，烟台张裕文化旅游发展有限公司获“网友最喜爱的十大工业旅游企业”称号。11月26日，在聊城东阿阿胶世界举行的第二届山东省工业旅游联盟大会上，张裕集团就开展工业旅游实践进行典型发言，并与东阿阿胶股份有限公司签订战略合作协议 。

旅游市场推广

【主题形象宣传】 2019年，烟台市构建旅游推广中心、高铁、机场、船体、车体、媒体“六位一体”立体广告宣传体系，新增境外12处、国内3处旅游推广中心，组织“媒眼看烟台 聚焦文旅融合新发展”全媒体采访等9批次100余家媒体到烟台采风。各级各类媒体合计发稿10036篇，其中国家级、省级媒体发稿1340篇，烟台文旅自媒体发布稿件16080余篇（条），全方位叫响“仙境海岸·鲜美烟台”城市旅游品牌。

【精准营销】 2019年，市文化和旅游局采取公众与业内营销相结合、线上与线下相结合、文旅资源与产品营销相结合的营销模式，实施市场客源地、宣传广告平台、渠道商文旅产品等“精准营销策略”，进行形象品牌推介、产品线路推广。策划组织赴境外印度尼西亚、马来西亚，境内赴淄博、临沂、青岛、济南、德州、重庆、巫山、兰州、西安、太原、郑州、上海、杭州、南京等地开展文化旅游推介活动。

节庆会展

【概况】 2019年，烟台市分别举办国际、国内、省内三级节庆会展活动。国际层面举办第二届“世界老年旅游大会”。涉及7大国际组织、亚洲、欧洲、非洲、南美洲、北美洲、大洋洲六大洲40多个国家1200余名国内外嘉宾参会，围绕“老年游学点亮世界”主题，策划开幕式、研讨会、老年艺术周、文化旅游推广周、国际美食美酒节“一会两周一节”为引领的8大系列16项主题活动，各级各类媒体发布大会宣传稿件1100余篇，总访问量突破1000万次，百度搜索引擎“第二届世界老年旅游大会”关键词的搜索结果达312万条。国内层面举办2019国际海岸生活节。以“嗨！烟台”为主题，以“生活”为牵引，创新“政府主导、市场运作、社会支持、群众受益”新模式，多元化呈现烟台仙境海岸魅力，全方位展示仙境海岸“鲜美”生活。省内层面举办“烟台人游烟台”“千万人游乡村”“烟台服务员节”等活动。依托乡村旅游集中连片区、特色旅游小镇、休闲度假村、观光采摘园、葡萄酒庄等乡村旅游优势载体，以及赏花节、采摘节、民俗文化节等乡村旅游节庆活动，推出“春季赏花踏春、夏季避暑休闲、秋季田园采摘、冬季泡汤滑雪”四季活动330余项。年内放大和创新以“十游烟台”为主要内容的“烟台人游烟台”活动，联合各县市区、相关旅游行业协会、企业，策划推出千余项活动。策划组织“冬游齐鲁·好客山东”鲜美烟台惠民季活动，以“冬游烟台·品味鲜美”为主题，主要推出六大系列“品味鲜美”冬游产品，开展四大系列主题活动，打造丰富冬季旅游高质量供给的产业工程、冬季旅游宣传推介的营销工程、集成政策创新措施的“引客”工程以及激发新动能、创造新供给、引领新需求的惠民工程“四大工程”。

【2019“烟台人游烟台”乡村游启动仪式暨牟平第二届昆嵛田园文化节】 2019年4月4日在牟平区龙泉镇将军谷景区启幕。期间开展花间旗袍秀、古韵花中行表演、快闪《我和我的祖国》、多彩酷跑、牟平尼山书院小学生身着汉服花下诵读经典等活动。

【2019鲜美烟台自驾旅游节】 2019年4月13日在烟台国际博览中心举行开幕式，宣布成立烟台自驾游联盟，开通“自驾游烟台”频道，发布5大主题自驾烟台文旅经典线路，让市民、游客体验自驾魅力，感受不一样的仙境风情。以“自驾烟台开启幸福海岸生活”为主题，以汽车助力烟台旅游产业全面升级，持续推广“仙境海岸鲜美烟台”城市自驾游目的地品牌。

【中国旅游日庆典暨鲜美烟台文化旅游惠民日】 2019年5月19日在芝罘区塔山景区举办。活动以“文旅融合，美好生活”为主题，邀请对口协作城市巫山、德州文化旅游行业人员到烟台推介营销，三地联动同庆中国旅游日活动。

【第二十九届莱州月季花节文旅嘉年华】 2019年5月25日在莱州市中华月季园举办。分别以太极拳表演展示长寿之乡、文明城市风采，非物质文化遗产展展示文化古韵、莱州历史，烟台戏剧名家进莱州专场演出再现红色历史，传承红色基因，云峰山摄影展展示印象莱州、最美花城。

【第二届世界老年旅游大会】 2019年5月24—30日在烟台市举办。来自亚洲、欧洲、非洲、南美洲、北美洲、大洋洲六大洲40多个国家，包括7大国际组织代表、40所国外老年大学专家、来自五大洲15个国家的国际美食厨师代表，以及来自9个国家和地区的国际游学团1200余人出席大会。本届会议以“老年游学点亮世界”为主题，将首届大会“积极老龄化”呼声落地落实至老年游学中，聚焦老年游学产品精准供给、老年游学实施路径、发展趋势进行深入交流探讨，对烟台老年旅游的新项目、新产品进行集中推介。大会发布《烟台共识》，决定持续推进在烟台市建设世界老年游学基地，启动申请成立世界老年游学联合会，打造世界级老年游学基地的“文旅目的地标杆”。

【2019中国文化馆年会】 2019年7月10—11日由烟台市文旅局承办。本届年会是文化和旅游改革融合后举办的首届年会，是全国文化馆行业规模最大、影响力最强的年度交流活动。国家文化和旅游部、全国各省（区/市）文化和旅游厅（局）有关领导，公共文化及相关领域专家学者，以及中国文化馆协会会员代表、全国各级文化馆馆长、群众文化工作业务骨干800余人参会。市文化馆

"全民艺术普及社会化发展模式"在闭幕论坛作发言。

【2019 烟台国际海岸生活节】2019 年 7 月 11 日在烟台滨海广场开幕。活动持续 3 个月，以"嗨！烟台"为主题，以"生活"为牵引，创新"政府主导、市场运作、社会支持、群众受益"新模式，多元化呈现烟台仙境海岸魅力，全方位展示仙境海岸的"鲜美"生活，彰显"仙境海岸·鲜美烟台"的城市特质。生活节涵盖开幕式及海岸艺术季、海岸休闲季、海岸运动季、海岸美食季四大主题季 37 项活动。以京剧与葡萄酒的融合创新来开幕，普及烟台作为京剧码头和葡萄酒海岸的文化认知；启动文艺复兴计划，全球招募艺术家入驻采风，进行艺术创作，用艺术点亮城市，用旅行唤醒生活；打造最美百公里海岸之路，丰富旅游产品的同时让节庆效应可延续，成为烟台的一张城市新名片。

【第三届烟台文化惠民消费季】2019 年 7 月 12 日在渔人码头启动。2019 第三届烟台文化惠民消费季以"荟文化、惠生活"为主题，发放 400 万元的惠民消费券，推出文化旅游揽胜、艺术精品欣赏等 6 大主题 300 余项活动成为文旅惠民的新力量。

【"相约飞巫山·陆上游三峡"活动暨巫山"美景美食美物"烟台周】2019 年 7 月 12 日在烟台旅游大世界启动。现场设置巫山烤鱼、巫山名小吃、巫山特色产品、巫山风光摄影图片展区、有奖互动活动，播放具有巫山浓郁地方特色的文艺节目和主题电影。

【第十届长岛海鲜节】2019 年 8 月 19 日在长岛爱在山海间酒店开幕。本届海鲜节以"感恩大海，寻鲜长岛"为主题，以敬畏海洋、感恩海洋、保护海洋和长岛渔家文化、勇敢的闯海精神以及历史深远的长岛妈祖文化为背景，展示近年来长岛生态保护获得的环境改善阶段成果，呈现长岛生态优先、绿色发展的美好愿景。

2019 年 8 月 19—20 日，第十届长岛海鲜节举行　（供稿：赵广晓）

【福山首届民俗文化美食节】2019 年 8 月 30 日，第三届烟台文化惠民消费季第二批文化惠民消费券 30 万元在福山首届民俗文化美食节开幕式上发放。开展传统小吃大赛、福山美食品尝、雪花啤酒激情之夜、鲁菜文化展示、民俗文化展演等活动。

【万名青年"青春献祖国"唱响最美海岸线】2019 年 9 月 20 日在烟台举办。30 所驻烟台高校的万名青年学子，沿烟台养马岛至蓬莱最美海岸线，扬起巨幅五星红旗，唱响歌唱祖国的经典旋律，献礼中华人民共和国成立 70 周年。

【龙口市第八届孝德文化节第十九届中国烟台·龙口南山国际长寿文化节】2019 年 10 月 7 日在南山旅游景区华严世界举行开幕式，对 2019 年龙口市"新二十四孝贤"和 6 名"最美孝心少年"进行表彰，为 11 对与中华人民共和国同龄夫妇举办庆典，并在节日期举办大型广场舞、旗袍秀、太极拳表演、书法绘画展、养生美食文化节等活动。

【山东栖霞第十八届苹果艺术节暨庆祝 2019 年中国农民丰收节】2019 年 9 月 30 日至 10 月 31 日在栖霞举办。本届苹果艺术节以"欢庆果农丰收共创绿色新城"为主题，旨在弘扬苹果文化，欢庆苹果丰收，持续打造"苹果之都·绿色新城"城市品牌，创新推动最具胶东风情的绿色新城建设，让"果都"市民共享苹果丰收的喜悦。

【烟台市第三届服务员节】2019 年 11 月 1 日在凤凰山宾馆举办。评选 2019 年度 12 个"双亮工程"先进单位、5 名"突出贡献人物奖"、16 名"服务大师"、20 名"服务明星"、54 名"优秀服务员"、6 名"五一"劳动奖章申报者、14 名岗位女能手。

【"冬游齐鲁 好客山东"鲜美烟台惠民季暨牟平首届温泉养生文化节】2019 年 11 月 24 日牟平区龙泉镇崑龙温泉举行启动仪式，活动以"冬游烟台·品味鲜美"为主题，丰富产品、举办活动、让利惠民"三位一体"推进，全区域动员、全节点覆盖、全部门联动、全渠道营销"四全呈现"，打造丰富冬季旅游高质量供给的产业工程、冬季旅游宣传推介的营销工程、集成政策创新措施的"引客"工程。

（撰稿：宁楠　审稿：张祖玲）

责任编校：云　霞

卫生健康·体育

卫生健康

【概况】 2019年，烟台市树立“大卫生、大健康”理念，以人民健康为中心，以健康烟台建设为引领，聚焦聚力健康事业、健康产业高质量发展，保障全人群全生命周期健康需求，调动广大医务人员积极性，应对人口老龄化，推动全市卫生健康事业高质量发展。至年底，全市有各级医疗卫生机构5857所，其中，医院190所（其中，综合医院93所、中医医院23所、中西医结合医院5所、专科医院67所、护理院2所）、基层医疗卫生机构5551所［其中，社区卫生服务中心（站）269所，卫生院（街道、乡镇）115所，村卫生室2857所，门诊部142所，诊所、卫生所、医务室2168所］、专业公共卫生机构97所（其中，疾病预防控制中心15所、专科疾病防治院12所、妇幼保健院14所、急救中心2所、采供血机构1所、卫生监督所13所、计划生育技术服务机构40所）、其他卫生计生机构19所。

至年底，全市各级各类医疗机构卫生人员6.5万人，其中，卫生技术人员5.2万人，乡村医生3863人。卫生技术人员中，执业（助理）医师2万人，每千人口执业（助理）医师2.9人；注册护士2.1万人，每千人口护士数3人。全市各级各类医疗卫生机构床位总数4.2万张，每千人口床位数5.9张。全市居民人均期望寿命达到79.73岁，主要健康指标位居全省、全国先进水平。烟台市获全国无偿献血先进市、全国基层中医药工作先进单位称号，市卫健委被授予省级文明单位称号，获2019年度全市经济社会发展考核先进集体（一档部门）、烟台市先进基层党组织、国庆70周年安保维稳先进集体等荣誉。

【健康城市建设】 2019年，烟台市推进国家级健康城市试点市建设，2个市（县）、1个街道通过国家卫生城市（县城、街道）复审；创建8个国家卫生乡镇（街道），新创建119个健康细胞工程。烟台经验在全国健康城市建设工作会议上做典型交流，3个单位入选健康城市建设优秀实践典型案例。推进健康教育与促进，建立健康教育基地13个，2个县通过省级健康促进示范市验收，创建省、市健康促进示范单位1234个，在基层医疗机构和社区等创建473个健康科普宣传平台，在莱山、海阳开展全国城乡居民健康素养监测。宣传普及健康生活方式，开展“一二三四奔健康”等活动。

【医养结合与产业发展】 2019年，烟台市坚持“居家医养为主体，机构医养为补充，家庭医生签约为抓手，信息化建设为依托，保障机制体系为支撑”的工作思路，推进医养结合发展。创建8个省级医养结合示范先行县（市、区）、12个省级示范乡镇（街道）和单位，在全省率先开展智慧健康医养服务试点，建成8处智慧健康养老社区示范点。全市新增医养结合服务机构10个、床位3262张，医养结合服务机构总数达到243处、床位2.3万张。毓璜顶医院与城发集团联手打造的观海榆悦养护中心，开创三甲公立医院和国有企业合作的新模式。成立烟台医养健康产教联盟，公布“烟台市医养健康培训基地”和“烟台市医养健康实训基地”各10个，举办中韩医养健康产业经贸洽谈会，全市医养健康产业主营收入突破900亿元，各项指标均居全省前列。省政府、国务院办公厅先后到烟台市开展医养结合专题调研，副省长孙继业2次作出批示。国家卫健委在烟台召开全国医养结合工作现场会，副市长张代令在会上交流烟台经验，国家卫健委副主任王建军对“三个到位、四个打通、五个保障”烟台医养结合模式给予高度评价，并向全国推广。

【医疗卫生体制改革】 2019年，公立医院综合改革深化，取消重度精神病患者门诊起付线，按病种付费病种数量240个，公立医院医疗费用增幅控制在6.31%，达到省定10%目标要求，低于全省平均水平3.4个百分点。市口腔医院和海阳市人民医院开展省级现代医院管理制度试点工作，在薪酬制度改革、药品耗材集中采购、医共体建设方面开展积极探索尝试。分级诊疗制度建设加快推进，建成县域医共体25个，远程医疗服务覆盖全部乡镇卫生院。药品供应保障机制更加完善，配备抗癌药医院范围由三级公立医院扩大到所有登记肿瘤科的综合医院、中医院以及专科医院，抗癌药种类由17种扩大到61种。在43家医疗机构开展药品配备使用情况监测，建立健全市场撮合机制，解决药品短缺问题，绝大部分患者实现就近购药。

【医疗服务与医院管理】 2019年，烟台市推行改善医疗服务60条措施，完善预约诊疗、远程医疗等6项制度，全市医疗服务质量持续改善，“人口健康报”专版刊发烟台市经验。中心血站保障血液供应，强化质量管理，采供血服务能力和管理水平居全省前列。全市心跳呼吸骤停患者成功复苏率达到19%，远高于全国1%的平均水平。医学科教水平提升，2位专家入选“泰山学者”，填补烟台空白，并为全省入选最多的地市。改革创新人才招聘管理，推出“六个现场”招聘举措，最大限度招引急需高层次短缺人才，工作经验被市府办专版刊发。烟台护校推进全省首个智慧化校园平台建设，获全国职业院校护理技能大赛一等奖和礼仪大赛冠军。莱阳卫校获批教育部首批“1+X”证书制度试点项目，国家及省现代学徒制试点推进。主动借势《问政烟台》栏目，开展“清风正纪”行风整治专项行动、医疗乱象和民营医疗机构依法执业及住宿场所、餐饮具集中消毒突出问题等专项整治活动，医疗卫生市场秩序好转。

【公共卫生服务】 2019年，烟台市基本公共卫生服务稳步实施，规范复核城乡居民电子健康档案575万份，完成率100%。0～6岁儿童、孕产妇、老年人等重点人群规范管理率全部达到省定要求。为3.4万名农村妇女免费发放叶酸，为23.3万名妇女进行宫颈癌、乳腺癌检查，孕产妇艾滋病、梅毒和乙肝检测率均保持100%。家庭医生签约服务持续完善。调整组建签约服务团队1925个，签约162.7万人，贫困人口实现应签尽签，其中，个性包签约增长15.2万人，重点人群签约覆盖率、履约完成率均达到省定要求，烟台市满分通过全省经济社会发展综合考核。推进健康扶贫工作，全市277个省定扶贫村实现卫生室、医疗服务点全覆盖；定点医疗机构全部开通贫困患者就医绿色通道，贫困人口全面落实“两免两减半”“先诊疗、后结算”、结算报销“零跑腿”等政策，贫困人口重病、慢病、多发病救治率均达到国家标准。

【基层卫生服务体系】 2019年，市委、市政府印发《关于加快提升基层医疗卫生机构服务能力的实施意见》。新设置67个村卫生室、229个医疗服务点，创建352个县级以上示范标准村卫生室，45处基层医疗机构达到全省优质服务行基本标准，2处社区卫生服务中心通过省级社区医院试点验收，12处乡镇卫生院达到一级甲等卫生院标准。开展挂职“业务院长”“百名专家联镇街，千名医生下基层，健康服务入万家”活动，选派2300余名专家和医生帮扶乡镇卫生院、联系村卫生室，基层医疗机构新设立特色专科14个、双向转诊绿色通道18条，年诊疗量达到754.2万人次，同比提升1.37个百分点。开展“千名基层医生免费培训活动”，提升基层医疗卫生服务能力。

【疾病防控与卫生应急】 2019年，重大传染病防控成效明显，建成1个国家级、2个省级艾滋病综合防治示范区，结核病防治核心指标均达到或超过国家标准，重点传染病未发生暴发流行。烟台市代表山东省接受国家重大疾病防控专项督查，取得“零扣分”的成绩。预防接种体系不断完善，在全省率先实现预防接种门诊移动支付全覆盖，智慧化门诊创建率、覆盖率均居全省前列。慢性病防控更加规范，3个县（市、区）通过省级慢病防控示范区评估，全市省级以上示范区达到9个。地方病防治攻坚行动任务在全省率先完成。职业健康工作逐步理顺，推进职业病监测、尘毒危害专项治理，尘肺病攻坚工作经验在全省交流。市心理康复医院牵头推进全国社会心理服务体系建设试点工作，严重精神障碍患者规范管理率居全省前列。卫生应急管理高效有序，120处置突发公共卫生事件相关信息124起，院前急救平均出车时间居全省全国前列，心跳呼吸骤停患者成功复苏率达到19%，高于全国1%的平均水平。与烟台海关签署“口岸卫生安全合作协议”，健全完善疾病防控和突发事件处置部门联防联控长效工作机制。

【人口与家庭发展】 2019年烟台市人口生育政策发展态势平稳，全面两孩政策有序实施，全年出生53799人，其中一孩28568人、二孩24255人、多孩976人，人口出生率为8.23‰；自然增长人数为-3524人，人口自然增长率为-0.54‰；出生人口性别比106，控制水平居全国全省前列。计生扶助政策提标扩面，独生子女伤残和死亡扶助标准分别提高到每月600元和750元，为独生子女父母发放奖励费2366万元，为40万名农村奖扶对象发放扶助金4亿元，为2.3万名城镇其他居民独生子女父母发放扶助金2257万元，为1.9万名特扶对象发放特扶金1.3亿元。开展特殊家庭扶助关怀工作，特殊家庭信息档案、联系人落实率100%。

【中医药发展】 2019年烟台市推进中医药强市建设，4个县（市）通过全国基层中医药工作先进单位复审，6家县级中医院通过二甲复审。市中医医院肿瘤科创建为省级中医专科专病诊疗中心，并与白石肛肠医院肛肠科创建为中医专业国家临床重点专科。新创建4个全省县级医院中医药重点专科建设项目。开展基层医疗机构中医药综合服务区（中医馆）服务能力建设项目11个，绩效考核综合排名全省第一。市中医医院中医非药物疗法收入居全省二级以上中医医疗机构第一名。成立4个国医大师和1个省名老中医传承工作室；3人被确定为全国中医药特色技术人才。对标国内领先，组织全市中医院赴广东全国知名中医院学习。市中医医院在全市六区推出“一站式”中药免费速递服务，实现“让信息多跑路、让群众零跑腿”。

【卫生综合监督】 2019年，烟台市开展综合监督深化落实年活动，创新实施异地交叉执法模式，开展10个“卫监亮剑”专项行动，监督检查各类机构1.45万家，查处违法案件1338件，罚款437.9万元，监督员人均办案8.16件，查处违法案件数、罚款数、人均办案数同比增长2～3倍，增幅居全省前列；取缔无证行医机构284家。完成国家卫生监督随机抽查任务，任务完成率100%。市卫生计生监督所获全省卫生监督执法微课大赛团体一等奖，微课作品获国家一等奖。加强食品安全风险监测，完成18大类1371份食品样本风险监测任务，覆盖所有县市区。在全省率先启动食源性疾病监测县乡村一体化工作，监测网点实现全覆盖。

【老龄健康】 2019年，烟台市创新开展“邻里互助智慧健康养老项目”，工作经验在全省推广，并申报“国家智慧健康养老示范项目”。举办2019国际康养产业博览会及高峰论坛，签订战略合作协议3个、合作意向156项、总交易额4.5亿元。深入实施“银龄安康工程”，投保涨幅居全省前列。开展老龄健康宣传周、“敬老月”“温暖重阳”走访慰问、“老年节”慰问演出等活动，开通市区2路公交线路为“爱心敬老号”专线，实施7个老年人心理关爱项目（点）。烟台市老年健康服务体系建设的经验做法被省政府办公厅专刊刊发，并推荐到国办。

【妇幼健康】 2019年全市母婴安全形势总体平稳可控，孕产妇、婴儿和5岁以下儿童死亡率控制工作全省领先。毓璜顶医院、市妇保院分别创建为首批国家级、省级母婴安全优质服务单位。推行婚姻登记与婚检孕检“一站式”便民服务，婚检率提高24个百分点。开展“优生六免费”服务，强化产前筛查、新生儿疾病筛查等措施，筛查高风险孕妇5397人，100%指导落实后续诊疗，115名遗传代谢性疾病患儿和219名先心病患儿得到及时诊疗和干预。加大母婴设施建设力度，在公共场所及用人单位建立母婴设施475个，配置率达到99.58%，县级以上综合医院、妇幼保健院及预防接种门诊母婴室配置率均达100%。新增2个区纳入新生儿重症监护能力提升项目，实现12个县市区项目全覆盖。

【依法行政与宣传】 2019年，烟台市深化放管服改革，所有行政许可事项划转至市行政审批服务局，许可事项办理权移交至市审批局，保留指导监督权，将15项行政权力事项下放至烟台自贸区；打造“一次办好”改革新亮点，推进“减证便民”“证照分离”改革，公共服务流程进一步优化；强化法治政府建设，行政执法三项制度全面落实，法律顾问体系初步建立；规范性文件清理和公平竞争审查有效落实。开展卫生健康宣传，在烟台主流媒体设置专题栏目，形成“健康烟台”系列、综合、立体品牌和矩阵，全年累计在市级以上媒体刊发宣传稿件9293篇，烟台广播电视台宣传卫生健康新闻102次，烟台日报设专版15期。

（撰稿：葛海燕　栾瑞磊　审稿：仪明刚）

体　育

【概况】 2019年，烟台市成为住建部和国家体育总局公布的6个城市全国城市社区足球场地设施建设试点城市之一。烟台市入围国家发展改革委公布的21个全国社会足球场地设施建设重点推进城市。

【竞技体育】 2019年3月11日，全市体育后备人才体系建设工作会议召开，推动县级体校在项目设置、文化教学、教体融合等方面创新发展，并在会上与日本希援速株式会社樱花俱乐部、北京华星集团等高水平专业机构签订战略合作框架协议，在专业技术人才培训、运动项目校园普及、专业教练现场指导等方面加强合作。会上来自新西兰的丰盛湾橄榄球联盟、日本希援速株式会社和北京华星辉煌体育管理有限公司相关负责人与烟台市体育局分别签署橄榄球、足球和冰上项目的合作协议。网球选手郑洁亲临现场，与烟台鸿太网球俱乐部签署比赛协议。持续加大投入力度，改善各级体育训练单位的办学训练条件，启动位于栖霞的烟台射击射箭竞技体育运动学校建设，2019年投入资金1000多万元，投入700多万元支持县级体校建设，市直属训练单位增加运动员伙食费、训练费1400万元，为参加山东省第24届省运会的运动员、教练员和有功人员争取奖励资金480多万元。在2019年度山东省青少年锦标赛上，烟台市运动员参加31个大项比赛，取得金牌225.5枚，与上个周期相比多得金牌24枚。

【群众体育】 2019年烟台市组织举办各类赛事活动300场（次），其中大型赛事活动近百场（次），省级以上赛事30多场（次），群众性的赛事活动常年不断线，数量及层次都创历年之最。加强体育设施建设。在足球场地设施建设方面，争取到“国家城市社区足球场地设施建设试点城市”（全国6个）和“国家社会足球场地设施建设试点城市”（全国21个），成为全国两个双试点城市之一，也是省内唯一的城市，争取到国家补助资金3320万元。在芝罘区、莱山区、牟平区、福山区、开发区、高新区启动利用三闲地建设体育设施的工作，牵头制定《关于利用市区闲置厂房、空闲地及绿地建设体育设施及场地的工作方案》。烟台市人均体育场地面积为2.45平方米，超过十三五期间“全省人均体育场地面积达到2.0平方米以上”的省级目标和“全国人均体育场地面积达到1.8平方米”的国家目标。全市6787个村居，安装健身器材的有6189个，占比91%；154个乡镇街道，安装健身器材的有143个，占比92.8%；六区有健身场所2390处，实现“城市社区建成15分钟健身圈”的要求。

【体育产业】 2019年3月28—31日，烟台市承办山东省体育产业发展大会及山东省体育产业高峰论坛，全省各级体育部门行政管理人员及省内体育产业从业人员2000多人参加会议。大会创新采取会议、论坛与庙会结合的形式，成为山东省产业大会的典型。7月5—7日，烟台市第九届帆船公开赛举办，9月13—21日，2019年全国帆船冠军赛、“梅沙教育杯”全国青少年帆船联赛（烟台站）举办，9月16日，烟台市首届帆船产业发展高峰论坛举办，来自全国各地的嘉宾200多人出席本次论坛。

【重要赛事与活动】 2019年1月1日，“畅跑吧”2019烟台迎新马拉松在烟台体育公园举行，近千名跑步爱好者参加；同日，2019烟台金沙滩新年马拉松在烟台开发区海螺广场鸣枪，来自全国各地的3800余名跑者参赛。

1月12—13日，中国体育彩票”山东省第二届冬季全民健身运动会“雪地五人制”足球比赛在芝罘区南里滑雪场举行，来自济南、淄博、临沂、潍坊、聊城、滨州、烟台、威海等地的12支球队到烟台市参赛。

1月19—20日，烟台市首届俱乐部游泳赛在芝罘区西南河游泳馆举行，烟台市6支代表队的百余名运动员参赛。

3月23日至4月1日，2019年全国青年男子手球锦标赛在蓬莱市体育馆举行，来自安徽、北京、广东、江苏、山东、山西、陕西、上海、四川、天津、潍坊11支队伍参赛，教练员、运动员、裁判员及工作人员近300人。

3月31日，2019烟台国际金沙滩半程马拉松暨烟台市迎春长跑·开发区第二十届“农行杯”沙滩健步行在开发区金沙滩举行，约5500人参赛。2019烟台国际金沙滩半程马拉松是中国田径协会认证的国家级A2类赛事，也是中国北方唯一的国家A类沙滩半程马拉松，起终点均为开发区城市展示中心广场的沙滩，赛道全程都位于沙滩上。

4月9日，2019年“中国体育彩票杯”山东省男子跆拳道锦标赛在蓬莱市体育馆举行，本次比赛由山东省拳击跆拳道运动管理中心主办，蓬莱市人民政府、烟台市体育运动学校承办，蓬莱市体育运动服务中心、蓬莱智健体育文化有限公司协办的。有来自济南、青岛、烟台、淄博、潍坊、滨州、济宁、枣庄、泰安、聊城、日照、临沂、菏泽、德州、威海、东营16地市和中华武校、宋江武校2所武校25支队伍700多名运动员、教练员参赛。

4月20日，烟台市第九届全民健身运动会开幕式暨烟台市第六届广场健身操舞大赛在烟台市体育馆举行。本届全民健身运动会设22个项目，比赛时间贯穿全年。

4月20—21日，2019年“中国体育彩票杯”烟台市中小学生体育联赛游泳比赛暨烟台市青少年游泳锦标赛在烟台市体育公园游泳跳水馆举行，本次比赛由烟台市体育局、烟台市教育局主办，烟台市游泳训练中心，烟台市游泳运动协会承办，比赛分为甲A（男2006—2007年、女2007—2008年）；甲B（男2008年、女2009年）；乙A组（男2009年、女2010年）；乙B组（男2010年及以后、女2011年及以后）4个组别，54个项目进行。本次比赛有来自全市各县市区60所学校，209名运动员参赛。

5月11日，“泰山原浆啤酒”2019长岛渔号马拉松在长岛长园服务区鸣枪起跑，本次赛事由长岛海洋生态文明综合试验区管委主办，长岛海洋生态文明综合试验区社会事务局、烟台永辉体育发展有限公司共同承办，近4000人报名参加本次赛事。本届长马分为单人赛：环岛31KM、半程马拉松、享跑10KM和6KM；团队赛：跑团大战31KM（10人成团）、儒道驿传校企挑战赛10公里（6人成组）、家庭跑、家族跑等多个竞赛项目。

6月16日上午7:00，2019卡尔美·仙境海岸海阳马拉松鸣枪起跑。本届海阳马拉松由中国田径协会、山东省体育局、山东广播电视台、海阳市人民政府联合主办，山东广播电视台融媒体资讯中心、山东省田径运动协会承办。来自北京、上海、广东、天津、山东等全国26个省、市、自治区（含港澳台）和20多名来自美国、英国、法国等国家的外籍马拉松爱好者10000人中签参赛，其中全程马拉松3000人，半程马拉松5000人，海岸休闲跑2000人。

6月27—30日，2019年全国沙滩手球锦标赛在烟台开发区金沙滩举行。来自全国14个地区各省女子沙滩手球队、男子沙滩手球队23支代表队，近400名运动员、裁判员参加比赛。男子组前三名分别为中国香港队、山东队、天津队；女子前三名分别为潍坊队、安徽队、广东队。

6月30日，由中共烟台市委市直机关工委、烟台市体育局主办的“庆祝建党98周年”市直机关健步走在烟台市体育公园举办。本次活动全程7.1公里，有72个部门单位、1800多名干部职工参加。

7月6—7日，2019中国小篮球联赛（山东蓬莱赛区）在蓬莱体育馆开赛，山东赛区U10混合组、U12女子组两个组别的240多名小运动员参加决赛。

7月6—7日，2019年“万华杯”第九届烟台帆船公开赛在烟台第二海水浴场周边海域举办。来自国内外各大帆船、航海俱乐部，驻烟台高校及万华、张裕等知名企业的15支船队，200余人参赛。比赛分为“飞虎级”和“激光级”两个级别，共6轮赛事。

8月8日，2019第十六届烟台国际武术节在烟台体育公园体育馆开幕。来自俄罗斯、美国、法国、意大利、波兰、澳大利亚、荷兰、南非、丹麦、博茨瓦纳等10余个国家的武术爱好者，150支代表队2000余名运动员参加。

8月17日，“CUA中联艺术第十届青少年国际舞蹈锦标赛”“中国烟台第十三届‘和谐杯’国际体育舞蹈公开赛”“烟台市第十九届体育舞蹈锦标赛”“烟台市第九届全民健身运动会体育舞蹈竞赛”在烟台市体育公园体育馆举办，来自国内外的81支代表队、3000多名选手参赛。

8月17—18日，山东省第五届半岛蓝色经济区健身联动竞赛在烟台开赛，参加本次比赛的代表队有青岛市、烟台市、潍坊市、威海市、滨州市、东营市、日照市。同时邀请华东区域上海、江苏、浙江、安徽、福建、江西各派1支代表队参加。

8月27—30日，由山东省乒乓球羽毛球运动管理中心主办，烟台市体育局、蓬莱市体育运动服务中心承办的2019年“中国体育彩票杯”山东省乒乓球锦标赛（乙B、乙C、乙D组）在蓬莱体育馆挥拍开赛。来自全省济南、青岛、东营、日照、威海、潍坊等14个地市的近600名青少年运动员进行为期4天的比赛。

9月6—12日，2019年全国蹼泳、自由潜水、水下曲棍球锦标赛在体育公园烟台市游泳跳水馆举办。本次比赛设蹼泳、自由潜水、水下曲棍球等3个大项62个小项，62枚金牌。

9月13—21日，2019年全国帆船冠军赛、“梅沙教育杯”全国青少年帆船联赛（烟台站）举办，9月16日，烟台市首届帆船产业发展高峰论坛举办，来自全国各地的嘉宾200多人参加本次论坛。

2019年9月13—21日，2019年全国帆船冠军赛、“梅沙教育杯”全国青少年帆船联赛（烟台站）举办　　（供稿：隋旭东）

9月21—27日，2019年全国跳水锦标赛暨东京奥运会、2020跳水世界杯选拔赛在烟台市游泳跳水馆举行。本次比赛设3个大项17个小项，共产生17枚金牌，有包括国家队在内的20多支代表队230余名运动员参赛。本次比赛是国家最高级别的跳水赛事。

9月18—22日，东京奥运会沙滩排球世界资格赛在海阳举行，2019年国际排联积分世界排名前15名的国家以及东道主中国队，男女共32支队伍在海阳国家沙滩体育健身基地展开2020东京奥运资格的争夺。2019东京奥运会沙滩排球世界资格赛有2个名额，是单一赛事产生奥运资格最多的项目，加之男女双性别，有4个奥运资格在这项赛事中产生。

10月16—18日，2019年全国老年人气排球系列赛（蓬莱站）在蓬莱体育馆举行。本次比赛由中国老年人体育协会气排球专项委员会主办，烟台市体育局、烟台市老年人体育协会承办，蓬莱市体育运动服务中心、蓬莱智健体育文化有限公司协办。有来自全国各省市的63支代表队，其中男队28支、女队35支，565名运动员参赛。

10月22日，由中国桥牌协会主办的2019年全国桥牌俱乐部锦标赛在蓬莱开赛，有来自全国各省市的90多支队伍700多名运动员参赛。

12月20—22日，第17届亚洲蹼泳锦标赛暨2019年亚洲青年蹼泳锦标赛在烟台市莱山区烟台体育公园游泳跳水馆举行，来自中国、越南、日本、韩国、印度、泰国、约旦、印尼、新加坡等11个国家和地区200多名运动员参赛，本次比赛分成年组和青年组两个组别进行比赛。

（撰稿：隋旭东　审稿：郭绍伟）

责任编校：云　霞

社会生活

居民生活

【城乡居民收入支出】 2019年，全市居民人均可支配收入37783元，比上年增长8.3%，扣除价格因素，实际增长5.1%。按常住地分，城镇居民人均可支配收入47977元，比上年增长6.9%；农村居民人均可支配收入21218元，比上年增长9.2%。

全市居民人均消费支出25113元，比上年增长7.4%，扣除价格因素，实际增长4.3%。按常住地分，城镇居民人均消费支出31259元，增长6%；农村居民人均消费支出15125元，增长8.8%。

【城乡住房】 2019年末城镇常住居民人均住房建筑面积38.93平方米，比上年增加0.12平方米；农村居民人均住房建筑面积42.08平方米，比上年增加2.02平方米。

【社会保障】 2019年末全市参加企业职工基本养老保险人数171.47万人（不含离退休），参加居民基本养老保险人数316.32万人。参加基本医疗保险人数631.97万人，其中参加职工基本医疗保险人数233.69万人，参加居民基本医疗保险人数398.28万人。参加失业保险人数120.08万人，参加工伤保险人数140.6万人，参加生育保险人数125.35万人。政府发放的居民基础养老金每人每月118元。失业金领取标准1—10月为每人每月1337元/1211元，11—12月1528元/1384元（长岛、海阳、莱阳、栖霞执行低标准，其他县市区执行高标准）。城市低保标准每人每月615元，人均月补助水平为428.56元；农村低保标准每人每月440元，人均月补助水平为280.82元。年末全市共有9343人享受城市居民最低生活保障，6.57万人享受农村居民最低生活保障，1.44万人享受农村特困人员救助供养。全年发放城市低保资金5435.9万元、农村低保资金21766.8万元、农村特困人员救助供养资金13521.1万元。按照省定扶贫标准，全市建档立卡贫困户37626户、58416人，均实现脱贫，全市没有返贫和新识别贫困人口。

（撰稿：彭学斌　审稿：马淑臣）

人力资源管理

【概况】 2019年，烟台市新增各类人才4.8万人，其中高层次人才6500余人。市人社局举办“慧聚烟台·众智成城”创新创业活动月、全国重点高校优秀毕业生推介会、中科院博士后烟台行等人才交流对接活动，达成人才项目合作意向500余个。加大国家、省人才工程申报力度，3人入选省有突出贡献专家、9人入选省首席技师。推进国家级人力资源服务产业园高质量发展，加快建设开发区人力资源产业园。依托烟台留学人员创业园区，开展才企合作、赛事对接等活动，新引进留学人员380余人。精准筛选产业项目入驻烟台高层次人才创业园，新入驻优质创业项目50余个。加快推进创新创业平台建设，新增国家级高技能人才培训基地、齐鲁技能大师特色工作站、省级乡村振兴专家服务基地各1处，6家单位入选省博士后创新实践基地。在全省率先推开基层高级职称制度，实行定向评价、定向使用和直评直聘，试点开展职业农民职称评审。将相关系列中级职称评审权下放高校、县市区和企业。全市完成20个系列7000余人的职称申报评审。加大技能人才培养力度，出台突出贡献技师和技术能手评选管理办法，全年新增高技能人才3680人。举办职业技能竞赛75场，烟台市瓷砖贴面选手参加世界技能大赛，是山东省唯一的获奖项目。组织人事考试21项、职业技能鉴定考试180余场，参考10余万人，均实现安全平稳运行。两次召开高层次人才服务工作座谈会，抓好“优才卡”服务，公示高层次人才服务事项和内容，协调28个景点免费开放，为120多名专家解决工作生活难题。兑现人才政策资金购房补贴2200余万元。推出《专家力量》系列宣传片。

【事业单位人事管理】 2019年，市人社局首次开展市直事业单位公开选聘工作，将公开招聘权限下放高校、公立医院等人员总量控制单位，推广“校园招聘”模式，全市事业单位公开招聘2600余人。承接市直事业单位科级干部预批管理工作，规范完成22个部门367名干部的预批备案。事业单位岗位管理、聘用制度落实、年度考核工作进展平稳。按照机构改革要求，完成26个部门、1100余人转隶审核。持续推进事业身份随军家属安置工作，全年安置随军家属33人。

【海外人才引进】2019年，市人社局组织开展“新侨海归企业家暨山东籍海外人才烟台行”“海归创业（北京）企业及项目对接烟台”等洽谈服务活动，邀请40多位来自北京、深圳等新侨海归创业企业家及山东籍海外高层次人才到烟台市开展实地考察、项目对接洽谈等活动，赴开发区、高新区和牟平区进行实地考察和对接洽谈，达成项目落地、投融资、海外高校引进合作等意向25项，其中1个项目落地，注册资金300万元，另外1个项目到烟台洽谈2次，正商谈落地事宜。外出招聘接洽人才，组织相关县市区、园区和企业参加深圳第十七届中国国际人才交流大会、上海第十届高层次人才创新创业大会，接洽海外留学人员，并与寰球人才交流中心等5家海外人才服务机构进行对接洽谈。经过多次沟通争取，引进中国农科院专家李奎教授到烟台创办企业，在高新区注册成立烟台佰博生物科技有限公司，另外2人正进行联络沟通。全年引进留学人员381人，其中硕士以上221人。

【专家服务基层工作】2019年，市人社局组织申报市级专家服务基地和乡村振兴服务基地7家，经考察评选5家；上报省厅5家单位申报省级专家及乡村振兴服务基地，各获批1家。组织开展创业导师走进留创园暨省级专家服务基层示范活动，先期征集专家需求项目75个，活动中13名国家级创业导师和7名省级专家到烟台开展项目对接和服务基层活动，各级专家对30多个服务需求项目进行指导，对5个初创留学人员企业项目进行辅导和点评。

【公派留学工作】2019年，市人社局推荐国家留学基金委公派高级研究学者、访问学者、博士后项目录取2人；推荐国家建设高水平大学公派研究生项目7人。推荐2019年度省非教育系统政府公派出国留学人员21人，包括博士后国际交流计划、高级财经人才培养计划等6项派出计划。申报获得2019公派出国经费资助86.5万元，获得人社部留学人员创业启动支持计划项目和高层次人才回国资助项目各1项，获得无偿资助经费80万元，累计166.5万元。

社会保障

【概况】2019年，烟台市推进机关事业单位养老保险制度改革，抓好“编制外”人员清理规范、按新制度计发待遇工作，率先把省属单位人员纳入地方统筹。推进工伤预防和康复，开展大规模政策宣讲活动。实现省内首批职业年金省级投资运营归集上解，新增年金备案企业13家。落实调整缴费基数、降低社保费率政策，养老保险单位缴费比例降至16%，继续降低失业保险缴费率，建筑业参加工伤保险费率降至1‰，全年可为企业和参保人员减负12亿元。将机关事业单位、居民养老保险征缴职责划转税务部门。开展全民参保计划扩面专项行动，建立按项目参加工伤保险长效机制，在建和新开工项目参保率达100%。全市企业养老、失业、工伤保险参保人数分别达到171.5万人、119万人和141.5万人，居民养老保险投保续保90万人。落实社保扶贫政策，1.1万名重度残疾人、165名建档立卡人员纳入参保。实施养老待遇与缴费年限挂钩办法，完成62万名机关企业事业单位退休人员调整待遇任务。面对企业养老保险基金缺口，争取省级调剂金和财政保障资金30亿元，确保养老待遇按时足额发放。全市社会保险基金收入289亿元，按时足额发放社保待遇316亿元。开通社会保险业务全国短信通知、个人网上打印参保缴费证明等服务，工伤认定、劳动能力鉴定和工伤待遇支付实现“一站式”办理。社保卡累计持卡人数将突破650万人，签发电子社保卡19万张。完善社保基金风险防控机制，组织开展专项检查，会同公安、民政、市场监管等部门，核查疑点数据近20万条，挽回基金损失650万元。

【城乡就业】2019年，全市新增城镇就业13.8万人，参加养老保险的新就业人数12.7万人，分别完成年计划的103.7%、105.6%，城镇登记失业率2.24%，实施新一轮就业创业政策，提报市政府出台稳定和扩大就业的意见、推行终身职业技能培训制度等文件，推出援企稳岗、提升技能等一揽子稳就业措施。全年返还稳岗补贴1.4亿元，惠及企业3222家、职工46.5万人。扩大创业政策受益面，全市核发创业担保贷款及补贴1.4亿元。发放社保补贴、技能提升补贴等近5000万元。抓好重点群体就业，深入实施高校毕业生就业创业促进计划，开展就业创业进校园、留烟体验日等活动，招募“三支一扶”毕业生93人，组织1600余人参加就业见习，高校毕业生总体就业率达92%。落实就业困难安人员、农民工就业扶持措施，促进稳定就业。推进就业扶贫，加强与德州、巫山就业协作对接，全年输送岗位需求信息3万个，达成就业意向1074人。实施职业技能提升专项行动，围绕在职职工、在校大学生、退役军人等10大群体，开展职业技能培训，支持企业发挥培训主体作用，设立培训机构，完成就业创业培训6.3万人。加强失业调控防风险，提报市政府出台《规模性失业风险防控应急预案》，将全市 220 家重点企业、1066 户涉及贸易摩擦企业纳入监测范围，加强企业用工监测分析，防范化解苗头性、倾向性问题。加强公共就业服务，公共就业服务标准化省级试点项目通过验收，发布公共就业服务市级服务标准 7 项。举办正月大型专场招聘、民营企业招聘周等特色招聘会，打造线上线下相结合的招聘服务平台，全市人力资源市场举办招聘会 500 余场次，为近万户用人单位、20 万人提供招聘求职服务。

【劳动关系协调】 2019 年，市人社局推进和谐劳动关系建设，成立协调劳动关系三方委员会，开展和谐劳动关系创建活动，万华集团、烟台经济开发区分别被评为全国劳动关系和谐企业与工业园区。国企收入分配改革稳步推进，市县同步启动国有企业工资决定机制改革，根据经济效益增长和下降幅度，实行工资总额预算管理。持续推进国有企业负责人薪酬制度改革，严格按政策兑现薪酬待遇。劳动保障监察执法效能不断提升，加强执法能力建设，全年监察用人单位 5279 户次，为劳动者追缴工资、社保等待遇 6639 万元。开展治欠保支攻坚战和保障农民工工资支付“百日会战”，为 1966 名农民工讨薪 3700 余万元，在全省治欠保支考核中烟台市取得第 1 名。劳动调解仲裁机制更加完善，创新调解工作模式，成立全省首家联合调解站。推行仲裁要素式办案改革，省厅专门在烟台市召开庭审观摩会。成立全省首家农民工劳动争议速裁庭，对农民工工资争议速立、速裁、速审。全年劳动人事争议仲裁机构受理案件 7890 件，当期结案率 95%，为当事人挽回经济损失 1.7 亿元。

（撰稿：任建平　李文东　审稿：王梓益）

民　政

【最低生活保障】 2019 年，经市政府常务会议和市委常委会议研究，市政府办公室印发通知，自 7 月 1 日起对全市城乡低保标准进行调整。调整后全市所有县市区城市低保标准统一为每人每月 615 元，农村低保标准统一为每人每月 440 元，城乡低保标准之比缩小到 1.4∶1。这是自 2014 年以来烟台市连续第 5 年提高全市低保标准，此次城乡低保标准调整在全市范围内进行县域标准统一，消除区域保障差异，实现低保政策均衡实施。至年底，全市有城市低保对象 9343 人，累计发放城市低保金 5435.9 万元；有农村低保对象 65656 人，累计发放农村低保金 21766.8 万元。

【特困人员救助供养】 2019 年，烟台市开展针对分散供养的特困人员集中供养需求调查，建立特困人员分类管理档案，及时将符合条件的特困人员全部纳入救助供养范围。全市特困人员基本生活标准和照料护理标准分别按照当地低保标准 1.4 倍和最低工资标准 1/10、1/6、1/3 执行，生活不能自理特困人员集中供养率达到 46%。至年底，全市有特困人员 14471 人，累计发放供养资金 13673.5 万元。

【临时救助】 2019 年，烟台市落实小额临时救助下放乡镇（街道）审批制度，开展“救急难”工作。2019 年，全市累计救助困难群众 3808 人次，发放临时救助资金 702.4 万元。根据社会救助和保障标准与物价上涨挂钩联动机制规定，自 5 月以来连续 8 个月启动联动机制，为全市城乡低保对象、特困人员发放价格临时补贴 1681 万元；为保障困难群众过好欢乐祥和安定的节日，国庆节前下拨资金 1360.9 万元，为全市城乡困难群众发放一次性节日生活补助；按照城市特困、低保和低保边缘家庭类别，对城市困难居民家庭冬季采暖分别给予一次性资金补助，全市发放补助资金 822.3 万元。

【基层政权建设和社区治理】 2019 年 3 月 25 日，芝罘区以“推行民需项目服务法，构建服务型社区”为实验主题，被民政部确认为“全国社区治理和服务创新实验区”，其实验区建设做法被编入《中国城市社区治理报告（2019）》，并通过省委《今日信息》、市委《改革工作简报》发表。5 月 20 日，联合市委组织部、市财政、市人社局共同制定出台《烟台市社区工作者职业体系建设办法（试行）》，对社区工作者的选拔任用、规范管理等方面提出具体要求，建立三岗十八级的社区工作者薪酬体系。7 月 8 日，配合市委组织部、市审批服务局出台《烟台市党群服务中心（便民服务中心）标准化建设办法（试行）》。7 月 31 日，配合市委组织部制定《党群服务中心（便民服务中心）建设和管理规范》（DB3706），该标准是山东省第一个社区党群服务中心地方标准。10 月 12—18 日，会同市委组织部在四川大学举办全市社区治理创新专题研修班，各县市、区民政工作分管领导、民政部门主要负责人、部分村（居）民委员会主任代表和市民政局相关干部等 46 人参加专题培训。11 月 1 日，市政府办公室印发《烟台市人民政府办公室关于成立烟台市城乡社区治理工作领导小组的通知》，成立由分管副市长担任组长的烟台市城乡社区治理工作领导小组。11 月 21 日，龙口市乡镇政府服务能力建设经验被民政部评为“第一批全国乡镇政府服务能力建设典型经验”，并在全国乡镇政府服务能力建设经验交流会上进行推广。11月29日，福山、莱山、龙口3个区市被省民政厅确认为“全省城乡社区治理创新实验区”。

【基层民主政治建设】2019年1月24日，市民政局联合市委组织部、政法委等六部门出台《关于认真做好村规民约和居民公约制定修订工作的指导意见》，部署全市村规民约（居民公约）修订工作。至年底，全市6791个村（社区）全部完成修订工作。4月1日，制定出台《关于认真做好村务公开目录修订完善工作的指导意见》。当年，15个县市区均已完成村务公开目录的修订完善工作。11月11日，联合市纪委监委、市委组织部等5部门制定出台《加强村民委员会规范化建设的指导意见》，提出“坚持农村基层党组织的全面领导”等10项重点任务。

【婚姻管理】2019年4月，烟台市将涉外涉港澳台华侨婚姻登记权限下放至各县市区婚姻登记处。指导各县市区婚姻登记处简化涉外婚姻登记流程、压缩登记时间，编制中外文对照流程手册，方便外籍人士婚姻登记。在各婚姻登记处开展免费婚姻家庭辅导和颁证工作。开展婚姻登记规范化建设突出问题自查整改活动，确保婚姻登记处办公场所内无任何第三方服务机构，不开展任何收费服务活动，不附加法律法规规定以外的其他条件，不向当事人收取任何费用，不要求当事人提交规定以外的证件和证明材料的复印件，依法办理婚姻登记。2019年，全市办理婚姻登记52727对，（其中，结婚登记35892对、离婚登记16835对），涉外（含华侨、港、澳、台同胞）婚姻登记127对（其中，结婚登记109对、离婚登记18对），登记合格率达到100%。

【殡葬管理】2019年，市民政局推动殡葬体制改革，起草《进一步推进全市殡葬改革的意见》，加快推进全市公益性公墓规划建设，福山、龙口、莱州县级公益性公墓完成一期工程建设，初步确定芝罘区和莱山区两处山地为市级公墓建设地址。争取省公益性公墓建设奖补资金84万元。组织全市第五次公益性海葬活动，海葬逝者骨灰306具。组织福山区殡仪馆申请加入国际运灵网络，10月，中国殡葬协会批复福山殡仪馆加入国际运灵网络。莱阳市殡仪馆被评为清明节工作全国优秀观察点，蓬莱市殡仪馆主任杨延学被评为清明节工作全国优秀观察员。在全市各殡仪馆、经营性公墓推广使用全省殡葬管理信息系统。全年全市化尸59664具。

【救助管理】2019年，烟台市按照“宽救助、严甄别、宽救治、严监管”的原则，开展“在站寻家，让爱回家”“寒冬送温暖”专项救助活动等，全市救助流浪乞讨人员1262人次。组织开展救助和托养机构排查整改工作。协调市委市政府办公室印发《关于加强和改进生活无着的流浪乞讨人员救助管理工作的通知》，建立全市社会救助工作领导小组，明确各职能部门的工作职责，完善“市、区、街、居”四级救助网络。

【残疾人补贴】2019年，烟台市开展“齐鲁福彩助残行动”，配合山东省假肢矫形康复中心为326名肢体残障人员提供专业服务，配发康复辅具529件。为更好地保障困难残疾人和重度残疾人基本生活，烟台市民政局、财政局、残疾人联合会印发《关于调整残疾人两项补贴标准的通知》（烟民〔2018〕80号），决定自2019年1月1日起按照残疾等级分级调整烟台市残疾人两项补贴标准：享有困难残疾人生活补贴的一、二级残疾人，补贴标准由每人每月不低于80元提高到每人每月不低于100元，其他等级的困难残疾人生活补贴标准为每人每月不低于80元；享有重度残疾人护理补贴的一级残疾人，补贴标准由每人每月不低于80元提高到每人每月不低于100元，其他等级的重度残疾人护理补贴标准为每人每月不低于80元。全年为1114519人（次）残疾人发放补贴10477.98万元。

【儿童工作】2019年，烟台市开展农村留守儿童“合力监护 相伴成长”关爱保护行动，将全市423名农村留守儿童纳入到各级政府和村居的关爱保护之中。全市建立未成年人救助保护机构14个（应建13个）、覆盖率达100%。市县两级民政部门普遍对乡镇儿童督导员（186名）、村儿童主任（6443名）进行培训，覆盖率达100%。市财政投入19.9万元招标聘请第三方评估机构，在2019—2020年内，完成对收养市儿童福利院养育的80名儿童的监护人收养能力评估。根据《烟台市民政局 烟台市财政局关于提高孤儿和重点困境儿童基本生活费标准的通知》，从2019年1月起，全市按照集中供养孤儿每人每月1400元、社会散居孤儿和事实无人抚养儿童每人每月920元、其他困境儿童每人每月590元（7月份起620元）的生活保障标准，为502名孤儿（机构养育孤弃儿童212名、散居养育290名）发放基本生活费665.196万元，为93名事实无人扶养儿童发放基本生活费102.672万元，为103名困境儿童发放基本生活费72.924万元。组织开展“福彩圆梦.孤儿助学工程”项目的实施工作，为全市109名年满18周岁的在校大中专、本科、硕士孤儿申请发放109万元的补助金，同时为500名孤儿发放肉价补助金7.5万元。全年，市局通过系统审核批准孤儿和困境儿童200余名。根据市委、市政府《聚焦五大领域加快流程再造工作实施方案》部署要求，市民政局组织协调市教育局、市公安局、市财政局、市卫健委、市医保局、市残联，研究制定《鼓励收养残疾儿童办法》。

【地名管理】 2019年3月19日，市民政局联合市公安局、自然资源和规划局等7家部门联合印发《关于进一步清理整治不规范地名工作实施方案》，全市初步排查确定39个涉及“大、洋、怪、重”的不规范地名，对1个居民区、2个大型建筑物、21条道路进行标准化处理，清理不规范地名信息24条。对市区范围内37个住宅小区进行命名。

【界线管理】 2019年9月底，市民政局完成蓬莱龙口线、栖霞牟平线、栖霞福山线、栖霞龙口线、龙口招远线、福山牟平线、莱山芝罘线等7条县级行政区域界线联检任务。

【养老服务】 2019年，市民政局联合发改、公安、住建、卫健等8部门出台《关于做好养老机构登记备案监管工作的通知》，取消养老服务许可审批，实行备案管理。印发《关于全面推进居家和社区养老服务改革工作的通知》，在全市范围内全面推开居家和社区养老服务改革工作。印发《进一步规范提升农村幸福院建设管理工作通知》《进一步规范提升社区日间照料中心的通知》，规范城乡社区养老服务设施。举办“2019中国（烟台）国际健康养生养老产业博览会”，吸引参展企业300多家，展品5000多种。继续开展全国养老院服务质量建设专项行动，养老院重大安全隐患清零。全国系统养老机构数据填报及审核通过率、省平台系统录入完成率均达到100%。推进市民社区食堂工作，全年建设市民社区食堂55处。全市养老机构总数214处，城乡社区养老服务设施总数1214处，各类养老床位总数6.3万张。推动医养融合机构建设，设立医院、卫生室等医疗服务机构的养老机构达到89处，养老机构、社区居家养老养老服务设施与医疗卫生机构签约率分别达到100%、95%。选派4名护理员参加山东省第三届养老护理员职业技能竞赛，获得团队三等奖，其中，个人一等奖1名，个人二等奖2名，个人三等奖1名。落实经济困难老年人补贴制度，全年为39210名60岁以上低保老年人发放补贴3893.22万元。持续开展农村留守老人年关爱服务，为1311名留守老年人建档立卡。

2019年，烟台市建成市民社区食堂55处。图为河东社区食堂

（供稿：车文雅）

【社会组织管理】 2019年，根据新一轮机构改革安排，市民政局完成登记审批职能向审批服务局移交和工作衔接，承接省厅下放到市局的冠“山东省”或“山东”的普通技工学校、民办职业培训机构、职业技能鉴定所（站）法人登记3个审批事项。深化“放管服”改革，将社会组织年检改为网上年报制度，简化未脱钩的“四类”直接登记社会组织办事手续，取消社会组织承接政府转移职能和购买服务资格审查制度，放开乡镇（街道）商会登记。依法打击非法社会组织和社会组织非法活动，开展“双随机一公开”抽查工作，净化社会组织发展环境。印发《关于进一步做好行业协会商会涉企收费清理规范工作的通知》，对行业协会商会涉企收费进行清理规范。优化社会组织发展环境，投入300万元支持社会组织发展，用于开展公益服务项目创投活动，安排350万元支持社会组织党建基地建设。重新修订社会组织评估指标体系，制订行业协会商会等10套评估标准，启动第六批社会组织评估。引导和动员社会组织参与脱贫攻坚，印发《烟台市市管社会组织和社会工作专业力量“双五十扶贫行动”实施方案》《烟台市市管社会组织、社会工作专业力量参与脱贫攻坚招募公告》和《烟台市市管社会组织参与乡村产业振兴倡议书》。市管社会组织参与巫山和德州精准扶贫，捐赠款物41万元。强化社会组织平台支持，年内建成龙口市、蓬莱市、海阳市、栖霞市、芝罘区、开发区7个社会组

织孵化基地和党建服务中心。

【慈善事业与社会工作】 至2019年12月5日，全市累计销售各类福利彩票11.69亿元，筹集公益金3.35亿元，其中市级公益金1.17亿元。发放福彩公益金68.9万元，救助困难家庭890余户，惠及自闭症儿童、白血病群体、外来务工子女、困难群众等3万余人。市慈善总会累计接收捐款2116.79万元，发放救助金1714.26万元，救助困难群众3.65万人次。至12月24日，全市网上注册志愿者数量达445670人，服务时长人均每年达到25小时。全年有244人通过社会工作职业水平考试，107人取得社工师证书，137人取得助理社工师证书，全市持证社工达到1531人，其中持有中级社工师证的为663人，比2018年增加107人。全年培育发展社工机构5家，全市社工机构达到40家。烟台市众信社会工作服务中心打造的“社会工作服务机构牵手山西临县光荣院”项目和“社会工作西藏扶贫服务示范项目”，分别获民政部2019年社会组织“牵手计划”项目和“中央财政支持社会组织示范项目（2019）”。组织烟台市众信社会工作服务中心、烟台市微泉青少年事务服务中心社工机构负责人赴德州就如何更好的发挥社会工作专业人才在帮助贫困群众转变思想观念、树立自我脱贫信心、拓宽致富路径、提升自我脱贫能力等方面进行经验交流，为德州市社会工作参与扶贫帮困工作提供智力支持。

2019年烟台市城乡低保保障与特困人员供养情况统计表

表22

单位	城市低保			农村低保			城乡低保标准比例	城市特困人员供养总人数（人）	城市特困人员供养资金（万元）	农村特困人员供养总人数（人）	农村特困人员供养资金（万元）	特困人员救助供养标准				
	保障标准（元/月）	保障人数（人）	累计支出（万元）	保障标准（元/月）	保障人数（人）	累计支出（万元）						基本生活 城市（元/月）	基本生活 农村（元/年）	照料护理（元/年） 一档（不能自理）	照料护理（元/年） 二档（半自理）	照料护理（元/年） 三档（自理）
全　市	615	9343	5435.9	440	65656	21766.8	1.40	105	152.4	14366	13521.1	861	7392	7448	3724	2234
芝罘区	615	3954	2370.3	—	—	—	—	37	51.3	—	—	861	—	7640	3820	2292
福山区	615	425	229.3	440	2833	986.9	1.40	5	9.3	235	245.0	861	7392	7640	3820	2292
牟平区	615	272	200.3	440	5400	2491.0	1.40	7	10.3	1102	1301.2	861	7392	7640	3820	2292
莱山区	615	452	269.3	440	878	417.9	1.40	3	5.1	221	251.3	861	7392	7640	3820	2292
龙口市	615	383	205.40	440	6713	2357.9	1.40	17	25.3	1606	1661.9	861	7392	7640	3820	2292
莱阳市	615	367	187.1	440	6673	1995.8	1.40	10	13.6	2536	2039.7	861	7392	6920	3460	2076
莱州市	615	419	240.1	440	12740	3911.7	1.40	5	7.6	1378	1243.0	861	7392	7640	3820	2292
蓬莱市	615	307	155.6	440	5437	1631.2	1.40	1	2	635	735.5	861	7392	7640	3820	2292
招远市	615	621	371.1	440	8423	2616.5	1.40	10	16.5	1684	1925.9	861	7392	7640	3820	2292
栖霞市	615	949	474.6	440	9980	3216.6	1.40	—	—	1828	1744.4	861	7392	6920	3460	2076
海阳市	615	344	188.0	440	5313	1626.6	1.40	3	3.1	2874	2109.9	861	7392	6920	3460	2076
长岛县	615	63	46.1	440	245	113.0	1.40	3	3.3	27	29.7	861	7392	6920	3460	2076
开发区	615	766	484.1	440	597	229.2	1.40	3	3.6	185	160.7	861	7392	7640	3820	2292
高新区	615	5	3.5	440	161	73.2	1.40	1	1.4	27	43.3	861	7392	7640	3820	2292
昆嵛区	615	16	11.1	440	263	99.3	1.40	—	—	28	29.6	861	7392	7640	3820	2292

（撰稿：王磊　审稿：王培杰）

退役军人事务

【概况】 2019年，市县退役军人事务部门组建工作完成。建立市、县退役军人服务中心16个，镇级服务站169个，村级服务站5017个。创新在镇街工作片中心村，按1人服务150人比例，采取政府购买服务、志愿服务等方式，设立退役军人服务中心站；在退役军人集中的企业、商圈、高校等设立服务站，形成“村+

社区＋高校＋企业＋商圈”五位一体全方位服务格局；市县镇村四级服务保障体系基本建成。

【退役军人移交安置】 2019年，市退役军人局安置工作坚持“科学安置、精准安置、阳光安置、刚性安置”，安置后开展安置政策落实质量评估，督促存在问题单位进行整改，移交安置工作平稳进行。摸底掌握退役士兵专项公益性岗位管理情况，指导各县市区严格执行岗位申请标准，落实退出机制。

【就业创业工作】 2019年，烟台市相继开展安置进事业单位的退役士兵培训、自主就业退役士兵适应性培训、自主择业军转干部适应性培训、退役军人职业技能培训等各类培训，培训1600余人。承担省退役军人事务厅退役军人职业技能培训试点，与烟台工贸技师学院、烟台云都海鹰无人机技术应用有限公司联合开展“就业直通车”专项培训，将企业纳入培训体系，实现“培训即就业、入学即入职”。全市组织退役军人专场招聘会36次，其中市本级组织专场招聘会6次，提供岗位3400个，2500多名退役军人参加。

【优抚褒扬纪念】 2019年全市采集信息30.8万条，省级审核通过率为99.5%，悬挂光荣牌29.5万块，数量均列全省第三。开展“到基层去、到退役军人中去”活动，相继组织实施新年春节走访慰问、国庆70周年走访慰问、对越作战烈属走访慰问等，发放慰问金300多万元，为4793名老战士老同志发放建国70周年纪念章，数量全省最多；做好烈士褒扬纪念和宣传工作，相继开展“传承·2019清明祭英烈”“送英烈文化进校园”等活动，在全社会大力弘扬红色文化、传承红色基因；调整义务兵优待金标准，为4924名义务兵发放优待金1.2亿元。

【军休服务管理】 2019年市退役军人局做好军休干部移交安置工作，开展为军休干部增加离退休费、调整生活补助、发放物业补贴、定期增资等工作，提高老干部的政治、生活待遇。开展军休信息数据调查摸底工作，核查军休服务机构编制、人员、资产以及军休人员、无军籍退休退职人员住房保障等情况；烟台市作为全省四个全域试点市之一，启动实施军休干部医养结合试点；对市军休所和军休服务站实施一体化改造。

【双拥共建】 2019年，市退役军人局协调帮助317名军人子女入学就读，解决103名随调家属安置问题。开展“三个走进”活动，走进英模家庭，建立英模家庭定期联系走访制度，依托3所荣军医院，对7～10级伤残军人、“三属”、老复员军人等开展定期疗养；走进军改前沿，3次征集部队意见建议9类58条；走进一线哨所，走访基层小散远和海岛部队56个，帮助基层解决问题102次。《解放军报》刊载烟台市“三个走进”的做法。

【社会保险接续】 2019年5月19日，市政府第50次常务会研究确定，要切实落实好部分退役士兵社会保险接续政策，按照“确保稳定、确保精准、确保顺畅、确保满意”的要求，在全省率先推行“一门受理、自愿委托、代办服务”，录入22592人，完成缴费9002人。

【烟台市退役军人就业创业招聘会暨“送岗位进军营”专场招聘会】 2019年6月29日在海军航空大学体育馆举办，市委常委、烟台警备区政委刘玉昂，市政府副市长赵峰，驻烟台部队、市退役军人事务局、市人力资源和社会保障局领导参加。此次专场招聘会采取线上线下、省市同步方式组织，现场30家招聘企业、11家优秀军创项目企业、7家培训机构开展退役军人招聘、创业经验交流和项目宣传，现场开展政策答疑。驻烟台部队即将退役和各县市区近年来退役军人1300余人现场应聘，556人达成就业意愿。

【“最美退役军人”发布】 2019年12月31日，“烟台最美退役军人”颁奖发布会在烟台广播电视台大剧院举行。发布现场采用视频展示、互动访谈等形式，从不同侧面讲述“最美退役军人”的先进事迹和工作生活感悟。发布“最美退役军人”20人，其中发布“烟台最美退役军人”10人、“山东省优秀退役军人”8人、“全国模范退役军人”2人。

（撰稿：李雪　审稿：周喜讯）

残疾人工作

【概况】 2019年，烟台市有持证残疾人19.98万人。烟台市落实各种各类惠残政策，生活和护理“两项补贴”受益残疾人9.2万人次，临时救助困难残疾人232户，补助残疾大学生64人，托养重度残疾人300人，为残疾人提供各类康复服务11万人次。

【残疾儿童康复救助】 2019年，全市有残疾儿童定点康复机构30家，1200多名残疾儿童在内接受专业的康复训练及服务。9月2日，经市政府第55次常务会议研究决定，机构内康复训练的0～12周岁残疾儿童救助由每人每月1600元提高到2500元，13～17周岁由900元提高到1500元；出台《关于对参加基本医疗保险的残疾儿童医疗康复实施全额保障意见》，实行残疾儿童医疗康复定额结算，0～6周岁每人每年最高额度近4万元，7～17周岁达3万元。1名残疾儿童年均康复救助额度达到6万元左右，救助标准位列全省前列。

【重度残疾人居家精准康复服务】2019年，烟台市创新实施为重度肢体残疾人“送精准康复、送小型器具”服务项目，为1200余名重度肢体残疾人提供居家精准康复服务，将2000余件小型器具适配到有康复需求的残疾人家庭，辅助康复训练及康复服务。开展“居家康复·温度港城”品牌活动，将精准化、个性化、一对一的贴心服务送到残疾人家庭，提高重度肢体残疾人的生存生活质量和社会参与能力。

【残疾人脱贫攻坚】2019年，烟台市巩固提升全市21182名建档立卡贫困残疾人脱贫工作成果。做好“两不愁三保障”工作，通过第一帮扶责任人为4万户建档立卡贫困家庭开展送《办理残疾人证明白纸》活动。按照每户3000元标准为446户贫困残疾人发放生产资料扶持其脱贫。在帮助残疾人就业方面，开展“就业帮扶·助残圆梦”活动，发放各类宣传资料5500余份，全年城镇新增残疾人就业人数597人，农村新增残疾人就业人数8526人。在家庭无障碍改造方面，为788户残疾人家庭实施无障碍改造，改善残疾人家庭配套设施及出行条件。在对口重庆市巫山县、德州市残联扶贫协作方面，为巫山县特教学校捐赠价值20万元的校园网络教育系统，组织专业人员赴巫山县为26名残疾人开展小儿推拿技能培训，培训德州听障儿童康复骨干教师16名。

【残疾人证换发】2019年，全市换发残疾人证6.6万个，组织评残医生上门换发2738个。推进残疾人证“一链办理”，在落实好就近就便申请、异地残疾评定、上门办证、寄送残疾人证等便民措施的基础上，取消残疾人证丢失需要登报声明挂失的方式。4月12日，市残联与市卫健委成立市级残疾评定专家委员会，负责解决残疾评定过程中的争议问题，举办全市评残医生培训班，全市204名评残医生参加培训。县级残联通过报纸、网络、电视等媒体和发放明白纸等形式，对换证工作进行广泛宣传，根据实际情况组织集中换发，对行动不便、无法出行的残疾人，组织评残医生上门换发。

【文体活动】2019年，市残联组织开展“残疾人文化周”“书香中国·阅读有我”“残疾人健身周”“全国特奥日”“冰雪运动季”等文化体育活动。组建女子轮椅篮球队参加全国拉练比赛及封闭集训，参赛全国第十届残运会。参加山东省第二届听障儿童讲故事比赛和才艺表演活动，获一等奖1名，优秀奖1名。全市2人代表山东队参加第三届全国残疾人专职委员知识竞赛，取得笔试第一、总成绩第二的成绩。

【第二届省残疾人辅具大赛】2019年10月19—20日，第二届山东省辅助器具服务技能竞赛暨全国辅助器具服务技能竞赛山东赛区选拔赛在烟台举办，全省15个代表队、50多人参加比赛，经过理论知识及实际操作竞赛比拼，烟台市代表队获第一名。期间，举办以“互联网+云平台·智能评估适配”为主题的辅助器具评估适配系统研究论坛，全省辅助器具领域专家、学者和企业代表100余人参加论坛。

（撰稿：孔玉宁　审稿：隋京文）

住房保障

【概况】2019年，全市住房公积金新开户单位1213家，新开户职工8.05万人，缴存额103.30亿元，至年底，缴存总额709.64亿元，同比增长17.04%；提取额74.20亿元，同比增长4.70%，占当年缴存额的71.83%，至年底，提取总额417.52亿元，同比增长21.61%。发放个人住房贷款1.26万笔，贷款金额46.38亿元，同比增加1.17亿元，增长2.59%。

【住房公积金征收】2019年，市住房公积金管理中心通过加强制度宣传、严格执法、鼓励自由职业者缴存住房公积金等措施开展归集扩面工作。探索完善管运分离管理模式，4月24日组建中心运营管理科，管运分离改革完成。年内先后发送逾期催收函46份，律师函34份，委托中心法律顾问立案起诉8人。8月后，收回3期以上逾期46户，本息合计951572.31元，维护住房公积金资金的安全。针对资金面偏紧、个贷供需矛盾突出的状况，不断改进完善贷款资金计划管理的科学性和合理性，最大程度盘活和利用好各类资金，避免出现资金无效沉淀的现象。4月以来，贷款发放等待期缩短到办理抵押手续后2个月之内。

【住房公积金使用】2019年，市住房公积金管理中心调整窗口设置，简化办事手续，设立综合岗，推行一窗受理。在市中心及各分支机构设立综合岗，对窗口工作人员进行综合业务培训，缴存、提取、贷款等业务实现一窗受理。3月28日，启用缴存、提取业务全市“通存通兑”功能，群众办理住房公积金业务不再必须到缴存地进行办理，可以根据需要在全市范围内就近办理。优化贷款项目准入备案流程，考虑项目开发单位开盘时间紧等因素，将准入时间由3个工作日压缩至当日办理，针对准备的准入资料不齐全的，实行非关键性材料的“容缺”办理，尽量让开发企业少跑腿。全年准入备案开发项目83处，新建楼盘14个。

【信息化建设】 2019年，市住房公积金管理中心推进多项信息化建设项目。电子档案系统上线并全市推广，落实“取消要件材料复印件”的上级要求，在完成电子档案系统开发、测试及试点工作之后，组织对全市所有业务员专业培训，2月在全市推广使用电子档案管理。通过电子化采集业务办理要件原件，实现“取消了职工办理业务的全部要件材料复印件”的目标。建设网上综合服务平台，加快建设网上营业厅、微信公账号等互联网服务平台，网上单位缴存、查询、部分提取等相关功能已向缴存职工开放。推进政务信息共享工作，作为试点单位与大数据局协作推进政务信息共享工作。

（撰稿：赵伟　审稿：邢红梅）

医疗保障

【概况】 2019年，烟台市基本医疗保险总参保人数达到631.97万人。其中，职工基本医疗保险233.69万人，居民医疗保险398.28万人。征缴职工医疗保险费71.84亿元，同比增加1.7亿元，增长2.4%。2019年，全市职工医保待遇支出73.34亿元。其中，医疗费用支出47.04亿元，个人账户支出26.3亿元。市医保局在全国价格和招标采购座谈会和全省医保基金监管、医保扶贫、医保信息化建设会议作典型发言。医保扶贫经验被国务院扶贫办推广，耗材带量采购做法被省委改革办和省医保局推广，DRG医保支付方式改革经验做法被省医保局推广。承接省级基金监管、DRG医保支付方式改革、医保电子凭证、药品耗材采购等4项试点工作。全省首家建成医保独立信息系统，打击欺诈骗保工作位居全省前三名。市医保局和市医保中心被评为省级文明单位。

【基本医疗保险扩面征缴】 2019年，市医保局与人社、税务等部门协调配合，建立扩面征缴机构队伍。完善医保缴费方式，建立线上网银缴费为主、微信和小程序等为辅、基金综合管理平台实时对账的征缴模式，确保基金安全。

【DRG医保支付方式改革】 2019年，市医保局成立DRG医保支付方式改革领导小组，召开动员会议，采集2016年以来360万条医院病案首页数据，调取7亿多条本地住院结算数据，对数据进行规范化、标准化处理及初步分组测算，组织5次培训，病案首页更加规范。全市按病种付费病种数达到268个。

【医疗服务价格改革】 2019年，市医保局召开5次专题座谈会，调取200家医院80万条数据，测算50万条数据，取消公立医疗机构医用耗材加成，调整2067余项医疗服务项目价格，提高诊察、护理、临床诊疗、手术、中医、康复等价格，降低98项大生化等检验类和大型设备核磁共振、CT检查项目价格，医疗服务价格更加合理。

【药品和医用耗材采购改革】 2019年，市医保局创新带量采购、量价挂钩、招采合一模式，牵头五市采购联盟，对3个大类19个品规进行采购，平均降价幅度60.93%，单品最高降幅86.5%，多个品种创下全国地市级联合采购最低价。国家25种采购药品全面落地，平均降幅59%。

【医保精准扶贫】 2019年，市医保局为61659名建档立卡贫困人口统一参保缴费，做到应参尽参。贫困人口大病保险起付标准由6000元降低至5000元，提高报销比例，取消贫困人口居民大病保险年最高支付限额。建立再救助制度，四类特殊群体经五重保障后，个人负担的合规费用超过5000元的，由医疗救助按70%比例给予再救助，年最高救助2万元。构建“基本医保—大病保险—医疗机构减免—医疗救助—扶贫商业补充保险”一站式结算平台，为贫困人口报销医疗费用1.7亿余元。

【用药与检查保障】 2019年，市医保局将2项检测项目和28种院内制剂纳入医保支付范围，增加群众检查、用药选择。将居民高血压、糖尿病患者门诊用药纳入医保，报销比例达到50%以上。降低门规病种准入门槛，直接确认备案病种达到64种，即时办结病种达到43种。

【精神疾病保障】 2019年，烟台市新增3种精神障碍类疾病为门规慢病病种，将严重精神障碍患者纳入医保门规慢病保障范围，提高报销比例，不设起付线。

【罕见病保障】 2019年，市医保局将苯丙酮尿症患者必需的检查项目、治疗药品、特殊治疗食品纳入医保范围，为84名患者支付109万元。提高血友病门规慢病患者报销比例和最高支付限额，降低部分药品个人自付比例。儿童疾病保障有力。将脑瘫等残疾儿童和孤独症儿童康复治疗所需29项医疗康复项目全部纳入医保，将保障年龄扩大到0～17周岁，为257名儿童支付409万元。重大疾病保障有力。提高居民大病保险待遇水平，1.6万元以上（含）、10万元以下报销比例由50%提高至60%；10万元以上（含）、20万元以下报销比例由60%提高至65%。

【失能失智保障】 2019年，职工长期护理保险参保人数230万人，定点医护机构新增56家达到104家，2578人享受待遇2179万元。扎实推进居民长期护理保险试点工作，2.24万人纳入保障范围，确定定点医护机构9家，平均报销比例达到90%左右，全年拨付长护待遇38万元。

【生育待遇保障】 2019年，市医保局将职工基本医疗保险和生育保险合并实施，生育保险待遇得到改善。

【打击欺诈骗保】 2019年，市医保局构建基金监管长效机制，印发《关于建立打击欺诈骗取医疗保障基金长效机制的通知》《烟台市基本医疗保险医保医师管理办法》《烟台市打击欺诈骗取医疗保障基金行为举报奖励实施细则》等文件，构建起多元化监管制度体系。印制6万份《致医保医师的一封信》，引入第三方力量参与监管，建立近200人的医保专家库，形成监管合力。集中开展专项治理行动、风暴行动、百日攻坚行动，组织开展日常监督检查、交叉稽查、随机抽查、飞行检查，对4441家定点医药机构检查全覆盖，查处违法违规医药机构1315家，其中暂停服务268家，解除服务协议184家，行政处罚5起，移交司法机关3起，追回违规基金3000多万元，处理医保医师35人。

【医保协议与基金运行管理】 2019年，市医保局修订《服务协议》和《考核办法》，细化协议条款和考核指标，完成50家医疗机构协议评估工作。加强对基层支持，将医院保证金比例降至4%，对基层医疗机构增加医保额度4071万元，增幅达20.16%。召开基金运行分析会议3次，从严控制不合理费用增长，科学编制基金运行分析报告，真实反映医保基金运行动态。

【智慧医保建设】 2019年，全省首家完成独立信息机房建设和网络切换，建立医保独立信息系统，运行效率比原系统提高3倍以上。建设医保智能结算系统、医保运行分析系统、银保基金管理平台、公共服务系统等多个“智慧医保”信息系统，强化软件保障。启用官方网站和微信公众号，同步上线便民服务项目。

【流程再造】 2019年，市医保局以“四最”为目标，对18类34项医保经办服务事项进行全面梳理和流程再造，打造“六统一”医保服务品牌。通过流程再造，办事环节压缩14.7%，办理时限缩减45.5%，申办材料精简18.1%。优化异地就医服务，取消就医地医疗机构备案限制和经办机构审核环节，增加多种异地就医备案途径，多种方式实现自主备案，全程网办、秒办；异地医疗费用手工结算限时办结，发放模式改为1月多次发放，报销时限由1个月压缩至15个工作日。新增19家全国联网结算定点医疗机构，总数达到92家。省内异地社保卡刷卡结算定点医药机构达到104家。优化慢性病就医服务，对残障人员申报门诊慢病推出上门确认服务，门诊慢病定点变更由签约定点医疗机构直接办理；谈判药品由就医医疗机构直接审批。优化生育结算服务，异地生育网上申报备案，生育津贴由定点医院扫描上传，经办机构即时线上审核，由次月发放改为当月发放。优化医保关系转移接续和待遇审批，转移职工实现在新参保地直接接续，退休人员医疗待遇由系统自动审批。

（撰稿：孙冠群　审稿：周鹏）

责任编校：云　霞

国家级园区

烟台经济技术开发区

【开发区由来】 1984年10月20日，国务院批准设立烟台经济技术开发区，为全国首批14个国家级经济技术开发区之一。

【政区 人口】 2019年，辖区有福莱山、古现、大季家、八角4个街道和潮水镇。管辖185个村，29个城市社区（其中5个社区在筹建中）。年末全区户籍户9.84万户，户籍人口27.25万人。累计登记流动人口19.22万人。出生人口4082人，比2018年增加209人。死亡1351人。人口出生率15‰，死亡率5‰，人口自然增长率10‰。全区户籍登记总人口中，汉族人数26.68万人，占全区总人口的97.9%；少数民族27个5676人，占2.1%。

【自贸区烟台片区】 2019年8月2日，国务院批准设立中国（山东）自由贸易试验区；8月30日，中国（山东）自由贸易试验区烟台片区在济南揭牌；8月31日，市委书记张术平，市委副书记、市长陈飞共同为中国（山东）自由贸易试验区烟台片区挂牌，标志着烟台自贸片区建设启动。烟台片区位于烟台经济技术开发区范围内，东起泰山路，南至嘉陵江路，西至台北路，北至黄河路、八角中心大街，面积29.99平方公里。其中包括中韩（烟台）产业园、烟台保税港西区两个国家级园区。到年底，自贸区挂牌4个月注册企业2000余家，推出优化政务服务20余条、惠企新政60余条、人才服务12条，80%以上审批服务事项全国最快。

【经济状况】 2019年，全区生产总值按可比价格计算，同比增长7.5%。其中第一产业增加值下降9.2%，第二产业增加值增长5.8%，第三产业增加值增长11.1%。三次产业结构为1：59：40。按年平均户籍人口计算，全区人均生产总值增长3.6%；按年平均常住人口计算，全区人均生产总值增长3.1%。

烟台经济技术开发区 （供稿：韩正黎）

全社会固定资产投资增长9%。按经济类型分，集体经济投资增长11倍，股份制经济投资增长3倍；按产业分，第二产业投资增长9.1%（其中工业投资增长22%），第三产业投资增长8.9%。基础设施投资增长1.1%，民间投资增长30.1%。财政总收入增长3.7%，一般公共预算支出增长11.2%。民生支出占一般公共预算支出的69.1%。全年金融业增加值增长14.2%。金融机构37家，其中市级分行14家。年末金融机构本外币各项存款余额比年初增长22.6%，其中居民储蓄余额比年初增长21.1%。金融机构本币各项存款余额比年初增长21.9%。金融机构本外币各项贷款余额比年初增长15.3%，其中本币贷款余额比年初增长19.1%。

【工业】 2019年，工业增加值增长7.1%，其中规模以上工业增加值增长8.8%。制造业增加值增长8.6%，电力、热力、燃气及水生产和供应业增加值增长22%。规模以上工业中，化学原料和化学制品制造业增加值增长46%，计算机、通信和其他电子设备制造业下降0.1%，汽车制造业增长3%，专用设备制造业增长15.3%，通用设备制造业下降60.4%，食品制造业下降6.8%，医药制造业增长39.2%，纺织服装、服饰业下降7.5%，金属制品业增长3.5%，农副食品加工业下降30.1%。高新技术制造业增加值占规模以上工业增加值比重29.8%，比上年提高3.4个百分点。规模以上工业营业收入下降9.7%，规模以上工业企业实现利润下降10.5%。工业总产值过亿元以上的企业154家，过10亿元以上的30家，过20亿元以上的16家，过50亿元以上的8家，过100亿元以上的4家。

【对外经济】 2019年，货物进出口总额1307.2亿元，下降18.1%，其中出口734亿元，下降17.1%。在出口总额中，外商和中国港澳台企业出口617.3亿元，下降22.4%，占出口总额的84.1%；高新技术产品出口179.1亿元，下降38.7%，占出口总额的24.4%；机电产品出口605.8亿元，下降21.7%，占出口总额的82.5%；加工贸易出口508.6亿元，下降26.2%，占出口总额的69.3%。新引进外商投资项目94个，其中千万美元以上项目38个，总投资27.3亿美元，下降16.1%；合同利用外资17.3亿美元，增长42.6%；实际使用外资6.36亿美元，增长12.1%。世界500强投资企业累计85家。

2019年末历年累计引进外商投资项目1773个，合同利用外资147亿美元，实际使用外资87.7亿美元，外资到位率（实际使用外资占合同利用外资的比重）59.6%。

【国内贸易 旅游】 2019年，社会消费品零售额增长8%。按经营地统计，城镇消费品零售额增长7.8%；乡村消费品零售额增长14.5%。批发零售业增加值增长9.9%。年末实有批发零售业企业和个体工商户2.44万家。住宿餐饮业增加值增长9.8%。年末实有住宿餐饮业企业和个体工商户4380家。实现旅游收入增长7.5%。接待海内外游客687.8万人次，增长6%。年末经营国内旅游和入境旅游的旅行社15家，A级旅游景区5处。旅游星级饭店5家，其中五星级2家，四星级2家，三星级1家。

【交通运输 邮政】 2019年，交通运输、仓储和邮政业增加值增长10.4%。年末全区公路通车里程715.5公里，其中高速公路通车里程28.5公里。年末全区拥有生产用码头泊位25个，其中30万吨级码头泊位2个、10万吨级以上码头泊位11个、万吨级以上泊位19个、造船专用泊位4个。公路货物运输量790万吨，下降11.6%。旅客运输量82.2万人次，下降10.1%。港口货物吞吐量1.09亿吨，增长35.7%。民航旅客吞吐量1005.3万人次，增长19.2%。民航货邮吞吐量5.7万吨，增长10.9%。年末公交营运车辆397辆，营运线路28条，线路总长度858.8公里，客运周转量5356.6万人次，年末营运出租汽车72辆。年末民用汽车保有量7.96万辆，增长9.8%。民用轿车保有量7.49万辆，增长8.9%。本年新注册轿车7066辆。全年完成邮电业务总量5.66亿元，增长1.5%。其中：邮政业务总量5043万元，增长57.6%；电信业务总量5.16亿元，下降1.9%。年末固定电话用户6.8万户，下降19.2%。移动电话用户66.1万户，增长0.5%，其中3G和4G移动电话用户54.7万户，增长1.5%。年末宽带用户17.7万户，下降6.1%。

【教科文卫体】 2019年，有各级各类学校、幼儿园85所，其中普通高校1所，职业学校2所，中小学31所，幼儿园51所。招收学生2.3万人，在校学生7万人，毕业学生1.7万人，专任教师4576人。小学学龄儿童净入学率、九年义务教育巩固率和初中应届毕业生升学率均达到100%。全年财政性科技投入占一般公共预算支出的15.1%。新增高新技术企业51家，累计200家。新增省级企业技术中心4家，累计国家级5家、省级29家、市级27家。新增国家级工程实验室1家、省级1家、市级2家；累计国家级2家、省级11家、市级15家。新增山东省院士工作站1家，累计12家。年末国家级工程技术研究中心2家、省级15家、市级16家。年末省级企业重点实验室3家。国家备案科技型中小企业450家。全年新获山东省科学技术奖3项，其中科技进步一等奖1项、科技进步三等奖2项。全年发明专利申请量1413件，发明专利授权量371件。全年国际专利申请量（PCT）55件，累计178件。年末拥有有效发明专利1744件，每万人有效发明专利拥有量45件。有剧场、影剧院7个。公共图书馆1处，图书总藏量41.3万本，增长13.8%。新建城市书房2处，新增图书流通站4处，开展阅读流动服务62次。开展重大活动、品牌活动、特色活动累计600余场次，线上线下惠及群众25余万人次，推广公共文化产品50余项，惠及市民10万人次，数字服务突破30万人次。新增文化志愿者500余人，服务群众20万余人次。举办多项全国性体育赛事。烟台国际金沙滩半程马拉松系列活动举办，创造“一会一展一赛”的体育新模式。全国沙滩手球锦标赛吸引全国22支（包括2支香港代表队）省级女子沙滩手球队、男子沙滩手球队包含国家队成员近400名选手参加。举办帆船“两赛一会”系列活动，包括全国帆船冠军赛、全国青少年帆船联赛、帆船产业高峰论坛。全年体育彩票总销量达1.8亿元（含手机在线），目标任务完成率114.4%，同比增幅13.2%。各类医疗卫生机构270所，其中医院、卫生院16所，妇幼保健机构1所，社区卫生服务站18所，村卫生室40所，门诊部16所，口腔诊所37所，中医诊所23所，其他诊所、医疗机构（医务室、卫生所）119所。有医疗卫生机构床位

1668 张，卫生技术人员 2624 人，其中医生 1223 人，护士 1401 人。

【资源 环境】 2019 年，全社会用电量 83.41 亿千瓦时，增长 8.8%。其中工业用电 72.44 亿千瓦时，增长 9.4%。环境空气质量指数（AQI）优良天数为 287 天，空气质量优良天数比例为 78.6%。二氧化硫年均浓度为 8 微克 / 立方米，达到国家环境空气质量一级标准；二氧化氮年均浓度为 29 微克 / 立方米，达到国家环境空气质量一级标准；细颗粒物（PM2.5）年均值 34 微克 / 立方米，达到国家环境空气质量二级标准；可吸入颗粒物（PM10）年均浓度为 73 微克 / 立方米。降水 pH 年均值为 6.6，未出现酸雨（pH ＜ 5.6 的雨水为酸雨）污染。区域环境噪声昼间平均等效声级为昼间 56 分贝，夜间 48.5 分贝，达到声环境质量国家标准，道路交通噪声年均值为昼间 67 分贝，夜间为 52.6 分贝，达到道路交通声环境质量一级标准。

【社会生活】 2019 年，居民人均可支配收入 60445 元，增长 7.8%。居民人均消费支出 37243 元，增长 6.5%。居民家庭食品消费支出占消费总支出（恩格尔系数）的比重为 30%。参加城镇职工基本养老保险人数 25.51 万人，参加城乡居民社会养老保险人数 2.35 万人。参加基本医疗保险人数 36.39 万人，其中参加职工基本医疗保险人数 24.76 万人，参加居民基本医疗保险人数 11.63 万人。参加失业保险人数 16.69 万人，参加工伤保险人数 16.94 万人，参加生育保险人数 16.84 万人。4.68 万名退休人员按时足额领取养老金，企业退休人员养老金实现“十五连调”，月人均养老待遇提高到 2258 元。居民基础养老金每人每月 165 元。失业金领取标准提高到每人每月 1528 元。城市低保平均标准提高到每人每月 615 元，人均月补助水平为 490 元；农村低保平均标准提高到每人每月 440 元，人均月补助水平 319 元。全区城乡最低生活保障救助 1454 人，发放低保金 713.1 万元。其中城市低保 864 人，发放 484 万元；农村低保 590 人，发放 229.2 万元。发放农村分散供养特困人员生活补助资金 55.5 万元，城乡医疗救助金 147.6 万元。

收养性社会福利机构 5 个，收养 550 人。其中养老机构 5 个，床位 1243 张，年末收留抚养老年人 520 人。临时救助困难家庭 19 户，发放救助金 9.1 万元，爱心救助困难学生 39 人，发放救助金 7.8 万元。接收爱心捐款 299.9 万元。区慈善总会募集善款 1 万元，实施救助项目 6 个，发放救助金 9 万元，物资折款 6 万元，救助困难群众 20 人次。设立慈善义工管理中心 1 个、义工工作站 6 个，注册义工 2228 人，星级慈善义工超过 500 人，全年提供志愿服务 6 万余小时。新开工建设安置小区 2 个，住宅 2394 套。交付 1 个安置小区，安置房 2078 套，建筑面积 30.04 万平方米。城镇棚户区住房改造开工 2 个，安置住房 2007 套，获得保障性安居工程专项奖补资金 3884 万元，棚改专项债券 8.5 亿元。实施公租房实物配租 2681 套，发放廉租住房租赁补贴 74 户。完成 11 户农村危房改造。

【大事记】 2019 年 1 月 5 日，万华化学“乙苯共氧化法高效绿色制备环氧丙烷成套技术”项目通过中国石油和化学工业联合会成果鉴定。该项目成果整体技术进入国际领先行列。

1 月 8 日，烟台八角湾蓝色种业硅谷海益苗业有限公司参与的“扇贝分子育种技术创建与新品种培育”项目获国家技术发明二等奖。这是国家年度水产领域唯一获奖项目。

1 月 10 日，全球最大 PMMA（聚甲基丙烯酸甲酯）树脂生产装置在万华投产，并生产出合格产品。该装置设计产能 8 万吨 / 年。

3 月 20 日，烟台开发区招商合作管理局在上海举行招商推介会，重点针对长三角地区知名世界 500 强企业及科研院所“双招双引”。

3 月，总投资 22.9 亿元，一期投资 10 亿元的宝能烟台国际物流中心开工建设。

5 月 6 日，烟台西港区接卸世界最大铝矾土船。搭载来自几内亚 26.28 万吨铝矾土的“猎户座”大型货轮在西港区矿石码头接卸。该船长 327 米，宽 55 米，是全球首条 30 万吨级铝矾土船，也是世界接卸的最大铝矾土船。

5 月 7 日，全球首家 Hsp90α 肿瘤标志物检测示范实验室——烟台普罗吉医学检验实验室在烟台开发区揭牌成立。此项目主要为广大群众提供包括肿瘤预防、预测、诊断、治疗、预后和复发检测的全程分子检测服务。

5 月 18 日，第二届世界老年旅游大会—国际美食美酒节在烟台天马栈桥广场开幕。美食美酒节由开发区管委主办，邀请来自阿根廷、爱尔兰、澳大利亚、德国、法国、哥伦比亚、哥斯达黎加、美国、秘鲁、摩洛哥、墨西哥、委内瑞拉、西班牙、意大利、智利等 15 个国家的优秀厨师到会，向市民展示不同国家的美食美酒传统文化。

5 月 24 日，第二届世界老年旅游大会在烟台开发区开幕，来自世界 46 个国家和地区的 1200 名嘉宾参会。大会由省文化和旅游厅、省发展和改革委员会、烟台市人民政府主办。会议主题是“老年游学 · 点亮世界”，会期 7 天。

8月30日，中国（山东）自由贸易试验区烟台片区在济南揭牌，位于烟台开发区内，东起泰山路，南至嘉陵江路，西至台北路，北至黄河路、八角中心大街，面积29.99平方公里。包括中韩（烟台）产业园、烟台保税港西区两个国家级园区。31日，市委书记张术平，市委副书记、市长陈飞为中国（山东）自由贸易试验区烟台片区挂牌。

9月16日，2019全国帆船冠军赛在辖区开赛。本次比赛由中国帆船帆板协会主办，是全国最高水平专业赛事之一。赛事包括奥运会5个级别项目，来自全国各地的21支省市代表队参赛。

10月12日，万行韩国风情步行街在烟台开发区授牌，标志着全市首条韩国风情步行街开街。步行街位于万行爱琴海购物公园东侧，北起沭河路、南至秦淮河路，全长350米，规划占地面积2万平方米。

11月5日，由韩国C&M株式会社投资的新能源汽车电子生产基地项目在烟台开发区签约，是山东自贸区烟台片区获批后，首个落户的韩资世界500强项目。项目总投资2000万美元，主要从事新能源汽车电机等相关零部件生产。

11月6日，烟台开发区工委被全国普法办授予“全国普法先进集体”荣誉称号。

11月17日，烟台开发区在韩国首尔颁出首张海外营业执照。政务服务走出国门实现跨国审批首创性探索，致力打造全国法制化、国际化、便利化程度最高的一流营商环境。辖区80%以上审批服务事项达到全国最快水平。

（撰稿：韩正黎　审稿：蔡海林）

烟台高新技术产业开发区

【政区 人口】 2019年，高新区总面积98.4平方公里，其中核心发展区管辖面积48.8平方公里，金山湾新区面积49.6平方公里。核心发展区辖1个街道，21个行政村；金山湾管理处辖10个行政村。年末全区总人口4.8万人，常住人口10.02万人，其中城镇人口8.35万人。人口出生率16.83‰，死亡率7.52‰，自然增长率9.31‰。

【经济概况】 2019年，全区实现生产总值63.6亿元，按可比价格计算比上年增长8%。其中，第一产业增加值5.7亿元，下降6.2%；第二产业增加值19.5亿元，增长7.4%；第三产业增加值38.4亿元，增长11.2%。三次产业比例为9∶30.6∶60.4。全社会固定资产投资增长9.1%。实现一般公共预算收入11.1亿元，增长18.5%；一般公共预算支出13.3亿元，增长21.5%。年末金融机构本外币存款余额84.4亿元。

【农业】 2019年，全区农林牧渔业实现总产值9.8亿元，比上年下降6.1%。

【工业】 2019年，全区实现工业增加值15.8亿元，增长6%。规模以上工业企业实现增加值增长7.8%；营业收入47.8亿元，增长6.6%；利润总额3亿元，增长18%。

【建设 建筑业】 2019年末城镇化率83.3%。全年完成建筑业总产值18.6亿元，增长31.9%。

【贸易 旅游】 2019年，全区实现社会消费品零售总额6.2亿元，比上年增长1.2%。其中，城市市场实现零售额6.2亿元。实现外贸进出口总额17.8亿元，增长5.8%，其中出口10.1亿元，增长3.1%。实际使用外资9549万美元。

【教科文卫体】 2019年，全区有普通高中1所，在校生2470人；初中1所，在校生1581人；小学4所，在校生2311人。各类卫生机构有床位295张，卫生技术人员330人。

【社会生活】 2019年，全区城镇居民人均可支配收入48916元，增长6.7%；人均消费性支出32266元，增长5.7%。农村居民人均可支配收入24216元，增长9.2%；人均生活消费支出17243元，增长6.7%。全区城乡最低生活保障救助166人。其中，城镇低保11人，农村低保155人。

【产业发展】 2019年，高新区围绕医药健康、新一代信息技术、智能制造等7个产业和校地合作、军民融合2个重点，引育战略性新兴产业和高科技项目。组织开展深圳“仙境烟台・相约鹏城”烟台高新区双招双引推介会、国际健康产业大会等大型推介活动10余次，组织项目评审会7次，新签约引进树兰国际生命医学中心、中科创新广场等“高科技、高潜力、高附加值”产业和创新平台项目150个，计划总投资约400亿元。全年合同引进市外资金220亿元以上，实际到位市外内资突破30亿元，是2018年的3倍以上，实际使用外资突破9000万美元，引进总投资10亿元以上项目12个、三类500强项目6个。全年引进培养市级以上层面高层次人才29人，累计176人。项目建设全面提速。将2019年确定为“重点项目建设年”，固定资产投资增幅连续12个月超过7%。计划总投资近100亿元的信息安全与智能制造烟

烟台高新技术产业开发区　　（摄影：孙俊杰）

台研发基地、谛源光科、绿叶固体制剂、打印梦工厂等14个市区重点项目全面开复工，腾讯云瀚客生态圈、新加坡智能健康系统、卫星遥感大数据、医疗物联网平台等25个技术创新平台和产业化项目正式运营，大项目支撑、新项目引领、好项目驱动的产业格局快步形成。

【科技创新】 2019年，高新区加快校地合作示范基地建设，引进双一流高校协同创新中心、国家轻量化材料成形技术及装备创新中心汽车轻量化中心等校地合作项目11个，累计达到29个，清华启迪中英“两国双园”、思科创新中心等一批项目投入运营。加快军民融合创新示范基地建设，引进中关村联创军民融合装备产业联盟（烟台）产业园、中国航天环境可靠性试验与检测中心烟台实验室、联想新视界山东研究院、高分辨率对地观测系统山东省烟台市数据与应用中心4个创新平台。加快中德工业设计中心建设，重启蓝色金谷建设，承接山东省工业设计研究院、中德工业设计中心总部、设计开放大学等板块，工业设计研究院主体研发大楼于世界工业设计大会首日正式揭牌。加快烟台国际设计小镇建设，项目占地面积约80公顷，设计总建筑面积约75万平方米，计划总投资约54亿元，采取“政府主导、企业主体、市场运作”建设模式，打造设计产业生态圈，整体规划基本完成，启动区核心项目原型创新工场达到投用标准。发挥企业创新主体地位，海研制药、卓越新能源、金建工程3家企业入围国家知识产权优势企业，全区知识产权优势示范企业累计10家。航天513所、山东海洋现代渔业、华宇航天空间技术3家企业获批省级海洋工程协同创新中心，航天513所量子磁与电磁工程实验室获批省级工程实验室，博源科技材料获批省级“一企一技术”研发中心，烟台中科网络技术研究所获批省博士后创新实践基地，全区拥有省级以上创新平台50个。

2019年，高新区出台瞪羚企业培育扶持办法、知识产权专项扶持资金管理办法，修订科技信贷风险补偿资金、知识产权质押融资等管理办法，组织区内企业申报各级重点研发计划，38个项目获市级以上立项资金支持2080万元，184家科技型企业通过科技部中小企业评价，7家企业获知识产权质押贷款4320万元。引进基金管理机构，新增国泰诚丰资产管理、中绩资产管理、烟台海洋工程投资等机构22家、规模约20亿元，累计达到82家、总规模超过157亿元。鼓励支持一批载体平台建成运营，新增孵化面积超过10万平方米。山东国际生物科技园被认定为国家小型微型企业创业创新示范基地，科创中心、大学生创业园被认定为省级小型微型企业创业创新示范基地。全区拥有国家级科技企业孵化器4家，国家级众创空间1家，省级科技企业孵化器4家，数量居全市首位。高新区获批中国生物医药园区创新药物潜力指数十强园区、中国科协“海智计划”工作基地。

【管理体制改革】 2019年，高新区在大部门制、全员聘任制、绩效考核制度等方面进行改革。依据省委《关于推动开发区体制机制改革创新促进高质量发展的意见》，谋划“管委会+”等核心事项，形成《深化体制机制改革创新促进高质量发展实施方案》，提前布局推动相关改革事项，企业化开发运营、市场化合作共建等一些具备条件的改革先行启动。健全“一次告知”“一窗受理”联审联办机制，推行“证照分离”改革，实现全程电子化，企业登记注册实现即时办结。推进行政审批便民化改革，深化项目审批制度改革，探索“拿地即开工”“标准地”等改革事项，推行容缺办理、网上申报、并联审批、限时办结。推行图纸审查、消防审查容缺受理和基础设施配套费“告知承诺”，在全市率先取消部分领域委托监理，在全市首创以土地出让合同为依据核发建设工程规划许可证，在全市首家实现施工许可和质监、安监手续合并办理，在完成不动产登记8个自然日内即可取得施工许可。

【对外开放】 2019年，高新区依托中韩（烟台）产业园加强对韩合作，在3个片区中率先出台《支持引进韩资项目加快东片区发展的政策措施》，组建驻韩办事处，烟台中韩跨境电商公共服务平台正式启动。依托“丝绸之路高科技园区联盟”，深化与“一带一路”沿线国家合作，组织参加丝绸之路高科技园区联盟第四届会议，联盟成员拓展至17个国家的59家高校院所、科技园区，中集巴顿焊接技术研究中心获批中欧海洋工程示范型国际科技合作基地，中俄科技园与乌兹别克斯坦塔什干纺织与轻工业学院共建国际技术转移中心，当选为山东引智联盟首届轮值理事长单位。

【项目招引】 2019年，高新区按照市委、市政府对金山湾新区发展定位和“多规合一”要求，完成空间规划三轮汇报、区级审定和专家评审，在烟台市城乡规划委员会执行和审议委员会第5次会议上汇报通过，拟构建“活力湾，卢山、海林两大郊野公园，大学城、科技城、康养城3个特色化产业新城，金山国际社区”等“一湾两苑三城一社区”空间结构布局。启动13个基础设施专项规划和管网综合规划编制工作，完成前期基础调研。确立开发建设思路，依托新转型改组的烟台高新建设投资开发有限公司，成立金山湾新区平台公司，引入城市综合运营商，共同合作实施土地一、二级开发。推进海防林自然保护区调整、908海岸线修测、土地利用规划调整等工作。海防林自然保护区范围调整正式批复。向市自然资源和规划局移交海岸线修测相关资料，省自然资源厅启动908海岸线修测工作，委托的第三方完成金山湾新区现场勘查。加大项目招引和推进力度，接待国内外知名企业、高校院所来访考察80余批次，中欧产业园、国际康养社区、未来科技创新城等重点项目加快推进，其中，中欧产业园总投资10亿美元，完成项目公司注册、银行开户，项目负责人到烟台常驻开展工作，意大利、丹麦、瑞士三国设计团队完成一期规划方案初稿，正在办理前期备案、环评等手续，有意大利菲亚特集团、阀门集团等11家企业计划入驻。

【大事记】 2019年3月18日，高新区派出首批人员赴韩国驻点招商，中韩（烟台）产业园东区驻韩办事处正式启动。

3月29日，高新区举办信息安全与智能制造烟台研发基地项目开工暨全区重点产业项目集中开工月活动。

4月17日，国家轻量化材料成形技术及装备创新中心汽车轻量化中心签约仪式举行。这是按《中国制造2025》纲领在全国布局的第8家，也是山东省第1家国家级制造业创新中心。

5月24—30日，高新区筹备的“烟台市创新合作交流会”在莫斯科政府科技园举办，市委书记张术平为“烟台市创新合作交流工作站”揭牌。莫斯科政府科技园主任、俄罗斯顿河畔罗斯托夫市副市长、莫斯科市企业家和创新发展厅负责人及欧亚经济联盟等40余位政商界代表参会。

5月26日，2019“仙境烟台·相约鹏城”烟台高新区双招双引（深圳）推介会举办。推介会设4个分会场，签约总投资70亿元的16个重点产业项目。

7月26日，高新区制定出台《烟台高新区知识产权专项扶持资金管理办法（试行）》，这是机构改革后，烟台市首部、山东省第二部综合性知识产权政策。

7月31日，73岁的退役军人孙开疆得知有人落水，毅然跳入海中，游到离岸500多米的深水区将5岁女孩救回。孙开疆荣登2019年烟台市善行义举四德榜，获“山东好人”“烟台好人”等称号。《人民日报》《解放军报》官微及部分省市电视台报道，称他为“硬核老兵”。

9月30日，中国科协正式批准高新区为中国科协“海智计划”工作基地，这是烟台市首个国家级海智基地。

10月10—13日，丝绸之路高科技园区联盟第四届会议在格鲁吉亚首都第比利斯举行，来自俄罗斯、阿塞拜疆、乌兹别克斯坦、巴基斯坦等7个“一带一路”沿线国家的30多个高校、科研机构、高新技术企业代表出席会议，签订一系列合作协议。联盟成员机构扩充至16个国家的59家单位。

10月17日，高新区获评“中国生物医药园区创新药物潜力指数十强园区”。

10月18日，高新区首例造血干细胞捐献者田亚赴济南实施捐献。

（撰稿：周健荣　审稿：姜志勇）

烟台保税港区

【概况】 烟台保税港区于2009年9月7日经国务院批复设立，规划控制面积6.21平方公里，2019年，全区完成外贸进出口总值714.1亿元，在全省11个海关特殊监管区中排名第二，实际使用外资353万美元，实现税收1.9亿元。

【空间布局】 烟台保税港区分为东、西两个区块：东区位于烟台港芝罘湾港区，面积3.95平方公里。保税港区管委实际管辖0.7平方公里，其余3.25平方公里为港口作业区，由烟台港集团管理。西区位于烟台经济技术开发区，面积2.26平方公里，西区管理局由开发区管委管理。

【政策优势】 保税港区叠加保税区、出口加工区、保税物流园区所有的政策功能，增加港口口岸功能，是中国功能最全、政策最优惠的特殊区域之一。保税港区内可开展九大功能业务，包括保税仓储，国际转口贸易，国际采购、分销和配送，国际中转，检测和售后服务维修，商品展示，研发、加工、制造，港口作业和经海关批准的其他业务。保税港区的优惠政策主要体现在保税、退税、免税、免证和通关便捷等方面。保税，即暂缓缴纳关税和海关代征的增值税、消费税。退税，即国内货物进入保税港区视同出口，实行退税；生产用水、电、气等实行退税。免税，即区内进口生产所需及其设备、基建物资及自用合理数量的办公用品免征关税和海关代征税，区内企业之间交易不征收增值税和消费税。免证，即在保税港区不实行进出口配额、许可证管理；货物自由流转；存储货物不设期限等。通关便捷，即保税港区海关监管方式是备案制，可集中报关、分批进出区；区港之间可“一次申报、一次审单、一次查验”，实现真正意义上的“区港一体”、无缝对接。2019年3月，根据海关总署统一部署，启动保税港区转型综合保税区工作，转型综合保税区可享受国家赋予综合保税区的21项优惠政策。

【产业发展】 2019年底，保税港区东西两区有企业249家，规模以上企业15家，外贸进出口1亿美元以上的9家。东区依托烟台港，培育形成汽车和手机部件加工、仓储物流、跨境电商、外贸综合服务等产业；西区依托富士康工业园，培育形成电子加工产业链和保税物流业态。全区产业加快从传统加工贸易向新兴服务贸易转换升级，加快建设跨境电商产业园、国际葡萄酒产业园和全球物流分拨中心。

【招商引资】 2019年，保税港区加强专业招商力量，内设招商机构达到3个，从事招商引资的工作人员已超过全区总人数的三分之一。转换产业方向，把招商重点转移到贸易类、物流类、电商类、平台类等轻资产项目上，加速实现产业结构调整和新旧动能转换。研究新的产业扶持政策，形成涵盖外资项目、新兴业态等方面的全方位政策支持框架，加大跨境电商、物流和供应链等企业引入力度。加强招商制度建设，从项目分析、引进决策和跟踪实施各个环节，对项目落地流程加以规范完善，建立招商月报制度和项目调度制度，制定招商引资考核办法实施细则，加大考核权重。坚持“走出去、请进来”，开展各类招商促进活动，通过举办投资说明会、派出招商小分队、参加国内外各类论坛展会、接洽客商来区考察等方式，加强招商推介力度，提升园区知名度和影响力。韩国碧迪国际贸易、阿根廷潘帕、圣斐堡葡萄酒、云仓供应链、启鸿供应链等一大批新项目的引入落地，优化全区产业结构，延伸产业发展链条。

【外贸提升】 2019年，保税港区主动服务全市重点企业，加快培育新的外贸增长点。用好用活保税港区政策功能，主动对接富士康、中集来福士等重点企业的业务需求，找准双方合作契合点。会同驻区海关、驻区税务局以及区内平台企业等单位，探讨利用保税维修、保税研发等政策，支持中集来福士打造海工装备北方基地建设，延伸海工装备产业链条，拓展中集来福士业务发展空间。解决进口质保件区内保税及国际采购“进口复出口”业务问题，为企业节省经营成本，同时增加外贸业务量5亿多美元。开展一线走访，挖掘区内企业外贸潜力。加强与商务、海关部门的沟通，走访摸排区内企业，全面了解企业外贸业务情况，引导企业利用保税港区政策优势，将区外一般贸易转化为保税业务，引入泽恩货代、拓金货运、聚德明、浩洋海运、大葡酒业等5家企业在区内开展保税进出口业务，全年增加进出口额5000多万元。引导企业走出去，开拓国际国内两个市场。全年组织企业参加国际国内展会8批次，110余人；组织12家企业参加中国国际进口博览会，实现外贸进口现场签约2000万美元，超额完成任务；推进清华智能家项目的双绿产业会进入2020年烟台市“百会百展”计划。

【营商环境】 2019年，保税港区服务企业不断优化，围绕深化“放管服”改革，会同驻区海关、市场监管、税务等部门落实上级新要求，提速增效、简化流程、压减手续，完成对外贸易经营者备案28家，物流账册及加工贸易审批15笔，外商企业年报35家；加强政策解读引导，兑现企业奖励政策，通过召开重点企业座谈会、举办政策辅导讲座、组织参加政策说明会、主动上门讲解辅导等形式，解读保税港区、综保区及自贸区政策，鼓励引导企业用好各项优惠政策；帮助企业排忧解难，落实“进解促”“外商投资企业服务大使”“基层服务年”“企业所需、我们所向，亮诺、践诺、评诺”等活动要求，为企业发展建言献策、排解难题，为企业解决政策争取、口岸收费、市场拓展、付汇结算等难题50多个。着眼拓展保税港区功能，重点推进跨境电商综合服务平台建设，初步具备运营条件，为培育发展新业态新模式提供载体支撑；加大闲置资源盘活力度，收购优质厂房一宗，为项目落地提供资源保障；完成海关办公楼整修提升工程，烟台海关驻芝罘办事处新的办公场所启用，为下步服务于综保区政策落地、招商引资、营商环境优化等奠定坚实的基础；组织开展厂房装修改造、园区环境综合整治和提升等一系列工程，违法建设治理工作有序推进，卡口管理进一步规范，污水实现达标排放，雨污水管道清理工程、道路标线和道路标志牌更新建设等按期完成，园区环境整体形象得到提升。完善安全生产责任体系，落实监管责任，推进双重预防体系建设，开展“安全生产月”、迎接中华人民共和国成立70周年专项整治行动、重点行业领域专项整治等一系列活动，分34批次组织专家检查62家企业安全生产工作，排查隐患470项，100%整改完成，实现“零事故”的目标强化食品安全监管、加大信访维稳工作力度、加强区内安保巡查。

（撰稿：鞠伟伟　审稿：于洪锡）

昆嵛山保护区

【区名由来】 因境内有昆嵛山而得名。

【政区 人口】 全区总面积约174平方公里。辖1个国有林场、1个镇（36个行政村）。2019年末全区总人口1.204万人。

【经济概况】 2019年，全区实现生产总值3.46亿元，按可比价格计算，比上年增长5.7%。其中，第一产业增加值0.79亿元，增长5%；第二产业增加值0.14亿元，增长1.9%；第三产业增加值2.53亿元，增长6.2%。三次产业比例为22.83∶4.05∶73.12。

【农业】 2019年，全区农林牧渔业实现总产值1.56亿元，比上年增长13.3%。粮食总产0.24万吨，增长4.3%；油料总产0.15万吨，下降6.3%；水果总产2.8万吨，增长33%；蔬菜总产0.4万吨，增长0.05%。

【工业 建筑业】 2019年，全区实现工业增加值0.08亿元，比上年增长2.6%。

【社会生活】 2019年，全区农村居民人均可支配收入19947元，增长9.3%；人均消费性支出8150元，增长7.7%。全区城乡最低保障救助279人，其中城镇低保16人，农村低保263人，农村特困救济28人。全区城镇医疗参保人数7359人。

【民生事业】 2019年，保护区推进老年福利事业，累计为全区60周岁以上老人增发高龄津贴310万元，办理敬老卡144张，为80周岁以上老年人发放蚕丝被659床，开展社会救助工作，累计发放困难救助金132.8万元。

【森林防火】 2019年，保护区投入443万元采购新型串联水泵37台、肩扛式发射器12个、个人防护装备300套等防灭火物资，组织消防技能大比武7次。维修2处、重修1处视频监控。签订防火承诺书14750份，发放纪念品14750个，张贴宣传标语及禁火令近2000张，安插宣传旗4000面，悬挂宣传牌500个，出动宣传车8600台次，微信平台发布文章51篇。完成上坟跟踪值守968次，发送预警等级短信13万条，实现“零火灾”目标。

【松材线虫病防治】 2019年，保护区人工普查36次覆盖1.3万公顷次，无人机监测4167公顷次，在重点区域建立松材线虫病监测点，配备GPS实施全年监测。送检样本960份，检测出松材线虫病28株，基本集中在8个疫点。无害化清理病死树2万余株。投放肿腿蜂200万头，悬挂立木

昆嵛山自然保护区石门里花海　（供稿：李玉崇）

式引诱剂110株，为2333棵松树注射药剂“松线静”7000支，有效提高松树抗病能力。

【科研宣教】 2019年，保护区审核外来考察、教学实习32批次186人。6项科研课题进展顺利，其中红外相机监测狗獾种群成果于7月4日在中央一套秘境之眼栏目播出。联合陕西师范大学每月进行鸟类监测，记录鸟类209种。在微信平台发布原创文章91篇。举办形式多样的观鸟、自然观察等活动，邀请自然之友盖娅自然学校开展自然教育主题无痕山林体验式培训，110名机关干部参加，反响热烈。5月，山东昆嵛山赤松林入选“中国最美森林”，成为山东省首个入选该榜单的森林景观。

【安全生产】 2019年，保护区签订目标管理责任书2064份，发送公益短信1402条，悬挂安全生产横幅50余幅，组织参加知识竞赛答题1.1万余次，组织危化品经营企业观看安全生产警示教育片。排查整改安全隐患70处。开展迎接中华人民共和国成立70周年安全生产专项整治行动，共派出检查组138个，出动检查人员530人次，检查生产经营单位415家次，发现一般隐患12处，全部完成整改。发放防止“一氧化碳中毒”明白纸5000余份。

【生态修复】 2019年，保护区完成7处废弃矿坑整治目标任务。配合昆嵛镇完成14公顷化工程。完成1处养猪棚、1处养鸡棚评估。完成长岭、义和庄、军石3处村庄生活污水治理工程。

【水利】 2019年，保护区投资396.43万元完成3座小（二）型水库除险加固工程建设、硬化田间生产路2849平方米，为6户贫困户接通自来水，为西殿后、张家口、单耳山、金屏夼、北臧家庄、义合庄村6个村安装水质净水设备。

【河长制 湖长制】 2019年，保护区组织各级河（湖）长、河管员巡河（湖）4615次，更新维护河长公示牌36块，开展河湖清违清障及“回头看”工作，拆除汉河东殿后村违法建筑5处，清理整治黄垒河砂石堆压占压河道433米，清理河道树木、垃圾和柴草堆5公里。

【环保 改造】 2019年，保护区投资约50万元，全年完成26户贫困户、低保户和分散供养特困户危房改造；投资40万元，修建东殿后和曲家口两个村内公共卫生间。

【交通】 2019年，保护区投资约400万元，对县道X003和乡道Y027两条道路进行大修，道路长度3.4公里。

【旅游】 保护区主要旅游景点有石门里、九龙池、无染寺、烟霞洞和岳姑殿。2019年接待国内外游客21.74万人次，增长15.03%。实现旅游总收入882.525万元，增长15.44%，其中国内旅游收入882.525万元，增长15.44%。

【市场监管】 2019年，区内有在营企业68户，个体工商户273家，农民专业合作社95家。其中食品生产企业3家，餐饮服务单位47家，药品经营单位1家。推行企业名称自主申报改革，除涉及登记前置审批事项的企业名称由登记机关窗口办理外，取消名称预先核准环节，将名称预先核准与设立登记两个环节压缩为一个环节，其他企业名称（含名称变更登记）均可通过名称自主申报系统实现自主申报，同时有序推进2019年度市场主体信息公示工作。普及《中华人民共和国食品安全法》宣传，累计发放各类宣传资料1000余份。

【大事记】 2019年5月10日，山东昆嵛山赤松林入选“中国最美森林”，成为山东省首个入选该榜单的森林景观。

12月28日，山东省烟台市昆嵛山保护区获新华网“2019生态文明建设优秀保护区”称号。

（撰稿：李玉崇　审稿：杨林）

招远经济技术开发区

【概况】 招远经济技术开发区于1992年建区，2011年9月25日，经国务院批准晋升为国家级经济技术开发区，辖区内有温泉街道、大秦家街道和辛庄镇（含滨海科技产业园），总人口15万人，区域总面积220平方公里，实际管辖面积86.1平方公里。经过多年发展，全区形成以黄金、轮胎及汽车零部件、机械制造、新型电子材料、食品等五大产业为主导的发展格局。拥有在全国有一定影响力的黄金深加工基地、轮胎制造业基地、电子信息材料基地和北方最大的黄金珠宝首饰城、金都皮革城等大型专业市场。2019年，实现生产总值477.6亿元，比上年增长7.5%。其中，第一产业增加值6.4亿元，增长6.8%；第二产业增加值258.8亿元，增长6.4%；第三产业增加值212.4亿元，增长8.9%。全社会固定资产投资完成255.96亿元，增长10.17%。招远经济技术开发区逐步发展成为“区域经济发展的核心区、高端产业的聚集区、服务业新城区、蓝色经济科学发展示范区”。

【工业】 2019年，全区实现工业增

加值229.3亿元，比上年增长6.9%。规模以上工业企业（年主营业务收入2000万元及以上的工业法人企业）92家，实现主营业务收入974.2亿元，增长7.1%；实现利润25.2亿元，增长5.2%。

【贸易】 2019年，全区实现进出口总额22.1837亿美元；实际利用外资8296万美元，增长2.55%。招远经济技术开发区坚持“请进来，走出去”的招大引强战略，合理利用内资，积极引进外资，为国内投资者和广大外商提供广阔发展平台。

【投资环境】 建区后，按照“城市新区、经济新区、开放特区”的功能定位，着力抓好招商引资，培育壮大支柱产业，繁荣发展社会事业。发展特色产业园区，培育形成黄金、轮胎及汽车零部件、机械制造、新型电子材料和食品五大支柱产业。规划建设以“六大板块”为主体的特色集聚发展“新高地”。中德新材料产业园重点发展高端装备制造和新材料产业，打造国际化特色产业园区；生物医药产业园重点发展高端医药医疗产业，打造“金都药谷”；双创示范园重点发展“小而精、小而强”的高科技企业，打造大众创业万众创新示范基地；东部功能区重点发展商贸物流和高端制造，打造产业新城；西部功能区重点发展教育、医疗、文化产业，打造“产学研医养”结合示范区；滨海功能区重点发展高端装备制造、陆港物流产业，打造现代城市次中心。

【体制机制改革】 2019年7月，开发区体制机制改革试点工作推进，坚持市场化改革取向和去行政化改革方向，推行“党工委（管委会）+”等多种形式的体制改革，建立更加精简高效的管理体制、更加灵活高效的开发运营机制、更加激励竞争的干部人事管理制度、更加系统集成的政策支持体系。完成党工委（管委会）+体制、管委会瘦身强体、选优配强领导班子、雇员制人事制度、培育开发建设主体、规范管辖面积等改革任务取得实际成效，绩效薪酬改革取得突破性进展。做强做优十项“自选动作”，包括鼓励企业运营区中园、支持市场化合作共建开发区、优化开发区发展空间布局、培育壮大特色产业集群、全面提升对外开放水平、发挥创新创造带动作用、创新财税政策、积极破解土地瓶颈、加强科技创新平台建设、完善考核评价机制等。

【双招双引】 2019年，开发区新签约进区项目23个，包括细胞治疗药物、高精柔性集成电路材料、智能机器人等15个总投资50亿元的招商引资项目以及8个搬迁和基础设施建设项目，其中美华特水处理、环保设备研发生产、LNG液化天然气、福喔新材料等9个项目落地开工。开发区“走出去”“请进来”160多批次，走访、接待客商近1000人次。举办“中国金都·山东招远（杭州）招商推介会”“招远市（北京）创业孵化战略暨2018招远生物医药产业招商推介会”“招远市（旧金山）生物医药产业合作恳谈会”招远经济技术开发区2019（上海）双招双引恳谈会、招远市2019生物医药产业项目对接会等一系列专题招商推介活动。规划形成以生物医药产业园、中德新材料产业园、双创示范园“三大核心园区”为支撑的双招双引新格局，实行开发区、相关镇街部门全面参与的联合作战模式，提升园区承载力和发展后劲。强化双招双引体系，建立“1+3+N”专业化招商机制。按照“专业部门、专业队伍、汇集力量、形成合力”的原则，整合开发区原招商力量，抽调精兵强将，组建新的投资促进部，作为开发区专业招商牵头部门；建立三大核心园区建设指挥部，一个园区一套班子，专职专责推动园区招商建设；利用各类社会招商资源，先后与上海美国商会、德国中国工商会开展社会化招商合作，搭建N个社会化招商共同体，形成1个专业招商牵头部门为引领、3大特色园区平台为支撑、N个社会化招商共同体并行联动的专业化招商体系。强化工作支撑，完善双招双引工作推动和政策支持体系。建立重点项目工作专班

招远经济技术开发区　（供稿：李琳琪）

制度，一个项目一套班子，实行动态管理，实行专业化、集约化、流程化工作模式。建立招商引资项目论证制度，重点对项目进行审核、把关，确保项目质量和可行性，研究确定招商引资政策，并研究解决项目招引及建设过程中遇到的困难和问题，提高项目落地成功率。制定出台《关于强化“双招双引”加快新旧动能转换的激励政策》，全市 80% 的土地指标用于三大园区项目建设，从土地、投资、经济贡献、人才等各个层面为项目招引提供最直接、最有力的政策保障。聚焦重点园区建设，培育壮大特色产业集群。规划发展生物医药、新材料两个特色产业集群，推进产业集群化、园区化、基地化、高端化。2019 年，三大核心园区召开 20 余次园区建设专题会和现场调度会，完成投资 1.5 亿余元。

【项目建设】 2019 年，开发区承建市级重点建设项目 8 个，其中省级重点项目 2 个、烟台市级重点项目 4 个，开复工率达到 100%，超额完成年度投资计划。多渠道挖掘项目资源，重点推进招金膜天地埋式智能 MBR 处理装置产业化项目、鸿福集团催化剂载体硅胶项目、大美药业项目、生物培养基项目等项目的供地指标落实；对土地指标已落实的医药产业园的基因药物项目、医用高分子项目、春鹏电子的柔性集成电路等项目推进项目规划及开工手续的办理。围绕“烟台三重”“招远双重点”等关于重点项目建设及观摩的要求，持续进行现场跟踪调度，先后 50 余次进驻项目单位及施工现场，督促企业加快施工进度，全年各项观摩均取得全市第一名。期间，金宝电子 3000 万平方米 / 年高性能覆铜板项目，代表招远市迎接烟台市高质量发展观摩评比。实施“重点项目建设工作专班制度”，提升项目建设服务水平。为项目建设单位解决实际困难 4 个，其余 4 个已按程序转报以及申报，并持续跟踪落实解决情况。对土地指标已落实的项目，督导项目单位加快规划、及时办理开工手续。设立开发区行政审批服务专用窗口，开辟手续办理绿色通道，与市行政审批服务局协商制定开发区行政审批事项的具体办理意见，全年为 4 个企业代跑代办各项审批手续，办理对外贸易经营者备案登记和变更登记手续 29 个。全年征用土地 20 公顷，办理土地挂牌 13 宗。参与筹办农商大世界启动仪式、第五届皮草节等筹备工作，组织区内企业参会参展 20 余次，引导企业开展产品、技术、服务的展示和交易，提高企业对外宣传水平。

【科技创新】 2019 年，开发区推进与中科院兰化所的战略合作，推进“纳米自洁材料联合实验室”的建设；协助组织部商请兰化所选派张俊平博士到招远市挂任科技副市长；运作，将张俊平博士纳入招远市高层次人才集聚工程；张俊平博士申报 2019 年烟台市“双百计划”人才。

【大事记】 2019 年 6 月 4—9 日，招远市委书记、招远经济技术开发区管委主任贺业增率招远市代表团赴美国考察。在美国考察期间，代表团一行参加 2019 年第 77 届美国食品配料展览会，先后拜访世界 500 强美国宜瑞安食品配料公司以及美国 FARBEST 公司、SCHOLARS 公司、美国亚洲食品公会、大联公司等相关机构和企业。

7 月 3 日，“国家级 · 招远经济技术开发区 2019（上海）双招双引恳谈会”在上海美国商会华盛顿会议中心举办，加强招远经济技术开发区与美国世界 500 强企业和跨国公司的经贸交流与合作，推介开发区投资环境、重点产业园区和“双招双引”相关政策。

9 月 6 日，开发区召开体制机制改革试点工作动员会议。

12 月 14 日，由中国食品土畜进出口商会、哥本哈根皮草共同主办，招远市政府，招远市经济技术开发区和招远市商务局承办的“2019 中国国际裘皮年会”在山东招远召开。来自全国毛皮业界的近 300 名专业人士参加会议。

（撰稿：李琳琪　审稿：杨腾飞）

责任编校：云　霞

县 市 区

芝罘区

【区名由来】 因其境内芝罘岛而得名。1983 年 10 月设区。

【政区人口】 全区总面积 180.44 平方公里。辖 13 个街道办事处(园区),142 个居委会,其中,城市社区居委会 116 个,城郊居委会 26 个。2019 年末全区常住总人口 70.77 万人,全部为城镇人口。人口出生率 9.94‰,死亡率 5.99‰,自然增长率 3.95‰。有少数民族 34 个,5279 人。

【经济概况】 2019 年实现生产总值 953.87 亿元,按可比价格计算比上年增长 3.2%。其中,第一产业增加值 6.76 亿元,增长 6.1%;第二产业增加值 189.54 亿元,下降 10.7%;第三产业增加值 757.57 亿元,增长 7.4%。三次产业比例为 0.71∶19.87∶79.42。全社会固定资产投资增长 7.7%。全年一般公共预算收入完成 68.1 亿元,按可比口径增长 11.1%。公共财政预算支出 37.49 亿元,下降 12.3%。

【农业】 2019 年农林牧渔业实现总产值 12.46 亿元,比上年增长 6.8%。水果总产 2321 吨,下降 1.8%;蔬菜总产 13704 吨,增长 2.3%;水产品总产 51934 吨,增长 6.8%。肉类总产 406 吨,禽蛋总产 198 吨,奶类总产 204 吨。全区农机总动力 29703.4 万千瓦,与上年持平。

【工业和建筑业】 2019 年实现工业增加值 101.82 亿元,比上年下降 18.3%。规模以上工业增加值下降 7.3%;实现营业收入 353.32 亿元,下降 1.8%。全年完成建筑业总产值 296.28 亿元,增长 8.5%;实现利税 21.38 亿元,增长 7.3%。

【建设环保】 2019 年末城镇化率 100%。人均绿地面积 50.49 平方米,建成区绿化覆盖率 40.48%。自来水普及率 100%,燃气普及率 99.86%,集中供热普及率 85%。建成污水处理厂 2 座,污水集中处理率达到 100%,无害化垃圾处理率达到 100%。城市空气质量优良率达到 80.3%,道路交通声环境质量符合国家标准。

【贸易旅游】 2019 年实现外贸进出口总额 171.6 亿元,增长 14.1%,其中出口 103 亿元,增长 21.4%。新批利用外资项目项 33 个,合同外资 48179 万美元,实际使用外资 12088 万美元。境内主要旅游景点有 5 处。全年接待国内外游客 2625.5 万人次,增长 10.6%。实现旅游总收入 366.8 亿,增长 9.5%。

【教科文卫体】 2019 年有普通高等院校 1 所,在校生 3.03 万人。中等技术学校 5 所,职业高中学校 1 所,附设中职班 2 所,有在校生 0.96 万人。十二年一贯制学校 2 所;高级中学 3 所;完全中学 3 所;九年一贯制学校 8 所;初级中学 14 所;小学 43 所;特殊教育学校 2 所。普通高中在校生 1.43 万人;初中在校生 3.08 万人;小学在校生 4.46 万人;特殊教育在校生 0.03 万人。取得市(地)级以上各类重要科技成果 3 项,其中,获得国家科技奖励 1 项,获得省科技奖励 2 项。有群众艺术馆、文化馆 1 处,公共图书馆 1 处,档案馆 1 处。有区卫健局登记管理的医疗卫生机构 694 所,其中,医院 48 所(含芝罘医院、东方医院、区妇幼保健院等区属公立医院),社区卫生服务中心 9 所,妇幼保健院 1 所,疾病预防控制机构 1 所。区属公立医疗卫生机构有床位 1120 张,卫生技术人员 957 人,区卫健局注册的执业医师及执业助理医师 1330 人,注册护士 1187 人。全年为社区投放室内外健身器材 545 件,建成综合型健身广场 4 处;组织开展“大美芝罘·健康芝罘·活力芝罘”区级以上品牌赛事 48 场次,各级各类赛事活动 240 场次;组队参加省级及以上体育比赛共获奖牌 46.5 枚,其中金牌 35.5 枚;全年体育彩票销售额为 1.2 亿元。

【社会生活】 2019 年城镇居民人均可支配收入 50914 元,增长 8.2%;人均消费性支出 33643 元,增长 6.6%;人均住房建筑面积平方米。全区城镇基本养老、失业、工伤保险参保人数分别达到 20.6 万人、12.6 万人、13.6 万人。企业职工养老保险净增 10998 人,完成计划的 829%。全区城镇最低生活保障救助 3954 人。收养性社会福利单位 1 个,收养 44 人。

【大事记】 2019 年 1 月 23 日,朝阳街—奇山所城系列文化旅游项目战略合作启动暨烟台芝罘湾文旅投资发展有限公司揭牌仪式举行。

1 月 25 日,首届“烟台时代楷模”发布仪式在烟台广播电视台演播厅举行，毓璜顶街道大海阳社区党委书记、居委会主任冷晓燕被授予“烟台时代楷模”称号。

1月，芝罘区老旧社区全部完成视频监控改造，实现视频监控全覆盖。

2月16日，芝罘区举办“山下温乡情·湾畔论发展”——芝罘区首届英才归乡“山湾论坛”。20余名芝罘籍高端专家和80余名芝罘籍知名高校学生出席，聘任106名专家人才为芝罘“乡情大使”，现场发布“芝罘英才”地图，5名芝罘籍国家级高端人才与辖区用人单位达成合作。

3月20日，芝罘区被命名为省级慢性病综合防控示范区。

3月，区政府决定，将烟台一中初中部命名为烟台芝罘中学、烟台三中初中部命名为烟台港城中学、烟台四中初中部命名为烟台第八中学。

4月12日，在上海举办“知服新城·幸福港湾”烟台幸福新城投资推介会。幸福新城项目将按照“连片开发、成片运作、产城融合”的思路，重点发展知识经济、服务经济以及旅游、文化、教育、健康、养老等幸福产业，用3～5年时间打造宜业宜居宜游的中心城市新功能区。

5月28日，“从瑞典到中国：创新赋能可持续生态城市论坛暨中国——瑞典哈马碧生态城联盟”启动仪式在烟台万达文华酒店举行，并邀请瑞典城市建设领域专家、企业家出席，4位联盟发起成员签约。

5月31日，第三届烟台·芝罘（深港）城市投资洽谈会暨烟台幸福新城产业招商成果发布会在深圳举行。碧桂园集团、龙湖集团、华润置地、万科集团、保利置业等30余家“三类500强企业”“行业30强企业”参加活动，19个重点项目集中签约，总投资超过1500亿元。

5月31日，在深圳举办康佳产业研究院·烟台医药健康产业园高端人才创业洽谈会，8名高端人才与烟台康佳产业研究院现场签订合作协议。

6月29日，幸福新城项目征迁启动大会在幸福区片F地块现场召开，宣布幸福新城征迁正式启动。

8月16日，芝罘区联合鲁东大学、西南交大烟台新一代信息技术研究院举办中国烟台第二届新一代信息技术助力新旧动能转换高端论坛，2名院士及29名国家特聘专家、长江学者等国家级人才齐聚芝罘，全天12场主题演讲，辖区企业与专家在项目合作、技术攻关等方面达成合作意向6个。

8月18日，中国·烟台首届微纳传感技术与智能制造院士论坛暨明石创新产业技术研究院揭牌仪式举行，标志着明石创新产业技术研究院落户芝罘区，在全省率先打造“政产学研金服用”的烟台样板。明石创新产业技术研究院由6位院士牵手研发攻关，与西安交通大学、天津大学、中船重工七〇二研究所等高校和科研机构共建，本次活动汇聚中国工程院院士蒋庄德、徐岂南、侯立安、王浩以及中国科学院院士姚熹、宋振琪等高端人才。

9月20日，2019中国人力资本论坛（烟台站）在万达文华酒店举行，30位来自《财富》世界500强企业、全球知名企业的人力资源高管和行业精英聚集芝罘，共同探索人力资源服务产业的未来发展之路。本届论坛围绕“人力资本重塑——应变、创新、突破”为主题，共吸引800余家国内百强企业、上市公司、高校等赴会交流。

9月，《中国城市社区治理报告（2019）》发布，芝罘区《打造“六位一体”社区治理新格局》作为典型案例被编入该书，成为全国九大案例之一，是山东省唯一入选的社区治理典型。

10月17日，芝罘区杨希勇、于瑞勇当选第七届山东省道德模范，冷晓燕获第七届山东省道德模范提名奖。

12月，全国普法办印发《全国普法办关于通报表扬“七五”普法中期先进集体和先进个人的决定》，芝罘区被授予全国“‘七五’普法中期先进县（市、区）”称号。

（撰稿：王高峰　审稿：牟庆涛）

福山区

【区名由来】 福山区因境内“福山”而得名。

【政区 人口】 全区总面积482.26平方公里。辖7个镇（街道），1个高新技术产业区，241个村居、社区。年末全区总人口为280051人，其中城镇人口163312人。2019年出生3007人，人口出生率为10.75‰；死亡1796人，人口死亡率为6.42‰，人口自然增长率为4.33‰。有少数民族31个，1710人。

【经济概况】 2019年完成地区生产总值（GDP）310.6亿元，按可比价格计算，比上年增长6.8%。其中，第一产业增加值15.48亿元，增长0.9%；第二产业增加值149.3亿元，增长6.1%；第三产业增加值145.82亿元，增长8.4%。三次产业比例为4.98∶48.07∶46.95。其中，第一产业比重比上年提高0.05个百分点，第二产业比重比上年下降1.17个百分点，第三产业比重比上年提高1.12个百分点。二、三产业仍然是拉动福山区GDP增长的主要动力，对GDP增长的贡献率分别为45.8%和

53.6%，分别拉动GDP增长3.1和3.7个百分点。全年固定资产投资增长7.8%。全区实现一般公共财政预算收入27.1亿元，可比增长3%，其中税收收入22.8亿元，增长0.6%；全区地方一般公共预算支出29.9亿元，下降8.2%。其中，一般公共服务支出3.8亿元，增长7.2%；公共安全支出1.8万元，增长1.3%；教育支出5.1亿元，下降24.6%；科学技术支出0.4亿元，增长9.5%；文化旅游体育与传媒支出0.5亿元，增长14.6%；社会保障和就业支出5.9亿元，增长8.2%；卫生健康支出2.2亿元，下降7.9%；城乡社区支出3.3亿元，增长11.1%；农林水支出2.9亿元，增长32.7%。年末全区各类金融机构各项存款余额327.11亿元，增长3.14%。其中，企、事业单位存款余额102.39亿元，城乡居民储蓄存款余额222亿元，分别增长0.8%和10.49%；全区各类金融机构各项贷款余额247.71亿元，基本与上年同期持平，其中短期贷款余额81.24亿元，下降9%，中长期贷款余额166.25亿元，增长1.86%。

【农业】 2019年完成农林牧渔业总产值28.9亿元，按可比价格计算，同比增长1.2%。其中，农业产值21.8亿元，林业产值1.9亿元，牧业产值3.4亿元，渔业产值0.2亿元，农林牧渔服务业产值1.6亿元。全年粮食产量0.99万吨，粮食单产341.8公斤/亩；油料产量5291吨，蔬菜瓜类产量5.64万吨，水果产量8.45万吨。年末生猪存栏26046头，牛存栏1721头，羊存栏4692只，家禽存栏45.6万只。全年猪、牛、羊和家禽分别出栏78709头、310头、3678只和127万只。全年肉类总产量达到8680吨，禽蛋产量2099吨，奶类产量5879吨。年末拥有农业机械总动力19.42万千瓦，其中，农用拖拉机1647台，农用排灌动力机械4930台，联合收割机27台。机耕面积5000公顷，机播面积4427公顷；机收面积4013公顷；新增农田灌溉面积40公顷，改善灌溉面积40公顷，新增节水灌溉面积40公顷。

【工业 建筑业】 2019年末规模以上工业企业达到147家。完成规模以上工业（以下简称工业）总产值345.3亿元，增长0.8%，工业增加值增长5.5%。工业对GDP增长的贡献率为34.7%，拉动经济增长2.4个百分点。规模以上工业全年累计实现营业收入365.2亿元，增长2.1%；实现利润总额20.8亿元，增长21.2%；全区营业收入过十亿元企业9个，过亿元企业62个；利润过千万元企业40个，过5000万元企业13个。汽车零部件、装备制造和电子信息三大主导产业共实现产值239.8亿元，下降9.2%，占规模以上工业的比重为69.5%；实现利润14.28亿元，下降6.2%，占规模以上工业的比重为68.7%。全区资质以上等级建筑企业41家。当年房屋建筑施工面积102.3万平方米，增长23.5%。房屋建筑竣工面积52.6万平方米，增长29.2%。全年资质以上建筑业总产值25.78亿元，增长10.8%。

【建设 环保】 2019年钟家庄、南十里堡回迁安置区建成交房，仉村、泊子、东北关等8大回迁安置区开工建设，十大回迁安置区棚改拆迁实现全面清零。连接中心城区与夹河新城的崇文街桥全面建成，上下夼中心路、环山路等4条道路完工，王懿荣大街与福桃路等9处路口完成优化改造，福山大集地下通道实现贯通，农村公路三年集中攻坚改造67.8公里，群众出行更加便捷。“美丽福山”行动深入开展，改造老旧小区5个、背街小巷6条，新建改建“隅园”等公园、绿地、街景17处，精准栽植乡土乔木1.6万株，改造新增绿化面积27.2万平方米，福山城市绿意更浓、环境更美。空气环境质量：二氧化硫年均值为0.008毫克/立方米，二氧化氮年均值为0.029毫克/立方米，可吸入颗粒物年均值为0.077毫克/立方米。水环境质量：全区主要水库（门楼水库）年均值均符合地表水Ⅲ类标准。声环境质量：道路交通噪声年均值为66.8分贝，符合国家标准，区域环境噪声等效声级基本上保持稳定，各个功能区的噪声均符合国家城市区域环境噪声质量标准。

【邮电 电力】 2019年实现邮政业务总量3946.37万元，增长1.88%；实现业务收入3945.57万元，增长9.45%。全年发送信函86.75万件，增长146.66%；报刊订销量571.73万件，增长36.03%。固定电话拥有量4万部；移动电话拥有量40.9万部；宽带用户达到12.9万户。全年全社会用电量18.63亿千瓦时，增长2.5%。其中，工业用电12.66亿千瓦时，下降0.4%；城乡居民生活用电2.94亿千瓦时，增长1.4%。

【国内贸易 对外经济】 2019年社会消费品零售额完成130.03亿元，增长8.2%。其中，城镇零售额78.29亿元，增长7.9%；乡村零售额51.74亿元，增长8.7%。按行业分，限额以上批发业销售额47.4亿元，增长13.7%；限额以上零售业销售额45.9亿元，增长11.1%；限额以上住宿业营业额686.9万元，增长9%；限额以上餐饮业营业额3425.6万元，增长21.3%。全年实现外贸进出口总额127.5亿元，增长12.7%。其中，进口总额46.4亿元，增长8.5%；出口总额 81.1 亿元，增长 15.2%。全年引进外商投资项目 20 个，总投资额 6.1 亿美元，其中服务业投资 2 亿美元。合同外资 3.39 亿美元，增长 37.2%；实际到账外资 1.63 亿美元，增长 26.7%。千万美元以上项目占全部注册外资的比重达到 90% 以上。

【教科文卫体】 2019 年国家财政性教育经费 51453 万元，新建校舍 1.29 万平方米，投资额 3968 万元。年末全区拥有各级各类全日制学校 88 所（含技校、高职、体校、武校）。其中，中学 10 所，小学 17 所，各类幼儿园 61 所。全区年末小学在校学生 19227 人，初中在校学生 10812 人，高中在校学生 3305 人。幼儿入园率 115%，小学入学率 100%，初中入学率 100%，高中段入学率 98.84%，九年义务教育人口覆盖率 100%。全年引进各类人才 3215 人，其中硕士及副高以上 170 人；接收各类大中专毕业生 1949 人，其中硕士 70 人，本科 733 人。年末全区拥有（事业单位）各类专业技术人员 3472 人，其中高级 747 人，中级 1895 人。全年组织各类人才招聘会 132 场，拥有博士后科研工作站 2 个。全区拥有艺术表演场馆 1 个，公共图书馆 1 个，文化馆 1 个，文物保护管理机构 1 个。全区有线电视用户 53211 户。其中，城区有线电视用户 34852 户，农村有线电视用户 18359 户。年末全区拥有卫生机构 274 所。其中，医院、卫生院 16 所，卫生防疫防治机构 1 所，妇幼保健机构 1 所。各类卫生机构拥有床位 1218 张，卫生技术人员 1914 人。其中，执业医师及执业助理医师 755 人，注册护士 764 人。城区社区卫生服务机构 24 处。全年全区代表团及个人在省级以上各类运动会上，共获得金牌 9 枚、银牌 2 枚、铜牌 2 枚的好成绩。在组队参加的田径、摔跤、散打、击剑、篮球、射箭等烟台市年度锦标赛 6 个单项赛中，共获得金牌 32 枚，其中篮球项目获得女子第三名的历史最好成绩。

【社会生活】 2019 年全区居民人均可支配收入 44801 元，增长 8.5%；居民人均消费支出 27386 元，增长 7.7%。全区城镇居民人均可支配收入 49143 元，增长 6.8%；城镇居民人均消费支出 30954 元，增长 6.1%；城市居民家庭食品消费支出占消费总支出（恩格尔系数）的比重为 28.5%。城市居民人均住房建筑面积 32.36 平方米。全区农村居民人均可支配收入 23956 元，增长 9.6%；农村居民人均消费支出 15074 元，增长 7.2%；农村居民家庭食品消费支出占消费总支出（恩格尔系数）的比重为 31.8%。农村居民人均住房面积 32.14 平方米。全区城镇职工基本养老、基本医疗、失业、工伤、生育保险参保人数分别为 11.4 万人、7.15 万人、5.74 万人、5.75 万人和 6.37 万人。全年新增城镇就业再就业人口 8240 人。失业职工实现再就业 2105 人。城镇登记失业率 1.79%。居民医疗保险参保人数为 18 万人，居民医疗保险财政补贴达到 5791 万元。城乡居民养老保险参保人数为 12 万人，参保率和参合率均为 100%，城乡居民养老保险财政补贴达到 1275 万元，居民基本医疗保险财政补贴标准提高到每人每年 520 元。全区 60 周岁以上、参加城乡居民养老保险的居民，每人每月领取基础养老金 165 元。年末全区拥有各类福利机构 2 家，拥有床位 1200 张。全年募集慈善捐款 347.54 万元，支出各类救助金 210.4 万元；纳入低保对象人数 3258 人，发放低保金 1422.11 万元，其中，农村低保标准增加到 440 元。

【大事记】 2019 年 1 月 17 日，福山区被国家农业农村部、中央农村工作领导小组办公室、林业和草原局、发展改革委、财政部、科技部、自然资源部、生态环境部、水利部九部委联合认定为中国“特色农产品优势区”。

1 月，省卫生健康委员会在全省推广福山区福惠社区“社区医养、智慧服务”模式。福山区在全省率先试点建设山东省智慧医养服务平台。

3 月 6 日，福山区召开重点项目集中开工动员会。重点项目涵盖丰东热技术、凯恩新材料等一批高端装备制造业，家家悦综合物流加工工业园、正广通等一批带动力强的服务业，崇文街桥及河滨东路、外夹河西路等城市基础设施项目。

3 月 26 日，福山籍航天员、中国首位“太空教师”王亚平，在市教育局演播厅通过烟台教育网，作“向着梦想，幸福奔跑”的航天科普讲座，全市 20 多万中小学生在 485 个分会场同步收看视频直播。福山区 23 所中小学设分会场收看视频直播。

4 月 19 日，连接中心城区与夹河新城的崇文街桥项目举行开工仪式。该项目为 2019 年烟台市“三重”工作和福山区“五场硬仗”重点工作任务之一，属原塔山北路项目建设的一部分。大桥全长 216 米，宽 45 米，双向 8 车道，设计时速 50 公里，工程计划投资约 5300 万元。至年底，桥梁的主体工程完工，达到通车条件。

5 月 10 日，在北京全国农业展览馆举行的中国农业品牌目录制度建设启动发布会上，福山大樱桃经过专家评选、现场品鉴，以绝对优势赢得中国十大好吃樱桃第一名，被中国农产品市场协会授予“十大好吃樱桃”称号，张格庄大樱桃获中国最美樱桃推选产品。

5 月 20 日，烟台传化智慧物流

科技城项目开工仪式在福山区门楼镇举行。项目总投资50亿元，其中一期投资20亿元，用地约35.9公顷，主要建设智联物流功能区、商贸功能区、生活配套功能区等业态。项目建成运营3年后可实现年税收2.5亿元，年出口贸易额15亿元。

5月28日，总投资60亿元，占地68.53公顷的东方剑桥烟台教育园项目开工仪式在门楼镇举行。该项目涵盖幼儿园、小学、中学、职业院校和本科院校。这是福山区教育史上投资最多、规模最大、学段最广的教育园区。

6月6日，第十三届中国·烟台大樱桃节在福山区门楼镇南庄村开幕。最新的移动信号5G进驻展览，设置旅游+研学、展销、非遗、康养、宣传等多种配套活动，并依托“烟台人游烟台”和“千万人游乡村”两大活动平台。

6月29日，纪念王懿荣发现甲骨文120周年国际甲骨学研究经验交流会在福山区王懿荣纪念馆启幕。来自韩国釜山大学、日本福冈国际大学、中国社会科学院、清华大学、南开大学、河南大学、河南师范大学、江苏省甲骨文学会等国内外知名高校、研究机构及博物馆的100余位专家学者，以及刘鹗、罗振玉、王国维、郭沫若、胡厚宣等甲骨学先辈的后裔参加会议。

9月3日，烟台汽车工程职业学院教师、造血干细胞志愿者赵玉田在山东大学齐鲁医院完成100毫升造血干细胞混悬液采集，用于拯救1名白血病儿童患者。这是福山区第4例造血干细胞成功捐献者。全区有500余名造血干细胞捐献志愿者。

10月，福山区山东凯恩新材料科技有限公司入选2019年度国家工业强基工程。可获得项目投资数20%的国家专项资金补助。

11月18日，中南高科·烟台福山智能制造产业园招商投资推介暨开工启动现场会在临港工业园举行。项目占地约62.67公顷，投资33亿元，定位于高端装备制造、新一代信息技术产业、智能制造、精密机械、电气设备、节能环保技术等先进制造产业。

11月28日，福山社会福利服务中心暨九如城康养中心福山院举行揭牌仪式。从24日起，福山区4家镇（街）养老院的99名集中供养特困人员搬进新家。这是全市首创特困人员集中供养、全市首家公建民营运营模式。

12月24日，福山区“夹河新城”项目集中签约仪式举办，总投资460亿元的夹河生态城、中贸·风华天地田园综合体、嘉兆文旅综合体、新加坡·星岛汇文旅综合体、正大商贸文旅项目、中青福山坊、红星国际城市商业综合体、联东U谷智能装备产业园、五星级国际酒店、弘富嘉建材广场、九如城康养中心，11个项目签约落户。

（撰稿：胡其华　审稿：焦光绪）

莱山区

【区名由来】 莱山区因境内有莱山而得名。

【政区 人口】 全区总面积285.43平方公里。辖6个街道，1个经济开发区，共有131个行政村（社区）。2019年末全区总人口22.94万人，其中城镇人口22.94万人。人口出生率13.173‰，死亡率5.872‰，自然增长率7.301‰。有少数民族43个，总计2490人。

【经济概况】 2019年实现生产总值363.9亿元，按可比价格计算比上年增长7.3%。其中，第一产业增加值3.5亿元，下降6.2%；第二产业增加值130.77亿元，增长7.7%；第三产业增加值229.64亿元，增长7.3%。三次产业比例为1∶35.9∶63.1。全社会固定资产投资完成7.8亿元，实现公共财政预算收入34.6亿元，增长7.5%。公共财政预算支出32.3亿元，下降2.3%。年末金融机构本外币存款余额471.11亿元，其中居民储蓄存款余额243.71亿元；金融机构贷款余额294.45亿元。

【农业】 2019年农林牧渔业实现总产值7.5亿元，同比下降1.9%。粮食总产0.9万吨，下降1%；水果总产3.9万吨，下降0.5%；蔬菜总产3.4万吨，增长22.4%；肉蛋奶产量0.03万吨，下降52.9%。全年新增造林面积107公顷。

【工业 建筑业】 2019年实现工业增加值105.8亿元，比上年增长7%。规模以上工业增加值增长9%；实现主营业务收入164.7亿元，增长7.4%；全年完成建筑业总产值74.5万元，增长17.1%。

【建设 环保】 2019年城市基础设施建设完成投资8.9亿元。人均绿地面积23.39平方米，建成区绿化覆盖率44.5%。自来水普及率99.3%，燃气普及率99.8%，集中供热普及率79%。无害化垃圾处理率达到100%。城市空气质量良好率达到100%。

【交通 邮电】 2019年公路通车里程110.966公里。电信业务总量3500万元，移动电话用户28万户，互联网用户26万户。

【贸易 旅游】 2019年实现社会消

费品零售总额比上年增长8.5%。其中，城市市场实现零售额比上年增长8.5%，农村市场实现零售额比上年增长8.5%。实现外贸进出口总额94.9亿元，增长15.4%，其中出口59.8亿元，增长5%。新批利用外资项目34项，注册外资4.8亿元，实际使用外资1.8亿元 。对外承包工程和劳务合作新签合同额9000万美元，外派人员34人次。主要旅游景点有海昌渔人码头、清泉海洋牧场公园、烟台植物园、凤凰山公园、黄海游乐城等。全年接待国内外游客758.02万人次，增长9.1%。实现旅游总收入71.1亿元，增长13.9%。

【教科文卫体】 2019年域内初中7所，在校生0.6万人；小学15所，在校生1.4万人。文化馆1处，公共图书馆1处，档案馆1处。卫生机构280所，其中，医院、卫生院24所，疾病预防控制机构1所，妇幼保健机构1所。各类卫生机构共有床位1994张，卫生技术人员2363人，其中执业医师及执业助理医师1234人，注册护士1129人。体育馆1座，全年参加省级以上体育比赛共获奖牌7枚，其中金牌5枚。全区获得省科技奖励2项。

【社会生活】 2019年城镇居民人均可支配收入56169元，增长7.5%；人均消费性支出36017元，增长7.4%；人均住房建筑面积33.3平方米。农村居民人均纯收入24488元，增长9.8%；人均生活消费支出15552元，增长7.7%；人均住房面积33.5平方米。全区城镇基本养老、失业、工伤参保人数分别达到7.16万人、6.76万人、6.87万人。城乡居民养老保险参保10.6万人。全区城乡最低生活保障救助1330人。其中，城镇低保452人，农村低保878人，农村特困救济222人。年度享受安置残疾人就业增值税即征即退企业2户，安置残疾人26人。

【大事记】 2019年3月1日，区委、区政府举行重点项目集中开工月动员活动，实地观摩部分重点项目开工建设现场，召开动员会议。

4月18—20日，第七届中国（上海）国际技术进出口交易会在上海世博展览馆举行。区内企业烟台橙色云设计有限公司作为山东省唯一科技创新企业参展，并受山东省商务厅委托搭建起山东馆。

5月6—9日，全球规模最大、专业程度最高的石油、天然气装备技术展览会——美国国际石油、天然气展览会（OTC展会）在美国休斯敦拉开帷幕。作为中国能源行业最具代表性的企业之一、连续多年参加OTC展会的区内企业杰瑞集团携10000HP电驱压裂半挂车、双千型酸化压裂半挂车以及全球首个电驱压裂成套装备解决方案亮相展会现场。杰瑞环保自主研制的自动化油罐清洗和油泥处理成套装备，通过客户验收并发往新加坡。这是国内自动化油罐清洗和油泥处理成套装备首次进入国际高端市场。

6月13—15日，区委、区政府召开乡村振兴暨脱贫攻坚工作推进会议，贯彻落实省、市乡村振兴暨脱贫攻坚工作会议精神，现场观摩村居产业项目，举办全区脱贫攻坚专题培训班，安排部署下步工作。

烟台乡村振兴战略研究院实践中心签约暨揭牌仪式在莱山区院格庄街道办事处举行。鲁东大学党委书记徐东升、市政府副市长崔宗涛为烟台乡村振兴战略研究院实践中心揭牌。徐东升、崔宗涛和区委书记宫权分别讲话，绿叶投资集团有限公司总裁袁会先致辞。

7月27日，国际跨境电商（烟台）交易中心暨五彩城市奥莱形象发布会举行，全国首家城市奥特莱斯正式落户莱山区。

8月31日，莱山区实验小学万光校区揭牌仪式举行，学校工程建设全部结束，正式移交教育主管部门，招生并投入使用。这是莱山区第一所由社会力量——万光城建无偿捐建的学校工程，3月22日莱山区实验小学万光校区举行封顶仪式，

12月28日，全市重点民生工程烟台山医院莱山新院开始试运行，首批28个门诊开诊，多个医技科室投入运行。这是继山东文登整骨医院烟台医院投入运营后，莱山区第二家投入运营的三甲医院，满足莱山区居民就医需求。

（撰稿：李辉　审稿：宋丹丹）

牟平区

【区名由来】 因处牟山之阳平缓地而得名。

【政区 人口】 牟平区行政辖区面积1519.75平方公里（含昆嵛镇138平方公里和划转高新区10村面积50.1平方公里）。辖8个镇5个街道，591个行政村（含昆嵛镇36个行政村和姜格庄街道划转高新区的10个村，若不含则有行政村545个），拥有1个省级开发区，1个省级旅游度假区；年末全区总人口448355人（含昆嵛镇12142人，划转高新区10个村11608人），其中城镇人口223319人（含昆嵛镇1384人，划转高新区10个村6831人）。人口出生率6.999‰，死亡率10.386‰，自然增长率-3.207‰。

【经济概况】 2019年实现生产总值332.74亿元，按可比价格计算，

比上年增长6.7%。其中，第一产业增加值47.81亿元，增长4.6%；第二产业增加值100.13亿元，增长6.2%；第三产业增加值184.8亿元，增长7.7%。三次产业比例为14.4:30.1:55.5。全区固定资产投资增长8.5%。全年地方财政收入25.5亿元，增长7.4%；完成财政支出36.1亿元，增长8.8%；年末金融机构各项本外币存款余额447.06亿元，其中个人储蓄存款307.15亿元。本外币贷款余额234.79亿元。

【农业】 2019年农林牧渔业实现总产值88.81亿元，按可比价计算，增长4.6%。油料总产3.3万吨，跟上年持平；水果总产68.49万吨，增长8.9%；蔬菜总产13.46万吨，增长16.8%；水产品总产14.82万吨，增长15.7%。肉类总产14.5万吨，禽蛋总产3.1万吨，奶类总产2.38万吨。全年完成造林面积692.67公顷。全区农机总动力68.09万千瓦，增长0.4%。

【工业和建筑业】 2019年规模以上工业企业（年主营业务收入2000万元以上）129家，实现主营业务收入455.4亿元，实现利润28.9亿元。高新技术产业实现产值316.3亿元，增长30%；高新技术产业产值占工业总产值的比重为67%。全区拥有三级以上资质的建筑业企业52家，全年完成建筑业总产值19.1亿元，增长4.8%。

【建设 环保】 2019年城市道路总面积495万平方米，人均公园绿地面积32.99平方米，建成区绿化覆盖率41.1%。自来水供水能力6万吨/日，燃气普及率98%，集中供热普及率74.5%。村镇建设完成投资4亿元，增长25%。已建成污水处理厂1座，污水集中处理率达到100%，无害化垃圾处理率达到100%。城市空气质量良好率达到79.7%，水环境功能区达标率为100%，道路交通声环境质量符合国家标准。

【交通 邮电】 2019年高速路通车里程56.7公里，县乡村路通车里程1819.1公里。公路客运量180万人，公路货运量1181万吨。港口货物吞吐量214.3万吨，增长26%。完成电信业务总量25228万元，增长0.22%；邮政业务总量6291万元，增长10.6%。年末固定电话用户4.92万户，移动电话用户48.85万户，互联网用户15.94万户。

【贸易 旅游】 2019年实现社会消费品零售额129.3亿元，增长6.8%。完成进出口130亿元，增长13.3%，其中出口57亿元，增长2.3%；进口73亿元，增长23.6%。主要旅游景点有养马岛旅游度假区、杨子荣纪念馆、双百山乡村休闲景区、将军谷景区、杏花山庄、昆龙温泉、烟台茶文化体验园、十里杏花谷景区等。全年接待国内外游客745万人次，增长11.2%。实现旅游总收入57.2亿元，增长13%。

【教科文卫体】 2019年1月1日起，牟平一中、牟平育英艺术中学、牟平职业中专（烟台工贸学校）人、财、物等全部建制划归烟台市教育局直属。中等职业、技工学校1所，在校生1092人。普通高中2所，在校生5196人；初中12所，在校生1.14万人；小学27所（含1所民办学校），在校生1.38万人。共取得市（地）级以上各类重要科技成果1项，其中，获得国家科技奖励1项。专利申请量188件，授权专利30件。有各类艺术表演团体116个，有文化馆1处，公共图书馆1处，全国重点文物保护单位2处，省级文物保护单位12处。档案馆2处。广播、电视人口覆盖率分别达到100%和100%。全区拥有一级以上卫生医疗机构24个，卫生机构病床位3117张，千人拥有床位数6.57张，卫生技术人员3421人，门诊总量357.42万人次，病床使用率89.59%。有体育馆1座，全年参加省级以上体育比赛共获奖牌36枚，其中金牌27枚。

【社会生活】 2019年城镇居民人均可支配收入46558元，增长6.7%；人均消费性支出32404元，增长7%；人均住房建筑面积36平方米。农村居民人均可支配收入21872元，增长9.2%；人均消费支出15831元，增长7.3%；人均住房建筑面积65平方米。全区城镇基本养老、医疗、失业、工伤和生育保险参保人数分别达到30.84万人、12.95万人、5.62万人、5.79万人和5.76万人。企业养老保险参保人数9.97万人，机关事业单位养老保险参保人数1.82万人，城乡居民养老保险参保19.06万人。全区城乡最低生活保障救助5672人。其中，城镇低保272人，农村低保5400人，农村特困救济1102人。全区各类养老服务机构和设施24个，各类养老床位2302张。2019年认定烟台百思特炉管厂和烟台海德包装工业有限公司为就业扶贫基地，2家企业共安置残疾人144名。

【大事记】 2019年1月1日起，牟平一中、牟平育英艺术中学、牟平职业中专（烟台工贸学校）人、财、物等全部成建制划归烟台市教育局直属。

6月28日，牟平区在北京梅地亚中心召开“双招双引”暨城市形象推介会。北京市有关单位、国内外知名商会、企业、高校、科研院所和主流媒体的300余人，受邀参加会议。会上签约“双招双引”项目16个，与2家专业招商服务机构签订合作协议，聘请招才大使4人。

8月23日，山东省人力资源和社会保障厅公布第二批省级专家服务基地和省级乡村振兴专家服务基地名单，位于牟平区的烟台市海外人才创业园入选省级乡村振兴专家服务基地名单。

9月19日，“壮丽70年 共享丰收——中国农民丰收节产地直播助销”系列活动，走进莒格庄镇曲河庄村。

9月26日，胶东红色文化陈列馆揭牌仪式在养马岛举行，市委书记张术平，市委副书记、市长陈飞共同为胶东红色文化陈列馆揭牌，牟平区级领导班子成员参加揭牌仪式并进行参观。

10月2日，在多哈世界田径锦标赛女子标枪比赛中，来自牟平区文化街道的运动员刘诗颖以65.88米的成绩获得亚军。

10月16日，牟平恤养院旧址入选国务院第八批全国重点文物保护单位近现代重要史迹及代表性建筑。

10月19日，在第七届世界军人运动会击剑比赛中，牟平体校输出的孙一文在女子重剑个人决赛中获得冠军。

10月20—24日，在第七届世界军人运动会军事五项比赛中，来自牟平区宁海街道的运动员卢嫔嫔获得军事五项比赛女子全部3枚金牌。其中，

2019年10月20日，在第七届世界军人运动会军事五项竞赛障碍跑项目中，牟平女孩卢嫔嫔以2分10秒09的成绩获得这个项目第一名，打破女子个人全能障碍跑的世界纪录

（供稿：于玲燕）

20日，以2分10秒09的成绩获得女子个人全能障碍跑第一名，并打破世界纪录。23日，以总分5627.2的成绩，获得军事五项女子个人全能金牌。以团体总分16701.1的成绩，获得军事五项女子团体金牌；24日，以1分55秒34的成绩，获得军事五项女子障碍接力跑金牌。

10月31日，“山东·牟平（首尔）投资促进说明会暨中韩（烟台）产业园牟平片区推介会”在韩国首尔举行，会上6个项目集中签约，内容涵盖城市产业经贸合作、招商战略合作、基础设施建设、生物科技、有机农业、跨境电商等多个领域。

11月15日，由中国果品流通协会指导，科技部“十三五”药肥双减项目组主办的第三届中国好苹果大赛全国总决赛在陕西杨凌举行，牟平区王格庄镇“王根儿红”苹果在大赛中获得金奖。

11月30日，山东省大数据局发布《关于公布2019年山东省新型智慧城市建设试点名单的通知》，牟平区入选2019年四星级新型智慧城市建设试点名单。

12月18日，烟台安德利果胶股份有限公司参与完成的“柑橘绿色加工与副产物高值利用产业化关键技术”获得国家科技进步奖二等奖。

12月25日，国家林业和草原局《关于2019年试点国家湿地公园验收情况的通知》（林湿发〔2019〕119号）印发，山东牟平沁水河口国家湿地公园通过验收，成为“国家湿地公园”。

（撰稿：于玲燕　审稿：王爱民）

2019年10月16日，牟平恤养院旧址入选国务院第八批全国重点文物保护单位近现代重要史迹及代表性建筑。图为恤养院旧址前景　（摄影：张博）

海阳市

【市名由来】 明洪武三十一年（1398）于今凤城置大嵩卫，于今乳山境置海阳所，海阳之名始此。以在黄海之阳，故名海阳。清雍正十三年（1735）裁卫所，析莱阳、宁海州地于大嵩城

（今凤城）置海阳县，属登州府。

【政区 人口】 全市总面积 1909.69 平方公里。辖 18 个镇（区、街道），743 个行政村（社区）。2019 年末全市总人口 63.8 万人，其中城镇人口 25.1 万人。人口出生率 7.16‰，死亡率 10.08‰，自然增长率 -2.92‰。有少数民族 30 个，1255 人。

【经济概况】 2019 年实现生产总值 434.8 亿元，按可比价格计算比上年增长 5.5%。其中，第一产业增加值 80.9 亿元，增长 4.1%；第二产业增加值 140.4 亿元，增长 4.6%；第三产业增加值 213.5 亿元，增长 6.8%。三次产业比例为 18.6∶32.3∶49.1。全社会固定资产投资增长 7%。实现公共财政预算收入 28.2 亿元，可比增长 2.6%；公共财政预算支出 42.3 亿元，增长 2.6%。年末金融机构本外币存款余额 420.2 亿元，其中居民储蓄存款余额 339.9 亿元；人民币各项存款余额 417.4 亿元，比年初增加 33 亿元，人民币各项贷款余额 303.7 亿元，减少 14.9 亿元。

【农业】 2019 年农林牧渔业实现总产值 147.91 亿元，增长 7.3%。粮食总产 28.1 万吨，下降 4.7%；油料总产 8.85 万吨，增长 1.3%；水果总产 58.5 万吨，下降 16.6%；蔬菜总产 47.24 万吨，增长 2.9%；水产品总产 29.17 万吨。肉类总产 11.4 万吨，禽蛋总产 3.2 万吨，奶类总产 0.5 万吨。全年新增造林面积 2063 公顷。全市（县、区）农机总动力 86.7 万千瓦，增长 2.8%。

【工业 建筑业】 2019 年实现工业增加值 111.6 亿元，比上年增长 6.1%。规模以上工业企业实现增加值增长 8.2%；实现主营业务收入 210.4 亿元，增长 29.4%。全年完成建筑业总产值 25.6 亿元，增长 3.9%。

【建设 环保】 2019 年城市基础设施建设完成投资 3.3 亿元，增长 66.6%。城市人均道路面积 17.9 平方米，人均绿地面积 17.8 平方米，建成区绿化覆盖率 42.6%。自来水普及率 99.7%，燃气普及率 99.6%，集中供热普及率 89%。村镇建设完成投资 7.8 亿元，增长 1.2%。已建成污水处理厂 6 座，污水集中处理率达到 98.22%，无害化垃圾处理率达到 100%。城市空气质量良好率达到 80.7%，水环境功能区达标率为 100%，道路交通声环境质量符合国家标准。

【交通 邮电】 2019 年公路通车里程 2521.5 公里，其中高速公路通车里程 69.3 公里。铁路、公路旅客运输量分别为 101 万人次、478 万人次，分别比上年增长 15.5%、下降 1.5%，公路货物运输量 768 万吨，下降 0.8%。港口货物吞吐量 836 万吨，增长 29.6%。完成邮电业务总量 3.4 亿元，增长 7.4%。其中，电信业务总量 2.7 亿元，增长 4%；邮政业务总量 0.7 亿元，增长 21.4%。年末固定电话用户 2.8 万户，移动电话用户 64.3 万户，互联网用户 16.1 万户。

【贸易 旅游】 2019 年社会消费品零售总额增长 7.4%。实现外贸进出口总额 79.1 亿元，增长 8.7%，其中出口 65.1 亿元，增长 10.4%。新批利用外资项目 6 项，注册外资 3.6 亿美元，实际使用外资 4660 万美元。外派人员 363 人次，增长 32%。主要旅游景点有：海阳国家级旅游度假区、招虎山国家森林公园、云顶自然风景区、丛麻禅院景区、地雷战旅游区、碧桂园·滨海城（十里金滩）、八路军胶东军区机关旧址及许世友在胶东纪念馆、林山滑雪场、大秧歌·琵琶岛影视文化旅游基地、地雷战纪念馆（海阳市博物馆）。全年接待国内外游客 1188.3 万人次，增长 8%。实现旅游总收入 95.8 亿元，增长 11%，其中国内旅游收入 87.2 亿元，增长 10%。

【教科文卫体】 2019 年有中等职业、技工学校 3 所，在校生 0.27 万人。普通高中 5 所，在校生 0.84 万人；初中 23 所，在校生 1.83 万人；小学 26 所，在校生 1.87 万人。特殊教育学校 1 所，在校生 135 人。取得市（地）级以上各类重要科技成果 6 项。专利申请 932 件，授权专利 131 件。有各种艺术表演团体 12 个，群众艺术馆、文化馆 1 处，公共图书馆 1 处，档案馆 1 处。广播、电视人口覆盖率分别达到 100% 和 100%。有卫生机构 579 所，其中，医院、卫生院 24 所，疾病预防控制机构 1 所，妇幼保健机构 1 所。各类卫生机构共有床位 2841 张，卫生技术人员 3139 人，其中，执业医师及执业助理医师 1239 人，注册护士 1264 人。有体育场 1 处，全年参加省级以上体育比赛获奖牌 39 枚，其中金牌 22 枚。

【社会生活】 2019 年城镇居民人均可支配收入 46244 元，增长 6.7%；人均消费性支出 24591 元，增长 5.6%；农村居民人均可支配收入 20663 元，增长 9.9%；人均生活消费支出 11819 元，增长 6.9%。全市城镇基本养老、医疗、失业、工伤和生育保险参保人数分别达到 6.2 万人、55.1 万人、4.6 万人、4.8 万人和 4.8 万人。城乡居民养老保险参保 9.3 万人。全市城乡最低生活保障救助 8605 人。其中，城镇低保 344 人，农村低保 5281 人，农村特困救济 2980 人。收养性社会福利单位 12 个，收养 597 人。安置残疾人员 65 人。

【大事记】 2019年5月28日，海阳海关正式开关，成为山东省第27个隶属海关，受青岛海关直接领导。

6月5日，长征十一号固体运载火箭在中国黄海海域海阳港进行首次海上发射成功，填补中国运载火箭海上发射的空白。

8月15日，烟台市财政局与海阳市人民政府共同举办新旧动能转换基金推介会。基金总规模100亿元，形成不少于500亿元的落地投资额。重点投向产业投资、新型城镇化建设、文体旅游重点项目推进以及支持招商引资并购四大领域。

2019年8月15日，烟台市财政局与海阳市人民政府共同举办新旧动能转换基金推介会　（供稿：赵学杰）

8月23—25日，“2019中国（即墨）童装产业博览会暨中国青少年文化艺术嘉年华”在青岛举办，海阳毛衫产业集群被中国纺织品商业协会授予“最具品牌价值产业集群”称号。

9月18—22日，2019东京奥运会沙滩排球资格赛在海阳市举办，是海阳有史以来举办的最高级别沙滩排球单项赛事。来自俄罗斯、意大利、巴西、西班牙以及中国等19个国家的男女各16支队伍参赛。做18场电视转播国际信号，在各类重量级媒体累计发稿400余篇。

2019年9月18—22日，东京奥运会沙滩排球世界资格赛在海阳市举行　（供稿：赵学杰）

11月15日，全国首个核能商业供热海阳核能供热项目一期工程第一阶段正式投用，满足海阳市70万平方米供热需求。11月28日，国家能源核能供热商用示范工程观摩会暨核能综合利用专家研讨会在海阳市召开，海阳市获“山东省核能综合开发利用示范城市”。

12月18日，远景能源海上风电产业园项目动工，这是海阳被授予山东省“核能综合利用示范市”后动工的全省首个海上风电产业园项目，标志着海上风电产业方面全面起势。

12月26日，位于海阳市亚沙会展览馆一楼地雷战党性教育基地正式启用，展陈面积3590平方米，并举办以“人民的力量”为主题的“地雷战红色文化基因传承研讨会”。

2019年12月26日，地雷战党性教育基地启用仪式举行　（供稿：赵学杰）

12月，中央广播电视总台中国之声、央视新闻开展“2019至暖时刻”十大暖新闻人物有奖评选活动。榜单上的20位暖新闻人物中，山东省仅有海阳市中医医院麻醉科主任姜忠锐入围。

（撰稿：赵学杰　审稿：刘明）

莱阳市

【市名由来】 莱阳因位于莱山（旌旗山古名）之阳而得名。

【政区 人口】 全市（县、区）总面积1730.54平方公里。辖18个乡镇（街道），2个开发区、新区。784个行政村（社区）。2019年末，全市（县、区）总人口85.13万人，其中城镇人口35.72万人。

【经济概况】 2019年实现生产总值438.4亿元，按可比价格计算比上年增长3.5%。其中，第一产业增加值53.6亿元，增长4%；第二产业增加值182.9亿元，增长2.2%；第三产业增加值201.9亿元，增长4.8%。三次产业比例为12.2∶41.7∶46.1。全社会固定资产投资增长5.6%。实现公共财政预算收入22.2亿元，按可比口径增长0.7%；公共财政预算支出44.6亿元，增长3.2%。年末金融机构本外币存款余额432.2亿元，其中居民储蓄存款余额322.4亿元；人民币各项存款余额497.6亿元，比年初增加69.7亿元，人民币各项贷款余额234.9亿元，增加23.1亿元。

【农业】 2019年农林牧渔业实现总产值98.9亿元，比上年增长1.1%。粮食总产38.5万吨，下降4.5%；棉花总产2.1吨，下降34.4%；油料总产8.5万吨，下降3.4%；水果总产47.4万吨，增长4.9%；蔬菜总产53.7万吨，增长13.3%；水产品总产5.5万吨。肉类总产12.1万吨，禽蛋总产3万吨，奶类总产4.6万吨。

【工业和建筑业】 2019年实现工业增加值166.7亿元，比上年增长4.5%。规模以上工业企业增加值增长6%；实现主营业务收入632.1亿元，增长2.6%。全年完成建筑业总产值25亿元，下降19.4%。

【建设 环保】 2019年末城镇化率49.6%。城市基础设施建设完成投资69206万元。城市人均道路面积16.57平方米，人均绿地面积16.37平方米，建成区绿化覆盖率37.03%。自来水普及率96.58%，燃气普及率99%，集中供热普及率68%。村镇建设完成投资850000万元，增长10%。已建成污水处理厂2座，污水集中处理率达到100%，无害化垃圾处理率达到99.8%。城市空气质量良好率达到80%，水环境功能区达标率为100%，道路交通声环境质量符合国家标准。

【交通 邮电】 2019年公路通车里程2295公里，其中高速公路通车里程44.2公里。铁路、公路、水路旅客运输量分别为176.4万人次、62万人次，分别比上年增长15.3 %、20%。铁路、公路运输量分别为8.59万吨、195万吨，分别增长6.6 %、0.1 %。完成邮电业务总量13350.96万元，增长3.35%。其中，电信业务总量4500万元，增长1.05%；邮政业务总量8850.96万元，增长5.7%。年末固定电话用户0.3万户，移动电话用户9万户，互联网用户7.2万户。

【贸易 旅游】 2019年实现社会消费品零售总额312.14亿元，比上年增长6.8%。其中，城市市场实现零售额222.1亿元；农村市场实现零售额89.90亿元。实现外贸进出口总额65.3亿元，增长8.1%，其中出口57.3亿元，增长6.2%。新批利用外资项目7项，合同外资2.2亿美元，实际使用外资0.3亿美元。主要旅游景点有白垩纪国家地质公园，梨乡风情旅游区，濯村特色农业旅游区，娘娘山风景旅游区，蚬河公园，欧霖爵葡萄酒庄 。全年接待国内外游客380万人次，增长26.7%。实现旅游总收入16亿元，增长21%，其中国内旅游收入16万元，增长21%。

【教科文卫体】 2019年有普通高等院校1所，在校生0. 79万人。中等职业、技工学校1所，在校生0.41万人。普通高中3所，在校生0.95万人；初中31所，在校生2.51万人；小学23所，在校生3.05万人。特殊教育学校1所，在校生0.012万人。专利申请731件，授权专利342件。有各种艺术表演团体1个，群众艺术馆、文化馆1处，公共图书馆1处，档案馆1处。广播、电视人口覆盖率分别达到100%和100%。有卫生机构558所，其中医院、卫生院38所，疾病预防控制机构1所，妇幼保健机构1所。各类卫生机构共有床位3931张，卫生技术人员4265人，其中，执业医师及执业助理医师1614人，注册护士1608人。有体育馆2座，全年参加省级以上体育比赛共获奖牌48枚，其中金牌13枚。

【社会生活】 2019年全市居民人均可支配收入26511元。城镇居民人均可支配收入36843元，增长8.3%；人均消费性支出15115元，增长7.3%。农村居民人均可支配收入18107元，增长9.8%；人均生活消费支出10933元，增长7%。全市城镇基本养老、医疗、失业、工伤和生育保险参保人数分别达到10万人、14.2万人、6.4万人、6.7万人和6.9万人。城乡居民养老保险参保47.4万人。全市城乡最低生活保障救助7377人。其中，城镇低保526人，农村低保6851人，农村特困救济2509人。收养性社会福利单位25个，收养1481人。社会福利企业7个，安置残疾人员199人。

【大事记】 2019年4月17日，莱阳市人民医院启动运营，这是山东威德集团在莱阳市采取PPP模式实施的医疗卫生项目。

5月17日，投资30亿元的山汽产业园项目生产的第一辆“莱阳造”轻卡新车下线，标志着山东汽车正式具备轻卡整车量产能力。

8月16日，莱阳海尔智慧厨电互联工厂在莱阳经济开发区正式落成投产，举行竣工投产暨COSMOPlat应用推广会议。这是“海尔智家”在全国的第13个互联工厂，海尔厨电的第3个互联工厂。

11月22日，在第五届中国果业品牌大会上，莱阳梨品牌经营力名列全国第10名，品牌认知度名列全国第10名，经过“2019中国果品区域公用品牌”价值评估，莱阳梨品牌估值为7.35亿元，再攀新高，名列全国第93名。

12月8日，国家优质工程奖总结表彰大会在国家会议中心召开，烟

2019 年 5 月 17 日，投资 30 亿元的山汽产业园项目生产的第一辆“莱阳造”轻卡新车下线 （供稿：赵松枝）

台莱阳中心医院门诊综合楼获评国家优质工程奖；12 月 18 日，烟台市莱阳中心医院通过三甲评审。

是年，鲁花集团实现销售收入 339 亿元，实现连续 30 多年持续增长，获“全国五一劳动奖状”“CCTV 品牌强国工程 TOP 品牌”“新华社民族品牌工程”等荣誉。

是年，龙大食品集团实现营业收入 206.1 亿元、增长 46.5%，入选中国制造业企业 500 强。

是年，“龙大”“唯品”“青青大地”入选省知名农产品企业品牌，春雪食品、三川食品等 4 家企业入选省级农业“新六产”示范主体，莱阳市获评山东省“新六产”示范县。

是年，京东莱阳运营服务中心投入运行，莱阳市获评为全国首家京东惠民小站示范县。

（撰稿：赵松枝　审稿：隋克春）

栖霞市

【市名由来】 栖霞市因“环县皆山”“每天晓，辄有丹霞流宕”而得名。

【政区 人口】 全市总面积 2016.33 平方公里。辖 12 个镇、3 个街道、1 个经济开发区，953 个行政村、8 个社区。2019 年末全市总人口 58 万人，人口出生率 7.15‰，死亡率 10.77‰，自然增长率 -3.62‰。

【经济概况】 2019 年实现生产总值 297.35 亿元，按可比价格计算比上年增长 3.1%。其中，第一产业增加值 58.96 亿元，增长 2.7%；第二产业增加值 87.2 亿元，下降 1.5%；第三产业增加值 151.19 亿元，增长 6.5%。三次产业比例为 19.8:29.3:50.9。全年实现地方财政收入 15.35 亿元，增长 3.9%；公共财政预算支出 35.44 亿元，增长 2.7%。年末金融机构本外币存款余额 289.98 亿元，其中居民储蓄存款余额 246.38 亿元；年末金融机构各项贷款余额 124.51 亿元。

【农业】 2019 年全年农林牧渔业实现总产值 103.85 亿元，比上年增长 2.4%。粮食总产 7.7 万吨，下降 15.9%；油料总产 5.3 万吨，下降 3.6%；水果总产 202.88 万吨，增长 2.2%；蔬菜总产 21.69 万吨，增长 1.5%；水产品总产 0.22 万吨，下降 24.3%。肉类总产 3.64 万吨，禽蛋总产 1.36 万吨，奶类总产 0.23 万吨。全年新增造林面积 1366 公顷。全市（县、区）农机总动力 78.7 万千瓦，增长 0.9%。

【工业 建筑业】 2019 年实现工业增加值 80.22 元，比上年增长 0.8%。规模以上工业企业实现增加值 37.7 亿元，与上年持平；实现营业收入 142.1 亿元，下降 13%；实现利润 12.3 亿元，增长 1%。全年完成建筑业总产值 8.39 亿元，下降 23.6%。

【建设 环保】 2019 年末城镇化率 41.29%。城市基础设施建设完成投资 3 亿元，增长 70%。城市人均道路面积 14.79 平方米，人均绿地面积 11.72 平方米，建成区绿化覆盖率 36.55%。自来水普及率 88.44%，燃气普及率 96.84%，集中供热普及率 52%。村镇建设完成投资 1.8 亿元，增长 1.5%。已建成污水处理厂 2 座，污水集中处理率达到 97.75%，无害化垃圾处理率达到 100%。道路交通声环境质量符合国家标准。城镇生活污水排放量 798.41 万吨，二氧化硫排放量为 2942.65 吨，工业烟（粉）尘排放总量为 943.86 吨，工业废水排放量为 37 万吨，工业废水排放达标率 100%。

【交通 邮电】 2019 年公路通车里程 2017.6 公里，公路养护里程 2017.6 公里，有路面里程 1728.133 公里，桥梁 353 座，涵洞 904 道，防护工程总计 658 处，公路绿化里程 1210.2 公里。完成邮政业务总量 9377.57 万元，增长 7.45%。

【贸易 旅游】 2019 年实现社会消费品零售总额 146.17 亿元，比上年增长 7.8%。其中，城市市场实现零售额 106.16 亿元；农村市场实现零售额 40.01 亿元。实现进出口贸易总额 50.1 亿元，增长 8.8%，其中出口 47.74 亿元，增长 9.4%。新批利用外资项目2项，注册外资8037万美元，实际使用外资1624万美元。主要旅游景点有牟氏庄园、太虚宫、天崮山、艾山、国路夼、长春湖旅游度假区等。全年接待国内外游客535万人次，增长15%，实现旅游消费总额32.4亿元。

【教科文卫体】 2019年有中等职业、技工学校1所，在校生711人。普通高中3所，在校生5534人；初中13所，在校生12759人；小学21所，在校生13502人。特殊教育学校1所，在校生129人。共取得省级科技奖励1项。发明专利申请79件，授权专利22件。有专业艺术表演团体1个，公共图书馆1处，文化馆1处。全市有广播电台1座，广播电视节目1套。有卫生机构473所，其中，医院、卫生院20所，疾病预防控制机构4所，妇幼保健机构1所。各类卫生机构共有床位2496张，卫生技术人员2562人，其中，执业医师及执业助理医师1884人，注册护士995人。全年参加省级以上体育比赛共获奖牌75枚，其中金牌17枚。

【社会生活】 2019年城镇居民人均可支配收入35082元，增长6.6%；人均消费性支出23824元，增长5.6%；人均住房建筑面积32.77平方米。城镇在岗职工年平均工资75790元，增长2.35%。农村居民人均可支配收入17155元，增长9.4%；人均生活消费支出10036元，增长7.6%；人均住房面积26.74平方米。全年参加城镇基本养老保险4.29万人，城乡居民养老保险参保人数11.47万人。参加基本医疗保险人数38.73万人，参加失业保险人数3.80万人，参加工伤保险人数3.17万人，城镇登记失业人员315人。

【大事记】 2019年1月3日，栖霞市首家现代农业产业工会组织——山东果都现代农业有限公司工会成立，其建立旨在发挥工会组织优势，动员栖霞市各级工会组织助推乡村振兴发展。

2月2日，国家中医药管理局发布2016—2018创建周期全国基层中医药工作先进单位名单，栖霞市被命名为县级全国基层中医药工作先进单位。

2月24日，在农民日报社举办的宣传贯彻中央一号文件精神暨2019年中国三农发展大会上。栖霞市委书记作为全国县委书记代表，在“五级书记抓乡村振兴”主题发言环节进行交流发言。在随后公布的第三届“中国十大三农创新榜”获奖名单中，栖霞市“村党支部领办合作社趟出壮大集体经济新路子”入选，为全国仅有的3个县级获奖单位之一，也是山东省唯一一个获奖单位。

3月17日，栖霞市人民政府与青岛农业大学战略合作签约仪式在青岛农业大学举行。

4月8日，山东省科学技术厅对2015年批复建设的山东第一批69个省级农业科技园的评估验收结果进行公示，验收结果公示栖霞市被评为优秀，位列第三。

4月8日，栖霞市民政局婚姻登记处办理完成第一件涉外结婚登记业务，这也是烟台市首件县级涉外结婚登记业务。

4月17日，栖霞市村级党支部领办合作社经验做法在国家级重要媒体《经济日报》头版头条刊发。

5月3日至5日，在哥伦比亚卡利举行的2019赛季国际剑联重剑大奖赛女子重剑决赛中，栖霞籍运动员孙一文以15—13成绩战胜意大利名将，摘下本赛季和运动生涯首枚大奖赛金牌。此次大奖赛有169位来自世界各国及地区的女子重剑运动员参赛。

5月13日，阿里巴巴丹鸟快递项目正式落户栖霞。丹鸟快递是由阿里巴巴菜鸟网络公司推出的全新服务品牌，栖霞市成为全国第一个落户该项目的城市。

5月29日，栖霞市蛇窝泊镇东院头村党支部书记林贤受邀到中国社会科学院，围绕村党支部领办合作社为农村发展研究所的“三农”专家上党课。

5月31日，中共烟台市委宣传部、烟台市人民政府新闻办公室在新闻发布厅召开首批“十大”县域特色文化产品和“十强”文化创意产业、“十大”文化企业新闻发布会，栖霞市报送的“栖霞动物标本”入选烟台市首批“十大”县域特色文化产品。

6月25日，栖霞市蛇窝泊镇东院头村举行烟台格瑞特果品专业合作社2018年度社员分红仪式，村集体收益12万元，社员共享104万元。

6月27日，大型现代吕剧《衣

2019年6月27日，大型现代吕剧《衣家人》在栖霞市影剧院首次演出
（供稿：李芳）

家人》在栖霞市影剧院首演。11 月，吕剧《衣家人》入选山东省文化和旅游厅举办的“放歌新时代——山东省乡村题材优秀文艺作品集中展演”，成为全省入选的 4 部大型剧目之一，于 11 月 11 日、12 日晚，在山东剧院连续上演两场。该剧由国家一级编剧张胜云执笔，国家一级演员、著名导演冯宝华执导，国家一级作曲家吕品作曲，聘请国家一级美术师王贤英、徐景祥、林春盛担当舞美设计并进行纯手绘布景制作，演员全部由栖霞市吕剧团青年演员饰演。

6 月 29—30 日，以“质量提升，产业升级”为主题的第八届全国品牌农商发展大会暨乡村振兴现场观摩会在栖霞市召开。期间，栖霞市签约新华（栖霞）苹果指数和优质农产品农险创新两个项目。

7 月 19 日，栖霞市召开“万名干部下基层”集中报到见面会。

8 月 18 日，烟台核晶陶瓷新材料有限公司与西安交通大学签定关于西安交大研究生院专业学位研究生校企协同培养基地协议。

8 月 28 日，由核工业烟台同兴实业集团自主研发的亚洲最大整机吊装带式过滤机下线，由烟台港口运往澳大利亚。

10 月 16 日，第十八届山东栖霞苹果艺术节暨庆祝 2019 年中国农民丰收节开幕式举行，主题为“欢庆果农丰收共创绿色新城”，开幕式上，青岛农业大学合作社学院烟台分院、青岛农业大学乡村振兴研究院栖霞分院同时授牌，齐鲁泉源供应链有限公司项目合作授牌。开幕式现场开展八卦鼓、太极拳、广场舞等具有栖霞地方特色的群众文化展演等活动。开幕式当天，栖霞市举行电影《苹果村的喜事儿》首映典礼，上演现代大型吕剧《衣家人》。活动举办周期为 1 个月，期间开展经贸洽谈、项目推介暨集中签约仪式、“栖聚青春·栖霞籍青年博士故乡行”、栖霞的苹果熟——中国当代书法邀请展等 12 项主题活动。

2019 年 11 月 29 日，中国农科院果树研究所与山东省栖霞市人民政府共建栖霞苹果试验站签约　（供稿：李芳）

10 月 20 日，全省果业发展现场会在栖霞市召开。

11 月 29 日，中国苹果产业高质量发展会议在栖霞市召开。会上，中国农科院果树研究所与山东省栖霞市人民政府共建栖霞苹果试验站正式签约，这是中国农科院果树研究所设在东部地区的首个苹果试验站。该苹果试验站为中国农业科学院果树研究所的外驻部门，建设地点位于栖霞国家农业科技园区。

11 月 29 日，栖霞市融媒体中心正式揭牌成立，标志着栖霞市媒体融合发展进入全新阶段。

（撰稿：李芳　审稿：马贤修）

2019 年 10 月 16 日，第十八届山东栖霞苹果艺术节暨庆祝 2019 年中国农民丰收节开幕式上，青岛农业大学乡村振兴研究院栖霞分院受牌　（供稿：李芳）

蓬莱市

【市名由来】 因汉武帝东巡至蓬莱，望神山不遇，筑一座小城命名为“蓬莱”。

【政区 人口】 全市总面积 1009.216 平方公里。辖 5 个街道、6 个镇和 1 处国家级旅游度假区、1 处国家农业科技园区、1 处省级经济开发区，510 个行政村（社区）。2019 年末全市总人口 40.1 万人，其中城镇人口 18.6 万人。人口出生率 7.27‰，死亡率 7.67‰，自然增长率 -0.4‰。有少数民族 29 个。

【经济概况】 2019 年实现生产总值 356.95 亿元，按可比价格计算比上年增长 6.1%。其中，第一产业增加值

50.97亿元，增长4.3%；第二产业增加值117.76亿元，增长5.2%；第三产业增加值188.22亿元，增长7.3%。三次产业比例为14.3∶33∶52.7。实现公共财政预算收入33亿元，公共财政预算支出41.47亿元。年末金融机构本外币存款余额455.7亿元，其中居民储蓄存款余额332.97亿元；人民币各项存款余额455.7亿元，比年初增加13.7亿元，人民币各项贷款余额328.61亿元，减少14.95亿元。

【农业】 2019年农林牧渔业实现增加值54.9亿元。粮食总产4.77万吨，油料总产1.99万吨；水果总产145.27万吨，蔬菜总产15.09万吨，水产品总产21.81万吨。肉类总产9.99万吨，禽蛋总产6.56万吨，奶类总产0.68万吨。全市农机总动力73.6万千瓦。

【工业 建筑业】 2019年实现工业增加值97.8亿元，比上年增长6.5%。规模以上工业企业增加值增长8.6%。全年完成建筑业总产值63.5亿元，实现利税7.71亿元。

【建设 环保】 2019年城市基础设施建设完成投资2.77亿元。城市人均道路面积28.38平方米，人均绿地面积16.85平方米，建成区绿化覆盖率45.21%。自来水普及率100%，燃气普及率100%，集中供热普及率74.4%。村镇建设完成投资11.18亿元。建成污水处理厂4座，污水集中处理率达到97.01%，无害化垃圾处理率达到100%。城市空气质量良好率达到100%，水环境功能区达标率为100%，道路交通声环境质量符合国家标准。

【交通 邮电】 2019年公路通车里程1257公里，其中高速公路通车里程67.59公里。公路、水路旅客发送量分别88.81万人次和388万人次。港口货物吞吐量2339万吨。完成电信业务总量4.1亿元。年末固定电话用户2.27万户，移动电话用户46.2万户，互联网用户15.46万户。

【贸易 旅游】 2019年城市市场实现零售额124.2亿元，农村市场实现零售额54.3亿元。实现外贸进出口总额71.9亿元，增长31.3%，其中出口42.8亿元，增长5.21%。主要旅游景点有蓬莱阁、戚继光故里、海洋极地世界、三仙山、欧乐堡、八仙渡海口、君顶酒庄、和圣马场、艾山国家森林公园。全年接待国内外游客1202.96万人次，增长7%。实现旅游总收入145.92亿元，增长4.1%。

【教科文卫体】 2019年有普通高等院校2所，在校生12398人。中等职业、技工学校1所，在校生1835人。普通高中2所，在校生4853人；初中12所，在校生13214人；小学21所，在校生14971人。特殊教育学校1所，在校生144人。获得山东省技术发明一等奖、山东省科技进步奖三等奖，列入山东省重大科技创新工程2项。授权发明专利71件。有各种艺术表演团体588个，群众艺术馆、文化馆1处，公共图书馆1处，档案馆1处。广播、电视人口覆盖率分别达到100%和100%。有卫生机构250所，其中，医院、卫生院13所，疾病预防控制机构1所，妇幼保健机构1所。各类卫生机构共有床位2424张，卫生技术人员2547人，其中，执业医师及执业助理医师1139，注册护士1344人。有体育馆1座，全年参加省级以上体育比赛获奖牌99枚，其中金牌38枚。

【社会生活】 2019年城镇居民人均可支配收入48934元，增长6.9%；农村居民人均可支配收入23312元，增长9.5%。全市城镇基本养老、医疗、失业、工伤和生育保险参保人数分别达到8.06万人、12.94万人、5.34万人、5.67万人和5.4万人。城乡居民养老保险参保26.36万人。全市城乡最低生活保障救助5744人。其中，城镇低保307人，农村低保5437人。收养性社会福利单位8个，收养315人。

【大事记】 2019年2月28日，全国爱国卫生运动委员会发布2018年国家卫生城市复审结果，蓬莱市以828.7分通过复审，被重新确认为“国家卫生城市”。

5月19日，蓬莱市获得中国经济导报社、中国信息协会信用专委会、竞争力智库和北京中研国新城市研究院等联合授予的“2018中国县域旅游竞争力百强县市”称号。

6月13日，胶东（烟台）党性教育基地蓬莱教学区戚继光纪念馆开馆仪式举办。蓬莱戚继光纪念馆是山东乃至全国首个全面系统展示民族英雄戚继光保国卫民、戎马一生的主题场馆，设有将门世家、一代战神等五个单元，通过大量实物、模型、触摸屏等展陈方式以及声光电科技手段，全面系统地介绍戚继光的成长经历和南下抗倭、北上戍边的光辉业绩，深刻体现戚继光的家国情怀和赤子之心，是传承爱国主义精神、弘扬精武文化的重要平台。

7月3日，拉菲罗斯柴尔德集团举行瓏岱酒庄揭幕活动。罗斯柴尔德男爵夫妇、拉菲罗斯柴尔德集团主席萨斯奇亚，集团CEO纪尧姆及特别邀请嘉宾——法国驻中国大使黎想，烟台市副市长张代令，蓬莱市委副书记、市长杨升岩等出席活动。蓬莱

2019年7月3日，拉菲罗斯柴尔德集团举行瓏岱酒庄揭幕活动。图为拉菲蓬莱生产基地——瓏岱酒庄全景（供稿：高波）

市成为继阿根廷、智利之后，全球第三、亚洲唯一的拉菲生产基地。

7月20日，大辛店镇获得农业农村部、财政部联合授予的“全国农业产业强镇”称号。

9月2日，上海交通大学纳微能源所所长胡志宇等化工新材料、环保、先进装备制造等领域的21名专家受邀到蓬莱参加“长三角化工专家创新创业蓬莱行”活动。该活动为期3天。期间，蓬莱市人民政府同中华环保联合会绿色产业（长三角）研究院达成战略合作，4名高层次人才与3家重点企业及1个乡镇达成创新创业合作意向，王启刚、孔彪、张涛等3名国家级人才被聘为国家产业智库顾问。

9月18日，由中国酒业协会和蓬莱市人民政府主办，中国酒业协会葡萄酒分会承办的世界七大葡萄海岸产区发展研讨会开幕式在蓬莱市举办，来自法国、意大利、美国、智利、澳大利亚、西班牙等葡萄海岸产区代表、名庄代表、国内外专家以及本地企业代表等200多人参加活动。

10月6日，央视新闻联播“改革落实在基层”栏目播发《山东：构建多层次医养结合服务模式》报道，蓬莱市医养结合服务模式引全国关注。

10月7日，国务院发布《国务院关于核定和公布第八批全国重点文物保护单位的通知》，武霖基督教圣会堂被列为“全国重点文物保护单位”。

10月18日，在2019上海第十四届中国国际酒业博览会上，中国酒业协会发布世界美酒特色产区名单，蓬莱产区榜上有名。

10月27日，上午8时，2019蓬莱葡萄酒国际马拉松在蓬莱和平颂文化广场鸣枪起跑。本次赛事由中国田径协会、蓬莱市人民政府主办，蓬莱市体育运动服务中心、蓬莱市葡萄与葡萄酒产业发展服务中心、烟台永辉体育发展有限公司联合承办。来自全球各地的5000余名马拉松爱好者参加比赛。最终男子全程组前三名分别由王桓、王平、李勇获得。女子全程组前三名分别由何兆香、杨玉环、崔丽莎获得。

11月21日，蓬莱海关举行“2017—2018年度全国青年文明号”挂牌仪式。

12月7日，第七届吴佩孚学术研讨会在北京举行。此次研讨会由中国现代史学会、山东社会科学院主办，山东省历史学会胶东人物研究专业委员会、蓬莱市历史研究会承办。来自中国社会科学院、北京师范大学、中国历史档案馆等科研机构、高等院校、文博单位的60余位专家、学者参与学术交流研讨，形成高质量学术论文47篇，对弘扬以爱国主义为核心的民族精神、推动吴佩孚研究及民国历史研究有着积极的现实意义。

12月26日，由中共烟台市委宣传部、烟台市文化和旅游局、蓬莱市政府主办，烟台市京剧院创排演出的新编历史京剧《戚继光》在三仙山大剧院进行首演。

（撰稿：高波　审稿：周家智）

2019年10月6日，《新闻联播》对蓬莱市中医医院涌泉康护中心服务模式进行重点报道。图为蓬莱市中医医院涌泉康护中心多层次医养结合养护服务现场（供稿：高波）

长岛县

【县名由来】 因境内长山岛而得名。

【政区 人口】 全市（县、区）总面积56.8平方公里。辖8个乡镇（街道），40 个行政村（社区）。2019 年末全市（县、区）总人口 4.13 万人，其中城镇人口 2.22 万人。人口出生率 7.18‰，死亡率 7.03‰，自然增长率 0.14‰。有少数民族 10 个，56 人。

【经济概况】 2019 年实现生产总值 74.37 亿元，按可比价格计算比上年增长 1.5%。其中，第一产业增加值 44.09 亿元，增长 3.2%；第二产业增加值 3.18 亿元，下降 8.7%；第三产业增加值 27.1 亿元，下降 0.1%。三次产业比例为 59.3∶4.3∶36.4。全社会规模以上固定资产投资同比增长 9.4%。实现公共财政预算收入 1.44 亿元，与上年同期持平；公共财政预算支出 10.91 亿元，增长 15.4%。年末全社会存款余额 48.08 亿元，其中居民储蓄存款余额 32.43 亿元；人民币各项存款余额 49.11 亿元，比年初增加 1.83 亿元，人民币各项贷款余额 13.13 亿元，比年初增加 1945 亿元。

【农业】 2019 年农林牧渔业实现总产值 88.40 亿元，下降 0.3%。粮食总产 0.03 万吨，下降 4.6%；水果总产 0.04 万吨，增长 53.9%；水产品总产 40.3 万吨，下降 4.1%。全年补植造林面积 266.67 公顷。全市（县、区）农机总动力 80682 万千瓦，增长 0.5%。

【工业和建筑业】 2019 年实现工业增加值 1.41 亿元，比上年下降 0.8%。规模以上工业企业实现增加值 0.45 亿元，下降 9.4%；实现销售收入 2.57 亿元，下降 3.2%；实现利税 0.07 亿元，下降 26.8%。全年完成建筑业总产值 20549 万元，增长 15.15%；实现利税 1574.15 万元，下降 2.1%。

【建设 环保】 2019 年人均绿地面积 51.59 平方米，建成区绿化覆盖率 43.54%。自来水普及率 100%，燃气普及率 97.79%，集中供热普及率 50%。村镇建设完成投资 5000 万元，增长 270%。建成污水处理厂 1 座，污水集中处理率达到 97%，无害化垃圾处理率达到 100%。城市空气质量优良率达到 70.4%，道路交通声环境质量符合国家标准。

【交通 邮电】 2019 年县、乡、村公路总里程 121.42 公里。国省道通车里程 21.9 公里，其中国道 517 通车里程 14.6 公里，省道 501 通车里程 7.3 公里。公路、水路旅客运输量分别为 260.09 万人次和 266.96 万人次，分别比上年增长 81.55% 和下降 1.43%。公路、水路货物运输量分别为 29.51 万吨和 296.76 万吨，分别下降 50.24% 和 35.27%。港口货物吞吐量 523.5 万吨，下降 12.65%。电信业务总量 75 万元，下降 37.5%；邮政业务总量 830.61 万元，增长 9.4%。年末固定电话用户 0.7 万户，移动电话用户 5.75 万户，电话普及率 156 部 / 百人，互联网用户 1.8 万户。

【贸易 旅游】 2019 年社会消费品零售总额比上年增长 6.1%。实现外贸进出口总额 36873 万元，增长 5.3%，其中出口 31559 万元，增长 27.4%。主要旅游景点有烽山、林海、仙境源、月牙湾、九丈崖、万鸟岛、龙爪山。全年接待国内外游客 367.7 万人次，增长 3.5%。实现旅游综合收入 47.7 亿元，增长 3.7%。

【教科文卫体】 2019 年中等职业、技工学校 1 所，在校生 64 人。普通高中 1 所，在校生 452 人；初中 2 所，在校生 818 人；小学 5 所，在校生 848 人。专利申请（发明）1 件，授权专利（发明）1 件。文化馆 1 处，公共图书馆 1 处，档案馆 1 处。广播、电视人口覆盖率分别达到 100% 和 100%。有卫生机构 35 所，其中，医院、卫生院 8 所，疾病预防控制机构 1 所，妇幼保健机构 1 所。各类卫生机构共有床位 150 张，卫生技术人员 290 人，其中，执业医师及执业助理医师 106 人，注册护士 95 人。有体育馆 1 座。

【社会生活】 2019 年城镇居民人均可支配收入 38124 元，增长 7.2%；人均消费性支出 27002 元，增长 6.5%。城镇非私营单位在岗职工年平均工资 91407 元，增长 15.7%。农村居民人均可支配收入 24269 元，增长 9.7%；人均生活消费支出 13600 元，增长 7.6%。全县城镇基本养老、医疗、失业、工伤和生育保险参保人数分别达到 2.58 万人、3.51 万人、0.46 万人、0.54 万人和 0.54 万人。城乡居民养老保险参保 1.7 万人（城乡居民医疗保险参保 2.19 万人）。全县城乡最低生活保障救助 308 人。其中，城镇低保 63 人，农村低保 245 人，城镇三无、农村五保对象救济 30 人。

【大事记】 2019 年 1 月 7 日，长岛海洋生态文明综合试验区工委、管委挂牌成立，下设 12 个工作机构和 6 个直属事业单位，长岛海洋生态文明综合试验区“大部门制”和扁平化管理体制机制启动运行。

2 月 17 日，长岛气候观象台被中国气象局公布为全国 24 个国家气候观象台之一，是山东省唯一的国家气候观象台。

4 月 25 日，由长岛弘祥海珍品有限责任公司投资建造的国内首座深远海智能化坐底式网箱“长鲸一号”交付。5 月，投放大钦岛海域。网箱集成网衣自动提升、自动投饵、水下监测、网衣清洗、成鱼回收等自动化

2019年12月，长岛海洋生态文明综合试验区小钦岛卫生院副院长王辉被中共中央宣传部、人力资源和社会保障部授予2019年“最美基层高校毕业生”荣誉称号现场

（供稿：赵广晓）

装备，搭载大数据科学监测设备，采用坐底式四边形钢结构，最大设计吃水30.5米，养殖容积60000立方米，设计使用寿命10年。

5月18日，长岛入选第十五届中国（深圳）国际文化产业博览交易会“2019中国最美县域”榜单。

7月26日，《山东省长岛海洋生态保护条例》经山东省第十三届人大常委会第十三次会议审议通过并公布，共7章62条，自2019年10月1日起施行，为全省首部海岛生态保护创制性立法。

11月16日，长岛县被生态环境部授牌命名为第三批“绿水青山就是金山银山”实践创新基地，成为全省第二个、烟台市第一个获得“绿水青山就是金山银山”实践创新基地殊荣的县。

12月，长岛海洋生态文明综合试验区小钦岛卫生院副院长王辉被中共中央宣传部、人力资源和社会保障部授予2019年“最美基层高校毕业生”荣誉称号，是山东省唯一入选的获奖人员。

（撰稿：赵广晓　审稿：马学永）

龙口市

【市名由来】 原名黄县，境内有龙口镇，龙口镇有龙口港，因而得名。1986年，撤销黄县，设立龙口市。

【政区 人口】 全市（县、区）总面积906平方公里。辖13个乡镇（街道），595个行政村（社区）。2019年末全市（县、区）户籍人口63.53万人。人口出生率8.23‰，自然增长率-0.3‰。有少数民族32个，1400人。

【经济概况】 2019年实现生产总值1074.8亿元，按可比价格计算比上年增长6.1%。其中，第一产业增加值33.6亿元，增长2.1%；第二产业增加值530.1亿元，增长7.4%；第三产业增加值511.1亿元，增长5%。三次产业比例为3.1∶49.3∶47.6。全社会固定资产投资完成587.6亿元，增长8.2%。实现公共财政预算收入101亿元，下降3.3%；公共财政预算支出100.7亿元，下降0.3%。年末金融机构本外币存款余额976.5亿元，其中住户存款余额609.6亿元；人民币各项存款余额947.9亿元，比年初增加125.2亿元，人民币各项贷款余额587.7亿元，增加22.9亿元。

【农业】 2019年农林牧渔业实现总产值65.3亿元，比上年增长9.6%。粮食总产9.03万吨，增长9.2%；油料总产0.65万吨，下降13.3%；水果总产46.47万吨，增长6.3%；蔬菜总产23.09万吨，增长3.1%；水产品总产4.07万吨，减少0.9%。肉类总产4.21万吨，禽蛋总产2.64万吨，奶类总产3.71万吨。全年新增造林面积440公顷。全市（县、区）农机总动力63.4万千瓦，增长1.1%。

【工业 建筑业】 2019年规模以上工业企业实现增加值增长8.7%；全年完成建筑业总产值547179.1万元，增长13.4%。

【建设 环保】 2019年末城镇化率70.3%。城市基础设施建设完成投资7亿元，增长2%。城市人均道路面积29.01平方米，人均绿地面积11.55平方米，建成区绿化覆盖率38.27%。自来水普及率100%，燃气普及率99.76%，集中供热普及率82.3%。配租公租房77户，发放住房租赁补贴25户。村镇建设完成投资42800万元，增长0.03%。已建成污水处理厂4座，污水集中处理率达到97%，无害化垃圾处理率达到100%。城市空气质量良好率达到63.9%，水环境功能区达标率为100%，道路交通声环境质量符合国家标准。

【交通 邮电】 2019年公路通车里程1831.4公里，其中高速公路通车里程43.8公里。港口货物吞吐量9022万吨。年末固定电话用户11万户，移动电话用户72万户互联网用户25万户。

【贸易 旅游】 2019年实现社会消费品零售总额309.7亿元，比上年增长6%。其中，城镇市场实现零售额204.5亿元；农村市场实现零售额105.2亿元。实现外贸进出口总额270亿元，增长4%，其中出口177.6亿元，增长6.4%。新批利用外资项目44项，注册外资4.1美元，实际使用外资1.8亿美元。主要旅游景点有南山景区、丁氏故宅、龙口动植物园等。全年接待国内外游客700万人次，增长7.7%。实现旅游总收入90万元，增长5.9%。

【教科文卫体】 2019年有普通高等院校1所，在校生3.266万人。中等职业、技工学校3所，在校生0.818万人。普通高中3所，在校生0.818万人；初中23所，在校生2.415万人；小学22所，在校生2.910万人。特殊教育学校1所，在校生0.014万人。获得省科技奖励1项。专利申请300件，授权专利120件。有各种艺术表演团体122个，文化馆2处，公共图书馆1处，档案馆1处。广播、电视人口覆盖率均达到100%。有卫生机构604所，其中，医院、卫生院34所，疾病预防控制机构1所，妇幼保健机构1所。各类卫生机构共有床位4586张，卫生技术人员5649人，其中，执业医师及执业助理医师2453人，注册护士2672人。有体育馆6座，全年参加省级以上体育比赛共获奖牌60枚，其中金牌27枚。

【社会生活】 2019年城镇居民人均可支配收入51445元，增长6.8%；人均消费支出32242元，增长6.4%。农村居民人均可支配收入24134元，增长9.5%；人均消费支出15904元，增长5.9%。全市城镇基本养老、医疗、失业、工伤和生育保险参保人数分别达到12.3万人、23.87万人、10.23万人、11.16万人和11.1万人。城乡居民养老保险参保31.5万人。全市城乡最低生活保障救助7096人。其中，城镇低保383人，农村低保6713人，农村特困救济1606人。社会福利企业13个，安置残疾人员1253人。

【大事记】 2019年5月25日，“百校千才龙口行”2019洽谈对接会在龙口市南山国际会议中心举办，来自全国33所高校的就业指导机构负责人、专家、教授及龙口市相关人员参会。

10月7日，龙口市第八届孝德文化节暨第十九届中国烟台·龙口南山国际长寿文化节在南山旅游景区开幕，开幕式上，对2019年龙口市“新二十四孝贤”和六名“最美孝心少年”进行了表彰。

10月8日，《人民日报》公布2019年中国中小城市高质量发展指数研究成果，揭晓了全国综合实力百强县市、全国综合实力百强区、全国综合实力千强镇等榜单。龙口在2019年度全国综合实力百强县市排名中位列第11位，继续领跑山东。

10月20日，2019龙口国际马拉松赛开跑，来自20多个国家和地区的上万名马拉松爱好者参加比赛，比赛分为全程马拉松、半程马拉松、迷你马拉松和跑团团体赛4个组别。男子组全程马拉松由肯尼亚选手BOIT JACOB、Edwardgathak、内蒙古选手任吉祥分别获得前三名；女子组前三甲则全部由中国选手获得，分别是温雪莲、崔美春和曹伟霞。

11月11—17日，市政协“文化走亲·情系故里”书画摄影作品展暨中华人民共和国成立70周年龙口发展成就展在北京民族文化宫开展，近200幅书法、绘画、摄影艺术作品参展，体现了70年来龙口文化艺术领域的传承创新和繁荣发展；以图片、文字等形式，记录了70年来龙口经济社会各个领域的发展成就和巨大变迁。

11月，农业农村部发布2019年中国美丽休闲乡村名单，评选出国内具备特色优势明显、服务设施完善、乡风民俗良好和品牌效应突出四个特点的休闲乡村，芦头镇庵夼村榜上有名，是烟台唯一一个上榜的村庄。

12月6日，《中国县域经济发展报告（2019）》在北京发布，龙口市综合经济竞争力位居全国第十名。

（撰稿：田祯　审稿：王春阳）

招远市

【市名由来】 “招远者，招携怀远之义也”（《山东通志》语）。

【政区 人口】 全市总面积1432.8平方公里。辖14个乡镇（街道），724个行政村（社区）。2019年末全市户籍总人口56.02万人，其中城镇户籍人口24.73万人。人口出生率9.14‰，死亡率10.2‰，自然增长率-1.06‰。

【经济概况】 2019年实现生产总值682.16亿元，按可比价格计算比上年增长7.4%。其中，第一产业增加值46.36亿元，增长2.4%；第二产业增加值297.53亿元，增长4.5%；第三产业增加值338.27亿元，增长11.2%。三次产业比例为6.8∶43.6∶49.6。实现公共财政预算收入53.12亿元，下降13.3%；公共财政预算支出57.55亿元，下降5.9%。年末金融机构本外币存款余额620.12亿元，其中居民储蓄存款余额410.92亿元；人民币各项存款余额609.67亿元，人民币各项贷款余额286.37亿元。

【农业】 2019年农林牧渔业实现总产值92.04亿元，比上年增长3.2%。粮食总产21.06万吨，下降3.4%；油料总产5.51万吨，下降2.9%；水果总产66.41万吨，增长5%；蔬菜瓜果总产16.93万吨，增长23.9%；水产品总产7.76万吨，下降0.3%。肉类总产6.26万吨，禽蛋总产3.17万吨，奶类总产1.02万吨。全市农机总动力87.76万千瓦，增长1.7%。

【工业和建筑业】 2019年规模以上工业企业实现增加值比上年增长6.5%；实现主营业务收入1056.55亿元，增长4.5%；实现利税46亿元，下降26.1%。全年完成建筑业总产值44.08亿元，增长0.2%。

【建设 环保】 2019年城市基础设施建设完成投资27406万元。城市人均道路面积22.72平方米，人均绿地面积64.68平方米，建成区绿化覆盖率41.5%。全年完成房地产开发投资44.7亿元。自来水普及率100%，燃气普及率100%，集中供热普及率81.3%。村镇建设完成投资76000万元。建成污水处理厂1座，污水集中处理率达到100%，无害化垃圾处理率达到100%。城市空气质量良好率达到70%，水环境功能区达标率为100%，道路交通声环境质量符合国家标准。

【交通 邮电】 2019年公路通车里程2734.6公里，其中高速公路通车里程70.1公里。公路旅客运输量为227万人次。铁路、公路货物运输量分别为1436.1万吨和823万吨。邮政公司全年业务总量9301.29万元，增长11.66%。移动电话用户54.16万户，互联网用户18.07万户。

【贸易 旅游】 2019年实现社会消费品零售总额比上年增长7.7%。实现外贸进出口总额151.43亿元，其中出口94.57亿元。新批利用外资项目22项，合同外资45088万美元，实际使用外资9995万美元。全年接待国内外游客680.6万人次，增长16.5%。实现旅游总收入90.2亿元，增长10.1%。

【教科文卫体】 2019年有普通高等院校1所，在校生4425人；中等职业、技工学校1所，在校生2865人；普通高中4所，在校生6892人；小学17所，初中9所，九年一贯制学校13所，小学在校生18732人，初中在校生17425人；特殊教育学校1所，在校生137人。获得省科技奖励2项。发明专利申请159件，发明专利授权42件。有各种艺术表演团体1个，群众艺术馆、文化馆1处，公共图书馆1处，档案馆1处。广播、电视人口覆盖率均达到100%。有卫生机构24所，其中医院、卫生院15所，疾病预防控制机构1所，妇幼保健机构1所。各类卫生机构共有床位1493张，卫生技术人员2299人，其中执业医师及执业助理医师879人，注册护士847人。有体育馆1座，全年参加省级以上体育比赛共获奖牌45枚，其中金牌25枚。含国家级金牌3枚，省级金牌22枚。

招远经济技术开发区夜景　（供稿：王微微）

【社会生活】 2019年城镇居民人均可支配收入48426元，增长7%；人均消费性支出34164元，增长5.7%。人均住房建筑面积46.1平方米。农村居民人均可支配收入23349元，增长9.3%；人均生活消费支出14361元，增长6.6%；人均住房面积51.5平方米。全市城镇基本养老、医疗、失业、工伤和生育保险参保人数分别达到12.37万人、32.47万人、7.41万人、7.69万人和7.85万人。城乡居民养老保险参保28.03万人。全市城乡最低生活保障9145人。其中城镇低保606人，农村低保8539人。

【大事记】 2019年3月18日，烟台海关驻招远办事处揭牌仪式举行。

4月14—17日，招远党政考察团赴北京市中关村生物医药园、北京君联资本管理有限公司、夏尔巴股权投资管理有限公司进行交流考察。考察期间，推介招远市“双招双引”和生物医药产业扶持政策，并签署《生物医药产业投资合作协议》。

6月4—9日，招远党政考察团赴美国进行交流考察。考察团一行先后参观美国SCHOLARS、宜瑞安、美国FARBEST等蛋白食品公司，就

2019 年 8 月 27 日，金都招远第十三届黄金节暨第三届网络黄金节开幕
（供稿：王微微）

蛋白健康项目合作等事项进行交流，推介招远市和开发区投资环境，探讨绿色食品产业园项目合作，签署蛋白健康产业战略合作协议。

7 月 1 日，招远市召开乡村振兴齐鲁样板示范区规划汇报会议，对鲁东大学《大户庄园乡村振兴齐鲁样板示范区创建方案》进行专题研究。

8 月 27 日，中国金都·山东招远第十三届黄金节暨第三届网络黄金节在招远市开幕。

11 月 16—18 日，招远党政考察团赴北京开展招商推介活动。期间，招远市滨海科技产业园与北京彤群恒润汽车技术有限公司的新能源客车及关键零部件项目签约。

（撰稿：付波涛　王微微　审稿：于旭光）

莱州市

【市名由来】 因莱州府驻地为莱州而得名。

【政区 人口】 全市总面积 1928 平方公里。辖 17 个镇（街道），1014 个行政村（社区）。2019 年末全市总人口 83.93 万人，其中城镇人口 38.78 万人。人口出生率 6.64‰，死亡率 8.7‰，自然增长率 –2.05‰。有少数民族 28 个，993 人。

【经济概况】 2019 年实现生产总值 663.67 亿元，按可比价格计算比上年增长 0.6%。其中，第一产业增加值 84.99 亿元，增长 4.3%；第二产业增加值 292.3 亿元，增长 1.9%；第三产业增加值 286.65 亿元，下降 1.4%。三次产业比例为 12.8：44：43.2。全社会固定资产投资增长 5.6%。实现公共财政预算收入 103.58 亿元，下降 13.6%；公共财政预算支出 46.11 亿元，下降 30.7%。年末金融机构人民币存款余额 767.83 亿元，比年初增加 40.69 亿元，其中居民储蓄存款余额 613.3 亿元；人民币各项贷款余额 289.84 亿元，下降 12.91 亿元。

【农业】 2019 年农林牧渔业实现总产值 154.34 亿元，比上年增长 6.7%。粮食总产 51.83 万吨，下降 17.4；油料总产 4.45 万吨，下降 6.5%；水果总产 33.53 万吨，下降 1.6%；蔬菜总产 31.69 万吨，增长 9.8%；水产品总产 27.67 万吨，下降 12.5%。肉类总产 10.99 万吨，禽蛋总产 7.11 万吨，奶类总产 0.66 万吨。全年新增造林面积 1007.73 公顷。全市农机总动力 128 万千瓦。

【工业和建筑业】 2019 年规模以上工业实现总产值（现价）915.04 亿元，工业增加值增长 4%；实现主营业务收入 912.38 亿元，增长 7%；实现利润 41.66 亿元，增长 22%。全年建筑业总产值完成 57.67 亿元，增长 2.1%。

【建设 环保】 2019 年末城镇化率 54%。城市基础设施建设完成投资 12747 万元。城市人均道路面积 19.88 平方米，人均绿地面积 12.78 平方米，建成区绿化覆盖率 40.37%。自来水普及率 100%，燃气普及率 50%，其中市区普及率 99.74%，集中供热普及率 80%。村镇建设完成投资 13.26 亿元，增长 45.38%。新建第二污水处理厂 1 座，污水集中处理率 100%，无害化垃圾处理率 100%。城市空气质量良好率 61.2%，道路交通声环境质量符合国家标准。

【交通 邮电】 2019 年公路通车里程 2668.59 公里，其中国、省道通车里程 343.64 公里。公路客运周转量 40116.6 万人公里，下降 0.1%。水上货物运输量 28322 万吨公里，增长 0.6%。港口货物吞吐量 3010.57 万吨，与上年持平。邮电业务总量 5.7 亿元，下降 0.3%；邮政业务总量 1.3 亿元，增长 27.1%。年末固定电话用户 11.1 万户，移动电话用户 77.2 万部，互联网用户 28.1 万户。

【贸易 旅游】 2019 年实现社会消费品零售总额比上年增长 5%。其中，城区市场实现零售额增长 4.7%；农村市场实现零售额增长 5.4。实现外贸进出口总额 104.78 亿元，增长 5.1%，其中出口 75.21 亿元，增长 0.5%。新批利用外资项目 30 项，合同外资 2.61 亿元，实际使用外资 9951 万元。新备案境外投资企业 1 个，中方协议投资 120 万美元，增长 28.5%；旅游景点主要有：大基山、云峰山、中华月季园、黄金海岸生态旅游景区、马家庄现代农业园和驿道初家乡村旅游景区。全年接待国内外游客 380 万人次，实现旅游总收入 71.4 亿元，增长 8.58%。2019 年 11 月，莱州市获评“全国十佳宜居宜业宜游城市（县、区）”。

【教科文卫体】 2019 年全市有中等职业、技工学校 2 所，在校生 6371 人。高中 4 所，在校生 10052 人；初中 29 所，在校生 26988 人；小学 32 所，在校生 27130 人。特殊教育学校 1 所，在校生 183 人。获得国家级科技成果奖励 1 项，省科技成果奖励 1 项。专利申请 221 件，授权专利 49 件。有专业艺术表演团体 2 个，京剧团、吕剧团，文化馆 1 处，图书总馆 1 处，镇街分馆 17 处，城市书房 2 处，档案馆 1 处。广播、电视人口覆盖率均为 100%。有卫生机构 924 所，其中，医院 16 个，疾病预防控制机构 1 所，妇幼保健机构 1 所。各类卫生机构共有床位 6333 张，卫生技术人员 7152 人，其中，执业医师 2115，执业助理医师 388 人，注册护士 2435 人。全年参加省级以上体育比赛共获奖牌 146 枚，其中金牌 45 枚。

【社会生活】 2019 年城镇居民人均可支配收入 47371 元，增长 6.1%；人均消费性支出 30157 元，增长 5.2%；人均住房建筑面积 36.03 平方米。农村居民人均可支配收入 22828 元，增长 9.2%；人均生活消费支出 15274 元，增长 6.1%；人均住房面积 45.86 平方米。全市城镇职工（含退休）基本养老、医疗、失业、工伤和生育保险参保人数分别为 229418 人、72.2 万人（其中职工 21.7 万人）、86555 人、89349 人和 90491 人。城乡居民养老保险参保 47.06 万人。全市城乡最低生活保障救助 1797 人。其中，城镇低保 419 人，农村低保 1378 人，农村特困救济 12740 人。安置残疾人企业 26 个，安置残疾人 153 人。享受退税政策优惠企业 13 家。

【大事记】 2019 年 4 月 4—7 日，莱州市非遗项目展首次在京举办。此展由北京市西城区文委、莱州市文化和旅游局主办，西城区第一文化馆、莱州市文化馆承办。展览以“传承创新、共同交流”为主题，集中展示“莱州草辫”“莱州玉雕”“莱州毛笔”“莱州面塑”四个大项的精品实物 500 余件。19 名参展项目代表性传承人现场展示技艺。

5 月中旬起，“莱州月季花节文化旅游嘉年华”主题活动全面开启。相续举办浪漫赏花、文化盛宴、云峰对决、非遗民俗、舌尖美食等 20 余项文化活动。

7 月 10 日，莱州市在苏州举办“双招双引”暨城市形象推介会，本次推介会是莱州市近年来规模最大的“双招双引”活动，苏州市 60 多家企业与莱州市 40 多家企业进行深入洽谈，并达成一批合作意向。

7 月 26 日，莱州市军队离退休干部休养所获得由中央退役军人事务工作领导小组办公室、中共中央组织部、人力资源和社会保障部、退役军人事务部、中央军委政治工作部授予的“全国退役军人工作模范单位”荣誉称号，这也是该所继 2011 年获“全国和谐军休家园”称号后的又一殊荣。

9 月 23 日，2019 烟台庆祝中国农民丰收节系列活动启动仪式暨莱州市现代农业展在莱州市种业硅谷举行。活动分室内和室外 2 个展区，其中，室内设面食面塑、名优农产品、种子种苗、饲料兽药疫苗等 5 个展示区，展位 150 多个，近 200 家企业和新型农业经营主体参展。室外设农业机械展示区，13 家企业参展，展示农用机械 70 多台。

11 月 2 日，在北京召开的第二届社会发展高峰会·2019 文旅产业资源链接会上，莱州市获“中国十佳宜居宜业宜游市”，这是莱州市斩获的又一“国字号”荣誉，是山东省唯一上榜的县级市。

12 月 31 日，坐落于莱州市金仓街道境内的山东黄金自然博物馆完成施工建设。该博物馆是以展示黄金文化为主题的专题性博物馆，也是莱州市特色地标性建筑。由山东黄金集团投资建设，总投资 12 亿元，建筑面积约 5000 平方米。

（撰稿：王慧玲　审稿：杨日明）

责任编校：云　霞

附　录

烟台市市级组织机构

一、党委机构

（一）纪律检查委员会、监察委员会机关

派驻第一纪检监察组

派驻第二纪检监察组

派驻第三纪检监察组

派驻第四纪检监察组

派驻第五纪检监察组

派驻第六纪检监察组

派驻第七纪检监察组

派驻第八纪检监察组

派驻第九纪检监察组

派驻第十纪检监察组

派驻第十一纪检监察组

驻市中级法院纪检组

驻市人民检察院纪检组

驻市公安局纪检组

驻市卫健委纪检组

驻市教育局纪检组

驻市人力资源和社会保障局纪检组

（二）工作部门

1. 办公室〔挂市档案局、保密委员会办公室（市国家保密局）牌子〕

2. 组织部（挂市公务员局、非公有制经济组织和社会组织工作委员会牌子）

3. 宣传部（挂市政府新闻办公室、市精神文明建设委员会办公室牌子）

4. 统一战线工作部（挂市民族宗教事务局、市政府侨务办公室牌子）

5. 政法委员会

6. 政策研究室（全面深化改革委员会办公室）

7. 网络安全和信息化委员会办公室（挂市互联网信息办公室牌子）

8. 财经委员会办公室

9. 机构编制委员会办公室

10. 台港澳工作办公室（挂市政府台港澳事务办公室牌子）

11. 市直机关工作委员会

12. 巡察工作领导小组办公室

13. 老干部局

二、人大常委会

三、政府机构

（一）工作部门

1. 办公室（挂口岸办公室牌子）

2. 发展和改革委员会（挂新旧动能转换综合试验区建设办公室、能源局、粮食和物资储备局牌子）

3. 教育局（市委教育工作委员会与其合署）

4. 科学技术局（挂外国专家局牌子）

5. 工业和信息化局

6. 公安局

公安局交通警察支队

公安局高速公路交通警察支队

森林公安局

港航公安局

公安局大莱龙铁路分局

公安局芝罘分局

公安局福山分局

公安局莱山分局

公安局牟平分局

公安局经济技术开发区分局

公安局高新技术产业开发区分局

公安局海阳核电分局

公安局机场分局

公安局龙海分局

公安局昆嵛山保护区分局

7. 民政局

8. 司法局

强制隔离戒毒所

山东省烟台监狱

9. 财政局

10. 人力资源和社会保障局

11. 自然资源和规划局（挂林业局牌子）

12. 生态环境局

13. 住房和城乡建设局

14. 城市管理局

15. 交通运输局

16. 水利局（挂南水北调工程建设管理局牌子）

17. 农业农村局（挂扶贫开发办公室、畜牧兽医局牌子）

18. 海洋发展和渔业局

19. 商务局

20. 文化和旅游局（挂新闻出版广电局、文物局牌子）

21. 卫生健康委员会（挂中医药管理局牌子）

22. 退役军人事务局

23. 应急管理局

24. 审计局

25. 外事办公室

26. 国有资产监督管理委员会

27. 行政审批服务局（挂政务服务管理办公室牌子）

28. 市场监督管理局（挂知识产权局牌子）

市场监督管理局保税港分局

29. 体育局

30. 统计局

31. 医疗保障局

32. 机关事务管理局

33. 人民防空办公室

34. 地方金融监督管理局（挂金融工作办公室牌子）

35. 大数据局

36. 信访局

（二）集体经济组织

1. 供销合作社联合社

2. 轻工集体企业联社

四、政协

五、中级人民法院

六、人民检察院

七、群众团体

1. 总工会

2. 共青团烟台市委员会

3. 妇女联合会

4. 科学技术协会

5. 文学艺术界联合会

6. 社会科学联合会

7. 红十字会

8. 残疾人联合会

9. 中国国际贸易促进委员会烟台市委员会（中国国际商会烟台商会）

10. 归国华侨联合会

11. 人民对外友好协会

12. 计划生育协会

13. 法学会

14. 工商业联合会

八、民主党派

1. 中国国民党革命委员会烟台市委员会

2. 中国民主同盟烟台市委员会

3. 中国民主建国会烟台市委员会

4. 中国民主促进会烟台市委员会

5. 中国农工民主党烟台市委员会

6. 中国致公党烟台市委员会

7. 九三学社烟台市委员会

荣誉榜

2019 年全国五一劳动奖状获得单位

山东鲁花集团有限公司

2019 年全国五一劳动奖章获得者

姜卫娟　山东登海种业股份有限公司玉米所所长、高级农艺师

杨德将　烟台中集来福士海洋工程有限公司班长

2019 年全国工人先锋号获得者

山东三和德通律师事务所杨希勇劳模创新工作室

2019 年山东省富民兴鲁劳动奖状获得者

胶东革命纪念馆

烟台市疾病预防控制中心

中国科学院烟台海岸带研究所

蓬莱诺康药业有限公司

山东盛华新材料科技股份有限公司

莱州诚源盐化有限公司

2019 年山东省富民兴鲁劳动奖章获得者

宫旭洲　山东鲁花集团有限公司执行总裁

迟立宗　烟台安诺其精细化工有限公司总经理

秦世贤　华电莱州发电有限公司党委书记、董事长

张书亮　烟台三环锁业集团股份有限公司党委书记、董事长

刘昭涛　上汽通用东岳动力总成有限公司班组长

孙晓利　山东中昌开发建设集团有限公司技术员

赵　青　山东诺维科轻量化装备有限公司铝焊接工（农民工）

陈维如　烟台港集装箱码头有限公司机械保障部副经理

彭　飞　山东核电设备制造有限公司工段长

李　杰　核工业烟台同兴实业集团有限公司班组长

王晓丽　汉高乐泰（中国）有限公司工艺工程师

马　文　山东道恩钛业有限公司技术员

杨倩倩　烟台双塔食品股份有限公司大健康事业部总监

王希昀　烟台市人民检察院侦查监督处副处长

邹秀圆　山东三和德通律师事务所律师

张树林　烟台杰瑞石油装备技术有限公司副总工程师

徐忠敏　招金矿业股份有限公司金翅岭金矿技术总监

赵　晖　烟台中集来福士海洋工程有限公司副总裁、党委副书记

王廷利　烟台市农业技术推广中心站长

岳建霞　烟台市公安局信通科技处处长

夏晓丽　莱阳市妇幼保健计划生育服务中心妇产科副主任

杨传路　鲁东大学物理系教授

郑舒东　国家税务总局烟台市税务局党委书记、局长

王剑波　万华实业集团有限公司工会主席

2019 年山东省工人先锋号获得单位

国网栖霞市供电公司配网抢修指挥班

山东黄金金创集团有限公司蓬莱市大柳行金矿生产技术科

南山智尚科技股份有限公司精品线织造甲班

烟建集团有限公司文登整骨烟台医院项目部

烟台港集装箱航运有限公司外贸部计划操作科

烟台持久钟表集团有限公司硬件开发组

烟台市公交集团有限公司青春 109 线路

国网山东省电力公司招远市供电公司变电检修班

万华化学集团股份有限公司 PC 装置反应工序冯凯班

东方电子股份有限公司电装厂

上汽通用东岳汽车有限公司南厂冲压

车间

烟台市消防支队长岛县消防大队

山东隽秀生物科技股份有限公司技术部

烟台兴业职业技能培训学校烹饪教研室

2019 烟台市十佳先进集体

龙口市委、市政府

莱山区委、区政府

牟平区委、区政府

烟台经济技术开发区工委、管委

福山区委、区政府

烟台市自然资源和规划局

烟台市生态环境局

烟台市公安局

烟台市发展和改革委员会

烟台市财政局

2019 烟台市十佳招引标兵

烟台经济技术开发区工委、管委

莱山区委、区政府

福山区委、区政府

龙口市委、市政府

牟平区委、区政府

烟台市投资促进中心

烟台市住房和城乡建设局

烟台市人民政府国有资产监督管理委员会

烟台市商务局

烟台市人力资源和社会保障局

2019 烟台市十佳功勋企业

万华化学集团股份有限公司

南山集团有限公司

上汽通用东岳基地

烟台张裕集团有限公司

山东招金集团有限公司

龙大食品集团有限公司

玲珑集团有限公司

烟台杰瑞石油服务集团股份有限公司

烟台恒邦集团有限公司

山东鲁花集团有限公司

2019 烟台市十佳创新人才

罗永章　烟台普罗吉生物科技发展有限公司首席科学家、抗肿瘤蛋白质药物国家工程实验室主任

黎　源　万华化学集团股份有限公司技术开发中心主任、首席科学家、教授级高级工程师

李记明　烟台张裕集团有限公司董事、总工程师

吕正风　山东南山铝业股份有限公司总经理、教授级高级工程师

田洪池　山东道恩高分子材料股份有限公司副总经理兼总工程师、高级工程师

翁占斌　山东招金集团有限公司党委书记、董事长、工程技术研究员

薛云丽　绿叶生命科学集团资深副总裁、工程技术应用研究员

于志强　冰轮环境技术股份有限公司总裁、总工程师

宋西成　烟台毓璜顶医院副院长、主任医师

王江春　山东省烟台市农业科学研究院二级农业技术推广研究员

2019 烟台市十佳驻烟台单位

国家税务总局烟台市税务局

中华人民共和国烟台海关

中国人民银行烟台市中心支行

中国银行保险监督管理委员会烟台监管分局

鲁东大学

中国移动通信集团山东有限公司烟台分公司

国网山东省电力公司烟台供电公司

中华人民共和国烟台海事局

中国科学院烟台海岸带研究所

中国航天科技集团有限公司第五研究院第五一三研究所

2019 烟台市十佳攻坚团队

芝罘区委、区政府——幸福新城、海上世界、芝罘仙境

烟台市农业农村局——苹果产业高质量发展

烟台市工业和信息化局——东方航天港

烟台市交通运输局——潍烟高铁

烟台市海洋发展和渔业局——现代化海洋牧场示范区

烟台市水利局——老岚水库工程

烟台市科技局——高新技术企业培育和科技成果转化

烟台市行政审批服务局——“一窗受理·一次办好”改革、新市民大厅建设

烟台市信访局——信访重点领域突出问题专项治理行动

烟台市广播电视台——《问政烟台》

2019 年烟台市经济社会发展情况统计表

2019 年烟台市主要经济社会指标统计表

表 23

指标名称	计量单位	2019 年	比上年 ± %
一、综合			
1、GDP（初步核算）	亿元	7653.45	5.5
第一产业	亿元	550.42	2.6
第二产业	亿元	3185.48	4.1
第三产业	亿元	3917.55	7.1
2、GDP 内部结构（*）			
第一产业	%	7.2	0.1
第二产业	%	41.6	-1.2
第三产业	%	51.2	1.1
二、农业			
农作物播种总面积	千公顷	441.35	-2.0
# 粮食播种总面积	千公顷	296.64	-3.6
粮食产量	万吨	172.76	-5.7
播亩单产	公斤 / 亩	388.27	-2.2
油料产量	万吨	39.70	-3.7
水果产量	万吨	679.47	4.1
蔬菜产量	万吨	229.58	8.3
肉类产量	万吨	71.44	4.8
禽蛋产量	万吨	32.26	14.4
奶类产量	万吨	15.78	0.9
水产品产量	万吨	177.47	-4.7
三、规模以上工业			
增加值	亿元		5.0
工业产品销售率 *	%	98.87	-1.03
# 轻工业	亿元	—	-6.5
重工业	亿元	—	8.2
# 国有工业	亿元	—	177.3
四、建筑业			
签定的合同额	亿元	1057.12	6.0
# 本年新签合同额	亿元	704.23	0.9
建筑业总产值	亿元	756.64	5.0

续表 23

指标名称	计量单位	2019 年	比上年 ± %
# 在外省完成的产值	亿元	31.67	12.1
竣工产值	亿元	428.90	3.9
房屋施工面积	万平方米	4176.94	1.6
房屋竣工面积	万平方米	1569.44	-2.1
职工平均人数	万人	20.99	-4.8
五、运输、邮电			
旅客运输量	万人	7386.41	1.1
货物运输量	万吨	27699.52	-0.6
沿海港口货物吞吐量	万吨	38582.17	15.7
# 集装箱吞吐量	万 TEU	310.24	3.4
港口外贸货物吞吐量	万吨	14173.79	16.1
# 集装箱外贸吞吐量	万 TEU	52.76	-4.1
六、用电			
全社会用电量	亿千瓦时	553.19	4.5
# 工业用电量	亿千瓦时	435.92	3.8
七、固定资产投资			
项目个数	个	—	76.4
本年完成投资	亿元	—	5.0
# 新建	亿元	—	15.1
扩建	亿元	—	-19.4
改建和技术改造	亿元	—	6.7
# 第一产业	亿元	—	295.9
第二产业	亿元	—	-2.6
其中：工业	亿元	—	0.0
第三产业	亿元	—	7.9
# 房地产投资	亿元	—	12.8
# 住宅	亿元	—	25.3
办公楼	亿元	—	-50.5
商业营业用房	亿元	—	-13.8
八、社会消费品零售总额			
社会消费品零售总额	亿元	3306.46	7.4
1、按销售单位所在地分			
（1）城镇	亿元	2606.27	7.3
其中：城区	亿元	2252.77	7.6

续表 23

指标名称	计量单位	2019 年	比上年 ±%
（2）乡村	亿元	700.19	7.8
2、按消费形态分			
餐饮收入	亿元	268.28	8.9
商品零售	亿元	3038.18	7.2
3、按限上限下分			
限额以上	亿元	617.20	-0.6
限额以下	亿元	2689.26	9.4
九、外经外贸			
外贸进出口总额	亿元	2906.83	-4.8
进口	亿元	1173.14	-8.4
出口	亿元	1733.69	-2.2
利用外资新批项目数	个	346	22.7
合同外资	亿美元	59.88	37.4
实际使用外资	亿美元	19.41	15.0
外派劳务人员	人次	5870	-0.4
期末在外人数	人	13197	7.6
十、财税			
一般公共预算收入	亿元	595.42	-6.5
# 税收所占比重（*）	%	72.00	1.0
# 税收收入	亿元	425.54	-5.7
一般公共预算支出	亿元	774.54	2.5
各项收入合计	亿元	1078.89	4.1
1、税务部门组织收入	亿元	861.82	6.6
（1）国内税收收入	亿元	748.77	-4.7
（2）社会保险费	亿元	90.62	
（3）非税收入合计	亿元	21.21	-1.5
（4）其他收入合计	亿元	1.23	10.6
2、海关代征税收	亿元	217.06	-5.0
十一、金融			比年初增减额
期末金融机构本外币存款余额	亿元	9115.84	889.76
# 住户存款	亿元	5099.70	593.43
期末金融机构本外币贷款余额	亿元	5813.26	248.82
期末金融机构本币存款余额	亿元	8520.16	810.70
# 住户存款	亿元	5053.42	592.81

续表 23

指标名称	计量单位	2019 年	比上年 ±%
期末金融机构本币贷款余额	亿元	5482.34	258.17
十二、保险			
保费总收入	亿元	284.89	6.8
# 财产险	亿元	68.41	-3.5
人身险	亿元	216.48	10.6
总赔付额	亿元	83.77	-4.5
# 财产险	亿元	40.73	2.2
人身险	亿元	43.04	-10.1
综合赔付率	%	—	—
# 财产险	%	61.15	—
人身险	%	—	—
十三、人民生活			
居民人均可支配收入	元	37783	8.3
居民人均消费支出	元	25113	7.4
城镇居民人均可支配收入	元	47977	6.9
城镇居民人均消费性支出	元	31259	6.0
农村居民人均可支配收入	元	21218	9.2
农村居民人均消费支出	元	15125	8.8
十四、主要社会统计指标			
城镇企业养老保险参保人数	万人	171.47	1.8
城镇企业养老保险缴费金额	亿元	151.62	0.3
城镇职工医疗保险参保人数	万人	233.70	4.1
城镇医疗保险缴费金额	亿元	71.80	2.4
城镇失业保险参保人数	万人	120.08	4.2
城镇失业保险缴费金额	亿元	4.72	7.0
城镇新增就业人数	万人	13.81	3.1
城镇登记失业率（*）	%	2.40	-0.5
城镇居民最低生活保障户数	户	6599	-0.2
城镇居民最低生活保障人数	人	9343	-0.2
城镇居民最低生活保障资金	万元	5436	-0.3
城镇低保标准	元 / 月	615	
农村低保标准	元 / 年	5280.00	
农村居民最低生活保障户数	户	48052	0.0
农村居民最低生活保障人数	人	65656	0.0

续表 23

指标名称	计量单位	2019 年	比上年 ± %
农村居民最低生活保障资金	万元	21766.8	0.0
农村五保供养人数	人	14366	0.1
农村五保供养支出	万元	13521.10	0.2
城乡居民基本养老保险参保人数	万人	316.30	0.0
十五、价格指数			
（以上年同期为 100）			
居民消费价格总指数		104.8	103.0
# 服务价格指数		100.5	102.2
消费品价格指数		107.5	103.5
# 食品烟酒		115.1	107.2
衣着		103.5	102.7
居住		100.2	102.0
生活用品及服务		100.0	100.4
交通和通信		98.2	96.8
教育文化和娱乐		101.3	103.9
医疗保健		100.6	100.3
其他用品和服务		104.4	106.1
商品零售价格指数		103.4	101.5
新建住宅销售价格指数		110.0	112.2
二手住宅销售价格指数		104.5	110.1

2019年烟台市各县市区主要经济社会指标统计表

表 24

	县市区生产总值（初步核算，亿元）		第一产业增加值（亿元）		第二产业增加值（亿元）		第三产业增加值（亿元）		规模以上工业增加值	固定资产投资（亿元）	社会消费品零售额（亿元）	一般公共预算收入（亿元）	
	2019年	比上年±%	2019年	比上年±%	2019年	比上年±%	2019年	比上年±%	比上年±%	比上年±%	比上年±%	2019年	比上年±%
全市合计	7653.45	5.5	550.42	2.6	3185.48	4.1	3917.55	7.1	5.0	5.0	7.4	595.42	-6.5
市区	—	—	—	—	—	—	—	—	3.9	7.5	—	301.08	-0.8
芝罘区	953.87	3.2	6.76	6.1	189.54	-10.7	757.57	7.4	-7.3	7.7	7.5	68.12	-3.5
福山区	310.60	6.8	15.48	0.9	149.30	6.1	145.82	8.4	5.5	7.8	8.2	27.06	-16.4
牟平区	332.74	6.7	47.81	4.6	100.13	6.2	184.80	7.7	6.8	8.5	6.8	25.51	-5.8
莱山区	363.90	7.3	3.50	-6.2	130.77	7.7	229.64	7.3	9.0	7.8	8.5	34.61	0.1
开发区	1602.32	7.5	16.76	-9.2	945.10	5.8	640.45	11.1	8.8	9.0	8.0	105.00	-3.7
高新区	63.59	8.0	5.72	-6.2	19.45	7.4	38.42	11.2	7.8	9.1	1.2	11.08	18.5
龙口市	1074.81	6.1	33.64	2.1	530.10	7.4	511.07	5.0	8.7	8.2	6.0	101.01	-3.3
莱阳市	438.41	3.5	53.63	4.0	182.85	2.2	201.93	4.8	6.0	5.6	6.8	22.22	0.7
莱州市	663.67	0.6	84.99	4.3	292.03	1.9	286.65	-1.4	4.0	5.6	5.0	40.00	-35.0
蓬莱市	356.95	6.1	50.97	4.3	117.76	5.2	188.22	7.3	8.6	0.0	7.6	33.00	-6.2
招远市	682.16	7.4	46.36	2.4	297.53	4.5	338.27	11.2	6.5	7.3	7.7	53.12	-13.3
栖霞市	297.35	3.1	58.96	2.7	87.20	-1.5	151.19	6.5	0.0	6.3	7.8	15.35	3.9
海阳市	434.83	5.5	80.95	4.1	140.41	4.6	213.47	6.8	8.2	7.0	7.4	28.20	-12.9
长岛县	74.37	1.5	44.09	3.2	3.18	-8.7	27.10	-0.1	-9.4	9.4	6.1	1.44	0.0

续表 24

	税收收入（亿元）		外贸进出口（亿元）		外贸进口（亿元）		外贸出口（亿元）		合同外资（万美元）		实际使用外资（万美元）	
	2019 年	比上年 ±%	2019 年	比上年 ±%	2019 年	比上年 ±%	2019 年	比上年 ±%	2019 年	比上年 ±%	2019 年	比上年 ±%
全市合计	965.83	-4.8	2906.83	-4.8	1173.14	-8.4	1733.69	-2.2	598776	37.4	194054	15.0
市 区	558.39	-3.3	2110.60	-8.3	940.39	-11.8	1170.21	-5.3	402697	33.1	136846	18.3
芝罘区	—	—	171.61	14.1	68.62	4.6	102.98	21.4	48179	25.8	12088	-30.7
福山区	41.09	2.2	127.52	12.7	46.43	8.5	81.09	15.2	33903	37.2	16341	26.7
牟平区	34.92	14.0	130.15	13.3	73.17	23.6	56.98	2.3	52258	0.0	15509	291.3
莱山区	47.17	5.2	94.91	15.4	35.09	38.7	59.82	5.0	48042	19.9	18079	8.2
开发区	290.41	-1.9	1307.21	-18.1	573.24	-19.4	733.97	-17.1	172642	42.6	63627	12.1
高新区	17.50	25.0	17.77	5.8	7.66	9.7	10.11	3.1	43580	40.2	9549	35.3
龙口市	144.18	-11.1	270.01	4.0	92.45	-0.2	177.56	6.4	41312	48.4	17967	-9.2
莱阳市	34.90	0.4	65.25	8.1	7.93	24.7	57.32	6.2	21853	2.9	3292	-17.4
莱州市	89.10	-7.5	104.78	5.1	29.57	19.1	75.21	0.5	26126	4.1	9951	24.0
蓬莱市	35.91	-2.7	71.90	31.3	29.03	107.3	42.86	5.1	27276	63.5	9719	35.9
招远市	47.06	-0.9	151.43	5.0	56.86	-3.8	94.57	11.1	45088	41.8	9995	0.1
栖霞市	24.57	10.5	50.10	8.8	2.36	-2.0	47.74	9.4	8037	35.1	1624	293.2
海阳市	29.54	-14.0	79.08	8.7	14.02	1.5	65.06	10.4	26387	484.4	4660	22.7
长岛县	2.18	-7.0	3.69	5.3	0.53	-48.1	3.16	27.4	0		0	

续表 24

	居民人均可支配收入（元）		城镇居民人均可支配收入（元）		农村居民人均可支配收入（元）		全社会用电量（万千瓦小时）		工业用电量（万千瓦小时）	
	2019 年	比上年 ± %	2019 年	比上年 ± %	2019 年	比上年 ± %	2019 年	比上年 ± %	2019 年	比上年 ± %
全市合计	37783	8.3	47977	6.9	21218	9.2	5531898	4.5	4359228	3.8
市 区	—	—	—	—	—	—	1762419	6.2	1256182	6.1
芝罘区	50914	8.2	50914	8.2			332100	1.7	176488	-2.8
福山区	44801	8.5	49143	6.8	23956	9.6	186291	2.50	126594	-0.4
牟平区	34598	8.6	46558	6.7	21872	9.2	236857	10.5	164222	11.7
莱山区	48669	8.5	56169	7.5	24488	9.8	138748	0.0	49133	-6.0
开发区	60445	7.8	60445	7.8			834106	8.8	724377	9.4
高新区	43201	8.2	48916	6.7	24216	9.2	34317	10.0	15368	10.5
龙口市	40590	8.4	51445	6.8	24134	9.5	1905768	-0.9	1802690	-1.4
莱阳市	26511	8.3	36843	6.5	18107	9.8	250572	5.7	153009	6.3
莱州市	34407	8.1	47371	6.1	22828	9.2	537383	4.7	395435	3.9
蓬莱市	34777	8.4	48934	6.9	23312	9.5	258535	5.4	165741	2.3
招远市	36746	8.5	48426	7.0	23349	9.3	343632	1.5	262459	-0.5
栖霞市	23884	8.3	35082	6.6	17155	9.4	182671	14.3	122149	14.9
海阳市	31147	8.4	46244	6.7	20663	9.9	275273	35.1	199258	51.8
长岛县	27502	8.6	38124	7.2	24269	9.7	15643	41.3	2306	31.9

2019 年烟台市获得国家科学技术奖项目一览表

表 25

奖项	项目名称	完成单位（人）
国家科技进步奖二等奖	柑橘绿色加工与副产物高值利用产业化关键技术	烟台安德利果胶股份有限公司（第二位）
	植物源油脂包膜肥控释关键技术创建与应用	五洲丰农业科技有限公司（第二位）
	水产集约化养殖精准测控关键技术与装备	莱州明波水产有限公司（第五位）

2019 年烟台市获得山东省科技进步奖项目一览表

表 26

奖项	项目名称	完成单位（人）
自然科学奖一等奖（1 项）	典型纳米材料的生物效应及调控方法原理	闫兵（山东大学），周宏钰（山东大学），陈令新（中国科学院烟台海岸带研究所），江桂斌（中国科学院生态环境研究中心）
自然科学奖二等奖（1 项）	TiO2 纳米结构优化调控与可见光催化性能的构效关系研究	高善民（鲁东大学），黄柏标（山东大学），王青尧（鲁东大学），徐慧（鲁东大学），金仁成（鲁东大学）
技术发明奖一等奖（1 项）	苹果和梨优质高效育种技术及新品种培育与应用	陈学森（山东农业大学），王楠（山东农业大学），张宗营（山东农业大学），姜召涛（烟台市果茶工作站），徐月华（山东省蓬莱市果树工作总站），单玉佐（烟台市果茶工作站）
山东省科学技术进步奖一等奖（2 项）	表面材料水性化的关键树脂及应用解决方案	万华化学集团股份有限公司，万华化学（宁波）有限公司，万华化学（广东）有限公司
	猪四种重要疫病防控新技术的研发与应用	山东省农业科学院畜牧兽医研究所，齐鲁动物保健品有限公司，烟台绿叶动物保健品有限公司
山东省科学技术进步奖二等奖（4 项）	自升式气体压缩平台关键技术研发及应用	烟台中集来福士海洋工程有限公司
	多囊卵巢综合征排卵障碍的机制研究与临床干预策略	烟台毓璜顶医院
	水肥气一体化精准调控关键技术研发与应用	鲁东大学，华北水利水电大学，莱芜市春雨滴灌技术有限公司，烟台市农业技术推广中心
	污染源排放在线监测动态管控技术研究与应用	山东省环境监测中心，江苏三希科技股份有限公司，烟台大学
山东省科学技术进步奖三等奖（16 项）	海带良种培育与高效扩繁技术研究与应用	山东东方海洋科技股份有限公司，中国海洋大学，好当家集团有限公司
	北太公海秋刀鱼资源开发与捕捞装备关键技术研发与应用	蓬莱中柏京鲁船业有限公司，上海海洋大学，蓬莱京鲁渔业有限公司
	生态气囊支撑坝	烟台桑尼橡胶有限公司
	基于视觉测量技术的车轮定位仪	烟台大学，烟台开发区海德科技有限公司
	3000 型页岩气大型压裂成套装备研制及产业化	烟台杰瑞石油服务集团股份有限公司，中国石油大学（华东），烟台杰瑞石油装备技术有限公司
	超低温高韧性高寒高铁核心部件制造技术研究与应用	莱州新忠耀机械有限公司
	车用高功率密度驱动电机定子绕组制造数字化成套装备及应用	山东中际智能装备有限公司，青岛科技大学，山东省机械设计研究院
	非能动实体防火保护结构	烟台金润核电材料股份有限公司
	金精矿氰渣全组份无害化利用技术研究与应用	招远市招金金合科技有限公司，招金矿业股份有限公司
	帕金森病及运动并发症发病机制新发现与防治策略	烟台毓璜顶医院，烟台市烟台山医院

续表 26

奖 项	项目名称	完成单位（人）
山东省科学技术进步奖三等奖（16 项）	无菌制剂智能制造关键技术研究与应用	山东绿叶制药有限公司
	低分子肝素纯化关键技术及产业化应用	烟台东诚药业集团股份有限公司，烟台东诚北方制药有限公司
	GB/T 21910 轿车轮胎湿路面相对抓着性能试验方法等国家标准应用	山东玲珑轮胎股份有限公司
	超声引导下经皮原位热消融治疗甲状腺结节的临床研究	滨州医学院
	金矿深部资源精准预测关键技术创新与应用	山东省地质调查院，山东省地质科学研究院，山东省第六地质矿产勘查院
	客车系列化缓速器关键技术研发及产业化	山东交通学院，江苏大学，烟台舒驰客车有限责任公司，山东建筑大学

2019 年烟台市省级以上文物保护单位一览表

表 27

县市区	文物保护单位名称	编号	年代	文物保护单位地址	主管部门	管理使用单位
芝罘区	烟台福建会馆	4-0205-5-007	清（1884）	烟台市芝罘区毓岚街	烟台市文化和旅游局	烟台市博物馆
芝罘区	烟台山近代建筑群	6-0979-5-106	清至民国	烟台市芝罘区烟台山	烟台市文化和旅游局	烟台山文物管理处
芝罘区	白石村遗址	6-0110-1-110	新石器	烟台市芝罘区金黄顶	白石街道办事处	通伸工商公司
芝罘区	张裕公司酒窖	7-1782-5-175	1905 年	烟台市芝罘区大马路 56 号	烟台张裕公司	烟台张裕公司
芝罘区	烟台西炮台	7-1775-5-168	1876 年	烟台市芝罘区通伸岗北山	烟台市芝罘区城管局	烟台市芝罘区园林管理处
牟平区	照格庄遗址	7-0242-1-242	夏、商	烟台市牟平区文化办事处照格庄村西	烟台市牟平区文化办事处	文化办事处南关、新华里、新建里等村
牟平区	牟平恤养院旧址	8-0633-5-117	1933 年	烟台市牟平城东楼路 39 号	烟台市牟平区文化和旅游局	烟台市牟平区博物馆
福山区	邱家庄遗址	8-0061-1-061	新石器时代	烟台市福山区门楼镇邱家庄村	烟台市福山区门楼镇政府	福山区门楼镇邱家庄村村委会
蓬莱市	蓬莱水城及蓬莱阁（含戚继光牌坊）	2-0037-3-022 4-0000-3-004（牌坊在公布第四批时并入）	明、清	蓬莱市城北海滨、蓬莱市区西北丹崖山巅至山阳坡、蓬莱市武霖社区	蓬莱市政府	蓬莱阁景区管理处
蓬莱市	南王绪遗址	7-0221-1-221	新石器时代	蓬莱市北沟镇南王绪村	蓬莱市北沟镇政府	南王绪村委
蓬莱市	村里集城址及墓群	7-0597-2-081（国保系统错误）	西周至战国	蓬莱市村里集镇辛旺集村、柳格庄、站马张家、古城苗家、古城李家、古城东家	蓬莱市村里集镇政府	辛旺集村委、柳格庄村委、站马张家村委、古城苗家村委、古城李家村委、古城东家村委
蓬莱市	戚继光祠堂及戚继光墓	7-1151-3-449	明至清	蓬莱市紫荆山街道办事处武霖社区、南王街道办事处芝山林场	蓬莱市政府、蓬莱市南王街道	蓬莱市南王街道办事处芝山林场、蓬莱市文旅集团
蓬莱市	武霖基督教圣会堂	8-0626-5-110	1872 年	蓬莱市紫荆山街道武霖社区	蓬莱市民族宗教事务局	蓬莱市基督教三自爱国运动委员会

续表 27

县市区	文物保护单位名称	编号	年代	文物保护单位地址	主管部门	管理使用单位
龙口市	丁氏故宅	4-0174-3-096	清	龙口市东莱街道 137 号	龙口市文化和旅游局	龙口市博物馆
龙口市	归城城址	6-0118-1-118	周	龙口市高新区	龙口市高新区人民政府	龙口市高新区归姜等
莱州市	云峰山摩崖石刻	3-0170-4-007	北魏、北齐、宋、明、清	莱州市文峰路街道山宋家村南	莱州市文化和旅游局	莱州市博物馆
招远市	曲城故城址	8-0069-1-069	西周至北齐	招远市蚕庄镇东曲城村	招远市文物局	东曲城村
栖霞市	牟氏庄园	3-0092-3-040	清代至民国	栖霞市庄园街道古镇都村	栖霞市文物局	栖霞市牟氏庄园管理处
海阳市	嘴子前墓群	6-0256-2-036	周代	海阳市盘石店镇嘴子前村	海阳市文化和旅游局	嘴子前村委
海阳市	赵疃地雷战遗址	8-0635-5-119	1942—1945 年	海阳市行村镇赵疃村	海阳市文化和旅游局	赵疃村委
长岛县	北庄遗址	4-0010-1-010	新石器时代	长岛县大黑山乡北庄	长岛县文物局	长岛北庄遗址博物馆
长岛县	猴矶岛灯塔	7-1775-5-169	1882 年	长岛县	烟台航标处	烟台航标处
县市区	文物保护单位名称	编号	年代	文物保护单位地址	主管部门	管理使用单位
芝罘区	烟台东炮台	2-062-3-035	清（1891 年）	烟台市芝罘区归岱山	烟台市城管局	烟台市城管局园林管理处
芝罘区	烟台基督教长老会堂	2-055-3-028	1903 年	烟台市芝罘区毓璜顶东路	烟台警备区	烟台警备区幼儿园
芝罘区	崆峒岛灯塔	2-061-3-034	1866 年	烟台市芝罘区崆峒岛北山	烟台市海事局	烟台海事局
芝罘区	阳主庙遗址（含地上古建、碑刻）	2-200-1-121	战国至清	芝罘岛主峰老爷山西南麓向阳坡地	91980 部队	91980 部队
芝罘区	俄国领事馆旧址	3-276-5-039	近代	烟台市芝罘区大马路 108 号	烟台市城管局	二马路派出所
芝罘区	毓璜顶古建筑群	3-155-3-028	元、明	烟台市芝罘区毓璜顶北路 23 号	烟台市城管局园林管理处	毓璜顶公园
芝罘区	中国内地会学校旧址	3-278-5-041	近代	海军航空大学	海军航空大学	海军航空大学
芝罘区	奇山所	3-174-3-047	明	烟台市芝罘区	烟台市住建局	烟台市住建局
芝罘区	启喑学馆旧址	3-277-5-040	近代	海军航空大学	海军航空大学	海军航空大学
芝罘区	宫家岛烽火台	4-059-1-059	明	芝罘区只楚镇宫家岛村北	芝罘区只楚街道办事处	芝罘区只楚街道宫家岛村
芝罘区	太平庵遗址	4-064-1-064	宋元	芝罘区奇山街道	塔山集团（村集体）	烟台塔山旅游风景区
芝罘区	北洋海军采办厅旧址	4-474-5-041	清末	芝罘区向阳街道会英街 3 号	烟台住建局	向阳街道办事处居民
芝罘区	崇正中学旧址	4-475-5-042	1931 年	芝罘区东山街道大马路 109 号	烟台市政府	金翊工程测量公司和广誉远药馆使用
芝罘区	基督教浸信会教堂旧址	4-477-5-044	1916 年	芝罘区东山街道	烟台市宗教局	烟台市天主教爱国会
芝罘区	刘子琇旧居	4-478-5-045	1920 年	芝罘区向阳街道向阳街 81 号	烟台住建局	九州画苑
芝罘区	生明电灯股份有限公司旧址	4-481-5-048	1920 年	芝罘区东山街道广仁路 21 号	烟台市人民政府	烟台钟表博物馆

续表 27

县市区	文物保护单位名称	编号	年代	文物保护单位地址	主管部门	管理使用单位
芝罘区	烟台蚕丝专科学校旧址	4-483-5-050	1922 年	芝罘区奇山街道桑园路 47 号	烟台丝绸公司	烟台广通蚕种有限公司
芝罘区	烟台东海关码头验货房旧址	4-484-5-057	1866 年	芝罘区港务局南码头	烟台市港航局	烟台港集团
芝罘区	烟台市政府旧址	4-485-5-052	1946 年	芝罘区向阳街道市府街 76 号	芝罘区人民政府	芝罘区老干局
芝罘区	烟台卍字会旧址	4-486-5-053	1925 年	芝罘区东山街道大马路十字街 51 号	烟台市文化和旅游局	烟台市少儿图书馆
芝罘区	烟台天后宫戏台	5-272-3-037	清	烟台市芝罘区向阳街道	烟台市文化和旅游局	烟台市文化馆
芝罘区	哈根旧宅	5-366-5-042	1920 年	烟台市芝罘区东山街道大马路付 115 号	烟台市城市管理局	烟台市市政养护管理处
芝罘区	基督教奇山会教堂旧址	5-367-5-043	1916 年	烟台市芝罘区东山街道南山路 121 号	烟台市宗教局	烟台市基督教两会
芝罘区	泰生东染料行旧址	5-370-5-046	清末	烟台市芝罘区向阳街道北大街 39、40 号	烟台市住房和城乡建设局	芝罘区老干部活动中心
芝罘区	协增昌绸缎百货店旧址	5-371-5-047	1935 年	烟台市芝罘区向阳街道北大街 72 号	烟台市向阳房产管理处	烟台市文物店、烟台市博物馆
芝罘区	中华基督教堂旧址	5-372-5-048	1919 年	烟台市芝罘区向阳街道胜利路 134 号	烟台市宗教局	烟台市基督教两会
芝罘区	中兴楼饭庄旧址	5-373-5-049	1920 年	烟台市芝罘区向阳街道广东街 19 号	烟台市向阳房产管理处	现代美术馆
莱山区	午台遗址	3-027-1-027	新石器时代	莱山区初家镇午台村	莱山区初家镇政府	莱山区初家镇午台村
莱山区	老茔顶遗址	3-028-1-028	新石器时代	莱山区解家庄镇北水桃林	莱山区解家庄镇政府	莱山区解家庄镇北水桃林
牟平区	雷神庙战斗遗址	1-022-1-002	抗日战争时期	牟平城雷神庙大街 601 号	牟平区文化和旅游局	烟台市牟平区博物馆
牟平区	蛤堆顶遗址	1-091-1-009	新石器时代	牟平区大窑街道蛤堆后村南高丘上	牟平区大窑街道	大窑街道蛤堆后村南
牟平区	蛎碴堆遗址	3-029-1-029	新石器时期	牟平区姜格庄街道姜格庄村东南 300 米	牟平区姜格庄街道	姜格庄街道姜格庄村
牟平区	张颜山旧宅	3-272-5-035	二十世纪三十年代	牟平区宁海街道办事处邵家堆村中	牟平区文化和旅游局	烟台市牟平区博物馆
牟平区	长行顶遗址	4-056-1-056	新石器时期	牟平区莒格庄镇泊而村西南	牟平区莒格庄镇	莒格庄镇泊而村
牟平区	店村遗址	4-057-1-057	夏、周	牟平区高陵镇店村村北	牟平区高陵镇	高陵镇店村
牟平区	东围子遗址	4-058-1-058	清	牟平区王格庄镇上庄沟村西南	牟平区王格庄镇	王格庄镇上庄沟村
牟平区	王家疃遗址	4-066-1-066	夏	牟平区姜格庄街道北王家疃村村南（牟平与高新区共管）	牟平区姜格庄街道	姜格庄街道姜格庄村等
牟平区	于家埃岚墓群	4-204-2-014	宋	牟平区姜格庄街道西念村西南	牟平区姜格庄街道	姜格庄街道西念村
牟平区	北头都氏宗祠	4-302-3-038	清	牟平区姜格庄街道北头村东	牟平区姜格庄街道	姜格庄街道北头村
牟平区	养马岛张氏宗祠	4-487-5-054	中华民国	牟平区养马岛街道张家庄村中	牟平区养马岛街道	养马岛街道张家庄村

续表 27

县市区	文物保护单位名称	编号	年代	文物保护单位地址	主管部门	管理使用单位
牟平区	茶棚战斗殉难烈士墓	5-024-6-024	1943 年	牟平区莒格庄镇桲椤村东北约 1000 米，祈顶山南坡	牟平区莒格庄镇	莒格庄镇桲椤村
福山区	大成栈旧址	3-279-5-042	中华民国	福山区盐场村 816 号	福山区文化和旅游局	福山区文物管理所
开发区	三十里堡墓群	1-136-2-014	汉代	开发区古现街道办事处三十里堡村、岗嵛村	开发区管委	开发区古现街道办事处三十里堡村
开发区	三十里堡故城址	2-199-1-120	东周、汉	开发区古现街道办事处三十里堡村	开发区古现街道办事处	开发区古现街道办事处三十里堡村
开发区	大仲家遗址	2-107-1-028	新石器时代	开发区大季家办事处大仲家村	开发区大季家办事处	大季家办事处大仲家
开发区	解宋营古城	3-175-3-048	明	开发区潮水镇解西村	开发区管委	潮水镇解西村
开发区	孙运璇旧居	5-369-5-045	中华民国	开发区潮水镇堡后孙家村	开发区管委	潮水镇堡后孙家村
高新区	马山寨遗址	3-095-1-095	明	高新区马山街道北寨村	高新区马山街道北寨村	高新区马山街道北寨村
高新区	金山寨城址	4-060-1-060	周、明	高新区金山上寨村北	高新区	金山上寨村
高新区	渠崖遗址	4-063-1-063	夏	高新区林北村西	高新区	林北村
高新区	艳阳堆遗址	4-068-1-068	新石器时代	高新区上庄村北	高新区	上庄村
昆嵛山保护区	烟霞洞遗址	4-067-1-067	金至清	昆嵛保护区昆嵛镇	昆嵛区	昆嵛山林场
昆嵛山保护区	岳姑殿古庙群遗址	4-069-1-069	唐至清	昆嵛保护区昆嵛镇	昆嵛区	昆嵛山林场
昆嵛山保护区	龙神祠和龙王庙	4-304-3-040	清	昆嵛保护区昆嵛镇	昆嵛区	昆嵛山林场
龙口市	庄头墓群	2-218-2-002	西周	龙口市石良镇东庄头村东	龙口市石良镇政府	龙口市石良镇东庄头村
龙口市	楼子庄遗址	3-035-1-035	新石器时期—商	龙口市北马镇楼子庄村	龙口市北马镇政府	龙口市北马镇楼子庄村
龙口市	崇实中学旧址	3-250-5-013	1904 年	龙口市东莱街道办事处沿河东路河东街 1 号	龙口市教育局	龙口市一中东校
龙口市	庙周家秦汉建筑遗址（含莱山月主祠遗址）	3-080-1-080	秦、汉	龙口市兰高镇庙周家村	龙口市兰高镇政府	龙口市兰高镇庙周家村
龙口市	徐镜心故居	4-307-3-043	清	龙口市黄山馆镇馆前后徐家村	龙口市黄山馆镇馆前后徐家村委会	徐氏家族后人
龙口市	龙口港栈桥码头	4-479-5-046	1919 年	龙口市龙港街道办事处	山东龙口港集团有限公司	山东龙口港集团有限公司
莱阳市	前河前墓群（含西周遗址）	1-138-2-016	西周至春秋	莱阳市团旺镇前河前村南	莱阳市团旺镇政府	前河前村委
莱阳市	宋琬故居	2-056-3-029	清	莱阳市大寺街 045 号	莱阳市文旅局	莱阳市博物馆
莱州市	神仙洞石窟造像	2-027-4-016	元	莱州市柞村镇大台头村北寒同山之阳	莱州市柞村镇政府	莱州市博物馆
莱州市	蒜园子遗址	2-108-1-029	新石器时代	莱州市文峰路街道蒜园子村东	莱州市文峰路街道办事处政府	莱州市文峰路街道蒜园子村村民委员会

续表 27

县市区	文物保护单位名称	编号	年代	文物保护单位地址	主管部门	管理使用单位
莱州市	当利故城址（含栾大墓）	2-212-1-133	汉	莱州市沙河镇侯家村西	莱州市沙河镇人民政府	莱州市沙河镇侯家村村民委员会
莱州市	毛纪．毛敏墓	2-249-2-033	明	莱州市永安路街道西山张村西北	莱州市永安路街道办事处政府	莱州市永安路街道西山张村村民委员会
莱州市	刘子山旧宅	3-265-5-028	1928 年	莱州市沙河镇湾头村	莱州市文化和旅游局	莱州市博物馆
莱州市	盖平山摩崖石造像	3-229-4-003	北朝	莱州市柞村镇东朱宋村东北	莱州市柞村镇人民政府	莱州市柞村镇东朱宋村村民委员会
莱州市	四角埠古墓群	4-203-2-013	汉代	莱州市柞村镇镇郭家庄子村北、莱州市文峰路街道黄家岔村南	莱州市柞村镇人民政府	莱州市柞村镇郭家庄子村民委员会、莱州市文峰路街道黄家岔村村民委员会
莱州市	曲松龄旧居	4-480-5-047	中华民国	莱州市金城镇红布村	莱州市金城镇人民政府	莱州市金城镇红布村民委员会
莱州市	玉皇顶烈士陵园	5-029-6-029	1954 年	莱州市城港路街道郎子埠村	莱州市退役军人事务局	莱州市烈士陵园管理处
蓬莱市	刘家沟遗址	1-093-1-011	新石器时代	蓬莱市刘家沟镇刘家沟村西高地上	蓬莱市刘家沟镇政府	刘家沟村委
蓬莱市	南崮山龙兴寺遗址	4-061-1-061	金	蓬莱市村里集镇南崮山南麓	蓬莱市村里集镇政府	蓬莱市村里集镇
蓬莱市	蓬莱海防遗址	4-062-1-062	明	蓬莱市新港街道办事处赵格庄村、新港办事处铜井村、蓬莱阁街道办事处林格庄村、蓬莱阁街道办事处邹于社区、新港街道办事处矫格庄村、北沟镇栾家口村、北沟镇上朱潘村、刘家沟镇南吴家村（共10个烽火台，与开发区共管）	蓬莱市新港街道办事处、蓬莱阁街道办事处、北沟镇政府、刘家沟镇政府	赵格庄村委、铜井村委、林格庄社区、邹于社区、矫格庄村委、栾家口村委、上朱潘村委南吴家村委
蓬莱市	武霖上水门	4-305-3-041	明	蓬莱市紫荆山街道武霖社区	蓬莱市文物局	（无）
蓬莱市	丛良弼故居	4-476-5-043	中华民国	蓬莱市登州街道办事处蓬莱宾馆院内	蓬莱市登州街道办事处	石岛社区
蓬莱市	于学忠旧居	4-488-5-055	1931 年	小门家镇于家庄村	蓬莱市小门家镇政府	于家庄村委
蓬莱市	艾山八路兵器厂旧址	5-023-6-023	1939 年	蓬莱市村里集镇艾山主峰北侧	蓬莱市政府	蓬莱市文旅集团
蓬莱市	长裕张氏民居	5-270-3-035	清	蓬莱市钟楼东路密汾南街 4 号	蓬莱市紫荆山街道办事处万寿社区	贾建平
蓬莱市	梁家疃李氏民居	5-271-3-036	清	蓬莱市登州街道办事处梁家疃社区	蓬莱市登州街道办事处	梁家疃社区
蓬莱市	栾调甫旧居	5-368-5-044	清	蓬莱市紫荆山街道武霖社区小十口南街 78 号	蓬莱市政府	蓬莱市文物局
招远市	辛庄墓群	2-219-2-003	西周、春秋	招远市辛庄镇东北村	招远市文物局	辛庄东北村

续表 27

县市区	文物保护单位名称	编号	年代	文物保护单位地址	主管部门	管理使用单位
招远市	毕郭墓群	3-103-2-006	东周至汉	招远市毕郭镇河西村、东寨里村	招远市文物局	河西村、东寨里村
招远市	招远金矿近代采掘基址群	4-489-5-056	1882 年	招远市玲珑镇大蒋家村、小蒋家村	招远市文物局	山东黄金玲珑金矿
招远市	齐山抗战烈士陵园	5-028-6-028	1945 年	招远市齐山镇齐山店村	招远市文物局	齐山店村
栖霞市	桃村革命烈士陵园	1-023-6-023	抗日战争时期	桃村镇英灵山	烟台市文物局	胶东革命烈士陵园管理处
栖霞市	杨家圈遗址	1-092-4-010	新石器时代	栖霞市杨础镇杨家圈村村北	栖霞市文物局	杨家圈村委
栖霞市	北城子遗址	2-150-4-071	新石器时代	栖霞市臧家庄镇北城子村村北	栖霞市文物局	北城子村委
栖霞市	李氏庄园	3-224-3-097	清	栖霞市臧家庄镇马陵冢村内	栖霞市文物局	马陵冢村委（集体）、谢炳光（个人）
栖霞市	后寨胶东第一兵工厂旧址	5-025-6-025	1940	栖霞市苏家店镇后寨村	栖霞市文物局	后寨村委
栖霞市	抗日军政大学第一分校旧址	5-026-6-026	1940	栖霞市桃村镇荆子埠村东南	栖霞市文物局	荆子埠村委
栖霞市	栖霞国共谈判旧址	5-027-6-027	1939 年	栖霞市庙后镇回龙夼村内	栖霞市文物局	回龙夼村委
栖霞市	古镇都遗址	5-112-1-035	新石器时代	栖霞市庄园街道古镇都村村北	栖霞市文物局	古镇都村委
海阳市	城子顶遗址	2-151-1-072	新石器时代	海阳方圆街道办事处北城阳村	海阳市文化和旅游局	北城阳村委
海阳市	大榆村遗址	3-031-1-031	新石器时代	海阳市盘石店镇大榆村	海阳市文化和旅游局	大榆村委
海阳市	万家夼遗址	4-065-1-065	新石器时代	海阳市徐家店镇万家夼村	海阳市文化和旅游局	万家夼村委
海阳市	霞河头庄园	4-306-3-042	清代	海阳市留格庄镇霞河头村	海阳市文化和旅游局	霞河头村委
海阳市	战场泊村许世友抗战指挥部旧址	5-030-6-030	中华民国	海阳市郭城镇战场泊村	海阳市文化和旅游局	战场泊村委
海阳市	昌阳故城及墓群	5-111-1-034	汉代	海阳市行村镇庶村	海阳市文化和旅游局	庶村村委
海阳市	当道梯田	5-410-6-001	明至中华人民共和国	海阳市郭城镇当道村	海阳市文化和旅游局	当道村委
长岛县	珍珠门遗址	3-058-1-058	商、周	长岛县北长山乡店子村	长岛县旅游局	长岛县北长山岛九丈崖公园
长岛县	庙岛故城址及显应宫遗址	3-091-1-091	宋	长岛县北长山乡庙岛村	长岛县宗教局	长岛航海博物馆
长岛县	北城古城	4-054-1-054	唐宋	长岛县北长山乡北城村	北长山乡政府	北长山乡北城村委
长岛县	北村遗址	4-055-1-055	新石器时代、东周	长岛县大钦岛乡北村	大钦岛乡政府	大钦岛乡北村
长岛县	井口天妃庙及套里古港	4-303-3-039	明	长岛县砣矶镇井口村	砣矶镇政府	砣矶镇井口村

2019年烟台市非物质文化遗产项目一览表

表28

序号	项目类别	项目名称	项目保护单位	市级批次	省级批次	国家级批次	联合国教科文组织
1	民间文学	八仙过海传说	蓬莱市文化馆	第一批	第一批	第二批	
2	民间文学	秃尾巴老李的传说	招远市文化馆	第一批			
3	民间文学	芝罘岛秦始皇东巡、阳主庙传说等民间故事	芝罘区文化馆	第一批			
4	民间文学	姊妹易嫁故事	莱州市文化馆	第一批			
5	民间文学	姑嫂塔的传说	莱州市文化馆	第一批			
6	民间文学	徐福东渡传说	龙口市徐福研究会办公室	第二批	第二批		
7	民间文学	丘处机的传说	栖霞市文化馆	第二批	第二批		
8	民间文学	玲珑的传说	招远市文联	第二批			
9	民间文学	蓬莱的传说	蓬莱市文化馆	第二批			
10	民间文学	养马岛传说	牟平区文化馆	第三批			
11	民间文学	九龙池的传说	牟平区文化馆	第三批			
12	民间文学	艾山传说	栖霞市文化馆	第三批			
13	民间文学	岗山传说	栖霞市文化馆	第三批			
14	民间文学	牟氏庄园故事	栖霞市文化馆	第三批			
15	民间文学	莱阳梨的传说	莱阳市文化馆	第三批			
16	民间文学	胶东第一封国——过国的故事	莱州市文化馆	第三批			
17	民间文学	磁山民间故事传说	开发区文化馆	第三批			
18	民间文学	麻姑传说	牟平区文化馆	第四批			
19	民间文学	芝罘民间故事	烟台市凯信实业有限公司	第四批			
20	民间文学	莱丘铭的故事	莱州市文化馆	第五批			
21	民间文学	唐山传说	栖霞市文化馆	第五批			
22	民间文学	四知堂的故事	莱州市四知苑贸易有限公司	第六批			
23	民间文学	妈祖传说	长岛县文化馆	第六批			
24	传统音乐	长岛渔号	长岛县文化馆	第一批	第一批	第二批	
25	传统音乐	蓬莱烧纸调	蓬莱市文化馆	第一批			
26	传统音乐	蓬莱大杆号吹奏乐	蓬莱市文化馆	第一批	第一批		
27	传统音乐	胶东道教音乐	烟台市文化馆	第一批	第一批	第二批	
28	传统音乐	栖霞民歌	栖霞市文化馆	第二批			
29	传统音乐	单山渔号	莱州市文化馆	第三批			
30	传统音乐	玲珑民间小调	招远市文化馆	第五批			
31	传统舞蹈	海阳大秧歌	海阳市文化馆	第一批	第一批	第一批	
32	传统舞蹈	福山雷鼓	福山区文化馆	第一批	第二批		
33	传统舞蹈	芝罘咯鞭	芝罘区文化馆	第一批			

续表 28

序号	项目类别	项目名称	项目保护单位	市级批次	省级批次	国家级批次	联合国教科文组织
34	传统舞蹈	八卦鼓舞	栖霞市文化馆	第一批	第一批	第二批	
35	传统舞蹈	只楚庙鼓	芝罘区文化馆	第一批			
36	传统舞蹈	栖霞穿花舞	栖霞市文化馆	第二批	第三批		
37	传统舞蹈	篮子灯	牟平区文化馆	第三批			
38	传统舞蹈	鹌子斗鳖	栖霞市文化馆	第五批			
39	传统戏剧	蓝关戏	莱州市文化馆	第一批	第一批	第一批	
40	传统戏剧	胶东蹦蹦戏	莱州市文化馆	第一批			
			蓬莱市文化馆	第一批			
41	曲艺	胶东大鼓	烟台市文化馆	第一批	第一批	第一批	
			栖霞市文化馆	第二批	第二批		
			莱阳市文化馆	第六批			
42	曲艺	四页板快书	烟台市文化馆	第五批			
43	传统体育、游艺与杂技	戚家拳	蓬莱市文化馆	第一批	第二批		
44	传统体育、游艺与杂技	螳螂拳	莱阳市文化馆	第一批	第一批	第二批	
			海阳市文化馆	第一批	第四批		
			栖霞市文化馆	第二批	第二批	第三批	
			牟平区文化馆	第三批	第三批		
			烟台市武协	第三批			
45	传统体育、游艺与杂技	吴氏太极拳（刘传吴氏太极拳）	莱州市文化馆	第二批	第二批		
			蓬莱市文化馆	第五批			
46	传统体育、游艺与杂技	通背拳	烟台市武协	第三批			
47	传统体育、游艺与杂技	南逄山六合棍	福山螳螂拳研究会	第三批			
48	传统体育、游艺与杂技	经梧传陈式太极拳	莱州市经梧太极拳会馆	第六批			
49	传统美术	吕村年画	莱州市文化馆	第一批			
50	传统美术	莱州玉雕	莱州市文化馆	第一批	第一批	第二批	
51	传统美术	烟台剪纸	烟台市文化馆	第一批	第一批	第二批	2009 年
			蓬莱市文化馆	第一批			
			招远市文化馆	第三批			
			栖霞市文化馆	第三批	第四批		
			福山区文化馆	第五批			
			莱州市文化馆	第五批			
			海阳市文化馆	第五批			
			莱山区文化馆	第六批			

续表 28

序号	项目类别	项目名称	项目保护单位	市级批次	省级批次	国家级批次	联合国教科文组织
52	传统美术	烟台面塑	烟台市文化馆	第二批			
			蓬莱饭店有限公司	第六批			
53	传统美术	黄县窗染花	龙口市民间文艺家协会	第二批	第二批		
54	传统美术	烟台绒绣	烟台华艺绒绣有限责任公司	第二批	第四批		
			烟台艺翔绒绣有限责任公司	第五批			
55	传统美术	龙口烤画	龙口市民间文艺家协会	第四批			
56	传统美术	莱州梅花盆景技艺	莱州市宏顺梅花研究所	第四批			
57	传统美术	蓬莱博绣	蓬莱市文化馆	第四批			
58	传统美术	栖霞泥塑	栖霞市文化馆	第四批			
59	传统美术	葫芦雕刻	栖霞市文化馆	第四批			
			蓬莱市文化馆	第五批			
			烟台市文化馆	第五批			
60	传统美术	牟平根艺	烟台市书江木艺有限公司	第五批			
61	传统技艺	龙口粉丝传统手工生产技艺	山东省烟台双塔食品股份有限公司	第一批	第一批	第四批	
			招远聚兴昌食品有限公司	第五批			
62	传统技艺	黄金溜槽堆石砌灶冶炼技艺	招远市阜山镇九曲蒋家村委	第一批	第一批	第二批	
63	传统技艺	烟台抽纱技艺	烟台嘉亿刺绣有限责任公司	第一批			
64	传统技艺	莱州毛笔制作工艺	莱州市文化馆	第一批	第三批		
65	传统技艺	莱州草辫技艺	莱州市文化馆	第一批	第一批	第二批	
66	传统技艺	棒槌花边制作技艺	栖霞市文化馆	第二批	第二批		
			牟平区文化馆	第三批	第三批		
67	传统技艺	福山大面制作技艺	烟台福山大面餐饮有限公司	第二批	第三批		
68	传统技艺	蓬莱小面制作技艺	蓬莱市文化馆	第二批			
69	传统技艺	“黄县房”的特色建造技艺—石雕、木雕、砖雕	龙口市博物馆古建公司	第二批	第二批		
70	传统技艺	长岛木帆船制造技艺	长岛县文化馆	第二批	第二批		
71	传统技艺	传统戏曲服装手工制作技艺	牟平区文化馆	第三批			
72	传统技艺	郭城摔面制作技艺	海阳市文化馆	第三批			
73	传统技艺	灰豆腐制作技艺	栖霞市文化馆	第三批			
74	传统技艺	长岛砣矶砚雕刻技艺	长岛县砣矶金星雪浪砚厂	第三批	第三批		
75	传统技艺	胶东传统编结技艺	招远市文化馆 牟平区文化馆	第三批			
76	传统技艺	黄县大糖制作技艺	龙口市民间文艺家协会	第三批			
77	传统技艺	黄县布老虎制作技艺	龙口市民间文艺家协会	第三批			
78	传统技艺	黄县肉盒制作技艺	龙口市民间文艺家协会	第三批			
79	传统技艺	龙口手工线编技艺	龙口市民间文艺家协会	第三批			
80	传统技艺	福山烧小鸡制作技艺	烟台福山大面餐饮有限公司	第三批			
81	传统技艺	宁海州脑饭制作技艺	烟台彭氏菜根香餐饮服务有限公司	第四批			

续表 28

序号	项目类别	项目名称	项目保护单位	市级批次	省级批次	国家级批次	联合国教科文组织
82	传统技艺	胶东传统锔艺（传统锔壶技艺、栖霞锔艺、胶东锔瓷技艺）	烟台中汇商务服务有限公司 栖霞市文化馆 蓬莱市文化馆 芝罘区福宝缘茶行	第四批 第五批 第六批			
83	传统技艺	福山三不粘手工制作技艺	烟台福山大面餐饮有限公司	第四批			
84	传统技艺	胶东大糖制作技艺（水盘芝麻糖传统手工生产技艺）	招远市辛庄镇水盘村委会	第四批			
85	传统技艺	福山豆面酱手工制作技艺	烟台福山大面餐饮有限公司	第五批			
86	传统技艺	网扣制作技艺	烟台清韵家纺有限公司	第五批			
87	传统技艺	砂大碗制作技艺	栖霞市文化馆	第五批			
88	传统技艺	古琴制作技艺	烟台壹曲壹琴文化发展有限公司	第五批			
89	传统技艺	莱阳茌（慈）梨膏制作技艺	莱阳市文化馆	第五批			
90	传统技艺	五巧豆腐制作技艺	烟台龙泉苗都山水农产品专业合作社	第五批			
91	传统技艺	福山传统糕点制作技艺	烟台福润泰文化发展有限责任公司	第六批			
92	传统技艺	葱油五龙河鲤鱼	莱阳市文化馆	第六批			
93	传统技艺	栖霞过水面	栖霞市文化馆	第六批			
94	传统技艺	钟表传统制作技艺	烟台北极星国有控股有限公司 烟台美时嘉钟表有限公司	第六批			
95	传统技艺	海阳绿茶制作技艺	海阳市步鹤山茶果专业合作社	第六批			
96	传统技艺	锡镶壶制作技艺	烟台市海阳荣康工艺品厂	第六批			
97	传统技艺	金银壶传统制作技艺	招远市金都文玩珠宝研究中心	第六批			
98	传统技艺	胶东传统手作香制作技艺	烟台中艺匠承文化发展股份有限公司	第六批			
99	传统技艺	泥草房民居建造技艺	栖霞市文化馆	第六批			
100	传统技艺	莱阳八宝梨罐制作技艺	莱阳市文化馆	第六批			
101	传统医药	“德裕昌”药料酒	莱州德裕昌医药有限公司	第三批			
102	传统医药	掖县罗氏中医整骨	莱州市文化馆	第三批			
103	传统医药	黄县柳条膏制作技艺	龙口新世纪药业有限公司	第三批	第三批		
104	传统医药	杜氏烧烫伤疗法	莱州市杜敏诚中医诊所	第三批			
105	传统医药	中亚至宝三鞭丸	烟台中亚医药保健酒公司	第四批	第四批		
106	传统医药	“延春堂”中医外科	莱州东庄头村卫生室	第四批			
107	传统医药	明通万应膏药制作技艺	招远市益生堂大药房	第四批	第四批		
108	传统医药	周氏正骨与周氏接骨膏药	龙口周世中医诊所	第五批			
109	传统医药	复春堂徐氏中医	莱州市文化馆	第五批			
110	传统医药	曹氏传统修脚术	烟台曹一刀修脚服务有限公司	第六批			
111	民俗	鲁菜烹饪技艺	福山区文化馆 烟台市烹饪餐饮行业协会	第一批 第六批	第一批		

续表 28

序号	项目类别	项目名称	项目保护单位	市级批次	省级批次	国家级批次	联合国教科文组织
112	民俗	东海神庙祭祀活动	莱州市文化馆	第一批			
113	民俗	渔灯节	开发区文化馆	第一批	第一批	第二批	
114	民俗	登州海市文化	蓬莱市文化馆	第一批			
115	民俗	长岛显应宫妈祖祭祀大典	长岛县文化馆	第二批	第二批		
116	民俗	祭海	海阳市文化馆	第二批			
117	民俗	毓璜顶庙会	烟台市园林管理处	第三批	第四批		
118	民俗	燕九节	栖霞市文化馆	第三批			
119	民俗	蓬莱阁庙会	蓬莱市文化艺术发展中心	第三批	第四批		
120	民俗	莱阳豆面灯碗习俗	莱阳市文化馆	第三批	第三批		
121	民俗	胶东花饽饽习俗	烟台市文化馆	第三批	第二批		
			栖霞市文化馆	第三批	第四批		
			牟平区文化馆	第三批	第四批		
			莱州市昭泰食品有限公司	第四批	第四批		
			莱山区文化馆	第六批			
122	民俗	跑灯官	海阳市文化馆	第四批			
123	民俗	胶东面磕子习俗	莱阳市文化馆	第四批			
124	民俗	黄县抬阁习俗	龙口市古典花轿艺术团	第四批			
125	民俗	抡花灯	栖霞市文化馆	第四批			
126	民俗	抬阁习俗（下官抬阁）	福山区文化馆	第五批			
127	民俗	黄县龙凤花轿婚俗	龙口市黄城嘉明戏剧用品经销处	第五批			
128	民俗	走马灯	栖霞市文化馆	第六批			
129	民俗	鲅鱼水饺（长岛鲅鱼水饺）	长岛县文化馆	第六批			

2019 年烟台市 AAA 级以上景区一览表

表 29

等级	批准时间	名　称
AAAAA	2007.1	蓬莱阁景区
AAAAA	2010.12	龙口南山旅游景区
AAAAA	2012.12	烟台三仙山 · 八仙过海旅游景区
备注：蓬莱阁景区与三仙山、八仙过海景区一起同属蓬莱阁旅游区		
小计	3 家	
AAAA	2005.12	张裕酒文化博物馆（市直）
AAAA	2005.12	烟台金沙滩旅游度假区
AAAA	2005.12	蓬莱海洋极地世界
AAAA	2007.12	牟氏庄园

续表 29

等级	批准时间	名　　称
AAAA	2008.12	养马岛旅游区
AAAA	2009.1	烟台山旅游风景区（市直）
AAAA	2009.1	烟台张裕国际葡萄酒城
AAAA	2010.9	海阳旅游度假区
AAAA	2010.9	艾山国际温泉度假村
AAAA	2010.9	中粮君顶酒庄
AAAA	2011.12	招远罗山 黄金生态旅游区
AAAA	2012.11	昆嵛山国家森林公园
AAAA	2012.11	长岛风景区
AAAA	2013.10	海阳招虎山国家森林公园
AAAA	2014.12	莱州市大基山景区
AAAA	2014.12	磁山温泉小镇
AAAA	2015.12	烟台海昌渔人码头旅游景区
AAAA	2017.4	太虚宫
AAAA	2017.4	蓬莱欧乐堡梦幻世界
小计	19 家	
AAA	2005.1	烟台市农博园（市直）
AAA	2005.12	烟台市体育公园（市直）
AAA	2008.5	招远黄金珠宝首饰城
AAA	2013.9	莱州黄金海岸生态旅游景区
AAA	2013.9	莱州云峰山风景区
AAA	2013.9	烟台莱州中华月季园
AAA	2013.12	毓璜顶公园（市直）
AAA	2013.12	北极星钟表文化博物馆（市直）
AAA	2013.12	广仁路开埠文化旅游区
AAA	2013.12	开发区马家沟生态旅游景区
AAA	2014.12	莱阳市梨乡风情旅游区
AAA	2014.12	地雷战旅游景区
AAA	2014.12	福山区国露（岭山卢）寺佛教文化旅游区
AAA	2014.12	唐皇山谷国宾酒庄旅游景区
AAA	2014.12	蓬莱烽台胜境旅游景区
AAA	2015.11	杨子荣纪念馆
AAA	2015.11	大悦城
AAA	2015.12	黑尚莓酒庄
AAA	2015.11	王懿荣纪念馆
AAA	2015.11	西弗拉姆酒庄

续表 29

等级	批准时间	名　　称
AAA	2015.11	架旗山景区
AAA	2015.11	辛庄滨海旅游度假区
AAA	2015.11	天崮山原生态旅游风景区
AAA	2015.12	英灵山胶东革命烈士陵园
AAA	2015.11	八路军胶东军区机关旧址及许世友在胶东纪念馆
AAA	2015.11	蓬莱平山河湿地公园水利风景区
AAA	2015.11	泰生小镇养生旅游景区
AAA	2016.12	东炮台海滨风景区（市直）
AAA	2016.12	国路夼生态旅游区
AAA	2016.12	招远市三联南海林苑景区
AAA	2016.12	烟台胶东文化广场
AAA	2016.12	海阳市林山滑雪场
AAA	2016.12	山东核电科技馆
AAA	2016.12	莱州马家庄现代农业园
AAA	2016.12	莱州初家村景区
AAA	2016.12	蓬莱黄金河度假村旅游区
AAA	2016.12	蓬莱艾山国家森林公园
AAA	2017.12	莱山区烟台植物园
AAA	2017.12	莱阳市濯村特色农业旅游区
AAA	2017.12	海阳市碧桂园十里金滩
AAA	2017.12	海阳市大秧歌·琵琶岛影视文化旅游基地
AAA	2017.12	长岛海上景区
AAA	2018.11	蛇博园
AAA	2018.11	烟台杏花山庄
AAA	2018.11	烟台将军谷景区
AAA	2018.11	双百山乡村休闲景区
AAA	2018.11	烟台清泉海洋（牧场）公园
AAA	2018.11	龙口动植物园
AAA	2018.11	莱阳白垩纪国家地质公园
AAA	2019.12	烟台市茶文化体验园
AAA	2019.12	烟台市崑龙温泉景区
AAA	2019.12	烟台龙口桑岛村
小计		53 家
总计		75 家

2019年烟台市卫健委委直单位获得专利情况一览表

表30

发明人	发明人所属单位	专利名称	专利号	专利类别	获得时间	国别
于春霞	烟台市中医医院	心内科心脏起搏器	ZL201721193381.5	实用新型	2019.4	中国
刘浩	烟台市中医医院	一种超声检查用装置	ZL201610664675.5	发明专利	2019.3	中国
赵妍	烟台市中医院	一种内分泌护理器	ZL201721703848.6	实用新型	2019.7	中国
崔红卿	烟台市中医医院	一种手术室护理用消毒装置	ZL201721099625.3	实用新型	2019.2	中国
孙聪玲	烟台市中医医院	一种联合耳穴埋豆治疗小儿多动症的益气镇痉颗粒	ZL201610542881.9	发明专利	2019.1	中国
于春凤	烟台市中医医院	肿瘤内科微创手术操作装置	ZL201710968991.6	发明专利	2019.9	中国
于辉	烟台市中医医院	一种泌尿科样本处理装置	ZL201821269884.0	实用新型	2019.5	中国
张新华	山东省莱阳卫生学校	一种医学影像诊断辅助器	ZL201821080006.4	实用新型	2019.2	中国
董文	山东省莱阳卫生学校	一种英语学习用桌	ZL20121767793.5	实用新型	2019.4	中国
刘文娟	烟台市莱阳中心医院	一种一次性分娩集污袋	ZL201820406066.4	实用新型	2019.6	中国
张所涛	烟台市莱阳中心医院	一种眼科用检查固定装置	ZL201820155403.7	实用新型	2019.1	中国
刘洪全	烟台市莱阳中心医院	一种消化内镜专用注气袋	ZL201821176379.1	实用新型	2019.6	中国
邱振玲	烟台市莱阳中心医院	一种手指关节按摩器	ZL201820994530.1	实用新型	2019.1	中国
邱振玲	烟台市莱阳中心医院	一种普外科护理用盘	ZL201820654660.6	实用新型	2019.6	中国
陈玉艳	烟台市莱阳中心医院	一种有阶梯的医疗护理床	ZL201721366512.5	实用新型	2019.2	中国
孙玉川	烟台市莱阳中心医院	一种便携式麻醉机	ZL201710188322.7	发明专利	2019.4	中国
孙玉川	烟台市莱阳中心医院	一种集成引流装置的气管内插管	ZL201710188323.1	发明专利	2019.1	中国
尹炜炜	烟台市莱阳中心医院	一种眼科持针器	ZL201721069846.0	实用新型	2019.7	中国
贾海龙	烟台市莱阳中心医院	一种新型医学影像捕捉装置	ZL201721079125.8	实用新型	2019.6	中国
贾海龙	烟台市莱阳中心医院	一种新型医学影像诊断辅助器	ZL201721080006.4	实用新型	2019.8	中国
宋鲁杰	烟台市莱阳中心医院	一种简易医学影像胶片阅片装置	ZL201920103806.1	实用新型	2019.2	中国
盖文明	烟台市奇山医院	一种多功能轮椅	ZL201721339861.2	实用新型	2019.3	中国
王艳娜 侯绪娜 柳春燕	烟台市奇山医院	一种中药封包制作装置	ZL201821121965.6	实用新型	2019.7	中国
孟磊	烟台市口腔医院	一种超细光固化灯导光棒	ZL201820207862.5	实用新型	2019.2	中国
于旭红	烟台市口腔医院	一种口内观察用平行度测量工具	ZL201820282056.4	实用新型	2019.2	中国
赵丽娟	烟台市口腔医院	一种自带消毒功能的口腔科置物架	ZL201720337161.9	实用新型	2019.4	中国
安晓静	烟台市口腔医院	口腔牙体定位钻孔装置	ZL201721733634.3	实用新型	2019.4	中国
宫坤	烟台市口腔医院	一种牙科矫正用拔牙钳	ZL201820620522.5	实用新型	2019.5	中国
孟祥赟	烟台市口腔医院	一种牙科修补用牙骨凿	ZL201820621531.6	实用新型	2019.5	中国
孙鹏	烟台市口腔医院	一种牙科矫正用切断牙钳	ZL201820999735.3	实用新型	2019.6	中国
孙鹏	烟台市口腔医院	一种牙科矫治装置	ZL201820620523.X	实用新型	2019.5	中国
曲伟栋	烟台市口腔医院	一种激光治疗冷却冰板	ZL201820267503.9	实用新型	2019.7	中国
曲伟栋	烟台市口腔医院	一种唇裂美兰自动标记测量仪	ZL201820267720.8	实用新型	2019.6	中国
孙静	烟台市口腔医院	一种多功能弹力头套	ZL201820528364.0	实用新型	2019.6	中国
于晓红	烟台市口腔医院	一种口腔激光辅助冷却装置	ZL201820275529.8	实用新型	2019.6	中国

续表 30

发明人	发明人所属单位	专利名称	专利号	专利类别	获得时间	国别
林玉红	烟台市口腔医院	一种牙科光固化灯	ZL201820395410.4	实用新型	2019.6	中国
张蕾	烟台市口腔医院	一种双侧邻面洞成形系统	ZL201820495238.x	实用新型	2019.6	中国
姚丽萍	烟台市口腔医院	一种可伸缩吸唾器	ZL201820394855.0	实用新型	2019.6	中国
孙鹏	烟台市口腔医院	一种牙科矫正用切断牙钳	ZL201820999735.3	实用新型	2019.6	中国
孟祥赟	烟台市口腔医院	一种也可修补牙骨凿	ZL201820621531.6	实用新型	2019.5	中国
孟祥赟	烟台市口腔医院	口腔科用多功能吸引器管接头	ZL201820042234.6	实用新型	2019.7	中国
于旭红	烟台市口腔医院	一种便于调节的可伸缩牙合平面板	ZL201820283535.8	实用新型	2019.7	中国
林玉红	烟台市口腔医院	一种牙科光固化灯	ZL201820395410.4	实用新型	2019.6	中国
林玉红	烟台市口腔医院	一种补牙楔子	ZL201820395409.1	实用新型	2019.7	中国
曲伟栋	烟台市口腔医院	一种激光治疗冷却冰板	ZL201820267503.9	实用新型	2019.7	中国
安晓静	烟台市口腔医院	口腔立体喷药作用装置	ZL201721791725.2	实用新型	2019.7	中国
孟磊	烟台市口腔医院	一种复合型牙胶尖	ZL201820194824.0	实用新型	2019.8	中国
陈海霞	烟台市口腔医院	一种改良式正畸托槽去除钳	ZL201820578596.7	实用新型	2019.8	中国
梁杰	烟台市口腔医院	一种口腔开口装置	ZL201821902735.3	实用新型	2019.8	中国
卜令钦	烟台毓璜顶医院	一种具有监测功能的无菌包	ZL201822189944.4	实用新型	2019.10	中国
于飞飞	烟台毓璜顶医院	一种儿童内科吸痰固定装置	ZL201820154834.4	实用新型	2019.9	中国
孟德平	烟台毓璜顶医院	一种心外科用输液装置	ZL201820815213.3	实用新型	2019.7	中国
胡绍娟	烟台毓璜顶医院	微量泵的泵管调节器	ZL201820501976.0	实用新型	2019.4	中国
祝艳红	烟台毓璜顶医院	一种便于安装的骨折固定板	ZL201821434958.1	实用新型	2019.7	中国
牟莲芝	烟台毓璜顶医院	一种变态反应科用过敏检测装置	ZL201821396165.5	实用新型	2019.7	中国
孙传芬	烟台毓璜顶医院	一种新型压疮贴	ZL201821945828.4	实用新型	2019.8	中国
孙传芬	烟台毓璜顶医院	一种新型手臂留置针	ZL201821240926.8	实用新型	2019.7	中国
刘颖	烟台毓璜顶医院	一种风湿内科用的调养设备	ZL201820146713.2	实用新型	2019.1	中国
左绪宏	烟台毓璜顶医院	一种眼科用眼睑拉钩	ZL201820889628.5	实用新型	2019.6	中国
宋桂芳	烟台毓璜顶医院	一种消化内科专用直肠给药装置	ZL201821107235.0	实用新型	2019.8	中国
单英华	烟台毓璜顶医院	一种体外受精培养皿	ZL201821396166.X	实用新型	2019.5	中国
姜玲	烟台毓璜顶医院	一种俯卧位手术麻醉观察头架	ZL201721315912.3	实用新型	2019.6	中国
姜鹏娟	烟台毓璜顶医院	一种医疗灌肠专用床	ZL201820795342.0	实用新型	2019.6	中国
尚菊	烟台毓璜顶医院	一种冲洗回收一体消毒筐	201821937846.8	实用新型	2019.7	中国
衣文英	烟台毓璜顶医院	一种医用引流量测量杯	ZL201721025199.9	实用新型	2019.3	中国
吕少芳	烟台毓璜顶医院	一种护理用止血装置	ZL201821988702.5	实用新型	2019.8	中国
于楠楠 于英	烟台毓璜顶医院	瓶装水定量测量卡	ZL201821496326.8	实用新型	2019.3	中国
于楠楠 于英 盖其梅	烟台毓璜顶医院	置管溶栓专用裤	ZL201821811159.1	实用新型	2019.6	中国
李香卿	烟台毓璜顶医院	一种新型手术病员两用衣	ZL201821945829.9	实用新型	2019.10	中国
陈秀华	烟台毓璜顶医院	一种多功能血压检测仪装置	CN209153644U	实用新型	2019.7	中国
董蕾	烟台毓璜顶医院	一种耳鼻喉科异物取出装置	ZL201820104667.X	实用新型	2019.5	中国

续表 30

发明人	发明人所属单位	专利名称	专利号	专利类别	获得时间	国别
孙岩	烟台毓璜顶医院	一种鼻中隔咬骨钳	ZL201721561375.0	实用新型	2019.3	中国
柳美华	烟台毓璜顶医院	一种耳鼻喉科用清洗装置	ZL201820276063.3	实用新型	2019.2	中国
王玲	烟台毓璜顶医院	一种带试纸的女性医用接尿器	ZL201721194233.5	实用新型	2019.6	中国
刘春荣	烟台毓璜顶医院	一种防颠簸的手术器械固定车	ZL201721076966.9	实用新型	2019.7	中国
郑慧	烟台毓璜顶医院	一种便于穿脱的病号服	ZL201920141334.9	实用新型	2019.11	中国
郑慧	烟台毓璜顶医院	一种肠胃疾病检查用的培养皿	ZL201821840605.1	实用新型	2019.8	中国
孙江峰	烟台毓璜顶医院	一种腹壁牵开器	ZL201821453080.6	实用新型	2019.7	中国
孙江峰	烟台毓璜顶医院	一种腹壁牵开器	ZL20192005388.2	实用新型	2019.10	中国
魏鲁君	烟台毓璜顶医院	一种引流胃液用负压装置	ZL2018202718424	实用新型	2019.5	中国
刘晓风	烟台毓璜顶医院	一种创伤骨科用护理装置	ZL201821419855.8	实用新型	2019.6	中国
贺兰英	烟台毓璜顶医院	一种多功能拐杖	ZL201820961241.6	实用新型	2019.2	中国
张智宇	烟台毓璜顶医院	一种泌尿外科冲洗装置	ZL201820370780.2	实用新型	2019.4	中国
隋洺骅 朱凌玮	烟台毓璜顶医院	一种治疗癌症的肽变体及其应用	ZL201610002930.X	发明专利	2019.11	中国
张炜炜	烟台毓璜顶医院	肿瘤局部包裹作用脉冲消融装置	ZL201721532138.1	实用新型	2019.4	中国
孙传芬	烟台毓璜顶医院	一种新型压疮贴	ZL201821945828.4	实用新型	2019.8	中国
孙传芬	烟台毓璜顶医院	一种新型手臂留置针	ZL201821240926.8	实用新型	2019.7	中国
刘颖	烟台毓璜顶医院	一种风湿内科用的调养设备	ZL201820146713.2	实用新型	2019.10	中国
柳晓燕 王永灵	烟台毓璜顶医院	一种预防静脉血栓用趣味握力球	ZL201822188505.1	实用新型	2019.9	中国
都俊英	烟台毓璜顶医院	一种儿科护理静脉留置针防回血装置	ZL201820666954.x	实用新型	2019.4	中国
陈国珍	烟台毓璜顶医院	一种西药片研磨分量储存器	ZL201820587091.7	实用新型	2019.4	中国
初静	烟台毓璜顶医院	一种西药片研磨器	ZL201820776727.2	实用新型	2019.9	中国
张丽英	烟台毓璜顶医院	一种调压式桡动脉止血压迫器	ZL201820247888.2	实用新型	2019.10	中国
韩云	烟台毓璜顶医院	一种腹壁固定牵开器	ZL201721501476.9	实用新型	2019.7	中国
石存现	烟台毓璜顶医院	新型麻醉科针刺麻醉仪	ZL20180201166934.2	实用新型	2018.7	中国
李志	烟台毓璜顶医院	双囊止痛泵	ZL201721185460.1	实用新型	2019.10	中国
李志	烟台毓璜顶医院	一次性麻醉机和呼吸机用管路接头	Zl201721798720.2	实用新型	2019.10	中国
徐磊	烟台毓璜顶医院	一种西药药房自动售卖机	ZL201821386544.6	实用新型	2019.4	中国
纪海霞	烟台毓璜顶医院	一种风湿性关节医疗防护垫片	ZL201821178124.9	实用新型	2019.8	中国
王立刚	烟台毓璜顶医院	一种血管介入治疗装置	ZL201821360874.8	实用新型	2019.8	中国
王涛	烟台毓璜顶医院	一种防铅泄露的分体式 X 射线防护裤	ZL201820533954.2	实用新型	2019.11	中国
肖伟伟	烟台毓璜顶医院	一种多功能采血桌	ZL201821528828.4	实用新型	2019.10	中国
李文军	烟台毓璜顶医院	一种胸外科用上药器	ZL201821839913.2	实用新型	2019.11	中国
黄海波	烟台毓璜顶医院	一种胸外科用病变组织收取装置	ZL201821166777.5	实用新型	2019.3	中国
林甜甜	烟台毓璜顶医院	一种无创呼吸机鼻罩减压垫	ZL201820119214.4	实用新型	2019.7	中国
林甜甜	烟台毓璜顶医院	一种卡扣式气管插管组件	ZL201820120190.4	实用新型	2019.4	中国
衣沈妮	烟台毓璜顶医院	一种预防腿部压疮的护理装置	ZL.201820120892.2	实用新型	2019.4	中国
李苗苗	烟台毓璜顶医院	一种结口灌肠装置	ZL201821240277.1	实用新型	2019.7	中国

续表 30

发明人	发明人所属单位	专利名称	专利号	专利类别	获得时间	国别
陈永芹	烟台毓璜顶医院	一种输液港的贴膜装置	ZL201821360775.X	实用新型	2019.8	中国
吴洪亮	烟台毓璜顶医院	一种神经内科护理枕	ZL201820460340.6	实用新型	2019.1	中国
王京芬	烟台毓璜顶医院	一种胆道引流管的固定装置	ZL201820779596.3	实用新型	2019.4	中国
左绪宏	烟台毓璜顶医院	一种带防尘盖的手持裂隙灯	CN208876486U	实用新型	2019.5	中国
张凤荣	烟台毓璜顶医院	一种医用贮槽及基于该贮槽的固定架	ZL200820945148.6	实用新型	2019.5	中国
解杰梅	烟台毓璜顶医院	一种内分泌科理疗床	ZL201710119181.3	发明专利	2019.6	中国
殷少华	烟台毓璜顶医院	一种腰椎骨创伤病人起床卧床辅助支架	ZL201721498973.8	实用新型	2019.3	中国
邢美玲	烟台毓璜顶医院	一种血液涂片机	ZL201821119757.2	实用新型	2019.1	中国
逄帅	烟台毓璜顶医院	手持采血抗干扰固定器	ZL201821179546.8	实用新型	2019.5	中国
贾喜珍	烟台毓璜顶医院	一种临床医疗护理用输液控制装置	ZL201721610711.6	实用新型	2019.2	中国
于莲芝	烟台毓璜顶医院	一种手术室转运护理床	ZL201721684642.3	实用新型	2019.3	中国
丛超	烟台毓璜顶医院	一种压力定位止血绷带	ZL20170201647006.3	实用新型	2019.4	中国
丛超	烟台毓璜顶医院	一种举宫的固定调节装置	ZL20180508135	实用新型	2019.4	中国
吕巧英	烟台毓璜顶医院	一种用于气切病人的防水罩	ZL201820119213.X	实用新型	2019.3	中国
初静	烟台毓璜顶医院	一种药物研磨器	ZL201820756660.6	实用新型	2019.5	中国

2019 年烟台市卫健委委直单位出版医学专著一览表

表 31

主编姓名	单 位	专 著 名 称	出版社	出版时间	备注
周璐	烟台市中医医院	检验学基础与应用	科学技术文献出版社	2019 年 6 月	
薛飞	烟台市中医医院	《儿科治疗实践》	中国人口出版社	2019 年 6 月	
金福树	烟台市中医医院	临床常见病综合诊断与治疗	西安交通大学出版社	2019 年 6 月	
宋香涛	烟台市中医医院	实用肿瘤疾病临床诊疗与康复	黑龙江科学技术出版社	2019 年 6 月	第二主编
王玉美	烟台市中医医院	临床疾病护理学	西安交通大学出版社	2019 年 5 月	
李丽芝	烟台市中医医院	常见内科疾病诊疗思维	湖南科学技术出版社	2019 年 6 月	
于文娟	烟台市中医医院	内分泌科常见病诊疗进展	吉林科学技术出版社	2019 年 9 月	
邴蕾蕾	烟台市中医医院	内分泌科常见病诊疗进展	吉林科学技术出版社	2019 年 9 月	
臧志伟	烟台市中医医院	现代针灸推拿诊治枢要	吉林出版集团有限责任公司	2019 年 6 月	
臧志伟	烟台市中医医院	现代针灸与推拿	吉林出版集团有限责任公司	2019 年 10 月	
韩乐鹏	烟台市中医医院	针灸推拿学现代研究进展	吉林出版集团有限责任公司	2019 年 10 月	
于向涛	烟台市中医医院	临床常见病综合诊断与治疗	西安交通大学出版社	2019 年 4 月	
于君娜	烟台市中医医院	现代实用药物基础与治疗	吉林出版集团有限责任公司	2019 年 7 月	
孙丽	烟台市中医医院	临床妇科疾病诊疗与护理精要	西安交通大学出版社	2019 年 5 月	
王伟华	烟台市中医医院	临床妇科疾病诊疗与护理精要	西安交通大学出版社	2019 年 5 月	
刘辉	烟台市中医医院	临床妇科疾病诊疗与护理精要	西安交通大学出版社	2019 年 5 月	
李超	烟台市中医医院	临床妇科疾病诊疗与护理精要	西安交通大学出版社	2019 年 5 月	
衣翠芹	烟台市中医医院	临床妇科疾病诊疗与护理精要	西安交通大学出版社	2019 年 5 月	

续表 31

主编姓名	单 位	专 著 名 称	出版社	出版时间	备注
隋学佐	烟台市中医医院	临床妇产科学	西安交通大学出版社	2019 年 1 月	
鹿晓	烟台市中医医院	临床妇科疾病诊疗与护理精要	西安交通大学出版社	2019 年 5 月	
刘慧	烟台市中医医院	妇产科疾病临床诊疗新进展	西安交通大学出版社	2019 年 8 月	
刘兴	烟台市中医医院	临床急危重学研究	吉林出版集团有限责任公司	2019 年 4 月	
吴长岩	烟台市中医医院	现代针灸推拿诊治枢要	吉林出版集团有限责任公司	2019 年 7 月	
吴长岩	烟台市中医医院	现代针灸与推拿	吉林出版集团有限责任公司	2019 年 8 月	
吴长岩	烟台市中医医院	临床常见病针灸治疗学	吉林出版集团有限责任公司	2019 年 9 月	
吴长岩	烟台市中医医院	精编针灸推拿治疗学	吉林出版集团有限责任公司	2019 年 1 月	
朱蓬燕	烟台市中医医院	临床常见病针灸治疗学	吉林出版集团有限责任公司	2019 年 9 月	
徐晓丽	烟台市中医医院	精编针灸推拿治疗学	吉林出版集团有限责任公司	2019 年 1 月	
孙绍峰	烟台市中医医院	中医针灸推拿治疗学	吉林出版集团有限责任公司	2019 年 1 月	
张丽丽	烟台市中医医院	危重症护理临床实践	中国人口出版社	2019 年 10 月	第三主编
孙惠	烟台市莱阳中心医院	精编医院感染防控与管理	上海交通大学出版社	2019 年 1 月	
张所涛	烟台市莱阳中心医院	临床五官科疾病针织精要	天津科学技术出版社	2019 年 6 月	
孙黎明 黄逢雨 吕晓东 孙建超 李晶	烟台市莱阳中心医院	现代外科疾病诊断与治疗	吉林大学出版社	2019 年 3 月	
孙黎明 于凌燕 李万庆 孙建超 王峰	烟台市莱阳中心医院	实用临床外科疾病诊疗与护理	黑龙江科学技术出版社	2019 年 7 月	
宋泽军	烟台市莱阳中心医院	现代临床肿瘤疾病诊断与治疗	吉林大学出版社	2019 年 3 月	
于明涛	烟台市莱阳中心医院	现代儿科与新生儿疾病诊疗实践	科学技术文献出版社	2019 年 6 月	
王正红	烟台市莱阳中心医院	儿科疾病诊疗与护理	科学技术文献出版社	2019 年 6 月	
臧正明	烟台市莱阳中心医院	护理学	吉林大学出版社	2019 年 8 月	
尹炜炜	烟台市莱阳中心医院	眼科疾病综合治疗	科学技术文献出版社	2019 年 3 月	
宋鲁杰	烟台市莱阳中心医院	临床影像学新进展	云南出版社	2019 年 3 月	
贾海龙	烟台市莱阳中心医院	现代疾病影像学检查与诊断	科学技术文献出版社	2019 年 4 月	
任凡	烟台市莱阳中心医院	实用肿瘤基础与临床实践	天津科学技术出版社	2019 年 6 月	
程鸽	烟台市莱阳中心医院	现代临床护理实践指导	天津科学技术出版社	2019 年 6 月	
刘仕杰	烟台市莱阳中心医院	临床心血管疾病诊断与治疗	天津科学技术出版社	2019 年 3 月	
刘伟伟	烟台市莱阳中心医院	现代临床实用内科学	吉林科学技术出版社	2019 年 5 月	
徐向东	烟台市莱阳中心医院	现代外科学手术治疗精要	湖北科学技术出版社	2019 年 4 月	
徐向东	烟台市莱阳中心医院	现代心胸外科疾病诊断与处置	吉林大学出版社	2019 年 6 月	
李万庆	烟台市莱阳中心医院	骨科疾病与创伤治疗学	吉林大学出版社	2019 年 6 月	
李万庆	烟台市莱阳中心医院	实用临床外科疾病诊疗与护理	黑龙江科学技术出版社	2019 年 7 月	
孙鹏	烟台市莱阳中心医院	疼痛诊疗技术与临床处置	吉林科学技术出版社	2019 年 8 月	
邢国洁	山东省烟台护士学校	遗传与优生	科学出版社	2019 年 1 月	

续表 31

主编姓名	单位	专著名称	出版社	出版时间	备注
姜丽英	山东省烟台护士学校	妇产科护理	科学出版社	2019 年 5 月	
李淼	山东省烟台护士学校	护理心理学基础	科学出版社	2019 年 1 月	
郑媛	烟台市奇山医院	新编临床心脏内科学	吉林出版集团有限责任公司	2019 年 4 月	
王鹏雁	烟台市奇山医院	现代药物学基础与临床用药	吉林出版集团有限责任公司	2019 年 4 月	
刘元妮	烟台市奇山医院	实用内科疾病诊疗进展	吉林出版集团有限责任公司	2019 年 4 月	
杨风英 李忠联	烟台市奇山医院	临床专科护理学	吉林出版集团有限责任公司	2019 年 8 月	
朱承美 姜锐 王妮娜 盖文明 王燕	烟台市奇山医院	常见内科疾病诊疗思维	湖南科学技术出版社	2019 年 6 月	
赵树红	烟台市口腔医院	现代临床护理思维	科学技术文献出版社	2019 年 1 月	
孙鹏	烟台市口腔医院	口腔正畸与修复治疗	科学技术文献出版社	2019 年 3 月	
郝翠芳	烟台毓璜顶医院	生殖医学内镜微创技术	人民卫生出版社	2019 年 3 月	
陆丛笑	烟台毓璜顶医院	呼吸系统疾病治疗药物处方集	人民卫生出版社	2019 年 6 月	
陈国珍	烟台毓璜顶医院	小儿内科疾病诊治重点	天津科学技术出版社	2019 年 3 月	
王建勇	烟台毓璜顶医院	儿科疾病诊疗与护理（著作）	科学技术文献出版社	2019 年 4 月	

2019 年烟台市获国家级以上比赛金银铜牌一览表

表 32

序号	姓名	性别	赛事规格	参赛项目	名次
1	孙一文	女	2019 年世界锦标赛	女子重剑	团体第一
2	孙一文	女	2019 年世界军人运动会	女子重剑	个人第一 团体第二
3	孙一文	女	2019 年世界击剑大奖赛卡利站	女子重剑	个人第一
4	孙一文	女	2019 年国际剑联女重世界杯成都站	女子重剑	团体第三
5	孙一文	女	2019 年国际剑联女重世界杯西班牙站	女子重剑	团体第三
6	史雅慧	女	2018—2019 全国击剑冠军赛暨二青会第一站	女子重剑	成人组团体第二 青年组团体第一
7	史雅慧	女	2018—2019 赛季全国击剑冠军赛（总决赛）	女子重剑	青年组团体第二
8	宋恒	男	2019 年青年击剑锦标赛二青会预赛	男子重剑	团体第一
9	尹晓鹏	男	2018—2019 赛季全国击剑冠军赛（总决赛）	男子佩剑	青年组团体第二
10	尹晓鹏	男	2019—2020 赛季全国击剑冠军赛第一站	男子佩剑	青年组个人第二
11	孙嘉骏	男	2019 年全国击剑锦标赛	男子重剑	团体第三
12	孙嘉骏	男	2018—2019 赛季全国击剑冠军赛（总决赛）	男子重剑	团体第三
13	孙嘉骏	男	2018—2019 赛季全国击剑冠军赛暨二青会预赛第一站	男子重剑	团体第三
14	王勇腾	男	2019 年全国击剑锦标赛	男子重剑	团体第三
15	王勇腾	男	2018—2019 赛季全国击剑冠军赛（总决赛）	男子重剑	团体第三
16	王勇腾	男	2018—2019 赛季全国击剑冠军赛暨二青会预赛第一站	男子重剑	团体第三 青年组团体第二

续表 32

序号	姓名	性别	赛事规格	参赛项目	名次
17	姚兆楠	男	十四届亚洲射击锦标赛	男子 25 米标准枪	个人冠军
18	姚兆楠	男	全国锦标赛	男子 25 米标准枪	个人冠军
19	姚兆楠	男	第七届世界军人运动会	男子 25 米中心发火	团体冠军
20	姚兆楠	男	第七届世界军人运动会	男子 25 米军事速射	团体冠军
21	姚兆楠	男	十四届亚洲射击锦标赛	男子 25 米手枪速射	团体冠军
22	姚兆楠	男	十四届亚洲射击锦标赛	男子 25 米中心发火	团体冠军
23	姚兆楠	男	第七届世界军人运动会	男子 25 米中心发火	个人亚军
24	姚兆楠	男	十四届亚洲射击锦标赛	男子 25 米标准枪	团体亚军
25	姚兆楠	男	十四届亚洲射击锦标赛	男子 25 米手枪速射	个人季军
26	姚兆楠	男	全国锦标赛	男子 25 米手枪速射	个人季军
27	姚兆楠	男	全国锦标赛	男子 25 米中心发火	个人季军
28	刘轩宇	男	亚洲青年锦标赛	个人激光跑	第二名
29	訾薇	女	中华人民共和国第二届青年运动会资格赛	女子团体	第一名
30	訾薇	女	全国现代五项公开赛	个人三项赛（游跑射）	第二名
31	訾薇	女	全国现代五项公开赛	混合接力三项赛（游跑射）	第二名
32	訾薇	女	全国现代五项公开赛	混合接力 四项赛	第三名
33	曲芳葶	女	中华人民共和国第二届青年运动会资格赛	接力三项赛	第三名
34	曲芳葶	女	全国现代五项公开赛	混合接力三项赛（游跑射）	第三名
35	孙思清	女	中华人民共和国第二届青年运动会资格赛	团体三项赛（游跑射）	第一名
36	孙思清	女	中华人民共和国第二届青年运动会资格赛	个人三项赛（游跑射）	第三名
37	孙思清	女	中华人民共和国第二届青年运动会现代五项决赛	个人三项赛（游跑射）	第二名
38	孙思清	女	中华人民共和国第二届青年运动会现代五项决赛	个人激光跑	第二名
39	李俊毅	男	中华人民共和国第二届青年运动会资格赛	混合接力三项赛（游跑射）	第一名
40	李俊毅	男	中华人民共和国第二届青年运动会资格赛	混合接力 跑射	第二名
41	李俊毅	男	中华人民共和国第二届青年运动会现代五项决赛	个人两项赛（游跑）	第二名
42	李俊毅	男	中华人民共和国第二届青年运动会现代五项决赛	混合接力两项赛（跑游）	第三名
43	李春洋 刘芊芊	女	2019 年全国女子五人制足球青年锦标赛	U17	冠军
44	王凡 孙艺萌	女	中国女子足球	甲级联赛	冠军
45	林愉霖	女	2019 年全国青年女足	超级联赛	第一名
46	张常鸿	男	2019 射击世界杯 巴西	男子 50 米步枪三种姿势	第三名
47	张常鸿	男	2019 射击世界杯总决赛莆田	男女十米气步枪混合 团体	第二名
48	王晓雨	男	中华人民共和国第二届青年运动会射击比赛预赛	飞碟多向 团体	第一名
49	王晓雨	男	中华人民共和国第二届青年运动会射击比赛决赛	飞碟多向 团体	第二名
50	柳珊珊	女	中华人民共和国第二届青年运动会射击比赛预赛	飞碟多向	团体第一 个人第一 混双第一

续表 32

序号	姓名	性别	赛事规格	参赛项目	名次
51	柳珊珊	女	中华人民共和国第二届青年运动会射击比赛决赛	飞碟多向	团体第二 混双第二
52	于小凯	男	2019 年世界军人运动会	飞碟多向	团体第一
53	李佳伦	男	泰国亚洲杯第一站	射箭	团体第一
54	王宝斌	男	全国分站赛第一站澄迈县	射箭	团体第一
55	王宝斌	男	中华人民共和国第二届青年运动会	射箭	团体第一
56	王宝斌	男	全国分站赛第一站澄迈县	射箭	个人第三
57	蔡文静	女	2019 全国射箭分站赛（第二站）	射箭	个人第二
58	蔡文静	女	2019 全国射箭奥林匹克锦标赛	射箭	团体淘汰 第一
59	蔡文静	女	中华人民共和国第二届青年运动会	射箭	个人第三
60	戚凯尧	男	全国射箭奥项锦标赛	男子个人 淘汰赛	第一
61	戚凯尧	男	全国射箭奥项锦标赛	混个团体 淘汰赛	第三
62	孙宇廷	男	全国青少年 U 系列游泳比赛（青岛站）	10 岁组技术全能	第一名
63	孙宇廷	男	全国青少年 U 系列游泳比赛（青岛站）	10 岁组仰泳全能	第一名
64	孙宇廷	男	全国青少年 U 系列游泳比赛（青岛站）	10 岁组 50 米爬泳技术	第一名
65	孙宇廷	男	全国青少年 U 系列游泳比赛（青岛站）	10 岁组 50 米蝶泳技术	第一名
66	孙宇廷	男	全国青少年 U 系列游泳比赛（青岛站）	10 岁组 50 米仰泳技术	第一名
67	孙宇廷	男	全国青少年 U 系列游泳比赛（青岛站）	10 岁组 50 米蛙泳技术	第一名
68	孙宇廷	男	全国青少年 U 系列游泳比赛（青岛站）	10 岁组 50 米仰泳	第一名
69	孙宇廷	男	全国青少年 U 系列游泳比赛（青岛站）	10 岁组 50 米蝶泳	第二名
70	孙宇廷	男	全国青少年 U 系列游泳比赛（青岛站）	10 岁组 50 米蛙泳	第二名
71	孙宇廷	男	全国青少年 U 系列游泳比赛（青岛站）	10 岁组 50 米自由泳	第一名
72	孙宇廷	男	全国青少年 U 系列游泳总决赛	10 岁组 50 米仰泳	第二名
73	孙宇廷	男	全国青少年 U 系列游泳总决赛	10 岁组 50 米蝶泳技术	第三名
74	孙宇廷	男	全国青少年 U 系列游泳总决赛	10 岁组 50 米仰泳技术	第三名
75	孙宇廷	男	全国青少年 U 系列游泳总决赛	10 岁组 50 米爬泳技术	第二名
76	孙宇廷	男	全国青少年 U 系列游泳总决赛	10 岁组 100 米仰泳技术	第二名
77	孙宇廷	男	全国青少年 U 系列游泳总决赛	10 岁组技术全能	第二名
78	姜涵文	女	全国青少年 U 系列游泳比赛（青岛站）	9 岁组技术全能	第一名
79	姜涵文	女	全国青少年 U 系列游泳比赛（青岛站）	9 岁组 50 米反海豚腿	第一名
80	姜涵文	女	全国青少年 U 系列游泳比赛（青岛站）	9 岁组 50 米仰爬交替	第二名
81	姜涵文	女	全国青少年 U 系列游泳比赛（青岛站）	9 岁组 50 米交蛙手爬腿	第三名
82	姜涵文	女	全国青少年 U 系列游泳比赛（青岛站）	9 岁组 50 米举棒仰泳腿	第三名
83	王袁晨雅	女	全国青少年 U 系列游泳比赛（青岛站）	9 岁组 50 米仰爬交替	第一名
84	王袁晨雅	女	全国青少年 U 系列游泳比赛（青岛站）	9 岁组技术全能	第二名
85	李昕烨	女	全国青少年 U 系列游泳比赛（青岛站）	8 岁组技术全能	第一名
86	李昕烨	女	全国青少年 U 系列游泳比赛（青岛站）	8 岁组技术全能	第一名

续表 32

序号	姓名	性别	赛事规格	参赛项目	名次
87	李昕烨	女	全国青少年 U 系列游泳比赛（青岛站）	8 岁组持棒蛙泳腿	第一名
88	李昕烨	女	全国青少年 U 系列游泳比赛（青岛站）	8 岁组持棒爬泳	第三名
89	韩明希	女	全国青少年 U 系列游泳比赛（青岛站）	9 岁组 50 米交蛙手爬腿	第二名
90	韩明希	女	全国青少年 U 系列游泳比赛（青岛站）	9 岁组 50 米仰爬交替	第三名
91	练俊杰	男	韩国光州游泳世锦赛	男女混双	第一名
92	练俊杰	男	第七届军人运动会	男子双人跳台	第一名
93	练俊杰	男	第七届军人运动会	男子单人跳台	第一名
94	孔佳艺	女	第二届青运会	4×200 自	第一名
95	孔佳艺	女	2019 年全国冠军赛	公开水域团体	第一名
96	王晨羽	女	第二届青运会	4×100 混合泳	第一名
97	杨彩萍	女	2019 年全国冠军赛	4×100 自接力	第二名
98	杨彩萍	女	2019 年全国冠军赛	4×200 自接力	第三名
99	杨彩萍	女	2019 年全国冠军赛	男女 4×100 混合接力	第二名
100	杨彩萍	女	2019 年全国冠军赛	男女 4×100 自接力	第二名
101	杨彩萍	女	2019 年全国锦标赛	4×200 自接力	第二名
102	杨彩萍	女	2019 年全国锦标赛	4×100 自接力	第二名
103	包雪怡	女	第七届世界军人运动会	女子 4×25 米假人接力	第一名
104	王威	男	2019 全国游泳冠军赛暨世锦赛选拔赛	男女 4×100 米自由泳接力	第二名
105	张松虎	男	全国赛艇锦标赛	赛艇男子公开级四人单桨	第一名
106	高振峰	男	全国赛艇锦标赛	赛艇男子公开级四人单桨	第一名
107	吕怡	女	全国赛艇锦标赛	赛艇女子轻量级级双人双桨	第三名
108	王婷婷	女	世界青年赛艇锦标赛	赛艇女子公开级四人单桨	第一名
109	王婷婷	女	第二届青年运动会	赛艇女子公开级四人单桨	第一名
110	王婷婷	女	第二届青年运动会	赛艇女子公开级八人单桨	第二名
111	王婷婷	女	全国赛艇锦标赛	赛艇女子公开级四人单桨	第二名
112	傅飞	女	第二届青年运动会	赛艇女子公开级八人单桨	第二名
113	傅飞	女	全国青年赛艇锦标赛	赛艇女子公开级双人单桨	第一名
114	傅飞	女	全国青年赛艇锦标赛	赛艇女子公开级四人单桨	第一名
115	矫帅	男	第二届青年运动会	赛艇男子轻量级双人双桨	第一名
116	崔嵩	男	全国 U23 秋季冠军赛	皮艇 1000 米单人艇	第三名
117	包轲	男	第二届青年运动会	皮艇 500 米四人艇	第三名
118	董星志	男	全国 U19 青年锦标赛	皮艇 1000 米双人艇	第三名
119	董星志	男	第二届青年运动会	皮艇 8000 米单人艇	第三名
120	栾浩峰	男	全国锦标赛	皮艇 500 米四人艇	第三名
121	栾浩峰	男	全国秋季冠军赛	皮艇 500 米单人艇	第二名
122	陈逸	男	全国青年锦标赛	划艇 1000 米双人艇	第一名
123	陈逸	男	全国锦标赛	划艇 1000 米双人艇	第一名

续表 32

序号	姓名	性别	赛事规格	参赛项目	名次
124	赵顺安	男	全国青年锦标赛	划艇 1000 米双人艇	第三名
125	曲祥杰	男	全国青年锦标赛	划艇 1000 米双人艇	第三名
126	王殿凯	男	第二届青年运动会	皮艇 500 米四人艇	第三名
127	夏艳梅	女	第二届青年运动会	划艇 4×200 米接力	第二名
128	杨茹靖	女	第二届青年运动会	划艇 4×200 米接力	第二名
129	姜文正	女	第二届青年运动会	划艇 4×200 米接力	第二名
130	迟少婷	女	全国锦标赛	划艇 200 米单人艇	第三名
131	迟少婷	女	第二届青年运动会	划艇 4×200 米接力	第一名
132	迟少婷	女	全国青年锦标赛	划艇 200 米单人艇	第二名
133	迟少婷	女	全国青年锦标赛	Sup 硬板 500 米	第三名
134	季新杰	男	2019 全国冠军赛	4×200 自接力	第一名
135	季新杰	男	2019 全国锦标赛	4×200 自接力	第二名
136	季新杰	男	2019 年世界杯济南站	1500 男子自由泳	第一名
137	季新杰	男	2019 世界军运会	200 自、400 自、男子 4×200 自接力、男女 4×100 自接力、800 自	第一名
138	丛宇	男	2019 全国冠军赛	赛 4x200 自接力	第一名
139	丛宇	男	2019 全国锦标赛	200 米混合泳	第一名
140	丛宇	男	第二届青运会	200 米混合泳、男子甲组 4×200 自、男女甲组 4×100	第一名
141	丛宇	男	第二届青运会	男女甲组 4×100 混	第二名
142	葛楚彤	女	2019 全国锦标赛	女子 4×200 自接力	第二名
143	葛楚彤	女	2019 全国青年游泳锦标赛	女子乙组 400 米个人混合泳	第二名
144	葛楚彤	女	2019 全国青年游泳锦标赛	女子乙组 4×100 自接力	第一名
145	葛楚彤	女	第二届青运会	女子乙组 200 米自、400 米自	第一名
146	葛楚彤	女	第二届青运会	女子乙组 4×200 自接力	第一名
147	刘诗颖	女	田径世锦赛	标枪	第二名
148	刘诗颖	女	全国田径大奖赛	标枪	第一名
149	刘诗颖	女	全国田径锦标赛	标枪	第二名
150	刘诗颖	女	世界田径锦标赛选拔赛	标枪	第二名
151	冯彬	女	全国田径大奖赛系列赛第一站	铁饼	第一名
152	冯彬	女	亚洲锦标赛	铁饼	第一名
153	冯彬	女	全国田径锦标赛	铁饼	第一名
154	冯彬	女	钻石联赛	铁饼	第三名
155	冯彬	女	第七届世界军人运动会	铁饼	第一名
156	孙世辰	男	全国田径锦标赛	铁饼	第一名
157	孙世辰	男	全国田径冠军赛	铁饼	第一名
158	孙煜程	女	第二届青年运动会	举重	第二名

续表 32

序号	姓名	性别	赛事规格	参赛项目	名次
159	付昊南	男	全国 U17 国际式摔跤锦标赛	摔跤	第三名
160	周国翀	男	全国 U17 国际式摔跤锦标赛	摔跤	第三名
161	王楠	女	第二届青年运动会	柔道	第三名
162	王颖	女	第二届青年运动会	柔道	第三名
163	杨颖	女	第二届青年运动会	柔道	第三名
164	姜雅楠	女	全国柔道锦标赛	柔道	第一名
165	王楠	女	全国柔道大奖赛	柔道	第二名
166	汪洋	男	全国青年赛	柔道	第三名
167	汪洋	男	第二届青年运动会预赛	柔道	第三名
168	汪洋	男	第二届青年运动会决赛	柔道	第一名
169	郭明	男	第二届青年运动会预赛	柔道	第三名
170	牟振良	男	全国青年赛	柔道	第三名
171	史文豪	男	全国跆拳道冠军总决赛	跆拳道	第三名
172	梁育帅	男	世界军人运动会	跆拳道	第二名
173	姜玲玉	女	全国空手道锦标赛系列赛四站成绩	空手道	第二名
174	王俊惠	女	全国空手道冠军总决赛	空手道	第二名

2019 年烟台市体育事业基本情况一览表

表 33

类 别	单位	2019 年	类 别	单位	2019 年
一、体育事业经费	千元	215115	女性	人	25
体育竞赛经费	千元	24973	六、少儿业体学校处数	处	10
业余训练经费	千元	19760	七、少儿业体在校学生	人	1950
体育场馆费	千元	6250	八、少儿业体专职教练员人数	人	165
二、举办大型运动会次数	次	1	大专以上文化程度	人	164
单项比赛	次	50	九、公共体育场馆数	个	11
三、举办全民健身活动	次	560	开放使用个数	个	11
参加活动人数	万人	610000	十、公共体育场馆使用场数	次	3500
四、等级运动员发展人数	人	216	十一、国民体质监测达标率	%	92.8
女性	人	92	十二、全民健身晨晚练站点	个	4600
五、等级裁判员发展人数	人	108			

重要文件存目

烟发文件存目

3号　中共烟台市委关于印发《中国共产党烟台市委工作规则》的通知

5号　中共烟台市委、烟台市人民政府印发《关于构建新型政商关系的实施意见》的通知

6号　中共烟台市委、烟台市人民政府关于全面加强生态环境保护坚决打好污染防治攻坚战的实施意见

7号　中共烟台市委、烟台市人民政府关于支持民营经济高质量发展的实施意见

8号　中共烟台市委关于进一步深化市场化改革扩大高水平开放加快体制机制创新的决定

9号　中共烟台市委、烟台市人民政府关于进一步支持金融业高质量发展的意见

10号　中共烟台市委、烟台市人民政府关于印发《2019年度经济社会发展综合考核办法》的通知

13号　中共烟台市委、烟台市人民政府关于全面深化新时代全市教师队伍建设改革的实施意见

14号　中共烟台市委关于在全市开展“不忘初心、牢记使命”主题教育的实施意见

16号　中共烟台市委、烟台市人民政府关于印发《聚焦五大领域加快流程再造工作实施方案》的通知

18号　中共烟台市委、烟台市人民政府关于加快推进苹果产业高质量发展的实施意见（2020—2022年）

19号　中共烟台市委关于做好新时代人大工作的意见

20号　中共烟台市委、烟台市人民政府关于深化改革加强“食安烟台”建设的意见

21号　中共烟台市委关于深入学习贯彻党的十九届四中全会精神的实施意见

22号　中共烟台市委、烟台市人民政府关于加快提升基层医疗卫生机构服务能力的实施意见

24号　中共烟台市委、烟台市人民政府关于印发《中国（山东）自由贸易试验区烟台片区建设实施方案》的通知

烟办发文件存目

4号　中共烟台市委办公室关于印发《市委中心组2019年理论学习安排意见》的通知

5号　中共烟台市委办公室印发《关于统筹规范全市督查检查考核工作的实施意见》的通知

7号　中共烟台市委办公室、烟台市人民政府办公室印发《关于改革创新体制机制提升优化营商环境的实施意见》《关于优化涉外服务环境提升城市国际化水平的实施意见》的通知

8号　中共烟台市委办公室、烟台市人民政府办公室印发《关于加快推进山东省区域性基金管理中心建设的实施方案》的通知

12号　中共烟台市委办公室印发《关于加强新时代人民政协党的建设工作的实施意见》的通知

14号　中共烟台市委办公室、烟台市人民政府办公室关于印发《烟台市市管企业领导人员管理规定（试行）》的通知

16号　中共烟台市委办公室、烟台市人民政府办公室关于公布烟台市“双百计划”人才（团队）名单的通知

17号　中共烟台市委办公室、烟台市人民政府办公室关于印发《烟台市贯彻落实中央生态环境保护督察“回头看”及大气污染防治专项督察反馈意见的整改方案》的通知

烟台市人民代表大会常务委员会公布

12月2日《烟台市山体保护条例》

12月16日《烟台市海岸带保护条例》

烟政发文件存目

3号　关于承接落实省政府取消下放一批省级行政许可等事项的通知

4号　关于《政府工作报告》重点工作责任分工的意见

5号　关于切实加强政府自身建设的意见

6号　关于进一步稳定和扩大就业的实施意见

7号　烟台市人民政府关于实施服务企业融资“金桥”计划的意见

8号　烟台市人民政府关于2019年第二批取消、承接和调整行政许可事项的通知

9号　烟台市人民政府关于深化市级预算管理改革的意见

10号　烟台市人民政府关于推行终身职业技能培训制度的实施意见

11号　烟台市人民政府关于印发烟台市优化提升工程建设项目审批制度改革实施方案的通知

13号　烟台市人民政府关于推动生产性服务业提升发展的实施意见

烟政字文件存目

3号　烟台市人民政府关于印发烟台市城镇集中式饮用水水源保护区调整方案的通知

5号　烟台市人民政府关于公布市政府领导同志工作分工的通知

19号　烟台市人民政府关于2018年度烟台市专利奖授奖的决定

21号　烟台市人民政府关于授予史永文等32名同志烟台市有突出贡献的中青年专家荣誉称号的通报

25号　烟台市人民政府关于加

快工业设计发展的意见

29 号　烟台市人民政府关于公布市政府领导同志工作分工的通知

30 号　烟台市人民政府关于发布 2019 年企业工资指导线的通知

32 号　烟台市人民政府关于推进“现代优势产业集群 + 人工智能”的指导意见

36 号　烟台市人民政府关于印发烟台市重点水利工程建设实施方案的通知

40 号　烟台市人民政府关于公布行政规范性文件清理结果的通知

政府令

142 号　烟台市消防管理若干规定

143 号　烟台市人民政府关于中国（山东）自由贸易试验区烟台片区实施市级行政权力事项（第一批）的决定

烟政办发文件存目

3 号　烟台市人民政府办公室关于印发进一步深化放管服改革优化营商环境重点任务分工方案的通知

4 号　烟台市人民政府办公室关于进一步做好行政规范性文件合法性审核工作的通知

5 号　烟台市人民政府办公室关于做好“两促两保两稳”工作的意见

6 号　烟台市人民政府办公室关于印发烟台市柴油货车污染防治攻坚行动方案和烟台市土壤污染防治工作方案的通知

7 号　烟台市人民政府办公室关于加强我市数字政府建设的实施意见

8 号　烟台市人民政府办公室关于印发 2019 年烟台市政务公开工作要点的通知

9 号　烟台市人民政府办公室关于印发烟台市人民政府 2019 年法治政府建设工作计划的通知

11 号　烟台市人民政府办公室关于印发烟台市国有建设用地使用权转让出租抵押二级市场建设管理暂行办法的通知

12 号　烟台市人民政府办公室关于印发烟台市进一步优化口岸营商环境实施方案的通知

13 号　烟台市人民政府办公室关于印发烟台市政府投资工程集中建设管理办法的通知

14 号　烟台市人民政府办公室关于印发烟台基层名医选拔管理办法的通知

15 号　烟台市人民政府办公室印发关于进一步支持企业对接资本市场加快上市挂牌的政策的通知

16 号　烟台市人民政府办公室关于印发烟台市人民政府规章制定程序规定的通知

18 号　烟台市人民政府办公室关于印发烟台市道路交通事故社会救助基金管理暂行办法的通知

19 号《关于加快商贸流通业创新发展支持扩大消费的意见》

20 号　烟台市人民政府办公室关于印发烟台市职业技能提升行动实施方案（2019—2021 年）的通知

21 号　烟台市人民政府办公室关于印发烟台市共有产权住房管理办法的通知

22 号　烟台市人民政府办公室印发关于在市场监管领域全面推行部门联合“双随机、一公开”监管的实施方案的通知

23 号　烟台市人民政府办公室印发关于深化“放管服”改革优化营商环境重点任务分工方案的通知

24 号　烟台市人民政府办公室印发关于印发烟台市生育保险和职工基本医疗保险合并实施意见的通知

责任编校：渠敬伦

索　引

说明：

一、本索引设条目索引、图片索引和表格索引三类。

二、本索引采用主题分析法。各主题词按首字的汉语拼音字母（同音字按声调）顺序排列，首字相同者按第二字音序排列，依次类推。

三、索引主题词后面的数字表示内容所在的页码，数字后面的拉丁字母（a、b、c）表示该页自左向右的栏别（左栏、中栏、右栏）。图片索引中卷首图片专辑的主题索引页码前加“前”字。

四、同一主题的内容在文中多次出现的，在其款目后用不同的页码标明。

条目索引

A

B

C

D

J

K

L

M

N

P

Q

R

S

X

Y

Z

图片索引

J

K

L

M

N

P

Q

R

S

T

W

X

Y

Z

表格索引

A

B

C

F

G

H

J

K

L

M

R

S

T

W

X

Y

Z